지금도 성경에서 언급된 그 약속의 땅은 평화와는 거리가 멀다. 그 땅을 두고 기독교 영역 안팎에는 세대주의, 대체주의, 이스라엘 회복 운동, 알리야 운동(이스라엘 귀환 운동), 시온주의 같은 용어가 사용된다. 편 가르기가 굳어진 것 같기에 대화하기 힘든 주제다. 이 책 『기독교 시온주의의 역사』는, 이스라엘 팔레스타인 땅에서 이스라엘의 건국을 지지하는 움직임을 기독교 시온주의로 규정한다. 지난 500년 사이에 크고 작게 전개된 기독교 시온주의를 연대기적으로 잘 소개하고 있다. 630쪽에 가까운 두터운 분량에, 낯선 수많은 인물과 연대, 사건이 겹겹이 담겨 있다. 그런데도, 기독교 시온주의의 흐름을 이해하는 데 아주 친절하다. 이 책을 읽고 부끄러웠다. 30-40년 정도를 이 주제를 언급해왔는데, 통찰력의 부족을 느꼈기 때문이다. 선택적 평화를 추구하고, 분쟁의 실마리와 자양분이 되어온 교회의 일원임을 깨달았기 때문이다. 독자가 이 책을 통해, 이스라엘과 팔레스타인 문제를 바라보는 데 있어서, 효과적으로 사용할 수 있는 통찰력과 넓고 깊은 정보를 제공받았으면 좋겠다.

김동문 목사, 아랍 이슬람 연구자, 『우리는 왜 이슬람을 혐오할까?』 저자

시온주의. 홍해가 갈라지듯이 찬반양론으로 때론 극단적 두 진영으로 갈라진다. 시온주의는 정치적 의제인가? 종교적 과제인가? 아니면 정치-종교적 혼합체인가? 특별히 기독교인으로서 시온주의를 어떻게 바라보아야 할까? 주지하듯이, 어느 사상(ism)이든 역사라는 자궁 안에 잉태되고 역사라는 격랑 속에서 자라간다. 기독교 시온주의 역시 그러하다. 표면적으로는 1917년의 밸푸어 선언으로 팔레스타인에 유대 국가 건설과 시온주의가 태동한 것처럼 보인다. 하지만 그리 간단하지 않은 긴 역사적 맥락에서 살펴보아야 할 복잡한 사안이다.

저자 도널드 M. 루이스 박사는 이 책에서 기독교 시온주의 운동의 기원과 그 계보를 추적함으로써 기독교 시온주의의 오랜 역사에 대한 개요를 제공하고자 한다. 유대적 뿌리가 있는 성서는 시온주의에 관해 뭐라고 말할까? 구약의 이스라엘과 신약의 이스라엘은 전혀 다른가? 회복 운동은 영적인 회복인가, 물리적 회복인가? 천년왕국과 유대인 회복은 어떤 관계인가? 밸푸어 선언을 일궈낸 당시 영국교회의 전통적 신학(청교도 신학)과 유대

인 국가 설립의 관계성은 무엇인가? 독일에서의 경건주의 운동은 유대인 전통에 대해 어떤 이해를 갖는가? 현대 기독교 시온주의에 대한 가장 강력한 지지 세력인 미국 근본주의 및 세대주의의 태동과 미국 건국 초기의 청교도들과의 신학적 관련성(주로 천년왕국설을 중심으로)은 무엇인가? 기독교 시온주의의 새로운 글로벌 지지층을 창출한 오순절주의-은사주의 운동은 어떠한가?

내가 비록 질문 형식으로 저자의 핵심 진술을 표현했지만, 그렇다면 기독교 시온주의는 어떻다는 걸까? 끝부분에 가서 저자는 기독교 시온주의를 반대하는 학자들의 이름을 담담하게 거명한다. 예를 들어 여러분도 익히 들은 크리스토퍼 J. H. 라이트, N. T. 라이트, 게리 버지, 피터 W. L. 워커, 브루스 K. 월키 등이다.

한국에서 백투예루살렘 운동, 이스라엘 회복 운동, 태극기와 성조기를 함께 드는 미국식 근본주의-세대주의 운동 등이 이른바 근본주의적 복음주의 교회 안에 제약 없이 두루 퍼져 있는 상황에서 이 책은 교회의 지도자로서 목회자들과 장차 한국교회를 이끌어가야 할 신학생들이 진지하게 읽어야 할 책이다. 시간을 내어 천천히 탐독하시기를 바란다.

류호준 백석대학교 신학대학원 은퇴 교수

근래에 우리 사회에서 보수 기독교를 자처하는 이들이 운집한 현장에서 연출되는 장면이 있다. 애국주의를 표방하는 이들의 손에 태극기만이 아니라 성조기와 더불어 이따금 유대 민족주의의 상징인 "다윗의 별"이 박힌 이스라엘 국기가 펄럭이기도 한다. 해방 이후 한국 현대사의 기본 흐름을 이해하는 이들이라면 태극기와 성조기의 연결이 함의하는 정치적 맥락을 짚어내는 데 별다른 어려움은 없을 것이다. 하지만 성조기와 "다윗의 별"로 옮겨가면 이야기가 복잡해진다. 현재 백악관이 취하고 있는 친-이스라엘 정책이라는 열쇠만으로는 이 매듭이 풀리지 않는다. 이 복잡다단한 연관에는 "기독교 시온주의"라는 종교적 담론 또는 신앙을 표방한 정치운동이 개입되어 있다. 도널드 루이스의 『기독교 시온주의의 역사』는 바로 이 지점을 조명한다. 이 현상을 규명하기 위해 저자는 유대교 또는 유대인에 대한 그리스도인의 태도 변화를 초기 기독교에서부터 중세기를 거쳐 종교개혁기와 청교도 운동에 이르기까지 고찰한다. 여기서 일단 눈에 뜨이는 변화는 칼뱅주의에 공명하는 영국 개신교의 반가톨릭적, 반무슬림적 정체성이 친유대주의로의 방향전환과 더불어 유대인의 귀환을 기대하는 회복주의(Restorationism)를 낳았다는 사실이다. 저자는 이러한 회복주의가 팔레스타인 지역 내에 유대 민족/종교 공동체의 설립을 후원할 뿐 아니라 현대 국가인 이스라엘에 대한 지지를 표명하는 기독교 시온주의로까지 전환하게 된 변곡점으로 19세기 말 영미 기독교권을 풍미한 세대주의적 전천년주의에 주목한다. 저자는 시종일관 중립적이고 객관적인 시각을 견지하는 가운데 "기독교 시온주의"를 하나의 역사적 현상으로서 기술한다. 그러나 결론부에서 시온주의가 신앙 운동으로서 성서의 예언에 대한 해석에 있어 일관성을 결여하고 있을 뿐 아니라 확고한 신학적 기반을 갖추고 있지 않다는 언급은 이 운동에 대한 저자의 비판적 평가를 대변한다고 여겨진다.

서종원 감리교신학대학교 교회사 교수

도널드 루이스의 『기독교 시온주의의 역사』는 다음 몇 가지 이유로 한국 독자에게 유익을 준다. 첫째, 한국에서는 언론이나 선교단체를 통해서 명확한 개념 정의 없이 간간이 회자되는 '기독교 시온주의'라는 용어와 사상의 정의와 역사적 뿌리, 실재를 꼼꼼하게 짚어준다. 둘째, 유대 민족과 이스라엘 국가의 역할과 지위, 예언에 대한 성경 구절들의 해석이 단순히 신학을 넘어, 종교개혁기 이후 근대 서양의 정치 및 문화, 세계대전과 홀로코스트 등과 깊이 연결되어 있음을 여러 증거를 통해 분명히 보여준다. 셋째, 1948년에 팔레스타인에 유대인의 국가 이스라엘이 건국된 사건으로 기독교 시온주의자들의 오랜 숙원이 성취되었다. 그러나 이 '성취' 이후에 생긴 수많은 문제들, 예컨대, 아랍 이슬람 국가들과의 갈등, 추방당하거나 압제당하고 있는 토착 팔레스타인인들의 비극, 전 세계와 이스라엘에 사는 여러 유대인 집단 간 내부 갈등 등은 오늘날에도 시온주의가 여전히 현재진행형인 운동이라는 사실을 독자에게 알려준다.

세속주의 유대인이나 정통파 유대인, 이스라엘 국민이나 디아스포라 유대인, 기독교 시온주의자, 거기에 비판적인 그리스도인이나 세속주의 무신론자, 이들 모두가 1948년 이스라엘 건국 이후 팔레스타인과 주변에서 지금껏 진행된 전쟁과 갈등이 그치고, 평화와 공존이 정착되기를 간절히 바랄 것이다. 이 점에서 저자가 책의 서두 헌정사와 마지막 문단에 레위기 19:33-34을 배치한 것은 지극히 의미심장하고 적절하다.

"거류민이 너희의 땅에 거류하여 함께 있거든 너희는 그를 학대하지 말고 너희와 함께 있는 거류민을 너희 중에서 낳은 자 같이 여기며 자기 같이 사랑하라. 너희도 애굽 땅에서 거류민이 되었었느니라. 나는 너희의 하나님 여호와이니라."

이재근 광신대학교 신학과 교회사 교수

미국이 이스라엘의 강력한 우방이 된 것은 대(對)아랍 전선의 교두보라는 이스라엘의 전략적 중요성 때문만일까? 미국 전체 인구의 1.7%밖에 안 되는 유대계 미국인의 정치적 영향력은 단지 유대인 재력가들의 자금과 로비력 때문만일까? 본서의 저자는 이 문화적 동맹의 배후에 '기독교 시온주의'라는 거대한 종교적·문화적 실체가 있음을 밝히고, 종교개혁 이후 수 세기에 걸친 정치적 변동과 신학적 발전의 역사를 추적한다. 기독교 시온주의는 오늘날 미국을 비롯한 서구 복음주의 기독교 정체성의 한 부분이 되기까지 하였다. 또한 기독교 시온주의는 저 멀리 동아시아의 극우파 시위대에까지 영향을 미쳐서, 태극기와 성조기 그리고 이스라엘 국기가 함께 펄럭이기도 한다. 본서는 이런 현상의 기저에 있는 실체적 진실을 이해하도록 돕는다.

장동민 백석대학교 역사신학 교수

주로 정치적 렌즈를 통해 고찰되고 평가되어온 기독교 시온주의에 관한 이해와 접근에 관한 논의를 최대한 객관적인 시각을 견지하고 인류학적 관점을 통합하여 제시한 본서는 오늘날 신냉전이라는 정치적 격동의 시대에 교회에 화해의 메시지를 숙고하게 한다. 특히 기독교 시온주의의 역사에서 신학적 입장의 변천을 탐구하며 오늘날 세계 기독교에 주어진 선교적 과제로서 타자를 인정하고 환대하며 세상을 향한 하나님의 경륜을 깨닫는 것은, 기독교 신학의 중요하고도 시급한 과제일 것이다. 기독교 시온주의와 기독교 신학의 차이를 탐구하고 신학적 입장에서 기독교 시온주의의 역사를 고찰한 본서는 역사신학적인 측면에서 매우 귀중한 자료이며 이 주제에 관심을 가진 독자들에게 귀중한 독서의 장을 열 것이다. 홀로코스트가 이스라엘 건국의 초석이면서도 오늘날 팔레스타인 전쟁의 깊은 뿌리이듯이, 메시아에 대한 기대를 포기하고 민족적이고 문화적인 성향을 지닌 세속국가로 자리매김했지만, 여전히 독립 후 종교적 유대인의 본토 이주로 인해 유대교의 정체성을 포기하지 않은 현대 이스라엘을 이해하는 데는 기독교 시온주의의 역할에 관한 이해가 불가결하다. 이 점에서 본서는 기독교와 유대교의 관계 설정과 전 세계의 종교와 정치 지형도를 이해하는 데도 중요한 역할을 할 것이다. 오늘날 기독교 시온주의가 복음주의의 정치적, 신학적, 정서적 지원을 받고 급속히 확장되고 있는 상황은 이 이슈가 단순히 유대인의 민족 정체성 확립과 고토의 회복이라는 주제를 넘어서 세계 종교들, 특히 유대-기독교 전통과 이슬람과의 긴장과 충돌이라는 첨예한 갈등 양상을 표출한다. 오늘날 기독교의 중심이 북반구에서 남반구, 소위 다수세계(Majority World)로 이전된 상황에서 세계 기독교라는 신학적 담론이 생성하는 다층적 이슈들 가운데, 아프리카와 남미와 아시아에서 부상하는 갱신주의적 기독교 시온주의 담론은 그 중요성의 깊이를 더할 것이다. 또한, 본서는 한국 그리스도인들에게 유대교와 이스라엘, 팔레스타인 분쟁과 갈등 양상, 그리고 성지순례의 의미를 되새겨보는 기회를 제공할 것이다. 본서를 통해 기독교 시온주의의 역사의 물줄기를 거슬러 올라가 오늘날 하나님의 사랑과 공의를 통합하는 하나님의 선교를 숙고하기 원하는 독자들에게 일독을 권한다.

최형근 서울신학대학교 선교학 교수

도널드 M. 루이스는 종교개혁 시대에 시작하여 우리 시대에 이르는 기독교 시온주의의 역사를 탐구하는 데 영웅적인 업적을 남겼다. 이 책은 지금까지 이 주제에 대한 가장 포괄적이고 철저한 연구이며, 매우 중요한 종교적, 정치적 운동에 대한 훌륭한 개요를 제공한다. 이 책은 기독교의 메시아 신앙과 그것이 선교, 외교, 종교 간 관계에 미치는 영향에 관심이 있는 사람이라면 누구나 필독해야 할 책이다.

야코프 아리엘 노스캐롤라이나 대학교 종교학 교수 기독교 시온주의는 유대 민족이 팔레스타인의 조국에 대해 성경이 인정한 권리를 갖고 있다고 믿는 신념이다. 도널드 M. 루이스는 이 신념의 복잡한 역사를 추적하면서 종교개혁 이후의 사상에 나타난 그것의 전례들, 섀프츠베리 경을 중심으로 한 19세기 복음주의자들을 통해 이루어진 발전, 그리고 그 후 수정된 세대주의적 가르침에서 꽃을 피우게 된 과정을 설명한다. 루이스는 기독교 시온주의가 이스라엘 국가의 강력한 버팀목이 되었지만, 그 신학적 기반은 여전히 세계적인 은사주의 부흥 운동의 영향을 받아 변화하고 있다고 주장한다. 그는 예언자적 신앙과 국제 정치의 복잡성을 공정하고 확실하게 안내하는 길잡이이다.

데이비드 베빙턴 스털링 대학교 역사학 명예교수

기독교 시온주의에 대한 이 포괄적인 역사는 모든 독자가 그것의 복잡한 신학적, 역사적 측면을 이해하는 데 도움이 될 것이다. 도널드 루이스가 다루는 범위는 매우 광범위하며, 수 세기에 걸친 논쟁을 다루기 위해 세심하게 주의를 기울인 점도 매우 인상적이다.

대니얼 G. 허멀 『언약의 형제들: 복음주의자, 유대인, 그리고 미국과 이스라엘의 관계』 저자

루이스 교수는 『기독교 시온주의의 역사』에서 소중한 자산을 교회에 남겼다. "유대 민족은 중동에 위치한 그들의 옛 조국에 대해 성경이 위임한 권리를 갖고 있다"는 신념의 역사는 복잡하고, 뒤얽혀 있으며, 논란의 여지가 많다. 그럼에도 불구하고 루이스는 철저하게 연구되고, 편견 없는 추론을 제시하며, 명료하게 저술된 이 책에서 진화하고 있는 신학 주도적인 이 정치적 운동을 구성하는 많은 요소들을 성공적으로 추적하고 있다. 이 책은 반드시 읽어야 할 책이다. 기독교 시온주의는 교회의 정체성과 사명을 형성하고, 국제 정치에 영향을 미치며, 많은 이들에게 역사 속에서 그 의미를 부여하기 때문이다.

브루스 월키 밴쿠버 리전트 칼리지 성서학 명예교수 및 녹스 신학교 구약학 명예교수

A Short History of Christian Zionism

From the Reformation to the Twenty-First Century

Donald M. Lewis

기독교 시온주의에 관한
철저하고 포괄적인 연구

A Short
History of
Christian
Zionism

기독교 시온주의의 역사

도널드 M. 루이스 지음 · 홍수연 옮김

새물결플러스

레위기 19:33-34을 삶으로 구현한 나의 친구,

예후다 만셀(YEHUDA MANSELL)을 위하여

"거류민이 너희의 땅에 거류하여 함께 있거든

너희는 그를 학대하지 말고

너희와 함께 있는 거류민을 너희 중에서 낳은 자 같이 여기며

자기 같이 사랑하라. 너희도 애굽 땅에서 거류민이 되었었느니라.

나는 너희의 하나님 여호와이니라."

목차

감사의 말

나는 이 연구가 가능하도록 도움을 주신 분들께 감사를 표하고 싶다. 무엇보다 우선 애정 어린 내조를 아끼지 않은 사랑하는 아내 린디에게 깊은 감사의 마음을 전한다. 둘째로, 내가 전임교수로서 수년간 가르치고 연구할 수 있도록 재정적 지원을 아낌없이 베풀어준 리전트 칼리지 이사회에 감사를 드린다. 나는 이사회 덕분에 진지한 학문 연구를 계속 수행할 수 있었으며, 이 연구는 여행, 학회 참석, 자료 연구 등에 필요한 시간적 여유와 재정적 지원이 있어야만 가능한 일이었다. 나는 이 모든 일에 있어 대학교의 관대함에 큰 빚을 졌다.

나는 또한 리전트 칼리지의 사서인 신디 알더스 박사와 스태프들이 변함없이 도움을 주고 배려해준 것에 감사하고 싶다. 또한 브리티시컬럼비아 대학교와 옥스퍼드의 보들리언 도서관이 소장하고 있는 최고의 신학 및 역사 서적들을 이용할 수 있도록 도움을 준 도서관 사서들의 탁월한 전문적 지원에 대해서도 감사를 표하고 싶다. 내가 예루살렘에 방문했을 때 나를 따뜻하게 환영하고 본인의 집에서 나를 대접해주며 19세기 팔레스타인에서 런던 유대인 협회의 활동과 관련된 자료들을 소장한 그리스도 교회의 기록 보관소에서 자료들을 열람할 수 있도록 허락해주신 예루살렘 그리스도 교회의 데이비드 필레기 목사님께도 감사의 말씀을 드리고 싶다. 또한 연구 기간 동안 내가 예루살렘의 CFJ 하프하우스에 머물 수 있도록 허락해 준 텍사스주의 샌안토니오에 본부를 둔 CFJ 미니스트리의 게리 헤드릭이 베풀어준 따뜻한 환대와 예루살렘 국제 기독교 대사관(International Christian Embassy Jerusalem)과 특히 2017년 10월 초막절 축제 축하 행사에 나를 따뜻하게 맞아준 예후 케톨라에게도 감사의 뜻을 전하고 싶다. 나는 예루살렘에서 활동하고 있는 저널리스트이자 저술가인 요하네스 겔로프가 나의 방문을 친절하게 환영하며 통찰력과 유용한 배경 지식을 제공해준 것에 대해서도 감사를 표한다.

나는 모든 의사소통에 있어 전문성과 친절을 베풀어준 IVP 아카데믹의 존 보이드 편집장에게 감사를 표하고 싶다.

수년 동안 나와 함께 이 책의 집필을 위해 함께 일한 많은 유능한 조교의 이름을 일일이 언급하며 그들에게 감사를 전하고 싶다. 그들은 에리카 보울러(Erica Bowler), 제임스 훅스(James Hooks), 팀 오퍼만(Tim Opperman), 예후다 만셀(Yehuda Mansell), 제이컵 사무엘 라주(Jacob Samuel Raju)이다. 이들 중 세 명은 현재 박사 과정을 밟고 있으며, 한 명은 머지않아 박사 과정을 밟을 예정이다.

이 책의 원고의 일부 또는 전체를 읽고 논평해주신 여러 학자들이 있는데, 나는 특히 그들의 조언에 감사한다. 그들은 야코프 아리엘(Yaakov Ariel), 필립 처치(Philip Church), 앤드루 크롬(Andrew Crome), 로드니 커티스(Rodney Curtis), 폴 프레스턴(Paul Freston), 대니얼 허멀(Daniel Hummel), 대니얼 네심(Daniel Nessim), 에릭 뉴버그(Eric Newberg), 마틴 스펜스(Martin

Spence), 매튜 웨스트브룩(Matthew Westbrook) 등이다. 그리고 나는 이 책 원고의 특정 부분에 대해 대럴 복(Darrell Bock), 조지 카라스(George Carras), 거슨 그린버그(Gershon Greenberg), 제럴드 홉스(Gerald Hobbes), 폴 C. 머클리(Paul C. Merkley), 스티븐 패티(Stephen Pattee), 매튜 에이버리 서튼(Matthew Avery Sutton), 브루스 K. 월키(Bruce K. Waltke), 스티브 왓츠(Steve Watts), 폴 윌킨슨(Paul Wilkinson), N. T. 라이트(N. T. Wright) 등에게 조언을 구했다. 나는 복음주의 역사에 대해 놀라움을 금치 못할 정도의 백과사전적 지식을 지닌 데이비드 베빙턴(David Bebbington)과 유익한 대화를 나눈 것에 대해서도 감사를 표한다. 나는 또한 IVP 아카데믹으로부터 의뢰를 받아 이 책의 초고를 검토한 익명의 평가자 세 분께도 감사를 전하고 싶다. 그들의 피드백은 매우 소중했다. 나는 이 모든 학자들에게 감사를 드리고 싶다.

나는 이 책의 집필에 도움을 준 많은 동료 학자들에게 빚을 지고 있지만, 내가 내린 결론에 그들 모두가 동의하지 않을 것이라는 것을 잘 알고 있다. 그들이 나에게 준 도움을 내가 사용한 것에 대해서는 그들에게 어떤 책임도 없으며, 말할 필요도 없이 사실의 오류 혹은 해석상의 특이한 점들은 전적으로 나의 책임이다.

서론

사실상 시온주의, 이스라엘, 아랍-이스라엘 분쟁의 역사는
복음주의자들이 시온주의의 계획과 이스라엘 국가의 발전을 지지한
것에 대해 큰 관심을 보이지 않았다.[1]

야코프 아리엘, 2013년

본서는 기독교 시온주의 운동의 기원과 그 계보를 추적함으로써 기독교 시
온주의의 역사에 대한 개요를 제공하고자 한다. 비록 기독교 시온주의는
현재 그 중요성이 널리 인식되고 있는 중요한 현상이지만, 시온주의의 오
랜 역사는 잘 알려지지 않았다.[2] 샬롬 골드먼이 시온주의의 역사 기술에 관
해 언급한 바와 같이 "그리스도인들은 반대자인 경우를 제외하고는 이 내
러티브에 거의 등장하지 않는다."[3] 이 책은 이 운동의 계보와 이 운동이 어
떻게, 그리고 어떤 이유로 현재의 운동으로 발전해왔는지를 이해하고자 한
다. 본서는 기독교 시온주의를 지지하거나 반대하는 논쟁적인 책이 아니

---

1   Yaakov Ariel, *An Unusual Relationship: Evangelical Christians and Jews* (New York: New York University Press, 2013), 9.
2   2009년까지의 기독교 시온주의 연구 역사에 대해서는 다음을 보라. Shalom Goldman, *Zeal for Zion: Christians, Jews, & the Idea of the Promised Land* (Chapel Hill: University of North Carolina Press, 2009), 15-16.
3   Goldman, *Zeal for Zion*, 1.

다. 본서는 이 운동의 역사에 대한 공정한 평가가 결국 이해를 증진시킬 것
이라는 희망 속에서 설득보다는 이해를 추구한다.

정치화된 주제의 본질

기독교 시온주의는 일반적으로 정치적 렌즈를 통해서만 연구되고 있다.
파이드라 샤피로가 주장한 바와 같이 이러한 접근법은 종종 신학의 역할
을 제대로 인식하지 못하고 있으며, "기독교 시온주의 문화에 관한 많은 것
을 간과하고 있다. 정치에 지나치게 집중하는 것은 이 세계관이 지닌 복합
적이고 강력한 동기와 함의에 오히려 손상을 입힌다."[4] 기독교 시온주의는
정치적인 면을 지니고 있지만, 그 의미는 복합적이고 그다지 단순하지 않
다. 매튜 웨스트브룩이 주장한 바와 같이 그것은 "오랫동안 발전해온 복잡
한 현상으로, 다양한 유형과 정황에 있어 세심한 묘사와 연구를 필요로 한
다."[5] "기독교 시온주의는 역사적으로나 동시대적으로 다양한 형태로 존재
했으며, 지금도 여전히 그러하고, 신학적 문제에 대해 다양한 입장을 취하
고 있으며, 각각 그들만의 고유한(종종 중요한) 사회적 영향을 미치고 있다."[6]

---

4 Faydra Shapiro, *Christian Zionism: Navigating the Jewish-Christian Border* (Eugene, OR:
   Cascade, 2015), 44.
5 Matthew C. Westbrook, "The International Christian Embassy, Jerusalem, and Renewalist
   Zionism: Emerging Jewish-Christian Ethnonationalism" (PhD diss., Drew University, 2014),
   25.
6 Westbrook, "Christian Embassy," 25.

기독교 시온주의 신앙의 기저에 깔린 신학적 근거는 시간이 지나면서 계속 변화했기 때문에 그 역사를 추적하기란 더욱 어렵다.

정의들

역사적으로 **회복주의**(restorationism)라는 용어는 유대인들이 중동에 있는 그들의 고국으로 언젠가 물리적으로 돌아갈 것이라는 믿음을 지칭하는 데 사용되었다. 일반적으로 이러한 물리적 회복은 유대인들이 집단으로 기독교 신앙으로 개종한 후에 일어날 것이라고 이해되었다. 이러한 예언적 믿음이 어떻게 내가 "기독교 시온주의"라고 정의한 정치적 운동으로 변화하게 되었는지가 이 책의 핵심 내용이다. 유대인들의 궁극적인 귀환을 꿈꾸던 예언적 회복주의에서 유대인의 귀환이 현세에 가능하도록 추진하는 정치 운동으로 바뀐 것은 19세기에 이루어진 일이다.

기독교 시온주의를 정의하는 것은 매우 어렵다. 나는 먼저 내가 말하는 **시온주의**의 의미를 정의하는 것으로 시작하고자 한다. 메리엄-웹스터 사전은 기독교 시온주의를 다음과 같이 정의한다. "원래는 팔레스타인 내에 유대 민족/종교 공동체 설립을 위한 국제적 운동이었으나 나중에는 현대 이스라엘 국가를 지지하게 되었다."[7] **기독교 시온주의자**라

---

7   Merriam-Webster, "Zionism," www.merriam-webster.com/dictionary/Zionism#h1. 이 점은 시온으로의 귀환을 갈망하는 전통적인 유대인의 열망과 19세기 후반 유대인들 사이에서 이를 실현하려는 의도를 갖고 생겨난 새로운 운동을 구분하는 데 있어 중요하다.

는 용어는 일찍이 1896년에 유대인 시온주의 지도자인 테오도어 헤르츨 (Theodor Herzl)이 빈 주재 영국 대사관의 성공회 채플린이었던 윌리엄 헤클러(William Hechler)를 가리켜 "기독교 시온주의자"라고 지칭한 것에서 그 기원을 찾아볼 수 있고, 이 용어는 이듬해 헤르츨이 스위스 은행가이자 적십자 창시자이며 제1차 시온주의 대회의 옵서버였던 장 앙리 뒤낭(Jean-Henri Dunant)을 묘사하기 위해 다시 사용되었다.[8] 1899년 컬럼비아 대학교의 셈어학 교수 리처드 고테일은 시온주의 논문을 발표했는데, 거기서 그는 "한 기독교 시온주의자"(조지 엘리엇)가 수년 전에 "유다의 자손들은 하나님이 다시 그들을 선택하시도록 결단해야 한다"고 쓴 내용을 인용했다.[9] 「뉴욕타임스」는 부음을 알리는 기사에서 기독교 시온주의자라는 용어를 사용했고, 이 용어는 1903년경부터 편집자에게 보낸 편지에도 등장했다. 나훔 소콜로프는 1919년 그의 『시온주의 역사: 1600-1918년』에서 로런스 골러 (Lawrence Gawler)를 "기독교 시온주의자"라고 지칭했다.[10] **기독교 시온주의** (기독교 시온주의자가 아닌)라는 용어를 가장 일찍이 사용한 것은 1899년으로 보이지만, 1899년과 1905년 사이에는 이 용어가 매우 드물게 사용되었고

---

8   Paul Richard Wilkinson, *For Zion's Sake: Christian Zionism and the Role of John Nelson Darby*, Studies in Evangelical History and Thought (Milton Keynes, UK; Paternoster, 2007), 16. Dunant은 칼뱅주의 교육을 받았지만, 그가 시온주의를 지지한 것은 성경의 예언에 근거한 것이 아니라 자신의 인도주의적·도덕적 관심사에 근거한 것이었다.

9   Richard Gottheil, "Zionism," *Century Illustrated Magazine*, December 1899, 299. 이 인용문은 Andrew Crome에게 빚진 것이다. Gottheil은 저자를 밝히지 않았지만, 이 구절은 George Eliot의 소설에 나오는 내용이다. *Daniel Deronda* (1876), chap. 42, 1354.

10   Nahum Sokolow, *History of Zionism, 1600-1918* (London: Longmans, Green, 1919), 2:410.

1939년까지 재사용되지 않았다. 이 용어는 1980년대와 1990년대에 더 빈번히 사용되었고 2000년 이후에는 훨씬 더 빈번하게 사용되었다.[11]

매튜 웨스트브룩은 "기독교 시온주의 운동이 반복적으로 발생한 것을 비교 대조할 수 있는 이상적인 형태의 기독교 시온주의를 제시한 연구는 없다"고 관찰했다.[12] 나의 정의는 그의 견해를 적극적으로 수용한다. 따라서 나는 기독교 시온주의를 시대를 초월하여 **유대 민족은 중동에 위치한 그들의 옛 조국에 대해 성경이 위임한 권리를 갖고 있다는 믿음을 고수하는 기독교 운동**으로 정의한다. 오늘날 기독교 시온주의라는 용어는 이스라엘 국가의 생존권이 성경의 가르침에 근거한다고 주장하는 그리스도인들 사이에서 널리 통용된다. (내가 이것을 언급하는 이유는 20세기 이전에도 많은 "회복주의자들"이 "유대인의 귀환"과 유대인의 "고국"을 꿈꾸어 왔지만, 그것이 반드시 유대인의 국가를 의미하는 것은 아니었기 때문이다.)

물론 많은 그리스도인들은 이렇게 정의된 "기독교 시온주의자"가 아닐지라도 이스라엘의 생존권을 믿어왔다. 1948년에 많은 그리스도인들은 기독교 시온주의자로서의 특별한 동기 없이도 이스라엘의 국가 수립을 지지했다. 누구든지 "기독교 시온주의자"가 아니더라도 그리스도인이면서 동시에 유대인의 조국 개념에 호의적일 수 있다. 즉 시온주의자인 그리스도인이 모두 반드시 성경적-신학적 관심에 의해 동기를 부여받는 것은 아

---

11   Google 도서 검색 엔진을 사용하면 지난 200년 동안 수백만 권의 책에서 이 용어가 사용된 내용을 추적할 수 있다.
12   Westbrook, "Christian Embassy," 62.

니다. 그러나 오늘날까지 기독교 시온주의와 기독교 신학의 미묘한 차이에 대한 깊은 이해를 보여주는 기독교 시온주의의 포괄적인 역사는 존재하지 않는다.[13] 본서는 이 간극을 메우기를 소망하며, 본서의 일차적인 대상이 기독교 시온주의를 이해하는 데 어려움을 겪는 자들이라는 것을 밝힌다.

로버트 O. 스미스는 이 용어를 유사한 방식으로 정의하며, 이를 유대인의 고국이라는 개념을 지지하는 데 정치적으로 관여해온 그리스도인들에게만 적용한다.[14] 스미스는 세대주의적 전천년주의 신학의 아버지인 존 넬슨 다비와 같은 사람들에게 이 용어를 사용하기를 꺼렸는데, 이는 그가 비정치적이었기 때문이다. 나는 스미스의 주장에 동의한다. 다비와 플리머스 형제단은 궁극적으로 유대인의 조국이 설립될 것을 신학적으로 믿었지만, 다비는 그러한 일이 현세에는 일어나지 않고 "휴거" 이후에 일어날 것이라고 가르쳤으며, 그것이 성취되도록 돕는 데 전혀 관여하지 않았다.

---

13   영국의 한 랍비는 매우 유용한 개요를 집필했다. 다음을 보라. Dan Cohn-Sherbok, *The Politics of Apocalypse: The History and Influence of Christian Zionism* (Oxford: Oneworld, 2006).

14   Robert O. Smith는 기독교 시온주의를 "현재 이스라엘과 팔레스타인을 구성하는 지리적 영역에 대한 유대인의 지배를 강화하거나 유지하기 위한 정치적 행동"으로 정의한다. Göran Gunner and Robert O. Smith, *Comprehending Christian Zionism: Perspectives in Comparison* (Minneapolis: Fortress, 2014), 293. 다음도 보라. Carl F. Ehle, "Prolegomena to Christian Zionism in America: The Views of Increase Mather and William E. Blackstone Concerning the Doctrine of the Restoration of Israel" (PhD diss., New York University, 1977), 399. Samuel Goldman은 Spector가 내린 기독교 시온주의자의 정의를 따라 "기독교 신앙, 교리 또는 글에서 주된 영감을 받아 성경에 나오는 약속의 땅 일부 지역에서 유대인 국가를 지지하는 사람들을 묘사하는 용어"라고 정의했다. Samuel Goldman, *God's Country: Christian Zionism in America* (Philadelphia: University of Pennsylvania Press, 2018), 4.

내가 기독교 시온주의를 말할 때 **운동**이라는 용어를 의도적으로 사용한 것은 기독교 시온주의가 종교개혁이라는 발원지에서 작은 규모로 시작했지만, 앞으로 나아가면서 다른 시대와 장소에서 더 빠르게 움직이는—심지어 밸푸어 선언, 이스라엘 독립, 1967년의 6일 전쟁과 같은 중대한 사건을 겪으면서도—아마존강과 같았다는 점에서 그 추진력을 포착하기 때문이다. 그러나 기독교 시온주의는 변화하는 상황과 새로운 사건에 적응하고 다양한 신학과 예언적 이해에 맞게 변화해나가면서 항상 "진행 중"이었다. 하지만 기독교 시온주의자들은 그것이 변하지 않고 영원히 참되며 불변한 것으로 보는 경향이 있다. 이 점에 대한 숀 더빈의 다음과 같은 지적은 적절하다. "비록 기독교 시온주의와 이스라엘을 지지한다는 것의 의미가 역사 전반에 걸쳐 변화해왔지만(지금도 여전히 변화하고 있고), 이러한 형태의 기독교 정체성은 마치 고정된 사물(이 경우에는 변화하지 않는 고정된 형태의 진정한 본연의 기독교 정체성)처럼 각각의 주어진 문맥 속에서 지속적으로 규정될 수밖에 없다."[15] 기독교 시온주의는 단순히 "정통 기독교의 필수 요소"라고 말하는 존 해기(John Hagee)와 같은 현대 기독교 시온주의자들의 주장 속에는 "그들이 다른 사람들이 알지 못하는 이 세상의 희귀한 지식을 전달하는 자라는 의미가 내포되어 있다."[16]

---

15   Sean Durbin, *Righteous Gentiles: Religion, Identity, and Myth in John Hagee's Christians United for Israel*, Studies in Critical Research on Religion 9 (Leiden: Brill, 2019), 5.

16   Durbin, *Righteous Gentiles*, 16.

기독교 시온주의를 지지하는 개신교와 이를 전통적으로 반대하는 가톨릭교회

20세기까지 기독교 시온주의는 압도적으로 개신교 운동이었으며, (앞으로 논의하겠지만) 반가톨릭 및 반이슬람 정서와 밀접한 연관이 있었다.[17] 제2차 바티칸 공의회 이전에 일부 잘 알려진 로마 가톨릭 신자들은 시온주의를 지지했는데, 그들 가운데는 특히 영국 외교관 마크 사이크스 경, 몇몇 가톨릭 신학자들과 저술가들, 세계인권선언문의 초안 작성을 도운 프랑스 철학자 자크 마리탱과 영국 작가 G. K. 체스터튼이 있었다. (사이크스, 마리탱, 체스터튼이 모두 개신교 가정에서 태어났다는 것은 중요한 의미를 지닐 것이다.) 본서의 마지막 장에서 가톨릭 태도의 최근 변화에 대해 더 언급하겠지만, 1960년 대까지는 기독교 시온주의 이야기에 로마 가톨릭교회가 전혀 등장하지 않는다는 정도로만 언급하는 것이 현재로서는 충분할 것 같다. 1897년 제1차 시온주의 대회 당시부터 바티칸은 상당히 일관되게 시온주의를 반대했다. 유대인 학자들은 일반적으로 이탈리아의 유대인 역사학자인 세르지오 미네르비의 견해를 따랐는데, 그는 "교황청은 성지에 유대인 국가를 세운다는 생각 자체에 신학적으로 완강하게 반감을 품고 있었는데, 그 이유는 예수를 죽음으로 몰고 간 유대인들의 집단적 죄 때문에 성전이 파괴되고 유대인들이 고국에서 추방되었다는 아주 오래된 경멸의 가르침 때문이었다"

---

17 동방 정교회 신학자나 작가가 시온주의를 지지하는 경우는 매우 드물지만, 프랑스 로마 가톨릭교회에서 정교회로 개종한 Lev Gillet(1893-1980)는 예외적인 경우라고 할 수 있다.

고 믿었다.[18] 심지어 미국 가톨릭 주교회의의 에큐메니컬 및 종교 관계 사무국의 유진 피셔조차도 "이러한 견해는 1965년 제2차 바티칸 공의회의 비기독교와 교회의 관계에 대한 선언(*Nostra Aetate*) 이전에 [가톨릭] 그리스도인들 사이에서 보편적이었다"고 인정한다.[19] 우리는 반무슬림 정서를 칼뱅주의의 출현을 다루게 될 2장에서 살펴본 후 이 문제가 다시 대두되는 본서의 마지막 장들에서 다시 살펴볼 것이다.

최근의 연구

2009년에 나의 책 『기독교 시온주의의 기원』(*Origins of Christian Zionism*)이 출간된 이후에 세상의 빛을 본 많은 역사가들의 저작에 내가 빚을 지고 있다는 사실을 인정하고 싶다. 유대인과 복음주의자들의 관계를 연구하는 대표적인 학자인 야코프 아리엘은 2013년 그의 『독특한 관계: 복음주의 그리스도인과 유대인』(*An Unusual Relationship: Evangelical Christians and Jews*)을 출간했으며, 계속해서 중요한 저작들을 발표하고 있다. 샬롬 골드먼의 저서 『시온에 대한 열정: 그리스도인, 유대인 그리고 언약의 땅 사상』(*Zeal for Zion: Christians, Jews, and the Idea of the Promised Land*)은 내 책과 동시에 출판되

---

18   Eugene J. Fisher, review of *Cross on the Star of David: The Christian World in Israel's Foreign Policy, 1948-1967* by Uri Bialer, *Catholic Historical Review* 92, no. 3 (July 2006): 343. 2021년 1월 20일에 접속함.

19   Fisher, review of *Cross on the Star of David*, 343.

었기 때문에 나는 그의 훌륭한 저작으로부터 혜택을 받을 수 없었다. 미국에서는 새뮤얼 골드먼의 『하나님의 나라: 미국의 기독교 시온주의』(*God's Country: Christian Zionism in America*)가 특히 도움이 되었다. 대니얼 G. 허멀의 『언약의 형제들』(*Covenant Brothers*)도 미국과 이스라엘의 광범위한 기록 자료를 토대로 한 것이기 때문에 훌륭한 책이다. 숀 더빈의 저서 『의로운 이방인: 존 해기의 이스라엘을 위한 그리스도인 연합에 나타난 종교, 정체성, 신화』(*Righteous Gentiles: Religion, Identity, and Myth in John Hagee's Christians United for Israel*)는 이스라엘을 "축복"하기 위해 일하는 가장 중요한 기독교 시온주의 단체의 신학과 문화를 평가한 대단히 흥미로운 책이다.

기독교 시온주의와 정체성 형성

로버트 O. 스미스의 저서 『우리 자신의 구원보다 더욱 간절히 원하는 것: 기독교 시온주의의 뿌리』(*More Desired Than Our Owne Salvation: The Roots of Christian Zionism*)와 앤드루 크롬의 『기독교 시온주의와 영국의 민족 정체성, 1600-1850』은 영국의 정황과 그것이 민족 정체성 형성에 미친 영향을 이해하는 데 특히 도움이 되었다. "유대인을 그들의 옛 조국으로 돌려보내려는 프로젝트는 그것이 종말론적 소망으로 표현되든, 유토피아적 계획으로 표현되든, 실제적인 정치 용어로 표현되든 민족 정체성 형성의 수단으로 일관되게 사용되었다"[20]고 말하는 크롬의 주장은 기독교 시온주의의 과거 역사와 21세기에 존재하는 기독교 시온주의의 여러 새로운 표현을 모두 이해하는 데 특히 중요하다. 크롬의 연구는 "민족적 사명의 완수를 목표로 하는 예언에 근거한 민족 정체성 형성 모델"을 개발한다.[21] 이 모델은 여러 세기에 걸쳐 적용할 수 있는데, 이는 흔히 회복주의자들과 기독교 시온주의자들이 자신이 속한 특정 국가를 **유일하게** 선택받은 선민이 아닌 하나의 "선택받은" 민족으로 이해했기 때문이다. 크롬이 주장했듯이 이방 민족들은 오직 "이차적인 선택 유형"을 경험할 수 있으며, 그들은 흔히 "자기 민족이 맡은 유대인을 섬기는 일과 관련지어 민족 정체성"을 이해한다.[22] 그렇게 함으로써 기독교 시온주의는 "외부 집단과의 비교를 통해 정체성을 형성하는 타자화(othering)의 한 형태"를 취한다.[23] (여기서) "타자"는 긍정적으로 이해된다. "사실 유대인들이 회복되면 그들은 자신들을 돕는 민족보다 뛰어난 민족이 될 것이고, 그들은 하나님의 가장 으뜸가는 민족이라는 자신들의 위치로 돌아갈 것이다."[24] 선택받은 기독교 국가들은 **유일한 선민**인 이스라엘을 결코 대체할 수 없으며, 이로써 예언과 민족 정체성에 대해 생각하는 방식은 복잡해질 수밖에 없다.

---

20   Andrew Crome, *Christian Zionism and English National Identity, 1600-1850* (Cham, Switzerland: Palgrave Macmillan, 2018), 2.

21   Crome, *Christian Zionism*, 2-3.

22   Crome, *Christian Zionism*, 3.

23   Crome, *Christian Zionism*, 3.

24   Crome, *Christian Zionism*, 3.

앞서 출간된 나의 책『기독교 시온주의의 기원』의 핵심 논거는 "유대인에 대한 복음주의자들의 관심은 19세기에 결정적인 변화를 맞이한 복음주의 정체성 확립이라는 광범위한 과정에서 매우 중요했다"는 것이다.[25] 본서는 이 논거를 시대적으로 더 발전시켜 그 이전과 이후를 모두 다룬다. 회복주의/기독교 시온주의는 종교개혁 2세대부터 오늘날까지 개신교 정체성 형성에 있어 중요한 요소였으며, 기독교 국가들과 유대인들에게 지대한 영향을 미쳤다.

따라서 "이스라엘의 회복"은 단순히 유대인이나 "그 땅", 심지어 예언에 대한 기독교의 이해에 관한 것이 아니라 주로 일부 개신교 신자들이 그들의 정체성을 어떻게 만들어나가고 그것을 어떻게 실행했는지에 관한 것이었다. 종교개혁 이후 이러한 정체성 형성은 그들과 유대인의 관계의 모루 위에서 이루어졌다. 17세기 영국에서 기독교 회복주의자들이 조성한 종족-민족주의(ethno-nationalism)는 주로 유대인에 대한 개신교 국가인 영국의 의무에 초점이 맞추어져 있었으며, 거기서 미국으로 퍼져나가 지난 수십 년에 걸쳐 땅끝까지 흘러 들어갔다. 이제는 "이스라엘을 축복"하기로 결정한 국가라면 어느 국가나 "선택받은 민족"이 될 수 있었다. 오늘날 기독교 시온주의는 점점 더 넓어지는 강줄기이며, 여러 방향으로 빠르게 확장되어 둑을 무너뜨리고 새로운 영토를 범람시키고 있는 강이다. 그것의

---

25   Donald M. Lewis, *The Origins of Christian Zionism: Lord Shaftesbury and Evangelical Support for a Jewish Homeland* (Cambridge: Cambridge University Press, 2009), 12.

기원을 이해하고 그것의 계보를 추적하는 것이 본서의 가장 큰 관심사다.

본서는 일반적으로 기독교 시온주의를 설명할 때 흔히 세대주의적 전
천년주의에 부여되는 중요성에 의문을 제기한다. 비록 존 넬슨 다비(세대주
의의 주요 창시자)와 그의 후계자들은 특히 미국에서 중요한 역할을 담당했
지만, 이 책은 기독교 시온주의의 긴 역사에서 이 운동의 영향은 상당히 최
근의 일이라고 주장한다. 비록 다비는 기독교 시온주의자로 간주될 수는
없지만, 8장에서 우리는 다비와 세대주의로부터 영감을 받은 다른 이들이
다비의 가르침을 크게 수정하여 유대인의 회복이 휴거 이전에 일어날 것이
라고 주장함으로써 정치적으로 역동적인 기독교 시온주의자가 되었고, 그
들은 이러한 일을 위한 정치 조직을 만들었다고 주장할 것이다. 아이러니
하게도 1970년대까지는 역동적으로 정치에 참여하던 미국 자유주의 개신
교 지지자들이 세대주의자들보다 미국 시온주의 운동에서 더 중요한 역할
을 했다.[26]

따라서 본서는 기독교 시온주의의 역사, 신학, 정치를 심도 있게 다루
면서 기독교 시온주의 현상을 포괄적으로 이해하고자 한다. 이를 위해 종
교개혁 이후 기독교 시온주의가 등장한 배경을 살펴보고, 시간이 흐름에
따라 이것이 발전과 변화를 거듭한 것을 추적하며, 현대 세계에서 이것이
지닌 영향력을 평가할 것이다. 이를 위해 나는 연대순의 접근법을 사용하
고자 한다. 이 접근법은 성경의 초기 교회부터 시작하여 중세와 종교개혁

---

26   나는 여기서 Goldman과 비슷한 지적을 하고 있다. *God's Country*, 6-7.

으로 넘어가지만, 그 후에는 청교도 영국, 식민지 미국, 19세기 영국 복음
주의의 발전에 초점을 맞추면서 특히 독일 경건주의의 영향에 주목한다.
결말 부분은 이 운동이 20세기와 21세기에 어떻게 변화했는지, 그리고 기
독교의 중심이 북대서양 세계에서 글로벌 남반부로 이동함에 따라 현재 비
서구권 세계에서 이 운동이 어떻게 급속도로 확장되고 있는지를 다룬다.

시온주의에 대한 유대인의 태도 개요

초기 현대 시온주의자들이 그리스도인이었다는 것은 매우 아이러니하지
만, 탈무드 전승이 시온주의적인 움직임에 오랫동안 반대해왔던 점을 고
려하면 이해할 수 있다. 기원후 70년 예루살렘 성전이 멸망한 후 바빌로
니아 탈무드(*Ketubbot* 111A)는 예루살렘의 딸들에 대한 세 가지 명령(아 2:7;
3:5; 5:8) 중 첫 두 가지를 유대인들에게 주어진 두 가지 임무와 관련된 것으
로 해석했다. 첫 번째는 유대인들이 "성벽처럼"("집단으로"라는 의미의) 에레
츠 이스라엘(이스라엘의 땅)로 돌아가는 것을 금지했고, 두 번째는 유대인들
이 흩어져 사는 각 국가에 반역을 저지르는 것을 금지했다. 오래된 랍비 전
승은 오직 메시아에 의해서만 성취될 유대인의 궁극적 시온으로의 귀환이
라는 메시아적 소망과 기대에 초점을 맞추었다. 마이클 스타니슬라프스키
가 언급한 바와 같이 랍비들은 오랫동안 종말론적 사변에 반대했다. "유대
인들에게는 '종말을 앞당기거나' 계산하는 것조차도 금지되어 있었다. 메
시아는 하나님이 보시기에 적절한 때에 하나님이 선택하실 것이며, 이 과

정에 개입하려는 인간의 모든 활동은 이단이며, 정죄와 처벌을 받아야 한다."[27] 샬롬 골드먼은 다음과 같이 말했다. "전부가 다 그런 것은 아니지만, 대부분의 유럽 정통파 랍비 지도부는 팔레스타인에 유대인의 독립 국가를 세우려는 시온주의 계획에 반대했다. 이들 정통파 랍비들에게 있어 개인 또는 소규모의 집단 정착은 허용할 수 있었지만, 이보다 더 큰 정치적 계획은 유대인의 구속이 오직 하나님의 개입을 통해서만 이루어질 것이라는 사상에 어긋났다."[28]

랍비 유대교는 시온의 딸들에 대한 두 번째 명령에 따라 반셈족주의 앞에서도 "소극적 저항"이라는 정책을 채택하여 유대인들이 어디에 살든지 권력에 도전하지 말고 저자세를 유지해야 한다고 주장했다. 이러한 소극적인 전략은 유대교 종교법(할라카)에 의해 강화되었다. 밀턴 비오스트에 따르면 이 전략은 "(그 이유는 분명히 제시되어 있지 않지만) 유대인들이 팔레스타인에 있는 옛 고국으로 돌아가지 않겠다는 서약을 담고 있었다. 이 서약은 또한 랍비 유대교의 기본 교리가 되었다."[29] 샬롬 골드먼이 언급한 것처럼 "19세기 후반까지 팔레스타인에 유대인 독립 국가를 세우기 위한 대부분의 계획은 그리스도인들이 주도한 것이었다."[30]

---

27   Michael Stanislawski, *Zionism: A Very Short Introduction* (New York: Oxford University Press, 2017), 3. 랍비 유대교가 전통적으로 시온주의에 반대해온 것에 대한 더 상세한 내용은 다음을 보라. Goldman, *Zeal for Zion*, 4-5.

28   Goldman, *Zeal for Zion*, 10.

29   Milton Viorst, *Zionism: The Birth and Transformation of an Ideal* (New York: Thomas Dunne Books; St. Martin's Press, 2016), 2.

30   Goldman, *Zeal for Zion*, 3.

초기의 세속적 유대인 시온주의 지도자들은 랍비 유대교의 정치적 정적주의를 즉각 거부했다. 19세기에 종족 민족주의가 부상하면서 일부 유대인들은 유대인들이 하나의 종교 집단이 아닌 하나의 민족을 형성한다고 주장하기 시작했고, 이는 공통 역사, 공통 언어, 지리적으로 정의된 조국이 있다는 것을 의미했다. 시온주의자들은 전통적 유대교의 종교적 합의에 완전히 반대하는 태도를 보였다. 1806년 유럽 랍비들로 구성된 대 산헤드린(Great Sanhedrin)은 유대인들은 하나의 민족이 아닌 초국가적 종교 집단이며, 인간의 손이 아닌 하나님의 손에 의해 모든 것이 변화될 메시아적 소망을 고대하고 있다고 선언했다.[31]

유대 민족주의는 1880년대 초 러시아에서 발생한 광범위한 박해와 프랑스와 독일에서 발생한 반셈족주의가 고조되기 이전에도 존재했다. 시온주의자들은 유대 민족주의 사상을 독자적으로 적용했다. 그들은 단순히 박해에만 대응하지 않았다.[32] 19세기 후반 무렵 유대 민족주의자들은 랍비들의 합의에 등을 돌리고 독자적으로 문제를 해결해나갈 준비가 되어 있었다.[33] 비록 1880년대 러시아에서 발생한 유대인 학살과 유럽 전역에서 일어난 반셈족주의의 확산은 의심할 여지 없이 많은 유대인들이 시온주의를 지지하게 만들었지만, 이러한 요인들은 시온주의 운동을 촉진한 것이지,

---

31   Isaiah Friedman, *The Question of Palestine, 1914-1918: British-Jewish-Arab Relations*, 2nd ed. (New Brunswick, NJ: Transaction, 1992), 32.

32   Stanislawski, *Zionism*, 9.

33   Viorst, *Zionism*, 3.

시온주의를 탄생시킨 것은 아니었다.

19세기 초에 대다수 독일 유대인들은 종교적 전통주의자였지만, 19세기 말에는 대부분 그렇지 않았다. 그러나 이러한 변화가 시온주의를 전폭적으로 지지하는 결과를 가져온 것은 아니었다.[34] 19세기 중반에는 심지어 자유주의 랍비들조차도 시온주의를 거의 받아들이지 않았다. 유대교 제의와 신앙을 현대 사회에 맞게 수정하기를 원했던 소수의 급진적인 랍비들은 1845년 프랑크푸르트-암-마인이라는 도시에서 함께 만났고 개인적 메시아에 대한 전통적인 소망을 기꺼이 포기하기로 했다. 그들에 따르면 "유대인들은 메시아의 구속을 기다리기보다는 그들 스스로 세상을 구속해야 했다."[35] 그들은 팔레스타인에 있는 유대인 게토를 통해 구속이 이루어질 것으로 생각하지 않았으며, "순수한 유대교 전통의 관점에서 볼 때 유대인들은 이 세상의 모든 나라가 오직 하나님 한 분만을 인정할 때까지 계속 이 세상 모든 나라로" 흩어져야 한다고 주장했다.[36] 크리스토퍼 사이크스가 19세기 중반에 대해 언급한 바와 같이 "독일에서 모제스 멘델스존과 그의 추종자들이 지닌 영향력은 여전히 막강했으며, 독일 유대인들 사이에서 서구 문명사회의 일원이 되려는 열정은 그 어떤 분노나 괴로움보다 더 강렬

---

34   Yaakov Ariel, "Wissenschaft des Judentums Comes to America: Kaufmann Kohler's Scholarly Projects and Jewish-Christian Relations," in *Die Entdeckung des Christentums in der Wissenschaft des Judentums*, ed. Görge K. Hasselhoff (Berlin: de Gruyter, 2010), 166.

35   Christopher Sykes, *Two Studies in Virtue* (London: Collins, 1951), 122.

36   Sykes, *Two Studies in Virtue*, 123.

했다."[37]

　심지어 20세기 초에도 시온주의는 유대교 내에서 극히 작은 소수의견
이었고, 신학적으로 개혁주의와 정통파를 표방하는 랍비들의 극심한 반대
는 물론, 유대인의 정치적 해방을 위해서는 유대인들이 중동 지역의 조국
에 통합되기보다는 서구 민주주의 사회의 정치적 삶에 통합되는 것이 필요
하다고 믿은 수많은 세속적 유대인들의 반대를 받았다. 또한 현실적인 주
장도 있었다. 19세기에 팔레스타인으로 알려진 이 지역은 오스만 제국에
속해 있었고, 술탄은 이 지역을 유대인들에게 양도할 의향이 없었다. 술탄
은 이슬람과 이슬람 성지의 수호자였기 때문에 유대인에게 영토를 양도한
다는 것은 결코 상상할 수 없는 일이었다. 코란은 이슬람이 점령한 땅을 양
도하는 것을 금지했다. 영국이 "유대인들의 조국" 수립을 지원하기로 약속
한 1917년 11월의 밸푸어 선언(Balfour Declaration) 이후에도 대다수 유대인
들은 팔레스타인 주민들의 시온주의에 대한 강력한 반대를 고려하면 시온
주의적 이상은 매우 비현실적이라고 여겼다.[38] 1880년대와 1945년 사이에
시온주의는 전 세계 유대인들 사이에서 소수견해였고, 대다수 랍비들과 평
신도 지도자들도 냉담한 반응을 보였다.[39]

　1897년 제1회 세계 시온주의 총회에 모인 세속적 유대인들도 메시아
적 소망을 포기하고 싶어 했다. 오히려 그들은 유대인의 동화를 지지하기

37　　Sykes, *Two Studies in Virtue*, 122.

38　　Stanislawski, *Zionism*, 54.

39　　Stanislawski, *Zionism*, 9. 또한 다음을 보라. Goldman, *Zeal for Zion*, 68.

보다는 자신들과 같은 세속적 유대인들에 의해 성취되는 유대인의 팔레스타인 회복을 원했다. 19세기 말과 20세기 초에는 매우 종교적인 유대인들도 시온주의 운동 지지자들 가운데 소수 있었지만 그들은 극소수였다.[40] 초기 시온주의의 선구자인 테오도어 헤르츨(Theodor Herzl)과 이스라엘 쟁윌(Israel Zangwill), 다비드 벤구리온(David Ben-Gurion), 메나헴 베긴(Menachem Begin), 골다 메이르(Golda Meir) 등 주요 이스라엘 국가 설립자들은 확고한 세속적 유대인이었으며, 랍비들로부터 시온주의에 대한 지지를 받기보다는 반대를 훨씬 더 많이 받았다.

19세기 말과 20세기 초에는 세속적 시온주의자들이 유대인들의 팔레스타인 귀환을 추진하는 과정에서 하나님의 뜻을 부지불식간에 행하고 있었다고 주장한 몇몇 선구적 랍비들이 있었는데, 이 점을 인정하는 것은 중요하다. 메시아적 시온주의 운동에서 핵심 인물로 부상한 사람은 영국의 위임통치 기간에 최고 랍비였던 아브라함 아이작 쿡(Abraham Isaac Kook, 1865-1935)이었다. 그 외에도 세속적 유대인도 아니고 메시아적 유대인도 아닌 소수의 정통파 유대인들이 있었는데, 그들은 동화와 반셈족주의의 위협에 대한 현실적인 해결책을 모색하고 있었다. 그들은 1902년에 랍비 아이작 조지프 라인스(Isaac Joseph Reines)의 주도하에 진행된 대규모 시온주의 운동 내에서 미즈라히(Mizrahi)라는 소규모 조직을 결성했다.[41] 그러나 이

---

40   가장 유명한 인물은 영국의 수석 랍비인 Joseph Herman Hertz였다. Sykes, *Two Studies in Virtue*, 222.
41   Reines에 대해서는 다음을 보라. Joshua Hovsha, "Clashing Worlds: Religion and State

러한 종교적 시온주의자들은 주로 매우 이례적인 경우에 해당한다. 사실 1945년 이전에는 대다수 종교적 유대인들이 시온주의에 대해 커다란 적대감을 나타냈고, 오직 메시아만이 유대인들을 그들의 조상이 살던 옛 고향으로 돌려보낼 것이라고 믿었다.[42] 토머스 콜스키는 제2차 세계대전 이후에도 "시온주의는 유대인들 사이에서 소수의 운동으로 남아 있었다"고 주장했다.[43] 1945년 이후 유대인들의 반시온주의는 점차 약화했고, 시온주의에 대한 종교적 유대인들의 반대도 약화했으며, 유대 국가라는 발상에 주저했던 많은 실리주의자들조차도 생각을 바꾸었다. 아무튼 다수의 유대인들이 시온주의를 받아들이도록 만든 것은 결국 홀로코스트였다.[44]

홀로코스트는 많은 종교적 유대인들의 마음에 중요한 변화를 가져왔고, 그들의 전통적인 반시온주의 정서는 잦아들었다(하지만 완전히 사그라진 것은 아니었다). 이전에는 적대적이었던 많은 유대교 종교 지도자들도 이제는 이스라엘 국가 수립을 받아들이게 되었다. 히틀러의 "최종 해결책"의 실행 범위가 드러나면서 유대인의 조국이 세계에 흩어져 사는 유대인을 보호할 수 있는 유일한 방법으로 떠올랐다. 이것은 아마도 유대교 역사상 가장 큰 반전이었으며 이 사건이 지닌 의미만으로도 놀라운 일이 아닐

Dualism in Jewish Political Thought" (master's thesis, the University of the Witwatersrand, Johannesburg, South Africa, 2015), 44-45.

42   Goldman, *Zeal for Zion*, 5.

43   Thomas A. Kolsky, *Jews Against Zionism: The American Council for Judaism, 1942-1948* (Philadelphia: Temple University Press, 1990), 16.

44   Stanislawski, *Zionism*, 54.

수 없지만, 많은 사람들 사이에서 회자하듯이 시온주의가 이루어낸 업적은 전통적 유대교가 고대하던 바의 성취라는 담론으로 인해 퇴색되었다. 이처럼 메시아에 대한 전통적인 기대를 포기하자 일부 유대인들은 종교적 전통 전체에 대한 깊은 환멸과 의문을 갖게 되었고, 어떤 이들은 하나님에 대한 모든 믿음을 포기하게 되었다. 동유럽에서 시온주의자로 자라나 이디시어로 글을 쓰는 미국인 작가가 된 카디아 몰로도프스키는 그녀의 시 "자비로운 하나님"의 첫 구절에서 일부 유대인들이 느낀 깊은 환멸을 다음과 같이 표현했다.

> 자비로우신 하나님,
> 다른 백성을 택하소서,
> 다른 백성을.
> 우리는 죽음과 죽어가는 일에 지쳤습니다,
> 우리에겐 더 이상 드릴 기도가 없습니다.
> 다른 백성을 택하소서,
> 다른 백성을.
> 우리에겐 더 이상 흘릴 피가 없습니다,
> 제물이 될 피가.
> 우리의 집은 사막이 되었습니다.
> 이 땅은 우리의 무덤이 되기에 부족합니다,
> 더 이상 우리를 위한 슬픔의 노래도 없고

더 이상 비탄의 노래도 없습니다.

이 오래된 거룩한 책에는.

자비로우신 하나님,

다른 나라를 거룩하게 하소서,

다른 산을.

우리는 모든 들판과 모든 돌 위에 뿌렸습니다.

재를, 거룩한 재로.

노인들의 재로,

젊은이들의 재로,

그리고 아기들의 재로.

우리는 치렀습니다.

당신이 주신 십계명의 모든 글자에 대한 대가를.[45]

이스라엘의 세속적 건국자들이 이스라엘을 세속적인 국가, 세속화되어가
는 국가로 구상했다는 사실을 이해하는 것은 매우 중요하다. 샬롬 골드먼
이 언급한 바와 같이 "정치적 시온주의는 세속적 유대인들에 의해 창시되
고 주도되었으며…이스라엘의 지배층 엘리트들은 오늘날까지도 세속적이

---

45 Kadya Molodowsky, "Merciful God," in *Paper Bridges: Selected Poems of Kadya Molodowsky*, trans., introduced, and ed. Kathryn Hellerstein (Detroit: Wayne State University Press, 1999). 허락을 받아 사용함.

다.["46] 이스라엘 건국자들은 유대교의 고향이 아닌 유대인들의 조국을 원했다. 스타니슬라프스키가 언급한 것처럼 "벤구리온과 그의 추종자들은 유럽 유대인들의 경험에 기초한 유대인의 역사관, 즉 유대인들이 '현대성'을 접하면 근본적인 변화를 경험하게 될 것이라는 기대감에 사로잡혀 있었다. 즉 그들은 무엇보다도 낡은 종교적 견해와 관습을 벗어버리고 새로운 세속적 세계관과 삶의 방식을 채택할 것이다."[47]

따라서 1948년의 독립 선언서는 비록 "전능하신 하나님에 대한 믿음으로"라는 말로 끝을 맺지만, 이스라엘을 하나님이 유대인들에게 약속하신 언약의 땅이라고 언급하지 않았다. 건국자들은 이스라엘 군대와 국가가 운영하는 공립학교 시스템이 함께 협력하여 이스라엘에 들어오는 종교적 유대인들이 자신들처럼 하스칼라(Haskalah) 유대인(또는 계몽주의를 지향하는 유대인)이 되기를 원했다. 이 비전은 나프탈리 헤르츠 임베르(Naphtali Herz Imber)의 열정적인 노래에 담겨 있는데, 이 노래는 하티크바(Hatikvah, 우리의 희망)로 알려져 있으며 1886년에 처음 발표된 초기 시온주의 운동의 애창곡이다. 이것은 2004년에 이스라엘의 국가(國歌)로 채택되었다. 하티크바는 하나님이나 유대교에 대한 언급 없이 세속적 시온주의의 비전을 제시하지만, 유대교가 오랫동안 간직해온 예루살렘에 대한 갈망이 종교적 기억이 아닌 민족적·문화적 기억이라고 주장한다. 첫 소절을 번역하면 다

---

46   Goldman, *Zeal for Zion*, 3.
47   Stanislawski, *Zionism*, 68.

음과 같다.

> 유대인 영혼의 깊은 곳에서 심장이 고동치는 한,
> 머나먼 동쪽 끝에서 시온을 갈망하는 눈빛이 있는 한,
> 우리의 희망, 2천 년간 이어져온 희망은 사라지지 않으리.
> 우리의 땅에서 자유인이 되는 것,
> 시온의 땅 예루살렘에서.[48]

초정통파 유대인을 가리키는 하레딤(Haredim)은 여전히 그것에 강력하게 반대한다. 미국 기독교 시온주의자들은 종종 친이스라엘 집회에서 이 노래를 불렀고, 일부는 이것을 그들의 교회 예배에 포함했다. 임베르는 자신의 열정을 함께 공유한 독특하고 부유한 이방인 시온주의자인 로런스와 앨리스 올리펀트의 영향력이 없었다면 결코 하티크바를 쓰지 못했을 것이라는 점을 종종 인정했다.[49]

그러나 이스라엘에 대한 유대인 세속주의자들의 소망은 실현되지 않았다. 왜냐하면 일부 유대인들(특히 서구에서)은 신앙을 잃었지만, 다수의 유대인들은 그렇지 않았기 때문이다. 세속화 이론의 대가들이 현대 사회에서 결국 종교가 사라질 것이라는 자신들의 예언을 수정해야 했듯이 이스라

---

48   Goldman, *Zeal for Zion*, 42.
49   Oliphant에 대해서는 다음을 보라. Goldman, *Zeal for Zion*, 1장.

엘이 점점 더 세속화된 사회가 되어 전통적 유대인의 신앙과 관습으로부터 등을 돌릴 것으로 기대했던 세속적 유대인들 역시 자신들의 생각을 수정해야 했다. 독립 직후 이스라엘은 유대인들의 제한 없는 이민을 장려했다. 이라크와 루마니아와 같은 공산주의 국가나 아랍 국가에서 온 이민자들은 주로 매우 독실한 신앙을 가지고 있었다. 북미와 남미, 서유럽, 호주의 부유한 유대인들은 대부분 이스라엘로 이주하지 않았다.

1967년의 6일 전쟁 이후 아랍 세계에서 이주한 매우 종교적인 유대인들의 대거 유입과 1989년 베를린 장벽 붕괴 이후의 러시아 유대인들의 이민은 보수적인 형태의 유대교가 이스라엘에서 꾸준히 성장하는 데 크게 기여했다(비록 아이러니하게도 보수적 혹은 마소르티 유대교로 잘못 알려진 자유주의 운동은 성장하지 않았지만 말이다). (아마도 빠르면 1947년 초에) 시행된 벤구리온의 정책은 초정통파 유대인들(하레딤)이 학교를 운영하는 것을 허용했고(국가가 운영하는 세속적 및 정통파 시온주의 체계와는 별도로), 탈무드 학교에서 공부하는 젊은이들을 이스라엘 방위군 징집에서 면제해주었으며, 유대인 종교 단체를 위한 정부 보조금과 수당을 지원함으로써 초정통파가 이를 활용하게 된 선례를 제공했다. 정통파 유대 기관인 최고 랍비 위원회(Chief Rabbinate)는 정부로부터 막강한 권력과 상당한 재원을 지원받았다. 이 기관은 유대인의 결혼, 이혼, 입양과 같은 개인의 신상과 관련된 문제들을 관장한다. 이스라엘의 유대인들을 위한 종교 법원은 정통파 랍비들이 단독으로 관할한다. 최고 랍비 위원회는 "음식을 취급하는 사업체에 대한 카슈루트 인증과 유대교로의 개종(이것은 이스라엘에서 이민자가 완전한 시민권을 얻는 관문이기도 함)에 대한 독점적 권한을 가진다."[50] 공식 휴일은 토요일과 유대인의 대성일로 정했으며, 군대와 모든 국가 기관은 코셰르 음식을 제공하는 것으로 정했다.[51] 오늘날 이스라엘의 세속적 유대인들과 초(ultra)종교적 유대인들 사이의 갈등은 심각하며, 이스라엘의 정책 입안자들에게 큰 우려를 초래하고 있다.

시온주의를 연구한 초기 역사가들 가운데 대다수는 시온주의 역사에서 그리스도인들이 수행한 중요한 역할을 제대로 인식하지 못하거나 이를 무시했다. 아이러니하게도 기존의 시온주의 역사 기술은 종교가 (유대교든 기독교든) 어떤 식으로든 이스라엘 건국에 도움을 주었다는 주장에 거부감을 드러낸 역사가들이 주도해왔다. 하지만 이제는 상황이 바뀌었다. 베냐민 네타냐후는 1948년의 이스라엘 건국에 있어 기독교 시온주의자들의 지지가 결정적이었다고 거듭 강조했다. 시온주의를 연구한 초기 역사가들에게 네타냐후의 견해는 이단이나 다름없었을 것이다. 본서는 잘 알려지지 않은 이 운동의 역할, 동기, 영향력 등을 올바르게 이해하고자 한다.

---

50   Tomer Persico, "The End Point of Zionism: Ethnocentrism and the Temple Mount," *Israel Studies Review* 32, no. 1 (2017): 115.
51   Stanislawski, *Zionism*, 71.

1장

초기 교회에서 종교개혁까지

본 장은 성경 시대부터 16세기 종교개혁에 이르기까지 유대인과 그리스도인의 관계에 관한 지식이 거의 없는 독자에게 배경 지식을 제공하고자 한다. 이 문제들에 대해 본 장의 내용보다 심도 있게 다룬 책이 훨씬 더 많으므로 이러한 개요는 한없이 빈약하다! 본 장에서 논의하는 문제들은 처음 읽을 때 다소 이질적이며 연관성이 없어 보일 수 있지만, 각각의 문제는 16세기 기독교 시온주의가 하나의 운동으로 부상하는 데 중요한 역할을 담당했다.

기원후 1세기에 예수를 믿는 유대인 신자들은 자신들을 신생 종교를 따르는 사람이 아니라 신실한 이스라엘인으로 여겼다. 그러나 이방인 선교가 확산됨에 따라 예수를 믿는 비유대인 신자들을 어떻게 묘사할지에 대한 문제가 대두되었다. 비록 자신들은 유대인이 아니었지만, 그들의 믿음의 중심인물은 유대인이었고, 그의 유대 배경과 자기 이해는 기독교를 이해하는 데 필수적이었다.[1] 그들은 이방인으로 남아 있으면서도 역사적으로 자

---

1   초기 유대인 신자들은 "유대교"와 "기독교"를 서로 다른 두 개의 종교로 생각하지 않았기 때문에 나는 기독교와 유대교라는 용어를 이 시기에 사용하는 것에 대해 신중하게 접근한다. 이 문제에 대해 조언해준 Philip Church에게 감사한다. 다음을 보라. John M. G. Barclay, *Jews in the Mediterranean Diaspora: From Alexander to Trajan (323 BCE-117 CE)* (Edinburgh: T&T Clark, 1996), 410; Steve Mason and Philip F. Esler, "Judaean and ChristFollower Identities: Grounds for a Distinction," *New Testament Studies* 63 (2017): 493–515; John H. Elliott, "Jesus the Israelite Was Neither a 'Jew' Nor a 'Christian': On Correcting Misleading

신들을 "하나님의 이스라엘"로 이해해왔는데, 이 문구는 사도 바울이 갈라디아서 3:29과 6:16에서 그리스도인들을 묘사할 때 사용한 것이다. 이 "하나님의 이스라엘"이 어떻게 유대인과 연관되어 있는지는 기독교 정체성 형성과 기독교 시온주의의 저변에 깔린 핵심적인 질문이다.

이방인 그리스도인들은 새로운 양자 정체성을 갖고 있다. 그들의 조상은 오딘, 제우스, 토르, 비슈누를 숭배하거나 신을 전혀 숭배하지 않았을 수 있지만, 지금은 아브라함, 이삭, 야곱의 영적 후손으로서 자신들의 문화나 종교의 역사와 무관한 양자의 관계를 맺고 있다. 그리스도인의 자기 이해에서 가장 중요한 핵심은 이방인들이 유대 족보에 접붙여졌다는 개념인데, 이는 바울이 로마서 11:17-18에서 소개하는 이미지다. "돌 감람나무인 네가[이방인 그리스도인들] 그들 중에 접붙임이 되어 참 감람나무 뿌리의 진액을 함께 받는 자가 되었은즉 그 가지들을 향하여 자랑하지 말라. 자랑할지라도 네가 뿌리를 보전하는 것이 아니요 뿌리가 너를 보전하는 것이니라." 그리스도인의 정체성은 그리스도인이 유대교의 뿌리를 갖고 있다는 깨달음과 직결되어 있다. 그렇다면 그리스도인들은 유대인들과 어떤 관계를 맺어야 할까? 그리스도인들은 한 민족으로서 유대인들의 지속적인 역할을 어떻게 이해해야 할까?

이러한 질문과 관련된 문제는 "땅"인데, 이것은 유대교 경전 전반에 걸쳐 반복적으로 언급되는 핵심 개념이다. 유대인들에게 약속된 땅은 여전히

Nomenclature," *Journal for the Study of the Historical Jesus* 5 (2007): 119-54.

유효한가? 유대인의 회복이라는 개념은 여전히 유효한가? 그것은 유대교와 기독교 사상사에 어떻게 부합하는가? 유대인은 "유대인의 고향"으로 돌아가야 한다는 개념을 그리스도인들이 어떻게 받아들여야 할지에 관한 질문은 유대교와 기독교 경전의 본질을 고려하면 복잡하면서도 문제가 많다. 이러한 문제에 대한 그리스도인들의 불확실성은 그러한 "귀환"이 언제 그리고 어떻게 이루어질지에 관해 유대교 스스로가 갖는 모호함과 맞물려 있다. 확실히 "땅"이라는 개념은 유대인의 역사와 염원의 핵심이다. 유대인들은 1,500년이 넘도록 그러한 회복을 갈망했고 성전 재건을 위해 날마다 기도해왔지만, 유대인의 귀환은 그들이 인내하며 기다려야 하는 지극히 거룩한 인간인 하나님의 메시아에 의해 이루어질 것이라고 믿었다.

성경적 배경

아브라함에게 주신 땅에 대한 약속(창 12장). 유대인과 그리스도인에게 모두 이러한 신학적 질문의 출발점은 창세기 12:1-8에서 하나님이 아브람을 부르신 사건이다.

> 여호와께서 아브람에게 이르시되,
> "너는 너의 고향과
> 친척과
> 아버지의 집을 떠나

내가 네게 보여 줄 땅으로 가라.

내가 너로 큰 민족을 이루고

네게 복을 주어

네 이름을 창대하게 하리니

너는 복이 될지라.

너를 축복하는 자에게는 내가 복을 내리고

너를 저주하는 자에게는 내가 저주하리니

땅의 모든 족속이 너로 말미암아 복을 얻을 것이라" 하신지라.

이에 아브람이 여호와의 말씀을 따라갔고 롯도 그와 함께 갔으며…마침내 가나안 땅에 들어갔더라.…여호와께서 아브람에게 나타나 이르시되 "내가 이 땅을 네 자손에게 주리라" 하신지라.

여호수아 21:43-45에 따르면 이러한 땅에 대한 약속은 어느 한 시점에 성취되었다.

여호와께서 이스라엘의 조상들에게 맹세하사 주리라 하신 온 땅을 이와 같이 이스라엘에게 다 주셨으므로 그들이 그것을 차지하여 거기에 거주하였으니 여호와께서 그들의 주위에 안식을 주셨으되 그 조상들에게 맹세하신 대로 하셨으므로 그들의 모든 원수들 중에 그들과 맞선 자가 하나도 없었으니 이는 여호와께서 그들의 모든 원수들을 그들의 손에 넘겨 주셨음이니라. 여호와께서 이스라엘 족속에게 말씀하신 선한 말씀이 하나도 남음이 없이 다 응하였더라.

그리스도인들에게 있어 논쟁의 핵심은 이 아브라함의 언약이 여전히 유효한지 아니면 모세의 언약과 모세의 율법처럼 그리스도의 오심으로 대체되었는지에 있다.

히브리 성경에서는 "땅"의 소유가 하나님이 주신 계명에 대한 이스라엘의 신실함에 달려 있다고 여겼다(신 28:8-9). 제럴드 맥더못은 "토라는 땅의 영원한 소유를 보장하지 않았다. 토라는 하나님께 대한 신실함과 그 땅에 거하는 주민들에 대한 정의를 그 땅을 소유할 수 있는 조건으로 제시했다."[2] 많은 현대 기독교 시온주의자들은 유대인의 땅에 대한 영원한 "소유권"(ownership)과 그들의 조건부적인 땅의 "소유"(possession)를 구분한다. 그들은 아브라함과 그의 후손들에게 주어진 땅은 항상 유대인들이 그 소유권을 가지고 있을 것이지만, 그들은 때때로 그 땅을 실제로 소유할 수 없었다고 주장한다.

---

2   Gerald R. McDermott, "A History of Christian Zionism: Is Christian Zionism Rooted Primarily in Premillennial Dispensationalism?," in *The New Christian Zionism: Fresh Perspectives on Israel and the Land*, ed. Gerald R. McDermott (Downers Grove, IL: IVP Academic, 2016), 51.

신약성경과 두 이스라엘에 대한 질문

초기 기독교 저술가들은 유대교에 대한 신약성경의 태도를 놓고 씨름했다. 한편으로 많은 사람들은 바울이 갈라디아서 3:29과 6:15-16에서 사용한 언어를 근거로 현재의 교회를 "하나님의 이스라엘"로 간주했다. 또한 교회가 유대인들의 종교를 대체했다—일부 그리스도인들은 "완성했다" 또는 "성취했다"라는 표현을 사용하여 이 개념을 설명한다—는 주장도 생겨났다. 이것이 바로 "대체주의"(supersessionism) 또는 흔히 "대체 신학"(replacement theology) 또는 "전이 신학"(transference theology)이라는 것의 기원이다. 이것은 교회가 "육신을 따라 난" 이스라엘(유대인)을 대체했고, 교회는 이제 히브리 성경에서 이스라엘에 주신 약속을 계승했다고 주장한다. 이러한 견해는 아우구스티누스의 시편 114:3 주석에서 다음과 같이 간결하게 표현되어 있다.

> 그러므로 우리가 여기서 무엇을 배울 수 있는지 생각해보자. 이 둘은 모두 우리의 전형적인 행위이고, 이 말씀들은 우리 자신이 누군지를 깨달을 수 있도록 권면하기 때문이다. 만약 우리가 하나님께서 우리에게 주신 은혜를 굳건한 마음으로 붙잡으면 우리는 아브라함의 씨, 곧 이스라엘이다. 사도는 우리에게 "[그러므로] 너희가…아브라함의 자손"이라고 말씀하신다[갈 3:29]. 그러므로 어떤 그리스도인도 이스라엘이라는 명칭이 자신에게 어울리지 않는다고 생각해서는 안 된다. 왜냐하면 우리는 모퉁이 돌 안에서 믿음을 지닌 유대인들

과 연결되어 있으며, 우리는 그들 속에서 최고의 사도를 발견할 수 있기 때문이다. 그러므로 우리 주님은 또 다른 본문에서 다음과 같이 말씀하신다. "또 이 우리에 들지 아니한 다른 양들이 내게 있어 내가 인도하여야 할 터이니 그들도 내 음성을 듣고 한 무리가 되어 한 목자에게 있으리라"[요 10:16]. 그러므로 그리스도인은 곧 이스라엘이요 또한 야곱의 집인데, 이는 이스라엘과 야곱이 같기 때문이다. 그러나 수많은 유대인들은 비난을 받아 마땅하다. 그들은 육체의 쾌락을 위해 상속권을 팔아버림으로써 야곱이 아닌 에서에게 속하게 되었다. 너희는 "큰 자가 어린 자를 섬기리라"라는 말씀의 숨은 뜻을 잘 알고 있다.[3]

또 다른 중요한 본문은 바울이 할례에 관해 다루는 로마서 2:28-29이다. "무릇 표면적 유대인이 유대인이 아니요 표면적 육신의 할례가 할례가 아니니라. 오직 이면적 유대인이 유대인이며 할례는 마음에 할지니 영에 있고 율법 조문에 있지 아니한 것이라. 그 칭찬이 사람에게서가 아니요 다만 하나님에게서니라." 이 본문은 "유대인은 누구인가?"라는 난해한 질문을 제기한다.

이러한 견해는 이스라엘이 이제 완전히 쓸모없고 무의미하며, 더 이상 하나님의 구속 계획에서 지속적인 역할을 하지 않는다는 관점을 취하는 경향이 있다. 그러나 대체주의자들은 그들이 "대체 신학"을 갖고 있다는 말

---

3 Augustine of Hippo, *Expositions on the Book of Psalms*, in *A Select Library of the Nicene and Post-Nicene Fathers of the Christian Church*, ed. Philip Schaff, trans. A. Cleveland Coxe, First Series (New York: Christian Literature Company, 1888), 8:550.

을 듣는 것에 동의하지 않을 것이다. 그들의 견해에 따르면 교회는 이스라엘을 대체하지 않고 "믿음으로 항상 참 이스라엘이었다"(참조. 롬 9:6).[4] 앤드루 크롬이 지적한 바와 같이 "그 차이점은 교회가 (하나의 민족이 아닌 영적 공동체로서) 하나님의 고귀한 도구로 사용되는 방식에 있는데, 이제 그 방식이 이방인들에게도 열려있다는 것이다. 따라서 대체주의자들은 그들의 신학이 연속성을 지지한다고 주장한다. 즉 예언자들과 족장들도 현대 신자들과 마찬가지로 교회의 일부라는 것이다."[5]

반면 바울은 로마서 11:1에서 유대 역사를 근거로 다음과 같이 주장한다. "그러므로 내가 말하노니 하나님이 자기 백성을 버리셨느냐? 그럴 수 없느니라. 나도 이스라엘인이요 아브라함의 씨에서 난 자요 베냐민 지파라." 위에서 언급한 바와 같이 그는 이방인들이 이스라엘에 접붙임을 받은 돌감람나무 가지라고 말하지만, 미래의 어느 시점에 "원가지"가 다시 접붙임을 받게 되기를 바란다(롬 11:17-24을 보라). 바울은 11장 마지막 부분에서 가장 혼란스럽고 논쟁의 여지가 있는 몇 가지 진술로 자신의 주장을 마무리한다.

형제들아, 너희가 스스로 지혜 있다 하면서 이 신비를 너희가 모르기를 내가 원하지 아니하노니 이 신비는 이방인의 충만한 수가 들어오기까지 이스라엘

---

4   Andrew Crome, *Christian Zionism and English National Identity, 1600-1850* (Cham, Switzerland: Palgrave Macmillan, 2018), 3n4.

5   Crome, *English National Identity*, 3n4.

의 더러는 우둔하게 된 것이라. 그리하여 온 이스라엘이 구원을 받으리라. 기록된바

"구원자가 시온에서 오사

야곱에게서 경건하지 않은 것을 돌이키시겠고

내가 그들의 죄를 없이 할 때에 그들에게 이루어질 내 언약이 이것이라"

함과 같으니라. 복음으로 하면 그들이 너희로 말미암아 원수된 자요 택하심으로 하면 조상들로 말미암아 사랑을 입은 자라. 하나님의 은사와 부르심에는 후회하심이 없느니라. 너희가 전에는 하나님께 순종하지 아니하더니 이스라엘이 순종하지 아니함으로 이제 긍휼을 입었는지라. 이와 같이 이 사람들이 순종하지 아니하니 이는 너희에게 베푸시는 긍휼로 이제 그들도 긍휼을 얻게 하려 하심이라. 하나님이 모든 사람을 순종하지 아니하는 가운데 가두어 두심은 모든 사람에게 긍휼을 베풀려 하심이로다(롬 11:25-32).

이 본문은 그리스도인-유대인 관계의 역사에서 매우 중요하다. 그러나 바울이 이 본문에서 "이스라엘"이라는 용어를 사용할 때 그가 매번 이 용어를 같은 의미로 사용하는지는 분명치 않다. 그가 "온 이스라엘이 구원을 받으리라"고 말한 것은 언젠가 "모든 유대인이 구원받을 것"임을 의미하는가? 아니면 그가 사용한 "이스라엘"이 "이스라엘의 더러는 우둔하게" 되었다고 언급한 첫 번째 경우에는 믿지 않는 유대인들을 가리키는 반면, 두 번째 경우에는 유대인과 이방인으로 구성된 하나님의 새로운 이스라엘을 가리키는 것일까? 두 번째 설명에 동의하는 사람들은 바울이 미래의 어느 시

점에 모든 유대인이 구원을 받게 될 것을 약속하는 것이 아니라 이전에 배제되었던 이방인들이 새롭게 형성된 하나님의 백성 범주 안으로 들어올 때 비로소 새 이스라엘이 완성되어 그 결과 새 이스라엘("하나님의 이스라엘")이 모두 구원받게 될 것을 의미한다고 주장한다. 어떤 해석을 취하든 바울은 교회가 절대로 유대교 뿌리에서 끊어지지 않았다고 스스로 생각해야 한다고 주장함과 동시에 분명히 기독교와는 별개로 유대인들이 종교적으로 계속 존재할 것을 기대한다. 그리스도인들이 "육신을 따라 난 이스라엘"과 계속 어떤 관계를 맺어야 하는지에 관한 질문은 기독교 역사상 가장 복잡하고 어려운 문제 중 하나다.

유대인의 역사와 땅의 상실

유대인의 역사는 정복, 학살, 포로생활 등으로 크나큰 상처를 입었다. 그러나 놀랍게도 유대인들은 전 세계로 널리 흩어졌음에도 불구하고 자신들의 뚜렷한 정체성을 유지해왔다. 역사상 어떤 민족도 이들처럼 한 번도 아닌 두 번이나 거듭된 멸망과 포로생활의 트라우마 속에서도 자신의 신앙과 정체성을 지키며 살아남은 민족은 없다. 기원전 722년에 아시리아는 북왕국 이스라엘을 정복했고 유대인들을 곳곳에 흩어지게 했다. "이스라엘의 잃어버린 열 지파"를 찾기 시작한 것은 바로 이 시기부터였다. 유대인들의 두 번째 디아스포라(분산, 흩어짐)는 느부갓네살이 남왕국 유다의 유대인들을 끌고 간 기원전 597년으로 거슬러 올라간다. 그는 586년에 유다를 정복한 후 바빌로니아에 포로 공동체를 세우는 것을 허용했다. 기원전 538년에 페르시아 통치자 키로스(고레스)는 바빌로니아의 유대인들이 팔레스타인으로 귀환하는 것을 허용했지만, 다수는 이를 거부했다. 느헤미야(기원전 413년경)는 그들의 포로생활을 이스라엘의 불성실함에 대한 하나님의 심판으로 여겼다.

그리스도 시대의 대다수 유대인들은 로마 제국 전역에 흩어져 살았고, 이집트와 중동의 다른 지역에도 상당수의 유대인들이 흩어져 살았다. 기원후 70년에 새로 신설된 로마 보호령인 유대에서 반란이 일어났을 때 로마는 예루살렘을 멸망시키고 유대를 로마의 속주로 합병했으며 많은 유대인들을 그 도시에서 추방했다. 기원후 132년에서 136년 사이에 일어난 바르 코크바 반란 이후 팔레스타인에 살던 유대인들의 삶은 철저히 파괴되었고, 그 후 로마는 유대인들이 예루살렘에 거주하는 것을 금지했다. 로마의 역사가 디오 카시우스는 로마인들이 58만 명의 유대인 남자를 죽였고 이보다 더 많은 사람이 기근과 질병으로 죽었다고 주장했다.[6] 기원후 350년에서 351년 사이에 일어난 또 다른 유대인의 반란은 빠르게 진압되었고, 수천 명 이상의 유대인들이 죽임을 당했다. 기원후 395년에 로마 제국이 영원히 분열된 이후 비잔티움 제국 통치자들은 팔레스타인에 사는 유대인들에게 지속적인 압력을 가했고 기원후 500년경에는 그 지역의 유대인들은

---

6   David Brog, *Reclaiming Israel's History Roots, Rights, and the Struggle for Peace* (Washington, DC: Regnery, 2017), 18.

소수에 불과했다.[7]

그러나 많은 종교적 유대인들은 언젠가 메시아가 그들이 다시 팔레스타인으로 돌아가 정착할 수 있게 함으로써 예루살렘이 다시 그들의 신앙이 뿌리내릴 수 있는 종교적·문화적 중심지가 되기를 바랐다. 이러한 소망은 일부 초정통파 유대인들 사이에서 아직도 여전히 남아 있는데, 그들은 메시아만이 이러한 회복을 가져올 수 있다고 주장하며, 세속적 유대인들이 세운 유대인 국가를 탐탁지 않게 보고 있다. (종교적 유대인들은 세속적 유대인들을 히브리어로 힐로니[heeloni], 즉 "불경한 자들"이라고 부른다.)

초기 교회 교부들: 유대인에 대한 성경적 배경 이해

유대교의 과오는 사실 기독교가 주장하는 진리의 핵심이다.
기독교적 관점에서 보면 유대교와 유대인들의 과오가 기독교의 출현을 위한 길을
마련한 셈이다. 따라서 유대교의 과오와 기독교 진리는
본질적으로 서로 연관되어 있다. 유대인이 실제로 그러한지 여부에 관계없이
기독교의 세계관에는 필연적으로 유대인이 크게 자리 잡고 있다.[8]

로버트 차잔

그리스도인들 사이에서 유대인에 대해 느끼는 깊은 양가감정은 신약성경 시대 이후 기독교 교회와 유대교 회당 간에 지속적인 충돌이 생기면서 기

---

7   Brog, *Reclaiming Israel's History*, 21.
8   Robert Chazan, "The Prior Church Legacy," in *The Middle Ages: The Christian World* (Cambridge: Cambridge University Press, 2018), 9.

원후 1세기에 발전했다. 신약성경 저자들은 예루살렘 교회의 초기 지도자들과 마찬가지로 모두 유대인이었지만, 2세기에는 거의 모든 기독교 지도자들이 이방인이었다. 사도 바울의 글은 기독교 교회의 이방인 지도자들이 조화시키기에는 복잡하고 어려운 다양한 강조점을 담고 있었다. 그들에게 있어 성경에 나오는 이삭과 이스마엘, 그리고 야곱과 에서 간에 있었던 형제 간의 경쟁 이야기는 유대인과 그리스도인의 갈등을 대변하는 대표적인 이야기로, 주도권이 장자에게서 차자에게로 넘어가고, 장자는 하찮은 존재로 전락하는 것을 의미했다. 로버트 차잔이 주장했듯이 육신의 법은 영적 믿음에 의해 대체되었고, 바울이 "유대인을 장자권을 넘겨준 맏형으로 묘사한 것은 이방인 기독교 공동체 내에서 유대교와 유대인에 대한 부정적인 시각을 만들어냈으며, 이후 유대교와 유대인에 대한 모든 기독교 사고에 강력한 유산을 남겼다."[9] 동시에 로마서에서 바울은 동족 유대인들의 완고함을 책망하면서도 하나님의 계시 안에서 유대인이 맡은 역할을 칭송하고, 또 동시에 유대인이 이방인 그리스도인을 접붙인 감람나무의 뿌리라는 점에서 유대인에 대한 깊은 사랑을 드러내며, 궁극적으로 그들이 하나님께 다시 돌아오기를 간절히 바라는 마음을 표현한다. 차잔은 다음과 같이 지적한다. "향후 기독교 사상에서 책망과 관용 사이를 오가는 바울의 태도는 특히 유대교와 유대인에 대한 기독교의 규범적 입장을 규명하고자 했던 주요 기독교 사상가들에게 결정적인 영향을 미치게 되었다. 이 사상가들

---

9   Chazan, "Prior Church Legacy," 10.

은 복잡한 바울의 메시지를 지속적으로 강조했다."[10] 복음서 기사와 사도행전은 유대인들에 대한 그리스도인들의 사고, 특히 그리스도의 죽음에 대한 유대인의 책임에 관한 평가에 큰 영향을 미쳤다는 측면에서 바울 서신보다 훨씬 더 중요했을 것으로 보인다.[11]

초기 교회 안에서는 유대교에 대해 극도로 적대적인 감정을 드러내며 히브리 성경을 거부한 자들과 히브리 성경도 기독교 성경이라고 주장하는 주류들 사이에 논쟁이 벌어졌다. 이로써 구약성경은 "인류를 향한 하나님의 구원 계획을 이어받는 [기독교의] 차기 단계의 전조이자 예고편"으로 받아들여지게 되었다.[12] 이것은 기독교 정체성의 한계와 본질을 정의하는 데 중요한 역할을 했다. 차잔은 다음과 같이 말한다.

히브리 성경과 이스라엘 백성을 기독교의 핵심으로 흡수하는 과정에는 기독교와 유대교의 경멸적인 대조가 포함되어야 했고 실제로도 그렇게 되었다. 초기의 교부들은 방대한 반유대주의적(*contra Judaeos*) 문헌을 만들어냈는데, 이는 히브리 성경을 문자적으로 읽는 것에 매력을 느끼거나 히브리 성경에 대한 유대인들의 견해에 휘둘릴 수 있는 순진한 그리스도인들이 유대교와 유대인들에게 느낄 수 있는 잠재적 매력을 축소하는 의도를 가지고 있었다.[13]

---

10   Chazan, "Prior Church Legacy," 15.
11   이에 대한 자세한 논의는 다음을 보라. Chazan, "Prior Church Legacy," 15-23.
12   Chazan, "Prior Church Legacy," 24.
13   Chazan, "Prior Church Legacy," 25.

이러한 기독교 변증 문헌의 핵심은 영적인 것과 육적인 것에 대한 바울의 대조였다. 비영적 유대인들은 새로운 영적 시대의 도래를 받아들이지 못하고 그들의 제의적 율법에 집착했는데, 기독교 저술가들은 이를 날카롭게 비판했다.

> 예수의 초림 이후에도 계속된 유대교의 제의적 율법 준수 행위는 육적인 것을 수용한다는 의미에서 신랄한 비판을 받았다. 이러한 관습은 히브리 성경에서 유래한 종교의식에서 영적(즉 참된) 의미를 찾아내는 그리스도인의 능력과 대조되었다. 유대인들이 성경의 기록을 문자적으로 해석하는 것은 그들의 실패를 보여주는 또 다른 일면이었으며, 사실상 두 신앙 공동체 사이에 있었던 갈등의 핵심이었다. 두 공동체 모두 자신들의 근간을 히브리 성경에서 발견했지만, 유대인들은 이를 올바르게 읽어내지 못한 반면, 그리스도인들은 이를 올바르게 이해했다.[14]

반유대주의 논쟁은 기원후 70년 로마의 예루살렘 성전 파괴를 초래한 정치적 사건을 통해 새로운 국면을 맞이했다. 그리스도인들에 대한 유대인들의 적대감은 성전 파괴와 함께 더욱 고조되었는데, 이는 그리스도인들이 이 사건을 공관복음(마 24:2; 막 13:2; 눅 19:44)에서 반복적으로 나타나는 그리스도의 예언("돌 하나도 돌 위에 남지 않고 다 무너뜨려지리라")의 성취로 이해

---

14   Chazan, "Prior Church Legacy," 25.

했기 때문이다. 알렉산드리아의 오리게네스(184-253년경)와 카이사레아의 에우세비오스(260/265-339/340년)는 모두 성전 파괴가 하나님의 심판이라는 견해를 분명히 밝혔다.[15] 그 후 130년대에 일어난 바르 코크바 반란에서 유대인들의 패배는 결국 이 논쟁을 더욱 격화시켰다. 차잔은 "교부들은 유대인의 패배를 유대인들이 저지른 과오를 입증하기 위한 하나님의 개입으로 해석할 수 있었고 실제로 그렇게 해석했다"고 지적한다. 이러한 평가는 "고대 후기와 그 이후에 유대교와 유대인에 대한 기독교의 표준 관점의 일부가 되었다."[16] 이후 수 세기 동안 회당은 그들이 신생 종교로 간주한 것에 많은 신자를 빼앗겼다고 생각하여 회당과 교회 사이의 불연속성을 강조했고, 상호 간의 모든 유사점에도 불구하고 사실상 둘이 서로 다른 종교라고 주장하기를 원했다는 점을 고려할 때 교회와 회당 사이에 수 세기 동안 계속된 치열한 경쟁은 충분히 이해할 만하다.

교부들의 천년왕국 사상. 초기 그리스도인들의 태도에 영향을 미친 또 다른 요인은 종말론(그리스어로 "마지막"을 뜻하는 "에스카톤"[eschaton]에서 유래한 것으로, 마지막 때에 일어날 일들 또는 종말에 대한 교리)이었다. 동방(정교회)과 서방(로마 가톨릭교회와 개신교)의 교회에 속한 그리스도인들은 공통으로 사도신경과 니케아-콘스탄티노플 신조를 지지했는데, 이 두 신조는 예수 그리

---

15   Shalom Goldman, *Zeal for Zion: Christians, Jews, & the Idea of the Promised Land* (Chapel Hill: University of North Carolina Press, 2009), 6.

16   Chazan, "Prior Church Legacy," 25.

스도가 "산 자와 죽은 자를 심판하러 오실 것"을 명시하고 "몸이 다시 사는 것과 영원히 사는 것"을 확언하지만, 종말론(미래)에 대한 문제에 관해서는 침묵한다. 하지만 성경의 종말론적 본문을 해석하는 데 있어 그리스도인들을 분열시키는 가장 중요한 이슈 중 하나는 요한계시록 20장에 언급된 "천"(라틴어로는 밀레) 년에 대한 해석이다. 이 본문은 신구약 전체를 통틀어 유일하게 "천 년"(라틴어로는 밀레니움)이라는 예언적 시대를 언급한다. 이 신비하고 불가사의한 단어는 여섯 구절에 걸쳐 연속적으로 여섯 번 등장하지만(계 20:2-7), 다른 본문에서는 이 단어를 전혀 찾아볼 수 없다. 어니스트 리 투베슨은 "이와 비슷한 길이의 다른 어떤 본문도 인간의 태도와 신념에 그토록 오랫동안 계속 큰 영향력을 행사하지는 못했다"고 말한다.[17] 이 여섯 구절은 아마도 히브리 성경과 기독교 성경의 다른 어떤 본문보다도 그 의미에 대해 더욱 많은 논쟁을 불러일으킨 본문일 것이다.

"종말"에 대한 초기 기독교 신학자들의 견해는 서로 나뉘었는데, 그중 일부는 그리스도가 지상에서 천 년간 통치한다는 요한계시록 20:1-7을 문자적으로 받아들였다. 영어 단어 millenarian은 문자적으로 그리스도의 천 년 통치를 믿는 자들을 가리킨다. 그리스도가 지상에서 천 년 동안 통치하기 **이전에** 재림하실 것을 기대하는 사람들을 전천년주의자라고 부른다. 이러한 교부 시대 전천년설의 초기 형태는 종종 현대 버전의 전천년설의 선

---

17   Ernest Lee Tuveson, *Redeemer Nation: The Idea of America's Millennial Role* (Chicago: University of Chicago Press, 1968), 9.

구자로 주장되곤 하지만, 이러한 주장은 부정확하고 오해의 소지가 있다. 흔히 "정통적(historic)/역사적(historical)/언약적(covenantal)" 전천년설이라고 불리는 현대 버전의 전천년설 지지자들은 교부들의 전천년설에서 자신들의 견해에 대한 역사적 선례를 찾고자 노력해왔지만, 이를 뒷받침해주는 증거는 없다. 스탠리 그렌츠는 다음과 같이 말한다.

> 오늘날 ["정통적 전천년주의자"들이] 지지하는 견해를 이레나이우스와 유스티누스의 견해와 비교해보면 현대의 [정통적/언약적/역사적] 전천년설은 고대의 다양한 견해와는 상당히 다르다는 것을 알 수 있다. 사실 D. H. 크로밍가와 같은 호의적인 역사가도 이 견해들은 종말에 대한 서로 다른 두 가지 견해를 표방한다고 결론지었다.[18]

그렌츠는 "교부 시대의 전천년설은 요한계시록을 과거주의적 방식, 즉 주로 교회의 초기 수 세기 동안 일어난 사건을 가리키는 것으로 해석했다"고 요약한다.[19]

교부 시대의 전천년주의자들은 교회가 그리스도의 재림 이전에 환난의 시기를 경험할 것이라고 믿었기 때문에 그들은 그리스도께서 환난 **후**에 재림하실 것이라는 의미에서 오늘날 흔히 후환난 전천년주의자로 불린

---

18 Stanley J. Grenz, *The Millennial Maze: Sorting Out Evangelical Options* (Downers Grove, IL: InterVarsity Press, 1992), 144-45.

19 Grenz, *Millennial Maze*, 145.

다.[20] 여기에 "정통적/역사적/언약적 전천년설"과 종종 혼동을 일으키는 "역사주의적(historicist) 전천년설"을 추가하면 문제는 더욱 혼란스러워진다. 이처럼 서로 다른 관점들은 유대인과 그리스도인의 관계에 깊은 영향을 미칠 것이므로 아래에서 자세히 논의할 것이다.

과거주의적 관점은 예언 본문들이 1세기와 2세기에 이미 일어난 사건들과 관련이 있다고 본다. "완전한" 과거주의와 "부분적" 혹은 "고전적" 과거주의를 구별하는 것은 중요하다. 부분적 과거주의자들은 예루살렘의 멸망과 대환난과 같은 사건은 초기에 이미 성취되었지만, 재림이나 최후의 심판은 이미 일어난 사건으로 보지 않는다. "고전적" 또는 "부분적" 과거주의는 카이사레아의 에우세비오스에 의해 받아들여졌으며, 4세기 초 로마 가톨릭교회의 입장을 나타낸다. 고전적 과거주의는 전천년설과 무천년설에 모두 잘 부합한다.

전천년설은 상당한 추종자를 얻긴 했지만, 보다 광범위한 교회 안에서 지배적인 관점이 되지 못했다. 특히 알렉산드리아의 오리게네스는 이 접근법을 거부하고 예언의 말씀을 알레고리로 이해해야 한다고 주장했다. 오리게네스는 그리스도의 천년 통치에 대한 문자적 이해를 거부하고 천 년을 교회의 시대를 가리키는 것으로 보았다(따라서 무천년설).[21] 4세기의 가장 위

---

20   전천년설을 지지한 교부들은 다음과 같다. Bishop Papias of Hierapolis (ca. 70-163), Irenaeus of Lyons (130-202), Bishop Polycarp of Smyrna (ca. 70-155), Justin Martyr (100-165). J. N. D. Kelly, *Early Christian Doctrines*, 5th ed. (London: A. C. Black, 1977), 465-69.

21   이 그룹에 속하는 교부들은 다음과 같다. Clement of Rome (d. ca. 99), Ignatius of Antioch (ca. 35-108), Polycarp of Smyrna (69-155), Tatian (d. ca. 185), Athenagoras (ca. 133-190),

대한 교부인 아우구스티누스(354-430년)는 처음에는 전천년설을 받아들였지만, 나중에는 이를 거부하며 문자적 천 년에 반대했으며, 그 이후 천 년을 기독교 교회의 번영과 승리의 시대로 이해했다. 아우구스티누스의 성숙한 견해는 지중해 동편의 동방 정교회와 지중해 서편의 로마 가톨릭교회 모두의 의견을 대표하게 되었다. 그의 견해는 그리스도의 승리가 지금 지상에서 실현되고 있다는 것이었다. 따라서 천년왕국설은 그 어떤 형태도 용납할 수 없다고 여겨졌고, 431년에 열린 에베소 공의회는 이를 미신으로 정죄했다.[22] 5세기부터 16세기까지 로마교회는 천년왕국설을 탄압했다. 17세기에 등장한 새로운 형태의 전천년설은 아래에서 다룰 예정이며, 세 번째로 등장한 견해, 즉 요한계시록 20장에 언급된 천년왕국 시대가 끝나는 시점에 그리스도가 재림할 것이라고 주장하는 후천년설도 아래에서 다룰 것이다.

초기 교부들과 유대인의 귀환 사상. 기독교 회복주의의 초기 형태가 일부 교부들이 견지한 생각 또는 기독교 첫 천 년간의 기독교 신학자들의 생각이었다는 견해는 최근에 논란이 되고 있다.[23] 나빌 마타(Nabil Matar)는 그러

Cyprian (ca. 200-258), Clement of Alexandria (ca. 150-ca. 215), Origen of Alexandria (ca. 184/185-ca. 253/254), and Dionysius of Alexandria (d. 264). Louis Berkhof, *The History of Christian Doctrines*, Twin Brooks Series (Grand Rapids: Baker, 1975), 262.

22 Peter Toon, introduction to *Puritans, the Millennium and the Future of Israel: Puritan Eschatology 1600 to 1660*, ed. Peter Toon (Cambridge: James Clarke, 1970), 14.

23 Gerald McDermott은 "기독교 시온주의의 기원은 2천 년 전 신약성경으로 거슬러 올라가며, 그 이후에도 다양한 강도를 유지해왔다"고 주장했다. Gerald R. McDermott, "Introduction: What Is the New Christian Zionism?," in McDermott, *New Christian Zionism*, 15.

한 견해에 대한 증거는 없으며, 자신의 견해가 학계의 합의된 견해로 보인다고 주장했다.[24] 초기 교회에서는 그리스도의 재림 이전에 유대인들이 팔레스타인으로 귀환해 거기서 한 민족으로서 재정착할 수 있도록 그리스도인들이 힘써야 한다는 견해를 가진 사람을 찾기가 어려웠다. 테르툴리아누스와 같은 전천년주의자들 중 일부는 "이스라엘의 [궁극적인] 회복"을 주장했고, 순교자 유스티누스와 이레나이우스는 먼 미래에 예루살렘이 재건될 것이라는 데 동의했다. 19세기에 스코틀랜드 신학자 데이비드 브라운은 교부들을 면밀히 조사한 결과, 교부들은 천년왕국에 대한 해석에 있어 의견이 분분하긴 했어도 유대인들이 문자적으로 팔레스타인으로 회복될 것이라고 가르친 사람은 아무도 없었다는 사실을 보여주었다. 브라운은 성경이 유대인들이 미래에 고국으로 돌아갈 것이라고 가르친다고 믿는 후천년주의자였다. 따라서 그는 철저한 "회복주의자"였지만, 학자로서 그는 초기 교부들 중 그 누구도 이러한 입장을 채택하지 않았으며, 아무도 유대인들이 그렇게 회복될 것으로 기대하지 않았다고 결론지었다. (브라운은 신학에 대한 교부들의 의견을 그다지 중시하지 않았기 때문에 이것은 그에게 큰 의미는 없었다.) 그는 자신의 저서 『유대인의 회복』(*The Restoration of the Jews*)에서 이렇게 결론 내린다. "유대인의 민족적 회복과 영토 회복이 전혀 논쟁거리가 되

---

24   Nabil I. Matar, "The Idea of the Restoration of the Jews in English Protestant Thought: Between the Reformation and 1660," *Durham University Journal* 78, no. 1 (December 1985): 23. 나는 내가 읽은 많은 유대인 학자들의 글 중 이 견해를 지지하는 사람을 발견하지 못했다.

지 않았을 뿐만 아니라 양측 모두가 이를 믿지 않았던 것으로 보인다는 점은 흥미로우며, 이 사실은 아마도 나의 독자들을 많이 놀라게 할 것이다."[25]

브라운에 따르면 모든 초기 교부들은 "그리스도 안에서 유대인과 이방인의 구분이 완전히 사라졌고 모든 효력을 상실했다고 생각했으므로 그들은 '이스라엘', '유다', '야곱', '시온'—즉 언약 백성—의 회복된 상태와 관련된 예언들이 단순히 기독교 교회 또는 그리스도를 믿는 신자들에 관한 것이라고 이해했다."[26] 초기의 전천년주의자였던 순교자 유스티누스(기원후 100-165년)에 대해 논평하면서 그는 다음과 같이 기록한다. "순교자 유스티누스는 모든 교부들과 마찬가지로 이스라엘의 회복에 대한 예언을 단순히 기독교 교회에 대한 것으로 이해했으며, [또 다른 초기의 전천년주의자였던] 이레나이우스[기원후 120/140-200/203년경]와 천년왕국을 지지하는 다른 이들과 마찬가지로 그 예언들을 일반적으로 부활의 상태에 적용했다(비록 이레나이우스보다 더 고차원적이긴 하지만)."[27] 브라운의 견해는 현대 기독교 시온주의 변증가인 토머스 D. 아이스의 지지를 받았는데, 아이스는 니케아 공의회 이전의 교부들은 "비록 전천년설이 널리 알려져 있었음에도 불구하고 유대인들이 이스라엘 땅으로 돌아갈 것을 실제로 기대하지는 않았다"고 인정한다.[28] 또한 기독교 시온주의를 지지하는 또 다른 학자인

25   David Brown, *The Restoration of the Jews: The History, Principles, and Bearings of the Question* (Edinburgh: A. Strahan, 1861), 13.
26   Brown, *Restoration of the Jews*, 14.
27   Brown, *Restoration of the Jews*, 25.
28   Thomas D. Ice, "Lovers of Zion: A History of Christian Zionism," *Article Archives*, paper 29

칼 엘(Carl Ehle)은 다음과 같이 말한다. "사람들은 초기 교회에서 유래한 회복 교리에 대한 오랜 주해 전통을 발견하리라고 기대할 수 있다. 하지만 신약성경과 교부들의 불분명하거나 모호한 진술을 검토해보면 회복 교리가 개신교 종교개혁의 2세대가 새롭게 만든 교리라는 인상을 받게 된다."[29]

초기 교부들과 성전 재건 사상. 어떤 이들은 초기 교부들 사이에 유대 성전이 재건될 것이라는 기대가 있었으며, 이러한 소망은 유대인의 귀환에 대한 믿음을 보여준다고 주장했다. 바나바서(기원후 130년경)는 성전 재건을 언급하고 있지만, 자세히 읽어보면 저자는 여기서 기독교 신자들의 마음속에서 성전이 재건될 것을 알레고리적으로 말하고 있다는 것을 분명히 알 수 있다.[30] 물리적 성전 재건에 대한 소망은 반드시 유대인의 물리적 귀환에 대한 믿음을 필요로 한다는 전제는 4세기에 유대인의 귀환 없이 성전 재건을 상상한 사람들이 있었다는 점에서 잘못되었다는 것이 드러난다. 기원후 360년대 초 율리아누스 황제(기독교 교육을 거부하고 이교도 신앙을 재건하려는 시도로 인해 "배교자"로 알려짐)는 팔레스타인의 유대인들이 예루살렘에 유대

(2009): 2, http://digitalcommons.liberty.edu/pretrib_arch/29.

29   Carl Frederick Ehle Jr., "Prolegomena to Christian Zionism in America: The Views of Increase Mather and William E. Blackstone Concerning the Doctrine of the Restoration of Israel" (PhD diss., New York University, 1977), 1. 또한 "초기의 천년왕국 사상에서 두드러지게 결여된 것은 이스라엘의 회복 모티프이며, 이는 종교개혁 이후 사상에서 흔히 발견되는 교리"라는 그의 진술을 보라. Ehle, "Prolegomena," 31.

30   Brown, *Restoration of the Jews*, 17. 또한 다음을 보라. John J. Gunther, "The Epistle of Barnabas and the Final Rebuilding of the Temple," *Journal for the Study of Judaism* 7, no. 2 (1976): 143-51. 나는 Jacob Samuel Raju에게서 이 정보를 받았다.

성전을 재건하고 성전 제사를 다시 시행할 것을 장려했는데, 이는 이러한 시도가 예수가 결코 성전이 재건되지 않을 것이라고 예언했다는 복음서 기사의 신뢰를 떨어뜨릴 것으로 그가 이해했기 때문이다. 그리스도인들은 성전 재건을 신성모독이라고 생각했기 때문에 초기 그리스도인들이 성전 재건을 위해 유대인의 귀환을 바랐을 것이라는 주장은 신뢰하기 어렵다.

중세

아우구스티누스의 유산. 312년에 콘스탄티누스 황제의 개종과 그리스도인을 법적으로 허용한 조치는 즉시 기독교 교회의 삶과 신학에 큰 변화를 가져왔다. 소외되고 핍박받던 소수 민족이었던 그리스도인들은 황제의 관심과 사랑을 받으며 승승장구했다. 일부 초기 교부들의 특징이었던 교부들의 전천년설은 급격히 쇠퇴하기 시작했고, 아우구스티누스의 무천년설이 대세를 이루게 되었다.

유대인에 대한 아우구스티누스의 태도는 서구 기독교 전체의 태도를 형성하는 데 있어 대단히 중요했다. 동시대의 대표적인 주교였던 밀라노의 암브로시우스와 요안네스 크리소스토모스는 유대인을 극도로 싫어했으며, 유대인에 대한 그들의 언어 공격은 유대교 회당, 유대인 재산, 유대인 개인에 대한 폭력적 공격을 조장하는 것과 다름이 없었다. 이와는 대조적으로 아우구스티누스의 견해는 온건하다고 간주할 수 있는데, 그는 유대인은 그리스도인들에게 박해를 받아서는 안 되며 오히려 보호받아야 한다고 주장했다. 그는 유대인들이 팔레스타인에서 추방된 것을 이스라엘의 불성실함에 대한 하나님의 형벌로 이해했으며, 특히 유대인들의 추방은 그리스도의 죽음에서 그들이 맡았던 역할에 대한 하나님의 심판이라고 믿었다. 그들은 자신들이 신을 죽인 것에 대한 하나님의 심판의 공의를 보여주기 위해 흩어진 민족으로 남아야 했다. 그리스도인들은, 유대인들을 고국으로 돌려보내기 위해 노력해야 한다는 발상은 저주와도 같았을 것이다.

아우구스티누스는 시편 59:11에 대한 주석에서 다윗의 원수를 동시대 유대인으로 규정하고, 다윗의 기도―"그들을 죽이지 마소서. 그렇지 않으면 나의 백성은 잊어버릴 것입니다. 주의 능력으로 그들을 집 없는 떠돌이 신세가 되게 하옵소서"―를 그리스도인들이 유대인을 어떻게 대해야 하는지에 대한 예언의 말씀으로 해석했다. 그들은 죽임을 당하기보다는 보호를 받고 흩어져야 했다. 떠돌이 유대인이라는 그들의 지위는 그들을 향한 하나님의 심판을 상기시키기 위한 것이었다. 그는 자신의 저서 『하나님의 도성』(City of God)에서 다음과 같이 지적했다.

그러므로 하나님은 교회의 원수인 유대인들을 통해 그분의 긍휼의 은혜를 교회에 보여주셨는데, 이는 사도 바울의 말씀처럼 "그들의 허물이 이방인의 구원"이기 때문이다[롬 11:11]. 그러므로 그는 그들을 죽이지 않으셨다. 즉 비록 그들이 로마인들에게 정복당하긴 했지만, 그들이 하나님의 율법을 잊지 않고 그들의 증언이 우리가 다루는 이 문제에 있어 무익하게 되지 않도록, 그들 자신이 유대인이라는 사실을 잊지 않게 하셨다. 그러나 그가 "그들을 죽이지 마옵소서. 나의 백성이 잊을까 하나이다"라고만 말씀하시고 "그들을 흩으소서"
라는 말씀을 덧붙이지 않았다면 그것으로 충분하지 않았을 것이다. 왜냐하면
만일 그들이 성경에 대한 증거를 가지고 세상 도처에 흩어지지 않고 오직 그들
자신의 나라에만 남아 있었다면 분명 세상 도처에 있는 교회가 모든 열방 가운
데서 그들을 그리스도에 관한 예언의 증인으로 삼을 수 없었을 것이기 때문이
다.[31]

유대인들이 고국으로 돌아가는 것에 대해 공감을 표하기보다는 계속 흩어
져 사는 유대인들을 "모든 열방의 증인"으로 여기는 것이 유대인에 대한 아
우구스티누스의 생각의 핵심이었다. 제러미 코헨은 자신의 『율법의 살아
있는 편지』(Living Letters of the Law)에서 아우구스티누스가 유대인을 "증인"
으로 규정한 것이 그레고리오 1세(590-604년 교황)의 교회법에 어떤 영향
을 미쳤는지를 추적했다.[32] 팔레르모 주교에게 회당을 파괴하지 말 것을 지
시한 그레고리오의 598년 칙서는 Sicut Iudeis로 알려져 있으며, 중세에 유
대인과 관련된 교회 문서에서 자주 인용되었다.[33] 중세에 유대인에 대한 일
반적인 태도는 결국 아우구스티누스에게 큰 영향을 받았는데, 그는 유대

---

31   Augustine, *City of God* in *A Select Library of the Nicene and Post-Nicene Fathers*, trans. Marcus
      Dods (Buffalo: Christian Literature Company, 1886), 2:389.
32   아우구스티누스에 관해서는 다음을 보라. Jeremy Cohen, *Living Letters of the Law: Ideas of
      the Jews in Medieval Christianity* (Berkeley: University of California Press, 1999), 23-71.
33   *Sicut Iudeis*에 대한 논의는 다음을 보라. Anna Sapir Abulafia, "Medieval Church Doctrines
      and Policies," in *The Cambridge History of Judaism*, vol. 6, *The Middle Ages: The Christian
      World*, ed. Robert Chazan (Cambridge: Cambridge University Press, 2018), 37.

인이 두 가지 의미에서 증인의 역할을 한다고 주장했다. 긍정적으로는 기독교 교회를 위해 구약성경을 보존하는 역할을 하고, 부정적으로는 그들이 전 세계로 흩어져 그리스도의 죽음에서 그들이 맡은 역할에 대한 하나님의 심판을 증언하는 것이었다. 아우구스티누스가 지적했듯이 유대인들은 "그들의 책에서는 우리의 지지자이며, 그들의 마음속에서는 우리의 적이며, 그들의 사본[두루마리]에서는 우리의 증인이다."[34] 따라서 아우구스티누스의 유산은 유대인들에게 라틴 기독교 세계에서 보호받을 수 있는 안전한 장소를 제공해줌으로써 그리스도인들이 예수 그리스도에 관한 예언이 담겨 있다고 믿었던 히브리 성경을 가지고 다닐 수 있었다. 이로써 유대인들은 그리스도를 부인하면 조국을 잃고도 살아남아 기독교 국가 곳곳에 흩어져 종이 되어 새 주인을 섬기게 된다는 것을 분명하게 보여주는 산 증인의 역할을 하는 것으로 그리스도인들을 섬겨야 했다.

로버트 차잔이 지적한 것처럼 우리는 아우구스티누스의 견해의 또 다른 측면을 이해할 필요가 있다. 아우구스티누스가 강조한 것은 유대인에 대한 하나님의 심판이었지만, "그럼에도 자비로우신 하나님은 자신이 가혹하게 벌하는 자들에게도 항상 사랑과 소망으로 대하신다. 유대인들은 기독교 사회 안에서 그리고 기독교 사회에 의해 보존되어야 하는데, 이는 때가 차면 그들이 회개하고 돌아와 다시 한번 하나님의 사랑과 은혜를 입게

---

34   Augustine, *Concerning Faith of Things Not Seen* 9, New Advent, https://www.newadvent.org/fathers/1305.htm.

될 것이기 때문이다."[35] 이로써 아우구스티누스와 그의 후계자들은 유대인들은 결국 한 민족으로서 기독교로 돌아오게 될 것이라는 믿음을 견지하면서도 대체 사상을 함께 유지할 수 있었다. "클레르보의 베르나르는 [12세기에] '만약 유대인이 완전히 멸절된다면 그들에게 약속된 구원과 그들의 궁극적인 회심에 대한 우리의 소망은 어떻게 될 것인가?'라고 질문했다."[36] 이 견해는 유대인들을 보호하라는 아우구스티누스의 지침을 강화했다. 기독교 신학자들은 종종 "옛" 이스라엘이 영원히 대체된 것은 아니라고 주장했다. 그러나 그들은 유대인들이 팔레스타인에 조국을 건설하기 위해 물리적으로 귀환하게 될 것이라는 사상을 일반적으로 받아들이지 않았다.

기원후 1000년에 유럽에 거주하던 유대인은 전 세계 유대인의 극히 일부에 불과했다. 압도적인 대다수의 유대인들은 이슬람 통치하에 살았고, 유럽에서 가장 큰 유대인 공동체는 무슬림이 통치하는 남부 유럽 지역에 있었다.[37] 두 번째로 큰 유대인 집단은 무슬림의 압박을 받아 위축되어 가고 있던 동방의 기독교 제국인 비잔티움에 있었다. 1000년에 라틴 기독교 세계는 (이슬람 및 비잔티움과 더불어) 세 개의 종교-정치적 세력 중 가장 약했지만, 새천년이 시작된 이후 16세기까지 약 5세기 동안 유럽은 경제-정치적으로 팽창하기 시작했고, 군사적 성공을 거두면서 스페인과 이탈리아반

---

35   Robert Chazan, *The Jews of Medieval Western Christendom, 1000-1500* (Cambridge: Cambridge University Press, 2018), 37.

36   Todd M. Endelman, introduction to *Jewish Apostasy in the Modern World*, ed. Todd Endelman (New York: Holmes & Meier, 1987), 3.

37   Chazan, *Jews of Medieval Western Christendom*, 2.

도에서 무슬림 세력을 몰아냈고, 대다수 유대인들은 무슬림 통치가 종식된 이후에도 그곳에 남아 있기 위해 기독교 통치자들이 제시하는 유인책을 받아들였다. 또한 무슬림 영토에서 온 유대인 정착민들까지 몰려들면서 유럽에는 새로운 유대인 공동체가 다수 형성되었다. 근세에 유럽의 유대인 공동체는 세계에서 가장 큰 규모의 공동체였다. 한동안 유럽의 많은 유대인들은 여러 제약에도 불구하고 번창할 수 있었으며, 때로는 신성 로마 제국의 황제 하인리히 4세와 같은 통치자들의 지원을 받기도 했다. 하인리히 4세는 교황청과의 지속적인 분쟁에서 유대인의 편을 들어주었다. 이와 동시에 1062년 초 교황 알렉산데르 2세가 스페인 정복 전쟁 중에 스페인의 유대인들을 보호하기 위해 개입해야 했을 때 반유대주의 감정이 대대적으로 폭발했다.[38] 또한 1096년에 십자군이 본래의 계획에서 벗어나 제멋대로 게르만 유대인을 학살하기로 결정했을 때 그들은 이를 반대하는 교황의 권고에도 불구하고 그 일을 강행했다. 그러나 "비록 십자군의 공식 임무는 아니었지만, 십자군 전쟁 중 유대인에 대한 공격 행위는 의심할 여지 없이 유대인의 특이한 지위에 대한 경각심을 기독교 사회에 일깨워주었다. 즉 하나님은 기독교 세계의 대의를 위해 그리스도의 원수/살인자들의 생명과 잘못된 종교를 보호해주셨다는 것이다."[39] 대대적인 변화는 대다수 유대인들이 서유럽에서 동쪽으로 쫓겨난 1200년부터 1500년 사이에 일어났다.

---

38   Cohen, *Living Letters of the Law*, 150.
39   Cohen, *Living Letters of the Law*, 51.

1290년에 영국은 자신의 영토에서 유대인을 추방했고, 1306년에는 프랑스가, 15세기 말에는 스페인과 포르투갈이 유대인을 추방했다. 1400년경부터 독일의 일부 도시에서도 같은 일이 일어났지만, 그곳에서는 정치 권력이 분산되면서 일부 유대인들은 그 지역에 남아 번창하게 되었다.

아우구스티누스로부터 멀어짐. 코헨은 이러한 결정적인 변화는 유대인을 "증인"으로 규정했던 아우구스티누스의 견해가 그들을 이단이자 적으로 규정하는 견해에 밀리면서 12세기에 생겨나기 시작했다고 주장한다. 아우구스티누스 이후 교회는 유대인이 기독교 사회에서 안전하고 안정적으로 살 수 있도록 노력해왔지만, 동시에 유대인들의 영향력이 피해를 가져올 수 있다는 두려움도 함께 커갔다. 1215년 제4차 라테라노 공의회의 결정은 이러한 변화의 관점에서 이해할 필요가 있다. 공의회는 유대인들이 사회에서 배제되었음을 표시하기 위해 공공장소에서 독특한 복장을 착용해야 한다고 선언했다. 공의회는 유대인의 지위를 정치적으로나 신학적으로 "죄의 종"으로 바꾸고, 그들이 공직에 근무하는 것과 수난주간에 대중 앞에 나서는 것을 금지하며, 기독교 성직자들의 임금 지급을 명목으로 그들에게 세금을 부과했다.[40] 그러나 안나 사피르 아불라피아가 보여주었듯이 유럽의 기독교 통치자들은 종종 자신들을 잘 섬기는 "자신들의 유대인"을 보호

---

40   이는 금지 사항 중 일부에 불과하다. 유대인과 관련된 제4차 라테라노 공의회의 교회법에 대한 자세한 논의는 다음을 보라. Anna Sapir Abulafia, "Medieval Church Doctrines and Policies," in Chazan, *Christian World*, 32-53.

하곤 했는데, 이는 라틴 기독교 세계에서 (독특한 복장 착용을 요구하는 것을 포함한) 공의회의 법령[41]이 일률적으로 집행하는 것을 불가능하게 만들었다. 또한 일부 제후들과 성직자들은 자신의 목적에 맞으면 유대인들을 서슴없이 고위직에 앉혔다. 그녀가 지적하듯이 "특히 이베리아의 경우 그리스도인 영주들은 새로 정복한 무슬림 영토를 통치하기 위해 아랍어에 능통한 유대인들이 필요했다."[42] 의심의 여지 없이 대중들 사이에서는 유대인 이민자의 대거 유입으로 인해 경쟁과 변화에 대한 공포심이 커져 반셈족주의가 고조되었고, 이는 흔히 반유대주의적 폭동과 노골적인 박해를 촉발했다. 1063년에 교황 알렉산데르 2세는 이러한 폭력을 특별히 교회법으로 금지했다. 기독교 주교들은 일반적으로 이러한 공격을 제지하려 했으며, 주교의 힘이 강했던 슈파이어 도시에서는 유대인에게 공격을 가한 자들에게 가혹한 처벌이 내려지기도 했다.[43]

코헨은 유대인에 대한 관용과 보호라는 아우구스티누스의 유산에서 크게 벗어나게 된 데는 1215년 제4차 라테라노 공의회부터 14세기 중반 사이에 큰 힘을 발휘했던 새로운 의료 수도회들―특히 도미니코회와 프란치스코회―의 영향이 컸다고 주장했다. 수사들은 "유대인들이 유럽 사회에

---

41   Abulafia의 지적처럼 "어떤 종류든 구별되는 복장이나 배지의 도입은 전적으로 개별 그리스도인 제후들의 의지와 이러한 문제들에 대한 의지를 관철할 수 있는 그들의 능력에 달려 있었다." Abulafia, "Medieval Church Doctrines," 42.

42   Abulafia, "Medieval Church Doctrines," 36.

43   다음을 보라. Abulafia, "Medieval Church Doctrines," 34, and Chazan, *Jews of Medieval Western Christendom*, 3-4.

서 합법적으로 존재할 권리를 인정하지 않는 새로운 기독교 이데올로기를 개발하고 개선하고 구현하려고 했다."[44] 그들은 주로 랍비 유대교와 탈무드 전통을 공격했는데, 이것은 그리스도인들이 유대교를 이해하는 렌즈의 역할을 했던 사두개파 전통에 뿌리를 둔 유대교를 반영하지 않았다. 탈무드 유대교는 아우구스티누스가 보호해야 한다고 여겼던 성경에 근거한 유대교가 아니었다. 놀랍게도 "12세기 이전에 그리스도인들이 탈무드가 유대인의 삶에서 중심적인 역할을 했다는 점을 인지했음을 뒷받침해주는 증거는 거의 없다."[45] 그러나 그리스도인들의 탈무드의 "발견"은 유대교에 대한 새로운 인식을 가져다주었다. 코헨의 말처럼 "기독교 신학자들은 자신들이 구성한 유대인과 역사 속의 실제 유대인 사이의 불일치를 인식했을 때 그들은 후자가 자신에게 주어진 목적을 이행하지 못한 이유를 그들이 자신의 유대교를 버렸다는 데서 찾을 수 있었다."[46] 수도사들의 관점에서 보면 탈무드는 "참된 성경적 유대교를 왜곡했으며, 만약 유대인들이 참된 성경적 유대교를 준수했더라면 그들이 기독교 세계에 남아 있을 수 있는 자격을 얻었을 것이다. 그 후 다른 수사들은 랍비 유대교가 올바른 질서를 갖춘 기독교 사회에서 합법적인 지위를 얻지 못한다면 그 가르침을 따르는 유대인들도 그러한 지위를 얻을 수 없다는 결론을 내렸고, 따라서 그들은 유대인

---

44   Jeremy Cohen, *The Friars and the Jews: The Evolution of Medieval Anti-Judaism* (Ithaca, NY: Cornell University Press, 1982), 13.

45   Chazan, *Jews of Medieval Western Christendom*, 48.

46   Cohen, *Living Letters of the Law*, 2.

의 안전에 위협을 가하고 그들을 괴롭히기 위해 모든 수단을 동원했다."[47]

1230년대 초 유대인 공동체 내에서 모세스 마이모니데스의 가르침에 대한 논쟁이 벌어지자 한 쪽 진영이 기독교 성직자들에게 이 문제에 대한 판단을 호소하면서 탈무드에 대한 관심이 높아졌다.[48] 1239년에 교황 그레고리오 9세는 면밀한 조사를 마친 후 탈무드를 "유대인의 성경적 유산에서 벗어난 이단"으로 단죄했다.[49] 이듬해 그는 프랑스, 영국, 스페인 국왕에게 서신을 보내 탈무드 안에 그리스도와 성모 마리아에 대한 모독이 포함되어 있다는 의혹을 조사해줄 것을 요청했다. 1242년에 왕실 법정은 공식적으로 탈무드에 대한 유죄 판결을 내렸고, "막대한 분량의 탈무드 및 기타 유대교 사본이 공개적으로 불태워짐으로써 유대인 공동체들은 기독교 세계에서 공포에 떨게 되었다."[50] Sicut Iudeis 전통은 분명히 훼손되어 가고 있었다. 그러나 탈무드 금지령은 오래가지 못했다. 1247년에 교황 인노첸시오 3세는 유대인의 항의를 받아들여 "모욕감을 준다고 여겨지는 부분을 삭제하여" 이를 수용하는 정책을 채택했고, 이는 대다수 서방 기독교 세계가 채택한 표준 정책이 되었다.[51] 조엘 렘바움은 탈무드 논쟁 이후 "교황이 유대인의 종교나 기관의 문제의 다른 측면에 개입하려 했다는 징후는 없으며",

---

47   Cohen, *Friars and the Jews*, 16.
48   다음을 보라. Cohen, *Friars*, 2장.
49   Cohen, *Friars and the Jews*, 242. 이 재판에 대해서는 다음을 보라. Joel Rembaum, "The Talmud and the Popes: Reflections on the Talmud Trails of the 1240s," *Viator* 23 (1982): 203-23.
50   Abulafia, "Medieval Church Doctrines," 47.
51   Chazan, *Jews of Medieval Western Christendom*, 58.

후대의 중세 교황들은 탈무드의 중요성에 대해 거의 언급하지 않았다고 지적한다.[52]

코헨은 14세기 초에 이르러 수사들은 "선교나 강제 추방 또는 개종이나 도주를 유도하는 신체적 괴롭힘을 통해 라틴 기독교 세계에서 유대인들을 제거해야 한다"는 주장을 공개적으로 지지했다고 말한다.[53] 코헨의 수정주의적 논제에 대한 학계의 반발로 미루어볼 때 중세를 연구하는 학자들은 수사들이 한 일이나 하지 않은 일 또는 그들이 생각한 것에 대한 코헨의 일반화에 대해 매우 신중한 입장을 취하고 있는 것이 분명하다.[54] 대표적인 수도회인 프란치스코회와 도미니코회는 사고방식과 접근방식에 있어 서로 매우 달랐고, 많은 주제에 대해 서로 의견이 일치하지 않았으며, 종종 서로 직접 대립하기도 했다.[55] 반셈족주의 수사들이 있었지만, 클레르보의 베르나르는 시토회 소속의 반셈족주의 수사였던 랄프의 문제에 직접 개입하여 먼저 그에게 경고하고 나서 그에게 개인적으로 침묵을 요구한 후 라인 지방으로 직접 들어가 반셈족주의 설교를 중단시키고 다시 수도원으로 돌아갈 것을 명령했다.[56]

---

52   Rembaum, "Talmud and the Popes," 211.
53   Cohen, *Friars and the Jews*, 14.
54   다음을 보라. Gordon Leff's review in the *Times Literary Supplement*, November 5, 1982, 1208. Leff는 Cohen이 "전제를 결론으로 취급하는 경향"이 있다고 주장한다. 또한 다음을 보라. Anna Sapir Abulafia, "The Evolution of Medieval Anti-Judaism," *Theoretische Geschiedenis* 2 (1984): 77-81; Robert I. Burns, "Anti-Semitism and Anti-Judaism in Christian History: A Revisionist Thesis," *Catholic Historical Review* 70 (1984): 90-93.
55   나는 이 문제에 대해 조언해준 Steve Watts에게 감사한다.
56   Chazan, *Jews of Medieval Western Christendom*, 53.

반셈족 감정이 대중적 표현이긴 했지만, 아우구스티누스의 관용 전통이 완전히 사라진 것은 아니었으며, 코헨이 인정하듯이 "중세 교황이 공식적으로 유럽 유대인의 추방이나 물리적 박해를 촉구한 적은 결코 없었다."[57] 교회 지도층은 최소한 이론적으로는 아우구스티누스의 관점을 유지하는 경향이 있었다. 1200년경부터는 반유대인 폭력이 유럽 전역에서 증가했고, 기독교 예술은 유대인을 비하하고 적대시하는 경향을 점점 더 적나라하게 드러냈다. 14세기 중반에는 유대인이 흑사병의 원인으로 지목되어 반셈족주의적 폭도들의 손에 수 천 명의 유대인이 목숨을 잃었고, 일부 도시에서는 유대인 인구 전체가 학살당하기도 했다. 유대인의 추방은 서유럽에서 대부분 1500년대 중반까지 계속되었다.

유대인을 향한 태도 변화에 대한 설명. 증인으로 보는 아우구스티누스의 견해에서 적과 이단자로 전환된 이유를 설명하기 위해 코헨은 "무엇이 수도사들로 하여금 13세기에 랍비 유대교를 신학적으로 공격하게 만들었을까?"라는 질문을 던진다. 유대인을 공격한 수도사들의 "관념적 실체"는 무엇으로 설명할 수 있을까?"[58] 그는 세 가지 근본적인 이유를 제시했다. 그가 첫 번째로 꼽은 이유는 이탈리아의 한 수도원장이었던 피오레의 요아킴(Joachim of Fiore, 1134-1202)이 주창한 종말론의 영향과 그 종말론이 강조한

---

57   Cohen, *Friars and the Jews*, 243.
58   Cohen, *Friars and the Jews*, 246.

"최후의 완전한 성령 시대"로의 임박한 전환이다.[59] 묵시론적 사변은 중세 시대에 널리 퍼져 있었고 사회의 모든 계층에서 성행했다. 무천년설은 로마교회의 공식 견해였지만, 많은 사람들은 실제로 이 견해를 무시했다. 예언에 관한 연구는 사회에서 소외당하는 자들과 정치 혁명가들만의 관심사가 아니라 진지한 신학자, 역사가, 정치가들의 지속적인 관심사였다.[60] 5세기에 교회가 천년왕국설을 거부했음에도 불구하고 미래의 천년왕국 시대에 대한 사상은 사라지지 않았다.

코헨이 인정하듯이 피오레의 요아킴은 자신이 요한계시록을 이해할 수 있는 신적 계시를 받았다고 믿었고, 그의 저작들은 12세기에 천년왕국설에 큰 힘을 실어 주었다. 요아킴은 역사를 서로 중첩되는 세 개의 시대로 나누었는데, 각 시대는 삼위일체의 한 구성원과 관련이 있었다. 율법 시대(구약)는 성부의 주관하에 있었고, 은혜의 시대(신약)는 성자에 의해 시작되었으며, 마지막 시대인 성령의 시대는 곧 도래할 것인데, 그는 이 시대가 새로운 수도회에 의해 열릴 것이라고 믿었다. 메시아 고대 사상은 "수사들이 13세기에 보여준 일반적인 개종 정신에 자연스럽게 기여했다. 모든 불신자들 가운데 유대인이 가장 먼저 개종해야 했기 때문에 많은 사람들은 아마도 유대인의 집단적 개종(기독교 세계에서 유대교를 제거하는 한 가지 수단)을

---

59   Cohen, *Friars and the Jews*, 246.
60   Paul Boyer, *When Time Shall Be No More: Prophecy Belief in Modern American Culture* (Cambridge, MA: Belknap Press of Harvard University Press, 1992), 50.

최종적 구속을 위한 길을 여는 시급한 과제로 여겼을 것이다."[61] 요아킴은 유대인을 공격하는 다소 논쟁적인 논문인『유대인에 대항하여』(*Adversus Iudeos*)를 저술했다. 한동안 요아킴은 세 명의 역대 교황으로부터 차례대로 열렬한 지지를 받았지만, 결국 그의 가르침 중 일부는 교회에서 이단으로 여겨졌으며, 그의 묵시론적 견해에 대해서는 다소 비효율적인 단속이 시작되었다. 그러나 요아킴의 천년왕국설과 흡사한 견해를 고수하고 자신들만의 유사-요아킴 예언을 다수 개발했던 프란치스코 운동 내의 한 그룹인 영성파 프란치스코회는 요아킴이 예견한 수도원 운동이 바로 프란치스코 수도회라는 주장을 펼쳤다. 코헨은 이러한 종말론의 변화가 유대교에 대한 기독교의 태도에 엄청난 변화를 가져왔다고 확신한다.

코헨이 제시한 다른 두 가지 이유는 여기서 아주 간략하게만 설명할 수 있다. 그가 제시한 두 번째 이유는 13세기 초 교황 인노첸시오 3세의 지휘 아래 기독교 세계의 유기적 통일성과 보편성에 새로운 강조점을 두게 됨으로써 교황제도가 지상의 모든 통치자에 대한 권력을 주장하는 군주제, 즉 고분고분하지 않은 그리스도인이든 반항적인 유대인이든 그 어떤 형태의 이견도 용납할 수 없는 중세 기독교의 절대 권력이 되었다는 점이다. 교황제도에 대한 수도회의 지지는 교황의 권력을 강화하는 데 큰 역할을 했다. 코헨이 제시한 세 번째 이유는 반유대인 공세에 수도회가 앞장서서 주도적 역할을 했다는 점이다. 코헨은 그들이 교회 내에서 강력한 반대에 직

---

61   Cohen, *Friars and the Jews*, 247.

면했는데, 반대자들은 유대인의 오류와 매우 유사한 획기적인 신학적 변화를 꾀하고, 절대적 가난과 같은 새로운 교리를 고안하며(유대인이 탈무드를 만들 때 획기적이었던 것처럼), 자신들을 교회 내의 참 그리스도인처럼 포장하는 그들의 바리새인과 같은 모습을 비난했다고 주장한다. 라틴 기독교 세계에서 일어난 반유대인 운동은 유대인 개종을 위한 수사들의 참된 신앙적 열정을 보여주는 하나의 수단이었다. 수사들은 다양한 유인책, 자극적인 개종 설교(그리스도인 제후들은 피지배자인 유대인들에게 이 설교를 듣도록 강요해야 했다), 제4차 라테라노 공의회에서 열거한 유럽 유대인에 대한 부정적인 제약 등을 통해 유대인들의 개종을 위해 힘썼다. 코헨이 수사들에 관해 쓴 책의 마지막 결론은 이 모든 것을 전체 맥락 안에서 이해할 수 있도록 돕는다. "그러므로 유대인들에 대한 수사들의 공격은 13세기와 14세기 초 사이에 있었던 그리스도인의 연합을 위한 최우선적인 관심과 그것을 실현하기 위한 그들 자신의 적극적인 역할(종교 재판관, 선교사, 셈어 학자, 시인, 순회 설교자로서)에서 비롯된 것으로 이해할 수 있다."[62]

유대인의 개종에 대해 아우구스티누스가 가졌던 소망은 13세기와 14세기에 강하게 나타났고, 강도 높게 진행된 선교 활동은 몇 가지 주목할 만한 성공을 거두었다.[63] 그러나 존 위클리프(John Wycliffe)와 얀 후스(Jan Hus) 같은 초기 개신교 신자를 제외하고는 유대인의 팔레스타인 귀환을 언

---

62   Cohen, *Friars and the Jews*, 264.
63   이러한 활동에 대한 연구는 다음을 보라. Robert Chazan, *Daggers of Faith: Thirteenth-Century Christian Missionizing and Jewish Response* (Berkeley: University of California Press, 1989).

급하지 않았으며, 크리스토퍼 힐(Christopher Hill)은 이 두 사람이 모두 "유대인의 팔레스타인 귀환과 관련된 성경 본문을 문자적으로 해석했다"고 주장한다.[64] 중세 후기까지는 그리스도인들이 유대인들이 팔레스타인으로 돌아가 거기서 한 민족으로서 재정착하기를 기대해야 한다는 개념에 대한 역사적 선례를 기독교 역사에서 찾아보기 어렵다.

중세 기독교 사상에서 성지. 비록 중세 그리스도인들이 유대인의 귀환이라는 개념을 논의하진 않았지만, 성지는 중세 유럽 기독교 사상과 유럽 정치에서 중요한 위치를 차지하고 있었으며, 향후 수 세기 동안 큰 영향을 미치는 요인이었다. 지중해 동부 지역은 7세기 초까지 기독교의 지배하에 있었고, 비잔티움의 중요한 일부였으며, 이러한 상황은 서로마 제국이 멸망한 후에도 수 세기 동안 계속되었다. 이 지역 주민 대다수는 어떤 의미에서 그리스도인들이었다. 그러나 632년에서 710년 사이에 이슬람이 부상하면서 이 모든 것이 갑작스럽게 그리고 극적으로 바뀌게 되었다. 무함마드는 많은 아랍 부족들을 통합했고, 곧이어 무슬림 군대는 이집트를 정복한 후 북아프리카를 가로질러 스페인과 포르투갈까지 순식간에 점령하며 명목상 기독교 치하에 있던 영토를 정복했다. 무슬림 군대는 732년 프랑스 중부에서 벌인 투르 전투에서 마침내 프랑크족의 군대에 패배한 후에야 겨우 제동이

---

64   Christopher Hill, "Till the Conversion of the Jews," in *Millenarianism and Messianism in English Literature and Thought, 1650-1800*, ed. Richard H. Popkin (Leiden: Brill, 1988), 14.

걸렸다. 프랑스에서 무슬림 군대가 패배한 이후 몇 세기 동안 이베리아반도 내의 무슬림 세력에 대한 그리스도인들의 저항이 두드러지게 나타났다.

이슬람과의 갈등은 1070년대에 페르시아에 제국을 건설한 중앙아시아의 타르타르 부족인 셀주크 튀르크가 등장하면서 급격히 고조되었고, 기독교와 이슬람 세력 간의 교착 상태는 곧 깨졌으며, 동방의 나머지 기독교 제국은 이슬람의 가혹하고 장기적인 억압을 경험하게 되었다. 이러한 변화는 1054년의 대분열에 이어 곧바로 생겨났는데, 대분열은 교황이 신학적인 차이로 인해 동방 정교회 총대주교를 파문하고 그와 함께 동방 정교회도 제명함으로써 동방 기독교와 서방 기독교 사이에 종교적·정치적으로 분열을 일으킨 사건이었다. 동방의 그리스도인들은 호전적인 이슬람 세력 앞에서 떨었고, 기독교 순례자들에 대한 공격이 증가했으며, 그리스도인들에 대한 셀주크족의 잔혹 행위가 발생했고, 특히 안디옥과 예루살렘에서는 그리스도인들에 대한 대학살이 벌어졌다. 포위당한 동방 그리스도인들은 곧바로 서방 세계에 도움을 요청했고 곧 응답이 돌아왔다. 1095년 교황 우르바노 2세는 보속과 군사 활동의 연관성을 바탕으로 그리스도를 위해 팔레스타인을 되찾겠다는 목표를 갖고 제1차 십자군 전쟁을 선포했다. 교회를 위해 싸운 사람들에게는 죄 사함에 대한 약속과 죄인에게 부과되는 보속제도의 무거운 짐에서 벗어날 것이라는 약속이 주어졌다. 다른 이들은 성지 탈환을 촉구하고 기독교 순례자들의 안전한 성지 접근을 보장하기 위해 아우구스티누스의 "의로운 전쟁" 개념, 구약성경의 선례, 게르만족의 잘 알려진 호전적인 성향을 강조했다.

본서의 목적과 관련하여 우리가 주목해야 할 점은 이 시기에 전반에 걸쳐 중세 그리스도인들은 "성지"를 유대인에게 속한 땅으로 생각하지 않았다는 것이다. 성지는 하나님께 특별한 영토였다. 하나님은 최고의 주님이시며, 그분의 명예는 적군이 그리스도인들에게 빼앗은 땅으로 인해 훼손되었다. 한때는 하나님의 아들의 피로 인해 유복한 땅이었지만, 이제 그 땅은 잔인하고 사악한 자들에게 점령당했다. 그리스도인들은 유대인을 위해 그 땅을 되찾아야 하는 것이 아니라 합법적인 주인이신 그리스도를 위해 그 땅을 되찾아야 했다. 유럽의 봉건주의적 사고방식은 상급자에 대한 하급자의 사회적 의무에 기초하고 있었다. 즉 봉신은 세속적 봉건 군주에게, 세속적 봉건 군주는 왕에게, 왕은 만유의 주님께 사회적 의무를 다해야 했다. 만유의 주님께 속한 것을 그분께 돌려드림으로써 하나님의 명예를 회복시키는 것을 그리스도인의 의무라고 이해하는 것은 명예-수치 문화에서 사는 사람들에게는 당연한 일이었다.

성지는 종교개혁 이전 몇 세기 동안 서구 기독교 사상에서 중요한 위치를 차지했다. 유럽과 중동에서 벌인 이슬람과의 전쟁은 중세 전성기와 후기 내내 가장 중요한 이슈였고, 팔레스타인 점령은 호전적인 이슬람에 대한 저항을 상징했다. 1395년에 7차(그리고 마지막) 십자군 전쟁이 끝났을 때 기독교 서방 세계는 팔레스타인을 탈환하는 시도를 포기했지만, 유럽은 이러한 패배를 완전히 받아들이지 못했다. 1454년에 마지막 남은 거점인 콘스탄티노플이 이슬람 군대에 함락되자 비잔티움은 결국 무슬림 세력에 굴복했다. 성지가 유대인의 소유라는 개념은 그리스도인들의 사고 속에 결코 자리 잡지 못했다. 이와 같은 배경은 16세기에 생겨난 사고의 변화를 인식하고 유럽의 중동 침략에 대한 이슬람의 태도를 이해하는 데 있어 중요한 배경이 된다. 또한 많은 무슬림들이 현대의 이스라엘 국가를 새로운 형태의 십자군 국가로 간주하는 이유, 즉 이슬람이 오랫동안 지배해온 지역에 대한 침략으로 간주하는 이유를 이해하는 데 도움이 된다. 급진적 무슬림들의 견해에 따르면 코란과 하디스(코란과 함께 발전해온 무슬림들에게 전해 내려오는 전승)의 가르침은 이슬람이 전 세계를 지배할 운명을 타고났기 때문에, 어떤 무슬림도 '이교도들'에게 땅을 팔면 안 되며, 이슬람의 지배하에 있는 어떤 땅도 결코 이교도의 손에 넘겨주어서는 안 된다고 말한다. 무슬림 영토의 중심부에 유대인 국가를 세운다는 개념에 대해 이러한 관점이 지닌 함의는 너무나 명백하다.

성지에 대한 이러한 인식은 심지어 중세 말에도 여전히 기독교 종말론과 밀접하게 연관되어 있었다. 크리스토퍼 콜럼버스는 피오레의 요아킴에게 많은 영향을 받았으며, 자신의 인도 제국 정복을 예언 성취의 일부로 여겼는데, 이 예언들은 가톨릭 신앙의 전 세계적 확산, 동방에서의 협공 작전에 의한 이슬람의 패배, 예루살렘 정복 등을 포함했다. 따라서 교회가 천년왕국설을 공식적으로 거부했음에도 불구하고 일반적으로 중세 가톨릭교회, 특히 15세기 후반 스페인 가톨릭교회는 "메시아적 환경"[65]을 조성함으

---

65   Leonard I. Sweet, "Christopher Columbus and the Millennial Vision of the New World," *Catholic Historical Review* 72, no. 3 (1986): 373.

로써 콜럼버스뿐만 아니라 그의 후원자인 스페인의 페르난도 왕과 이사벨라 여왕에게도 영향을 미쳤다.

이어지는 두 가지 질문

이 시대에 관한 우리의 연구는 다음과 같은 두 가지 중요한 질문을 제기한다. 유대인은 누구인가? 유대교란 무엇인가? 그리스도 시대부터 1500년대까지 그리스도인들과 유대인들은 이 질문에 대해 상당히 다른 대답을 내놓았다. 이 질문에 대한 유대인의 답변은 자명하다. 유대인은 신앙과 민족성, 그리고 유대 공동체와의 연관성에 의해 정의된다. 중세 전성기에 이르러 유대교는 주로 랍비 전통 고수와 구약성경 및 탈무드에 대한 헌신으로 정의되었다. 그리스도인들에 의하면 기독교 전통은 자신들이 유대인 메시아를 믿는 믿음으로 진정한 유대인, 즉 하나님의 새로운 백성이라고 주장했다. 그들이 주로 구약성경에 뿌리를 두고 있다고 이해한 유대교는 전통적으로 기독교 세계에서 보호를 받았지만, 랍비 유대교도 그래야 하는지는 여전히 의문으로 남아 있었다. 기독교가 탈무드 전통을 발견하면서 기존의 이해는 탈무드의 획기적인 변화에 대한 적대감으로 이어졌고, 이후 유대교에 대한 기독교의 폄하로 이어졌다. 이러한 배경에 대한 이해를 토대로 우리는 이제 16세기 개신교 신자들 사이에 생겨난 예언 이해의 새로운 발전과 종교적 정체성 문제에 대한 새로운 갈등을 살펴보고자 한다. 여기서 우리는 결국 기독교 시온주의로 변화한 "회복주의" 운동의 기원을 발견하게 될 것이다.

2장

제네바와 유대인:
유대인과 그리스도인 관계의 지각 변동

이 장에서는 회복주의 배후에 있는 사상을 추적하면서 어떻게 다양한 사상이 16세기에 등장하고 진화하여 결국에는 유대인의 성지 귀환 운동으로 싹트게 되었는지를 검토할 것이다. 이러한 사상은 "영적 귀환" 사상으로 시작하여 "물리적 귀환"으로 서서히 발전해나갔다. 유대인의 물리적 회복을 주장하는 사람들은 "회복주의자"로 알려졌지만, 이 시점에서 그들은 "기독교 시온주의자"로 분류될 수 없다. 왜냐하면 비록 그들이 최후의 종말을 준비하기 위해 작은 조치들(유대인의 영국 재입국 등과 같은)을 취할 순 있었지만, 그들은 흔히 "회복"을 현세에 실현될 것이 아닌 먼 미래의 종말론적 사건으로 상정했기 때문이다. 경건한 유대인들이 메시아의 재림 때 유대인의 "귀환"이 이루어질 것이라고 믿었던 것처럼 대다수 회복주의자들은 하나님께서 유대인의 "귀환"을 성취하실 것이라고 믿었다.

앞서 살펴본 바와 같이 중세 말기의 라틴 기독교 세계는 유대인에 대한 이른바 "경멸의 가르침"을 발전시켰다. 12세기경부터 유대인과 유대교에 대한 적대적인 태도가 점점 더 강하게 나타났고, 유대인들이 기독교 진리의 "증인"이라는 아우구스티누스의 강조점은 약화했으며, 유대인을 이단자이자 적으로 보기 시작했다. 넓게 보자면 마르틴 루터는 사역 초기에 주로 아우구스티누스의 방향을 따랐다. 그는 1523년에 유대인이 개종하기를 바라며 유대인을 호의적으로 대할 것을 촉구하는 논문인 『예수 그리스도는 유대인으로 태어났다』(*That Jesus Christ Was Born a Jew*)를 발표했다. 그러나 1530년대 후반에 이르러 유대인 개종이 일어나지 않는다는 것을 깨달자 그는 완전히 태도를 바꾸어 중세 말기에 만연했던 유대인에 대한 추악한 적대감을 전적으로 수용하고 작센 지역에 유대인이 거주하는 것을 반대하는 운동을 벌였으며, 유대인과 유대교에 대해 믿을 수 없을 정도로 적대적인 태도를 취했다. 1543년에 그는 『유대인과 그들의 거짓말』(*On the Jews and Their Lies*)과 『유대인의 신앙』(*The Whole Jewish Belief*)이라는 두 편의 책을 썼는데, 두 책 모두 충격적일 정도로 폭력적이었다. 그는 유대인들에게 자비를 베풀면 안 된다고 주장했으며, 유대인들의 회당과 학교를 파괴하고, 기도서를 압수하며, 랍비들의 설교를 금지하고, 토지와 재산을 몰수하며, 기독교 세계에서 그들을 추방할 것을 명령했다. 지금까지 루터의 신학적 반유대주의와 인종적 반셈족주의를 구분하여 루터의 견해와 행동을 검토하는 책이 많이 저술되었다.[1] 본서의 목적과 관련하여 루터의 태도가 칼뱅주의에 나타난 친유대주의적 견해와는 크게 달랐다는 점은 매우 중요하다. 기독교 회복주의 배후에 깔린 사상은 16세기 루터의 세계에서 지지를 얻지 못했다.

---

1   다음을 보라. William Nicholls, *Christian Antisemitism: A History of Hate* (London: Jason Aronson, 1998), 268-71; Edward H. Flannery, *The Anguish of the Jews: Twenty-Three Centuries of Antisemitism* (New York: Paulist Press, 1985), 152-53; James Carroll, *Constantine's Sword: The Church and the Jews* (New York: Houghton Mifflin, 2001), 366-68.

루터의 역사주의자로의 전환

루터의 유대인에 대한 태도 변화 외에도 루터의 또 다른 중요한 생각의 변화는 루터교 너머에까지 장기적인 영향을 미쳤다. 루터는 아우구스티누스의 무천년설을 고수했지만, 교회 시대에 대한 그의 생각에는 변화가 생겼다.[2] 그는 교회 시대가 천년왕국 시대라는 아우구스티누스의 주장에는 동의했지만, 성경의 예언 본문은 교회의 과거와 현재 역사에서 일어난 여러 사건을 언급하는 것으로 이해했다. 그의 전반적인 접근법은 "역사주의"(historicism)로 일컬어진다. 그의 "역사주의적 무천년설"은 개신교 내에서 묵시론적 본문의 상징들을 교회 역사와 현재 사건에 대입하는 전통을 만들어냈다. 만약 이 상징들이 하나님이 역사 가운데 행하시는 일에 대한 단서라면 하나님의 백성이 그 상징을 해독함으로써 그리스도가 언제 재림하실지 파악하는 것은 당연한 일이었다. 수 세기 동안 개신교 해석자들에게 중요한 궤적을 남긴 루터는 1530년 "튀르크"(이슬람)와 교황을 요한계시록의 두 개의 머리가 달린 짐승인 적그리스도로 규정했다.[3] 루터는 그의 에스겔 주석에서 "곡"과 "마곡"을 오스만 제국으로 규정했다.[4] 버나드 맥긴은 다음과 같이 논평한다.

---

2 Peter Toon, introduction to *Puritans, the Millennium and the Future of Israel: Puritan Eschatology, 1600 to 1660*, ed. Peter Toon (Cambridge: James Clarke, 1970), 6.

3 Robert O. Smith, *More Desired Than Our Owne Salvation: The Roots of Christian Zionism* (New York: Oxford University Press, 2013), 29.

4 Smith, *More Desired*, 49-50.

이렇게 [교황과 적그리스도를] 동일시하는 행위는 역사가 진보한다는 관점에서 이 본문을 읽는 맥락에서 생겨났다. 요아킴(아우구스티누스는 아님)과 같은 이전의 해석자들도 요한계시록의 예언과 교회 역사의 사건들 사이에서 일관성을 발견할 수 있다고 주장했지만, 그들은 성경을 출발점으로 삼고 성경을 역사를 여는 열쇠로 사용했다. 역설적이게도 성경 말씀의 위대한 옹호자였던 루터는 역사가 요한계시록의 의미를 이해할 수 있게 해주었다고 주장했다.[5]

루터가 역사주의자로 전환한 것은 매우 중요한 사건이었다. 그의 개신교 후계자 중 다수는 이를 받아들였다(설령 그들이 실제로 천년왕국을 믿었다 하더라도 말이다). 피터 툰이 지적하듯이 "그 후 요한계시록과 다니엘을 주석한 대다수 개신교 저술가들은 루터의 뒤를 이어 요한과 다니엘의 매우 상징적인 환상과 꿈에서 튀르크의 몰락, 로마의 멸망, 교황제도의 종식, 개신교 운동의 궁극적 승리에 대한 예언을 발견했다."[6] 맥긴은 다음과 같이 논평한다.

역사를 통해 요한계시록을 이해할 수 있게 되었다는 [루터의] 주장은 그 후 수세기에 걸쳐 나타난 개혁주의 해석에 갈등을 불러일으켰다.…새로운 역사화의 중심에는 교황제도가 (무시무시한 튀르크와 더불어) 적그리스도의 제도적 화신이라는 복음주의적 주장을 입증해야 하는 개신교의 필요성이 자리 잡고 있었

---

5   Bernard McGinn, "Revelation," in *The Literary Guide to the Bible*, ed. Robert Alter and Frank Kermode (Cambridge, MA: Harvard University Press, 1987), 529.

6   Toon, introduction, 6.

다.[7]

그 결과 개신교는 가톨릭교회로부터 받은 박해의 경험을 종말론적 용어로 설명했다. 루터의 뒤를 이은 전통적 개신교 주석가들은 "요한계시록은 (올바르게 이해할 경우) 역사 전반에 걸쳐 어떻게 교황이 박해를 일삼는 적그리스도의 기능을 해왔는지를 보여주었다"는 데 동의했다.[8]

개신교의 개인주의

개인을 강조한 종교개혁은 대중들 사이에서 성경의 묵시적 본문에 대한 관심을 불러일으켰다. 종교개혁자들은 모든 사람이 모국어로 성경을 읽을 수 있기를 원했고, 성경은 구원에 관한 핵심 메시지와 관련하여 다소 복잡하긴 하지만 매우 분명한 내용을 전달하고 있다고 가르쳤다. 그들은 "성경의 명료성"이라는 표현을 사용했다. 개신교 신자들은 이것을 자신들의 세계관의 핵심 교리로 여겼으며, 성경이 중세 신학자들의 족쇄에서 기독교를 해방시킴으로써 그리스와 로마의 사상과 철학에 심취해 있던 교회가 더욱 확고한 성경적 세계관으로 나아갈 수 있는 해결책과 쇄신을 위한 원동력을 가져다줄 것이라고 믿었다. 따라서 교회의 전통에 의해 정립된 신학적 입

---

7   McGinn, "Revelation," 534.
8   McGinn, "Revelation," 535.

장이 실제로 성경과 일치하는지 재검토하는 과정이 필요했다.

따라서 종교개혁 당시에는 정체성 문제가 매우 중요한 쟁점이 되었다. 우리는 누구인가? 그리고 수 세기에 걸쳐 내려온 기독교 전통과 관련하여 우리는 어디에 속하는가? 개신교 신자들은 엄청난 혁명, 즉 세계 역사상 매우 중요한 사건 중 하나가 서구 기독교 내에서 일어났다고 생각했다. 개신교 정체성을 확립하는 일은 그들의 영적 조상을 확인하는 것을 포함했다. 그들은 기독교 전통의 어떤 측면을 수용할 수 있을까? 기독교 전통의 어떤 측면이 잘못되었으며, 어떻게 그것을 교정할 수 있을까? 또한 그들은 무엇을 지지해야 했을까? 그리고 그들은 무엇을 반대해야 했을까?

이러한 "재검토"는 특정한 역사적 배경에서 이루어졌다. 다음 두 가지 중요한 점을 이해할 필요가 있다. 첫째, 종교개혁은 십자군 전쟁이라는 비극적 재앙의 영향을 받은 중세 말기의 묵시론적 사고에 의해 형성된 세계 안에서 일어났고, 중세 말기 유럽의 기독교 세계는 이슬람의 위협과 그리스도의 재림에 몰두해 있었다. 이러한 재검토는 묵시론적 관점에서 바라본 종교개혁 사건과 관련하여 묵시론적인 기대를 재구성하는 작업을 포함했다. 둘째, 이러한 재검토는 위험하고 적대적인 환경에서 전개되었다. 16세기 개신교 신자들은 두 종류의 거대한 적이 지배하는 세계에서 활동했다. 즉 하나는 유럽 전역에서 개신교를 박해하던 로마 가톨릭교회("교황")이고, 다른 하나는 동서 기독교의 오랜 적으로서 1520년대에는 빈과 매우 가까운 거리에까지 접근하여 2세기에 걸쳐 유럽 동부를 압박했던 "튀르크", 즉 이슬람이었다. 따라서 개신교의 정체성은 "교황"과 "튀르크"라는 두 개의 모루 위에서 묵시적으로나 정치적으로 연단을 받았다. 반가톨릭 및 반무슬림 태도는 개신교 정체성의 형성 과정에 깊이 뿌리내리게 되었으며, 이 형성 과정은 가톨릭, 이슬람, 유대인에 대한 개신교 신자들의 태도와도 밀접하게 연관되어 있었다.

많은 칼뱅주의자들에게 개신교와 유대인의 특별하고 독특한 관계는 개신교와 가톨릭을 구분하는 하나의 방법이 되었다. 사실상 회복주의("유대인의 회복")를 이해하는 데는 서로 다른 두 가지 방법이 존재했다. 첫째는 유대인이 "영적으로 회복될" 것이라는 것, 즉 미래의 어느 시점에 유대인이 집단으로 기독교로 회심할 것으로 이해했는데, 이는 우리가 이미 살펴본 것처럼 중세 기독교에서 흔히 찾아볼 수 있는 견해였다. 비록 나중에 루터가 이에 대해 실망하게 되었지만, 젊은 루터는 이 사상을 수용했었다. 그러나 유대인들이 대거 개종할 것이라는 믿음은 1650년경까지 루터교 주류 "정통파"의 교리로 남아 있었고, 그 이후에는 비판의 대상이 되었으며 더욱 급진적인 영성주의적 저술가들과 연관성을 갖게 되었다.[9] 이 견해는 개혁주의(칼뱅주의) 전통에 속한 많은 개신교 신자들에 의해 비교적 빠르게 수용되었다. 일찍이 1590년 초 영국의 성서학자들은 로마서 11:25-26, 특히 "온 이스라엘이 구원을 받으리라"는 문구가 유대인들이 기독교로 대거 개종할 것을 약속한다고 가르쳤다. 이와는 대조적으로 마르틴 루터의 성숙한

---

9   Christopher M. Clark, *The Politics of Conversion: Missionary Protestantism and the Jews in Prussia, 1728-1941* (Oxford: Clarendon, 1995), 18.

견해와 장 칼뱅의 일관된 입장은 유대인과 유대교에 지속적인 의미 부여를 거부하는 아우구스티누스의 해석을 받아들였다.[10]

바젤의 개혁주의 신학자 요한네스 볼레비우스(Johannes Wollebius, 1586-1629)는 로마서 11장의 이 두 구절이 유대인의 "민족적 개종"을 기대했던 17세기 초의 관점—영국 청교도들과 이후 코튼 매더(Cotton Mather), 조너선 에드워즈(Jonathan Edwards)와 같은 뉴잉글랜드 청교도들의 공통된 관점—을 뒷받침하는 "최고의 권위"를 갖게 되었다고 지적했다.[11] 영향력 있는 프랑스 개혁주의 목사였던 장 드 라바디는 그의 저서 『선한 목자와 좋은 교회에 대한 생각』(L'Ideé d'un bon Pasteur et d'une bonne Eglise, 1667)에서 이스라엘의 개종이 교회의 황금기를 열게 될 것이라고 주장하면서 이와 유사한 견해를 밝혔다.[12] 따라서 17세기 중반에는 유대인의 기독교로의 영적 "귀환"에 대한 예언 해석이—비록 보편적이진 않았지만—특히 영국 칼뱅주의자들 사이에서 폭넓게 수용되었다. 로마서 11장의 "이스라엘"을 교회가 아닌 "유대인"으로 새롭게 규정하는 데 가장 큰 역할을 한 종교개혁자는 칼뱅이 죽은 후 제네바의 담임 목사로 부임해 그의 뒤를 이은 테오도르 베자

---

10   Mayir Vereté, "The Restoration of the Jews in English Protestant Thought, 1790-1840," *Middle Eastern Studies* 8, no. 1 (January 1972): 15.

11   Iain H. Murray, *The Puritan Hope: A Study in Revival and the Interpretation of Prophecy* (London: Banner of Truth Trust, 1971), 61.

12   Jean de Labadie, *L'Ideé d'un bon Pasteur et d'une bonne Eglise* (Amsterdam, 1667). Christopher M. Clark, "'The Hope for Better Times': Pietism and the Jews," in *Pietism in Germany and North America, 1680-1820*, ed. Jonathan Strom, Hartmut Lehmann, and James Van Horn Melton (Farnham, UK: Ashgate, 2009), 2에서 인용됨.

(Theodore Beza)와 칼뱅의 가까운 동료였던 마르틴 부처(Martin Bucer)였다.

두 번째 견해도 유대인의 영적 회복과 연관되어 있었다. 즉 이것은 (아마도 동시에) 유대인들이 문자적으로 팔레스타인에 있는 조상들의 "고향"으로 돌아가는 것을 의미했다. 대표적인 개신교 종교개혁자들(마르틴 루터, 필리프 멜란히톤, 울리히 츠빙글리, 장 칼뱅) 중에는 아무도 이러한 귀환을 기대하지 않았다. 루터는 그들의 회심을 바랬지만, 그들의 귀환은 부정했는데, 그 이유는 "바빌론과 이집트에서처럼 [예루살렘의] 회복을 예언하는 예언자나 약속이 없기 때문이었다."[13] 초기 개신교 개혁주의자들은 (루터파와 개혁주의 모두) 아우구스티누스의 무천년설을 따랐고, 초기 교부들의 급진적인 천년왕국설과 이와 유사한 관점을 지닌 동시대의 재세례파(피오레의 요아킴의 연구에 영향을 받은 자들로 보이는) 중 일부가 제시한 유사한 천년왕국설을 강력하게 규탄했다.[14]

그러나 이러한 새로운 견해는 유대인들이 물리적으로 자신들의 고향으로 귀환할 것이라는 구약의 약속이 미래에 성취될 것이라고 주장했다. 이를 1526년에 최초로 주장한 사람은 스트라스부르의 독일인 히브리어 학자 마르틴 보르하우스(Martin Borrhaus)였는데, 그는 그 후 세인트 토마스 교회의 존경받는 목사인 볼프강 카피토(Wolfgang Capito, 또 다른 히브리어

---

13   Martin Luther, *Against the Sabbatarians: Letter to a Good Friend* (1538), in *Luther's Works* [American ed.], ed. Helmut T. Lehman (Philadelphia: Fortress, 1971), 47:84.

14   Toon, introduction, 6. 재세례파에 속하는 대표적인 인물인 Melchior Hoffman은 Joachim의 영향을 받은 것으로 알려져 있다.

학자)에게 이 해석을 설득시켰다. 카피토는 1528년에 라틴어로 출판된 호세아 주석에 이 해석을 반영했다.[15] 그러나 보르하우스와 카피토는 자신들과 가장 가까운 개혁주의 지도자―부처와 츠빙글리―가 자신들의 견해를 단호하게 거부한다는 사실을 알게 되었다.[16] 이 입장은 영국 개신교가 이를 수용하고, 17세기 초에 영국 민족주의와 연관성을 갖게 되기 전까지는 큰 호응을 얻지 못했다. "영적 회복"을 받아들인 사람들이 모두 반드시 "물리적 회복"의 개념까지 받아들인 것은 아니었다.[17] 그러나 "물리적 회복"이라는 개념은 개신교의 예언자적 상상력이 오랫동안 기독교 신학자들 사이에서 수수께끼로 남아 있던 성경의 상징 안에서 이러한 해석이 가능하다는 것을 발견하면서 부상했다. 여기서 우리는 현대 기독교 시온주의 운동의 기원을 발견한다. 그 계보는 바로 여기서 시작된다.

---

15   카피토는 호 1:11과 3:5에 근거하여 자신의 주장을 펼쳤다. 다음을 보라. Wolfgang Capito, *In Hoseam Prophetam* (Strasbourg: Joannem Hervagium, 1528).

16   나는 스트라스부르 사태에 대한 정보를 제공해준 Gerald Hobbes에게 큰 빚을 졌다. Gerald Hobbes, "Will the Jews Return to Palestine? A 16th Century Reformation Debate"(2005년 12월 5일 밴쿠버 신학교 신학 포럼에서 발표한 논문).

17   Luther, Andrew Willet, William Perkins, Hugh Broughton, Thomas Draxe 및 일부 스코틀랜드 신학자들을 포함한 다수의 저자들은 영적 회심은 인정하지만 물리적 귀환은 부인했다. 다음을 보라. Nabil I. Matar, "The Idea of the Restoration of the Jews in English Protestant Thought: Between the Reformation and 1660," *Durham University Journal* 78, no. 1 (December 1985): 29-30.

성경에 대한 종교개혁자들의 접근 방식

루터, 츠빙글리, 칼뱅은 성경을 읽을 때 어떤 체계적인 접근법(또는 전문용어로 "해석학"이라고도 함)을 채택해야 할지 고민했다. 로마 가톨릭 신자들은 성경을 교회 전통에 따라 읽어야 한다고 배웠지만, 개신교 신자들은 그 전통을 완전히 거부하지는 않았지만 그것을 신뢰하기는 어렵다고 생각했다. 심지어 그들은 교회 공의회 기록에 명시된 전통조차도 잘못된 것일 수 있다고 생각했다. 그들은 1415년 콘스탄츠 공의회에서 성찬식에서 평신도에게 포도주를 금지한 로마교회의 결정은 잘못되었다고 주장한 15세기 초 얀 후스(Jan Hus)의 주장이 옳았다고 확신했다.

칼뱅과 개혁주의 전통은 성경이 하나님의 말씀의 기록임을 강조했으며, 모든 성경이 같은 하나님의 영감을 받았기 때문에 모든 성경을 동등하게 권위 있는 말씀으로 간주했다(비록 똑같이 중요하진 않더라도 말이다). 젊은 루터는 한동안 야고보서의 가치와 중요성을 의심했지만, 장 칼뱅이나 개혁주의 운동에 참여한 다른 이들에게는 그러한 불확실성이 전혀 문제가 되지 않았다. 개혁주의 개신교 신자들 사이에서 성경의 "단순한 문자적 의미"를 강조하는 움직임이 생겨나면서 그들은 알레고리와 은유 같은 다양한 문학 양식의 여지도 남겨 두었다. 초기 종교개혁 지도자들 중에는 유대인의 팔레스타인 귀환에 관한 구약성경 본문을 해석할 때 문자적 접근법을 사용한 사람은 없었지만, 그들의 후계자들 가운데 다수와 동시대 사람들 가운데 소수가 이러한 문자적 접근법을 사용했다.

종교개혁과 종말론적 전통

1520년대의 대변동은 종말론의 중요성을 크게 부각시켰다. 북유럽의 한 무명의 수도사는 의도치 않게 역사의 흐름을 바꾸는 운동을 시작하게 되었다. 루터는 교황과 신성 로마 제국 황제의 분노를 두려워하여 한동안 숨어 지내야 했다. 이와 비슷하게 장 칼뱅과 그의 가족은 날마다 프랑스 국왕의 암살 위협을 받으며 살았다. 이와 동시에 1300년경부터 계속해서 동부 유럽을 위협해온 무슬림 군대는 결국 동쪽에서부터 점진적으로 점령해오며 17세기 중반까지 계속 위협적인 세력을 유지했다. 루터는 자신이 말세에 살고 있다고 생각했고, 그리스도의 임박한 재림을 고대했다.

다른 사건들도 머지않아 개신교의 종말론 논의에 큰 영향력을 미쳤다. 1524년에 루터의 동료였던 토마스 뮌처(Thomas Müntzer)는 예언적 사변에 사로잡혔고, 세계의 종말이 오면 하나님이 자신을 사용하여 경건하지 않은 자들을 멸절하실 것이라고 확신했다. 같은 해 독일 농민들은 그들의 지주들과 그들을 지지하는 영주들에 대항하여 반란을 일으켰는데, 다수는 자신들이 일으킨 운동의 정당성을 입증하기 위해 그리스도가 재림할 것이라고 믿었다. 농민들의 반란은 이전 세기에도 흔히 일어났던 일이었지만, 이번에는 이 운동이 종말론적 요소와 결합하여 광범위하게 확대되었다. 루터는 아연실색하여 서둘러 영주들에게 반란을 가혹하게 진압하도록 지시했고, 그들은 그의 말을 따랐다. 뮌처는 참수형을 당했고, 농민 운동은 불신을 받았으며, 하류층 사이에서 인기를 얻고 있던 루터주의는 큰 타격을 입었다.

1524-1525년의 농민전쟁에서는 10만 명 이상의 반란군이 사망한 것으로 추정된다. 1525년에는 취리히에서 재세례파 운동이 시작되었는데, 이 운동은 유아 세례를 거부하고 성인이 된 신자들의 (재)세례를 강력히 주장했으며, 국가 교회라는 개념과 단호히 결별한 급진적인 운동이었다. 재세례파는 묵시론에 매료되어 그리스도의 임박한 재림을 확신했다. 루터와 칼뱅은 이러한 풍조에 강력하게 반대했고, 뮌스터라는 독일 도시의 극단주의자들은 1530년대 초 지방 정부를 전복하고 급진적인 천년왕국 정권을 수립하여 재세례파 운동에 장기적인 손상을 입혔다.

베자의 변화: 유대인의 영적 회복

칼뱅은 예언적 사변에 대해 신중한 태도를 보였지만, 제네바에 있던 그의 후계자 테오도르 베자는 그렇지 않았다. 베자는 루터의 수정된 역사주의적 접근법을 채택했지만, 아우구스티누스와 칼뱅이 명시적으로 가르치지 않은 내용, 즉 "종말이 임박하면 다수의 유대인 또는 모든 유대인이 유대교에서 기독교로 개종할 것이며, 그들의 개종은 지상 교회에 큰 영적 축복을 가져올 것"이라고 가르쳤다.[18] 다시 강조하지만 이 논쟁 전체에서 핵심 본문은 로마서 11:25-32이었다. 핵심 문장은 "그리하여 온 이스라엘이 구원을 받으리라"(롬 11:26)다. 루터와 칼뱅은 "온 이스라엘"이 유대인과 이방인

---

18   Toon, introduction, 6.

으로 구성된 기독교 교회, 즉 바울이 갈라디아서 6:16에서 언급한 "하나님의 이스라엘"을 가리키는 것으로 이해한 반면, 베자는 그것을 유대교를 따르는 유대인들을 의미하는 것으로 해석했다. 베자는 이 문제와 관련하여 1550년대 제네바에 있던 영국인 망명자들에게 영향을 미쳤다. 이른바 "메리 여왕의 망명자들"(Marian exiles)로 알려진 이 개신교 지도자들은 1553년에 여왕 메리 1세가 즉위한 후 메리 여왕의 개신교 박해를 피해 도망한 자들이었다.

메리 여왕의 망명자들과 제네바 성경

1550년대에 이 망명자들은 함께 힘을 모아 제네바 성경을 만들었는데, 이 성경은 여러 세대에 걸쳐 가장 인기 있는 영역본이 되었다. 칼뱅주의 성향이 강한 이 성경은 영국과 미국 개신교 신자들에 영향을 미쳤으며, 영어권 전역에서 특정한 예언적 이해를 대중화시켰다.[19] 사실 이 성경은 최초의 "스터디 바이블"이었다. 1557년과 1560년 판의 간략한 주석은 — 베자의 견해를 따라 — 독자들에게 로마서 11:26에 언급된 "이스라엘"이 "유대 민족"(the nation of the Jews)이라고 설명했다. 1560년 판의 로마서 11장의 난외주에는 "그는 비록 모든 사람은 아닐지라도 유대 민족 전체가 그리스도의

---

19 제네바 성경의 다양한 판본에 대한 자세한 논의는 다음을 보라. Crawford Gribben, *The Puritan Millennium: Literature and Theology, 1550-1682*, rev. ed. (Milton Keynes, UK: Paternoster, 2008), 71-86.

교회에 합류할 때가 올 것임을 보여준다"[20]라고 적혀 있다. 베자의 연구, 제네바 성경과 그 주석, 수많은 영국 청교도 작가들을 통해 "유대인의 개종에 관한 교리는 영국, 스코틀랜드, 뉴잉글랜드에 널리 확산되었다."[21] 피터 툰은 다음과 같이 주장한다.

> 대다수 청교도들은 (가장 넓은 의미에서) 바울이 로마서 11:25 이하에서 그리스도의 재림 이전에 유대인들이 그리스도께로 돌아오는 일종의 대규모 개종에 대해 말하고 있다고 믿었다. 그러나 로마서 11:25 이하의 "이스라엘"이 이방인과 유대인으로 구성된 신약 교회 전체를 가리키기 때문에 그러한 사건이 일어날 것을 부인하는 소수의 사람도 여전히 남아 있었다.[22]

유대 "민족"과 영국 민족주의의 태동

영국 개신교 내에서 인기를 얻었던 또 다른 중요한 개념은 유대인이 독립된 별개의 민족을 형성하고 있다는 것이었다. 제네바 성경은 유대인을 한 종족(people)이 아닌 한 "민족"(nation)이라고 말한다. 제임스 샤피로(James Shapiro)는 제네바 성경 편집자들이 유대인을 자신의 조국을 가질 자격이

---

20   Murray, *Puritan Hope*, 41.
21   Peter Toon, "The Latter-Day Glory," in Toon, *The Puritans, the Millennium and the Future of Israel*, 24.
22   Peter Toon, conclusion to Toon, *Puritans, the Millennium and the Future of Israel*, 126.

있는 하나의 독립된 민족으로 간주했다고 지적한다. "민족"(nation)이라는 용어는 공동의 형제애와 혈연적 유대감을 공유하는 집단에 사용되어 왔지만, "근세(近世) 영국에서 영토의 중요성에 대한 인식, 즉 특정 민족을 독립된 영토 안에 배치하는 개념과 결합하면서 유대인이 하나의 독립된 별개의 '민족'이라는 개념은 그들이 자신들의 땅을 소유하게 될 것이라는 믿음을 낳게 되었다."[23] 16세기 중반의 영국은 확장(1545년 웨일즈와의 연합)과 축소(1558년 칼레에서의 패배)를 모두 경험하게 되면서 영국을 더욱 영토 단위로 인식하게 되었다.[24] 이 시기에는 "국가, 교회, 영토의 상상적 결합을 통하여 영국 민족을 이해하는 독특한 인식이 생겨나기 시작했으며",[25] 이러한 민족 개념은 1558년에 영국이 로마 가톨릭교회와 관계를 완전히 단절함으로써 더욱 강화되었다. "확고한 경계를 지닌 물리적 영토에 근거한 민족 개념은 구약성경이 유대인들에게 한 약속, 즉 확고한 경계가 있는 땅에 그들을 정착시키겠다는 약속과 일맥상통한다.[26] 자국의 경계에 대한 영국의 인식이 높아지자 "유대인들의 팔레스타인으로의 회복은 영토가 없는 유대 민족에게 자연스러운 소원처럼 보였다."[27] 따라서 "방황하는 유대인"이 종말론적 미래에 고향으로 돌아갈 것이라는 생각은 서서히 자리를 잡아가기 시작했

---

23   Andrew Crome, *Christian Zionism and English National Identity, 1600-1850* (Cham, Switzerland: Palgrave Macmillan, 2018), 65.

24   Crome, *English National Identity*, 64.

25   Crome, *English National Identity*, 64.

26   Crome, *English National Identity*, 64-65.

27   Crome, *English National Identity*, 65.

다. 그 시기와 방법에 대해서는 많은 논란이 있었지만, 영국 개신교 신자들에게는 하나님이 그 역사의 무대를 감독하는 일에 영국을 부르시는지를 질문해볼 수 있는 계기가 되었다.

유대인을 영국 민족주의와 연결하다: 존 베일과 존 폭스

유대인을 영국 민족주의와 연결하는 작업은 메리 여왕의 두 명의 망명자인 존 베일(John Bale)과 존 폭스(John Foxe)에 의해 진행되었다. 유대인의 개종에 관한 베자의 입장은 존 베일(1495-1563)의 저술에서 매우 중요한 부분을 차지했는데, 그의 저서 『두 교회의 이미지』(*Image of Both Churches*, 1545)는 요한계시록 전체에 대한 최초의 영어 주석이며, 역사의 일곱 시대에 걸쳐 발전해온 거짓된 바벨론(로마) 교회와 참된 사도적 교회(복음주의 교회)를 대조했다. 루터와 칼뱅과 마찬가지로 베일도 교황과 튀르크를 참된 종교의 커다란 적으로 명시했다. 그러나 그는 "묵시론적 소망 안에서 유대인과 그들의 역할에 관한 새로운 사고의 지평"을 열었고, 유대 민족이 개신교로 개종할 것이라고 주장했다.[28]

본서의 목적과 관련하여 중요한 점은 베일이 영국이 이 세상에서 하나님의 뜻을 수행하기 위해 "선택받은 민족"이라는 개념을 발전시키면서 유대인의 개종을 영국의 민족주의와 연결하기 시작했다는 것이다. 베일은 영

---

28   Smith, *More Desired*, 57.

국 교회에 대한 새로운 역사기술적 내러티브를 고안해냈다. 그는 영국 교회의 기원을 아리마대 요셉의 사역에서 발견했으며, 이로써 교황제도의 출현 이전에 영국 국교회가 이미 사도권을 갖고 있었다는 주장을 확립했다.[29] 한편 베일은 존 폭스(1517-1587)에게 영향을 미쳤으며, 그의 저서 『활동과 기념비』(*Actes and Monuments*)는 베일이 강조한 많은 내용을 대중화시켰다.[30] 따라서 영국의 민족 정체성은 베일과 폭스에 의해 종말론적으로 형성되었다. 로버트 스미스는 "반가톨릭, 유대-중심적, 역사기술적 요소와 함께 진행된 존 베일의 개신교 의미 형성 프로젝트는 영국 민족주의의 궤적과 신정치적(theopolitical) 예언 해석의 역사를 형성했다고 말한다.[31] 나빌 마타(Nabil Matar)는 다음과 같이 주장한다.

사실 이 영국 신학자가 더욱 반가톨릭적일수록―1588년과 1605년 이후에는 그럴만한 이유가 충분히 있었을 것이다―유대인들에 대한 그의 평가는 더욱 높아졌다. 왜냐하면 개신교 신자들은 유대인, 튀르크인, 가톨릭 신자라는 세 부류의 사람들을 상대하고 있었기 때문이다. 이 세 부류 중 유대인은 항상 가장 동정적 시선을 받았는데, 그 이유는 당연히 유대인이 가장 위험하지 않았기 때문이다.[32]

---

29   Smith, *More Desired*, 61-62.
30   Smith, *More Desired*, 62-63.
31   Smith, *More Desired*, 63.
32   Matar, "Idea of the Restoration," 26.

영국 개신교는 루터의 해석의 영향을 받았지만,[33] 그들의 요한계시록 해석은 유럽 대륙의 해석과 달랐고, 결정적으로 "이러한 차이는 영국 개신교 신앙과 영국 민족주의 내의 특정한 발전 간의 관계에서 비롯된 것이었다."[34] 영국의 민족 정체성과 종교개혁 운동은 많은 이들의 사고에서 밀접한 연관성을 갖게 되었다. 유대인들은 개신교 해석자들에 의해 종말론적 의미와 중요성을 부여받게 되었지만, 결국 그들은 개신교의 궁극적인 목적을 위해 그리스도인들이 구상한 역할을 맡아야 했다. 이러한 일이 1492년에 일어난 그 유명한 스페인과 포르투갈의 유대인 추방보다 2세기 이상 앞선 1290년에 영국에서 유대인들이 모두 추방당해 유대인이 영국에 한 명도 남아 있지 않던 시기에 발생했다는 점은 매우 아이러니하다. 개신교의 재구성된 종말론 안에서 교황과 튀르크의 계획은 우방국가인 개신교 영국의 도움을 받아 팔레스타인으로 돌아가는 유대인들에 의해 좌절될 것이다.

비록 회복주의적 사상의 분명한 사례가 1520년대에 스트라스부르의 보르하우스와 카피토의 저서에서 나타났지만, 그 당시에는 주요 개신교 지도자들에 의해 단호하게 거부당했다. 이 사상은 그 남은 세기 동안 유럽 대륙에서 크게 주목받지 못했고, 말세에 유대인들의 집단 개종이 있을 것이라는 견해를 받아들인 사람들도 처음에는 이 사상을 지지하지 않았다. 여기서 의미 있는 점은 윌리엄 퍼킨스, 엘너선 파, 로버트 베일리 등 영어권

---

33   Smith, *More Desired*, 55.
34   Smith, *More Desired*, 55.

의 주요 개신교 지도자들이 유대인들이 미래에 개종할 것이라는 사상을 전파한 베자의 수정된 역사주의적 입장을 널리 수용했다는 점이다. 유대인의 개종을 믿는 것과 팔레스타인으로의 귀환을 믿는 것은 서로 다른 문제였다. 그러나 앞으로 살펴보겠지만, 16세기에 논의된 이러한 물리적 회복에 대한 견해는 그다음 세기에 본격적으로 등장하게 된다. 기독교 시온주의의 기원을 추적하는 과정에서 우리는 칼뱅주의자들이 유대인의 영적 회복과 팔레스타인으로의 물리적 회복을 강조하고, 그 뒤를 이어 영국 청교도들이 유대인들을 하나의 독립된 민족으로(비록 영토는 없지만) 간주하면서 기독교 시온주의가 출현했다는 사실을 발견했다. 유대 민족은 구약의 땅에 관한 약속의 성취로 영국의 도움을 받아야 한다는 생각이 나타나기 시작했다. 교황과 튀르크에 맞서 민족주의와 유대 민족이 서로 협력해야 한다는 생각이 칼뱅주의 개신교인들의 머리 속에서 서서히 싹트고 있었다.

3장

영국 청교도주의와 유대인들

영국의 정치인, 신학자, 전도자들은 외부의 위협과 내부의 필요에 따라

유대인들에게 눈을 돌렸고, 첫째, 튀르크 및 가톨릭과의 대립 관계에서,

둘째, 영국 내전에 대한 천년왕국적 기대에서, 셋째, 개종이라는 도덕적 책임에서

유대인들이 기여할 수 있도록 그들에게 역할을 맡겼다. 유대인들은 영국의 야망의

희생양이 되었으며, 철저하게 이러한 세 가지 관점을 통해 인식되었다.[1]

나빌 I. 마타

초기 교회는 그리스도의 재림, 악에 대한 선의 최후 승리, 슬픔과 고통의 종식에 대한 간절한 소망으로 특징지어졌다. 아우구스티누스는 이러한 소망을 약화하면서 천년왕국의 완성은 이 세상에서 달성되지 않을 것이라고 주장했다. 아우구스티누스는 그리스도께서 말세에 세상을 심판하기 위해 친히 재림하실 것을 믿었지만, 그는 말세가 어떻게 그리고 언제 도래할지, 누가 구원을 받을지에 대해서는 아무도 알 수 없다고 확신했다. 따라서 그리스도인들은 날마다 주어지는 일의 책임을 저버려서는 안 된다. 아우구스티누스는 종말론적 소망을 약화하고 이 땅에 진정한 진보가 이루어질 가능성에 대해 강한 비관론을 제시했다. 영국 개신교는 비록 신학의 많은 부분에서 아우구스티누스에게 큰 빚을 졌지만, 교회 시대에 달성할 수 있는 것에

대해서는 그의 비관론을 역전시키고자 노력했다. 영국 청교도들 사이에서는 종말론 작가들이 꿈꾸어온 미래에 대한 새 희망이 싹트기 시작했다. 고대 유대교 종말론 전통은 계승되고 수정되고 변화되었다. 어니스트 리 투베슨의 말에 따르면 17세기에 요한계시록에서 시작된 불꽃은 "인류에게 희망의 등불이 되었으며, 이러한 변화는 종교개혁 이후 서구 사상사에서 가장 중요한 사건 중 하나가 되었다."[2]

    비록 17세기에 왕당파, 침례파, 성공회파, 제5왕정파 등 많은 영국인들이 유대인의 회복에 관한 이슈를 다루었지만, 근대 초기 영국에서 이 이슈가 등장하는 데 가장 크게 기여한 자들은 1662년까지 영국 국교회 내 청교도 집단에 속해 있던 자들이었으며, 그 후 그들 가운데 다수는 비국교도 교회에 합류했다.[3] 청교도들은 영국 국교회 내에서 성직자와 평신도로 구성된 유력한 그룹이었다. 그들은 1550년대에 청교도(Puritan)라는 이름을 처음으로 얻었는데, 그 이유는 그들이 영국 국교회가 칼뱅주의 노선을 따라 부분적으로만 개혁되었다고 믿었기 때문이다. 영국 국교회가 충분히 "정화"되지 않았다는 이유에서 그들에게는 청교도라는 별명이 붙여진 것이다.

---

2   Ernest Lee Tuveson, *Redeemer Nation: The Idea of America's Millennial Role* (Chicago: University of Chicago Press, 1968), 2.

3   Andrew Crome, *Christian Zionism and English National Identity, 1600-1850* (Cham, Switzerland: Palgrave Macmillan, 2018), 71. "청교도"라는 용어는 일부 침례교 신자들을 포함하여 영국 교회를 제외한 다른 수많은 그룹에 적용되었다. 나는 이 용어를 1662년까지 영국 국교회에 남아 있던 온건파 청교도들을 지칭하는 데 사용하고 있다.

수행할 임무가 있는 "선택받은 민족"으로서 영국

청교도들은 하나님이 자기 뜻을 이루기 위해 개인을 택하실 뿐만 아니라 유대인들과 같이 특별한 민족들도 택하셨다고 확신했다. 그들은 또한 하나님이 개신교 영국을 택하셨고, 수행할 임무를 영국에 부여하셨다고 믿었다. "선택"을 받았다는 것은 특별한 의무를 수반하며, 종교개혁 이후 영국 청교도들은 영국이 세계 개신교 운동에서 주도적 역할을 맡았다고 믿었는데, 이는 "국제주의와 협력이 종종 민족 선택이라는 개념의 일부였다"는 사실을 반영한다.[4] 영국 정부는 내외부에 있는 (가톨릭) 적들로부터 신앙을 지켜야 했다. 하나님이 주신 소명을 완수하지 못한 민족은 역사 속에서 하나님의 심판을 받게 될 것이다. 히브리 예언자들이 유대인들에게 그들이 불순종으로 인해 한 민족으로서 하나님의 진노를 받을 것을 경고했듯이 개신교 영국도 이와 마찬가지였다. 선택에는 조건이 뒤따랐다. 영국은 임의대로 행동할 수 없었고, 그들에게는 다른 민족들보다 더 높은 수준의 책임(더 큰 축복 또는 더 큰 심판)이 요구되었다. 토드 기틀린(Todd Gitlin)과 리엘 레이보비츠(Liel Leibovitz)의 말을 빌리자면 선택을 받는다는 것은 때때로 축복만큼이나 "형벌로 느껴질 수 있다."[5]

이러한 관점은 영국의 민족 정체성을 형성하는 데 도움을 주었다. 많

---

4   Crome, *English National Identity*, 6.
5   Crome, *English National Identity*, 56.

은 청교도들은 국제적 개신교 운동을 주도하는 것 외에도 유대인들이 성지로 돌아가는 것을 돕기 위해 하나님이 특별히 영국을 부르셨다는 확신을 갖게 되었다. 이것은 영국이 "자신의 정체성을 주로 유대 민족에 대한 영국의 섬김과 관련하여 이해하는 일종의 이차 선택"을 수용하는 것을 의미했다.[6] 흔히 민족 정체성은 외부 집단을 "타자화"함으로써 형성되지만, 이 경우에는 "타자"가 긍정적으로 간주되었다. "사실 회복된 유대인은 그들을 돕는 민족보다 더 뛰어날 것이며, 하나님의 최고 민족의 자리로 되돌아갈 것이다."[7] 이것은 향후 5세기 동안 기독교 회복주의/시온주의 역사에서 줄곧 적용된 접근 방식이었다. 앤드루 크롬이 지적하듯이 "유대인을 그들의 옛 조국으로 돌려보내기 위한 프로젝트는 그것이 종말론적 소망으로, 유토피아적 계획으로 또는 실용적인 정치적 용어로 표현되든 간에 민족 정체성을 확립하는 수단으로 일관되게 사용되었다."[8] 영국은 하나님의 목적을 달성하기 위해 "선택받은" 민족일 수 있지만, 유대인들은 여전히 단 하나밖에 없는 하나님의 유일한 "선민"으로 남아 있을 것이다.

청교도주의와 교황과 영국 정부

청교도들은 의회로부터 교회 개혁과 영국의 개신교 소명에 대한 지지를 얻

---

6   Crome, *English National Identity*, 3.
7   Crome, *English National Identity*, 3.
8   Crome, *English National Identity*, 2.

어넬 정도로 끈질기고 집요했으며, 이로써 차기 군주들과 충돌하는 과정을 겪어야만 했다. 엘리자베스 1세(1558-1603)는 영국 국교회의 수장으로서 청교도들을 계속해서 견제했고, 추가 개혁을 요구하는 청교도들의 불만이 교회와 국가에 지장을 주는 것을 막기 위해 노력했다. 엘리자베스 여왕이 죽은 후 청교도들은 스튜어트 군주들과 마주하게 되었는데, 그들은 엘리자베스 여왕보다 훨씬 더 적대적이었고 로마 가톨릭교회에 훨씬 더 호의적이었다.

이러한 유럽의 폭넓은 정황 속에서 청교도들은 부활한 로마 가톨릭교회와 맞서고 있었다. 종교개혁은 유럽 가톨릭 신자들의 숫자를 감소시켰지만, 교황에 대한 많은 가톨릭 신자들의 헌신도 크게 증대시켰다.[9] 1550년대에는 반종교개혁 세력이 강해졌는데, 이처럼 가톨릭교회의 부활을 주도한 것은 개신교 국가들을 무너뜨리고 교황의 통치를 무력으로 재건하려는 군주들이었다. 이러한 분쟁은 영국에서 극적으로 전개되었고, 향후 수 세기에 걸쳐 영국 역사와 (더 광범위하게는) 영국의 민족 정체성을 형성해나갔다. 1558년에 메리 여왕이 사망하고 엘리자베스 1세가 왕위를 계승하자 로마 가톨릭교회는 엘리자베스 치하에서 영국 개신교 국교회에 의해 대체되었다. 가톨릭 신자들은 영국이 다시 로마 가톨릭교회의 품으로 돌아가도록 오랫동안 노력했다. 1570년에 교황 비오 5세는 엘리자베스 1세를 파문

---

9   Peter Toon, introduction to *The Puritans, the Millennium and the Future of Israel: Puritan Eschatology 1600 to 1660*, ed. Peter Toon (Cambridge: James Clarke, 1970), 22.

하고 영국 가톨릭 신자들을 군주인 그녀에게 복종하기로 한 서약에서 해방함으로써 그녀의 정권을 위태롭게 만들고자 노력했다. 나아가 그는 그녀의 폐위를 선동하고, 심지어 1571년의 리돌피 음모에서는 그녀의 암살을 방조했다. 개신교 신자들은 로마 가톨릭교회에 대한 지속적인 충성을 영국 왕실에 대한 불충으로 간주했으며, 개신교 왕권을 전복시키려는 지속적인 시도에 저항했다. 1572년 성 바르톨로메오 축일에 일어난 프랑스 개신교 신자 학살 사건은 영국 개신교 신자들을 더욱 두렵게 만들었다. 1588년 스페인 무적함대의 패배는 하나님의 섭리로 영국이 적군으로부터 구원을 받은 사건으로 해석되었다. 1605년에 가이 폭스(Guy Fawkes)라는 가톨릭 신자는 왕과 많은 의원들을 살해하기 위해 의사당을 폭파하려는 음모를 꾸몄다. 이 모든 사건은 자연스럽게 가톨릭교회에 대한 영국인의 두려움을 증폭시켰다.

영국 역사가 린다 콜리는 『영국인들: 국가의 태동, 1707‒1837』(*Britons: Forging the Nation, 1707-1837*)에서 영국이 선택받은 민족이라는 영국 정체성에 대한 개신교 신자들의 믿음이 근대 영국 국가의 형성에 핵심 요소였다고 주장했다.[10] 개신교 영국이 하나님의 선택받은 민족이라는 개념은 청교도들이 영국의 소명을 이해하는 데 핵심적인 역할을 했으며, 존 폭스의 저서 『활동과 기념비』(*Actes and Monuments*, 1563)[11]를 통해 가장 효과적으로 전

---

10   Linda Colley, *Britons: Forging the Nation, 1707-1837* (New Haven, CT: Yale University Press, 1994).

11   흔히 Foxe의 *Book of Martyrs*라고 불린다.

파되었는데, 이 책은 성경과 존 번연의 『천로역정』(*Pilgrim's Progress*) 다음으로 수 세기 동안 영어로 저술된 책 가운데 가장 널리 읽힌 책이었다. 따라서 16세기와 17세기에 영국의 민족 정체성은 가톨릭과 개신교의 경쟁이라는 모루 위에서 연단을 받았다. 그 결과 17세기 말에는 굳건한 개신교 성향의 왕실이 탄생했다. 그 무렵 청교도들의 세력은 쇠약해졌지만, 영국이 근본적으로 개신교 국가라는 그들의 인식은 이미 팽배해졌다. 이러한 정치적 사건은 기독교 회복주의의 출현을 이해하는 데 중요하다.

탄압받은 천년왕국 지지자들

스튜어트 왕조(제임스 1세와 찰스 1세)는 천년왕국을 믿는 작가들(주로 청교도들)을 경계심을 갖고 바라보았고, 17세기 첫 40년 동안은 그들의 출판물을 체제전복적이라는 이유에서 금지했다. 그러나 1642년에 찰스 1세가 폐위된 이후 청교도 혁명기(1642-1660년경)에 오랜 동안 탄압을 받아온 천년왕국 지지자 토머스 브라이트만(Thomas Brightman, 1562-1607), 헨리 핀치 경(Sir Henry Finch, 1558-1625년경), 조지프 미드(Joseph Mede, 1586-1639) 등의 저작(모두 후천년설 지지자)이 폭넓은 인기를 얻었으며, 유대인이 개종하고 튀르크가 타도되고 교황이 몰락할 것이며 말세가 임박했다(아마도 1656년에)는 견해가 사람들 사이에서 호응을 얻었다. 혼란이 만연하던 시기에 새롭게 얻은 언론의 자유는 "다양한 민족 개념을 논의할 수 있는 공간을 마련해주었다."[12] 그중에서 가장 중요한 것은 유대인의 개종 및 귀향과 관련하여 영국에 주어진 역할이었다.

17세기 이후부터 19세기까지 기독교 회복주의는 대체로 한편으로는 유대인을 돕고 다른 한편으로는 가톨릭교회에 저항하는 영국의 책임의 관점에서 설명될 수 있을 것이다. 많은 청교도들에게 있어 영국은 하나님의 "선택받은 민족"으로서 가톨릭교회의 음모로부터 영국을 지키고, "육신을 따라" 하나님의 선택을 받은 민족으로서 유대인에 대한 특별한 책임을 져야 했다. 유대인의 회복은 영국의 소명이자 기회였다. 왜냐하면 "사실 회복되고 개종한 유대인들은 교황과의 전쟁에서 이상적인 동맹군이 될 것이기 때문이다."[13] 물론 이러한 생각은 종말론에 대한 청교도의 이해와 밀접하게 연관되어 있었다.

청교도의 소망: 마지막 날의 영광

17세기 초 어려운 상황이 수십 년 동안 계속되었음에도 불구하고—대륙으로부터 계속되는 가톨릭의 위협, 공격적인 가톨릭교회의 부활로 인한 유럽 내 개신교 운동의 후퇴, 제임스 1세의 확고부동한 반대, 1630년대에 일어난 찰스 1세의 공개적인 박해 등—청교도들은 미래에 대해 놀라우리만큼

---

12   Crome, *English National Identity*, 68.
13   Crome, *English National Identity*, 64.

긍정적인 태도를 견지했다. 이러한 낙관주의는 요한계시록 6-20장이 사도 바울부터 엘리자베스 1세 시대까지의 교회 역사를 묘사한 것이라는 청교도들의 역사주의적 이해에 근거한 것이었다. 청교도들은 종교개혁이 결정적이고 강력한 하나님의 역사라고 믿었는데, 이는 종교개혁의 신적 기원이 그것을 반드시 승리로 이끌 것이며, 요한계시록에 대한 그들의 해석은 "그 승리를 명시적으로 약속하는" 것처럼 보였기 때문이다.[14]

1550년대부터 1660년대까지 청교도 작가들 사이에는 다니엘과 요한계시록에 예언된 복음의 승리가 로마 가톨릭교회의 임박한 멸망으로 나타날 것이라는 의견일치가 광범위하게 이루어졌다. 피터 툰은 다음과 같이 말한다.

> 그들은 "무너졌도다. 무너졌도다. 큰 성 바벨론이여"[계 14:8]라고 외치는 소리가 머지않아 들려오고, 그 후 "구원과 영광과 능력이 우리 하나님께 있도다. 그의 심판은 참되고 의로운지라. 음행으로 땅을 더럽게 한 큰 음녀를 심판하사 자기 종들의 피를 그 음녀의 손에 갚으셨도다"[계 19:1-2]라고 이구동성으로 말하는 소리가 뒤를 이을 것이라고 진심으로 믿었다.

그들은 다니엘과 요한계시록을 읽으면서 가톨릭교회의 몰락을 감지했고,

---

14   Peter Toon, "The Latter-Day Glory," in Toon, *Puritans, The Millennium and the Future of Israel*, 25.

그들의 해석은 그들의 로마교회 경험과 잘 부합했다. 툰은 이와 관련하여 다음과 같이 설명한다.

[공감하는 독자들은] 선견자 다니엘과 요한이 한 말이 교황에 대해 한 말이라는 것을 그들이 어떻게 그렇게 확신할 수 있었는지 잘 알 수 있다. 밧모섬의 죄수 요한에게 추악한 짐승(계 13장)으로 보였던 것은 로마에 그 본부를 두고 있었고, 루터와 모든 개신교 신자들에게 박해하는 적그리스도로 보였던 것도 로마에 그 본부를 두고 있었다. 그리고 디오클레티아누스 치하에서 박해를 일삼던 로마 제국의 특성은 박해를 일삼던 교황과 그 대리인들의 특성과 유사했다. 예를 들어 그들은 모두 신적 능력을 주장했다.[15]

그들이 직접 경험한 "박해를 일삼는" 로마교회의 특성과 과거에 경험한 박해의 기억은 존 폭스의 저술과 개신교도에 대한 가톨릭교회의 지속적인 박해에 대한 보고서에 고스란히 담겨 있었다.

그러나 그들이 받아들인 두 가지 중요한 종말론적 선택지(전천년설과 후천년설)는 모두 놀라우리만큼 희망적이었다. 왕이신 그리스도는 사탄에게 결정적인 승리를 거두셨다. 청교도들은 이 승리가 곧 세상에 나타날 것이라고 확신했다. "마지막 날의 영광"의 시대가 곧 다가오고 있었다. 교황권이 곧 무너지고, 이슬람교가 전복되며, 유대인들은 개종할 것이다. 이

---

15   Toon, "Latter-Day Glory," 126.

"영광"이 그리스도의 재림 전에 나타날지 아니면 재림 후에 나타날지에 대해서는 서로 다른 견해를 갖고 있었지만, 어느 쪽이든 청교도들은 영광스러운 미래가 자신들을 기다리고 있다고 확신했다. 아직 천국은 아니더라도 유토피아는 곧 분명히 모습을 드러낼 것이라고 믿었다.

청교도주의와 성지와 이슬람교

성지는 중세 시대 내내 그리스도인의 머릿속에 크게 자리 잡고 있었다. 유럽 동부 지역에 무슬림 세력들이 존재하면서 이슬람의 위협은 현실로 다가왔고 기독교 유럽 전역에 큰 두려움을 불러일으켰다. 청교도들이 출현하기 전부터 오스만 제국("튀르크")을 이슬람과 동일시하는 역사는 이미 오래전부터 존재했다. 이것은 유럽의 개신교 신자들과 가톨릭 신자들 사이에서 흔한 일이었다.[16] 예언에 대한 개신교의 이해가 역사주의로 바뀌면서 청교도 예언 작가들은 계속해서 "튀르크"에 대한 공포를 다루었고, 이를 항상 반가톨릭주의와 연결했다. 나빌 마타가 관찰한 바와 같이 "근대 초기 영국의 종말론은 교황과 가톨릭교회에 대한 직접적인 언급 없이 튀르크와 이슬람에 대해서만 언급한 적은 거의 없다."[17] 청교도들은 오스만 튀르크가 자

---

16   Robert O. Smith, *More Desired Than Our Owne Salvation: The Roots of Christian Zionism* (New York: Oxford University Press, 2013), 47.

17   Nabil I. Matar, *Islam in Britain, 1558-1685* (Cambridge: Cambridge University Press, 1999), 154.

신들이 거짓 예언자로 여기는 무함마드를 추종했기 때문에 "튀르크"를 참된 교회를 파괴하려는 사탄의 대리인으로 인식했다. 따라서 그들이 "하나님이 그분에게 선택받은 자들의 큰 원수가 언젠간 그리스도의 능력으로 멸망될 것이라는 환상을 밧모섬의 요한에게 주셨다"고 추론한 것은 그다지 무리한 일이 아니었다.[18] 튀르크는 요한계시록에 나오는 여섯 번째 심판의 대접으로 이해되었다. 요한계시록 16:12의 "동방에서 오는 왕들"은 궁극적으로 튀르크와 싸워 그를 멸망시킬 유대인들이었다.[19]

브라이트만의 역사주의적 후천년설

루터와 베자(모두 무천년주의자들)가 역사주의로 전환한 것을 토대로 영국의 일부 청교도들은 일종의 역사주의적 후천년설을 발전시켰다(비록 그들은 "후천년설"이라는 용어를 사용하지 않았지만). 이 이론의 핵심 주창자는 토머스 브라이트만(Thomas Brightman, 1562-1607)이었는데, 그의 저작은 모두 유럽 대륙에서 유작으로 처음 출간되었다. 비록 제임스 1세나 찰스 1세가 개인적으로 브라이트만을 알고 있었는지는 불분명하지만, 그들은 영국 교회가 라오디게아 교회라는 브라이트만의 견해를 달가워하지 않았을 것이다.[20]

---

18   Toon, introduction, 20.
19   Matar, "Idea of the Restoration," 24.
20   Brightman's *A Revelation of the Revelation. A Most Comfortable Exposition of the Last and Most Difficult Pages of the Prophecies of Daniel*은 1609년 프랑크푸르트 암 마인에서 라틴어로 처음 출판되었고, 1611년 암스테르담에서 최초로 영어판이 출간되었다.

의회는 1644년에 잉글랜드 내전을 치르는 중에 오랫동안 금지되었던 브라이트만의 모든 저작을 재출간하도록 명령했다.

브라이트만은 동료 개신교 신자들에게 종교개혁은 하나님의 위대한 사역이며 그리스도가 그들의 고난을 신원하기 위해 일하실 것이라는 확신을 주었고, 이는 로마 가톨릭교회의 커다란 반격(또는 가톨릭교회로 대거 회귀하는 상황)을 경험하고 있던 개신교도들에게 큰 호소력을 지닌 메시지였다. 로버트 O. 스미스는 "브라이트만의 역사와 예언의 상관관계는 그를 비판적 민족주의로 이끌었고, 그 결과 그는 하나님의 종말론적 계획에서의 영국의 역할에 대한 전례 없는 해석을 내놓았다"고 말한다.[21] 브라이트만은 교회의 역사가 성경에 예언되어 있다고 보는 역사주의적 관점을 자세히 상술하는 방법을 고안해냈다. 크롬의 말을 빌리자면 브라이트만은 "영국의 예언적 전통을 극적으로 새롭게 재해석하는" 과업을 달성했다.[22]

1600년대 초 브라이트만은 유럽의 개신교가 곧 큰 전쟁과 고난에 직면할 것이라고 경고했다. 30년 전쟁(1618-1648)이 특히 독일 영토에 엄청난 피해를 입힌 것으로 드러났으므로 그의 통찰력은 매우 뛰어났다고 할 수 있다. 그는 독자들에게 로마 가톨릭교회가 곧 멸망하고 교황이 타도되며 튀르크는 패배할 것이라는 확신을 심어주었다. 이것은 엄청난 시련의 시간을 요구했다. 브라이트만의 예측은 대부분 정확했기 때문에 이후 수십

---

21   Smith, *More Desired*, 73.
22   Crome, *English National Identity*, 51.

년 동안 그의 저서는 폭넓은 독자층을 확보했다. 그러나 브라이트만은 미래에 대해 큰 희망을 품고 있었다. 그는 성도들의 마지막 날의 영광이 그들이 이전에 당한 고난보다 훨씬 더 밝게 빛날 것이라고 확신했다.

　　브라이트만이 인용한 핵심 본문은 에스겔 37장인데, 이 본문은 마른 뼈 골짜기의 환상으로 시작하지만, 그 이후에는 미래의 회복을 약속한다. 에스겔의 목가적인 그림은 많은 고난과 고통 없이는 결코 실현될 수 없다. 브라이트만의 해석에 따르면 미래에 유대 민족이 곡과 마곡(계 20:8), 즉 튀르크 및 그 동맹국들과 큰 전쟁을 치르게 될 것이며, 이제 개종한 유대 민족은 고국으로 돌아가지만, 튀르크에 의해 포위당할 것이다(계 20:9). 그 후 하나님은 자신의 고대 백성을 위해 기적적으로 개입하셔서 그들의 적을 물리치실 것이며, 유대 민족의 완전한 개종과 회복은 위대한 부활로 나타날 것이다(계 20:11-12). 따라서 요한계시록 21-22장은 "모든 사람이 예수를 주로 고백하는" 이 땅의 중심인 새 예루살렘에 재건될 새 왕국에 대한 묘사가 된다. 그러나 그는 천년왕국 시대에 유대인과 이방인이 하나가 되는 것을 상상하면서도 다음과 같이 믿었다. "하나님은 각각에 대한 별도의 지상 계획을 갖고 계신다. 심지어 천년왕국 시대에도 여전히 유대인과 이방인은 근본적으로 다른 존재로 남아 있을 것이다. 사실상 천년왕국 시대는 유대인이 이 땅을 지배하는 기간이 될 것이다."[23] 이 기간이 끝나면 그리스도의

23　Crome, *English National Identity*, 53.

재림이 있을 것이며, 그 후에 최후의 심판이 뒤따를 것이다.[24]

브라이트만은 아우구스티누스의 무천년설과는 상당히 다른 역사주의적 후천년설을 발전시켰다. 그가 말하는 천 년은 교회 시대 전체를 가리키는 것이 아니다. 브라이트만은 두 개의 천년왕국 시대를 제시했는데, 하나는 4세기에 시작하여 1300년경에 끝나고, 다른 하나는 그 후에 이어지는 두 번째 천년왕국 시대를 가리킨다. 그는 이러한 틀 안에서 교회의 역사를 설명한다. 아우구스티누스는 현세가 교회의 짧은 환난의 시기로 끝나리라고 믿었던 반면, 브라이트만은 이 시기가 교황과 튀르크가 몰락하는 시기와 일치하며, 두 번째 천년왕국 시대가 끝날 무렵에 나타날 마지막 날의 영광에 앞서 일어날 일로 보았다. 크롬에 따르면 "천년왕국이 현재 지속되고 있다는 사실"은 "모든 징후가 이 세상의 상황이 계속 나아지고 있다는 것을 가리킨다는 것을 의미했다."[25] 오직 말세가 되어서야 비로소 그리스도가 죽은 자를 살리고 이 세상을 심판하기 위해 친히 다시 오실 것이다.[26]

본서의 목적과 관련하여 브라이트만이 개종한 유대인들은 하나님과 함께 그리스도의 왕국을 설립하는 데 참여하면서 물리적으로 회복될 것이라고 예상했다는 점은 매우 중요하다. 또한 브라이트만이 유대인들의 "회복"에 앞서 먼저 그들이 기독교로 개종할 것으로 생각했다는 점에 주목할 필요가 있다. 브라이트만의 견해에 따르면 영국은 말세에 핵심적인 역할을

---

24   Toon, "Latter-Day Glory," 29-30.
25   Crome, *English National Identity*, 47.
26   Toon, "Latter-Day Glory, 30-31.

감당할 것이며, 그 말세라는 무대의 중심에는 유대인이 있고, 일단 집단 개종이 이루어지면 그들은 고국으로 돌아갈 것이다. 여기서 중요한 점은 브라이트만이 유대인의 귀환을 아주 먼 예언적 미래의 사건으로 보고 있다는 것이다.

헨리 핀치 경, 윌리엄 가우지, 존 오웬

윌리엄 가우지(William Gouge, 1575-1653)가 편집한 헨리 핀치 경의 『세계의 위대한 회복 또는 유대인들의 소명』(*The Worlds Great Restauration, or, The Calling of the Jewes*, 1621)은 분명히 브라이트만에게 많은 빚을 졌다. 이 책은 유대인들의 민족적 개종과 향후 고대 조국으로의 "회복"을 주장했다. 이 책은 제임스 1세가 핀치가 기독교 왕들이 유대인에게 복종해야 한다고 주장한 것으로 이해하여 핀치와 가우지를 모두 체포해서 투옥했을 정도로 그에게 좋은 반응을 얻지 못했다. 그들은 이 책에 대해 사과하고 자신들의 견해를 충분히 설명하고 나서야 비로소 석방되었지만, 영국 정부는 결국 이 책을 금지했다(물론 이 같은 조치는 그다지 효과적이진 못했다).

여기서 중요한 것은 핀치가 성경 본문이 "이스라엘", "유다", "시온", "예루살렘"을 언급할 때 이 용어들이 유대인들을 하나의 집단으로 지칭하거나 그들이 살던 곳을 지칭한다고 주장했다는 점이다. 이 용어들은 기독교 교회를 가리키는 알레고리로 이해되어서는 안 되며, 따라서 그들이 자신들의 땅으로 귀환하는 것, 그들의 원수들이 패배하는 것, 그들이 열방을 통치하는 것을 언급하는 성경 본문을 문자적으로 이해해야 한다고 주장했다. 이와 마찬가지로 "곡과 마곡", "북방 왕", "리워야단"에 대한 언급도 이슬람을 상징하는 튀르크에 대한 언급으로 이해해야 한다고 주장했다.[27]

유대인들의 개종은 이스라엘 북왕국의 잃어버린 열 지파와 남왕국의 두 지파를 포함할 것이며(겔 37:16, 19; 호 1:11; 렘 3:12-14; 사 11:12-13),[28] 유럽에서 튀르크의 통치(1300년으로 추정)가 350년간 지속된 후에 시작될 것이다. 따라서 그들은 유대인의 대규모 개종이 1650년경에 시작될 것으로 예상했다. 얼마 지나지 않아 로마의 권력은 곧 무너질 것이다. 그로부터 45년 동안 유대인들이 북쪽과 동쪽에서 팔레스타인으로 이동하여 육지로 유프라테스강을 건널 것이며, 이는 이스라엘 민족이 기적적으로 홍해를 건넜던 사건을 매우 유사한 방식으로 상기시킬 것이다. 이 사건은 튀르크의 두려움을 불러일으키고, 그들의 군대는 유대인들을 공격할 것이며, 오스만 제국은 출현한 지 거의 395년 만에 하나님이 갈릴리 해안 전투에 개입하고 나서야 비로소 멸망할 것이다. 핀치와 가우지는 분명히 브라이트만의 『주석』(Commentary)에 크게 의존했다. 이러한 역사주의적 접근법을 통해 그들은 1695년에 갈릴리 해안에서 유대인과 튀르크의 마지막 전투가 벌어질 것이라고 예상할 수 있었다.

핀치와 가우지 그리고 청교도 신학자 중 가장 위대한 존 오웬(1616-

---

27   Toon, "Latter-Day Glory, 32.
28   Toon, "Latter-Day Glory," 33.

1683)은 브라이트만의 연구 위에 자신들의 연구를 발전시켰다. 그들은 현세의 종말은 교황의 몰락과 유대 민족의 개종 이후에 펼쳐질 "교회의 마지막 날의 영광"으로 특징지어질 것이라고 가르쳤다. 성령으로 충만한 유대인과 이방인의 설교를 통해 기독교의 대부흥이 곧 도래할 것이라고 믿었다. 그들의 견해에 따르면 현세는 머지않아 곧 종말을 고할 것이고 그 후천 년의 기간이 이어질 것이며, 그 천 년이 끝날 때 그리스도가 이 세상을 심판하기 위해 친히 재림하실 것이다. 다시 말하지만 이 작가들은 유대인의 귀환을 (브라이트만처럼) 먼 미래가 아닌 17세기 말에 일어날 사건으로 생각했다.

청교도 작가들의 주요 공통 주제들

이러한 견해는 1640년대에 이르러 영국에서 널리 받아들여졌다. 1640년대의 사회적 상황과 전체적인 격변이 이러한 친셈족주의 관점을 수용하는 데 기여한 것은 분명하지만, 대표적인 지지자들 가운데 다수는 박식한 학자들이었다. 나는 다른 책에서 이미 청교도 예언 작가들이 강조한 주제에 대해 논의했으므로 여기서는 그들이 강조한 점만 요약하고자 한다.[29] **존경, 감사, 사랑, 열망, 현실성** 등 다섯 단어가 먼저 떠오른다. 첫째는 **존경**이다.

---

29   Donald M. Lewis, *The Origins of Christian Zionism: Lord Shaftesbury and Evangelical Support for a Jewish Homeland* (Cambridge: Cambridge University Press, 2009), 26-36.

청교도들은 유대인을 "그리스도를 죽인 자"로 보는 중세의 "경멸의 가르침"을 거부하고 유대인을 경멸하는 대신 "존경의 가르침"을 전개했다. 토머스 드랙스의 말을 빌리자면 유대인은 여전히 "선택받은 민족, 특별한 백성, 왕 같은 제사장"이다.[30] 유대인들은 그들의 많은 업적과 그들이 세상을 위해 사용한 위대한 재능 때문에 칭송받아야 마땅했다. 유대인을 존경하고 그들이 열방에 복이 되었음을 칭송해야 한다는 이러한 강조점은 청교도 문헌에 널리 퍼져 있으며, 19세기 영국 복음주의 문헌에서도 다시 자주 등장하고, 21세기 기독교 시온주의 그룹들 사이에서도 자주 반복된다.

둘째는 **감사**다. 청교도들은 바울이 로마서 11:28a에서 유대인들은 "조상들로 말미암아" 사랑을 받았다고 말한 것을 알고 있었다. 따라서 드랙스가 발전시킨 또 다른 중요한 주제는 그리스도인은 유대인에게 감사와 빚진 마음을 가져야 한다는 것이다. 즉 유대교의 풍부한 유산은 기독교 신앙의 길을 마련했고, 유대인은 그 유산을 지키는 역할 때문에 하나님의 선택과 사랑을 받았다는 것이다(아우구스티누스의 주장과 맥을 같이함). 그리스도인들은 이 세상을 풍요롭게 만든 유대인들의 유산을 물려받은 것에 대해 감사하는 마음을 함양해야 한다.

셋째, 그리스도인들은 유대인들을 경멸하지 말고 **사랑하라**는 가르침을 받아야 했다. 청교도들은 중세 가톨릭교회가 유대인을 취급했던 방식

---

30   Thomas Draxe, *The Worldes Resurrection, or The Generall Calling of the Iewes* (London: G. Eld and John Wright, 1608), 3, 63-64, Smith, *More Desired*, 71에서 인용됨.

을 거듭 비난했으며, 이것은 기독교 시온주의 저술에서 수 세기에 걸쳐 이어져 내려오는 주제다(앞으로 살펴보겠지만 이것은 21세기에 이르러 대부분 사라지고, 가톨릭이든 개신교든 이에 대한 책임을 대체주의에 돌린다).[31] 넷째, 사랑은 유대인의 개종에 대한 열망으로 이어져야 했다. 물론 유대인들은 유대인의 개종에 대한 청교도들의 **열망**을 긍정적인 시각으로 바라보지 않았지만, 청교도들의 입장에서는 그러한 노력을 유대인을 축복하는 하나의 수단으로 여겼기 때문에 논리적으로는 일관성이 있었다. 다섯째이자 마지막으로 바울은 그들에게 어느 정도의 **현실성**을 촉구했다. 그들이 "조상들로 말미암아" 사랑을 받았다고 말하는 구절의 전반부는 "복음으로 하면 그들이 너희로 말미암아 원수 된 자"(롬 11:28)라고 말한다. 따라서 그리스도인들은 한편으로는 유대인들이 공헌한 것에 감사해야 하지만, 다른 한편으로는 순진한 태도를 가져서는 안 되며, 믿지 않는 유대인들이 기독교 복음을 말도 안 되는 것으로 여기고 그리스도의 구원 사역과 그의 십자가에 대한 기독교의 근본적인 주장을 부인한다는 사실을 깨달아야 했다. 유대인에 대한 청교도들의 태도와 그것이 기독교 시온주의의 역사에 어떤 영향을 미쳤는지를 이해하려면 청교도들의 태도의 이러한 다섯 가지 측면(존중, 감사, 사랑, 열망, 현실성)을 올바르게 이해해야 한다.

---

31   Derek Prince에 대한 논의는 14장을 보라.

후천년설과 기독교 회복주의

스코틀랜드, 잉글랜드, 뉴잉글랜드 등 개혁주의 진영의 후천년설은 언제나 매우 강력했으며, 17세기의 후천년설은 종종 강력한 회복주의적 성향을 띠었다. 후천년설과 나중에 기독교 시온주의로 발전한 것 사이에 존재했던 강한 연관성이 그리 오래가지 못했기 때문에 이 점을 강조하는 것은 중요하다. 왜냐하면 현대의 대표적인 후천년주의자였던 로레인 뵈트너는 "메시아가 오셔서 속죄 사역을 완성하셨으므로 유대인에게 주어졌던 이 특별한 임무는 완수되었다"고 주장했다. 십자가에 못 박히실 때 성전 휘장이 찢어짐으로써 "제의와 분향이라는 옛 질서와…유대인을 독립된 별개의 민족으로, 팔레스타인을 독립된 별개의 땅으로 구분하는 옛 질서는 통째로 그 목적을 성취하고 영원히 폐지되었다."[32] 앞서 살펴본 바와 같이 이러한 관점을 "대체주의"라고 부른다. 청교도 사상에서 영국을 유대인을 보호하고 "회복"시켜야 할 임무를 맡은 선택받은 민족으로 새롭게 강조한 것은 문제 해결을 위한 한 가지 방법이었지만, "그리스도인과 구약의 유대인들을 하나의 긴 이야기의 일부로 보며 유사점을 강조하는 것과는 거리가 멀어졌다."[33]

---

[32] Loraine Boettner, "A Postmillennial Response," in *The Meaning of the Millennium: Four Views*, ed. Robert G. Clouse (Downers Grove, IL: InterVarsity Press, 1977), 53-54.

[33] Crome, *English National Identity*, 37. 후천년설은 17세기 뉴잉글랜드의 청교도 John Cotton, 18세기의 Jonathan Edwards, 19세기 프린스턴 신학교의 미국 장로교 신학자 Charles Hodge 와 Augustus Strong, 스코틀랜드 자유교회 신학자 Patrick Fairbairn 등 개혁주의 기독교에서 일부 가장 뛰어난 지성인들의 관심을 끌었다. 이 종말론은 영국 회중교회 신자들 사이에서 매우 인기가 있었기 때문에 1658년 웨스트민스터 신앙고백(1646년)을 수정한 사보이 신앙

청교도들의 또 다른 선택지: 역사주의적 전천년설

1600년대 초 케임브리지 대학교의 그리스어 교수였던 조지프 미드(Joseph Mede, 1586-1638)는 역사주의적 전천년설을 최초로 제시했다. 그는 개신교 신학자들 사이에서 큰 존경을 받던 독일 칼뱅주의 사상가 요한 하인리히 알슈테트(Johann Heinrich Alsted, 1588-1638)에게 큰 영향을 받았다. 알슈테트에 따르면 신중한 주해는 요한계시록 20장에 묘사된 천 년의 기간을 사람들이 간절히 고대하던 미래를 묘사한 것으로 이해하는 것을 요구한다. 그는 그러한 시대가 도래하리라는 것을 확고하게 믿으면서 그리스도가 몸소 재림하심으로써 이 시대를 친히 여실 것을 기대했다. 이 견해는 영국 청교도들 사이에서 후천년설만큼 인기가 있진 않았지만, 적지 않은 소수의 지지자들을 보유하고 있었다. 그러나 미드는 다른 청교도 전천년주의자 토머스 굿윈(Thomas Goodwin), 너새니얼 홈스(Nathaniel Holmes)와 함께 "유대인들이 참된 메시아인 나사렛 예수에게 돌아오고, 하나님이 아브라함에게 약속하신 땅으로 귀환하는 것이 천년왕국 시대의 시작을 알리거나 적어도 천년왕국 시대에 가장 먼저 성취되는 일 중 하나가 될 것이라고 예상했다."[34]

17세기를 지나면서 전천년설은 더 현실적인 대안으로 보였다. 가톨릭 교회와 이슬람교의 몰락이 임박했다는 17세기 초의 희망은 어긋나고 말았

고백에서 표준 해석으로 채택했다.

34   Toon, introduction, 127.

다. 로마 가톨릭교회는 쇠퇴하지 않았고, 유럽에서 그들의 입지를 공고히 하며 해외로 확장하고 있었다. 개신교는 위기에 처한 것처럼 보였고, 그들의 점진적 승리는 그다지 합리적으로 보이지 않았다. 전천년설을 지지하는 작가들이 주장하는 그리스도의 개인적·극적 개입만이 이 상황을 역전시킬 수 있을 것 같았다. 그리고 1630년대에 이르러 청교도들은 찰스 1세의 노여움을 사게 되었다. 일부 청교도들은 네덜란드로, 일부는 미국 식민지로 피신했고, 그들이 갈망하던 대반전은 새롭게 부상하고 있던 천년왕국설을 통해서만 상상할 수 있었다.

교황제도 출현 이전의 초기 교회에 대한 새로운 관심사로 인해 테르툴리아누스와 이레나이우스의 천년왕국설이 주목을 받게 되었고, "천년왕국은 1070년이나 1300년에 끝났고 그 후에 "잠깐"(계 20:3)의 시기로 이어진다는 견해는 점점 힘을 잃어가고 있었다."[35] 그 결과 많은 영국 청교도들의 생각은 미래에 펼쳐질 천년왕국으로 이동하게 되었다. 이 청교도 작가들은 아마도 정치적·사회적 요인을 인식하지 못했겠지만, 미드와 알슈테트와 같은 전천년주의 작가들은 "전적으로 건전한 주해에 기초하여 주 예수 그리스도의 재림에 대한 자신들의 전천년설에 도달했다고 주장했을 것이다."[36] "미래의 천년왕국설 및 관련 사상이 사회적, 경제적 또는 정치적 요인에 의해 생겨났거나 유지되었다"고 주장한 사람은 동시대 비평가 중에

---

35   R. G. Clouse, "The Rebirth of Millenarianism," in Toon, *Puritans, the Millennium and the Future of Israel*, 54.

36   Clouse, "Rebirth of Millenarianism," 55.

아무도 없었다. 오히려 그들은 천년왕국설을 비판했는데, 이는 그들이 천년왕국설을 "성경에 대한 잘못된 주해와 잘못된 해석학적 원리 적용을 통해 생겨난 신학적 이단으로 간주했기 때문이다.…그들에게는 주된 원인이 본질적으로 신학적이었다."[37]

그리스도의 재림 날짜 정하기: 하루–1년 이론

(전천년주의자든 후천년주의자든) 예언에 대한 이해와 관련하여 역사주의로 전환한 자들은 구약의 예언에 언급된 "하루"가 1년을 의미한다는 수 세기 전의 이론을 들고나왔다. 이 "하루–1년 이론"은 에스겔 4:4-6에서 그 근거를 찾을 수 있는데, 에스겔은 처음에는 390일, 나중에는 40일을 옆으로 누워 있으라는 지시를 받는데, 전자는 390년을 나타내고 후자는 40년을 나타낸다. 유대인 랍비들은 다니엘을 해석할 때 이 공식을 사용하지만, 개신교 신자들은 요한계시록에 언급된 날들을 이해하기 위해 이 공식을 사용했다. 툰은 "많은 청교도들에게 이 이론은 의심의 여지가 없는 전제가 되었다"고 지적한다.[38] 예언 작가들은 이 이론을 요한계시록 11:2과 요한계시록 13:5에 나오는 마흔두 달에 대한 언급을 이해하는 데 사용했다. 각 달이 30일을 나타낸다고 가정한다면 42개월은 1,260일(30×42)로 해석되고, 이

---

37   A. R. Dallison, "Contemporary Criticism of Millenarianism," in Toon, *Puritans, the Millennium and the Future of Israel*, 112.

38   Toon, "Latter-Day Glory," 23.

는 1,260년을 의미하는 것으로 받아들여졌으며, 요한계시록 11:1-3은 이를 입증하는 것처럼 보였다.

유대인의 영국 재입국

암스테르담에 거주하던 두 명의 영국 청교도인 에베네저(Ebenezer)와 조애너 카트라이트(Joanna Cartwright)는 1649년에 영국 정부에 유대인의 영국 재입국 허용을 요청하면서 다음과 같은 청원서를 제출했다. "이 영국이라는 국가는 네덜란드 주민들과 함께 이스라엘의 아들과 딸들을 배에 실어 그들의 조상 아브라함, 이삭, 야곱이 약속받은 땅으로 가장 먼저, 그리고 가장 신속하게 이송하는 국가가 되어야 한다."[39] 카트라이트 부부는 영국에서 유대인 추방을 명령한 1290년 에드워드 1세의 명령을 철회하고 유대인의 영국 재입국을 허용해줄 것을 원했다. 1655년에 화이트홀에서는 재입국을 논의하기 위한 중요한 협의회가 열렸다. 크롬은 이 협의회를 자세히 살펴본 후 이 협의회의 합의 내용을 다섯 가지로 요약했다.

첫째, 하나님은 영국을 이스라엘의 회복을 위해 선택하셨지만, 이스라엘을 대체하는 국가로 선택하신 것은 아니다. 둘째, 영국은 유대인에 대한 선교적 의

---

39   Barbara W. Tuchman, *Bible and Sword: England and Palestine from the Bronze Age to Balfour* (New York: New York University Press, 1956), 120. 더 자세한 논의는 다음을 보라. Lewis, *Origins*, 31-32.

무와 언약적 의무를 모두 지니고 있으며, 영국의 운명은 유대인의 운명에 달려 있고, 하나님은 영국이 그들의 회복(재입국은 그것의 첫 번째 단계)을 주도할 것을 요구하셨다. 셋째, 이것은 내전 기간 동안 영국이 겪은 시련에 대한 하나님의 섭리를 설명하고 혼란스러운 하나님의 섭리 방식을 이해할 수 있는 하나의 방안을 제공했다. 아브라함의 언약에 따라 영국은 유대 민족에 대한 지속적인 죄악[특히 1290년의 유대인 추방]에 대한 처벌을 받게 되었다. 그러므로 재입국은 이를 돌이킬 수 있는 실질적인 방안과 하나님의 섭리를 이해하는 길을 제시했다. 넷째, 이러한 깨달음은 영국의 종말론적 역할에 대한 불안과 맞물려 있다. 이것은 결국 지지자들이 유대인들의 유익을 위해 정치에 적극적으로 참여하도록 독려했다. 마지막으로 이 모든 계획은 유대인 포용 정책이 국가에 정당성을 부여하는 것을 의미했다. 유대인들이 독립된 별개의 집단으로 살아남았다는 사실은 하나님이 여러 나라들을 통해 일하시는 방식을 보여주고, 영국을 통해 일하시는 하나님의 사역에 대한 확신을 더해주었다. 비록 영국은 이스라엘보다 열등했지만, 화이트홀에 참여했던 지지자들은 영국이 유대인들에게 혜택을 제공할 수 있다고 믿었다.[40]

유대인의 재입국은 궁극적으로 그들의 재입국을 막을 법률 조항이 없다는 사법적 판단을 통해 실현되었다. 청교도들이 1660년 찰스 2세의 귀환으로 인해 자신들의 영향력을 잃었을 때 유대인의 재입국은 사법적 판결에 근거

---

40   Crome, *English National Identity*, 103.

한 것이었고, 영연방 시대에 제정된 법률 조항에는 포함되어 있지 않았다. 1664년에 유대인의 영국 내 거주가 승인되었고, 1673년에는 유대인의 종교적 지위가 법적으로 보장되었다.

1662년에 청교도들이 영국 국교회에서 추방된 후 대다수 청교도들은 영국 비국교회로 옮겨갔다. 그러나 청교도주의는 영국 대학교에서 히브리어 연구에 대한 관심을 높이는 데 크게 기여했으며, 히브리어는 미국 독립혁명 이전의 식민지 미국에 설립된 10개의 대학교 교과과정의 중심이 되었다.[41] 하지만 이제 천년왕국설은 청교도 영연방 시대의 불안정성과 연관되었고, 찰스 2세가 영국 왕위에 복귀하면서 청교도들의 천년왕국설에 대한 반발이 일어났으며, 1660년 이후에는 "그리스도 왕국의 임박한 도래에 대한 기대가 점점 낮아졌다."[42] 그러나 크롬이 보여주듯이 회복주의는 사라지지 않았다. 청교도였던 고(故) 리처드 백스터(1615-1691)는 1690년에도 여전히 회복주의가 강세를 보였다고 생각하여 그의 저서 『그리스도의 영광스러운 왕국에 대한 설명과 명확한 입증: 미래의 소명과 유대인의 통치에 대해 대담한 주장을 펼치는 자들에 대항하여』(*The Glorious Kingdom of Christ Described and Clearly Vindicated: Against the Bold Asserters of a Future Calling and Reign of the Jews*)에서 회복주의 신학을 공격했다. 크롬은 그다음 세기에는 회

41 　다음을 보라. Christopher M. Clark, *The Politics of Conversion: Missionary Protestantism and the Jews in Prussia, 1728-1941* (Oxford: Clarendon, 1995), 9. 히브리어가 미국에 미친 영향력은 다음을 보라. Shalom Goldman, *Zeal for Zion: Christians, Jews, & the Idea of the Promised Land* (Chapel Hill: University of North Carolina Press, 2009), 9.

42 　Crome, *English National Identity*, 125.

복주의를 지지하는 자들이 회복주의의 특성을 완화했고, "유대인들을 팔레스타인에 물리적으로 데려가기보다는" 영국이 유대인들의 개종을 돕는 방향으로 그 기대가 바뀌었음을 보여주었다.[43]

청교도주의 쇠퇴 이후의 회복주의

영국의 회복주의는 유대인의 영적 귀환과 성지로의 물리적 귀환에 대한 청교도적 소망이 먼 미래로 미루어지면서 쇠퇴했다. 유대인을 향한 청교도들의 위대한 소망도 사그라졌다. 새라 휴턴(Sarah Hutton)은 17세기 말과 18세기 초에 대서양 양쪽의 학구적 신학자들이 영국의 민족적 소명과 정체성과 관련된 유대인의 역할에 대한 사변을 계속 이어갔다고 지적했다. 천년왕국에 관한 사변을 펼친 "케임브리지 학파"에는 헨리 모어(Henry More, 1614-1687), 아이작 뉴턴(Isaac Newton, 1642-1727), 윌리엄 휘스턴(William Whiston, 1667-1752), 새뮤얼 클라크(Samuel Clarke, 1675-1729)가 포함되어 있었다. 이들은 중요한 이슈에 대해 동의하지 않았기 때문에 특정 학파를 대표하진 않았다.[44] 헨리 모어는 유대인의 회복에 의구심을 가진 반면, 아이작 뉴턴은 "팔레스타인에 회복된 유대 국가를 세상을 위한 하나님의 계획의 핵심 요소로 보았다."[45] 18세기 초 영국의 신학적 논의에서 이성(reason)의 중요

---

43   Crome, *English National Identity*, 128.

44   이 학자들에 대한 논의는 다음을 보라. Crome, *English National Identity*, 110-12.

45   Crome, *English National Identity*, 118.

성이 주목받으면서 천 년이라는 기간이 일부 사람들에게는 지식의 성장과 이성의 적용을 통해 달성해야 할 영적 변화의 과정이 되었다. 그러나 18세기의 많은 주요 사상가들은 성경의 예언에 지속적인 관심을 가졌다.[46]

1753년의 "유대인 법안"

흔히 "유대인 법안"으로 알려진 1753년의 유대인 귀화법안이 야기한 논쟁에서 유대인과 관련된 문제들이 대중의 주목을 받게 되었는데, 이 법안은 영국에 거주하는 8천여 명의 유대인 중 대다수를 차지하는 외국 태생의 유대인들의 법적 지위를 규정하기 위한 것이었다. 이로 인해 유대인들은 식민지 무역에 참여할 수 없었고, 항만 이용요금을 부담해야 했으며, 관세율에서도 차별을 받았다. 유대인들도 로마 가톨릭 외국인들과 마찬가지로 (법은 이들에게 불리하게 만들어졌다) 토지를 소유할 수 없었으며, 영국 국교회의 성찬을 받지 않고서는 귀화한 시민이 될 수 없었다. 휘그(Whig) 정부는 1753년에 이 법안을 통과시켰지만, 같은 해 말에 의회에서 폐지되었다. 이 법안은 의회와 대중 언론에서 악의적이고 복잡하고 격렬한 논쟁을 불러일으켰지만, 양측은 유대교 중심의 예언적 전통에서 파생된 많은 문제를 공유했음에도 불구하고 각자 서로 다른 해결책을 제시했다. 이 귀화법에 반대하는 일부 사람들은 이 법안이 구약의 예언이 거짓임을 증명함으로써 기

---

46   다음을 보라. Lewis, *Origins*, 33-37.

독교를 불신하게 만들려는 이교도들의 영향을 받았다고 주장했다. "이 법안의 일부 반대자들은 만약 유대인이 귀화할 수 있게 된다면 그것은 성경의 오류를 증명하고 유대인에 대한 구약의 저주가 거짓된 것임을 입증할 것이라는 우려를 표명했다."[47] 다른 반대자들은 앞서 언급한 헨리 핀치 경의 글에 대한 제임스 1세의 반응을 연상시키는 유대 군국주의 이론과 유대인이 영국을 점령할 것이라는 이론에 호소했다. 이 법안을 지지하는 많은 사람들은 귀화한 유대인들이 더 쉽게 기독교로 개종하여 그들의 예언자적 운명을 성취하게 될 것이라고 믿었고, "유대인 회복과 그 안에서 영국이 수행하는 역할의 중요성"을 강조했다.[48] 크롬의 말을 빌리자면 "영국이 축복을 받을 것인지 아니면 저주를 받을 것인지는 영국이 유대인을 어떻게 대하느냐에 달려 있다는 생각이 여전히 논쟁의 중요한 부분이었다."[49]

프랑스 혁명 이전

1753년부터 1789년의 프랑스 혁명 전까지 학자들과 대중 작가들은 영국에서 묵시론적 사변을 계속 이어나갔다. "닐 히친이 지적했듯이 묵시론적 사변이 갑자기 1790년대에 긴 동면에서 깨어났다고 보는 것은 착각이

---

47   Crome, *English National Identity*, 143.
48   Crome, *English National Identity*, 161.
49   Crome, *English National Identity*, 161. 이 복잡한 논쟁에 대한 Crome의 논의는 다음을 보라. *English National Identity*, 153-62.

다."[50] 작가들이 특별히 창의적이진 않았지만, 가장 인기 있는 작가는 토머스 뉴턴 주교였는데, 그의 『놀랍게 성취되었고 이 순간에도 세상에서 성취되고 있는 예언에 대한 논문』(*Dissertations on the Prophecies Which Have Remarkably Been Fulfilled, and at This Time Are Fulfilling in the World*, 3 vols., 1754-1758)은 첫 출간 이후 40년 동안 최소한 9판을 찍었다. 그는 비록 복음주의자는 아니었지만, 영국 복음주의자들의 견해를 형성하는 데 특히 중요한 역할을 한 것으로 보인다. 놀랍게도 그는 17세기에 생겨나 19세기에 활기를 되찾게 될 논쟁을 미리 선보인다. "하나님은 오직 '악한 민족'만이 유대인을 박해한다고 선언하셨다. '박해는 로마 가톨릭의 전형적인 정신이며'…개신교 정신은 관용이다."[51] 뉴턴은 막대한 영향력을 끼쳤으며 "후대 주석가들이 가장 자주 인용하는 자료 중 하나로 남았고, 회복주의에 대한 그의 진심 어린 찬사는 19세기까지 회복주의가 그 명분을 유지하는 데 도움을 주었다."[52] 예언에 대해 광범위하게 저술한 몇 안 되는 18세기 복음주의자 중 한 명인 존 길(1697-1771)은 존경받는 히브리어 학자이자 철저한 칼뱅주의 침례교 신학자였다. 당시 가장 중요한 비국교도 중 한 명이었던 그는 청교도 선조들의 강력한 회복주의적 합의를 그대로 수용했다.[53] 학자들은 회복주의에 대

---

50   Crome, *English National Identity*, 165. Neil Hitchin, "The Evidence of Things Seen: Georgian Churchmen and Biblical Prophecy," in *Prophecy: The Power of Inspired Language in History, 1300-2000*, ed. Bertrand Taithe and Tim Thornton (Thrupp, UK: Sutton, 1997), 134에서 인용됨.

51   Crome, *English National Identity*, 167.

52   Crome, *English National Identity*, 168.

53   Crome, *English National Identity*, 171. Gill에 대한 자세한 논의는 다음을 보라. Crawford

한 믿음이 갑자기 증폭되었는지 아니면 지속적인 관심의 대상이었는지에 대해 논쟁을 벌였다. 크롬은 후자의 가능성이 매우 높다고 주장했다. 그가 지적하듯이 "이 시기에 이 주제를 다룬다는 것은 세기 초에 나타났던 것과 같은 양상이 존재했다는 증거를 제공한다. 즉 유대인의 회복을 지지하는 것은 존중할 만한 (그러나 항상 논란이 되는) 입장이었다."[54]

따라서 1600년대 초에 영국 청교도들은 영어권에서 회복주의적 예언 해석의 주요 옹호자로 부상했다. 청교도들은 자신을 유대인들과 철저히 동일시하면서 자신들이 진정한 그리스도인이며 기독교 주류 전통의 합법적 계승자임을 입증하고자 했다. 그들은 기독교의 핵심 교리 및 실천과 관련하여 기독교 주류 전통이 중세에 이미 그 방향을 잃었다고 믿었다. 청교도들은 중세 후기의 가톨릭교회가 유대인에 대한 "경멸의 가르침"을 받아들였듯이 유대인에 대한 매우 다른 태도, 즉 유대인에 대한 "사랑과 존경의 가르침"을 장려하기를 원했다. 이러한 가르침은 유대 학문과 히브리어를 존중하고 "조상들로 말미암아 사랑을 입은"(롬 11:28) 유대 민족을 존경하는 것을 강조했다. 또한 그들은 유대인들이 궁극적으로 참된 기독교 신앙으로 개종할 수 있도록 돕고자 했다(그들은 그것을 기대했지만 그것을 위해 많은 노력을 기울이진 않았다). 1640년대 중반에는 유대인의 궁극적 개종과 팔레스

Gribben, *Evangelical Millennialism in the Transatlantic World* (Basingstoke, UK: Palgrave Macmillan, 2011), 62-67. 18세기의 다른 예언 작가들에 대한 논의는 다음을 보라. Lewis, *Origins*, 35-36.

54   Crome, *English National Identity*, 169.

타인으로의 "회복"에 대한 소망이 잉글랜드와 스코틀랜드의 개신교 운동의 핵심으로 자리 잡았다. 영국 국교회 및 비국교회 내의 청교도들과 그 후 퀘이커교도들은 이 견해를 가장 많이 지지했다. 스튜어트 왕조의 군주들이 자행한 대대적인 박해에도 불구하고 17세기 전반부에 청교도들은 일반적으로 개신교의 전망에 대해 매우 자신감 있고 낙관적인 태도를 보였는데, 이는 복음이 필연적으로 승리하면서 교황이 곧 타도되고 이슬람이 붕괴할 것이기 때문이었다. 유대인들은 집단으로 개신교로 돌아설 것이고 이슬람은 개종한 유대인들이 팔레스타인으로 돌아감으로써 결국 멸망할 것이다. 이 모든 사건의 일정은 확실치 않아 보일 수 있지만, 1660년에 영국 청교도주의가 정치적으로 실패한 이후에도 존 밀턴과 같은 청교도 작가들의 확신을 흔들어놓지는 못했다. 존 밀턴은 그의 『복락원』(*Paradise Regained*)에서 다음과 같이 쓸 수 있었다.

> 그러나 신은 때가 되면 가장 적절한 시기에
> 아브라함을 기억하시고, 어떤 놀라운 부름으로
> 회개케 하고 경건케 하여 그들을 다시 부르시리니
> 그들이 즐거이 고향으로 돌아올 때
> 전에 홍해와 요단강을 갈라놓으셨듯이
> 아시리아 강물을 갈라지게 하리라.
> 그들의 조상이 약속의 땅으로 건너갈 때처럼

그분의 적합한 시기와 섭리에 나는 맡기노라.[55]

이러한 회복주의적 사상의 씨앗은 영국 개신교 정신에 깊숙이 심어졌고, 앞으로 보게 되겠지만 미국 청교도주의라는 새로운 토양에서 계속 자라나게 되었다.

17세기의 마지막 4반세기에 회복주의의 바통이 영국에서 식민지 미국의 청교도들에게 효과적으로 전달되었기 때문에 이 운동의 계보를 추적하는 과정에서 우리의 관심은 이제 옛 잉글랜드에서 뉴잉글랜드로 옮겨갈 것이다. 우리는 식민지 미국의 발전에 주목하기 전에 영국의 청교도주의가 쇠퇴할 무렵 독일 땅에서 부상하고 있던 운동을 살펴보고, 독일 경건주의가 영국과 미국 내에서 유대인에 대한 개신교의 관심에 어떤 영향을 미쳤는지를 고찰할 것이다.

---

55 John Milton, *Paradise Regained* (London: John Starkey at the Mittre in Fleetstreet, near Temple Bar, 1671), 3장.

4장

독일 경건주의자들과 유대인들:

친셈족주의와 새 전도 명령

너희를 범하는 자는 그의 눈동자를 범하는 것이라.

스가랴 2:8

경건주의자들은 기독교 시온주의와 유대교 시온주의의 출현에 필수적이었으며,
복음주의 견해와 행동에 영향을 미쳤고, 그들은 종종 복음주의적
기독교 시온주의자들과 함께 공동사업에 협력했다.[1]

야코프 아리엘

기독교 시온주의의 복잡한 계보를 이해하려면 그리스도인과 유대인의 관계에 혁명적인 영향을 끼친 독일 경건주의의 영향을 살펴보아야 한다. 그들은 스스로 충성스러운 루터교도라고 주장하면서도 마르틴 루터가 후기에 취했던 반유대주의적 태도는 거부했다. 그들은 루터가 초기에 유대인에게 보여주었던 우호적인 태도를 따랐지만, 루터의 후기 태도와는 분명하고 단호하게 결별하고 유대인에 대한 경멸의 가르침이 아닌 "사랑과 존경의 가르침"을 널리 알리고 장려하고자 했다.

초기 독일 경건주의자들은 기독교 회복주의자가 아니었지만, 19세기 영어권에서 그리스도인과 유대인의 관계에 커다란 영향을 미쳤다. 왜냐하

---

1   Nicholas M. Railton, *No North Sea: The Anglo-German Evangelical Network in the Nineteenth Century* (Leiden: Brill, 2000).

면 그들은 처음으로 유대인의 개종을 자신들의 세계 선교의 핵심 목표로 삼은 개신교 신자들이었으며, "육신을 따라 난" 하나님의 백성을 사랑하는 일을 독려하는 데 힘썼기 때문이다. 유대인을 사랑하고 존경해야 할 의무는 그들이 친셈족주의를 장려하는 일에 있어 핵심적이었다. 19세기의 영국 기독교 시온주의자들은 영국, 유럽, 중동에 거주하는 유대인들의 적극적인 복음화를 수용했는데, 이것은 그들이 독일 경건주의자들에게 배운 것이었다. 구원사에서 유대인에게 주어진 독특한 역할은 그들의 사고에서 핵심적이었으며, 독일 경건주의자들과 영국 복음주의자들은 유대인을 "그의 눈동자"라고 부르는 구약 본문을 자주 인용했다(신 32:10; 시 17:8; 잠 7:2; 슥 2:8을 보라).

독일 경건주의의 기원

독일 경건주의는 독일 루터교 내에 존재했던 영적 쇄신 운동이었다. 경건주의의 출현은 1675년 필립 야콥 슈페너(Philipp Jakob Spener)의 『경건한 열망』(Pia Desideria)의 출간과 관련이 있다. 슈페너의 생각에 따르면 교회의 쇄신은 그리스도가 교회에 주신 사명을 완수하는 것에 달려 있다. 가장 중요한 것은 유대인을 복음화하는 것이다. 비록 사도 바울의 사역이 이방인 개종에 초점이 맞추어져 있었지만, 사도 바울은 "먼저 유대인에게"(롬 1:16; 2:10) 복음을 선포할 의무를 강조하지 않았던가?

독일 경건주의자들에게 유럽 유대인의 복음화는 "말세"의 도래를 위한 중요한 과제가 되었다. 이것을 일깨워준 것은 교회가 이 책임을 진지하게 받아들이기 시작하면 그리스도의 재림에 대한 전망이 더 밝아질 것이라는 후천년주의자들의 낙관적인 비전이었다.

영어권의 역사학자들은 유럽 대륙—특히 독일어권—에서 일어난 발전이 영국과 미국의 복음주의에 미친 막대한 영향을 간과하는 경향이 있었는데, 이는 특히 경건주의자들이 유대인에 대해 갖고 있던 견해의 영향력과 유대인 전도에 대한 그들의 선구적인 계획에 있어서는 더더욱 그러했다. 영국의 한 역사학자는 19세기 중반에 존재했던 국제적인 복음주의 공동체에 관한 자신의 책 제목을 『북해는 없다: 19세기 중반의 영국-독일 복음주의 네트워크』(*No North Sea: The Anglo-German Evangelical Network in the Middle of the Nineteenth Century*)[2]라고 붙였다. 1870-1871년의 프랑스-프로이센 전쟁과 더불어 독일 민족주의가 부상한 것과 독일 국가들이 1871년에 독일 제국으로 통합된 것은 분명히 차후에 영국과 독일 사이의 틈새가 더 벌어지게 하는 데 기여했다. 그 이전에는 영국과 독일의 관계가 훨씬 더 친밀했고, 그들이 함께 공유하는 개신교라는 공통된 정체성은 그러한 친밀한 관계를 강화하는 중요한 요인이었다.

---

2   Nicholas M. Railton, *No North Sea: The Anglo-German Evangelical Network in the Nineteenth Century* (Leiden: Brill, 2000).

할레 경건주의와 프로이센 국가 간의 관계

경건주의의 조직적 중심지는 프로이센 남부의 할레 대학교였다. 슈페너는 1692년에 프로이센의 프리드리히 왕의 후원을 받아 대학교 내에 경건주의 신학과를 설치해 달라는 정식 요청을 받았다. 경건주의는 17세기 말과 18세기 초 브란덴부르크-프로이센의 통치자들의 후원에 힘입어 루터교회와 프로이센 국가 내에서 중요한 영향력을 행사했으며, 프로이센은 할레 대학교가 새로운 공립학교 제도에서 가르칠 교사를 배출해줄 것을 기대했다. 할레는 독일 루터교 국교회에 신학과 실천을 겸비한 목회자를 배출하고자 노력했다. 현대 독일 역사가들은 경건주의가 독일 국가의 출현 및 독일 자본주의 부상과 어떤 관계가 있으며, 경건주의가 교육(프로이센뿐만 아니라 개신교 및 가톨릭 유럽 전역, 그리고 심지어 정교회 러시아에서도)과 현대 과학의 발전에 어떤 영향을 미쳤는지를 연구하면서 경건주의 연구에 큰 부흥을 일으켰다.[3]

　　할레는 경건주의 활동의 중심지였으며 거대한 종교 관련 출판 협력체계와 뛰어난 교육 정책을 확립했으며, (대중에게 저렴한 약을 공급하고 할레의 많은 자선 단체의 재정을 지원하기 위한) 진취적인 제약산업을 발전시켰고, 개신

3　　James Van Horn Melton, *Absolutism and the Eighteenth Century Origins of Compulsory Schooling in Prussia and Austria* (Cambridge: Cambridge University Press, 1988), 23. 현대 과학에 미친 영향에 관해서는 다음을 보라. Martin Schmidt, "Der Pietismus und das moderne Denken," in *Pietismus und Modern Welt*, ed. Kurt Aland (Wittenberg: Luther-Verlag, 1974), 9-74.

교 최초로 선교사를 파송한 공동체를 탄생시켰다. 할레의 출판업계는 독일에서 가장 많은 양의 출판물을 제작하는 곳 중 하나로 빠르게 성장했으며, 독일어, 그리스어, 러시아어 키릴 문자뿐만 아니라 대량 출판이 불가능했던 시기에는 알려지지 않았던 다양한 언어의 출판물을 제작하게 되었다.

경건주의 비전에서 유대인 전도의 중요성

슈페너와 그의 후계자 아우구스트 헤르만 프랑케(1663-1727)는 세계 선교를 자신들의 사명으로 인식했고, 유대인은 그 선교의 핵심이었다. 슈페너는 『경건한 열망』(*Pia Desideria*)에서 루터교회를 내부로부터 쇄신하기 위한 경건주의자들의 계획을 설명했다. 이 책은 유대인들이 기독교로 집단 개종할 것을 예고했다. 슈페너는 유대인들이 기독교로 개종하지 않으려는 것은 그리스도인으로 자처하는 사람들의 노골적인 부도덕성과 비기독교적인 행동을 고려할 때 이해할 만하다고 생각했다. 젊은 루터는 "만약 자신이 유대인이고 그리스도인들이 얼마나 부도덕하고 분열되어 있는지를 안다면 그리스도인이 되느니 차라리 돼지가 되고 싶었을 것이다"라는 유명한 말을 남겼다.[4] 중요한 것—심지어 결정적이라고 말할 수 있는 것—은 슈페너가 교회의 모습의 개선을 유대인의 개종과 연결했다는 점이다. 슈페너는

---

4   Christopher M. Clark, *The Politics of Conversion: Missionary Protestantism and the Jews in Prussia, 1728-1941* (Oxford: Clarendon, 1995), 24.

유대인 전도를 그리스도인의 필수적 의무라고 생각했다. 그는 "한편으로는 유대인을 개종시키고 교황의 영적 권력을 약화시키기 위해, 그리고 다른 한편으로는 우리들의 교회를 개혁하기 위해 가능한 한 많은 노력을 기울여야 할 의무가 우리 모두에게 있다"고 주장했다.[5] 비록 그 당시 주류 "정통" 루터파는 유대인의 집단 개종에 대한 믿음에서 멀어졌지만(후기의 루터처럼), 슈페너는 이러한 입장을 지지했던 젊은 루터를 포함한 다수의 루터파 권위자들의 말을 인용할 수 있었다.

슈페너는 유대인들이 미래에 집단 개종할 것이라는 전망이 그리스도인들의 나태함으로 이어질 수 있다는 것을 인식했다. 유대인의 개종이 예언되었고 반드시 일어날 일이라면 교회는 왜 반응하지 않는 유대인의 복음화를 위해 지금부터 애를 써야 할까? 슈페너는 이렇게 추론하지 않았다. 그의 견해에 따르면 하나님은 자신의 목적을 이루기 위해 도구를 사용하시는데, 그 도구는 인간들이었다. 유대인 복음화에 대한 하나님의 명령에 반응하지 않는 것은 현실적으로는 가능했지만, 그것은 믿음 없는 그리스도인들에 대한 하나님의 심판을 초래할 것이었다. 유대인을 전도하는 사역에는 전문 지식을 갖춘 아주 숙련된 일꾼과 적절한 재정적·공동체적 지원이 필요했다. 개신교 운동의 미래가 바로 여기에 달려 있었다. 그것이 성공하려면 유대 전통에 대한 이해와 적대적인 문화 속에서 그들이 겪는 곤경에 대

---

5   Philipp Jacob Spener, *Pia Desideria*, trans. and ed. Theodore G. Tappert (Philadelphia: Fortress, 1964), 78.

한 공감을 바탕으로 그리스도인들이 유대인들에게 접근하는 새로운 방식이 필요했다. 슈페너는 유대인을 향한 경건주의적 선교가 개신교 정체성의 핵심이라고 생각했다. 크리스토퍼 클라크가 지적했듯이 "하나님의 명예가 달려 있었기 때문에 선교는 시급했다. 그것은 하나님의 은혜에도 불구하고 인류가 지금까지 보여준 배은망덕한 역사를 보상하고 만회하는 문제였다. 이렇게 하여 슈페너는 유대인의 개종을 기독교 진리의 핵심으로 삼았다."[6] 슈페너는 개신교의 성공을 개신교의 유대인 선교와 연결했다.

이제 개신교 역사상 최초로 유대인들은 국가의 주도 없이 자원 단체가 개종시켜야 할 집단으로 주목받게 되었다. 유럽 대륙 정부들은 수 세기에 걸쳐 유대인의 개종을 위한 정책으로 다소 사악한 수단을 사용해왔다. 새로 도입된 유대인 선교는 자발적이었으며, 이는 할레의 경건주의 단체들이 국제적 선교 활동을 펼치는 데 있어 핵심적 요소였으며, 철학자 라이프니츠(Leibniz)는 할레가 전반적인 개혁을 위한 세계의 중심지가 될 것이라고 예측했다. 경건주의가 새롭게 강조한 점은 루터교의 타문화권 선교 사역 참여와 유대 민족을 위한 선교 단체 설립의 필요성이었다. 후자는 슈페너의 새로운 종말론적 관점에서 비롯된 것이며, 그는 이것을 역사의 종말을 위한 하나님의 주권적 계획에 필수적인 것으로 간주했다. 영국의 청교도들이나 식민지 미국의 조너선 에드워즈와 같은 당대의 다른 개신교 신학자들도 역사 전개에 있어 유대인 개종의 전략적 역할에 대한 슈페너의 신념을

---

6   Clark, *Politics of Conversion*, 24.

공유했지만, 유대인 전도를 이처럼 실천적인 방식으로 직접 실행에 옮긴 사람은 슈페너였다.

1702년에 슈페너는 그의 『신학적 고려』(*Theologische Bedencken*)에서 유대인 공동체의 경제적·사회적 문제에 민감하게 대응하는 비강압적 선교를 주장하면서 유대인 개종에 대한 자기 생각을 추가로 발전시켰다. 유대인들에게 땅을 강제로 경작하게 하자는 루터의 제안과는 현저하게 다른 어조와 방식으로 슈페너는 농사일은 본질적으로 도덕적이고 교육적이므로 유대인들이 하나님의 영향을 받을 수 있도록 준비시킬 수 있다고 생각했다. 농사일은 유대 성경 전통의 일환으로서 유대인들이 고대 전통 및 자연과 조화를 이룰 수 있도록 회복시켜줄 것이다. 크리스토퍼 클라크는 "노동을 통해 유대인들은 본래의 유대 정체성에 대한 기독교적 이미지를 회복할 수 있었다"고 말한다. 따라서 할레의 경건주의는 자기 계발과 "초기 계몽주의의 중상주의적(mercantilist) 사회 인식"의 혼합이라고 특징지을 수 있다.[7] 경건주의자들은 유명한 할레 보육원 시스템에서 얻은 경험을 통해 영적인 문제와 관련하여 도덕적·생산적 노동의 중요성을 확신하게 되었다. 경건주의적 유대인 선교의 목표는 기독교 신앙고백을 받아내는 것보다 훨씬 더 원대했다. 그것은 개종자들의 삶을 재편하는 것을 목표로 했으며, 이러한 변화에는 개종자들의 직업 재교육이 포함되어 있었으므로 그들은 행상이나 소규모 무역업 등 경건주의자들이 도덕적 해이를 초래한다고 믿었던 직

---

7   Clark, *Politics of Conversion*, 28.

업을 포기할 수 있었다. 흥미롭게도 경건주의 농업 프로그램은 여러 면에서 1880년대와 1890년대의 초기 시온주의 운동의 강조점을 예고했다. 나훔 소콜로프는 그의 저서 『시온주의의 역사』(*History of Zionism*)에서 "거기서 그것은 농업을 통해 한 민족을 한 국가로 보존하는 땅에 대한 애착을 얻게 될 것이며, 모든 유대인이 마땅히 열망해야 할 육체적·도덕적 복지를 얻게 될 것"이라고 기록했다.[8]

슈페너의 관심사는 프랑케에 의해 실행에 옮겨졌다. 그는 1702년에 동양 고등 연구 기관인 동양 신학교(*Collegium Orientale Theologicum*)를 설립했다. 이 학교에서 학생들은 아랍어, 페르시아어, 오스만 튀르크어 등을 배워 다른 종교를 믿는 이들을 위한 선교를 준비했다. 또한 할레의 경건주의자들은 유대인들에게 기독교를 전하기 위한 다양한 개종 기술을 개발했다. 이 대학의 학생 중 한 명인 요한 하인리히 칼렌베르크(Johann Heinrich Callenberg, 1694-1760)는 1728년에 유대교 연구소(Institutum Judaicum)를 설립함으로써 프랑케의 관심을 구체적으로 구현해냈다.[9] 여기서 학생들은 유럽의 유대인 복음화를 위한 선교사가 되기 위한 준비 단계로 히브리어와 이디시어를 공부할 수 있었다. 또한 이 연구소는 히브리어로 신약성경을 비롯하여 엄청난 양의 출판물을 제작했다.

---

8   Nahum Sokolow, *History of Zionism: 1600-1914* (London: Longmans, Green, 1919), 423.
9   이 연구소의 자세한 역사는 다음을 보라. Yaakov Ariel, "A New Model of Christian Interaction with the Jews: The Institutum Judaicum and Missions to the Jews in the Atlantic World," *Journal of Early Modern History* 21 (2017): 116-36.

이 연구소는 다양한 유대 문화와 유대인들의 일상과 생활 환경을 연구하고자 노력했으며, 유대인은 "전 세계적으로 획일적이고 정적인 전통을 고수하면서 과거에 갇혀 있는 민족"이라는 인식을 불식시키고자 했다.[10] 독일과 폴란드의 많은 유대인들이 처한 절망적인 빈곤을 목격한 후 그들은 부유하다고 알려진 유대인에 대한 보편적인 이미지가 허상임을 깨달았다. 그들은 유대인들에게 접근하는 수단으로뿐만 아니라 기독교의 자선 활동의 일환으로서 복지 사업과 자선 사업에 관여하고자 노력했다. 경건주의자들은 이 모든 과정에서 하나님의 선민을 사랑하고 존중하는 마음으로 이 사역에 임할 필요성이 있음을 강조했다. 경건주의자들은 영국 청교도들처럼 유대인을 존중하는 마음을 가졌지만, 유대인 전도에 대한 관심을 훨씬 더 발전시켜 이를 종말론적 소망의 중요한 요소로 삼았다. 그러나 18세기 경건주의자들은 유대인의 팔레스타인 귀환에 대한 청교도적 관심에 초점을 맞추지 않았고, 따라서 "회복주의자" 또는 초기 기독교 시온주의자로 간주할 수는 없지만, 장기적으로 그들이 유대인-그리스도인 관계에 미친 영향은 영어권 복음주의자들이 유대 민족 복음화와 기독교 시온주의에 관심을 보이게 만드는 데 중요한 역할을 했다.

이 연구소에 관심을 보인 잠재적 기독교 개종자들은 세례를 받기 전에 엄격한 심사를 거쳐야 했다. 그들은 수익성 있는 일자리를 찾는 방법을

---

10   Yaakov Ariel, *An Unusual Relationship: Evangelical Christians and Jews* (New York: New York University Press, 2013), 25.

조언받을 수 있었고, 연구소의 주요 사역 중 하나로서 개종자들이 수공예나 농사일에 재교육을 받는 것은 연구소의 일상이 되었다. 이렇게 경건주의 신학은 유대인들의 사회적 환경, 특히 유대인들이 경험하는 빈곤, 직업 현실, 사회적 고립감을 심각한 문제로 받아들였다. 이 기관은 "개종자 돌봄, 직업 재활, 정체성과 융화라는 광범위한 문제에 관심을 보였다"는 점에서 매우 혁신적이었고, 그들의 "독특하고 활기찬 선교 프로그램이 남긴 유산은 19세기 이후 런던, 바젤, 베를린의 선교 부흥 운동에서 찾아볼 수 있다."[11]

또 다른 영향력 있는 독일인은 경건주의 신학자이자 성서학자인 요한 알브레히트 벵겔(Johann Albrecht Bengel, 1687-1752)인데, 그는 유대인의 역할을 중시했다. 존 웨슬리는 1755년에 출간된 그의 『신약성경에 대한 해설』(Notes Upon the New Testament)에서 벵겔의 『신약성경 주석』(Gnomon novi testamenti, 1742)을 참고했다.[12] 벵겔은 심지어 천년왕국 시대가 1836년에 시작될 것이라고 추론하기도 했다.[13] 독일 경건주의의 대표적인 선구자이자 모라비아 형제단이라는 한 이탈 집단의 지도자였던 니콜라우스 폰 친첸도르프 백작도 거의 같은 생각을 표명했다.

---

11 Christopher M. Clark, "'The Hope for Better Times': Pietism and the Jews," in *Pietism in Germany and North America 1680-1820*, ed. Jonathan Strom, Hartmut Lehmann, and James Van Horn Melton (Farnham, UK: Ashgate, 2009), 22.

12 Bengel이 Wesley에게 미친 영향은 다음을 보라. W. Reginald Ward, *Early Evangelicalism: A Global Intellectual History, 1670-1789* (Cambridge: Cambridge University Press, 2006), 135-39.

13 나는 의 이 관찰을 W. R. Ward에게 빚졌다.

유대인 전도, 하지만 회복주의는 아니었다.

여기서 중요한 것은 유대인의 개종에 관한 슈페너의 논의에서 임박한 미래든 "말세"에든 유대인의 팔레스타인 회복에 대한 언급이 전혀 없다는 점이다. 나오미 셰퍼드가 언급했듯이 유대인의 예루살렘 귀환이라는 이슈는 "영국의 복음주의 진영과 미국의 개신교 진영에만 국한된 것이었다."[14] 유대인의 팔레스타인으로의 물리적 회복에 대한 집착은 경건주의자들의 특징이 아니었다. 그것은 영국 청교도들 사이에서 인기를 얻었고 (비록 영국에서는 다소 시들해진 것처럼 보이긴 했지만) 18세기 식민지 미국에서 청교도 전통을 고수했던 조너선 에드워즈 같은 설교자들이 계속 이어나갔던 독특한 칼뱅주의적 사상이었다.

앞으로 살펴보겠지만 회복주의는 1790년대에 영국에서 다시 인기를 얻게 되었고, 19세기 전반에는 독일 경건주의자들이 이를 이어받았다. 하지만 유대인 전도에 대한 경건주의자들의 새로운 관심은 19세기 초반에 영국에서 복음주의자들이 유대인에게 관심을 보이게 된 중요한 요인 중 하나가 되었다. 한편 회복주의에 대한 영국의 새로운 관심과 그 이후에 출현한 기독교 시온주의는 유럽 대륙에 큰 영향을 미치게 된다. 프란츠 푀르스터가 주장했듯이 "성지와 유대인 선교의 연관성은 [19세기에] 영국에서

---

14   Naomi Shepherd, *The Zealous Intruders: The Western Rediscovery of Palestine* (London: Collins, 1987), 229.

유럽 대륙으로 수입되었다."[15]

15   Franz Foerster, "German Missions in the Holy Land," in *Jerusalem in the Mind of the Western World, 1800-1948*, ed. Y. Ben-Arieh and M. Davis (Westport, CT: Praeger, 1997), 185.

5장

미국의 회복주의:
초기 미국 청교도들부터
미국 독립혁명까지

유대인과 유대인이 물리적으로 팔레스타인으로 회복되는 과정에서 미국이 맡게 될 역할에 대한 미국의 집착은 (흔히 생각하듯이) 19세기에 등장한 세대주의의 전천년설과 함께 시작된 것이 아니다. 그것은 훨씬 더 오랜 역사를 지니고 있으며, 영국에서 쇠퇴한 이후 식민지 미국에서 번영한 영국 청교도 전통으로부터 큰 영향을 받았다. 1620년대에 미국으로 이주하기 시작하면서 영국 청교도들은 본국의 종교 문화를 그대로 가져왔고, 비록 식민지 개척자들이 자신들을 분명한 미국인으로 이해하게 되었지만, 1760년대까지만 해도 그들은 자신들을 철저하게 영국인으로 생각했다. 그들의 생각과 언어는 성경 내러티브에 의해 형성되었고, 그들은 여러 민족들을 축복하고 심판하기 위해 역사 속에서 계속 활동하시는 하나님과의 언약 관계의 관점에서 자신들의 경험을 이해했다. 그들은 영국 청교도들과 거리를 두지 않으면서도 하나님이 미국에 독특하고 특별한 운명을 부여하셨다는 믿음을 발전시켰다. 청교도들은 정착 초기부터 하나님은 미국 안에서 새로운 일을 행하고 계시며, 여기서는 청교도주의에 적대적 태도를 보인 영국 군주의 방해 없이 청교도주의가 번성할 수 있다는 사실을 인식하고 있었다.

매사추세츠만 식민지의 초대 주지사였던 존 윈스럽(John Winthrop)은 이 새로운 과업을 성경적 관점에서 다음과 같이 표현한 것으로 유명하다. 미국 청교도들은 자신을 "숨길 수 없는 산 위에 세운 동네"(마 5:14)로 이해해야 한다. 미국 청교도들은 자신들이 하나님과 성경적이며 유연한 언약 관계를 맺었다고 여겼다. 또한 이 언약은 외부지향적이며(청교도들은 하나의 공동체로서 관여했다) 상향 지향적이었다(이것은 하나님과 맺은 언약이었다). 이 언약은 성실한 백성에게는 축복을 약속했고, 불성실한 백성에게는 저주를 약속했다. 이러한 이해는 청교도의 종말론 전통에 의해 형성되었으며, 유대인에 대한 관심과 가톨릭교회("교황")와 이슬람교("튀르크")에 대한 개신교 전통의 적대감을 내포했다. 비교적 작은 규모의 청교도 공동체였음에도 불구하고 미국 역사에 끼친 청교도의 영향은 과도하게 컸는데, 이는 글을 쓰는 일과 삶과 죽음의 문제와 치열하게 씨름하는 것을 무척 좋아했던 그들의 성향 때문이었다. 마크 놀(Mark Noll)이 지적했듯이 "청교도주의는 현대 역사가들이 미국 독립혁명에 커다란 종교적 영향을 미친 것으로 평가받는 식민지 시대의 유일한 종교 체계다."[1] 그들의 저작은 동료 식민지 개척자들이 미국을 "선택받은 민족", 새 이스라엘로 생각하는 데 영향을 미쳤다.

천년왕국에 대한 미국 청교도들의 관점은 존 코튼(John Cotton, 1585-1652)에게로 거슬러 올라가며, 영국 청교도들의 공통된 반가톨릭 및 반이슬람 주제도 그에게서 발견할 수 있다. 코튼은 영국 청교도들의 지배적인 견해를 대표하는 토머스 브라이트만의 뒤를 이은 역사주의적 후천년설 지

---

1   Mark Noll, *America's God: From Jonathan Edwards to Abraham Lincoln* (New York: Oxford University Press, 2002), 32–33, Robert O. Smith, *More Desired Than Our Owne Salvation: The Roots of Christian Zionism* (New York: Oxford University Press, 2013), 119에 인용됨.

지자였다. 하지만 적어도 조너선 에드워즈 시대까지 미국 회중교회 신자들 사이에서 예언에 대한 지배적인 관점으로 남은 것은 역사주의적 전천년설의 한 형태였다. "미국 역사상 유대 민족의 회복을 지지하면서 최초로 가장 두각을 나타낸 학파"에서 주도적인 역할을 한 인물은 다름 아닌 인크리스 매더(Increase Mather, 1639-1723)였다.[2] 그는 1669년에 『이스라엘의 구원의 신비』(*The Mystery of Israel's Salvation*)를 출간했고, 40년 후 그의 『유대 민족의 미래 개종에 관한 논문』(*A Dissertation Concerning the Future Conversion of the Jewish Nation*, 1709)에서 그의 역사주의적 전천년설을 개괄적으로 설명했다. 매더는 유대인들이 기독교 신앙으로 집단 개종하기 이전에 팔레스타인으로 돌아갈 것이며(영국의 일부 청교도들이 받아들인 견해),[3] 이는 교황과 튀르크의 멸망으로 이어질 것으로 예상했다. 흥미롭게도 그는 "성도들이 그리스도를 만나기 위해 공중으로 휴거되는 것"을 사변적으로 논의했다.[4] 인크리스 매더와 그의 아들 코튼 매더(Cotton Mather, 1663-1728)는 스티븐 스타인(Stephen Stein)이 명명한 이른바 "종말론적 전통의 미국화"의 핵심 인물이었다.[5] 식민지 청교도들은 미국이 천년왕국 말기에 그리스도에 대항한 반란을 주도하는 마귀의 군대의 일부가 될 것이라는 조셉 미드 같은 영국 작가

---

2 Carl Frederick Ehle Jr., "Prolegomena to Christian Zionism in America: The Views of Increase Mather and William E. Blackstone Concerning the Doctrine of the Restoration of Israel" (PhD diss., New York University, 1977), 331.

3 Mel Scult, *Millennial Expectations and Jewish Liberties* (Leiden: Brill, 1978), 32.

4 Smith, *More Desired*, 126.

5 Paul Boyer, *When Time Shall Be No More: Prophecy Belief in Modern American Culture* (Cambridge, MA: Belknap Press of Harvard University Press, 1992), 68.

들의 사변을 거부하고, 성경의 묵시론적 본문을 역사주의적으로 해석하면서 미국의 특별한 역할을 개괄했다.

18세기 초부터 19세기에 이르기까지 미국에서 반이슬람 주제는 동시대에 발생한 사건으로 인해 더욱 많은 지지와 설득력을 얻게 되었다. 지중해에서 일하는 미국 선원들은 북아프리카의 바르바리 해안에서 미국 선박을 자주 나포해 선원들을 인질로 잡거나 노예로 팔아넘기던 무슬림 해적들을 충분히 두려워할 만했다. 코튼 매더는 1698년에 『아프리카의 영국인 포로들에게 보내는 목회 서신』(*Pastoral Letter to the English Captives in Africa*)을 출간하고 포로로 잡힌 사람들이 기독교 신앙을 저버리지 않도록 격려했다. 바르바리 해적들은 미국 독립전쟁 기간에 미국 선박을 거듭 공격했고, 1790년대에는 이러한 지속적인 공격으로 인해 미국 정부가 바르바리 제국에 조공 상납을 하게 되었으며, 이 신생 공화국(미국)은 결국 해군을 신설해야만 했다. 19세기 초 미국은 바르바리 전쟁을 두 차례나 치러야 했다 (1801-1805년과 1815년). 이 전쟁은 예언적 담론과 맞물려 미국에서 반무슬림 정서가 계속 주목을 받으며 건재하게 만들었다.

조너선 에드워즈

18세기 미국에서 회복주의 사상을 발전시킨 가장 대표적인 신학자는 매사추세츠주 노샘프턴의 회중교회 목사였던 조너선 에드워즈로, 그의 교회는 1735년 뉴잉글랜드에서 시작된 대각성 운동의 중심에 서 있었다. 부흥 운동이 여러 식민지를 휩쓸던 1740년대 초에는 말세에 대한 사변이 일반화되었다. 페리 밀러(Perry Miller)는 에드워즈를 "가장 위대한 묵시 예술가"라고 칭했다.[6] 에드워즈는 특정 사건의 발생 날짜를 공개적으로 명시하기를 주저했지만,[7] 교회는 이제 갈등과 대립과 간헐적인 부흥으로 특징지어질 천년왕국 이전의 시대를 살고 있다고 믿었다.[8] 그러나 미국의 초기 주류 회중교회와는 달리 후천년설 지지자였던 에드워즈는 성공회 성경주석가 대니얼 휘트비(Daniel Whitby, 1638-1726)의 저서를 많이 활용했다(다른 교리에 관해서는 휘트비와 충돌을 일으켰지만 말이다).

에드워즈는 유대인들이 기독교로 집단 개종하고 오스만 팔레스타인으로 귀환할 것이라는 그의 영국 선조들의 가르침을 받아들였다. 그의 사고의 핵심은 유대인들이 배척당했지만 결국에는 하나님의 백성으로 회복될 것이라는 것이었다. 따라서 그는 "이러한 유대 민족의 개종보다 더 확실한 예언은 없다"고 기록했다.[9] 개신교의 두 오랜 원수들도 그의 분석에 포

---

6   Boyer, *When Time*, 71.

7   그는 자신의 저서 *Humble Attempt*에서 그리스도가 250년 후에 재림하실 것이라는 Lowman의 제안을 수용하지만, 그러한 일정은 성경에 근거한 것이 아니라고 주장한다. Jonathan Edwards, *An humble attempt to promote explicit agreement and visible union of God's people in extraordinary prayer for the revival of religion and the advancement of Christ's Kingdom on earth, pursuant to Scripture-promises and prophecies concerning the last time* (Boston: Henchamn, 1747), 127 and 129.

8   Gerald McDermott은 Edwards가 일관되게 이 시기를 최대 300년 정도로 보았다고 주장한다. Gerald R. McDermott, *One Holy and Happy Society: The Public Theology of Jonathan Edwards* (University Park: Pennsylvania University Press, 1992), 50-52.

9   Smith, *More Desired*, 130에서 인용됨.

함되어 있었다. "이 개종은 '영적 바벨론, 즉 그 큰 성 로마'와 '사탄이 기독교 교회에 대항하여 세운 또 다른 거대한 왕국, 즉 그의 마호메트 왕국'의 멸망과 함께 '적그리스도가 완전히 타도된' 이후에 일어날 것이다." 로버트 O. 스미스는 다음과 같이 썼다.

> 에드워즈가 상상한 우주적 구속은 미래에 있을 유대인들의 기독교 신앙으로의 개종과 그들의 팔레스타인으로의 문자적·물리적 회복에 기초하여 예언되었다. 에드워즈는 뚜렷한 미국 개신교 사고방식을 발전시키는 데 중추적인 역할을 한 인물로, 영국으로부터 물려받은 전통을 계승하여 하나님의 우주 드라마에서 그들의 위치를 발견(어떤 경우에는 조작)하려는 미국 개신교의 차기 세대에 유산으로 물려주었다.[10]

18세기 중반에 이르러 식민지 미국의 많은 예언 해석자들은 미국의 정치적·군사적 역사도 종말론적으로 이해해야 한다고 생각했으며, 이는 네이선 해치(Nathan Hatch)가 말한 "시민 천년왕국설"의 토대가 되었고,[11] 미국과 이 세상에서 미국이 맡은 역할을 종말론적으로 이해하는 "시민종교"를 탄생시켰다. 놀은 조너선 에드워즈의 영향력이 아이러니하게도 세속적인 방향으로 흘러갔다고 지적했다. 즉 그는 민족의 언약에 대한 강조점을 약

---

10   Smith, *More Desired*, 135.
11   Boyer, *When Time*, 75.

화했고, 미국의 사상이 미묘하지만 강력하게 신학에서 정치로 전환하고 지적 리더십이 성직자에서 정치인으로 전환하는 길을 열어주었다"고 지적했다.[12] 미국의 프로젝트는 천년왕국에 대한 소망과 연결되었지만, 미국의 시민종교는 미국의 기독교 정체성보다는 미국에 더 초점을 맞추게 되었다.

두 번째 미묘한 변화는 열방의 빛이 되라는 미국의 소명에 대한 이해에서 일어났다. 구속자 국가로서 미국의 역할은 기독교 신앙을 널리 전파하기보다는 특히 가톨릭 국가인 프랑스에 대항하여 자유를 수호하고 전파하는 것으로 인식되었다. 한 세기 전에 영국 청교도들이 세운 선례에 따라 북미에서 영국의 이권은 개신교 영국과 가톨릭 프랑스 간의 싸움의 일부로 여겨졌다. 그러나 1760년대에는 초점이 바뀌어 많은 식민지 개척자들의 눈에는 영국 왕의 통치가 새로운 폭정으로 보였다. 그러나 동시에 해치가 지적했듯이 "미국 독립혁명에 생기를 불어넣은 종교적 애국심은 미국보다 영국에 더 많은 지적 뿌리를 두고 있었다."[13] "천년왕국설이 미국의 세속적 공화주의 이념과 완전히 결합하여 미국 문화의 필수 요소가 된 것은 바로 이 혁명기 때였다."[14]

조지 3세는 독립혁명이 일어날 당시 이미 적그리스도로 여겨졌고, 미국은 말세에 그리스도가 이 땅에 지상왕국을 건설할 장소가 되었다.[15] 에드

---

12   Mark Noll, *America's God*, 50. Smith, *More Desired*, 136에서 인용됨.

13   Smith, *More Desired*, 135.

14   Ruth Bloch. Smith, *More Desired*, 142에서 인용됨.

15   Boyer, *When Time*, 73.

워즈의 손자이자 제2차 복음주의 대각성 운동의 핵심 인물이며 예일 대학교 총장이었던 티모시 드와이트(Timothy Dwight)는 미국이 지상에서 하나님 사역의 중심지라는 견해를 널리 전파했다. 루스 블로흐(Ruth Bloch)는 이러한 종말론이 "미국 혁명 이데올로기 형성의 근간"이었다고 주장했다.[16] 식민지 미국은 구약의 이스라엘과 동일시되었다. 미국은 이제 말세에 하나님의 은혜를 입은 이방인 나라이며, 하나님의 특별한 보살핌을 받는 대상이었다.

로버트 O. 스미스는 미국 독립혁명 당시 미국의 국가 정체성이 서로 얽혀 있는 양상에 대해 언급하면서 "기독교의 유대 중심주의가 기독교의 종말론적 소망에서 유대인이 중심적인 역할을 한다는 이해에 근거하듯이 (문자적으로 또는 비유적으로 이해되는) 유대인은 미국의 국가 정체성 내러티브의 핵심"이라고 지적했다.[17] 이와 비슷한 맥락에서 로버트 K. 월렌(Whalen)은 "건국 초기에는 유대인의 개종과 이스라엘의 회복을 천년왕국 국가인 미국에 주어진 과업으로 보는 종교 문헌이 많았다"고 지적했다.[18] 따라서 영국과 미국에서 청교도적 종족-민족주의는 "이스라엘의 회복"에 초점을 둔 초기-시온주의 의제를 중심으로 형성되었다.

새뮤얼 골드먼은 그의 저서 『하나님의 나라: 미국의 기독교 시온주의』

---

16   Boyer, *When Time*, 74.
17   Smith, *More Desired*, 138.
18   Robert K. Whalen, "Christians Love the Jews!' The Development of American PhiloSemitism, 1790-1860," *Religion and American Culture* 6, no. 2 (Summer 1996): 225.

(*God's Country: Christian Zionism in America*)에서 "독수리 날개 위에: 유대인의 회복과 미국 공화국"이라는 장에서 미국 공화국 초기에 유대인을 회복시키는 데 있어 미국의 역할이 얼마나 중요했는지를 추적한다. 다수의 미국인들은 이스라엘 역사가 그들의 시대에 재현되고 있다고 이해했다. 그리고 새로운 국가의 상징인 독수리는 하나님의 백성을 미국으로 인도하신 하나님의 여러 섭리를 상징했지만, "독수리의 비행은 단일방향이 아니었다. 그것은 이스라엘을 미국 교회에 착륙시킨 후 이스라엘을 다시 고향으로 데려가기 위해 두 번째 여정을 떠날 수도 있었다. 하나님의 손가락은 청교도 선조들의 여정을 되짚으면서 서쪽에서 다시 동쪽을 가리켰다."[19]

영국 청교도 사상의 씨앗은 미국 땅에 깊이 뿌리내렸고, 미국이 유대인의 회복을 지원할 것이라는 생각은 널리 받아들여졌으며, 18세기 말에 이르러 그것은 미국의 국가적 책임에 대한 자기 이해에 지속적인 영향을 미쳤다. 유대인의 귀환이 어떻게 이루어질지는 불분명했고, 이 목표를 달성하기 위한 정치적 활동은 그 어떤 것도 지지를 받지 못했다. 따라서 이론적으로는 회복주의를 수용했지만, 미국 회복주의자들이 그 대의를 추진하기 위해 취할 수 있었던 실질적 조치는 없었다. 따라서 기독교 시온주의는 현실적인 대안이 될 수 없었다(설령 회복주의자라 할지라도 말이다). 적극적인 정치적 활동을 펼치는 기독교 시온주의로의 전환이 앞으로 일어나겠지만,

---

19   Samuel Goldman, *God's Country: Christian Zionism in America* (Philadelphia: University of Pennsylvania Press, 2018), 63.

이러한 전환은 미국이 아닌 옛 잉글랜드에서 먼저 일어날 것이다. 이제 우리는 회복주의가 어떻게 기독교 시온주의로 변화했는지를 살펴볼 것이다.

유대인과 19세기 영국 복음주의:

기독교 시온주의로 변화한 회복주의

회복주의와 기독교 시온주의 형성에 기여한 가장 영향력 있는 19세기의 작가 중 다수는 미국인이 아닌 영국인이었다. 본 장의 다섯 섹션은 서로 다르면서도 밀접하게 연관된 영국에서의 발전을 검토한다. 첫째는 다양한 형태의 "재림주의"의 출현,[1] 특히 역사주의적 전천년설의 출현이고, 둘째는 영어권 복음주의자들 사이에서 나타난 유대인 전도에 대한 증폭된 관심이며, 셋째는 기독교 시온주의라는 독특한 표현의 등장이고, 넷째는 복음주의적 친셈족주의의 발전과 그것이 복음주의자들과 유대인의 관계에 미친 영향이며, 다섯째는 이러한 발전이 팔레스타인에 미친 영향이다.

역사주의적 전천년주의

[프랑스 혁명은] 18세기의 진보적이고 합리주의적인 우주론을 약화했지만,
이 혁명이 천년왕국설의 부활에 기여한 가장 큰 공헌은 예언 연구에
박차를 가하게 했다는 점이다.[2]

어니스트 샌딘

---

1   나는 "재림주의"라는 용어를 그리스도의 임박한 재림을 강조하는 모든 그룹에 사용한다. 이 용어는 특히 역사주의적 전천년설 지지자들에게 적용되지만, 미래주의적 세대주의자들과 같은 다른 그룹을 설명하는 데도 사용될 수 있다.
2   Ernest Sandeen, *The Roots of Fundamentalism: British and American Millenarianism 1800-1930* (Chicago: University of Chicago Press, 1970), 7.

프랑스 혁명은 1790년대에 성경의 예언에 대한 새로운 관심을 불러일으켰다. 1789년부터 1820년대까지 토머스 스콧(Thomas Scott), 조지 스탠리 페이버(George Stanley Faber), 제임스 비체노(James Bicheno) 등 대표적인 예언 해석자 세 명은 모두 전천년주의자였다.[3] 이 작가들의 세 가지 특징은 첫째, 그들은 프랑스 혁명을 예언적으로 이해해야 한다고 믿었고, 둘째, 그들은 이전 작가들보다 더 폭넓은 인기를 누렸으며, 셋째, 복음주의자들이 예언 해석을 지배하게 되었다는 것이다.[4] 이 작가들은 청교도 작가들의 공통된 강조점을 부각하며 유대인의 개종과 팔레스타인으로의 회복을 매우 중요한 주제로 다루었다.

후천년설에 대한 합의는 1820년대에 역사주의적 전천년설 지지자들로부터 공격을 받았다. 역사주의적 전천년설 지지자들은 희망찬 미래를 제시하면서 자신들이 유대인들을 보호할 뿐만 아니라 조상들의 고향으로 돌려보내고자 노력하는 그들의 가장 좋은 친구임을 자처했다. 두 명의 재림주의 작가들은 예언적 사고의 전환을 위한 길을 준비했다. 그들은 성공회 평신도였던 제임스 해틀리 프레어(James Hatley Frere, 1779–1869)와 1821년에 『보편적 성령 강림을 위한 특별기도의 중요성에 대한 고찰』(*Thoughts on the Importance of Special Prayer for the General Outpouring of the Holy Spirit*)을 출간한 제임스 홀데인 스튜어트(James Haldane Stewart)였다.

---

3   Oliver는 Bioheno를 "전천년설을 주저하는 후천년주의자"로 묘사한다.
4   Donald M. Lewis, *The Origins of Christian Zionism: Lord Shaftesbury and Evangelical Support for a Jewish Homeland* (Cambridge: Cambridge University Press, 2009), 40.

역사주의적 전천년설과 유대인들

유대인과 그들의 팔레스타인으로의 회복은 역사주의적 전천년설의 핵심
주제였다. 초기에 이를 가장 널리 주창한 인물은 논란의 여지가 있는 에드
워드 어빙(Edward Irving)으로, 그의 가르침은 대부분 프레어의 글에 기초했
다.[5] 장기적 관점에서 이를 가장 대중화시킨 인물은 에드워드 비커스테스
(Edward Bickersteth)였는데, 그는 1830년대 초 후천년주의에서 재림주의로
전향한 찰스 시므온(Charles Simeon) 이후 가장 대표적인 복음주의 성공회
성직자라고 할 수 있다. 그의 저서는 19세기 후반까지 영국뿐만 아니라 미
국에서도 널리 읽혔다. (비커스테스는 섀프츠베리 경의 절친한 친구이자 영적 조언
자였다. 섀프츠베리 경의 사회 개혁과 기독교 시온주의는 역사주의적 전천년설의 영향
을 크게 받았다). 두 번째로 영향력 있는 전파자는 E. B. 엘리엇으로, 그의 저
서 『호라이 묵시록』(Horae Apocalypticae, London, 1843)은 대중에게 널리 읽혔
다.[6] 이러한 역사주의적 전천년설 접근법은 1820년대와 1860년대 사이에
영국 복음주의 성공회를 지배하게 되었다. 1855년경에는 영국 국교회 복
음주의 성직자의 대다수가 이 해석을 수용한 것으로 추정되며, 그 인기는

---

5   Irving에 관한 역사 기록의 요약은 다음을 보라. Nicholas J. C. Tucker, "In Search of the
     Romantic Christ: The Origins of Edward Irving's Theology of Incarnation"(PhD diss.,
     University of Stirling, 2018), 14-48.
6   W. T. Gidney, *The History of the London Society for Promoting Christianity Amongst the Jews*
     (London: London Society, 1908), 211.

1860년대까지 상승하다가 급격히 하락한 것으로 보인다.[7] 역사주의적 전천년설 접근법의 아킬레스건은 그리스도의 재림 날짜를 정하기 때문에 그것이 거짓으로 판명될 수 있다는 점이었다. 그리스도의 재림 날짜로 가장많이 의견의 일치를 본 날짜는 1866년 또는 1868년이었으며, 이는 그것이급격히 쇠퇴한 이유를 설명하는 데 도움이 된다.[8]

이 관점은 하나님 나라가 서서히 도래하면서 세상의 상황이 점진적으로 개선될 것이라는 후천년설의 신념을 거부하고, 그리스도의 재림은 극적이고 가시적인 대격변이 될 것이며, 그의 나라는 점진적으로 도래하는 것이 아니라 갑자기 도래할 것이라고 주장했다. 1820년대 말과 1830년대 초에 생겨난 교회와 국가의 중대한 변화를 고려하면 예언을 재고할 시기가무르익은 것처럼 보였다. 이 접근법은 영국 사회에서 가장 부유하고 최고의 교육을 받은 많은 사람들의 마음을 사로잡았다.[9]

1820년대 영국에서 일어난 천년왕국설의 부활은 성경의 예언 본문 해석에 대한 새로운 열정, 유대인에 대한 새로운 관심, 유대인의 팔레스타인으로의 물리적 귀환에 대한 믿음, 천년왕국이 도래하기 전에 그리스도가

---

7   David Bebbington, *Evangelicalism in Modern Britain: A History from the 1730s to the 1980s* (London: Unwin Hyman, 1989), 85, 191.

8   케임브리지의 트리니티 칼리지의 펠로우였던 Elliott은 1866년에 이 사건이 발생할 것이라고 주장했다. 그의 *Horae Apocalypticae*(1843)는 John Cumming의 설교 대부분의 기초가 되었다. Sandeen, *Roots*, 82, and Nicholas M. Railton, *No North Sea: The Anglo-German Evangelical Network in the Nineteenth Century* (Leiden: Brill, 2000), 205.

9   이에 대한 자세한 논의는 다음을 보라. Lewis, *Origins*, 36-48.

재림하실 것을 믿는 믿음으로 특징지어진다.[10] 1826년 여름 루이스 웨이(Lewis Way), 에드워드 어빙, 프레어는 예언 연구 협회를 설립했다. 얼마 지나지 않아 헨리 드러먼드(Henry Drummond)가 소유한 서리의 광활한 앨버리 파크 사유지에서 열린 예언에 관한 첫 번째 앨버리 컨퍼런스에 약 20명의 초대손님(예언 작가)이 모였다.

앨버리 컨퍼런스는 수년간에 걸쳐 매년 다시 열렸다. 1829년에 헨리 드러먼드는 참석자들이 합의한 내용을 다음과 같이 발표했다.

1. 이 "세대"(dispensation) 또는 시대는 "알아차리지 못하는 가운데" 끝나지 않고, 유대인의 시대가 끝난 것과 같은 방식으로 교회에 대한 심판과 멸망 속에서 대격변으로 끝나게 될 것이다.
2. 유대인들은 심판 기간에 팔레스타인으로 회복될 것이다.
3. 도래할 심판은 주로 기독교 세계에 내릴 것이다.
4. 심판이 끝나면 천년왕국이 시작될 것이다.
5. 그리스도의 재림은 천년왕국 이전에 일어날 것이다.
6. 다니엘 7장과 요한계시록 13장에 언급된 1260년은 유스티니아누스 즉위부터 프랑스 혁명까지로 계산해야 한다. 현재 진노의 대접(계 16장)이 쏟아지고 있으며 재림이 임박했다.[11]

---

10   Sandeen, *Roots*, 8-13.
11   Henry Drummond, *Dialogues on Prophecy* (London: Nisbet, 1827) 1:ii-iii, Sandeen, *Roots*, 21-22에 인용됨.

마지막 항목은 앨버리에 모인 사람들이 역사주의적 전천년주의자였음을 보여준다. 왜냐하면 그들은 구약과 신약의 예언 본문이 교회의 미래 역사에 대한 묘사가 아니라 교회의 과거와 현재의 역사를 묘사하는 것으로 보았기 때문이다. 여기서 앨버리에 모인 참가자들은 다니엘 7:15-28과 마흔두 달간 통치하는 바다에서 나온 짐승을 묘사하는 요한계시록 13장을 연결하는 개신교의 전통적 해석을 반영한다. 그들은 이 두 예언 본문이 같은 사건, 즉 1798년에 나폴레옹의 군대가 로마로 진군하면서 종식되었다고 믿는 로마 가톨릭교회의 폭정과 교황의 추방을 언급하는 것으로 이해했다. 그들은 과거로 거슬러 올라가 1260년을 계산한 결과 유스티니아누스의 통치와 함께 기원후 538년에 교황제도가 생겨났고, 1798년에 그 권력이 무너졌다는 데 합의했다.[12] 어니스트 샌딘이 논평하듯이 "1790년대의 사건과 다니엘 7장과 요한계시록 13장에 예언된 사건의 동일시는 성경 주석가들에게 예언자적 로제타석을 제공했다. 드디어 암호를 해독할 수 있는 열쇠가 발견된 것이다."[13] 1820년대 후반에 이르러서는 임박한 심판과 유대인 회복에 대한 예언적 메시지가 천년왕국 지지자들이 만든 새로운 정기 간행물과 성경에 등장하는 신비스러운 상징들이 (주로 프랑스 혁명으로 시작하여) 현대의 사건들과 어떤 관련이 있는지를 설명하는 수많은 서적을 통해 널리 퍼져나가고 있었다.

---

12   Sandeen, *Roots*, 6.
13   Sandeen, *Roots*, 7.

이러한 유형의 재림설은 부분적으로는 프랑스 혁명 및 나폴레옹 전쟁이라는 위기와 영국 개신교 국교회를 위협하는 중요한 정치적 변화에 의해 더욱 탄력을 받았지만, 세계의 복음화를 점진적이고 평범한 방식으로 달성하려는 기존의 후천년설 전통의 실패도 영향을 미쳤다. 어빙과 그의 추종자들은 그리스도의 왕국은 도래할 것이지만 인간의 노력으로 실현되는 것이 아니라 (어빙의 표현을 빌리자면) 오직 그리스도가 "타오르는 불(꽃) 가운데 친히 나타나심"으로써 성취될 것이라는 데 동의했다.[14] 프랑스 혁명은 하나님이 역사에 친히 개입하신 사건, 즉 장차 도래할 심판에 대한 경고로 해석되었다. 프랑스 혁명이 예시하는 그리스도의 재림도 이와 유사한 대격변의 사건이 될 것이다.

데이비드 베빙턴은 복음주의와 낭만주의의 융합이 재림설이 이 시기에 부상하게 된 이유를 설명해준다고 제안했다.[15] 어빙과 루이스 웨이는 낭만주의가 당대의 복음주의자들에게 얼마나 매력적이었는지를 잘 보여준다. 웨이는 바이런 경의 추종자였으며, 바이런의 죽음을 추모하는 소네트를 지었고, 이 소네트는 그의 저서 『팔링게네시아: 도래할 세계』(*Palingenesia — The World to Come*)에 부록으로 실렸다.[16] 어빙과 낭만주의 시인

---

14 Edward Irving, "Preliminary Discourse," in *Coming Messiah in Glory and Majesty*, by Juan Josafat Ben Ezra (London, 1827), vi, D. Bebbington, "The Advent Hope in British Evangelicalism Since 1800," *Scottish Journal of Religious Studies* 9, no. 2 (1988): 103에 인용됨.

15 Bebbington, foreword to *Heaven on Earth: Reimagining Time and Eternity in NineteenthCentury British Evangelicalism*, by Martin Spence (Eugene, OR: Pickwick, 2015), ix.

16 Geoffrey Henderson, *Lewis Way — a Biography* (London, HTS Media, 2014), 144.

새뮤얼 테일러 콜리지(Samuel Taylor Coleridge)의 우정은 어빙이 천년왕국 시대로 나아가는 점진적인 과정에 절망하게 하고, 후천년설의 소망이 훨씬 더 극적이고 내재적인 소망으로 바뀌게 하며, 하나님의 개입이 없다면 이 사회가 전복되고 멸망할 것임을 청중들에게 경고하는 데 큰 영향을 미쳤다.[17] 어빙은 이러한 새로운 관점에 힘입어 그가 "종교 세계"라고 명명한 것에 무자비한 공격을 가했다. 어빙에 대한 반응은 예상대로 적대적이었다. 「에클렉틱 리뷰」의 한 작가는 그를 "종교계의 최고 고발자"라고 칭했다.[18] 1820년대 후반에 어빙이 분파주의적 방향으로 나아감에 따라 급진파의 리더십이 와해되었지만, 재림주의의 새로운 희망은 많은 추종자들을 얻게 되었다.

19세기 전반의 영국 복음주의에 관한 역사 기록은 종종 19세기 전반의 이 운동 내에서 생겨난 변화 기류의 본질을 잘못 이해했다. 역사가들은 역사주의자들의 희망적인 비전을 제대로 이해하지 못하고 세대주의적(미래주의적) 전천년설의 렌즈를 통해―이 운동의 정신에 심오한 비관주의를 투영하여 해석하면서―이 복음주의 운동의 이야기를 써나갔다.[19] 이것은 부분적으로 어빙과 웨이 등 위에서 언급한 이 입장의 초기 주창자 중 두 사

---

17   Tim Grass, "Edward Irving: Eschatology, Ecclesiology and Spiritual Gifts," in *Prisoners of Hope? Aspects of Evangelical Millennialism in Britain and Ireland, 1800-1880*, ed. T. Stunt and C. Gribben (Milton Keynes, UK: Paternoster, 2004), 97.

18   *Eclectic Review*, 3rd ser. i (1829): 10, David Hempton, "Evangelicalism and Eschatology," *Journal of Ecclesiastical History* 31, no. 2 (April 1980): 90에 인용됨.

19   세대주의적 전천년설이 비관주의적 성향을 갖고 있다는 비난에 대한 논의는 다음을 보라. B. M. Pietsch, *Dispensational Modernism* (New York: Oxford University Press, 2015), 154-65.

람에게 관심이 집중되었기 때문인데, 두 사람은 비난하는 설교를 통해 이 운동이 세상을 부정하고 항상 심판으로 위협을 가한다는 인상을 주었다. 그러나 두 사람은 모두 불안정한 예언가였으며 1830년대에 발전한 이 운동을 대표하는 인물이 아니었다. 그 후 어빙은 스코틀랜드교회에서 탈퇴하고 가톨릭 사도교회라는 자기 교단을 설립했지만, 얼마 지나지 않아 세상을 떠났다. 웨이는 부유하고 재능이 많았지만 불행하게도 1840년에 정신 이상자들을 위한 보호소에서 세상을 떠났다.

역사주의자들은 심판에 대해 경고했기 때문에 그들은 상당히 비관적이고 부정적이라는 인상을 받았다. 하지만 마틴 스펜스(Martin Spence)는 그들이 대단히 낙관적이고 세상에 대해 긍정적인 시각을 갖고 있었음을 입증했다. 그들은 사회 참여와 사회 개혁을 적극 지지했다. 그들은 국교회가 아닌 다른 분파로의 탈퇴나 국교회로부터의 분리를 촉구하지 않고 세상을 개선하기 위한 사회적 행동을 촉구했다. 이 모든 과정에서 그들은 영국 낭만주의의 영향을 많이 받았고 그 시대의 정신을 공유했다.

우리는 이러한 사실을 통해 두 가지 중요한 발전을 이해할 수 있는데, 첫 번째 발전은 1820년대와 1830년대에 이 복음주의 운동이 시작될 때 발생한 것이고, 두 번째 발전은 1860년대 후반에 이 운동이 쇠퇴한 이후에 발생한 것이다. 초기에 일어난 첫 번째 발전은 역사주의적 전천년설이 후천년주의자들에게 엄청난 호응을 얻은 이유를 설명한다. 비록 이 둘이 갖고 있던 시간표는 달랐지만, 그들은 모두 미래에 대해 매우 낙관적이었다. 후천년설에서 역사주의적 전천년설로의 전환은 한 형태의 낙관적 종말론에서 다른 형태의 낙관적 종말론으로의 전환이었다. 다수의 대표적인 복음주의자들이 1830년대에 이러한 전환을 단행했는데, 그들 가운데는 영국 복음주의에서 가장 영향력 있는 두 성직자였던 성공회의 에드워드 비커스테스(Edward Bickersteth)와 스코틀랜드 장로교회의 복음주의자 토머스 찰머스(Thomas Chalmers)가 포함되어 있었다. 19세기 후반의 위대한 침례교 설교자인 찰스 해든 스펄전(Charles Haddon Spurgeon) 또한 역사주의적 전천년설 신봉자이자 회복주의자였다.[20]

두 번째 발전은 1860년대 후반에 그리스도의 재림에 대한 기대가 좌절되었을 때 이러한 낙관적이고 사회 참여에 힘써온 역사주의자들에게 무슨 일이 일어났는지를 이해하는 데 도움을 준다. 의심할 여지 없이 많은 사람들은 낙관주의와 행동주의를 계속 고수했지만, 일부는 1870년대에 이 비전을 통해 "사회 복음"—하나님의 도우심으로 하나님 나라가 지상에 임하게 하려는 후천년설과 연관된, 세상에 대한 긍정적 시각을 가진 운동—을 중심으로 결집할 수 있었던 것으로 보인다. 베빙턴이 지적했듯이 역사주의적 전천년주의자들은 "뚜렷한 진보적 성향을 보이며 후대의 사회 복음 세대의 일부 정책을 예고했다."[21] 이를 통해 그들은 여전히 후천년설을 수용했던 다른 낙관적인 복음주의자들과 협력할 수 있었다. 이에 실망한 사람들은 1870년대에 강세를 보인 케직 성결운동(Keswick Holiness)의 가

---

20   Yaakov Ariel, *An Unusual Relationship: Evangelical Christians and Jews* (New York: New York University Press, 2013), 36-37.
21   Bebbington, foreword to *Heaven on Earth*, x.

르침과 혼합된 세대주의적 전천년설을 수용하기 시작했다.

여기서 중요한 것은 유대인의 물리적 회복에 대한 그 당시의 역사주의자들의 태도다. 역사주의자들은 성경 해석과 관련하여 자신들을 "문자주의자"로 이해했다. 하지만 주의가 필요하다. 왜냐하면 역사주의자들과 세대주의자들은 모두 자신들을 묘사하는 데 이런 표현을 사용했지만, 성경의 "문자적"(literal) 의미에 대해 매우 다른 이해를 갖고 있었기 때문이다. 역사주의자들은 가톨릭교회의 성경 해석과 거리를 두기 위해 이 용어를 사용했는데, 이는 그들이 개신교도로서 모든 이들에게 주어진 성경의 "문자적(plain) 의미"를 추구했기 때문이다. 신비스러운 계시나 통찰은 필요치 않았으며, 가톨릭교회 주해의 4중 해석 방법도 거부되었다. 이러한 해석학적 접근법에는 스코틀랜드의 상식적 사실주의(Scottish commonsense realism)가 미친 영향력이 분명하게 드러난다.

왕국과 왕의 이야기에 대한 "문자적 해석"이 그들이 사용한 접근법의 핵심이었다. 구약성경은 왕국 수립에 대해 이야기했고, 역사주의자들은 이를 문자적으로 받아들여 실제 왕이신 그리스도가 통치하는 왕국이 실제로 예루살렘에 물리적으로 수립될 것이라고 믿었다. 그들의 생각은 유대인의 물리적 회복에서 출발했으며, 그 후에는 그것이 실제로 성취되려면 그리스도의 육체적 재림이 필요하다고 주장했다. 이 모든 것의 중심에는 유대인의 회복이 있었다. 역사주의자들은 그리스도가 자기 백성을 다스리는 왕이 되려면 유대인의 물리적 귀환은 반드시 일어나야 할 사건으로 간주했다.

스펜스는 그의 최근 저서인 『지상의 천국』(*Heaven on Earth*)에서 1820년대 영국에서 등장한 역사주의적 전천년설과 관련된 고정관념에 도전하는 연구를 발표했다. 베빙턴이 역사주의적 전천년설에 대해 지적했듯이 "후대에는 몽매주의적 집착으로 보일 수 있었던 것이 19세기 중반에는 지지자들의 견해에 지대한 영향을 미치고 행동의 우선순위를 정하는 엄청난 영향력을 가진 사고방식이었다."[22] 놀랍게도 비록 전반적인 신학적 견해는 "문자주의"였지만, 보수적인 견해는 아니었다. 베빙턴의 주장처럼 "이 역사주의자들은 극보수주의와는 거리가 멀었고 동시대 자유주의 신학자들의 견해와 유사한 폭넓은 견해를 가지고 있었으며, 진보의 개념을 수용한 세속적 동시대인들만큼이나 실제로 세상에 대한 낙관적인 시각을 갖고 있었다. 역사주의적 전천년주의자들은 신학적·지적 주류에 속해 있었다."[23] 스펜스는 그의 연구에서 역사주의적 전천년주의자들이 19세기 중반에 발전한 개신교 자유주의와 다수의 유사점을 공유하고 있었음을 보여준다.

이 역사주의자들은 국교회 설립을 적극적으로 지지하는 칼뱅주의자로서 "하나님이 역사 속에서 일하실 뿐만 아니라 영국과 아일랜드의 국교회에서도 일하신다"[24]고 믿었기 때문에 성공회 신자들과 (스코틀랜드 장로교회 내의) 장로교 신자들 사이에서 인기가 높았다. "말씀과 성찬 사역을 통해 은혜를 베푸는 가시적인 국교회를 통해 표현되는 기독교 신앙을 소중히 여기는 이들 사이에서 기독교 소망의 유물론을 기꺼이 수용하려는 의지가 발

---

22   Bebbington, foreword to *Heaven on Earth*, ix.
23   Bebbington, foreword to *Heaven on Earth*, x.
24   Spence, *Heaven on Earth*, 122.

견된 것도 우연은 아니었다."²⁵ 에드워드 비커스테스가 지적하듯이 "외형적 의식과 교회와 국가의 연합, 하나님의 창조세계의 올바른 향유, 이스라엘의 회복 등은 그의 교회가 지닌 보이지 않는 영적 영광만큼이나 인간을 향한 하나님의 사랑의 계획에서 실제적인 부분을 차지한다."²⁶

역사주의자들은 역사가 포괄적인 원상회복, 즉 창조 이후 진행되어온 회복 과정의 절정을 향해 나아가고 있다고 확신했다. 그들은 하나님이 역사를 감독하고 조율하신 오랜 기간의 궤적에 대해 희망적이었다. 현재 상황은 머지않아 그리스도가 친히 나타나심으로 인해 변화될 것이며, 그의 나타나심으로 인해 성도들이 휴거를 통해 공중으로 들림 받는 것이 아니라 정화의 불과 천국이 지상에 임하며 만물의 회복이 이루어질 것이다(후천년설의 낙관주의에 부합하는 견해). 다만 그 기간은 훨씬 짧고 그리스도의 재림은 개인적이고 내재적이었다. 따라서 경고의 메시지도 많았지만 희망적인 메시지는 훨씬 더 많았다. 일부 사람들은 심지어 보편적 구원에 대한 소망을 갖기도 했다. 심판에 대한 자신들의 경고에도 불구하고 이 역사주의자들은 후천년주의자들의 희망적 낙관론을 공유했으며, 그들은 해야 할 일들이 있고, 사회는 (개혁주의의 "창조 명령"에 따라) 개혁되어야 하며, 해야 할 선교 사업이 있고, 유대인들은 귀환해야 하며, 그들의 구원을 위해 노력해야 한다

---

25   Spence, *Heaven on Earth,* 123.
26   Edward Bickersteth, *The Restoration of the Jews to Their Own Land: In Connection with Their Future Conversion and the Final Blessedness of Our Earth,* rev. ed. (London: Seeley and Burnside, 1841), 97, (Spence, *Heaven On Earth,* 123에서 인용됨).

는 데 동의했다.

그들이 바랐던 것은 죽어서 "천국에 가는 것"이 아니라 그리스도가 재림하셔서 이 땅에서 성도들과 함께 통치하시는 것이었다. 그들은 영적인 천국에 초점을 맞추는 대신 그리스도가 이 땅에 천국이 임하게 하실 것을 믿었다. 클래펌의 전통적 복음주의 신문인 「크리스천 옵서버」는 1828년에 이 재림주의자들에 대해 "[그들은] 성경에서 우리 구식 그리스도인들이 천국이라고 부르는 것을 전혀 발견하지 못한다"고 논평했다.[27] 스펜서는 다음과 같이 말한다.

이 전천년주의자들은 대신 그리스도가 재림하실 때 도래할 세상을 묘사하는 데 많은 시간을 할애했는데, 그들은 그 도래할 세상이 과학, 예술, 기술의 발전으로 활기를 띤 공동체 안에서 살아가는 육체를 가진 사람들로 가득 차 있을 것이라고 믿었다. 그들은 그들의 비전이 성경적 근거를 갖고 있다고 주장했지만, 미래에 대한 그들의 비전은 많은 부분 그들이 살고 있던 사회와 문화에 의해 형성되었다.[28]

그들은 사도행전 3:20의 베드로의 설교에 나오는 "만물의 회복"이라는 문구를 인용하면서 이것은 맨 처음 창조된 모습 그대로 창조세계가 회복되는

---

27   *Christian Observer*, 1st ser., 28 (1828): 400, (Spence, *Heaven on Earth*, 102에서 인용됨).

28   Spence, *Heaven on Earth*, 103.

것을 의미한다고 믿었다. 차기 세대의 일부 사람들은 이것을 물리적 회복뿐만 아니라 도덕적 회복(조건부 불멸성 또는 완전한 만인 구원설)으로까지 발전시켰다.

그리스도는 요한계시록 20장의 천년왕국 이전에 오셔서 이 "만물의 회복"이 이루어질 물리적 왕국을 세우실 것이다. 그들의 신학에서 핵심적인 것은 "만물의 회복"의 모습과 천년왕국을 연결하는 것이었다. 사도행전 3장에서 베드로가 유대인들에게 설교하면서 이미 예언된 하나님의 "회복"이라는 개념을 언급했기 때문에 19세기 전천년주의자들은 "이 본문이 그리스도의 재림과 유대 민족이 포로생활에서 돌아올 것이라는 구약의 약속을 연결했다고 추론할 수 있었다."[29]

역사주의자들의 접근법의 중심에는 그들이 이해하는 성경의 "문자적 해석"이 자리 잡고 있었다. 스펜스는 다음과 같이 주장한다.

> 전천년주의자들이 성경을 "문자적으로" 해석하려는 것은 구약성경에 약속된 대로 하나님이 선택하신 백성의 물리적 회복을 확증하는 방식으로 성경을 해석해야 한다는 것을 의미했다. 전천년주의자들은 보다 더 **일반적인** 상식적 성경 해석에 호소하는 것이 (이 왕국의 통치자로서 메시아가 물리적으로 재림하는 것도 포함하는) 이 **특별한** 신학적 요점을 뒷받침할 수 있다고 믿었다.[30]

---

29   Spence, *Heaven on Earth*, 106.
30   Spence, *Heaven on Earth*, 112.

따라서 루이스 웨이에게는 "영토를 소유한 이스라엘의 문자적 회복에 대한 그의 주장이 문자주의와 물리적 회복 사이를 연결하는 가장 중요한 요소였다."[31]

하지만 스펜스는 다음과 같이 지적한다.

> 문자주의에 호소하는 것은 성경을 해석하는 선험적 방법이 아니라 그 자체로 신학적 교리였으며, 하나님의 예언적 약속의 실제성—즉 문자성—에 대한 믿음이었다. 이 믿음은 하나님이 하늘이 아닌 땅에서의 구속을 약속하셨다는 믿음, 영혼이 위로 올라가는 것이 아니라 그리스도가 강림하실 것이라는 믿음, 하나님이 영원 속에서가 아닌 시간 속에서 구속을 행하실 것이라는 믿음이었다.…역사주의자들이 문자주의에 호소한 것은 예언 본문을 다루는 일반적인 방법과는 아무런 관련이 없고…사실은 모든 전천년주의 신학에 만연한 주제였던 종말론적 유물론을 강조하는 또 다른 방법이었다.[32]

베자와 영국 청교도들은 유대인이 기독교의 미래에 지속적인 역할을 할 수 없으며 교회가 유대인을 대체했다는 루터와 칼뱅의 견해를 거부했다. 루터와 칼뱅의 견해에 따르면 이스라엘을 향한 구약의 언약은 그리스도 안에서 성취되었고, 유대인은 선택받은 민족으로서 그리스도인이 관심을 가져야

---

31   Spence, *Heaven on Earth*, 112.
32   Spence, *Heaven on Earth*, 111.

할 민족 정체성 또는 종족 정체성을 갖고 있지 않았다. 17세기의 성경 주석가로 널리 알려진 매튜 헨리도 이와 비슷한 반재림주의적 견해를 주장했다. "그리스도는 자신의 왕국, 하늘의 왕국을 세우려 오셨지, 지상의 왕국, **이스라엘 왕국을 회복하려** 오시지 않았다.…우리는 이 세상에서 **십자가를** 기대하고 내세에서는 **그 나라**를 기다리라는 명령을 받았다.…우리는 얼마나 쉽게 성경을 오해하고, **비유로** 말씀하신 **그것을** 문자적으로 이해하고 있는가!"[33]

따라서 역사주의자들은 우리가 앞서 살펴본 테오도르 베자와 마르틴 부처가 발전시킨 주장을 따랐는데, 이것은 제네바 성경을 통해 널리 알려진 주류 청교도적 관점을 대변했다. 청교도들과 다수의 18세기 복음주의자들이 말세에 성취될 것으로 소망했던 유대인의 개종은 이제 "흩어진 유럽 유대인들이 동부 지중해의 지정학적 실체로 회복되리라는 소망과 불가분의 관계가 되었다."[34] 1860년대에 이르러 많은 영국 복음주의자들은 자신들의 종교적 정체성은 하나님의 천년왕국이 지상에서 펼쳐지면 곧 유대인들이 팔레스타인으로 회복될 것이라는 사상과 직결되어 있다고 믿었다. 그들의 이해에 따르면 "선택받은" 민족으로서 영국이 담당할 역할에는 이러한 일을 추진하는 것이 포함되어 있었다.

---

33   Matthew Henry, *An Exposition of the Old and New Testament* (Edinburgh: Bell, Bradfute, Dickson and M'Cliesch, 1791), 6:8.
34   Spence, *Heaven on Earth*, 114.

선택받은 민족 복음화하기

1800년대 초에 나타난 성경의 예언에 대한 새로운 관심으로 인해 영국 복음주의자들은 유대인 복음화를 예언 성취를 위한 하나의 수단으로 간주했던 경건주의자들의 강조점에 더 호의적으로 반응했다. 그러나 유대인 복음화에 대한 영국의 관심에는 유대인의 팔레스타인 귀환이라는 회복주의적 비전도 포함되어 있었는데, 이는 경건주의자들의 의제에는 포함되지 않았던 것이었다. 하지만 영국과 독일 개신교의 협력은 양방향으로 작용했다. 유대인의 "귀환"에 대한 영국의 열정 때문에 19세기의 많은 독일 경건주의자들도 결국에는 기독교 회복주의를 수용하게 되었다.

영국 복음주의자들의 다양한 예언 시나리오에서 유대인의 중요성을 깨닫게 한 사람들은 독일어를 사용하는 유대인 개종자들이었다. 그들은 청교도 시대에 흔히 볼 수 있었던 사상들을 재현하고 대중화했다. 1801년에 유대교에서 기독교로 개종한 독일인 요제프 프라이(Joseph Frey, 1771-1850)는 해외 선교 사역을 준비하기 위해 독일을 떠나 런던에 도착했다. 그러나 그는 런던에서 유대인을 대상으로 중요한 사역을 시작했고, 1809년에는 런던 유대인 전도 협회(London Society for Promoting Christianity Amongst the Jews, LSJ)를 설립했다. (이 단체는 19세기 당시에는 "유대인 협회"[Jews' Society] 로 알려졌고, 지금은 "유대 민족을 위한 교회 사역"[The Church's Ministry among the Jewish People]이란 이름으로 알려져 있다). 프라이는 유대인 복음화에 대한 독일 경건주의자들의 관심을 영어권으로 가져오는 역할을 했다.[35] 매튜 웨스트브룩(Matthew Westbrook)은 다음과 같이 말한다. "프라이처럼 런던 유대인 협회와 같은 단체의 지원을 받은 인물들은 성경 본문, 특히 성경의 예언에 대한 유대적 해석을 강조함으로써 혁신적인 역할을 담당한 현대의 메시아적 유대인 운동(Messianic Jewish movement)의 선구자였던 것이 분명해 보인다."[36]

런던 유대인 전도 협회(LSJ)는 경건주의와 독일 출신 사역자들에게 많은 영향을 받았다. 오랫동안 이어져 온 경건주의의 관심사는 프라이라는 한 유대인 개종자를 통해 영어권으로 이식되었다. 1810년대 후반에 LSJ는 영국 유대인 복음화에서 유럽, 북아프리카, 근동지역 유대인 복음화로 관심을 돌렸다. LSJ가 해외로 파송한 첫 15명의 선교사 중 11명이 독일인이었다. 독일 경건주의는 유대인 복음화에 영감을 주었을 뿐만 아니라 선교사들의 임무 수행 방식에도 영감을 주었다. LSJ는 얼마 지나지 않아 영국에서 유대인 복음화에 관심을 기울이는 대표적인 단체가 되었고, 그들의 이러한 노력으로 인해 영어권 전역에서 유대인 전도의 모범이 되었다.[37] 유대인의 특수성에 대한 인식은 오직 유대인만을 위한 선교회 조직의 필요성을 주장하는 데 매우 중요한 역할을 했다. 영국 복음주의자들은 이러한 특수

---

35 이에 관한 상세한 논의는 다음을 보라. Lewis, *Origins*, 57-58.
36 Matthew C. Westbrook, "The International Christian Embassy, Jerusalem, and Renewalist Zionism: Emerging Jewish-Christian Ethnonationalism" (PhD diss., Drew University, 2014), 95.
37 경건주의의 영향과 LSJ의 기원에 대한 상세한 논의는 다음을 보라. Lewis, *Origins*, 55-56.

선교를 위해서는 유대인의 문화, 언어, 감수성에 맞는 일꾼이 필요하다는 것을 경건주의자들로부터 배웠다.[38]

영국 복음주의자들은 기독교 복음을 "먼저 유대인에게"(롬 1:16) 전해야 한다는 명령이 여전히 유효하다는 것을 깨달았다. 1789년 이전에는 영국 복음주의자들 사이에서 유대인 복음화에 대한 관심이 거의 없었다. 하지만 1850년에 이르러 영국 복음주의자들은 유대인 복음화에 집착했고, 복음주의 성공회 신자들은 상당한 액수의 선교 헌금 가운데 약 3분의 1을 유대인 전도를 위해(전 세계 약 600만 명의 유대인을 위해), 약 3분의 2를 이방인 세계 전체를 위해(1850년 약 10억 명의 비기독교 이방인을 위해) 사용했다.[39]

LSJ는 주요 평신도 인사들로부터 재정적 후원과 강력한 지지를 얻었는데, 그중에는 영국 사회에서 가장 부유한 인사들도 일부 포함되어 있었다. 이러한 관심은 특히 스코틀랜드와 아일랜드의 "켈트 변방"에서 특히 강하게 나타났다.[40] 1800년대 초에 스코틀랜드의 칼뱅주의자들은 유대인 전도를 장려하는 두 권의 중요한 저서를 발표했다. 데이비드 보그(David Bogue)의 『유대인의 구원을 추구하는 그리스도인의 의무』(*The Duty of Christians to Seek the Salvation of the Jews*)와 그레빌 유잉(Greville Ewing)의 『유대인을 위한 에세이』(*Essays for the Jews*, 런던 선교회의 의뢰를 받아 저술한 책)가 바

---

38   Andrew Crome, *Christian Zionism and English National Identity, 1600-1850* (Cham, Switzerland: Palgrave Macmillan, 2018), 259.
39   Lewis, *Origins*, 119.
40   "켈트 변방"은 켈트족과 관련된 다섯 지역, 즉 프랑스의 브르타뉴, 아일랜드, 스코틀랜드, 잉글랜드 남서부의 콘월, 웨일스를 가리킨다.

로 그것이다. 스코틀랜드와 아일랜드 복음주의자들은 유대인 선교의 강력한 지지자이자 후원자였다.[41]

LSJ에서 신학적으로 가장 중요한 지도자는 아일랜드 태생의 알렉산더 맥컬(Alexander McCaul, 1799-1863)이었는데, 그는 그 당시 유명했던 루이스 웨이와의 만남을 통해 유대인 선교에 관심을 보이게 되었다.[42] 웨이는 그를 설득하여 LSJ에서 일하게 했고, 1821년에 LSJ는 그를 전통적 유대 사회의 중심지인 바르샤바로 보내서 거기서 10년간 일하도록 했다. 뛰어난 학자였던 맥컬은 유대인의 문학과 학문에 깊이 빠져들어 유창한 히브리어와 이디시어를 구사하게 되었다. 13세기에 라틴 교회를 사로잡았던 반탈무드 논쟁은 맥컬을 통해 부활했다. 데이비드 루더만은 맥컬이 "탈무드, 유대 율법, 랍비들을 공개적으로 비판하면서도 유대교 학문에 깊이 몰두했다"고 지적한다. "그의 오랜 경력과 저술은 유대인 및 유대교와의 변증적 관계에 대한 주목할 만한 사례를 연구하고, 진지한 애정과 동시에 신랄한 비평을 담고 있으며, 그의 연구 주제에 대한 강한 헌신을 드러냄과 동시에 유대인들의 신앙의 가장 핵심적인 부분에 대한 경멸, 특히 랍비 지도자들에 대한 거부감을 보여준다."[43] 이러한 거부감은『옛적 길 또는 현대 유대교 원리 및 교리와 모세와 예언자들의 종교 간의 비교』(*The Old Paths; or, A Comparison of*

---

41 켈트족 가운데 유명한 인물은 Robert Haldane, Greville Ewing, Horatius Bonar, David Bogue 등이다.

42 David B. Ruderman, "Towards a Preliminary Portrait of an Evangelical Missionary to the Jews: The Many Faces of Alexander McCaul," *Jewish Historical Studies* 47 (2015): 56.

43 Ruderman, "Portrait," 50.

the Principles and Doctrines of Modern Judaism with the Religion of Moses and the Prophets, 1837)에서 매우 상세하게 상술되어 있다. 그의 딸 엘리자베스 핀(Elizabeth Finn)은 사후에 그가 의도했던 바를 다음과 같이 설명했다.

> 아버지는 랍비들이 모세의 율법에서 어떻게 벗어났는지를 보여주고 기독교가 모세와 예언자들의 종교에서 비롯된 올바른 결과물이라는 것을 보여주기 위해 일련의 논문을 쓰기 시작했다.…이 주제들은 그가 폴란드에 있는 동안 그에게 깊은 감동을 주었다. 그는 그곳에서 유대인들을 사랑하고 존경하는 법을 배웠고, 그들의 뛰어난 지적 능력이 랍비들의 가르침에 노예가 된 것을 개탄하며 그들이 그것에서 해방되기를 갈망했고, 마침내 그렇게 할 수 있는 기회를 얻게 되었다. 그는 이 논문을 "옛적 길"이라고 불렀으며 예언자 예레미야의 말씀을 모토로 삼아 백성들에게 "옛적 길"을 되돌아보도록 권면했다.[44]

특히 맥컬은 다음 세 그룹을 대하는 랍비들의 태도를 비판했다. "특히 유일신을 믿는 비유대인, 긍휼히 여기는 마음이 없는 완고한 랍비들로 인해 경제적으로 매우 어려운 상황에 처한 가난하고 궁핍한 유대인, 랍비들의 율법 아래에서 열등한 지위로 인해 고귀함과 존엄성이 훼손된 유대인 여성."[45] 맥컬의 해박한 지식과 유대교 자료에 근거한 신중한 논증은 유럽 유

---

44   Elizabeth Ann Finn, *Reminiscences of Mrs. Finn, Member of the Royal Asiatic Society* (London: Marshall, Morgan and Scott, 1929), 23, Ruderman, "Portrait," 57에 인용됨.
45   Ruderman, "Portrait," 60. Ruderman은 이 비판에 대해 60-63에서 설명한다.

대인들 사이에서 많은 논쟁을 불러일으켰고, "유럽 대륙 전역의 유대인 지도자와 지식인들로부터 격앙된 초국가적 반응"을 유발했다.[46] 그는 생애 말년에 영국과 유럽 대륙에서 개혁주의 유대교가 출현한 것은 랍비주의에 대한 자신의 비판에 어느 정도 영향을 받은 것이라고 밝혔다.[47] 맥컬은 LSJ에서 가장 영향력 있는 성직자가 되었고, LSJ의 선교사 훈련과 전략에 큰 영향을 미쳤다. 그는 결국에는 런던의 킹스 칼리지에서 히브리어 및 랍비 문학 교수가 되었다.[48]

유대인의 개종: "세상에서 가장 중요한 것"

[나는] 유대인의 친구이며, 그들의 하나님께로의 회복이
온 세상의 구속이 될 것이다.[49]

찰스 시므온, 1835년

윌리엄 윌버포스(William Wilberforce)와 "클래펌파"에 속한 그의 동료들로 대표되는 성공회의 복음주의 리더십은 유대인 전도에 새로운 관심을 보이는 것에 대해 긍정적이었다. 유대인 전도를 주도한 주요 성직자는 찰스 시

---

46   Ruderman, "Portrait," 66.

47   Ruderman, "Portrait," 63. Ruderman은 전통적 유대교를 비판하는 유대인 비평가들이 유대교를 옹호하면서도 동시에 유대교를 개혁하려는 McCaul의 일부 견해에 동의하기까지 얼마나 아슬아슬한 줄타기를 해야 했는지를 지적한다. Ruderman, "Portrait," 66.

48   McCaul에 관해서는 다음도 보라. David Feldman, "Evangelicals, Jews, and Anti-Catholicism in Britain, c. 1840-1900," *Jewish Historical Studies* 47 (2015): 101-2.

49   *Jewish Intelligence, and Monthly Accounts of the Proceedings of the LSPCJ* 1 (June 1835): 132.

므온(1759-1836)이었는데, 그는 19세기 초반에 가장 영향력 있는 성공회 목사였다. 비록 시므온은 새로운 재림주의 해석을 결코 수용하지 않았지만, 유대인 전도에 대한 복음주의의 관심을 끌어올리는 데 많은 노력을 쏟았다. 시므온은 굳건한 LSJ 후원자였으며 수년간 연례 모임에 참석하고 연설했다.[50] 1818년에 그는 "지금, 이 순간에도 하나님 우편에서 우리를 위해 중보하고 있는 이가 다름 아닌 유대인"이라는 사실을 청중에게 상기시키는 설교를 했다. 콜카타의 대니얼 윌슨(Daniel Wilson) 주교의 말을 빌리자면 시므온은 그 협회의 "최고 수장"이었다.[51] 비커스테스가 유대인 전도에 관심을 갖게 만든 것도 시므온이었다. 언젠가 시므온이 유대인의 개종이 이 세상에서 가장 중요한 것이라고 주장했을 때 LSJ 강단에 앉아 있던 비커스테스는 당황했다. 비커스테스는 다음과 같은 질문이 적힌 쪽지를 시므온에게 건넸다. "유대인 600만 명과 이방인 6억 명 중 어느 쪽이 더 중요합니까?" 시므온은 "그러나 6명의 개종이 죽어가는 6억 명의 목숨을 살릴 수 있다면 무엇이 더 중요합니까?"라고 적어 그에게 다시 보냈다.[52] 시므온은 1835년 LSJ 연례회의에 마지막으로 참석한 자리에서 예레미야 33:7-9에 대한 자신의 견해를 다음과 같이 밝혔다.

---

50 *Jewish Intelligence* 3 (June 1837): 138.
51 Gidney, *History*, 148.
52 T. R. Birks, *Memoir of the Rev. Edward Bickersteth, Late Rector of Watton, Herts.* (London: Seeleys, 1852), 61. Gidney는 이 이야기를 다시 들려주는데, 이번에는 8억 명과 8백만 명으로 인용한다. Gidney, *History*, 273.

하나님은 이스라엘에서 지금까지 전례가 없는 방식으로 영광을 받으실 것이다.…하나님은 그의 백성을 영화롭게 하기를 원하신다.…여호와는 이를테면 자신의 영광과 자신의 행복이 이스라엘의 회복과 직결되어 있다고 선언하신다.…이것은 온 세상을 구원하는 것 못지않게 중요한 사건이다. 온 세상의 구원이 이 중요한 결과에 달려 있고 그 결과에서 비롯된다고 말할 때 내가 너무 심하게 말한다고 여기지 말라. 나는 이방인의 친구인가? 나는 그렇게 알려져 있다. 그러므로 나는 유대인의 친구이며, 그들의 하나님께로의 회복이 온 세상의 구속이 될 것이다.[53]

여기서 시므온은 "말세"가 오면 개종한 유대인들이 수많은 이방인들을 기독교 안으로 인도할 전도자들이 될 것이라는 개념을 인용하고 있다. 따라서 유대인의 복음화는 말세에 그들의 전략적 중요성 때문에 반드시 우선시되어야 했다.

이와 유사한 맥락에서 비커스테스는 로마서 11:12을 인용한다. "만약 그러한 축복이 유대인의 넘어짐과 관련이 있다면 하물며 그들의 충만함은 어떠하겠는가? 그들이 버림받은 것이 세상을 화목하게 했다면 그들의 회복은 죽은 자를 다시 살리는 것이 아니면 무엇이겠는가?"[54] 많은 복음주의자들의 사고에는 유대인의 복음화와 그들의 팔레스타인으로의 물리적 회

---

53 *Jewish Intelligence*, 1:132.
54 Bickersteth, *Restoration*, 118.

복이라는 대의가 밀접하게 연관되어 있었다. 1836년에 비커스테스는 『고국으로의 유대인 회복』(*The Restoration of the Jews to Their Own Land*)을 출간했다. 비커스테스는 유대인의 개종과 귀환에 대한 청교도들의 모든 생각을 잘 알고 있었다.[55] 그는 여기서 유대인들이 하나님의 역사 전개 방식을 이해하는 열쇠라는 자신의 견해를 개관한다.

비커스테스에 따르면 유대인의 개종은 "유대인이 지닌 제약"[56]을 제거함으로써—즉 영국이 기독교 국가라는 정체성을 포기하고 유대인에게 완전한 시민권을 제공함으로써—촉진되는 것이 아니라 "그리스도인들이 자기모순으로 인해 자기 앞에 스스로 놓아둔 거대한 걸림돌"을 제거함으로써 촉진될 것이며, 이러한 그의 주장은 스펜서, 청교도들, 심지어 루터에게까지 거슬러 올라갈 수 있는 주제를 반영한다. 이 입장은 민족들 사이에는 개종으로 폐지되지 않는 영구적인 차이점이 존재한다는 사상에 뿌리를 두고 있다. (여기서 그는 심지어 천년왕국 안에서도 여전히 유대인과 그리스도인 사이에 근본적인 차이점이 존재한다는 3장에서 논의한 토머스 브라이트만의 정서를 반영한다.) 많은 회복주의자들은 비커스테스의 주장을 따랐고, 영국에서 유대인의 정치적 권리를 제공하는 것에 반대했는데, 이는 그것이 한편으로는 영국이 기독교 국가라는 주장에 종말을 고함으로써 배교에 대한 하나님의 심판을 불러올 것이며, 다른 한편으로는 윌리엄 프리맨틀(William Fremantle)의

---

55   Douglas J. Culver, *Albion and Ariel: British Puritanism and the Birth of Political Zionism*, American University Studies 7, Theology and Religion 166 (New York: Lang, 1995), 4.

56   Bickersteth, *Restoration*, 89.

말에 의하면 그들이 "팔레스타인에서 최고의 영광을 누릴 것으로 기대했던" 나라로 돌아가는 유대인의 특별한 소명을 확인시켜줄 것이기 때문이다.[57] 이것은 때때로 반셈족주의를 암시하는 것으로 해석되어왔으며, 때로는 그들의 태도가 반셈족주의로부터 완전히 자유롭지만은 않았지만, 그것이 그들의 일반적인 태도를 특징짓는다고 보긴 어렵다.[58] 앤드루 크롬은 다음과 같이 말한다. "회복주의자들은 그들의 영광을 다른 지리적·시간적 지평에 투영했는데, 이는 현재 그들의 정치적 권리를 부정하는 명분이 될 수 있었다. 유대인을 항상 타인으로 보는 타-셈족주의적(allo-semitic) 충동은 회복주의자들이 어떤 분야에서는 유대인의 권리를 지지한 반면, 다른 분야에서는 유대인의 권리를 부정하는 방향으로 나아갈 수 있다는 것을 의미했다."[59]

회복주의에서 기독교 시온주의의 초기 형태로의 전환

지금까지 나는 회복주의자들을 "기독교 시온주의자"로 규정하지 않았다. 우리는 바로 이 시점에서부터 그들을 이렇게 부를 수 있는데, 그 이유는 비커스테스가 (위에서 논의한 바 있는 인크리스 매더와 마찬가지로) 유대인의 집단 개종은 그들이 팔레스타인으로 귀환하기 이전이 아닌 귀환 이후에 일어날

---

57   Crome, *English National Identity*, 261.
58   Crome, *English National Identity*, 261-62.
59   Crome, *English National Identity*, 262.

것이라고 믿었기 때문이며, 그의 입장은 이 점에서 청교도들의 다수의견과 달랐다. 일단 "회복"이 개종 이전에 일어날 수 있다면 그것은 정치적 상황이 허락할 경우 언제든지 일어날 수 있는 일이었다. 그리스도인들은 유대인의 집단 개종을 기다릴 필요가 없었다. 기독교 회복주의자들은 이제 "기독교 시온주의자"가 되어 "믿지 않는" 유대인이 돌아오는 것을 목표로 일할 수 있었다. 비록 "기독교 시온주의자"라는 용어는 1890년대까지 생겨나지 않았지만 말이다(이 점을 유념해야 한다).

1830년대에 비커스테스가 책을 집필할 당시 중동의 정치적 상황은 변화하고 있었다. 오스만 제국을 희생시키면서까지 자신의 영향력을 확대하려는 러시아에 대항하여 영국은 오스만 제국의 지원에 더 적극적으로 개입하고 있었다. 이것이 바로 회복주의가 정치적으로 더 활동적인 기독교 시온주의로 변화하기 시작한 결정적인 전환점이다. 앞으로 살펴보겠지만 영국 기독교 시온주의 운동의 정치적 리더십은 비커스테스의 영적 후계자이자 섀프츠베리의 7대 백작이었던 앤서니 애슐리 쿠퍼(Anthony Ashley Cooper)에게 돌아갔다.

비커스테스는 자신이 생각하는 영국 그리스도인들의 의무를 다음과 같은 개괄한다.

…우리 자신이 저지른 죄의 근원을 제거하는 것이다. 우리가 (그들의 불순종이나 타인에 대한 불의를 용납하지 않으면서도) 그들의 평화로운 귀환을 위해 국가적 차원에서 제공할 수 있는 모든 원조 또한 아브라함, 이삭, 야곱의 하나님이 너그

러이 받아주실 것이며, 그러한 원조를 제공하는 나라에 복을 내려주실 것이다 (시 122:6; 창 12:3). 실로 그들에게 베푼 자비와 친절은 이러한 자비를 베푸는 국가나 개인에게 미래의 유익과 안전을 약속하는 희망적인 징표다(사 60:12; 렘 38:7-12; 39:15-18). 이스라엘의 회복을 돕는 데 있어 세계 여러 나라 가운데 우리나라가 하나님의 은총을 입게 되기를! 만유의 주께서 우리의 통치자들을 이러한 길로 인도하시기를![60]

비커스테스는 이러한 정치적 의제를 명시함으로써 적극적인 기독교 시온주의의 의제를 명확히 제시한다. 이것은 또한 그가 복음주의자들이 공유하던 팔레스타인(그리고 특히 그의 친구 섀프츠베리 경)에 대한 두 가지 중요한 고정관념을 반영한 것이라는 점에서 중요한 의미를 지닌다. 그것은 첫째, 팔레스타인은 "거의 주민이 없는" 땅이고,[61] 둘째, 현재 일어나고 있는 사건들은 하나님의 섭리 안에서 "그들이 점진적으로 조용히 안전하게 고국으로 돌아갈 수 있는 길을 마련하고 장기적으로 그곳에 거주할 수 있도록 도움을 주고 있다"는 것이다.[62] 유대인의 팔레스타인 귀환에 대한 비커스테스의 이해는 그의 역사주의적 전천년설 틀 안에서 형성되었으며, 유대인 전도의 필요성과 밀접하게 연관되어 있었다. 따라서 비커스테스는 유대인 전도에서 LSJ의 중요성을 강조했다.

---

60   Bickersteth, *Restoration*, 91.
61   Bickersteth, *Restoration*, 81.
62   Bickersteth, *Restoration*, 81.

따라서 이들의 영적 건강을 위해 독자적인 협회를 설립하는 것은 매우 중요한 문제다. 이것이 유대인 협회 설립에 대한 가장 그럴듯한 반대 이유 중 하나―다른 선교 협회가 이 일을 맡을 수 있다는 주장―에 대한 답변이다. 그럴 수 없다! 그들의 사례는 특별하고 다른 모든 유익의 근간이 된다. 그것은 그 결과의 중요성에 대한 인식, 각별한 노력, 전폭적인 관심을 요구한다.[63]

런던 베스널그린 지역의 팔레스타인 플레이스에 본부를 두고 있는 LSJ는 독일 경건주의자들이 유대인 선교에 활용한 기술을 발전시키고 개선하여 히브리어 예배를 위한 유대인 예배당, 박해받는 개종자들을 위한 보호시설, 선교사를 위한 훈련학교, 성경 보급소 등을 운영했다. 그러나 LSJ는 곧 해외로 선교사를 파송하기 시작했고, 19세기 말에는 유럽, 북아프리카, 중동 전역에 수백 명의 선교사를 파송했다.[64]

비커스테스는 정확한 그리스도의 재림 날짜를 정할 수 있는 능력이 있다고 주장하진 않았지만, 재림이 임박했음을 나타내는 징조가 있다고 주장했는데, 이는 그 당시 예언 해석자들 사이에서 흔히 볼 수 있는 주장이었다. 다음으로 일어날 거대한 사건은 그리스도가 친히 재림하는 것이었고, 그의

---

63   Bickersteth, *Restoration*, 229.
64   LSJ가 런던에서 수행한 일에 대한 자세한 최근 연구는 다음을 보라. Rodney Curtis, "Evangelical Anglican Missionaries and the London Jews Society: Palestine Place at Bethnal Green and Related Developments, 1813–1895," *Jewish Historical Studies* 50, no. 1 (2018): 5, 69–100. LSJ가 영국 밖으로 확장한 것에 대한 요약은 다음을 보라. Yaron Perry, *British Mission to the Jews in Nineteenth-Century Palestine* (London: Frank Cass, 2003), 7–11.

6장 유대인과 19세기 영국 복음주의: 기독교 시온주의로 변화한 회복주의   **201**

재림은 유대인의 운명 및 그들의 팔레스타인으로의 회복과 밀접하게 연관되어 있었다.

다수의 역사주의자들에게 유대인 복음화는 독일 경건주의자들과 마찬가지로 하나님의 계획의 핵심이었다. 유대인의 독특성은 그들의 개종이나 그리스도의 재림과 함께 사라지지 않을 것이다. 크롬은 다음과 같이 말한다.

> [유대인 복음화는] 유대성을 말살하려는 것이 아니었다. 유대인은 본래 탁월한 민족이 될 운명을 타고났으며, 항상 민족적·문화적 독특성을 지니고 있었다. 따라서 회복주의자들에게 있어 개종은 유대 문화가 이방인의 규범으로 대체되어 말살되는 것이 아니라 구약성경의 온전한 언약적·메시아적 약속을 수용하는 것이었다. 비록 19세기 유대인들은 이러한 입장에 강력히 반대했지만, 회복주의자들은 그들의 문화를 결코 말살하려 했던 것이 아니었다.[65]

이러한 회복주의자들에게 제기된 한 가지 비판은 그들이 제국주의적 정신으로 영국과 대영제국의 이익을 추구하려 했다는 것이었다.[66] 그들은 유대인 회복을 돕는 것이 영국의 예언자적 역할을 성취한다는 의미에서 영국에

---

65   Crome, *English National Identity*, 259.

66   Nabil I. Matar, "The Controversy over the Restoration of the Jews: From 1754 Until the London Society for Promoting Christianity Among the Jews," *Durham University Journal* 82, no. 1 (1990): 42-43.

유익이 된다고 믿었던 것이 분명하다. 하지만 이러한 이익이 최우선순위는 아니었다. 왜냐하면 그들은 유대인의 회복은 대영제국의 약화로 이어질 것이며, 대영제국은 회복된 이스라엘에 의해 쇠퇴할 것이라고 믿었기 때문이다.[67] 기독교 시온주의자들의 목표는 대영제국을 수호하는 것이 아니라 유대 국가를 세우는 것이었다.

> 팔레스타인은 영국의 땅이 아닌 이스라엘의 땅이었으며, 영국의 예루살렘 통치는 궁극적으로 튀르키예의 지배만큼이나 용납할 수 없는 것이었다.…회복주의자들에게 가장 중요한 관심사는 제국의 영광이 아니라 예언이었다. 결국 그들은 유대인들을 통해 자신들의 국가의 정당성을 확인하고, 현 국제 정세 속에서 자신들의 위상을 이해하게 되었다. 만약 하나님이 다른 모든 나라보다 이 나라를 높이시고 해양강국으로 세우셨다면 거기에는 그럴 만한 분명한 이유가 있었을 것이다. 즉 그것은 맡겨진 역할을 완수하고 유대인들을 팔레스타인으로 회복시키기 위함이다.[68]

크롬이 지적하듯이 "유대인의 회복에 대한 예언은 '무형의' 문명 제국을 정당화하는 역할을 했다. 이것은 영국이 세계를 지배하는 것이 아니라 유대인의 천년왕국 시대에 세계를 혁신하기 위한 정치적 우위를 준비하는 과정

---

67   Crome, *English National Identity*, 262.
68   Crome, *English National Identity*, 258.

이었다."[69]

　복음주의자들의 동기에 의문을 제기하는 학자들은 종종 그들이 공언하는 유대인에 대한 관심은 단지 그들의 개종 전략을 감추기 위한 허울일 뿐이라고 일축한다. 어떤 이들은 모든 반대 증거에도 불구하고 그리스도인들이 유대인에 대한 사랑을 고백하는 것이 어떤 식으로든 반셈족주의의 한 형태라는 것을 마치 신조처럼 믿는 것 같다. 1961년에 출간된 그의 중요한 저서 『밸푸어 선언』(The Balfour Declaration)에서 고(故) 레너드 스타인은, 섀프츠베리는 유대인들의 개종을 추구했기 때문에 유대인들이 그리스도인이 됨으로써 유대 정체성을 잃기를 바랐고, 결과적으로 자신은 유대인의 친구도 될 수 없고 시온주의의 선구자로 여겨질 수도 없다고 주장했다.[70] 하지만 스타인은 나중에 자신의 이러한 생각이 잘못되었음을 인정했다.[71] 아이자이어 프리드먼(Isaiah Friedman)이 언급한 것처럼 "섀프츠베리는 유대인들이 결코 자신들의 정체성을 잃기를 바란 것이 아니라 영국이 그들의 민족의식을 심취시키고 그들 조상의 땅으로 귀환하는 데 주도적인 역할을 하기를 바랐다."[72] 유대인 개인의 개종에 대한 복음주의자들의 소망을 간과해서도 안 되겠지만, 어쩌면 (복음주의자들의 전도 활동에 적대적인 자들을 포함하여) 학자들이 처음부터 잘못된 질문을 던지는 것일 수도 있다. 결국 유대

69　Crome, *English National Identity*, 258.

70　Leonard Stein, *The Balfour Declaration* (London: Jewish Chronicle Publications, 1961), 7.

71　Isaiah Friedman, *The Question of Palestine, 1914-1918: British-Jewish-Arab Relations*, 2nd ed. (New Brunswick, NJ: Transaction, 1992), li n. 75.

72　Friedman, *Question of Palestine*, xxvii.

인이든 이방인이든 모든 사람이 기독교 신앙으로 개종하게 하는 것이 복음주의의 본질이다. 복음주의자들에게는 자신들이 유대인의 메시아라고 믿는 예수를 통해 베풀어지는 구원을 전하는 일에서 유대인을 배제하는 것은 오히려 반셈족주의적 행위일 것이다.

유대인을 사랑하고 존경하며 보호하고 준비시키기

영국 복음주의의 정체성이 유대인과 점점 더 밀접한 연관성을 갖게 되면서 많은 복음주의자들은 자신들이 유대인을 사랑하고 존경하고 보호하며 그들이 팔레스타인으로 돌아가는 길을 준비해야 하는 자들임을 깨닫게 되었다. 이러한 변화는 토머스 스콧(Thomas Scott, 1747-1821)의 연구를 통해 입증되었듯이 역사주의자들의 영향 때문만은 아니었다. 토머스 스콧은 전천년설을 지지하는 성경 주석가였으며, 프랑스 혁명 초기에 쓰인 그의 『성경 주석』은 19세기 영국 복음주의자들에게 널리 읽혔다. 그의 주석이 미친 영향은 세대주의적 전천년설 확산에 중요한 역할을 한 20세기 초반의 『스코필드 관주성경』(Scofield Reference Bible)의 영향력에 견줄 수 있다. 스콧의 『성경 주석』은 19세기 영어권의 수많은 독자들에게 유대인의 팔레스타인 귀환이라는 개념을 널리 알리고 대중화하는 데 많이 기여했을뿐더러 유대인에 대한 긍정적인 시각을 조성하는 데도 매우 중요한 역할을 했다.

"열방의 축복인 유대인들과 그들을 구세주께로 회심시켜야 하는 그리스도인들"이라는 그의 1810년 설교는 그리스도인들이 유대인들을 존경해야 한다는 것을 강조하며, 복음주의자들이 자신들의 정체성을 유대인과의 관계를 중심으로 어떻게 구축해나갔는지를 잘 보여준다. 스콧의 주장에 따르면 성경에 익숙한 사람들은 유대인들이 "모든 시대에 걸쳐 지구상에서 가장 뛰어나고 특별한 민족이 될 것이며, 여러 면에서 인류 역사상 다른 어떤 민족보다 더 큰 존귀함을 얻고 열방에 축복이 될 것이며, 유다의 후손은 이 뛰어난 민족 가운데 가장 걸출한 인물이 될 것"으로 기대해야 한다고 주장했다. 그는 심지어 불신자들도 객관적인 관찰에 근거하여 다음과 같은 사실을 인정해야 한다고 주장했다.

> 의심할 여지 없이 이 족장들의 후손들은 지상에 살았던 민족 중에서 다른 민족과 비교할 수 없을 만큼 가장 뛰어난 민족이었다. 사실 모든 것을 공정하게 추론하면 그들은 하나님께 존귀하게 여김을 받았고, 다른 어떤 민족보다도 온 인류에게 복이 되었으며, 유다의 후손들은 하나님의 이러한 은총을 입은 민족 중에서 비교할 수 없을 만큼 가장 뛰어난 민족이었으며 지금도 그러하다.[73]

유대인들의 업적에 대한 이러한 높은 평가는 유대인에 대한 그리스도인으로서의 의무를 스콧 스스로 인식함으로써 더욱 강화되었다.

---

73   Thomas Scott, *The Jews a Blessing to the Nations, and Christians Bound to Seek Their Conversion to the Saviour* (London: London Society, 1810), 3.

나는…하나님의 고대 신탁을 맡아 이방인인 우리에게 전해준 이 민족에 경의를 표한다. 나는 예언자들, 사도들, 그리스도 자신을 탄생시킨 이 민족에 경의를 표한다. 나는 유대인들에게 엄청난 빚을 진 자라고 생각한다. (적어도 신약성경의 대부분은 유대인이 썼기 때문에) 나는 그들의 성경에서 주님 안에 있는 모든 소망, 모든 위로, 모든 기쁨을 얻는다. 그리고 나의 사랑하는 구세주는 그들 가운데서 그의 인성을 부여받았고 그의 개인 사역을 수행하셨다. "모든 민족이 그들로 말미암아 복을 받으리라"고 오래 전부터 예언된 그 민족에게 진 빚을 조금이라도 내가 갚을 수 있다면 그것은 내게 큰 기쁨이 될 것이다.[74]

스콧은 "더 나은 시대에 대한 소망"이라는 독일 경건주의자들의 개념과 유사한 "시간의 가속화"를 주장하면서 하나님의 역사에서 미래에 유대인들이 수행할 역할이 있다고 믿었다. 그는 비록 후천년주의자였지만, 많은 복음주의자들과 마찬가지로 유대인의 궁극적인 회심과 팔레스타인으로의 회복을 고대했으며, LSJ의 초기 지지자였다. 성경의 예언에 대한 이러한 관심은 단지 복음주의자들뿐만 아니라 신앙심 깊은 폭넓은 대중들의 관심을 끌었으며, 19세기에는 예언을 이해하는 데 있어 유대인의 역할이 점점 더 주목을 받으면서 모든 성향의 교인들과 모든 부류의 비국교도들이 그들의 역할에 관심과 흥미를 갖게 되었다.

    19세기 전반에 영국 복음주의의 정체성을 형성한 가장 중요한 복음주

---

74   Scott, *The Jews a Blessing*, 4.

의 작가 중 세 명은 토머스 스콧, 찰스 시므온, 에드워드 비커스테스였다. 스콧과 시므온은 후천년주의자였고 비커스테스는 역사주의적 전천년주의자였지만, 이 세 사람은 모두 유대인을 향한 기독교의 "사랑과 존경의 가르침"을 가장 잘 나타낸 전통에 서 있다.[75] 크롬이 지적하듯이 "회복주의적 신념의 유대 중심적 토대는…그 주창자들이 장차 도래할 유대 왕국의 우월성을 기대하도록 만들었고, 영국이 선택된 민족이라는 그들의 믿음은 국가의 책임에 대해 불안감을 갖게 했다." 그가 지적하듯이 영국의 정황에서 이러한 믿음은 기독교 시온주의에 대한 "단순한 제국주의적 해석에 반한다." 대표적인 예언 작가인 에드워드 비커스테스는 "이사야 60:12과 유대인을 섬기지 않는 나라는 멸망할 것이라고 경고"를 언급할 수 있었다. "그렇다면 우리는 어떻게 국가 안보를 확보할 수 있겠는가?…우리가 한 국가로서 시온을 섬기면 우리는 멸망하지 않을 것이다."[76] 영국의 존재 의미와 사명은 유대인의 유익을 추구하는 데서 찾아야 했다. "대영제국의 지배력은 단지 일시적이며, 회복주의자들이 성경의 예언에서 발견했듯이 유대인의 지배권 아래서 쇠퇴할 운명을 갖고 있었다. 맥닐(McNeile)은 이것을 '그들의 우선권과 영향력과 모든 민족에 대한 지배권'이라고 묘사했다."[77] 섀프츠베리 경은 자신의 유대인 친구이자 기독교 주교인 마이클 솔로몬 알렉산더가 예루살렘 주교로 부임하기 직전에 그에게 편지를 쓰면서 그의 유대인다움을

---

75   다음을 보라. Lewis, *Origins*, 64-66.
76   Crome, *English National Identity*, 256n226.
77   Crome, *English National Identity*, 256n230.

다음과 같이 칭송했다. 당신은 "지금까지 흩어져서 쇠퇴해버린 민족의 일원입니다. 우리 이방인들은 결국 이 민족 앞에서 반드시 쇠퇴할 것입니다. 이 민족에게 모든 것이 약속되어 있고, 이 민족에게 모든 것이 속해 있습니다."[78] 이것은 대체주의가 아니었다.

유대인을 보호하기

> 오스만 제국에서 박해받는 소수 민족에 대한 관용 및
> 시민권 부여 프로젝트의 일환으로 간주된 유대인 지원 사업은
> "인권 제국주의"의 한 요소였다.[79]
>
> 앤드루 크롬

만약 영국 복음주의자들이 유대인을 그토록 높이 평가하고 존경하게 되었다면 그것이 그들의 행동에 영향을 미쳤을 것이라고 기대할 수 있는데, 실제로도 분명 그랬다. 유럽 유대인 보호 사업과 지지 운동은 많은 영국 복음주의자들, 특히 LSJ와 같은 선교 단체와 연관된 자들의 가장 큰 관심사가 되었다. 복음주의자들은 유대인이 한 민족으로서 여전히 하나님의 특별한 관심을 받고 있으며, 그들이 한 민족으로서 선택받은 것은 아직 유효하며, 그들이 역사 전개 과정에서 여전히 어떤 역할을 할 것이라는 생각을 점차 더 받아들이게 되었다. 이 때문에 19세기에 유대인 복음화에 관심을 가

---

78   Crome, *English National Identity*, 260n242.

79   Crome, *English National Identity*, 258. 다음을 보라. Abagail Green, "The British Empire and the Jews: An Imperialism of Human Rights?," *Past & Present* 199 (May 2008): 175–205.

진 복음주의자들(이들 중 상당수가 유대인 개종자)은 모든 유형의 유대인 학대에 반대하는 대표적인 이방인 집단이었고, 영국 유대인들도 당대에 이것을 인정했다. 따라서 이 복음주의자들은 초기의 기독교 논객과는 현저하게 달랐으며, 스스로 친셈족주의자로 간주했고, 중세 가톨릭교회와 루터의 반유대주의 전통을 단호히 거부했다. 1840년대 초에 영국 복음주의자들은 유럽 전역과 오스만 제국 내의 유대인 보호에 관심을 기울였다. 그들은 팔레스타인의 유대인 학대에 특별한 관심을 보였으며, 섀프츠베리 경은 영국 정부가 오스만 제국의 술탄에게 개입하여 유대인에게 혜택을 주고 팔레스타인에 정착할 수 있는 다양한 계획을 승인하도록 배후에서 많은 힘을 썼다.[80]

따라서 빅토리아 시대에 유대인에 대한 복음주의자들의 관심은 단지 유대인을 전도하거나 팔레스타인으로 귀환할 수 있도록 힘쓰는 것에만 국한되지 않았다. 섀프츠베리나 그와 밀접한 관계를 맺고 있던 자들—샬럿 엘리자베스 토나(Charlotte Elizabeth Tonna), 에드워드 비커스테스(Edward Bickersteth) 등—과 LSJ와 복음주의연맹 같은 단체들은 유대인 학대에 맞서 싸우고 그들을 대신하여 정치적 로비활동을 벌이는 데 큰 관심을 기울였다. 다른 어떤 영국의 이방인 집단들보다 유대인을 적대시하는 자들로부터 유대인을 보호하는 데 가장 큰 관심을 쏟은 것은 영국 복음주의자들이었다.

---

80   이 단락의 자료는 저자의 이전 연구를 수정한 것이다. Lewis, *Origins*, 184-89.

역설적이게도 섀프츠베리는 유럽의 대다수 유대인들보다 유대인의 조국을 위한 일에 훨씬 더 열성적이었다. 어쩌면 이보다 더 큰 역설은 빅토리아 시대 영국의 대표적인 기독교 시온주의자가 자신의 회복주의적 견해에 대해 대다수 동족 유대인들보다 훨씬 더 시온주의에 열성적이었던 유대인 개종자들로부터 격려와 확신을 얻었다는 사실일 것이다. 섀프츠베리가 (영국 외무장관이자 한때 영국 총리였던) 파머스톤 경에게 영향력을 행사하려 했던 시도는, (공개모임, 신문, 저널, 서적, 의회 안팎에서의 자신의 연설 등) 대중적 차원에서 시온주의에 대한 찬성 여론을 조성하려는 노력, 특히 샬럿 엘리자베스와 캐서린 마시 같은 매우 뛰어난 여성 소설가들의 노력이 없었다면, 실패로 돌아갔을 것이다.[81] 섀프츠베리와 그의 동료들은 영국 여론을 움직여 유대인에게 호의적인 영국 여론을 조성하고, 개혁에 대한 약속을 이행하도록 포르테 정부(오스만 제국 정부)에 외교적 압력을 가하기를 바랄 수밖에 없었다.

기독교 시온주의자들의 캠페인의 핵심은 유럽을 대표하는 개신교 강국으로서 "하나님의 선택받은 백성"에 대한 영국의 고유한 책임을 포함하도록 영국의 국가 정체성을 재정의하려는 시도였다. 이 과정에는 유대인에 대한 개신교의 특별한 의무를 인정하고, 동시에 유대인들은 특별히 총명하고 강직하며 교육을 잘 받았고 근면하기 때문에 존경할 만한 민족이라는 긍정적인 이미지를 새롭게 창출해내는 것이 포함되었다. 오직 이 방법을

---

81   이러한 노력에 관한 상세한 논의는 다음을 보라. Lewis, *Origins*, 189-96.

통해서만 깊은 반유대주의적 기류를 억제할 수 있었고, 섀프츠베리는 모든 형태의 반유대주의 정서에 대항하려 노력했기 때문에 영국인들의 성격에 부정적인 측면이 있다는 것을 조금도 의심하지 않았다.

비록 영국의 복음주의자들은 개신교 영국의 국가 정체성에 친셈족주의를 주입하려 노력했지만, 근동지역 문제를 다루는 데 있어 그들의 영향력을 몇 배로 증폭시킨 것은 그들과 스코틀랜드 칼뱅주의자들 및 유럽 대륙 경건주의자들의 폭넓은 네트워크였다. 또한 영국 복음주의자들과 유럽 대륙 경건주의자들이 장기적으로 엄청난 영향력을 행사하게 된 것도 바로 근동지역에서였다.

기독교 시온주의자들과 팔레스타인의 변화

> 트라팔가르 해전 이후 영국이 바다에서 독보적인 지배력을 갖게 되고
> 오스만 제국이 더욱 불안정한 모습을 보이게 되자 유대 민족이
> 팔레스타인으로 귀환할 가능성은 점점 더 현실적인 제안이 되었다.[82]
> 앤드루 크롬

기독교 시온주의자들이 19세기 팔레스타인에 끼친 영향은 거의 알려지지 않았다. LSJ와 교회 선교 협회(Church Missionary Society)는 1820년대부터 팔레스타인에서 활발한 활동을 펼쳤고, 예루살렘 현지에서 긴밀히 협력했던 영국 복음주의자들과 독일 경건주의자들은 자신들의 사역을 열심히 이어

---

82   Crome, *English National Identity*, 210.

나갔다. 머지않아 그들은 예루살렘에 영국 영사관이 필요하다는 생각을 갖게 되었고, 마침내 섀프츠베리 경은 1838년에 흠잡을 데 없는 복음주의자를 영국 부영사로 임명하는 데 결정적인 역할을 했다. 이 영사 임명은 팔레스타인 역사에 놀라운 전환점을 제공한 것으로 널리 알려져 있다. 영국이 예루살렘에서 외교적 지위를 확보하자 다른 주요 강대국들도 곧 그 뒤를 이었고, 팔레스타인에 대한 유럽의 관심은 19세기 전반에 걸쳐 급속도로 고조되었다.[83]

두 번째로 큰 목표는 예루살렘에 성공회 교회를 세우는 것이었는데, 그 결과 오스만 정부와의 길고도 복잡한 외교 투쟁 끝에 1848년에 그리스도 교회(Christ Church)가 예루살렘에 설립되었다. 술탄은 새로운 기독교 교회의 건축을 허가할 수 없었다. 하지만 이러한 반대는 그 건물을 영국 영사관의 부속 채플로 디자인함으로써 극복할 수 있었다. 세 번째 목표는 예루살렘에 성공회-루터교 공동 주교를 임명하는 것이었는데, 처음으로 임명받은 사람은 유대교에서 개종한 독일인 미하엘 솔로몬 알렉산더(Michael Solomon Alexander)였다. 공동주교 임명에 관한 이야기는 역사적으로 상당한 관심을 얻었지만, 이에 대한 자세한 논의는 다른 문헌을 참고하길 바란다. 여러 자료를 검토해보면 유대인에 대한 영국 복음주의자들과 독일 경건주의자들의 관심이 19세기 팔레스타인의 새로운 국면을 여는 데 있어 중요

---

83   이 단락은 저자의 이전 연구를 수정한 것이다. 다음을 보라. Lewis, *Origins*, 213-23.

한 요소였음이 분명하다.[84]

따라서 회복주의가 정치적 행동이 유대인들의 "시온으로의 귀환"을 도울 수 있기를 바라는 운동으로 변화하기 시작한 것은 19세기 중반부터 였다. 회복주의자들은 더 이상 단순히 막연한 미래의 한 시점에 궁극적 귀환이 이루어질 것이라는 희망만을 품지 않았고, 유대인의 회복 이전에 집단 개종이 일어나기만을 기다리지도 않았다. 그들은 이제 귀환을 현실로 만드는 일을 위해 힘을 합칠 수 있었다. 우리가 앞으로 살펴보게 되겠지만 역설적이게도 점점 더 많은 개신교도들이 관심을 보이게 된 이 프로젝트에 유대인들은 거의 관심을 보이지 않았다.

---

84   팔레스타인에 대한 복음주의자들의 관심에 대한 자세한 설명은 다음을 보라. Ariel, *Unusual Relationship*, 5장; Lewis, *Origins*, 8장.

7장

밸푸어 선언을 위한 기초 다지기

나는 6장에서 19세기 중반에 유대인의 회복에 대한 견해가 그들이 기독교로 집단 개종한 후가 아닌 그 이전에 시온으로 회복될 것이라는 견해로 전환됨에 따라 기독교 회복주의가 역동적인 형태의 기독교 시온주의로 바뀌게 되었다고 주장했다. 본 장에서는 19세기 후반에 유대인과 그들의 회복에 대한 관심이 어떻게 밸푸어 선언의 배경으로 작용하게 되었는지를 검토할 것이다.

1850년대 후반의 기도 부흥 운동과 그 여파가 세대주의의 점진적 인기 상승에 기여한 것으로 보인다. 세대주의의 근원인 플리머스 형제교회는 영국 복음주의 주류와 더 가까워지기 시작했다. 초기에 형제교회에 크게 영향을 받은 중국 내륙 선교회(China Inland Mission)는 1865년에 제임스 허드슨 테일러의 지도하에 뚜렷한 미래주의적 전천년설을 근간으로 설립되었고, 1900년에는 중국에서 활동하는 가장 큰 개신교 선교 단체가 되었다. 다수의 역사주의적 전천년주의자들이 그리스도의 재림 날짜로 지정한 1866/1868년 이후 이러한 유형의 전천년설은 점점 더 신뢰를 잃게 되었고, 1870년대 중반에는 미래주의적 전천년설이 영국 복음주의자들 사이에서 대세를 이루게 되었다. 1875년에 시작된 케직 사경회(Keswick Convention)는 성결에 대한 고유한 가르침, 전천년설, 해외 선교에 대한 관심을 결합하여 복음주의 진영에 큰 영향을 미쳤다.

세대주의자들은 유대인들이 궁극적으로 팔레스타인으로 귀환할 것을 믿었지만, 역사주의자들만큼 열정적이진 않았는데, 이는 그 핵심 주창자였던 존 넬슨 다비(John Nelson Darby)가 유대인의 귀환이 그리스도의 재림 이후, 즉 그리스도가 "휴거"를 통해 참된 그리스도인들을 세상에서 구원하실 때 일어날 것이라고 믿었기 때문이다. 그들은 유대인은 구약 이스라엘의 후손이며, 팔레스타인에 유대인 국가를 세울 것이지만, 이는 그리스도가 재림하신 후에야 비로소 가능한 일이며, 유대인들은 그를 구세주로 인정하고 그들의 땅으로 돌아갈 것이라고 이해했다.[1] 세대주의자들은 유대인의 복음화를 지지하는 입장을 견지하면서도 그리스도인들이 유대인의 개종을 최우선순위로 여길 만큼 특별한 책임이 있으며 유대인을 개종시키지 못한 것에 대한 책임을 져야 한다는 관점—필립 야콥 슈페너의 관점처럼—을 강조하지는 않았다. 크리스토퍼 클라크가 논평했듯이 "개종에 대한 세대주의자들의 열정은 유대인을 개종시키지 못함으로 인해 메시아의 시간표가 망가질 수 있다는 두려움에서 생겨난 것이 아니라 불신앙으로 죽어가는 유대인 개개인을 구원하려는 열망에서 비롯된 것이었다."[2] 이것은 1880년대에 유대인의 귀환에 대한 소망과 그들의 정착을 도우려는 섀프츠베리의 평생의 열망이 되살아났을 때 왜 그의 동료 복음주의자

---

1   Christopher M. Clark, "'The Hope for Better Times': Pietism and the Jews," in *Pietism in Germany and North America 1680-1820*, ed. Jonathan Strom, Hartmut Lehmann, and James Van Horn Melton (Farnham, UK: Ashgate, 2009), 36.
2   Clark, "Pietism and the Jews," 36.

들이 그의 노력을 지지하면서도 다소 방관자적인 태도를 취하는 듯한 인상을 주었는지를 설명하는 데 도움을 준다. 유대인들은 언젠간 팔레스타인으로 귀환할 것이고, 그런 일이 일어날 조짐도 있었을지 모르지만, 상대적으로 섀프츠베리 경만큼 열정적으로 그 일을 실현하기 위해 노력한 사람은 거의 없었다.

섀프츠베리는 1830년대부터 1850년대까지 기독교 시온주의를 널리 알린 핵심적인 정치적 인물이었으며, 1868년의 그리스도 재림 실패 이후로 시온주의에 대한 열정이 다소 시들었을지는 몰라도 유대인에 대한 섀프츠베리의 관심은 감퇴하지 않았다. 그는 1865년에 팔레스타인 탐사 기금(Palestine Exploration Fund)을 설립하고 1875년 연례회의에서 탐사 지원을 다음과 같이 촉구했다. "우리는 최고의 탐사 요원들을 파견하여…팔레스타인의 길이와 폭을 측정하고 그 땅을 조사하는 작업을 더 이상 지체하지 말고, 가능하면 그 땅을 샅샅이 돌아보고 배수하며 측정하여 고대 소유주들이 되돌아갈 수 있도록 준비해야 한다. 왜냐하면 나는 그 위대한 사건이 이루어질 때가 그리 멀지 않았음을 믿기 때문이다."[3] 그는 팔레스타인은 "주민이 거의 없는 국가, 국민이 없는 국가다. 전 세계에 흩어져 있는 국가 없는 민족을 보라!"고 말하면서 자신의 스승인 비커스테스가 주장한 팔레스타인의 "쇠퇴론"을 계속 피력했다.[4] 그는 초기에 "국민 없는 국가를 국가 없

---

3 Lord Shaftesbury, speech to the Palestine Exploration Fund Society, *Palestine Exploration Fund Quarterly Report*, 1875, 115-16.
4 Shaftesbury, speech to the Palestine Exploration Fund Society, 116.

는 국민(민족)에게"라는 슬로건을 내걸었는데, 유대인 시온주의자들은 나중에 이것을 "국민 없는 영토를 영토 없는 국민(민족)에게"라는 의미로 받아들였다.[5]

 새프츠베리는 또한 계속해서 "남부와 동부 전역의 유대인들 사이에서 성지로 돌아가고자 하는 거대한 열망이 있다"고 믿었다.[6] 그는 알렉산더 주교가 1842년에 예루살렘의 성공회-루터교 신임 주교로 부임하기 위해 팔레스타인으로 떠나기 전에 그 주교가 1875년에도 여전히 끼고 있던 반지를 자기에게 준 일을 기억하고 있었다. 그 반지에는 그가 "(성경의 절반만 믿는) 가장 가난한 히브리인들과 우리 사이의 연합의 근거로 인용한 말씀이 새겨져 있었다. '예루살렘을 위하여 평안을 구하라. 예루살렘을 사랑하는 자는 형통하리로다.'"[7] 1880년대에는 다른 중요한 인사들도 새프츠베리와 함께 유대인의 회복을 추진하는 일에 동참했으며, 분명한 것은 그들 가운데 거의 모두가 복음주의와 관련이 있거나 복음주의에 영향을 받았다는 것이다.[8]

---

5   Donald M. Lewis, *The Origins of Christian Zionism: Lord Shaftesbury and Evangelical Support for a Jewish Homeland* (Cambridge: Cambridge University Press, 2009), 145.

6   Shaftesbury, speech to the Palestine Exploration Fund Society, 116.

7   Shaftesbury, speech to the Palestine Exploration Fund Society, 117. 이 문장은 시 122:6을 인용한 것이다.

8   이 저술가들에 대한 논의는 다음을 보라. Lewis, *Origins*, 319-22. Laurence and Alice Oliphant에 대한 Shalom Goldman의 최근 연구는 다음을 보라. *Zeal for Zion: Christians, Jews, & the Idea of the Promised Land* (Chapel Hill: University of North Carolina Press, 2009), 1장.

1880년대의 섀프츠베리

세계를 포용하는 영국, 위대한 영국, 자유 국가 영국은
우리와 우리의 열망을 이해할 것이다.[9]
테오도어 헤르츨, 1900년 제4차 시온주의자 대회에서

1880년대 초에 러시아의 유대인 문제가 심각해지면서 영국의 복음주의자
들은 다시 한번 유대인 문제에 몰두하게 되었다.[10] 1855년에 차르가 된 알
렉산드르 2세는 니콜라이 1세가 정권을 잡았던 시기에 시행된 유대인 탄
압 정책을 완화하는 등 다수의 개혁 정책을 단행했다. 1870년대에 부상한
친슬라브파의 민족주의는 러시아 유대인들에게 불길한 징조였다. 1881년
에 알렉산드르 2세가 암살되면서 상대적으로 평화와 번영을 누리던 시기
는 끝났고, 그의 죽음 이후 상황은 급속도로 악화했다. 특히 알렉산드르
2세의 암살에 연루된 7명의 공모자 중 한 명이 젊은 유대인 여성으로 드러
나면서 유대인들은 쉽게 보복의 표적이 되었다. 유대인 학살이 러시아 남
서부 전역으로 확산되어 1881년 한해에만 약 200건의 학살이 자행되었다.

---

9 World Zionist Organization, *Stenographisches Protokoll der verhandungen des IV. Zionisten
Congresses London, 13, 14, 15, 16 August, 1900* (Wien, 1900), 5, Douglas J. Culver, *Albion
and Ariel: British Puritanism and the Birth of Political Zionism* (New York: Lang, 1995), 6에
인용됨.
10 이 단락의 많은 내용은 2012년 3월에 캘리포니아 샌디에이고에서 열린 로잔 유대인 전도
위원회에 제출한 논문을 수정한 것이다. 허가를 받아 그것을 여기 싣는다. 논문의 제목은 다
음과 같다. "In Light of the Holocaust: Evangelicals, Jews and the Historical Record." www.lcje.
net/In%20Light%20of%20the%20Holocaust_Lewis.pdf.

바르샤바를 비롯한 우크라이나의 대도시와 벨라루스의 작은 마을에서 폭도들이 유대인을 공격하고 상점과 집을 약탈하며 가구를 부수고 유대인 공동체 전체를 공포에 떨게 했으며, 경찰은 소극적으로 이를 방관하는 경우가 많았다. 수백 명이 목숨을 잃었고 재산 피해도 막대했지만, 러시아 유대인들에게 미친 심리적 영향 역시 상당히 컸다. 1882년 초에는 계속 이어지는 가혹한 박해를 정당화하는 "임시법"이 제정되기도 했다.

　　당시 러시아에는 약 500만 명의 유대인이 거주하며 세계에서 가장 큰 유대인 공동체를 형성하고 있었는데, 노동자 계층에 속해 있던 대다수 유대인들은 러시아를 떠나 대규모 이주를 감행하기 시작했다. 1881년부터 1905년까지 약 75만 명이 러시아를 떠나 서방 세계로 이주했고, 같은 기간 동안 25만 명이 동유럽 지역을 떠나 서방 세계로 이주했다. 그들 중 약 80%가 미국으로 건너갔고 약 10만 명이 영국에 정착했다.[11] 유대 민족주의는 현대 유대인의 삶에서 중요한 정치 세력이자 후기 자유주의의 한 형태로 부상했다. 일부 러시아 유대인들은 서구 유대인의 동화주의 전략을 따르는 대신 새로운 해결책을 모색했다. 일부는 이민을, 일부는 전 세계적인 사회주의 혁명을, 일부는 시온주의를 선택했다. 기독교 시온주의자들이 그토록 오랫동안 믿어왔던 유대인의 민족주의적 정체성이 드디어 실현되기 시작한 것이다.

　　LSJ는 러시아 유대인들에 대한 깊은 애도와 위로를 표했고, 1882년

11　　Colin Holmes, *Anti-Semitism in British Society, 1876-1939* (London: E. Arnold, 1979), 3.

2월부터 「유대인 소식」에 실리는 기사들을 통해 사건들의 구체적인 내용을 대중에게 알렸다.[12] 박해의 엄청난 규모와 그로 인한 유대인의 탈출은 하나님이 주신 징조로 여겨졌으며, "유대인 귀환에 대한 성경 예언 성취의 시초를 예고했다.…LSJ의 선교사들이 이러한 돌발 사태에 맞서 모든 지역의 그리스도인들이 반대 시위를 벌이는 것에 대해 기뻐한 이유는 이러한 사태가 공동의 인류애에 반할 뿐만 아니라 진정한 기독교 정신에도 어긋났기 때문이다."[13] 19세기 초 LSJ 위원회는 지지자들 사이에서 나온 다양한 예언 해석에 대해 어떤 입장을 취하려 하지 않았다. 1849년에는 LSJ를 지지하는 어떤 성공회 성직자가 리버풀 지부에서 "하나님 말씀에 어긋나는 유대 민족의 팔레스타인으로의 회복"이라는 제목의 강의를 했고, 그 후 이 강의는 책으로 출간되었다.[14] 그러나 LSJ는 이제 공개적으로 노골적인 회복주의적 입장을 취했다. LSJ는 단지 시위에 그치지 않고 러시아를 떠나기를 원하는 유대인들을 돕는 기금을 조성했다. 야론 페리(Yaron Perry)는 다음과 같이 썼다. "유럽의 선교지부에서 보호받기를 원하는 많은 유대인들의 호소는 LSJ 회원들의 선교에 대한 열정을 증폭시켰다."[15]

---

12   다음을 보라. "A Few Facts Relating to the Jewish Troubles in Russia," *Jewish Intelligence* (February 1882): 33-37.

13   *Jewish Intelligence* (March 1882): 53.

14   William Withers Ewbank, *The National Restoration of the Jews to Palestine Repugnant to the Word of God* (Liverpool: Deighton and Laughton, 1849). 다음을 보라. Shalom Goldman, *Zeal for Zion*, 16.

15   Yaron Perry, *British Mission to the Jews in Nineteenth Century Palestine* (London: Frank Cass, 2003), 127.

러시아에서 일어난 사건들은 섀프츠베리를 매우 불안하게 만들었고, 러시아가 편협하고 억압적이며 반셈족주의적인 국가라는 그의 시각을 더욱 공고히 했다. "피의 비방"(Blood Libel)으로 불리는 다마스쿠스 사건 때처럼 유대인을 보호하는 문제는 이제 섀프츠베리의 생애 말년에 다시 그의 열렬한 관심사가 되었다. 이 사건은 1840년에 다마스쿠스의 유대인들이 카푸친(Capuchin) 수도승과 그의 그리스도인 하인을 살해하고 그 수도승의 피를 유월절 무교병 "마차"를 만드는 데 사용한 혐의로 기소되었던 사건으로, 그 후 반유대인 폭동과 체포, 그리고 고문으로 인해 수많은 유대인이 사망했다. 섀프츠베리의 지휘하에 영국 복음주의자들은 이후 국제적으로 항의를 전개하는 과정에서 중요한 역할을 했다.[16] 1882년 1월에 일부 영국 유대인들은 섀프츠베리 경에게 보내는 공개 호소문을 「타임스」에 실으면서 왜 "참된 기독교 원칙과 실천을 주장하는 데 앞장서는 그리스도인이 아무도 없느냐?"고 질문했다.[17] 섀프츠베리는 타임스 편집장에게 보내는 1월 16일 자 편지에서 러시아 상황을 보도한 이 신문에 찬사를 보냈다.[18]

일주일 후에는 캔터베리 대주교와 섀프츠베리 경을 필두로 영국 저명

---

16   자세한 논의는 다음을 보라. Lewis, *Origins,* 176-80. 1858년에 영국 복음주의자들은 이탈리아의 한 유대인 소년이 몰래 기독교 세례를 받았다는 명목하에 부모의 집에서 쫓겨난 Edgardo Mortara의 사건에 항의하는 데 앞장섰다. 영국 "유대인 대의원회"(Jewish Board of Deputies)는 이 문제에 대한 복음주의연맹과 다른 개신교 단체의 지원에 공개적으로 감사를 표했다. 다음을 보라. Lewis, *Origins,* 198.

17   Edwin Hodder, *The Life and Work of the Seventh Earl of Shaftesbury, KG* (London, 1886), 3:443.

18   1882년 1월 14일 Shaftesbury 백작이 편집장에게 보낸 편지, *The Times,* January 16, 1882, 8c.

인사들이 공식 회의 개최를 촉구하는 청원서가 「타임스」에 실렸다.[19] 섀프츠베리의 일기에 따르면 1882년 2월 1일에 런던 시장 관저에서 열린 이 회의는 "사람들로 가득 차고 진지하고 열정적인 아주 만족할 만한 훌륭한 회의였다."[20] 섀프츠베리는 영국 정부가 러시아에 많은 영향력을 행사할 수 있을지 의심했지만, 니콜라이 1세 때와 마찬가지로 영국 여론이 영향력을 행사할 수 있다고 확신했다.[21] 그는 이 모임의 연설에서 특유의 종교적 언어를 사용하여 러시아 황제에게 유대인을 보호해줄 것을 호소했다.

섀프츠베리는 또한 영국 하원에도 이 문제를 제기하며 영국 정부가 러시아 정부에 영향력을 행사할 것을 촉구했다. 그는 한 친구에게 보낸 편지에서 다음과 같이 말했다. "우리는 하원에서 유대인에 대해 매우 짧지만 매우 만족스러운 이야기를 나눴다. 히브리인들은 기뻐서 어쩔 줄 몰랐다."[22] 섀프츠베리는 1882년 LSJ 연례회의 석상에서 익숙한 주제로 유대인과 관련하여 마지막 공개연설을 하면서 러시아의 박해를 강력히 규탄하고 친구인 알렉산더 맥콜(Alexander McCaul)의 말—"유대인에게 아픔 없이 상처를 준 나라는 없다"—을 인용하면서 유대인들은 "하나님께서 매우 사랑하시는 사람들"이라고 강조했다. 섀프츠베리는 러시아의 반셈족주의보다 독일의 반셈족주의 세력을 거의 더 우려하는 것처럼 보였고, "사실 이 위대한

---

19   *The Times*, January 23, 1882, 8a.
20   Hodder, *Life of Shaftesbury*, 3:444.
21   *The Times*, February 2, 1882, 4c.
22   Hodder, *Life of Shaftesbury*, 3:444.

민족[유대인들]이 주목받는 것을 무척 시기하는 사람들이 있다"고 경고했다.[23]

1882년 2월 24일에는 런던의 내셔널클럽(개신교 협회 본부)에서 또 다른 회의가 열렸다. 리펀 대성당의 참사회장은 연설에서 다음과 같이 말했다. "이것은 무엇보다 개신교의 문제다. 유대인들이 기독교 교회에 의해 가혹한 대우를 받던 때가 있었지만, 다행스럽게도 종교개혁 이후에는 그리스도인들이 소중히 여기는 진리를 유대인들도 소중히 여기게 하는 것이 교회의 목표가 되었다."[24] 특히 "농업인으로서 팔레스타인으로 이주하기를 희망하는" 약 220명의 유대인 난민 집단에 대한 특별한 관심이 표명되었다.[25] 이 집단을 돕기 위한 결의안은 윌리엄 헤클러(William Hechler) 목사에 의해 발의되었고,[26] 그들을 위한 구호 위원회가 결성되었을 때 섀프츠베리는 위원장을 맡았고, 헤클러는 핵심 활동가로 활약했다. 섀프츠베리는 이를 위해 신설된 시리아 식민지 건설 기금(Syrian Colonisation Fund)의 회장이었고, 이 운동의 핵심인물은 히브리어를 구사할 줄 아는 엘리자베스 핀(Elizabeth Finn)여사였는데, 그녀는 제임스 핀(James Finn, 오랫동안 예루살렘 주재 영국 영사로 역임)의 미망인이자 섀프츠베리의 오랜 친구이면서 LSJ의 핵심인물이었던 알렉산더 맥콜의 딸이었다.

---

23   *Jewish Intelligence* (June 1882): 150-51.
24   *The Times,* February 25, 1882, 9e.
25   *The Times*, February 25, 1882, 9e.
26   *The Times*의 기사에서는 그를 "the Rev. Mr. Heckler"(!)라고 언급했다.

당시 절박한 상황의 러시아 이민자들이 팔레스타인으로 대거 몰려들어 LSJ의 업무가 대폭 증가했다. 당시 야포와 예루살렘의 LSJ 센터는 많은 난민을 수용하고 있었다.[27] LSJ 선교사들은 그들에게 지원을 아끼지 않았고, 예루살렘 선교지부는 거의 재정 파탄에 빠지게 되어 결국에는 런던 위원회의 금융지원을 받아야 했다.[28] 영국에서는 LSJ가 러시아 유대인 박해 대처 위원회를 조직했고, 공개 성명을 통해 "선조들로 인해 이스라엘의 하나님이 여전히 사랑받고 있는 이 민족의 영적 유익을 위해 이러한 시련을 물리쳐 주시기를 바란다"라는 희망의 메시지를 전했다.

윌리엄 헨리 헤클러(William Henry Hechler, 1845-1931)는 팔레스타인 난민의 재정착을 위해 구호 위원회와 긴밀히 협력했다.[29] 1882년에는 러시아에서 벌어지는 일을 조사하기 위해 그곳으로 파견되었다.[30] 헤클러는 독일어에 능통했고 유대인 문화를 잘 이해했으며 러시아 유대인들의 처지에 공감할 줄 아는 사람이었다. 헤클러는 인도 베나레스에서 태어났으며,[31] 그의 아버지는 바젤 복음주의 선교 연구소(Basel Evangelical Mission Institute)의 경건주의 지도자인 요한 크리스토프 블룸하르트(Johann Christoph Blumhardt) 밑에서 훈련을 받았고, 이후 이즐링턴의 교회 선교 협회 훈련학교에서 훈련

27   *Record*, September 8, 1882.
28   Perry, *British Mission to the Jews*, 128.
29   Hechler에 대한 구체적인 논의는 다음을 보라. Yaakov Ariel, *An Unusual Relationship: Evangelical Christians and Jews* (New York: New York University Press, 2013), 91-92.
30   Paul C. Merkley, *The Politics of Christian Zionism 1891-1948* (London: Frank Cass, 1998), 16.
31   Merkley, *Politics of Christian Zionism*, 11.

받은 독일인 선교사였다. 헤클러의 아버지는 인도에서 봉사한 후 1852년부터 LSJ에서 유대인을 위한 선교사로 봉사했으며, 아들에게 천년왕국설에 대한 자신의 열정과 특히 유대인 회복에 대한 열정을 물려주었다. 헤클러는 영국 복음주의 진영과 독일 경건주의 진영, 영국과 프로이센의 정치 엘리트들 사이에서도 두터운 신임을 얻었다. 그는 외교관은 아니었지만, 독일의 고위 정치인들과 개인적으로 친분이 있었다. 런던과 튀빙겐에서 신학을 공부한 그는 프랑스-프로이센 전쟁(1870-1871년) 기간에 프로이센 군대의 군목으로 복무했고, 결국 아버지의 고향인 바덴에 정착하여 바덴의 대공 프리드리히 1세와 카이저 빌헬름 1세의 외동딸인 프로이센의 루이스 공주 사이에서 태어난 아들이자 후계자인 루트비히 왕자의 가정교사가 되었다. 헤클러는 독실한 루터교 경건주의자인 프리드리히 및 루이스와 친밀한 관계를 맺었고 그의 회복주의적 비전을 그들에게 전파했다. 루트비히 왕자는 1876년에 사망했지만, 이 가족과 헤클러의 친밀한 유대관계는 그의 죽음으로 인해 단절되지 않았다. 헤클러는 영국으로 돌아왔고, LSJ로부터 예루살렘 공동 주교직에 관해 저술해달라는 청탁을 받았다. 이것은 1883년에 출간되었다. 예루살렘 주교직이 공석이 되자 프로이센 정부는 차기 주교를 임명해야 했는데, 바덴의 프리드리히 왕자는 황제에게 헤클러를 프로이센의 차기 예루살렘 주교로 임명할 것을 건의했다.[32]

---

32   Alex Carmel, "William Hechler: Herzl's Christian Ally," in *The First Zionist Congress in 1897—Causes, Significance, Topicality*, ed. H. Haumann (Basel: Karger, 1997), 43.

헤클러는 1882년 구호 위원회를 대표해 러시아를 방문하던 중 오데사에서 히바트 시온(시온 사랑) 운동의 지도자이자 새롭게 부상하는 시온주의 운동의 선구자였던 유다 리브(레온) 핀스커를 만났다. 1882년에 핀스커는 초기 시온주의 문서 중 하나인 「자주해방」(*Autoemancipation*)이라는 제목의 러시아 유대인들을 위한 호소문을 독일어로 발표했다. 헤클러는 유대인의 조국이 반드시 팔레스타인에 위치해야 한다고 생각하지 않는 핀스커의 의견에 격렬하게 반대했다. 헤클러는 러시아에 있는 동안 시온주의를 수용하는 것이 얼마나 중요한지를 종교적 유대인과 세속적 유대인들에게 모두 강조했다.[33] 헤클러가 추진했던 팔레스타인 정착 실험은 결국 실패로 돌아갔고, 대신 키프로스에 정착하는 대안이 승인되었다. 섀프츠베리는 이를 지지했지만, 이 프로젝트가 실패로 돌아감으로써 그는 막대한 돈을 잃었다.[34]

헤클러는 이로 인해 낙심하지 않고 1882년에 『유대인들의 임박한 팔레스타인 귀환』(*Die bevorstehende Rückkehr der Juden nach Palästina*)을 출간했다. 헤클러는 독일 정부가 공동 주교직을 포기하기로 결정하면서 예루살렘 주교직에 임명되지 못했고, 1885년에 빈 주재 영국 대사관 채플린으로 부임했다. 11년 후 헤클러는 빈의 한 서점에서 유대인 자치국가를 지지하는 시온주의자들의 주장이 실린 최초의 주요 문서 중 하나인 「유대인 국가」(*Der Judenstaat*)라는 제목의 신간을 발견했다. 1896년 3월 10일 헤클러는 이 책

---

33 Merkley, *Politics of Christian Zionism*, 16.
34 Hodder, *Life of Shaftesbury*, 3:509.

의 저자인 테오도어 헤르츨(Theodor Herzl)에게 자신을 소개하며 "이미 오래 전 1882년에 나는 당신이 바덴의 대공을 찾아올 것이라고 예상했다. 이제 내가 당신을 도울 것이다"라고 말했다.[35] 세계 시온주의 기구(World Zionist Organization)의 초대회장이었던 헤르츨은 가장 유능한 시온주의 선전가였다. 그는 헤클러를 특이하지만 유용한 인물로 여겼다.

역사가들은 헤클러가 헤르츨의 선전 공세에 어떤 도움을 주었는지를 밝혀냈다.[36] 샬롬 골드먼(Shalom Goldman)이 지적한 것처럼 "헤르츨은 동화된 많은 동료 유대인들이 이해하지 못했던 것―시온주의 운동의 외교적 성공이 시온주의에 동조하는 그리스도인들의 도움에 달려 있다는 것―을 이해하고 있었다."[37] 헤클러는 프로이센 왕실과의 인맥을 활용하여 바덴의 대공뿐만 아니라 그의 조카인 독일의 마지막 황제인 카이저 빌헬름 2세에게도 헤르츨을 소개해주었다. 헤르츨은 무명의 유대인 작가에서 놀랍도록 짧은 시간에 국제무대로 진출했으며, 곧 많은 유럽 유대인이 직면한 문제에 실현 가능한 해결책(즉 유대인 조국 수립)을 제시하는 인물로 알려지기 시작했다.[38] 헤르츨은 1897년에 스위스 바젤에서 제1차 시온주의 대회를 개최했다. 헤르츨의 원래 계획은 뮌헨에서 회의를 개최하는 것이었지만, "다양

---

35   Merkley, *Politics of Christian Zionism*, 3. 이 첫 만남에 대한 기록이 Hechler 자신이 아닌 Herzl의 일기를 통해 우리에게 전해졌다는 것은 중요한 의미가 있다.

36   Isaiah Friedman, *Germany, Turkey and Zionism, 1897-1918* (Oxford: Clarendon, 1977), 56-58, 60. Hechler와 그의 Herzl에 대한 영향력에 관해서는 Shalom Goldman의 상세한 논의를 보라. *Zeal for Zion*, 102-17.

37   Goldman, *Zeal for Zion*, 93.

38   이 자료는 저자의 이전 연구를 수정한 것이다. 다음을 보라. Lewis, *Origins*, 229.

한 의견의 독일 랍비들은…격렬하게 반대하며 시온주의자들이" 독일 밖에서 모이도록 압력을 가했다. 독일에서는 대중들의 시위가 이어졌고, 랍비들은 "시온주의는 유대교 경전의 가르침에 반하는 광신주의"라고 맹비난하며, 독일에 대한 한결같은 충성심을 천명했다.[39] 헤르츨은 이 랍비들을 "항의하는 랍비"(Protestrabbiner)로 일축하고 기독교 시온주의자인 친구 헤클러와 함께 이스탄불에서 카이저를 만난 후 1898년에 빌헬름 2세의 팔레스타인 순방기간에 예루살렘에서 그를 다시 만났다.[40] 헤르츨은 또 다른 기독교 지지자의 도움으로 오스만 제국의 술탄 압둘 하미드 2세를 알현할 수 있었다.[41]

러시아의 상황이 악화하면서 시온주의는 소수의 서유럽 유대인들 사이에서 현실적인 대안이 되긴 했지만, 정치적 시온주의자들은 1897년부터 심지어 이스라엘 국가가 수립된 1948년까지만 해도 전 세계 유대인 가운데 소수 집단에 지나지 않았다.[42] 1890년대 중반이 되어서야 시온주의가 실현 가능한 운동으로 비로소 자리 잡기 시작했고, 1905년에 이르러서야 비로소 시온주의자들은 그들의 조국인 팔레스타인에 정착하게 되었다.[43]

Thomas Kolsky, *Jews Against Zionism: The American Council for Judaism, 1942-1948* (Philadelphia: Temple University Press, 1990), 17.

40   Kolsky, *Jews Against Zionism*, 80.

41   부다페스트의 Arminius Vanbery 교수가 중재를 맡았다. Goldman, *Zeal for Zion*, 19.

42   Stuart A. Cohen, *English Zionists and British Jews: The Communal Politics of AngloJewry, 1895-1920* (Princeton: Princeton University Press, 1982), 3.

43   영국 정부가 동아프리카 지역을 조국 건설지로 제안하자 시온주의 운동은 분열되었고, 일부 시온주의자들은 한동안 이 장소를 고려해보기도 했다.

1885년 섀프츠베리가 사망할 때까지만 해도 많은 경건한 영국 개신교 신자들 사이에서는 어떤 의미에서 유대인은 여전히 "하나님의 선택받은 백성"이며 팔레스타인에 조국을 갖게 될 운명을 타고난 민족이라는 강한 믿음이 있었다. 이러한 믿음은 그들에게 약속된 조국은 성경의 철저한 약속에 의한 것이라는 확신에서 비롯된 것이었다. 많은 영국인들은 이방인(특히 가톨릭)의 수 세기에 걸친 유대인 박해로 인한 부채감 때문에 유대인들이 당연히 조국을 소유해야 한다고 생각했으며, 이러한 역사적 과실을 바로잡는 데 앞장서는 것이 영국의 국가적 영예라는 인식을 가지고 있었다. 다른 이들에게 유대 조국이라는 개념은 성경의 예언에 대한 그들의 이해와 "말세" 및 메시아의 재림 때 유대인의 조국이 수행할 역할과 밀접하게 연관되어 있었다. 당시에는 팔레스타인이 오스만 제국에 속한 영토였기 때문에 조국 수립이 어떻게 실현될 수 있을지는 아무도 알 수 없었다. 하지만 박해받는 유대인들이 팔레스타인에 정착하도록 돕는 작은 실천이 앞으로 일어날 일을 준비하는 단계일 수 있었다.

어떤 이들은 헤클러와 같이 이러한 목적을 이루기 위해서는 적극적인 노력이 필요하다고 확신했으며, 심지어 유대인을 기독교로 개종시키려는 시도는 더 이상 이 "메시아 시대"에는 적절하지 않다고도 주장했다. 1898년에 헤클러는 예루살렘에 있는 한 친구에게 다음과 같은 편지를 썼다.

친애하는 벗이여, 물론 자네는 유대인들이 개종하기를 바라고 있겠지만, 시대가 빠르게 변하고 있기 때문에 우리는 더 멀리 내다보고, 더 높은 차원에서 바라보는 것이 중요하네. 시온주의 운동 덕분에 지금 우리는 이스라엘의 메시아 시대에 접어들고 있는 걸세. 따라서 이제는 유대인들에게 교회의 모든 문을 열어주는 것이 중요한 것이 아니라 그들이 고국으로 가는 문을 열어주고 땅을 개간하고 관개 시설을 마련하며 물을 공급하는 일을 계속할 수 있도록 지원하는 것이 중요한 일이라네. 친애하는 친구여, 이 모든 일은 메시아의 사역이며 성령의 숨결이 알려준 것일세. 그러나 무엇보다 먼저 마른 뼈들이 살아나 한곳에 모여야 한다네."

"회복주의"와 유대인 복음화의 관계가 단절된 것은 이번이 처음이 아니며, 분명히 이번이 마지막도 아닐 것이다. 따라서 헤클러는 헤르츨과 그의 동료 시온주의자들이 환영할 수 있는 부류의 "기독교 시온주의자"였다. 헤클러는 유대인의 궁극적인 개종을 기대하면서 당장 개종자를 얻으려는 노력을 포기했다. 그러나 유대인은 기독교로 개종할 필요가 없다는 점을 확인함으로써 헤클러는 더 이상 (지금까지 내가 사용해온 용어의 정의에 따라) 복음주의자라고 칭함을 받을 수 없게 되었다. 개종을 강요하지 않는 이러한 기독교 시온주의는 일부 유대교 진영에서는 환영받을 수 있지만, 복음주의의 핵심 정체성에서 이미 크게 벗어난 행보를 보였다고 할 수 있다. 토머스 스콧의 『열방의 축복인 유대인들과 그들을 구세주께로 회심시켜야 하는 그리스도인들』(*The Jews a Blessing to the Nations, and Christians Bound to Seek Their*

---

44   Merkley, *Politics of Christian Zionism*, 15-16.

Conversion to the Saviour, 1810)이라는 책의 제목은 유대인의 개종을 추구하는 것의 중요성을 복음주의적 관점에서 잘 요약해주는데, 스콧과 섀프츠베리 같은 이들은 헤클러의 이러한 신학적 변화를 감히 상상조차 할 수 없을뿐더러 우상숭배라고까지 간주했을 것이다. 왜냐하면 그것은 유대인의 팔레스타인으로의 회복과 메시아에게로의 개종이라는 그들의 가장 중요한 관심사를 모두 포기한 것이기 때문이다. 하지만 19세기 복음주의가 힘써온 기독교의 친셈족주의와 유대인 회복에 대한 열망은 다양한 형태로 나타날 수 있었는데, 특히 그리스도인들의 친유대 활동이 유대인들로부터 뜨거운 반응과 인정을 얻었을 때는 더더욱 그러했다. 이러한 상황에서 복음주의의 발전에 기여했던 낭만주의의 영향은 유대인 개종이라는 명분을 쇠퇴시킬 수 있었고, 하나님이 유대인들과 개별적으로 맺은 지속적인 언약에 대한 논의는 이전에 유대인 개종에 열성적이었던 일부 복음주의자들이 유대인 개종에 대한 논의를 후일로 미룰 수 있게 만들었다(설령 그들이 먼 미래에 있을 유대인의 개종에 대한 소망을 완전히 포기한 것은 아니라 할지라도 말이다).

찰스 시므온, 에드워드 비커스테스, 섀프츠베리 경의 경우에는 선교학적 강조점과 예언적 강조점이 서로 하나였지만, 헤클러에게는 이 두 가지가 서로 분리되어 있었다. 시므온은 심지어 1820년대에도 예언에 대한 지나친 집착은 예언에 관심 있는 자들을 죽음과 부활이라는 그리스도의 사역(복음주의자들에게서 특징적으로 나타나는 바울의 중요한 강조점)에서 멀어지게 하고, "영혼을 겸손하게 하고 고상하게 하며 정제하는 가르침에서 떠나… 오직 헛된 자만심과 헛된 상상으로 가득 차게 하고 형제들을 서로 멀어지게 하는 가르침으로 이끌며, 겸손한 그리스도인들의 생각에 지나치게 호소함으로써 마귀의 일을 대대적으로 한다"고 말하며 이에 대한 우려를 표명했다.[45] 대다수 영국 복음주의자들과 마찬가지로 시므온, 비커스테스, 섀프츠베리의 성경 해석과 이해는 본질적으로 바울에게 초점이 맞추어져 있었기 때문에 천년왕국 이론은 항상 부차적이었으며, 유대인 개종이라는 선교학적 명령에서 벗어난 천년왕국설은 반드시 거부되어야만 했다. 해든 윌머(Haddon Willmer)가 지적했듯이 "예언에 근거한 친셈족주의는 결코 근본적인 핵심이 아니었고, 대다수 복음주의자들에게 전반적인 틀을 제공해주지 못했다. 그것은 항상 근본적인 것의 함의처럼 파생적이었고, 그러한 함의가 지닌 성향과 1860년경 이후의 변화가 보여주듯이 그것은 유동적이며 없어도 무방했다."[46]

기독교 시온주의는 영국 변방의 복음주의자들로부터 가장 큰 호응을 얻었는데, 이는 영국의 켈트 변방 복음주의자들, 특히 빅토리아 시대 잉글랜드 복음주의 안에서 영향력을 제대로 행사하지 못했던 스코틀랜드 및 아일랜드 복음주의자들이 왜 기독교 시온주의에 매력을 느끼게 되었는지를 잘 설명해준다. 휴 맥닐(Hugh McNeile) 같이 교황 반대 운동을 주도한 지도자들은 흔히 칼뱅주의와 켈트족(맥닐은 아일랜드인)에 자신의 뿌리를 두고 있었으며, 친셈족주의와 유대인의 회복을 강력하게 지지했다. 이로써 복음

---

45   Simeon. David Newsome, *The Parting of Friends* (London: Murray, 1966), 11에서 인용됨.
46   이것은 저자와 Haddon Willmer가 개인적으로 주고받은 내용이다.

주의자들은 유대인에 대한 영국의 책임을 강조함으로써 영국의 정체성을 재형성하고자 노력했다. 즉 그들은 영국의 개신교 이스라엘로서의 정체성과 사명을 결합하여 유대인들을 보호하고 그들을 팔레스타인으로 귀환시키는 것을 자신들의 의무로 생각했다.

많은 영국 복음주의자들이 19세기에 친셈족주의적 견해를 수용하게 된 것은 프랑스 혁명 직후에, 그리고 로마 가톨릭교회의 부활과 영국 가톨릭교회 출현에 대응하기 위해 1820년대에 일어난 격동적인 사건들 이후에 칼뱅주의적 복음주의자들이 정체성 확립을 위해 끊임없이 노력한 결과의 일환이었다. 이러한 정체성은 당시 영국 청교도주의에 만연해 있던 초기 주제를 이어받은 것이었지만, 낭만주의 운동과 독일 경건주의자들 사이에 널리 퍼져 있던 유대인에 대한 관심에도 큰 영향을 받았다. 이 새로운 정체성은 반가톨릭주의와도 밀접한 관계가 있었다. 박해를 일삼는 로마교회에 대한 개신교의 인식은 많은 영국 개신교인들 사이에서 깊이 뿌리내리고 수시로 강조되던 공통된 관점이었다. 유럽의 반유대주의적 과거에 대한 연구는 이러한 반유대주의 현상과 박해를 일삼는 로마 가톨릭교회의 특성을 동일시하는 개신교의 관점을 더욱 공고히 했다. 이러한 친셈족주의적 정체성과 유대 민족의 회복이라는 대의를 널리 알리는 일에는 조지프 프레이(Joseph Frey), 조지프 울프(Joseph Wolff), 필립 허쉬펠드(Philip Hirshfeld), 리들리 하임 허쉘(Ridley Haim Herschell), E. S. 칼만(Calman), G. W. 피어리츠(Pieritz), 알렉산더 주교를 포함한 유대인 개종자 집단의 활약이 컸다. 이 개종자들은 유럽의 대다수 유대인들이 시온주의에 관심이 없던 시기에 유대인의 민족 정체성을 고취시키고자 노력했다. 그러나 유대교에서 개종한 이 대표적인 개종자들과 그들의 동료 복음주의자들은 유대인의 개종에 깊은 관심을 두고 있었다. 예언에 대한 해석은 기독교 시온주의의 발전에서 중요했지만, 복음주의자들은 예언에 대한 관심보다는 선교에 대한 관심이 더 컸다. 이것은 기독교 시온주의를 역사적으로 분석하는 과정에서 예언에 대한 관심에 지나치게 집중하다 보면 쉽게 놓칠 수 있는 사실이다.

기독교 시온주의는 특히 "변방의" 경험을 지니고 있는 복음주의자들에게 큰 호응을 얻었는데, 그들은 변방에 거하는 민족으로 묘사되었던 유대인들과 친밀한 관계를 형성했다. 1930년대의 이방인 시온주의자들에 대한 연구에서 노먼 로즈는 이러한 후대의 이방인 시온주의자들이 "개신교 전통과 유대교 르네상스의 연관성", 특히 유대교와 청교도주의의 유사성을 인식한 자들로 특징지어진다고 말한다.[47] 이러한 요인에 비추어보면 유대인을 "종족" 또는 "민족"으로 보는 개념과 영국은 그들에게 "조국"을 제공하려 노력해야 한다는 신념은 더 쉽게 이해할 수 있다. 초기 시온주의 운동이 일반적으로 세속적이고 비종교적인 운동이었다는 점을 고려할 때 이모든 것을 가능케 한 유대인 개종자들의 역할은 엄청난 역설처럼 보인다. 유대인의 조국 건설을 위해 애쓴 대다수 종교적 유대인들은 유대교 랍비가 아니었고 유대인 기독교 목회자였다.

---

47 Norman A. Rose, *The Gentile Zionists: A Study in Anglo-Zionist Diplomacy, 1929-1939* (London: Frank Cass, 1973), 75.

236 기독교 시온주의의 역사

샤프츠베리 경은 동료 영국인들은 "존경과 애정의 눈길로 이 [유대] 민족을 바라보아야 한다"고 말한 어떤 영국 귀족(샤프츠베리 경 자신—역자 주)의 생각을 일부 영국인들이 이상하게 생각한다는 것을 잘 알고 있었다.[48] 그는 많은 사람들이 유대인의 팔레스타인 회복을 열렬히 믿는 자신을 광신자라고 생각한다는 것도 알고 있었지만, 그가 예견했던 일은 그가 죽은 지 약 32년 만에 밸푸어 선언이 발표되면서 현실화하기 시작했다. 샤프츠베리는 자신의 정신적 스승인 에드워드 비커스테스의 활동적인 기독교 시온주의를 받아들였고, 그의 설득 기술과 정치적 인맥을 활용하여 밸푸어 선언에 대한 대중적 지지를 끌어냈다.

---

48   Lord Ashley, "State and Prospects of the Jews," *Quarterly Review* 63, no. 126 (1839): 191.

8장

미국 회복주의와 기독교 시온주의:
독립혁명부터 1914년까지

[존 넬슨] 다비는 성도들의 임박한 휴거를 막을 수 있는 것은
아무것도 없다는 미래주의적 종말론을 발전시켰다.
급진적인 미래주의적 관점을 지녔다는 것을
제외하면 그는 회복주의자가 아니었다.
다비는 미국 기독교 시온주의의 자랑스러운 창시자이기는커녕
현대의 미국 기독교 시온주의와의 연관성도 부인할 것이다.[1]

로버트 O. 스미스

현대의 미국 기독교 시온주의에 관한 논의는 종종 세대주의적 전천년설로
시작과 끝을 장식한다. 이 장에서는 기독교 시온주의의 뿌리가 이 접근법
이 암시하는 것보다 훨씬 더 깊고 오래되었으며, 세대주의의 창시자인 존
넬슨 다비는 기독교 시온주의자가 아니었다고 주장함으로써 이러한 접근
법에 문제를 제기한다. 본 장에서는 다비의 견해를 탐구하고 그것이 어떻
게 확산되었는지를 추적하고 그의 신학이 어떻게 기독교 시온주의에 우호
적으로 대응하기 위해 변화하고 적응했는지를 검토할 것이다.

---

1   Robert O. Smith, *More Desired Than Our Owne Salvation: The Roots of Christian Zionism* (New
     York: Oxford University Press, 2013), 160.

1776년부터 1843년까지의 미국과 회복주의

미국도 영국과 마찬가지로 1790년대에 예언적 사고가 급증했으며, 일부 미국인들은 프랑스 혁명을 미국이 경험한 자유와 공화주의가 전 세계로 전파될 신호로 해석했다.[2] 그리고 머지않아 유대인들은 개종을 하고 튀르크도 붕괴할 것으로 생각했다. 1798년에 나폴레옹이 로마 교황령을 침공한 사건은 교황제도의 몰락과 유대인의 귀환에 관한 사변을 불러일으켰다. 나폴레옹이 1799년에 이집트의 오스만 제국을 공격할 때 그는 오스만 제국의 유대인들이 프랑스와 함께 싸운다면 그들에게 성지를 주겠다고 약속했지만, 그 지역 유대인들은 "성지에 대한 나폴레옹의 원대한 계획이 비현실적임을 인식하고 신중하게 오스만 제국을 지지했다."[3]

미국에서는 후천년설에 대한 합의가 계속 유지되었지만, 19세기 후반의 신학적 모더니즘(theological modernism)의 등장과[4] 1868년 이후의 세대주의적 전천년설의 인기 상승으로 인해 후천년설은 약화하기 시작했다. 역사주의적 전천년설도 일부 미국인들의 관심을 끌었는데, 특히 에드워드 비커스테스의 저서가 폭넓은 영향력을 행사했다. 로버트 K. 월렌은 미

---

2   Smith, *More Desired*, 142.

3   Clifford A. Kiracofe, *Dark Crusade: Christian Zionism and US Foreign Policy* (London: L.B. Tauris, 2009), 17.

4   Pietsch는 신학적 자유주의자들이 지질학적 시간을 수용하고 역사에 대한 종말론적 개입을 포기하게 되면서 후천년설은 제1차 세계대전 훨씬 이전에 심각한 쇠퇴기를 맞았다고 주장한다. B. M. Pietsch, *Dispensational Modernism* (New York: Oxford University Press, 2015), 130-31.

국의 친셈족주의와 그것이 기독교 시온주의에서 나타난 것은 사실 본질적
으로 "영국에서 직조된 천 전체에서 잘려 나온" 복음주의 프로젝트의 하나
였다고 지적했다.[5] 미국 내에서 형성되고 가장 잘 알려진 재림주의 주창자
는 뉴욕 북부의 침례교 농부였던 윌리엄 밀러(William Miller, 1782-1849)였
는데, 그는 1840년대 초에 많은 추종자를 끌어모았다.[6] 밀러는 그리스도가
"1843년경에" 재림할 것이라고 예측했다가 재림이 일어나지 않자 날짜를
다시 계산하여 1844년 10월 22일로 재설정했다. 밀러는 "대실망 사건" 이
후 사과했지만, 그의 운동은 살아남았고, 결국 제칠일 안식일 예수재림교
회(Seventh day Adventist Church)가 되었다. 그의 재림론은 계속 유지되었지만,
그의 종말론은 유대교의 영향을 받은 안식일주의, 구약의 음식 및 위생법
과 혼합되었다.

역사주의적 전천년설은 미국에서 갑자기 사라지지 않았다. 비커스테
스의 저서들은 밀러가 죽은 후에도 계속해서 큰 인기를 끌었다. 미국의 재
림주의자들은 여러 교단에 퍼져 있었다. 그들은 영국의 재림주의자들처럼
항상 사회를 등지고 떠난 것은 아니었다. 폴 보이어(Paul Boyer)가 지적한 것
처럼 "다수의 밀러 추종자들은 종말을 기다리면서 개혁을 위해 일하는 것
은 모순이 아니라고 생각했다. 노예제 폐지론자이자 여성 인권 옹호자인

---

5   Robert K. Whalen, "'Christians Love the Jews!' The Development of American PhiloSemitism,
     1790-1860," *Religion and American Culture* 6, no. 2 (Summer, 1996): 226.
6   Timothy P. Weber, *Living in the Shadow of the Second Coming: American Premillennialism
     1875-1925* (New York: Oxford University Press, 1979), 15.

동시에 밀러 추종자였던 앤젤리나 그림키 웰드(Angelina Grimke Weld)"는 이러한 접근법을 매우 자연스럽게 받아들였다. 주요 밀러 추종자 가운데 다수는 "노예제 폐지, 금주와 절제 등 다양한 개혁을 이끈 베테랑들"이었다.[7] 비록 그의 추종자들은 결국 자신들과 정치의 연결고리를 끊어버렸지만 말이다.[8]

미국의 정황에서 급진적 개인주의가 호응을 얻게 된 데는 예언 해석의 민주화를 강조한 밀러의 주장도 한몫을 했다. 정규 교육을 거의 받지 못한 밀러는 평범한 일반 신자들도 혼자 조사하고 이성을 사용해 자신이 내린 결론을 검증할 수 있다고 가르쳤다. 그는 스코틀랜드 상식 학파(Scottish Common Sense Realism)의 관점에서 자신의 연구를 이해했고 자신의 접근법을 객관적이고 검증 가능한 것으로 여겼으며, 이로써 "이 연구의 민주적 포용성과 합리주의적 정신"을 모두 받아들일 수 있었다.[9] 그러나 밀러는 유대인의 문제에 있어서는 역사주의적 전천년설 합의에서 주목할 만한 예외로 꼽힌다. 밀러는 유대인의 팔레스타인 회복은 그리스도의 임박한 재림에 대한 기대와 양립할 수 없다며 이를 거부했는데, 그 이유는 재림 이전에 이런 일이 일어나기에는 단순히 시간이 충분치 않다고 생각했기 때문이다.[10] 그

---

7   Paul Boyer, *When Time Shall Be No More: Prophecy Belief in Modern American Culture* (Cambridge, MA: Belknap Press of Harvard University Press, 1992), 82.

8   Smith, *More Desired*, 148-51.

9   Boyer, *When Time*, 84.

10   Carl Frederick Ehle Jr., "Prolegomena to Christian Zionism in America: The Views of Increase Mather and William E. Blackstone Concerning the Doctrine of the Restoration of Israel" (PhD diss., New York University, 1977), 334.

가 내린 결론은 "유대인의 시대는 이미 끝났다"는 것이었다.[11] 이 점에서 밀러는 19세기 영국의 주류 재림주의 견해와 생각이 달랐다.

미국에서 세대주의적 전천년설의 부상

이 장의 짧은 서론에서 언급했듯이 많은 사람들은 세대주의적 전천년설(미래주의 전천년설의 한 형태)과 성도들의 "휴거" 개념에서 기독교 시온주의가 시작되었다고 추측한다. 세대주의는 예언 작가이자 "기독교 형제단"(Christian Brethren)의 지도자였던 존 넬슨 다비(1800-1882)에 의해 대중화되었다. 하지만 이러한 추측은 다소 놀라운데, 이는 다비의 견해가 기독교 시온주의를 정치적으로 지지하는 것과는 거리가 멀고, 한 민족으로서 유대인에 대한 그의 태도는 복잡했으며, 많은 영국 복음주의자들이 19세기에 수용했던 "사랑과 존경의 가르침"을 옹호한 것으로 묘사하기 어렵기 때문이다. 대체로 세대주의를 지지하고 다비의 "비밀 휴거" 신념을 고수하며 기독교 시온주의를 강력하게 지지한다고 생각하는 많은 사람들은 사실 다비가 실제로 한 말을 거의 제대로 이해하지 못한다. 사실 세대주의는 다비가 자신의 견해를 대중화하기 시작한 이후 2세기 동안 계속 변하고 진화했다.

후천년설과 역사주의적 전천년설은 모두 강력한 회복주의적 성향을

---

11   Smith, *More Desired*, 150.

지녔다. 세대주의적 전천년설—지금은 미래주의적 관점으로 훨씬 더 잘 알려진—은 원래 더블린의 트리니티 칼리지와 관련된 아일랜드 성공회 신자들에 의해 처음 개발되었고, 이를 체계적으로 대중화시킨 인물이 바로 다비였다.[12] 다비의 세대주의적 전천년설은 고유한 특징을 갖고 있었는데, 이는 특히 "시대"(eras) 또는 세대(dispensation)라는 개념, 이스라엘(유대인)과 교회 사이의 강한 이분법, 성경을 "문자적으로" 읽는 방법에 대한 이해와 관련이 있었다. 다비는 다작가였다. 하지만 그의 사상은 시간이 지나면서 거의 발전을 보이지 않았다. 그의 가장 열렬한 변증자는 "1829년 이후 다비의 저작은 거의 큰 변화 없이 놀라울 정도의 일관된 사고를 보여준다"고 인정한다.[13] 다비는 다니엘과 요한계시록을 교회의 역사가 아닌 미래의 사건을 묘사하는 책으로 이해했다.

---

12   Darby는 인맥과 재력을 겸비한 영-아일랜드 출신이다. 1800년 런던에서 태어난 그는 명문 웨스트민스터 학교에서 교육을 받고, 더블린의 트리니티 칼리지에서 수학하고 1819년에 졸업한 후 법학을 공부했고, 1822에 아일랜드 변호사가 되었다. 그는 곧 법조인의 삶을 포기하고 성공회 성직자로 안수를 받은 후 아일랜드 빈민층을 대상으로 헌신적이고 유능한 복음전도자가 되었다. 그는 곧 아일랜드교회[성공회])와 영국 정부의 긴밀한 협력 관계에 환멸을 느꼈고, 이것이 자신의 전도 활동에 악영향을 미친다고 생각했다. 보다 진정한 형태의 기독교를 찾던 그는 성공회를 떠나 플리머스 형제단 또는 단순히 "기독교 형제단"으로 알려진 작지만 매우 영향력 있는 단체의 핵심 인물이 되었다.

13   Paul Richard Wilkinson, *For Zion's Sake: Christian Zionism and the Role of John Nelson Darby*, Studies in Evangelical History and Thought (Milton Keynes, UK: Paternoster, 2007), 96.

다비의 신학 이해하기

1970년에 『근본주의의 뿌리』(*The Roots of Fundamentalism*)라는 책으로 세대주의에 대한 학문적 연구에 선구자적인 역할을 한 미국 역사학자 어니스트 샌딘(Ernest Sandeen)은 다음과 같이 말했다.

> 하나님의 뜻은 [다비의] 비전 앞에서 거의 희미해지는 법이 없었다.…그의 역사적 명성에 비해 가장 안타까운 것은 하나님의 뜻을 명확하게 인식하는 그의 능력과 그것을 글로 표현하는 능력이 결코 일치하지 않았다는 것이다. 그는 방대한 분량의 『글 모음집』(*Collected Writings*)을 남겼는데, 그것은 거의 이해할 수 없는 난해한 글을 엮은 것이었다.[14]

그러나 세대주의와 기독교 시온주의의 관계를 이해하려면 다비의 신학을 자세히 연구해야 한다. 그의 신학의 핵심은 창세기 12장의 아브라함에게 주신 언약이었는데, 유대인의 중요성에 대한 그의 견해는 주목할 만하지만, 그것은 3장에서 논의한 토머스 브라이트만의 역사주의적 후천년설의 강조점과 유사하며, 유대인과 이방인에 대한 브라이트만의 접근법에 관한 앤드루 크롬의 다음과 같은 관찰을 연상시킨다. "하나님은 각각에 대해 별

---

14   Ernest Sandeen, *The Roots of Fundamentalism: British and American Millenarianism 1800-1930* (Chicago: University of Chicago Press, 1970), 31.

도의 지상 계획을 갖고 계셨다. 심지어 천년왕국 시대에도 그들은 근본적으로 다른 모습의 삶을 영위할 것이다. 사실상 천년왕국 시대는 유대인이 이 세상을 지배하는 기간이 될 것이다."[15] 다비의 접근법에서 가장 중요한 개념은 각 세대가 각기 다른 규범에 의해 지배를 받는다는 것이다. 각 세대는 여러 계명 및 약속과 관련된 "자연인에 대한 새로운 시험"을 거치게 된다.[16]

결정적으로 중요한 것은 그의 신학 전체가 유대인은 영원히 지상의 하나님 백성이고, 그들은 지상 왕국을 상속받을 것이며, 이방인 그리스도인들은 "천상의 하나님 백성"이며 천상의 유업을 받는다는 개념을 중심으로 전개된다는 점이다.[17] 다비는 이러한 구분이 영원히 지속될 것이라고 주장했다. 즉 이방인 그리스도인은 천국에서 영적으로 통치하고, 유대인 신자들은 지상에서 물리적으로 통치한다는 것이다. 다비는 디모데후서 2:15을 자주 인용했다. "너는 진리의 말씀을 올바르게 쪼개어 부끄러울 것이 없는 일꾼으로 인정된 자로 자신을 하나님 앞에 드리기를 힘쓰라." "진리의 말씀을 올바르게 쪼개어"라는 문구는 세대주의자들에게 "세대를 정확하게 나누는 것 이상을 의미했다. 세대주의자들은 하나님의 두 백성을 반드시 구

---

15   Andrew Crome, *Christian Zionism and English National Identity, 1600-1850* (Cham, Switzerland: Palgrave Macmillan, 2018), 53.

16   Pietsch, *Dispensational Modernism*, 141.

17   현대의 Darby 옹호자인 Paul Wilkinson의 관찰처럼 "하나님의 지상 백성인 이스라엘과 하나님의 천상 백성인 교회 사이의 이러한 구분은 Darby 종말론의 근간이며, '성경의 이해와 주제의 중심축'이었다. 그것은 그의 사상의 '주축'으로 입증될 것이다." Wilkinson, *For Zion's Sake*, 102.

분해야 한다고 주장했다."[18] 사이러스 스코필드(Cyrus I. Scofield)는 1888년에 「진리의 말씀을 올바르게 나누기」(*Rightly Dividing the Word of Truth*)라는 해석 방법을 개괄하는 영향력 있는 소책자를 발표했다.[19] 예언서의 모든 초점이 천년왕국에 맞추어진 것을 고려하면 다비가 그리스도인들이 천년왕국을 경험하리라는 것을 부인한 것은 놀라운 일이다. 그는 천년왕국이 펼쳐질 이 세상(유대인들이 그 이야기의 중심이 될)과 천국(그리스도인이 그 이야기의 중심이 될) 사이의 뚜렷한 이분법을 주장했다.

비록 다비의 "세대주의 체계는 그의 글에서 쉽게 추출할 순 없지만", 그는 하나님이 유대인들을 다루시는 역사의 과정을 여섯 시대 혹은 (그의 표현대로) "세대"로 나누었다.[20] 각 세대마다 하나님은 그의 백성 이스라엘을 시험하셨고, 각 시험에서 이스라엘은 실패했다. 다비의 여섯 번째이자 마지막 세대는 그리스도가 자기 백성에게 거부당하는 것으로 끝이 났다. 이에 대한 응답으로 하나님은 교회 시대에는 유대인들을 다루시는 일을 보류하시고—그는 단순히 유대인들을 다루시는 일을 중단하심—이방인들에게 복음을 허락하셨다. 하나님은 이방인들에게 유대인들을 위해 예비하신 물리적인 왕국이라는 지상 유업이 아닌 영적으로 소유하게 될 "천상의"

---

18   Weber, *Shadow*, 17-18.
19   Pietsch, *Dispensational Modernism*, 184.
20   Wilkinson, *For Zion's Sake*, 100. Pietsch는 Scofield는 일곱 시대가 있다는 결론에 도달한 반면, 다른 작가들은 셋, 다섯 또는 열두 시대가 있다는 결론에 도달했다고 말한다. Pietsch, *Dispensational Modernism*, 144.

유업을 약속하셨다.[21] 교회 시대에는 이스라엘을 다루시는 일이 일시적으로 중단되거나 보류되었는데, 다비는 "교회 시대"가 하나님이 이스라엘을 다루시는 과정에서 일종의 "괄호"(parenthesis)에 해당한다고 말한다. 다비에 따르면 "교회 시대"는 신비에 속하며 "성경의 예언에 언급되어 있더라도 부수적으로만 언급되어 있다."[22] 이 교회 시대는 하나님이 유대인들을 다시 다루기 시작하기 이전에 반드시 끝날 것이다. 그의 이해에 따르면 성경의 예언 본문들은 오직 유대인들과만 관련이 있다.

다비가 다룬 가장 중요한 예언 본문 가운데 하나는 70주에 대해 언급하는 다니엘 9:24-27이다. 다비를 따르는 세대주의자들은 예언자가 70주에 대해 이야기하고 있으며, 여기서 하루는 1년을 의미한다고 이해했다(하루-1년 이론). 다비에 따르면 이 본문에서 예언자는 칠십 이레를 이야기하고 있는데 이는 490년에 해당한다. 만약 하나님이 다니엘의 예언이 실현되는 것을 허락하셨다면 그리스도는 죽은 지 약 7년 후(70번째 주가 끝난 후) 재림하셨을 것이다. 이 문제를 해결하기 위해 다비는 유대인들이 메시아를 거부했기 때문에 하나님이 그들을 다루시는 일을 보류하고 마지막 주를 무기한 연기하셨다고 주장했다.[23] 따라서 다비에 따르면 다니엘의 70주는 전적으로 유대인에 관한 것이며, 교회와는 아무런 상관이 없다. 다비가 교회에 대해 말했듯이 "우리는 예언서의 증언이 중단된 기간 또는 다니엘이 말

---

21 이것은 Darby가 유대인 전도를 외면했다는 것을 의미하지 않는다.
22 Ehle, "Prolegomena," 228.
23 Weber, *Shadow*, 17.

하는 69째 주와 70째 주 사이의 기간 외에는 그 어디에도 속하지 않는다."[24] 하나님이 유대인들을 다루신 69주는 성령이 임하신 오순절 날에 교회가 탄생하면서 끝났고, 70번째 주는 "휴거"와 함께 재개될 것이다. 따라서 교회 시대는 69번째 주와 70번째 주 사이의 괄호 안에 들어가며 예언의 관심사가 아니다. 따라서 기독교 시대는 하나님이 70번째 주 동안에 그의 "지상백성"(유대인)을 구하고 그의 지상 왕국을 세우는 일에 다시 집중하실 "휴거" 때 끝나게 된다.[25] 어떤 의미에서 휴거라는 개념은 한 번에 한 민족만 다루시는 하나님을 강조하는 다비의 논리에서 필수적인 개념이다. 하나님이 유대인들을 다루시고 그리스도를 시온에 왕으로 세우시는 계획을 재개하기 위해서는 이방인 신자들이 반드시 지상에서 제거되어야만 한다.

에베소서 2:12에서 바울은 그리스도가 이방인과 유대인 사이를 나누는 분리의 담을 허무셨다고 주장한다. 다비는 이 두 민족이 서로 분리된 존재라는 것을 성경 해석의 핵심으로 이해했기 때문에 바울의 이러한 주장을 재구성하여 이에 영구불변성을 부여했으며, "교회가 하나님의 섭리 안에서 이스라엘을 대체했다고 믿는 한, 교회는 '복스러운 소망'(딛 2:13)을 보지 못

---

24   Wilkinson, *For Zion's Sake*, 114. Ehle에 따르면 이전 그리스도인들은 일반적으로 이러한 주간이 연속적으로 이어진다고 해석한 반면, 미래주의자들은 70번째 주가 연속적으로 이어지는 69주와 분리되어 있고, 교회가 세상에서 휴거된 후에 미래의 불확실한 시점에 도래할 것으로 생각했다. Ehle, "Prolegomena," 282.

25   휴거라는 용어 사용은 원래 Darby의 것이 아니다. Increase Mather는 그의 저서 *Mystery of Israel's of Israel's Salvation* (1699)에서 **성도들이 공중에서 그리스도를 만나는 휴거**에 대해 이야기하면서 이 용어를 사용했다. Smith, *More Desired*, 127. Mather가 말하는 성도들의 휴거는 그 목적에서 Darby가 말하는 휴거와 상당히 다르다는 점에 유의해야 한다. 나는 이 관찰에 대해 Andrew Crome에게 빚지고 있다.

할 것"이라고 주장했다.[26] 다비는 교회와 이스라엘이 서로 분리되어 있지만 동등하다거나 그리스도의 사역과는 별개로 구원이 주어질 수 있다고 믿지 않았다. 그러나 그는 유대인들은 영원히 지상에서 통치하고 그리스도를 믿는 성도들은 천상에서 통치하는 것으로 이해하면서 유대인을 영원히 분리된 존재로 보았다. 역사주의적 전천년주의자들과 유사한 방식으로 다비는 유대인을 우월하고 영원한 하나님의 선민으로 보고 있으며, 이러한 사실은 그리스도가 재림하셔서 그들을 다시 다루기 시작하실 때 더욱 분명해질 것이며, 팔레스타인으로의 회복도 이 과정의 일부가 될 것으로 이해했다.

세대주의(dispensationalism)라는 용어는 하나님이 다른 "세대"에 속한 사람들을 다르게 다루셨다는 개념에서 비롯되었다. 구약의 예언은 하나님의 지상 백성을 위한 것이기 때문에 유대인을 위한 것이었고 "문자적으로" 읽어야 했다. 따라서 유대인들은 팔레스타인으로 물리적으로 회복되어 거기서 다스리게 될 것이다. 하지만 그리스도인들에게 주어진 신약의 약속은 "영적" 백성을 위한 것이며 상징적으로 읽어야 했다. 다비는 이스라엘에 준 구약의 약속이 교회에서 성취된 것으로 보는 일반적인 해석을 피하고 싶어 했으며, 유대인에게 준 ("지상의" 또는 "문자적") 약속과 교회에 준 ("천상의" 또는 "영적인") 약속을 서로 구분하기 위해 "문자적", "상징적"이라는 표현을 사용했다.[27] 마틴 스펜스가 지적했듯이 "비록 형제교회 운동 내에서 상당수

---

26   Wilkinson, *For Zion's Sake*, 104.
27   Martin Spence, *Heaven on Earth: Reimagining Time and Eternity in Nineteenth-Century British Evangelicalism* (Eugene, OR: Pickwick, 2015), 119.

의 비판자들이 있었지만, 그것은 매우 독특하고 놀랍도록 성공적인 논지였다."[28]

따라서 교회의 운명은 "세속적인" 또는 "문자적인" 것이 아니었고, "영적"이며 "천상의" 것이었다. 다비 자신이 지적했듯이 "교회의 참되고 유일한 소망은 이 세상과는 무관하며 하늘에 계신 그리스도와만 관련이 있다."[29] 다르게 표현하자면 "우리의 소명은 높은 곳에 있다. 사건들은 이 땅에서 발생한다. 예언은 천국과 관련이 없다. 그리스도인의 소망은 예언의 주제가 전혀 아니다."[30] 교회는 원래 하나님의 계획에 들어 있지 않았으며, 유대인들의 불성실함으로 인해 겨우 주목을 받고 있을 뿐이다. 미국에서 세대주의를 대중화시킨 인물 가운데 한 명인 C. H. 매킨토시는 다음과 같이 설명한다. "교회의 지위, 소명, 소망을 찾으려고 예언 본문을 살피는 것은 헛된 일이다. 그러한 것은 거기에 없다. 교회가 [역사주의자들처럼] 날짜와 역사적 사건에 몰두하는 것은 전적으로 부적절하다.…그리스도인은 자신이 천국에 속해 있다는 사실을 결코 잊어서는 안 된다."[31]

세대주의적 전천년주의자로서 다비는 (에드워드 어빙 및 다른 역사주의적 전천년주의자들과 마찬가지로) 그리스도가 친히 재림하실 날이 임박했다고 믿었다. 후천년주의자들은 이와 달리 "그리스도의 재림이 적어도 천 년 이후

---

28   Spence, *Heaven on Earth*, 120.
29   Spence, *Heaven on Earth*, 119에서 인용됨.
30   Sandeen, *Roots*, 63에서 인용됨.
31   Weber, *Shadow*, 21.

252   기독교 시온주의의 역사

의 일이므로 재림 때 결코 살아남아 있을 수 없다고 생각했고", 따라서 "그리스도의 재림에 대해 구체적으로 이야기하는 것에는 큰 관심이 없었다."[32] 다비는 1827년에 부상에서 회복하는 과정에서 중요한 통찰을 얻었다. "나는 자기 처소가 천국에 있는 그리스도인은 이미 그리스도 안에서 누리는 영광 가운데로 들어가기 위해 구주의 재림 외에는 사실상 달리 더 기다릴 것이 없다는 것을 깨달았다."[33] 다비는 "다시 말하지만 우리와 천국 사이에는 그 어떤 사건도 일어나지 않는다"고 주장했다.[34]

역사주의자들은 유대 민족의 개종과 고국으로의 귀환을 주님의 재림 이전에 일어날 사건으로 여기고 이를 위해 노력해야 한다고 주장했다. 일단 이러한 일이 이루어지면 그리스도가 다시 오셔서 새로운 세계(천국)가 이 땅에 임할 것이며 그리스도인들은 지상에서 그리스도와 함께 통치하게 될 것이다. 처음에는 대다수 미래주의적 전천년주의자들은 환난의 시기가 끝날 때, 즉 그리스도의 재림 때 휴거가 일어날 것으로 예상했다.[35] 다비는 그리스도의 재림이 임박했다는 데 동의했지만, 역사주의자들이나 다른 미래주의자들과는 매우 다른 방식으로 그의 재림을 이해했다. 사실상 그는 그리스도의 "귀환"이 두 번 있을 것이며, 첫 번째 귀환은 임박했지만 그 목적은 지상에 그의 천년왕국을 세우는 것이 아니라고 주장했다. 더 정확히

---

32   Spence, *Heaven on Earth*, 46-47.
33   Darby가 August Tholuck에게 한 말. Sandeen, *Roots*, 33에서 인용함.
34   Smith, *More Desired*, 139.
35   Weber, *Shadow*, 21.

말하자면 그 목적은 재림을 기다리던 그리스도인들을 낚아채 하늘에 있는 영원한 영적 고향으로 데려가는 것이었다. 이것은 다비가 대중화시킨 또 다른 획기적인 생각이다. 다비에 따르면 교회의 소망은 역사주의자들이 기대하는 천년왕국이라는 영광스러운 미래가 아니었다. 그는 머지않아 교회가 "언제 어느 때라도 일어날 수 있는 휴거"를 통해 들림 받아 천년왕국 안에서 지상의 유업이 아닌 천상의 영적 유업을 누리게 될 것이라고 예견했다. 언젠가, 머지않아 참된 그리스도인들은 이 땅에서 사라질 것이다. 그리스도는 마태복음 24장에 언급된 대로 나중에 공개적 재림을 통해 이 땅에 다시 오실 것이다. 이 두 사건의 구분은 다비의 교리에서 매우 중요하다. 그는 다음과 같이 주장했다. "교회가 그리스도와 만나는 사건은 그리스도의 나타나심 또는 이 땅에 오심과 아무런 관련이 없다."[36] 더 간결하게 말하자면 "그리스도는 휴거 때 성도들을 **위해** 오실 것이며, 재림 때는 그의 성도들과 **함께** 오실 것이다."[37]

따라서 다비는 (역사주의자들이 주장한 것처럼) 천국이 그리스도의 재림과 함께 이 땅에 임하는 것이 아니라 그리스도의 재림에 앞서 "휴거"가 먼저 일어날 것이며 "아직 성취되지 않은 성경의 예언들은 교회의 휴거를 먼저 기다려야 한다고 가르쳤다."[38] 휴거 후에는 7년간의 환난(다니엘의 "70째 주")이 있을 것이며, 이 기간은 이 땅에 끔찍한 환란을 가져올 것이다. 이 기

36   Sandeen, *Roots*, 63.
37   Weber, *Shadow*, 21.
38   Sandeen, *Roots*, 63.

간에 적그리스도가 나타날 것이며, 그는 평화와 안전을 약속하고 새롭게 회복된 이스라엘 국가의 유대인들을 속여 그들을 보호하겠다고 맹세할 것이다. 그런 다음 그는 자신의 본색을 드러내고 자신을 신적 존재로 숭배할 것을 요구할 것이다. 자신의 권력을 확보하기 위해 그는 자신을 반대하는 사람들을 위협할 것이다. 유대인들은 ("야곱의 환난의 때"로 알려진) 이 기간에 기독교로 집단 개종할 것이다. 환난의 때가 끝나면 이 땅 사방에서 오는 열방들이 하나님의 백성(유대인)을 멸망시키고자 이스라엘 북쪽의 아마겟돈 골짜기로 모일 것이며, 그리스도는 이전에 휴거를 맛본 성도들과 함께 다시 오셔서 그들을 멸하실 것이다. 그리스도는 재림 때 그에 대한 믿음을 고백한 자들을 신원하고 천년왕국을 세우실 것이다. 바로 이 천 년의 기간 동안 유대인의 왕국은 세상을 통치할 것이며 이스라엘에 관한 예언은 문자적으로 성취될 것이다. 매일의 피의 제사와 함께 성전 예배가 회복되고 왕이신 예수께서 유대인의 세계 통치권을 행사하며 예루살렘에서 온 땅을 다스리실 것이다. "따라서 원래 (유대인의 거부로 인해 연기되기 이전에) 그리스도의 초림을 위해 의도된 모든 예언은 그리스도의 재림 때 성취될 것이다."[39] 그러나 천 년의 기간이 끝날 때 큰 반란이 일어날 것이며, 이는 하나님과 사탄의 세력 간의 마지막 대결이 될 것이다. 궁극적으로 사탄이 패배하면 두 가지 심판, 즉 세상에 대한 심판과 성도에 대한 심판이 있을 것이다. 그 후에는 (유대인들이 다스리는) 이 땅에, 그리고 (그리스도인 성도들이 다스리는) 천국

---

39   Weber, *Shadow*, 23.

에 영원한 평화와 화합이 있을 것이다.

개신교 세계를 몹시 놀라게 만든 다비의 또 다른 획기적인 가르침은 교황이 적그리스도가 아니라는 것이었다. 당시 많은 사람들은 모든 유형의 미래주의적 종말론에 의구심이 들었다. 왜냐하면 미래주의가 오랫동안 로마 가톨릭교회가 선호하는 접근 방식이었고, 성공회의 옥스퍼드 운동 지지자들 사이에서 인기를 얻었기 때문이다.[40] 종교개혁 이후 개신교 내에서는 교황청(그리고 때로는 튀르크 제국도)이 한 기관으로서 적그리스도(또는 로마 가톨릭교회가 요한계시록의 흉악한 짐승 중 하나)라는 데 합의가 이루어졌다. 다비는 적그리스도가 큰 환난 중에 나타나 하나님과 싸울 한 개인이라고 주장했다. 교황청이 아닌 한 개인이 적그리스도라는 생각은 많은 사람들에게 생소했고 거부감을 안겨주었다. 많은 개신교 신자들은 다비가 가톨릭교회에 대해 유화적이며 교황이 예언의 올무에서 벗어나게 하려 한다고 생각했다. 그러나 아일랜드 개신교 배경의 다비는 강력한 반가톨릭 인물이었다.

세 번째로 획기적인 가르침은 요한계시록 11:1-3의 1,260일에 대한 하루-1년 이론을 거부한 것이다. 다비는 다니엘의 70주와 관련하여 하루-1년 이론을 사용했지만, 요한계시록 11:3의 1,260일을 다룰 때는 하루를 24시간으로 해석해야 한다고 주장했다. 그에 따르면 요한계시록 11:2과 요한계시록 11:3의 두 기간은 문자적으로 총 7년(3년 6개월과 3년 6개월)을 나타내며, 이는 다니엘의 70째 주에 대한 그의 이해와 일치한다.

---

40   Sandeen, *Roots*, 39n63.

요한계시록 11:2에서 3년 6개월은 42개월로, 또 다른 3년 6개월은 1,260일로 묘사되어 있다(예언에서 한 달은 30일로 이해되므로 42개월 × 30 = 1,260일).

세대주의의 수용

앞서 살펴본 바와 같이 세대주의는 영국에서 1850년대 후반부터 점차 인기를 얻었는데, 이는 1857년경 미국에서 시작되어 다소 늦게 영국 해안을 강타한 1859년 기도 부흥 운동의 결과로 (사회 엘리트층 사이에서 시작된) 형제교회 운동이 사회 저변으로 확산되면서부터였다. 그러나 세대주의는 특히 1860년대 후반 역사주의자들이 그리스도가 예정대로 재림하지 않자 큰 좌절을 맛본 후 1870년대에 빠르게 성장했다.[41] 1920년대에는 역사주의적 입장이 영국과 미국에서 모두 다비의 미래주의에 밀려 그 힘을 잃게 되었다.

다비는 1862년과 1877년 사이에 캐나다와 미국을 일곱 차례 방문했으며, 이 두 나라에서 약 7년간 거주했다.[42] 또한 그는 스위스, 이탈리아, 프랑스, 독일, 네덜란드, 뉴질랜드, 호주에서도 상당한 시간을 보냈다. 그를 통해, 그리고 1870년대와 그 이후에 열린 "예언 성경 컨퍼런스"를 통해 이 새로운 종말론은 결국 미국 침례교인들을 포함하여 장로교와 기타 칼뱅주의

---

41 19세기 후반에 역사주의 작가로 유일하게 두각을 나타낸 대표적인 복음주의 인사는 아일랜드의 부유한 맥주 양조업자였던 아서 기네스의 손자 헨리 그래턴 기네스였다.

42 Sandeen, *Roots*, 71.

를 지향하는 교단들에 이르는 대다수 미국 보수 개신교의 특징으로 자리 잡았다. 세대주의와 기독교 시온주의는 영국과 미국에서 주로 칼뱅주의와 개혁주의 복음주의자들에 국한되었고 감리교 신자들에게는 거의 호응을 얻지 못했다. 1900년을 겨냥하여 유대인 복음화를 추진하던 복음주의 단체들은 거의 모두 칼뱅주의와 개혁주의에 그들의 신학적 뿌리를 두고 있었다.

1875년에 시작된 여름 성경 컨퍼런스는 온타리오주 나이아가라 폭포 근처에서 개최되었고 예언 성경 컨퍼런스의 본보기가 되었다.[43] 보수적인 복음주의자들은 매년 여름 두 주간 동안 교리가 선포되고 확정되는 것을 듣기 위해 이 나이아가라 컨퍼런스에 모였다. 세대주의자들은 컨퍼런스 지도부의 주도권을 빠르게 장악했다. 1878년에 이 컨퍼런스는 "나이아가라 신조"를 발표했는데, 이 신조는 전천년주의적 성격이 강했으며, 자유주의 수정주의자들(한편 많은 사람들이 전통적 교리를 훼손하고 있다고 생각하는)이 의문을 제기하는 핵심적인 교리들을 확인해주었다. 우리는 이러한 노력에서 J. C. 라일(Ryle, 1880년부터 성공회 리버풀 주교 역임)의 영향력을 분명히 엿볼 수 있다. 1878년 컨퍼런스의 논문 모음집은 라일의 "전천년주의 신조"(Pre-millenarian Creed)로 시작한다. 라일은 하나님의 개입만이 현 상황을 바로잡을 수 있으며, "현세대에는 교회나 정부에 가능하면 큰 것을 기대해서는 안된다"고 그리스도인들에게 경고했다.[44] 비록 예언 작가들은 극도로 반자본

---

43   성경 컨퍼런스 운동의 기원은 다음을 보라. Pietsch, *Dispensational Modernism*, 45-52.
44   Boyer, *When Time*, 92.

주의적이면서도 동시에 반사회주의적일 수 있었지만, 많은 사람들은 사회 개혁이나 상황 개선에 별 기대를 걸지 않았다. 보이어는 다음과 같이 말한다. "어떤 전천년주의자는 예수와 사도들은 개혁가가 아니었기 때문에 그리스도인들은 '그리스도가 다음 시대를 위해 예비한 사역을 이 시대에 추진하려 해서는 안 된다'고 말했다."[45]

드와이트 L. 무디(Moody)와 함께 일하다가 무디 성경학교(Moody Bible Institute)와 로스앤젤레스 성경학교(Bible Institute of Los Angeles)에서 핵심인물이 된 루벤 A. 토레이(Torrey)는 "전천년주의의 재림 교리는 모든 불신앙의 궁극적인 해독제이며 자유주의와 거짓 이단에 맞서는 난공불락의 요새라고 주장"하면서 세대주의적 전천년설의 입장을 분명히 표명했다.[46] 세대주의는 "보수적" 개신교 내에서 점점 더 요지를 차지하는 한 부류의 정체성 표식으로 부상하고 있었다. 물론 브렌든 피치와 매튜 에이버리 서튼이 주장했듯이 이 운동은 여러 면에서 보수적이기보다는 "당대 모더니즘의 지적 흐름에 깊이 뿌리를 두고 이를 반영했"지만 말이다. "그들은 자신들의 접근 방식을 모더니즘 방식과 대조를 이루도록 '보수적'이라고 표현했지만, 그 방식에는 보수적이거나 전통적인 것은 거의 없었다."[47] 피치의 저서 『세대주의적 모더니즘』(Dispensational Modernism)은 "미국에서 세대주의가

---

45 Boyer, *When Time*, 95-96.
46 Weber, *Shadow*, 28.
47 Matthew Avery Sutton, *American Apocalypse: A History of Modern Evangelicalism* (Cambridge, MA: Harvard University Press, 2014), 16.

설득력을 갖게 된 것은 특정한 형태의 전천년주의 신학이 아니라 모더니즘의 인식론적 전제 때문이었다"고 주장한다.[48]

미주리주 세인트루이스의 대형 장로교회 목사였던 제임스 H. 브룩스(Brookes, 1830–1897)는 "미국 세대주의의 아버지"로 불린다.[49] 비록 다비가 브룩스에게 미친 영향에 관해서는 논란이 있지만, 다비가 세인트루이스의 교회에서 설교했을 때 브룩스는 아마도 그를 만났을 것이다.[50] 브룩스의 가장 인기 있는 책은 『마라나타 또는 주여 오시옵소서』(*Maranatha Or the Lord Cometh*, 1874)였으며, 그의 후기 작품인 『내가 오리라』(*I Am Coming*, 1890년경)는 같은 주제를 재차 다루었다. 브룩스는 그의 성경 강의, 1875년부터 세상을 떠날 때까지 매년 열린 나이아가라 성경 컨퍼런스에서 보인 그의 리더십, 그의 많은 저서, 1875년부터 1897년까지 세대주의 복음 전파에 힘쓴 잡지 「그리스도를 위한 진리 또는 증언」의 편집장직 등을 통해 19세기 후반 미국 예언 운동의 핵심 인물로 활동했다. 피치의 주장에 따르면 성경의 한 본문을 해설하기보다는 "주제별 전개에 따른 성경 본문 분류"에 기

---

48 Pietsch, *Dispensational Modernism*, 9. Pietsch는 "미국 개신교 내에서 종교적 지식에 대한 확신을 얻기 위해 분류학과 공학적 방법론의 힘을 깊이 신뢰하는 광범위하고 열정적인 운동이 일어났고" 이는 방법론에 집착하는 세대주의의 접근 방식이 탄생하는 데 도움을 주었다고 주장한다. Pietsch, *Dispensational Modernism*, 43.

49 Kiracofe, *Dark Crusade*, 64.

50 다음을 보라. Pietsch, *Dispensational Modernism*, 215n10. Pietsch는 Carl Sanders는 Brookes가 미국 침례교 랜드마크 운동에서 활약한 인물인 James Robinson Graves의 영향을 더 크게 받았지, Darby의 영향은 거의 받지 않았다고 생각한다. 다음을 보라. Carl E. Sanders II, *The Premillennial Faith of James Brookes: Reexamining the Roots of American Dispensationalism* (Lanham, MD: University Press of America, 2001).

초한 "대화식 성경 읽기"로 알려진 형제교회의 새로운 성경 접근법을 성공적으로 전파한 사람은 바로 브룩스였다. 그의『그리스도의 재림에 관한 성경 읽기』(Bible Reading on the Second Coming of Christ, 1877)는 이러한 접근 방식을 독자들에게 널리 알렸다. 브룩스는 "여러 면에서 형제교회의 성경 읽기와 향후 수십 년 동안 발전하게 될 세대주의 해석학 간의 중요한 가교역할을 했다."[51] 그리고 사이러스 스코필드(Cyrus I. Scofield)는 1879년 복음주의로 개종한 이후 브룩스에 크게 의존했으며, 20세기 세대주의의 가장 대표적인 전파자 중 한 사람이 된다.[52]

1878년에는 뉴욕시에서 미국 성경 및 예언 컨퍼런스로 알려진 일련의 예언 컨퍼런스 가운데 첫 번째 컨퍼런스가 열렸다. 그 후 1886년에는 시카고, 1895년에는 펜실베이니아 앨러게니, 1901년에는 보스턴, 1914년에는 시카고, 1918년에는 필라델피아와 뉴욕에서 차례로 개최되었다.[53] 세대주의자들은 자신들의 목소리를 내는 동시에 도시에서 새로운 기반을 확보했다. 그러나 세기가 바뀔 무렵에도 전천년설주의자들은 미국에서 "보수적 복음주의 내에서 여전히 소수"에 불과했지만, 그들의 영향력은 꾸준히 커가고 있었다고 말할 수 있다.[54] 피치의 주장에 따르면 "컨퍼런스 참석자들

---

51   Pietsch, *Dispensational Modernism*, 103.
52   Timothy P. Weber, *On the Road to Armageddon: How Evangelicals Became Israel's Best Friend* (Grand Rapids, MI: Baker Academic, 2004), 39.
53   Weber, *Shadow*, 28. Sutton은 이 운동의 규모를 추정하는 것이 쉽지 않다는 점을 인정하고 주요 전천년주의 저널의 발행 부수를 추적한다. Sutton, *American Apocalypse*, 26-27.
54   Weber, *Shadow*, 29.

은 자신들이 반근대적·공격적 비주류 보수주의 운동 집단이 아니라 주류 개신교 사상과 성직자의 권위를 지켜온 수호자라고 생각했다."[55] 1878년 컨퍼런스 참석자 중에는 신학 석사학위를 가진 사람들이 많았으며, 회의 분위기는 평화적이었고, 학문적 수준은 높았으며, 자유주의 신학에 대한 우려는 표명되지 않았다. "다비라는 인물이나 그의 분리주의적 성향도 전혀 나타나지 않았다. 다비의 저서들도 연설에서 자주 언급되던 독일 학자들의 저서와 함께 인용되지 않았다."[56]

전천년설의 성장은 많은 부분 성경학교 운동과 관련이 있는데, 이 운동은 1880년대에 급격히 확산되었으며 천년왕국의 가르침에 큰 영향을 받았다.[57] 전천년설 확산의 또 다른 중요한 수단은 드와이트 L. 무디가 해외 선교 활성화를 위해 기획한 컨퍼런스였는데, 이 컨퍼런스는 "믿음 선교" 자원봉사자들에게 동기를 부여하는 데 큰 역할을 했으며, 학생 자원봉사자 운동(The Student Volunteer Movement)에도 어느 정도 영향을 미쳤다.[58] 새롭게 등장한 근본주의 운동은 광범위하고 다양한 초교파적 보수주의가 연합한 운동으로, 그 안에서 세대주의 전천년주의자들은 공동의 목적을 위해 다른 이들과도 협력했는데, 그중에는 무천년설을 따르던 프린스턴 신학교와 관련된 개혁주의 신학자들과, 장로교 배경에 막연하게 후천년주의자였던 윌

55　Pietsch, *Dispensational Modernism*, 46.
56　Pietsch, *Dispensational Modernism*, 50.
57　성경학교의 등장에 관해서는 다음을 보라. Yaakov Ariel, *An Unusual Relationship: Evangelical Christians and Jews* (New York: New York University Press, 2013), 75-77.
58　예언 컨퍼런스에 대한 논의는 다음을 보라. Ariel, *Unusual Relationship*, 68-73.

리엄 제닝스 브라이언 같은 인물들도 포함되어 있었다.

19세기 후반의 부흥사 무디(1837-1899)는 1872년에 에든버러를 방문했을 때 다비의 가르침을 접하게 되었고, 그의 세대주의로의 전환은 세대주의에 명성을 가져다주었고 미국에서 세대주의가 많은 인기를 얻는 데 크게 기여했다.[59] 하지만 무디의 전천년설 수용은 그를 기독교 시온주의자로 만들지 않았다. 마치 전천년설이 다비를 기독교 시온주의자로 만들지 않았던 것처럼 말이다. 1877년에 무디는 한 설교에서 다음과 같이 말했다.

> 이제 나는 성경 어느 곳에서도 유대인의 귀환과 같은 천년왕국 도래의 징조를 기다리라는 말씀을 찾을 수 없다. 하지만 성경은 나에게 주님의 재림을 바라고 기다리며 지혜로운 다섯 처녀처럼 한밤중에 주님을 맞이할 준비를 하라고 말한다. 내가 이 설교를 마치기 전에 하나님의 나팔이 울릴지도 모른다. 아무튼 성경은 우리에게 그가 밤중에 도적같이 그리고 많은 사람들이 그를 찾지 않는 시간에 올 것이라고 말한다.[60]

무디의 태도는 오늘날까지 많은 플리머스 형제교회의 특징으로 남아 있다. 그들은 그리스도의 재림을 고대하고 유대인의 귀환을 환영하지만(비록 그

---

59 Moody와 유대인의 복잡한 관계에 대해서는 다음을 보라. Ariel, *Unusual Relationship*, 63-67.
60 W. H. Daniels, *Moody: His Words, Work and Workers* (New York: Nelson & Phillips, 1877), 472.

들은 그것이 휴거 이전에 일어났다는 것 때문에 놀랄 수도 있겠지만), 기독교 시온주의자들의 공격적·정치적 행동주의에는 무관심하고 냉담한 태도를 보인다.

1919년까지는 개신교 신학교 교수 중 전천년주의자가 거의 없었던 반면, W. J. 어드먼, J. 윌버 채프먼, 루벤 A. 토레이, 빌리 선데이 등을 포함한 미국의 주요 복음 전도자들은 거의 모두 전천년주의자였다. "예수 그리스도의 임박한 재림에 대한 믿음은 영혼 구원을 위한 전쟁에서 부흥사들에게 귀중하고 효과적인 무기를 제공해주었다."[61] 시간이 얼마 남지 않았다. 성도들의 휴거가 갑자기 일어나면 구원의 기회는 완전히 사라질 수 있다. 토레이는 다음과 같이 썼다. "오늘날 흔히 즉시 회개하고 예수 그리스도를 영접해야 한다는 일반적인 주장은 당신이 언제든 죽을 수 있다는 것을 의미한다. 그것은 성경의 주장이 아니다. 성경의 주장은 '너희가 생각지 못한 때에 인자가 임할 것이니 준비하라'는 것이다. 당신은 준비되어 있는가?"[62]

미국에서 세대주의의 인기가 점점 더 높아진 가장 큰 요인은 『스코필드 관주성경』(Scofield Reference Bible, 1909년, 1917년에 개정)이었다. 이 성경의 해설은 "모든 독자들에게 전문적인 해석의 권위를 약속"[63]했고, 광범위한 독자들에게 세대주의를 전파했다.[64] 이 성경의 "특별한 탁월함은 예언의 예측에 있지 않고, 해석의 대중성과 전문성 간의 갈등을 해소하는 능력에 있

---

61 Weber, *Shadow*, 52.

62 Torrey quoted by Weber, *Shadow*, 55.

63 Pietsch, *Dispensational Modernism*, 174.

64 Scofield와 그의 성경에 대한 논의는 다음을 보라. Ariel, *Unusual Relationship*, 73-74, and Pietsch, *Dispensational Modernism*, chap. 7.

264 기독교 시온주의의 역사

다."[65] 브룩스에게 영향을 받은 스코필드는 궁극적으로 그의 스승보다 세대주의의 확산에 더 큰 영향을 미쳤다. 티모시 웨버는 그의 관주성경을 "20세기의 가장 중요한 전천년주의 출판물"[66]이라고 평가했고, 제임스 바는 이를 "모든 근본주의 문학에서 가장 중요한 단일 문서"라고 평가했다.[67] 한편 피치는 반직관적으로 "스코필드 관주성경과 같은 세대주의 저작이 성공을 거둔 데는 그것이 세대주의적이었기 때문이 아니라 그 방법론과 접근법이 모더니즘적이었고" 성경 기획자들이 생각했던 것보다 훨씬 더 그 시대의 정신에 부합했기 때문이라고 말했다.[68] 그러나 또한 피치는 "스코필드 관주성경의 성공이 가져다준 예기치 못한 결과는 바로 '세대주의'가 그것을 탄생시킨 학식 있는 성직자 집단의 통제에서 벗어나게 되었다는 것"이라고 지적한다.[69] 20세기 후반에 할 린지(Hal Lindsey)의 저작과 그의 종말론 소설 시리즈인 『대유성 지구의 종말』(Late Great Planet Earth)과 『레프트 비하인드』(Left Behind)는 미국에서 세대주의가 지속적으로 인기를 얻는 데 기여했다.

세대주의자들의 견해는 유대인의 팔레스타인 회복이라는 개념에 대해서는 역사주의적 전천년주의자들의 견해와 달랐다. 역사주의자들은 유대인의 개종과 회복이 그리스도의 재림 이전에 일어날 것이라고 믿었다. 그러나 다비는 유대인들이 휴거 이후에도, 그리고 환난 기간에도 그 땅으

---

65   Pietsch, *Dispensational Modernism*, 174.
66   Weber, *Armageddon*, 39.
67   James Barr, *Fundamentalism* (Philadelphia: Westminster, 1978), 45.
68   Pietsch, *Dispensational Modernism*, 15.
69   Pietsch, *Dispensational Modernism*, 177.

로 귀환하리라고 예상하지 않았다.[70] 그는 유대인들이 환난 기간에 부활한 로마 제국에서 출현할 적그리스도와 협정을 맺을 것이라고 믿었다. 그리스도는 다시 오셔서 적그리스도를 물리치고 유대인들을 위해 이스라엘 땅을 확보하여 그들의 귀환을 가능하게 할 것이다. "역사주의적 전천년주의자들은 이스라엘 민족에 주신 물질적 약속을 영적으로 해석해서는 안 된다는 데는 다비와 그의 추종자들의 견해에 동의했지만, 두 종류의 하나님의 백성이 있고, 두 종류의 약속이 있다는 개념에는 반대했다."[71] 역사주의자들은 유대인과 그리스도인에게는 단 하나의 소망, 즉 지상의 문자적 소망만 있다고 생각했다. 그러나 다비에게는 그리스도인의 소망은 천상의 소망이고, 유대인의 소망은 지상의 소망, 즉 "문자적" 소망이었다.

다비의 미래주의적 전천년설과 역사주의적 전천년설 간의 또 다른 뚜렷한 대조는 세상 전반에 대한 다비의 관점과 특히 정치에 대한 다비의 관점이었다. 역사주의자들은 하나님은 모든 역사에서 점진적으로 일하신다고 보았다. 다비는 이와는 정반대로 하나님은 대격변을 통해 갑자기 세상을 심판하실 것이라고 주장했다. 인간의 노력은 아무런 소용이 없었고, 인간 제도는—기독교 교회를 포함하여—배교하고 파멸에 이르렀다. 참된 신자들은 (역사주의자들이 강력하게 지지했던) 개신교의 국교회에 남아 있기보다는 개인 신자들로 구성된 소규모 그룹으로 모여야 한다. 그들은 정치를 완

---

70   Smith, *More Desired*, 254.
71   Spence, *Heaven on Earth*, 121.

전히 피해야 하며 심지어 투표도 하지 말아야 한다. 왜냐하면 그렇게 하는 것은 그들이 물질세계에 충성을 표하고 그 세계의 악에 그들이 연루되는 것이기 때문이다. 미국에서 다비 신학을 전파한 브룩스도 이러한 정치관을 공유했다. 1880년에 그는 "하나님의 자녀들이 모든 더럽혀진 현장에서 벗어나면 얼마나 좋겠는가…[우리는] '불신자들과 불공평하게 멍에를 함께 메는 것'보다 기도와 경건한 행실로 이 나라를 위해 더 많은 일을 할 수 있다"고 권고했다. 만약 신자들이 "그리스도에 대하여 살아" 있다면 그들은 세상에 대하여 죽은 자이며, 따라서 투표소에 가지 않을 것이다. 왜냐하면 브룩스가 말했듯이 "죽은 자는 투표하지 않기" 때문이다.[72]

이러한 견해는 섀프츠베리 경 및 미국의 밀러주의와 관련된 많은 역사주의적 전천년주의자들의 특징이었던 사회적 활동주의 및 정치적 참여와는 뚜렷한 대조를 이룬다. 이 견해는 또한 사회 참여적이고 개혁주의적 성향이 강하며 주로 후천년설의 낙관주의의 영향을 받았던 남북전쟁 이전의 신앙 부흥 운동과의 분명한 단절을 의미한다. 어니스트 리 투베슨(Ernest Lee Tuveson)은 그의 저서 『구속자 국가: 천년왕국에서 미국의 역할에 대한 생각』(Redeemer Nation: The Idea of America's Millennial Role)에서 미국이 천년왕국에서 맡게될 역할의 인기는 미국 남북전쟁 무렵에 절정에 달했으며, "미국의 세속적인 천년왕국설은 1917년에 우드로 윌슨이 발표한 국가의 전쟁 목표에 담긴 고상한 수사학적 표현과 미국을 국제연맹에 가입시키고자 했

---

72   Weber, *Shadow*, 93에서 인용함.

던 윌슨의 실패한 캠페인에서 마지막 절정을 누렸다"고 주장한다.[73] 그러나 일부 전천년주의자들이 다비(와 스코필드)를 따라 문화적 단절을 옹호했지만, 이것은 과장된 면이 있다. 매튜 에이버리 서튼은 모든 전천년주의자들이 이러한 논리를 따른 것은 아니었다는 점을 보여주었다. 무디와 무디 성경학교에서 오랫동안 학장을 지냈던 제임스 그레이(James Gray), A. G. 딕슨(Dixon), 윌버 채프먼(J. Wilbur Chapman), 빌리 선데이(Billy Sunday) 등 일부 저명한 복음 전도자들은 사회적 문제에 계속 관심을 갖고 그리스도인들이 사회를 외면하지 않고 개선해야 한다고 촉구했다. 역설적이게도 그들은 "다가오는 종말을 대비하여 세상을 준비시키면서도 동시에 가능한 한 적극적으로 정치와 문화에 영향력을 행사하는 소명을 함께 수용할 수 있었다."[74]

그렇다면 다비 자신이 유대인들이 이 세대에 팔레스타인으로 귀환할 것이라는 기대에 어긋나는 가르침을 분명히 전파했다면 세대주의적 전천년설이 미국 복음주의자들에게 호응을 얻고 정치적으로 역동적인 미국 기독교 시온주의가 출현하는 데 기여했다는 주장을 어떻게 설명할 수 있을까? 여기서 로버트 O. 스미스의 관찰은 중요하다. "세대주의 교리가 미국 그리스도인들 사이에서 인기를 얻게 된 것은 단지 다비 한 사람 때문만은 아니었다. 그의 성서학 해석과 신학적 입장은 미국의 정체성과 소명을 형

---

73   Boyer, *When Time*, 229.
74   Sutton, *American Apocalypse*, 40.

성한 그 유대교의 중심적 토대 위에서 발전한 것이었다."[75] 다비는 처음부터 미국의 정황에 존재했던 여러 요인을 활용했고, 미국인들은 다비의 가르침의 여러 측면을 기꺼이 받아들이면서도 그의 분리주의, 기독교 세계의 멸망에 대한 교리, 정치에 대한 경멸, 부흥 운동에 대한 반대, 기독교 시온주의자들의 정치적 노력에 대한 그의 열정 부족과 같은 다른 측면은 거부했다. 다비와 관련된 플리머스 형제교회 운동은 미국에서 활성화되지 못했지만, 다비의 여러 사상은 수용되고 수정되며 대중화되었다. 어니스트 샌딘이 적절하게 요약했듯이 "비록 다비 교단의 견해를 인정하고 싶진 않았지만, 미국인들은 그의 보고를 습격하여 그의 가르침을 마치 자신들의 것처럼 가져갔다."[76]

이러한 변화는 다비의 글이 난해하고 복잡하여 이해하기 매우 어려웠기 때문에 가능했다. 다비의 사상은 독창적인 것이 아니라 여러 자료를 바탕으로 각색한 것이었다.[77] 그의 글은 해석자들의 손에 의해 추가로 각색되고 개정되고 수정될 수 있는 여지를 남겨두었다. 티모시 웨버가 주장했듯이 "전천년주의자들은 종말에 대한 자신들의 견해를 천년왕국에서의 미국의 역할이라는 오래된 개념과 통합시킬 만큼 적응력이 뛰어난 자들이었다."[78] 샌딘은 다비의 서로 다른 세대 개념, 구원사에서 일종의 괄호 역할을

---

75   Smith, *More Desired*, 153.
76   Sandeen, *Roots*, 102.
77   Smith, *More Desired*, 259에 인용됨.
78   Weber, *Shadow*, 226, 237. Smith, *More Desired*, 161에 인용됨.

하는 교회 시대 개념, 휴거 교리 등은 유지된 반면, 다비가 주창한 전통 교회로부터의 분리는 그렇지 않았다고 주장했다. "미국인들은 그의 신학적 가방에서 그들이 원하는 것을 꺼내 가져갔지만, 교단에 대한 자신들의 입장은 포기하지 않았다."[79] 그러나 그가 미국에서 호응을 얻은 것은 성경에 대한 그의 헌신과 성경을 다루는 그의 진지한 태도, "발전하는 현대적 접근법보다 성경을 더 진지하게 다루는 것처럼 보이는" 그의 문자적 접근법의 성경 해석 능력 때문이었다.[80] 그의 독자들은 특히 "그의 은혜 교리('그리스도 안에서 우리의 지위')와 비밀 휴거 교리('우리의 부르심에 대한 소망')를 높이 평가했다."[81] 피치의 주장에 따르면 세대주의자들은 다비를 따라 단순히 상식 수준의 귀납법을 사용하여 이전의 주장들을 재기술하지 않고, 오히려 "성경의 '과학적' 의미를 밝히기 위해 성경의 내부 문학적 구조―숫자 구조, 모형론적 주제, 본문 상호 참조―를 활용하는 스스로 숙련된 전문가가 되었다."[82] 미국인들이 "종교적 의구심과 사회적 문제에 대한 해결책이 과학적 지식에 있다"고 믿던 시대에 이러한 접근 방식은 매력적이었다.[83] 성경의 신비는 성령의 인도하심에 따라 "수년간 성경을 주의 깊게 비교 연구"하고, 올바른 방법을 사용하여 성경의 내적 일관성을 이해하며, "상호 본문 간 참조 체계, 특히 숫자의 순서, 원형과 대형, 문학적인 유비적 인물, 신학적 주

---

79 Sandeen, *Roots,* 101.
80 Smith, *More Desired,* 266.
81 Sandeen, *Roots,* 101.
82 Pietsch, *Dispensational Modernism,* 4장.
83 Pietsch, *Dispensational Modernism,* 96.

제 및 기타 의도된 체계"에 내포된 의미를 인식할 수 있는 신자들에 의해 밝혀질 수 있었다.[84] 세대주의의 매력을 기득권을 빼앗긴 자들의 필사적인 신념으로 치부하기 쉽지만, 이 경우는 분명 그렇지 않다. 이안 레니가 지적 했듯이 "세대주의는 당대의 가장 뛰어난 복음주의자들―그리고 일부 가장 부유한 자들―의 마음을 사로잡았다."[85]

세대주의와 유대인 전도

역사주의적 전천년주의자들과 후천년주의자들은 모두 유대인 전도를 받아들였다. 미국의 세대주의자들도 이 과제를 열정적으로 받아들였으며, 독일과 영국의 접근법을 모델 삼아 자신들의 접근법을 개발했다. 하지만 그들은 많은 유대인들이 대거 개종할 것을 기대하기보다는 일부 유대인들이 "야곱의 환난의 때"를 면하고 살아남아 아직 믿지 않는 유대인 집단이 기독교 복음 전도자들의 사역을 통해 말세에 그들의 역할을 할 수 있게 준비되도록 기반을 마련할 것을 기대했다. 그리스도인의 휴거 이후에 환난이 시작될 때 약 144,000명의 유대인(각 지파에서 12,000명씩, 계 7장)이 개종하겠지만, 그들의 개종을 위한 기반 마련은 휴거 이전에 뿌린 씨앗의 열매일 것이

---

84 Pietsch, *Dispensational Modernism*, 97-98.
85 Ian S. Rennie, "Nineteenth Century Roots," in *Dreams, Visions and Oracles: The Layman's Guide to Biblical Prophecy*, ed. Carl Edwin Armerding and W. Ward Gasque (Grand Rapids, MI: Baker, 1977), 56.

다. 야코프 아리엘이 말했듯이 "언제든 휴거가 이루어지고 대환난이 시작되면 자신의 역할을 감당할 수 있는 복음에 관한 지식을 가진(비록 아직 복음을 받아들이진 않았더라도) 유대인 144,000명을 확보하는 것이 필요했다."[86]

1890년대에 시카고 소재의 선교 단체였던 이스라엘의 소망 선교(Hope of Israel Mission)에서 아노 C. 개블라인(Arno C. Gaebelein)과 긴밀히 협력했던 언스트 F. 스트로터(Ernst F. Stroeter)는 비세대주의자들의 유대인 선교 방식이 기독교 메시지에 유대인들이 반응하지 않는 이유라고 주장했다. 아리엘은 1895년 펜실베이니아주 앨러게니에서 열린 예언 컨퍼런스에서 스트로터가 주장한 내용을 다음과 같이 요약한다.

기독교 교회가 유대인들은 더 이상 선민이 아니며 이스라엘 나라가 재건될 소망이 없다는 메시지밖에 전할 수 없을 때 그들이 개종하기를 거부한 것은 극히 당연한 일이었다. 스트로터는 유대인들이 오랜 세월 동안 적대감과 비참함 속에서도 한 민족으로서 살아남을 수 있게 해준 그 소망과 믿음을 기독교가 그들에게서 송두리째 빼앗으려 한다고 불평했다. 유대인들은 선교 현장에서 이교도보다 못한 존재로 취급받았다. 개종한 이방인들에게는 자기 민족에게 등을 돌리고 민족의 열망을 포기할 것을 요구하지 않았지만, 개종한 유대인들에게

---

86   Yaakov Ariel, *On Behalf of Israel: American Fundamentalist Attitudes Toward Jews, Judaism, and Zionism, 1865-1945*, Chicago Studies in the History of American Religion 1 (New York: Carlson, 1991), 101.

는 민족의 유산과 유대관계를 유지하는 것이 모두 금지되어 있었다.[87]

세대주의자들은 유대인들을 여러 유형으로 극명하게 구분했다. 세대주의
자들이 유대인 전도에 쏟은 노력은 대부분 성경을 존중하는 마음을 공유하
고 여전히 메시아의 도래를 고대하며 이스라엘 민족의 회복을 위해 기도
하는 정통파 유대인들에게 집중되었다. 그들은 정통파 유대인들을 전도하
는 데 어느 정도 성공을 거두었다. "비록 많은 정통파 유대인들은 자신들을
복음화하려는 시도를 본능적으로 거부했지만, 그들에게는 '다윗의 자손'
의 출현과 성경 예언의 성취에 관해 언급하는 세대주의자들의 메시아에 관
한 용어가 낯설지 않았다. 서로 토론과 설득이 가능한 공통점이 있었기 때
문이다."[88] 비록 정통파 유대인들은 "올바른 판단을 위한 시력을 잃어버림
으로써" 예수를 메시아로 인식하지 못했지만, 그들은 대환난을 통과한 후
천년왕국에서 통치할 유대인 집단이 될 것이다. 정통파 유대교는 "복음주
의 개신교를 제외하면 하나님의 목적에 유일하게 부합하는 유용한 종교였
다."[89] 따라서 미국의 대표적인 세대주의자인 윌리엄 블랙스톤과 아노 C.
개블라인이 수년간 유대인 복음화에 적극 참여한 것은 이해할 만하다. 우

---

87   Ernst F. Stroeter, "The Second Coming of Christ in Relation to Israel," in *Addresses on the
      Second Coming of the Lord Delivered at the Prophetic Conference, Allegheny, PA., December 3-6,
      1895*, ed. Joseph Kyle and William S. Miller (Pittsburgh: W. W. Waters, n.d.), 136-56. Ariel,
      On Behalf of Israel, 107n30.

88   Ariel, *On Behalf of Israel*, 62.

89   Ariel, *On Behalf of Israel*, 114.

리는 이제 그들에게 주목하고자 한다.

미국 최초의 전형적인 기독교 시온주의자: 윌리엄 블랙스톤

『예수께서 오신다』(*Jesus Is Coming*)의 출간은 미국과 전 세계에 급진적이고
새로운 종교 운동의 시작을 알렸다. 블랙스톤이 1935년에 사망할 때까지
그의 책은 48개 언어의 여러 판본으로 100만 부 이상이 출간되었으며,
이로써 이 책은 20세기에 가장 영향력 있는 종교 서적 중 하나가 되었다.[90]

매튜 에이버리 서튼

매튜 웨스트브룩은 "기독교 시온주의 내에서 행동주의가 정당화되기 위해
서는 다비의 종말론적 체계가 이념적으로 일관된 방식으로 **극복될 필요가**
있었다"고 주장했다.[91] 이 위업을 달성한 사람은 "미국 최초의 전형적인 기
독교 시온주의자"로 불린 윌리엄 E. 블랙스톤(1841-1935)이었다.[92] 블랙스
톤은 (다비와 달리) 정치에 적극 참여하는 기독교 시온주의자였으며, 미국
세대주의의 지도자임을 자처했다.[93] 다비와 달리 블랙스톤은 정규교육 없
이 전적으로 독학했으며, 극도로 개인주의적인 문화에서 자수성가한 전형

---

90   Sutton, *American Apocalypse*, 9.
91   Matthew C. Westbrook, "The International Christian Embassy, Jerusalem, and Renewalist
      Zionism: Emerging Jewish-Christian Ethnonationalism" (PhD diss., Drew University, 2014),
      68.
92   Smith, *More Desired*, 163.
93   Blackston에 관해서는 다음을 보라. Ariel, *Unusual Relationship*, 78-81 and 85-89. 그의 글
      의 사회적, 경제적, 정치적 배경에 관해서는 다음을 보라. Sutton, *American Apocalypse*, 10-
      12.

적인 인물이었다. 블랙스톤은 시카고에서 부동산으로 부를 축적했지만, 서른일곱 살이 되던 해에 유대인 전도와 저술 활동에 관심을 갖게 되었다. 그의 『예수께서 오신다』(Jesus Is Coming, 1878)는 최고의 베스트셀러가 되었다. 그는 세대주의의 가르침을 지지하는 가장 잘 알려진 유명인사가 되었고, 이 가르침을 수정하고 각색했다. 비록 블랙스톤은 다비의 가르침을 따르기로 공언했지만, 적극적인 정치 참여를 표방하는 자신의 기독교 시온주의 비전에 맞게 다비의 가르침을 수정했는데, 이는 결코 다비가 승인한 것이 아니었다. 블랙스톤은 세대주의적 전천년설을 완전히 새롭게 개조하여 이를 행동주의적 기독교 시온주의로 바꾸어놓았다.

블랙스톤은 미래주의적인 측면을 일부 채택하고 역사주의적인 측면을 일부 재도입하여 두 개의 상반된 예언 체계를 혼합했음을 인정했다. 그는 자신의 저서 중 하나에서 이를 명시적으로 언급한다. 그는 역사주의적 입장과 미래주의적 입장을 개괄하고 이 둘을 융합한 자기 입장을 설명하면서 "우리는 이것이 이 두 해석학파를 하나의 어울리는 체계로 조화시켰다고 생각한다"고 결론 내린다.[94] 전형적인 역사주의자로서 블랙스톤은 그리스도의 재림에 대한 구체적인 날짜까지는 아니더라도 적어도 중간 단계까지의 날짜 설정에 관심이 많았다. 그는 1894년에 "기원후 637년에 예루살렘이 마호메트 교도들에게 함락되었으므로 우리는 1897년에 예루살렘

94   *The Jewish Era* 2, no. 4 (October 1893): 238-39, Ehle, "Prolegomena," 259에 인용됨.

이 반환되는 것을 기대할 수 있을 것"이라고 추론했다.[95] 그는 1897년에도 1932년에 "이방인들의 이스라엘 통치가 영원히 종식될 것"이라고 추론했다.[96] 블랙스톤은 1923년에 그 날짜를 1933년으로 수정했다.[97]

1880년대부터 블랙스톤은 많은 청중을 대상으로 한 대규모 순회 설교 사역을 펼쳤으며, 새롭게 부상하는 부흥 운동의 주요 인사들과 함께 긴밀한 우정을 쌓았다. 서튼이 지적하듯이 "블랙스톤과 같은 근본주의자들은 반세기 동안 자신들의 메시지를 전파하는 동시에 휴거를 예고했다.…그들은 결단력과 헌신을 통해 자신들의 부흥 운동을 확장하기 위해 지칠 줄 모르는 열정을 쏟아부었다. 그들은 자신들이 행군 명령을 수행하고 있다는 사실을 결코 잊지 않았다."[98] 블랙스톤은 이 시기에 설립된 미국의 주요 성경학교 세 곳에서 정기적으로 가르쳤다. 1882년에 나약 칼리지를 설립한 사람은 블랙스톤의 가까운 친구 A. B. 심슨(Simpson)이었는데, 학교 설립에 대한 아이디어를 블랙스톤이 그에게 제공한 것으로 알려져 있다. 블랙스톤은 1886년에 시카고 복음주의 협회로 시작된 드와이트 L. 무디의 시카고 무디 성경학교와 1908년에 설립된 캘리포니아의 로스앤젤레스 성경학교(Bible Institute of Los Angeles, 이후에는 바이올라 칼리지로 알려짐)에서도 가르쳤다.

1887년에 블랙스톤은 "이스라엘을 위한 시카고 히브리 선교회"(Chicago

---

95   *The Jewish Era* 3, no. 4 (Oct. 1894); 4, no. 1 (January 1895): 130, Ehle, "Prolegomena," 267에 인용됨.

96   *The Jewish Era* 6, no. 2 (April 1897): 40, Ehle, "Prolegomena," 270에 인용됨.

97   Ehle, "Prolegomena," 303.

98   Sutton, *American Apocalypse*, 209.

Hebrew Mission in Behalf of Israel, 나중에는 단순히 "시카고 히브리 선교회"로 개명. 현재는 미국 메시아닉 펠로우십[American Messianic Fellowship]으로 알려져 있음)의 창립자가 되었다. 그는 분기 간행물인 「유대인 시대」를 통해 점점 더 많은 독자들을 확보했고,[99] 새 소책자들을 수만 부씩 펴냈다. 그의 글은 독일 경건주의자들과 영국 복음주의자들이 강조했던 기독교의 반유대주의 전통을 깊이 인식하고 있었으며, 차별 속에서도 이루어낸 유대인의 탁월한 업적에 대한 믿음을 계속 강조했는데, 이는 그가 1892년에 "제한받지 않고 자유롭게 무언가를 할 수 있는 기회가 주어진다면 유대인은 모든 경쟁자를 능가하고 모든 나라에서 지도자로 부상할 수 있다"라고 쓴 글에 잘 나타나 있다.[100]

따라서 블랙스톤의 영향력은 『예수께서 오신다』라는 그의 저서에 국한되어 있지 않았다. 그는 자신의 운동을 스스로 지원할 수 있는 매우 부유한 사람이었으며, 자신의 예언적 견해를 널리 알리고 정치적 로비활동을 효과적으로 전개하기 위해 자신의 1인 운동에 자신의 소유를 모두 바쳤다. 그는 1897년 56세의 나이에 시카고 히브리 선교회에서 사임하고, 시카고에 있는 집을 처분하여 설교, 저술, 강연, 전도지 배포 등 순회 전도사역에 더욱 집중하기로 결심했다.[101] 유니온 오일(Union Oil)의 밀턴 스튜어트는 1909년에 그의 형제 라이먼과 함께 「근본주의 총서」의 기금 마련을 도

---

99   Ehle, "Prolegomena," 238.
100   *The Jewish Era* 1, no. 3 (July 1892): 70, Ehle, "Prolegomena," 248에 인용됨.
101   Ehle, "Prolegomena," 268.

왔고, 1916년에는 2백만 달러에 달하는 기금을 보유한 밀턴 스튜어트 전도기금(Milton Stewart Evangelistic Fund)의 이사로 블랙스톤을 임명했다. 그러나 종종 블랙스톤은 자비로 5만 달러를 다른 여러 자선 단체에 기부했다. (블랙스톤은 밀턴 스튜어트의 아낌없는 지원을 받아 1909년부터 1914년까지 5년 동안 중국 선교사로 활동했다.)

다비는 "우리가 천국 갈 때까지는 어떤 사건도 일어나지 않는다"고 말하며 정치를 경멸한 반면, 블랙스톤은 그리스도인들이 정치적 역할을 감당해야 하고 유대인의 개종과 그들의 팔레스타인 귀환에 대한 생각을 수용해야 할 뿐만 아니라 이런 일이 일어나도록 미국 그리스도인들이 적극 힘써야 한다고 주장했다.[102] 그는 휴거 후에 귀환이 일어날 것이라는 다비의 견해를 받아들이지 않았다. 블랙스톤은 영국의 어깨에 지워진 책임을 미국의 어깨로 옮겼다. 미국은 유대인들이 포로생활에서 다시 시온으로 돌아오게 하는 현대판 키로스(고레스)로 부르심을 받은 구속자 국가였다. "블랙스톤에 따르면 하나님은 미국이 다른 나라보다 도덕적으로 뛰어나기 때문에 이 역할을 미국에 맡기시려고 선택하셨으며, 이 임무를 어떻게 수행하는지에 따라 미국을 심판하실 것이다."[103] "선택받은 [청교도] 민족"은 이제 영국이

---

102 Scofield는 이 점에 대해서는 Blackstone의 주장을 따랐지만, 6장에서 주장했듯이 이것은 (Samuel Goldman에 반하는) 혁신적인 주장이 아니었다. Cotton Mather는 이 입장을 이미 18세기에 주장했고, 19세기 초에는 대표적인 역사주의적 전천년주의자였던 James Bicheno 가 주장한 견해였다. 다음을 보라. Samuel Goldman, *God's Country: Christian Zionism in America* (Philadelphia: University of Pennsylvania Press, 2018), 148.

103 Stephen Spector, *Evangelicals and Israel: The Story of American Christian Zionism* (New York: Oxford University Press, 2009), 21.

아니라 미국이었다. 아리엘이 언급했듯이 블랙스톤의 이론은 "메시아에 대한 믿음과 친셈족주의적·친시온주의적 이념을 미국의 강한 애국심과 융합시킨다."[104]

1888-1889년에 블랙스톤은 팔레스타인을 방문하여 그가 황량한 땅으로 여겼던 그 땅에 "첫 번째 알리야(*Aliyah*)"로서[105] 최근에 이주한 유대인 이민자들이 이룩한 업적에 깊은 감명을 받았다. 그는 이와 관련하여 1891년에 팔레스타인에 대해 다음과 같이 썼다. "팔레스타인은 최소한 1만 제곱마일의 영토를 가지고 있는데, 인구는 60만 명에 불과하다. 그곳에는 200만 명에서 300만 명이 더 살 수 있는 공간이 있으며, 고대 성경에서 말하는 이 나라의 경계는 그 수용 능력을 대폭 증가시킬 것이다.…독립적이고 진보적이며 계몽된 정부만이 귀환을 원하는 모든 이스라엘 사람에게 보금자리를 제공할 수 있다."[106] 그에게는 예루살렘의 농업 정착지와 새로운 유대인 거주 지역이 특히 중요했는데, 이는 아랍인이 대다수인 그 땅에서 장차 유대인들이 수적으로 압도적인 우위를 차지하게 될 것을 예고하는 것이었다. 그에게 있어 이것들은 유대인들이 머지않아 고국으로 귀환할 것이며, 그리스도의 재림이 임박했음을 나타내는 "시대의 징조"였다.[107]

---

104   Yaakov Ariel, "'It's All in the Bible': Evangelical Christians, Biblical Literalism, and Philosemitism in Our Times," in *Philosemitism in History*, ed. Joseph Karp and Adam Sutcliffe (Cambridge: Cambridge University Press, 2011), 263.

105   첫 번째 알리야(문자적으로 '올라감')는 1882-1903년에 농업에 종사하는 시온주의자들이 오스만 팔레스타인으로 이주하는 이민 물결을 묘사하는 데 사용된 용어다.

106   *Our Day* 8, no. 46 (October 1891): 241-42. Ehle, "Prolegomena," 245에 인용됨.

107   Blackstone은 또한 Horatio와 Anna Spafford가 세운 기독교 공동체인 예루살렘의 미국 "이민

러시아의 잔혹한 대학살 소식을 접한 그는 1891년에 "이스라엘의 과거, 현재, 미래"라는 주제로 시카고에서 에큐메니컬 회의를 소집했고, 거기에는 저명한 기독교 목사와 유대인 랍비들이 대거 참석했다. 그 결과 러시아 유대인 지지를 만장일치로 결의했지만, 참석한 유대인 랍비들 가운데 유대인의 팔레스타인 "귀환"에 동의한 사람은 아무도 없었다.[108] 미국에서 가장 널리 알려진 랍비 중 한 명은 이 회의에서 시온주의에 대한 반대의 뜻을 분명히 밝혔다. 권위 있는 시카고 시나이 회당의 랍비이자 개혁파 유대교를 대표하는 인물 중 한 명인 에밀 G. 허쉬(Emil G. Hirsch)는 본 회의 연설에서 다음과 같이 주장했다.

우리 현대 유대인들은 팔레스타인으로 귀환하기를 원치 않습니다. 우리는 정치적, 인격적 메시아의 도래에 대한 희망을 포기했습니다. 우리는 "우리가 거주하고 있는 나라가 우리의 팔레스타인이고, 우리가 거주하고 있는 도시가 우리의 예루살렘입니다. 우리는 우리 자신의 국가를 재건하기 위해 다시 돌아가지 않을 것입니다.···우리의 종교적인 삶이 우리가 주변에서 흔히 볼 수 있는 삶의 상징으로 옷 입게 해주십시오. 우리의 회당이 우리가 거주하고 있는 이 도시의 언어로 말할 수 있게 해주십시오. 우리의 의식이 우리의 주변 문화와

단"과도 접촉했는데, 이 공동체는 복음주의적이면서도 신학적으로는 성결을 강조하는 절충적 집단이었다. 다음을 보라. Ariel, *Unusual Relationship*, 104-10.

108   Ehle, "Prolegomena," 240.

조화를 이룰 수 있게 해주십시오."[109]

다른 개혁파 랍비들은 유대인의 회복이라는 이상에 대해 좀 더 양면적 태도를 보이면서 억압받는 러시아 유대인들이 팔레스타인에 이주하고 정착하는 것은 기꺼이 지원하겠다는 의사를 보였지만, 완전한 유대 국가 건설이라는 시온주의자들의 목표는 지지하지 않았다.[110]

블랙스톤의 활동은 미국의 천년왕국 운동에서 나타나고 있던 변화의 맥락에서 이해할 필요가 있다. 그는 1870년대에 『예수께서 오신다』를 저술했는데, 이 시기는 미래주의가 역사주의적 입장을 제치고 미국의 천년왕국설 지지자들이 선호하는 대안으로 부상하던 때였다. 그가 교단에 속하지 않은 평신도였다는 사실은 19세기 후반 미국 보수 개신교의 반교파적, 반교권적 시대의 현상을 보여준다. 1890년대에 미래주의적 전천년주의자들은 예수가 친히 재림하는 사건이 7년 대환난 기간 이전에 일어날 것인지 (다비의 견해를 따라) 아니면 그 이후에 일어날 것인지("환난 후 휴거설")를 놓고 두 진영으로 나뉘었다. 예언 관련 정기 간행물에 실린 논쟁은 개인적이고 악의적인 논쟁으로 변했고, 1840년대 형제교회 운동 초기에 존 넬슨 다비와 벤자민 윌스 뉴턴의 추종자들 사이에 있었던 불화와 유사한 신랄한 비난과 독설이 이어졌다. 그러나 1910년에 이르러서는 다비-개블라인-스

---

109   George F. Magoun, "The Chicago Jewish Christian Conference," *Our Day* 7 (January–June 1891): 270–71.

110   Ariel, *On Behalf of Israel*, 77.

코필드 노선을 따르는 환난 전 휴거설 지지자들의 승리가 확실해졌고, 이 승리는 1909년에 스코필드 관주성경이 출판되면서 더욱 확고해졌다. 그러나 환난 후 휴거설을 지지하는 전천년설도 사라지지 않았다. 로버트 캐머런(Robert Cameron), 너새니얼 웨스트(Nathaniel West), W. J. 어드먼(Erdman), 윌리엄 G. 무어헤드(William G. Moorehead), 헨리 W. 프로스트(Henry W. Frost)—모두 나이아가라 성경 컨퍼런스에 참여했던 인물들—는 환난 후 휴거설을 지지하는 소수 입장을 취했다. 그들은 교회가 환난 기간을 겪을 것이며 결코 그 이전에 휴거를 경험하지 않을 것이라고 믿었다.[111]

1891년 블랙스톤 청원서

랍비 허쉬와 같은 동화주의적 유대인들의 반대에도 불구하고 블랙스톤은 1891년의 블랙스톤 청원서(Blackstone Memorial)를 작성하여 수많은 미국 지도자들과 함께 유대인들의 팔레스타인 고국 귀환을 위한 국제회의를 지지해줄 것을 벤저민 해리슨 대통령에게 요청했는데, 이는 제1차 시온주의 대회가 열리기 약 6년 전의 일이었다. 블랙스톤은 러시아에 대한 직접적인 비판이 러시아 유대인들의 상황을 악화시킬 수 있다는 것을 알고 있었기 때문에 직접적인 비판으로 러시아의 반감을 사지 않도록 유의하면서 이 청원서를 다음과 같은 질문으로 시작했다,

---

111   Sandeen, *Roots*, 210-11. 환난 중 휴거라는 선택지도 있었지만 큰 호응을 얻지 못했다.

러시아 유대인들을 위해 무엇을 해야 합니까?⋯유대인들은 수 세기 동안 [러시아] 영토에서 외국인으로 살아왔는데, 러시아는 그들이 자국의 재정에 부담을 주고 농민들의 복지에 해를 끼친다고 생각하여 그들이 그곳에 계속 남아 있는 것을 허용하지 않을 것입니다. 러시아는 그들이 반드시 떠나야 한다고 결정했습니다.⋯그러나 2,000,000명이나 되는 이 불쌍한 사람들은 어디로 가야 합니까?[112]

그리고 블랙스톤은 다음과 같은 해결책을 제안한다.

팔레스타인을 다시 그들에게 돌려주면 어떻겠습니까? 하나님이 열방을 분배하신 것에 따르면 그곳은 그들의 고향이며 빼앗을 수 없는 그들의 소유인데 그들은 강제로 추방을 당했습니다.⋯1878년 베를린 조약에 따라 불가리아를 불가리아인들에게, 세르비아를 세르비아인들에게 준 열강들이 이제는 팔레스타인을 유대인들에게 돌려주지 않는 이유가 무엇입니까? 루마니아, 몬테네그로, 그리스와 같은 지역들도 튀르키예로부터 빼앗아 원래의 주인에게 돌려주었습니다. 팔레스타인은 합법적으로 유대인의 소유가 아닙니까?[113]

이 청원서는 오스만 제국과 관련하여 "튀르키예가 이 땅을 소유함으로써

---

112   Kiracofe, *Dark Crusade*, 66.
113   Kiracofe, *Dark Crusade*, 66.

얻은 기득권이 무엇이든 간에 그것은 유대인들이 국가의 부채를 공평하게 분담함으로써 쉽게 보상할 수 있는 문제"라고 주장했다.[114] 팔레스타인에 사는 아랍 주민에 대한 언급은 없었다.

이 청원서는 시온주의 운동에 대한 엄청난 관심을 불러일으켰으며, 유대인과 그리스도인이 모두 인도주의적 차원에서 이 청원서에 서명을 했으며(이들 중 다수는 세대주의자가 아니었다), 존 D. 록펠러(John D. Rockefeller)와 J. P. 모건(J. P. Morgan)과 같은 거물급 기업 총수, 법조계의 주요 인사(미국 대법원의 현 대법원장과 향후 대법원장이 될 세속적 유대인 루이스 D. 브랜다이스를 포함), 오하이오주지사(이자 미래 대통령) 윌리엄 맥킨리(William McKinley)를 포함한 정치인, 연방의회 의원들도 이에 동참했다. 마닌 파인스타인이 관찰했듯이 "헤르츨의 『유대 국가』(*Jewish State*)를 포함하여 유대인 문제와 팔레스타인을 다룬 19세기 문헌 중 블랙스톤의 청원서만큼 이 나라의 많은 신문 사설이 쏟아져 나오게 만든 문헌도 없다."[115] 따라서 블랙스톤은 활동적인 기독교 시온주의를 세대주의의 중심에 도입하여 이 운동의 유전자 코드를 변경하는 데 매우 중요한 역할을 했고, 기독교 시온주의의 계보에 지대한 영향을 미쳤다.[116]

---

114   *The Missionary Review of the World*, April 1891, IV, NS, 305.
115   Marnin Feinstein, "The Blackstone Memorial," *Midstream* 10 (June 1964): 76, J. D. Moorhouse, "Jesus Is Coming': The Life and Work of William E. Blackstone" (PhD diss., Dallas Seminary, 2008), 4에 인용됨.
116   이 청원서에 대한 반응은 다음을 보라. Ariel, *Unusual Relationship*, 88-90.

아노 C. 개블라인: 유대인 전도자, 전천년주의 저술가, 예언 컨퍼런스 기획자

블랙스톤의 동시대 인물 중 한 명인 아노 C. 개블라인은 세대주의 이야기 및 세대주의와 기독교 시온주의의 관계가 그리 단순하지 않다는 것을 실례로 보여주는 인물이다. 그는 급부상하는 세대주의 운동의 핵심 기획자였으며, 이디시어를 사용하는 유대인들을 대상으로 뉴욕에서 선교사로 활동했다. 그는 1880년대에 이스라엘의 소망 선교를 설립하여 구호 및 자선 활동을 통해 유대인들에게 접근했고, 토요일에는 인기 있는 강의를 했다. 개블라인은 유대인의 관습과 종교의식에 대해 잘 알고 있었고, 이디시어를 잘 구사했기 때문에 많은 유대인들은 그가 이방인이라는 사실을 믿기 어려워했다. 또한 개블라인은 오랫동안 세대주의 잡지인 「우리의 소망」의 편집자로 활동한 유대인 선교의 핵심 인물이었다.

영국과 미국의 보수주의자들은 1897년에 테오도어 헤르츨의 주도하에 세속적 시온주의 운동이 결성되는 것을 큰 관심을 가지고 지켜보았다. 1894년 초에 개블라인의 친한 동료였던 언스트 스트로터의 편집하에 「우리의 소망」지가 창간되었을 때 세대주의자들의 관심사는 분명했다. 스트로터는 "기독교 교회는 유대인의 팔레스타인 식민지 정착에 박수를 보내야 하며, 이러한 노력에 확실히 도움을 주어야 한다고 지속적으로 주장했다."[117] 1896년에 스트로터는 시온주의의 발전 상황을 살펴보기 위해 유럽

---

117   David A. Rausch, *Zionism Within Early American Fundamentalism, 1878-1918: A*

으로 건너갔고, 1897년에는 유럽으로 영구적으로 돌아가 제1차 시온주의 대회에 관한 내용을 「우리의 소망」에 보고했다. 스트로터가 떠나고 개블라인이 다시 편집을 맡으면서 「우리의 소망」은 초점을 바꾸었다. 개블라인은 유대교 시온주의가 발전하는 모습에 큰 관심을 보였지만, 스트로터, 블랙스톤, 헤클러처럼 비판 없이 무조건 지지하진 않았으며, 세속적 유대교 시온주의자들이 "회복"의 수단이 될 것이라는 주장을 부정했다. 그는 『시대의 갈등』(*The Conflict of the Ages*)에서 시온주의를 다음과 같이 규정했다. "이 운동 전체는 하나님이 기뻐하시지 않는 불신앙 중 하나이며, 결국에는 이스라엘 땅에 또 다른 심판을 초래할 것이다."[118] 개블라인은 성경에 예언된 회복이 휴거 이후에 이루어질 것이라는 다비의 견해에 더 가까웠던 것으로 보인다. 1905년에 그는 『하나님은 그의 백성을 버리셨는가?』(*Hath God Cast Away His People?*)에서 다음과 같이 말했다.

우리는 시온주의가 하나님께서 약속하신 이스라엘의 회복을 의미하는 것이 아니라고 말하고 싶다. 시온주의는 이스라엘 땅으로의 귀환과 관련하여 구약성경에 나타난 수많은 예언의 성취가 아니다. 사실 시온주의는 하나님의 말씀에 근거한 주장을 펼치는 데 거의 필요치 않다. 시온주의는 오히려 정치적이고 자선적 목적의 운동이다. 그들은 하나님 앞에 모여 성경을 연구하고 하나님 앞

Convergence of Two Traditions (Lewiston, NY: Edwin Mellen, 1979), 229.

118   Ariel, *On Behalf of Israel*, 115.

에서 겸손히 자신을 낮추며 그분의 이름을 부르고 그분을 신뢰하며 그분이 자주 약속하신 말씀을 행하실 수 있다고 믿는 대신, 자신들의 재물, 영향력, 식민은행(Colonial Bank)에 관해 이야기하고 술탄의 환심을 사기 위해 비위를 맞추고 있다. 이 위대한 운동은 하나님의 영원한 경륜이 아니라 불신앙과 자기 확신에 찬 운동이다. 따라서 이 운동은 영적인 면과 신적인 면을 전혀 고려하지 않고, 국가의 미래와 국가의 복지를 자신의 힘으로 해결하려는 유대인의 노력이다. 만약 시온주의가 성공한다면(당연히 성공할 것이다) 그것은 유대인들이 불신앙의 상태에서 그들의 땅으로 돌아오는 부분적 귀환이 될 것이다. 성경에 그러한 귀환을 예언한 본문이 있는가? 우리는 성경에서 그러한 일이 일어나리라고 말하는 단 한 구절도 알지 못하지만, 현세의 마지막 때에 일어날 모든 예언된 사건을 통해 분명히 알 수 있는 것은 이러한 사건이 성취되려면 유대 민족의 일부가 그 땅으로 돌아가야 한다는 점이다. 그들 가운데는 믿음을 가진 남은 자들이 있지만, 절대다수는 믿지 않는 자들일 것이다.

그뿐만이 아니다. 성전이 재건되어야 하고(시온주의자들은 이 점을 자주 언급했다) 매일 드리는 제사가 회복되어야 한다(단 11:31). 우리는 유대 민족의 일부가 팔레스타인에 거주하지 않는 한 성취될 수 없는 성경의 몇몇 본문을 언급하고 있다.[119]

---

119 Arno Clemens Gaebelein, C. I. Scofield, and A. J. Gordon, *Hath God Cast Away His People?* (New York: Our Hope, 1905), 200-201.

그럼에도 개블라인은 「우리의 소망」에서 복음주의 독자들에게 유대인 시온주의자들의 활동에 대한 최신 정보를 제공하는 데 특별한 관심을 기울였다. 많은 전천년주의자들은 시온주의가 "이 시대의 종말을 향한 예언적 초읽기를 시작하기 위해 '불신앙 상태에 있는' 유대인들을 성지로 돌아오게 할 이 운동의 시작"이 될 것으로 생각했다.[120] 개블라인은 스코필드와 긴밀히 협력하는 가운데 그 당시 중단되어 있던 나이아가라 컨퍼런스의 전통을 자신이 계승했다고 주장했다. 1902년경 그는 미국 전역에서 예언 집회를 개최했고, 1904년에는 유대인 선교에 직접 관여하는 것을 중단했다.[121] 사실상 개블라인은 환난 후 휴거설 지지자들을 더 광범위한 예언 운동에서 제명했다. 그의 조직 내의 주도권은 1909년에 스코필드의 관주성경이 출간되면서 더욱 공고해졌다.

1910년과 1915년 사이에는 로스앤젤레스 성경학교에서 열두 권으로 구성된 90여 편의 논문 모음집 『근본주의 총서: 진리에 대한 증언』(The Fundamentals: A Testimony to the Truth)을 출간했는데, 이는 1920년대에 등장한 "근본주의"라는 대중적 운동의 근간이 된 보수적인 개신교 신앙을 확고히 하려는 것이었다.[122] 이 책의 여러 논문에는 유대인 문제가 자주 언급되었으며, 이 책의 두 번째 편집자는 "히브리계 그리스도인"이었던 루이스 마이어(Louis Meyer)였다. 개블라인은 예언에 관한 논문을 썼는데, 그는 성경의

---

120   Weber, *Shadow*, 137.
121   Sandeen, *Roots*, 220. Ariel, *On Behalf of Israel*, 109.
122   『근본주의 총서』에 관해서는 다음을 보라. Ariel, *Unusual Relationship*, 74-75.

무오성과 성경의 초자연적 지위가 당대에 성취되고 있던 성경의 예언으로 인해 강화되었다고 주장했다. 새롭게 부상한 근본주의 운동은 세대주의 운동보다 더 광범한 운동이었지만, 개블라인이 이 논문의 저자로 지명된 것은 근본주의자들이 크게 성공을 거두었고, 개블라인이 그 성공에 중요한 역할을 했다는 것을 보여준다.

개블라인은 블랙스톤과 여러 면에서 상당히 달랐다. 블랙스톤은 대표적인 세속적 유대인들과 친밀하고 개인적인 우정을 유지한 반면, 개블라인은 1904년에 유대인 선교를 그만두고, 보다 광범위한 세대주의 운동을 주도하는 데 집중한 이후에는 유대인들과 접촉했다는 증거가 없다. 그는 시온주의 운동과 아무런 관련이 없었으며, 팔레스타인으로 귀환하는 유대인들을 지원하는 데는 본질적으로 소극적이었다. 그는 시온주의 운동에 기부한 적이 없으며, 시온주의 운동을 의심스럽게 생각했다. "그는 관찰자로서 시온주의의 세속적 성격을 비난하면서도" 역설적이게도 "그들이 이룬 성취에 대해 기뻐했다."[123] 그러나 그는 시온주의의 초기 성공은 역사가 전천년주의자들이 예언한 대로 전개되고 있다는 것을 보여주며 예언에 대한 자신의 신념의 타당성을 입증한다고 생각했다.[124] 세대주의 안에는 두 가지 흐름이 존재했는데, 하나는 블랙스톤을 따르는 활동적 성향의 기독교 시온주의였고, 다른 하나는 다비와 개블라인을 따르는 소극적이면서도 호기심

---

123   Ariel, *On Behalf of Israel*, 115.
124   Ariel, *On Behalf of Israel*, 116.

이 강한 성향의 기독교 시온주의였다. 두 그룹 모두 유대인들이 결국 팔레스타인으로 귀환할 것을 확신했지만, 그것이 성취되는 시기와 시온주의 운동을 적극적으로 지지해야 하는지에 대해서는 서로 의견이 달랐다.

교황과 곰에 의해 빛을 잃은 교황과 튀르크

드와이트 윌슨(Dwight Wilson)은 전쟁 이전의 예언 관련 글들을 연구하면서 전천년주의자들의 사고가 얼마나 잘 짜여 있었는지를 강조했다. 그들은 유대인의 귀환을 믿었지만 분명히 반러시아적 사고를 갖고 있었다. 강력한 반러시아적 정서는 러시아 내의 반유대주의와만 관련된 것은 아니었다. 역사주의적 전천년주의자들과 미래주의적 전천년주의자들은 모두 러시아를 다니엘의 예언에 등장하는 "곡과 마곡"과 동일시했다. 미국의 예언 작가들은 18세기 후반까지 곡을 "튀르크 황제"로 보았지만, "곡을 튀르크로" 보던 것에서 "곡을 러시아로" 보게 된 변화는 독일의 히브리어 학자 빌헬름 게제니우스(Wilhelm Gesenius, 1786-1842)의 해석에서 비롯된 것이며, 세대주의를 설명하는 과정에서 다비는 그의 해석을 채택했다.[125] 마찬가지로 영국의 대표적인 역사주의적 전천년주의자였던 존 커밍(John Cumming)은 오스만 제국을 차지하기 위해 영국과 프랑스가 러시아에 맞서 싸웠던 크림 전쟁(1853-1856년) 도중에 『종말』(*The End*, 1855)을 저술하여 곡이 러시

---

125   Boyer, *Shadow*, 154.

아라는 주제를 발전시켰다. 19세기 후반에 이르러 영국과 미국의 작가들은 러시아에 대한 이러한 새로운 시각을 받아들였다. 보이어가 지적하듯이 "일반 대중의 수준에서 러시아가 팔레스타인 북쪽에 위치한다는 부인할 수 없는 지리적 사실은 말할 것도 없고 '로스'(Rosh)와 '러시아'(Russia), '메섹'(Meschech)과 '모스크바'(Moscow)의 모호한 유사성은 이 이론에 상식적인 호소력을 부여했다."[126]

예언적으로 중요한 사건들이 예고되었는데, 그중에서 가장 중요한 사건은 유대인의 팔레스타인 귀환, 휴거, 러시아의 이스라엘 침략이 수반되는 최후의 전쟁—아마겟돈—이었다. 19세기 후반부터 교황과 튀르크는 더 이상 개신교와 기독교 시온주의 운동의 이중 적이 아니었다. 적이었던 튀르크를 러시아가 대체했고, "하나님을 믿지 않는 공산주의자"들이 러시아를 장악한 1917년부터는 더욱더 그러했다. 급진적 무슬림의 테러리즘이 부상하면서 이슬람이 예언 체계에서 다시 적의 자리를 차지할 때까지 러시아는 약 70년 동안 그 자리를 대신 지켰다.

---

126   Boyer, *Shadow*, 155.

9장

1917년의 밸푸어 선언

국왕 폐하의 정부는 팔레스타인에 유대인의 조국 건설을 호의적으로 생각하며,
이 목적의 실현을 돕기 위해 최선의 노력을 다할 것이다.
1917년 11월 2일, 밸푸어 선언

밸푸어 선언은 단 세 문장으로 이루어진 간단한 서신이었지만, 세계 역사의 흐름을 바꾸어놓았다. 그것은 시온주의 역사상 이스라엘 국가가 수립되기 이전에 있었던 가장 중요한 정치적 사건이었다. 기독교 시온주의가 이 선언에 미친 영향을 살펴보면서 기독교 시온주의자들이 조성한 여론의 전반적인 분위기와 국제 정치의 복잡성에 대한 논의로 넘어가 보고자 한다.

영국 외무대신 아서 제임스 밸푸어(Arthur James Balfour)는 1917년 11월 초에 저명한 영국 시온주의자인 로스차일드(Rothschild) 경에게 영국 정부가 시온주의를 지지한다는 사실을 알리며 "이 목적의 실현을 돕기 위해 최선의 노력을 다할 것"임을 밝히는 서신을 보냈다. 인류 역사상 가장 강력하고 광대한 제국으로 알려진 이 국가는 타자기로 작성한 이 짧은 서신을 통해 독특한 방식으로 시온주의 운동에 헌신했다. 몇 주 후 영국군은 에드먼드 앨런비(Edmund Allenby) 경의 지휘하에 예루살렘을 12월 9일에 점령했다. 1922년 국제연맹 총회는 밸푸어 선언에서 약속한 내용을 팔레스타인 위임통치 규정에 포함했는데, 이는 팔레스타인의 통치권을 공식적으로 영국에 부여하고, 유대인들이 팔레스타인에 조국을 세울 수 있도록 지원할

책임이 영국에게 있음을 인정했다.[1]

유대인 박해에 대한 영국의 대응

이 선언은 영국과 유대인 관계를 둘러싼 오랜 역사 속에서 이해할 필요가 있다. 내가 지금까지 주장했듯이 기독교가 유대인의 회복을 지지한 것은 17세기부터 영국의 정체성에 녹아들어 있었고, 영국 민족주의는 유대인에 대한 독특한 책임감을 바탕으로 형성되었다. 많은 영국 그리스도인들은 유대인들의 시온으로의 "회복"을 위해 영국이 구체적인 행동을 취해주기를 오랫동안 바랐다. 기독교 "회복주의자들"은 수십 년간 박해를 받아온 유럽의 유대인들을 위해, "다마스쿠스 사건"이 발생했을 1840년에는 오스만 제국의 유대인들을 위해, 그리고 1880년대에는 러시아 유대인들을 위해 대중들의 지지를 끌어내는 데 중요한 역할을 했다. 밸푸어 선언을 지지하게 된 배경은 이 선언이 발표된 당시뿐만 아니라 몇 세기 동안의 과거 역사도 함께 고려해야 한다.

---

1   Tom Segev and Haim Watzman, *One Palestine, Complete: Jews and Arabs Under the Mandate*, 1st American ed. (New York: Metropolitan Books, 2000), 116. 이 선언문의 초안은 1917년 7월에 작성되었으며, 시온주의자들이 몇 달 전 프랑스 정부로부터 얻어낸 것과 유사한 짧은 지지성명서를 얻기 위한 목적으로 작성되었다. 외무부의 우호적인 조언자들에게 자문을 구하여 초안을 수정한 후 그것을 밸푸어에게 보여주었고 다시 수정한 후 내각에 보고하여 추가 수정을 거쳤다. 이 문서의 최종 문구는 전시 내각 내부 논의와 주요 시온주의자들과의 대화를 통한 수 주에 걸쳐 진행된 수차례의 논의 끝에 채택되었다. 선언문의 신중하고 세심한 표현과 언어 사용에 대해서는 다음을 보라. Jonathan Schneer, *The Balfour Declaration: The Origins of the Arab-Israeli Conflict* (Toronto: Doubleday Canada, 2010), 335, 373.

하지만 당시의 직접적인 배경도 중요했다. 테오도어 헤르츨은 러시아 유대인의 상황이 더욱 심각해지자 1903년에 영국 식민지 장관인 조지프 체임벌린(Joseph Chamberlain)과 외무대신인 랜스다운(Lansdowne) 경을 만나 가능한 해결책을 논의했다. 그들은 영국 보호령인 동아프리카의 우간다를 피난처로 무제한 제공하는 유대인 이주를 시온주의자들에게 제안했다. 헤르츨은 이곳이 언제든 상황만 허락되면 유대인이 다시 팔레스타인으로 이주할 수 있는 임시 안식처라고 생각했다. 많은 시온주의자들은 팔레스타인만을 해결책으로 고수하지 않는 헤르츨을 배신자로 간주했다. 헤르츨은 1904년에 사망했고, 비록 우간다 방안이 1905년 시온주의 컨퍼런스에서 논의되긴 했지만, 사실상 그의 죽음과 함께 무산되었다.[2] 유럽의 정치 상황이 악화하면서 "두 번째 알리야(*Aliyah*)", 즉 유대인들이 팔레스타인으로 이주하는 새로운 물결이 생겨났다. 1904년부터 1914년까지 약 35,000명의 동유럽 유대인들이 박해를 피해 팔레스타인으로 이주했다.[3]

1913년에 나훔 소콜로프(Nahum Sokolow)가 영국 외무성에 로비를 시도했을 때 그는 외면당했다. 두 달간의 끈질긴 노력 끝에 한 관계자는 "그가 전화를 걸면 누군가는 그를 만나줄 순 있겠지만, 우리는 더 이상 시온주의자들과 엮이고 싶지 않다"고 시인했다.[4] 당시 소콜로프가 거절당한 이유

---

2 Schneer, *Balfour Declaration*, 112.

3 Caitlin Carenen, *The Fervent Embrace: Liberal Protestants, Evangelicals, and Israel* (New York: New York University Press, 2012), 6.

4 Schneer, *Balfour Declaration*, 100.

296   기독교 시온주의의 역사

는 영국에 우호적이었던 튀르키예가 시온주의에 반대했기 때문이다. 조너선 슈니어(Jonathan Schneer)가 논평하듯이 외무성 관계자들은 참을 수 없을 정도로 거만한 속물이었다. "방문자가 저명한 인사이든, 어디 출신이든 상관없이 외무성 관계자들은 방문자들을 대할 때 전혀 기죽지 않았다."[5] 당시 사무차관이었던 아서 니컬슨(Arthur Nicholson) 경은 소콜로프를 만나지 않았고, 그의 개인 비서였던 온슬로(Onslow) 백작이 그를 대신 만났다. 온슬로 백작과 소콜로프가 만난 후 그의 상관인 니컬슨은 온슬로에게 다음과 같이 냉소적으로 말했다. "어떤 경우에도 우리는 시온주의 운동을 지지하는 일에 개입하지 않는 것이 좋습니다. 유대인들의 이주는 튀르키예 내에서 크게 의견이 갈리는 사안으로 [오스만 제국의] 내정 문제입니다. 아랍인들과 옛 튀르크인들은 이 운동을 혐오합니다."[6] 박해받는 유대인들이 우간다에 정착하는 일을 돕는 것과 박해받는 유대인들이 오스만 제국의 팔레스타인 땅으로 이주하는 일을 돕는 것은 서로 전혀 다른 문제였다. 심지어 전쟁 직전까지 치닫는 상황에서도 외무성의 태도는 결코 달라지지 않았다.

영국 유대인의 절대다수는 시온주의에 동조하지 않았다. 일부는 그저 무관심했지만, 상당수는 대놓고 적대적이었다. 당시에는 30만 명의 영국 유대인 가운데 단지 8천 명만이 시온주의 단체에 소속되어 있었다. 영국의 대다수 유대인들은 러시아의 박해나 남유럽과 동유럽의 대학살을 피해 최

---

5   Schneer, *Balfour Declaration*, 108.
6   Schneer, *Balfour Declaration*, 109.

근에 이주해온 극도로 가난한 이민자들이었다. 영국에서 생계를 꾸려나가는 것만으로도 충분히 어려웠다. 오스만 제국의 낙후된 변방으로 이주하자는 허황된 운동에 동참하는 것은 전혀 호소력이 없었다. 옛 런던의 유대인 귀족층은 시온주의자가 아니라 동화주의자였다. "사촌지간"(Cousinhood)이란 이름으로 알려진 이 그룹은 엘리트 가문 간의 혼인을 통해 서로 연결되어 있었고,[7] 그들은 대체로 적대감만 드러냈다. "그들은 자신들을 영국계 유대인이 아니라 유대계 영국인으로 생각했으며, 유대인들이 독립된 종족 또는 민족을 형성한다고 주장하는 시온주의자들을 혐오했다."

국면 전환 요소: 제1차 세계대전의 발발과 시온주의의 로비 공세

> 1914년 7월 말과 8월 초의 선전포고는 어느 여름날
> 가든파티에서 갑자기 빗발치는 총성처럼 무방비
> 상태에 있던 전 세계를 덮쳤다.[8]
>
> 조너선 슈니어

전쟁이 시작되면서 많은 변화가 일어났다. 10월 말에 오스만 제국은 영국에 대항하는 중앙열강의 편에 섰고, 따라서 영국은 더 이상 시온주의를 반대하는 오스만 제국에 관심을 두지 않았다. 시온주의자들은 만약 오스만 제국이 패하고 승리한 영국에 의해 분할이 이루어지면 유대인의 조국이 건

---

7   Schneer, *Balfour Declaration*, 110.
8   Schneer, *Balfour Declaration*, 112.

설될 가능성은 극적으로 높아질 것으로 예상했다. 1914년부터 1917년까지 시온주의자들과 동화주의자들 간의 줄다리기는 계속되었고, 루시엔 울프(Lucien Wolf)가 대표하는 반시온주의 유대인들은 영국 정부의 지지를 얻기 위해 시온주의자들과 경쟁을 벌였다.

시온주의자들의 로비활동은 1904년에 영국으로 이주한 러시아 태생의 생화학자 하임 바이츠만(Chaim Weizmann)이 주도했다. 그는 영국의 부유한 유대인들을 재빠르게 접촉하여 그들에게 시온주의 운동의 중요성과 당위성을 설득시켰다. 그는 결정적으로 최고의 과학자였고, 폭발물의 핵심 성분인 아세톤을 값싸게 제조할 수 있는 산업 공정을 개발하여 전쟁을 승리로 이끌려는 영국의 전쟁 능력에 결정적으로 기여했다. 역사학자들은 바이츠만이 영국의 전쟁 능력에 기여한 과학적 공헌이 그가 로비스트로서 성공하는 데 어느 정도로 영향을 미쳤는지에 대해 오랫동안 논쟁을 벌였다. (1949년에 바이츠만은 신생 국가 이스라엘의 초대 대통령으로 선출되었다.) 바이츠만은 로비스트로서 타의 추종을 불허했으며, 영국의 정치 엘리트들과 외무성의 주요 인사들을 설득하고 회유하는 데 큰 힘을 발휘했다. 그들은 시온주의자들이 제공하는 전쟁 능력을 얻어내기 위해 필사적으로 노력했다.

밸푸어 선언이 발표되기까지 수년 동안 바이츠만과 그의 동료들은 여섯 가지 핵심적 사안을 반복적으로 주장했다. 첫째는 시온주의 운동이 "전세계 유대인"을 대표한다는 것이다. 그것은 사실이 아니었으며, 영국 유대인들조차도 전 세계 유대인을 대표하지 않았지만 영국 정부는 이를 믿었다. 두 번째는 "전 세계 유대인"이 팔레스타인 땅에 조국을 갖기 원한다는 것인데, 이 또한 매우 의심스러운 주장이다. 슈니어가 지적했듯이 "외무성은 [바이츠만으로부터] 유대인이 전 세계에 미치는 영향력에 대해 듣고 이를 사실로 믿게 되었고(어렵지 않게, 많은 사람들은 그것을 이미 믿고 있었다), 나아가 유대인들에 미치는 시온주의자들의 영향력을 믿게 되었다. 바이츠만은 유대인들이 무엇보다 가장 원하는 것이 팔레스타인에 조국을 갖는 것이라고 말했다. 외무성도 이것을 믿었다."[9]

세 번째는 막강한 권력과 사실상 막대한 부를 지닌 유대인들(특히 미국 유대인들)이 역사의 주도권을 쥐고 있으며, 독일이 그들을 회유하고 있기 때문에 그들을 연합국의 대의에 동참하게 하는 것이 매우 중요하다는 것이었다. (당시 프랑스 정부도 독일이 연합국보다 유대인들로부터 더 많은 지원을 받는 것을 우려했으며, 많은 영국 관리들도 그것을 믿게 되었다.)[10] 미국의 유력한 유대인들이 영국의 동맹국인 러시아의 반유대주의에 분노하여 독일 편으로 기울게 되었다는 소문이 돌았고, 팔레스타인 땅에 유대인의 조국을 건설한다는 막연한 가능성을 제시하면 미국 유대인들의 지원을 얻어 낼 수 있다는 소문도 돌았다.[11] 사실 미국 유대인 금융가들은 이미 압도적으로 연합국 편에 서 있었다. 하지만 영국은 또다시 이 모든 문제에서 시온주의자들의 말을 믿었다. "전쟁 당시 영국 정부가 유대인에게 호소하기로 한 결정

9   Schneer, *Balfour Declaration*, 367.
10 Schneer, *Balfour Declaration*, 156.
11 Schneer, *Balfour Declaration*, 155.

은 한 가지 오해에서 비롯되었다."[12] 사실 그것은 여러 가지 오해에서 비롯된 것이었다.

이 시기에 영국 외교관인 마크 사이크스(Mark Sykes)는 밸푸어 선언 이후 샤리프 후세인(Sharif Hussein)의 아들 파이살(Faisal) 왕자와 주고받은 서신에서 유대인의 압도적인 힘을 놀랍도록 명료하게 표현했다. 영국은 영국 정부의 지원을 약속하며 후세인에게 1916년에 오스만 제국에 대항하는 아랍 반란을 주도하도록 설득했다. 1918년 3월, 사이크스는 섀프츠베리 같이 복음주의적 친셈족주의자를 연상시키는 모호한 섭리주의적 언어를 사용하여 유대인들을 대하는 태도에 관해 파이살 왕자에게 조언했다. 사이크스는 저명한 개신교 집안에서 태어났지만, 로마 가톨릭 신자로 자라났다. 비록 그의 생각은 허황되긴 했지만, 기독교 시온주의자들의 마음에 온기를 불어넣어 주었을 것이다.

나는 아랍인들이 유대인들을 경멸하고 비난하고 증오한다는 것을 알고 있습니다. 하지만 바로 그러한 격한 감정이 왕자들과 백성들을 파멸시키는 것입니다.…유대인을 박해하거나 정죄한 사람들은 당신에게 이런 이야기를 해줄 수 있습니다. 예전의 스페인 제국과 오늘날 러시아 제국은 유대인에 대한 박해가 초래할 파멸의 길을 보여줍니다. 싸울 힘도 없고 고향도 없고 나라도 없는 이 민족이 멸시당하고 거부당하고 혐오당하는 이유가 도대체 무엇이라고 당신은

---

12   Schneer, *Balfour Declaration*, 153.

생각하십니까? 오 파이살, 나는 당신의 마음과 생각을 읽을 수 있으며, 당신 주변에는 이와 비슷한 말을 해줄 조언자들이 있습니다. 멸시받고 힘없는 이 민족은 세계 도처에 존재하며, 그들은 결코 굴복시킬 수 없는 강한 민족이라고 말하는 제 말이 진실이라는 것을 부디 믿어주십시오.[13]

벨푸어 선언을 발표한 전시 내각 각료들도 의심할 여지 없이 이와 비슷한 주장을 자주 들었다. 흥미롭게도 이러한 생각은 세 명의 독실한 로마 가톨릭 신자에 의해 효과적으로 널리 확산되었다. 그들은 (1) 마크 사이크스, (2) 튀르키예에서 오랜 경험을 쌓은 영국 외교관이며, 1908년에 술탄을 타도하고 "제국을 장악한 젊은 튀르크인들이 유대인들과 정체를 감춘 유대인들의 지배를 받고 있다"고 확신한 제럴드 헨리 피츠모리스(Gerald Henry Fitzmaurice),[14] (3) 존경받는 영국 외교관 휴 제임스 오바이언(Hugh James O'Bierne)이었다. 그들의 공통적인 가톨릭 배경이 그들로 하여금 "전 세계 유대인들"이 그토록 강하고 조직적인 세력이라고 확신하게 만드는 데 어떤 역할을 했는지는 분명치 않다. 시온주의 로비스트였던 나훔 소콜로프는 사이크스에 대해 다음과 같이 말했다. "불과 얼마 전까지만 해도 영국에서는 가톨릭 신자들이 많은 고통을 받아야 했기 때문에 그가 유대인 문제의 비극을 이해할 수 있었던 것은 자신이 가톨릭 신자였기 때문이라고 나에게

---

13   Schneer, *Balfour Declaration*, 372.
14   Schneer, *Balfour Declaration*, 153.

종종 말하곤 했다."[15] 영국과 프랑스에서 "정책 입안자였던 대다수 엘리트들"은 "위대한 유대 민족"(Great Jewry)이 지닌 잠재력에 대해 이러한 믿음을 갖고 있었다.[16] 그들은 "유대인이 세계 권력을 쥐고 있다는 자신들의 생각이 터무니없이 심각한 오류이고, 사실이 아닌 낭만과 신화와 오래된 편견에 근거한 것이며, 본질적으로 매우 비합리적"이라는 데 이의를 제기할 생각조차 하지 못했다.[17]

네 번째는 러시아의 오랜 반셈족주의 역사에도 불구하고 오랫동안 소외되었던 러시아 유대인들이 전쟁에서 러시아를 지키는 데 도움이 될 것이라는 점이었다. 이러한 추론은 잘못된 것이었고, 영국 내각이 밸푸어 선언을 승인한 지 닷새 만에 볼셰비키가 집권하고 1917년 12월에 러시아가 1차 대전에서 철수함으로써 이러한 희망은 망상임이 드러났다. 다섯 번째는 유대인과 영국 정부가 특히 오스만 제국의 패배에 대한 열망을 공유하고 있다는 것이었는데, 이는 많은 오스만 제국의 유대인들이 팔레스타인에서 영국에 맞서 싸우고 있었기 때문에 논쟁의 여지가 있었다. 1917년에 다비드 벤구리온은 영국과 싸우기 위해 튀르키예 군대 안에 유대인 대대를 만들고자 했고, 현대 히브리어 부활의 아버지이며 시온주의자이기도 한 엘리에제르 벤 예후다(Eliezer Ben-Yehuda)는 팔레스타인 유대인들에게 오스만 제국의 시민권 제안을 받아들이고 오스만 제국 군대에 입대할 것을 촉구했

---

15   Schneer, *Balfour Declaration*, 210.
16   Schneer, *Balfour Declaration*, 168.
17   Schneer, *Balfour Declaration*, 168.

다.[18] 그러나 동시에 팔레스타인 안에서는 유대인 비밀 첩보 조직이 오스만 제국에 대항하여 활동하고 있었고, 그들 대다수는 결국 자신의 목숨을 바쳐 그 일을 수행했다.[19]

여섯 번째는 유대인이 지배하는 팔레스타인은 특히 영국의 수에즈운하 지배권을 (특히 전시 동맹국인 프랑스로부터) 보호함으로써 영국이 중동에서 얻을 수 있는 전략적 이해관계에 도움이 될 것이라는 점이었다. 만약 영국의 후원으로 탄생한 유대인의 조국이 장기적으로 영국의 전략적 이해관계에 위협이 될 수 있다는 판단이 선다면 이에 대한 설득력 있는 반론도 제기될 수 있었을 것이다. 대 샤리프(Grand Sharif) 후세인이 영국이 팔레스타인을 이미 비밀리에 자신에게 약속했다는 것을 인지하고 있었다는 사실도, 그의 지휘 아래 있던 아랍 군대가 1년 이상 영국의 성공적인 중동 지역 군사 작전에 공헌했다는 사실도 이 논쟁에 포함되지 못했다.[20] 1916년 3월 영국 외무성은 결단을 내렸고, 영국 외교의 최고 목표가 연합군의 전쟁 능력 강화를 위해 유대인의 지지를 얻어내는 것이 되었다. 그들은 "대영제국의 운명이 거기에 달려 있다"고 생각했다.[21] 한편 바이츠만이 주도하던 시온주의자들의 로비 세력은 팔레스타인이 영국 보호령이 되도록 데이비드 로이드 조지와 밸푸어를 압박했다.

---

18   Segev and Watzman, *One Palestine, Complete*, 16.
19   Schneer, *Balfour Declaration*, 172.
20   Schneer, *Balfour Declaration*, 367.
21   Schneer, *Balfour Declaration*, 162.

밸푸어 선언에 미친 종교의 영향력 평가하기

"[밸푸어] 선언은 군사적, 외교적 이해관계의 산물이 아니라 편견, 믿음, 술수의 산물이었다"는 톰 세게브(Tom Segev)의 재치 있는 발언이 암시하듯이 우리는 이러한 복잡한 정치적 현실을 인식할 때 종교가 밸푸어 선언 승인에 미친 영향을 제대로 평가할 수 있다.[22] 영국 전시 내각 구성원의 종교적, 민족적 배경은 역사가들이 지금까지 보인 관심보다 더 많은 관심을 받을 만한 가치가 있다.[23] 1917년에 영국 총리였던 데이비드 로이드 조지와 아서 밸푸어의 종교적 배경에 그동안 많은 관심이 집중되었다.

로이드 조지의 경우가 특별히 문제시된다. 로이드 조지는 『전쟁 회고록』(War Memoirs)에서 이 선언은 전쟁 노력에 필요한 미국 유대인의 재정적 지원을 얻어내고 러시아 유대인들의 영향력을 활용하여 러시아가 계속 전쟁에 참전하도록 유도하기 위해 고안된 것이라고 주장했다. 바버라 터크먼(Barbara Tucuman)은 로이드 조지가 밸푸어와 공유했던 그의 종교적 동기를 감추려 했다고 주장하면서 로이드 조지의 이러한 주장을 일축했다.[24] 이 시기에 대한 방대한 저술을 남긴 이스라엘의 저명한 작가 세게브(Segev)는 조

---

22   Segev and Watzman, *One Palestine, Complete*, 33.
23   구성원의 종교적 배경에 대한 논의는 다음을 보라. Donald M. Lewis, *The Origins of Christian Zionism: Lord Shaftesbury and Evangelical Support for a Jewish Homeland* (Cambridge: Cambridge University Press, 2009), 333-34.
24   Stephen Spector, *Evangelicals and Israel: The Story of American Christian Zionism* (New York: Oxford University Press, 2009), 20.

너선 슈니어(Jonathan Schneer)의 『밸푸어 선언: 아랍-이스라엘 분쟁의 기원』 (*The Balfour Declaration: The Origins of the Arab-Israeli Conflict*, 2010)이 최신 외교 문서를 면밀히 검토하고 뛰어난 산문으로 작성된 책이라는 찬사를 보냈다. 그러나 세게브는 슈니어가 밸푸어 선언 작성자들이 대체로 신앙심이 깊은 기독교 시온주의자였다는 사실을 언급하지 않는다는 점을 지적하면서 결국 로이드 조지가 그의 종교적 동기를 숨겼다는 터크먼의 주장에 힘을 실어주고 있다.[25]

그러나 이러한 진술은 로이드 조지가 1915년에 한 말과 비교할 필요가 있다. 당시 애스퀴스(Asquith)가 이끄는 자유당 내각은 팔레스타인이 영국 보호령이 되는 것을 지지하는 유대계 내각 의원인 허버트 새뮤얼(Herbert Samuel) 경이 작성한 각서를 검토하고 있었다. (유대계) 대법원장이었던 레딩 경(Lord Reading)은 로이드 조지(당시 재무장관)가 "찬성하는 쪽으로 기울었다. 당신의 제안이 그의 낭만적이고 종교적인 사고뿐 아니라 시적이고 상상력 넘치는 사고에도 호소력을 발휘하고 있다"고 새뮤얼에게 보고했다.[26] 그러나 당시 총리였던 애스퀴스는 로이드 조지가 새뮤얼의 제안을 지지했지만, 그는 "유대인들이나 그들의 과거나 미래에는 눈곱만치도 관심이 없고…기독교 성지가 '불가지론적인 무신론적 프랑스'의 소유나 보호령으로 넘어가는 것은 대로할 일이라고 생각했다!"고 말하면서 로이

---

25 Tom Segev, "View with Favor,'" *New York Times*, August 20, 2010, sec. Sunday Book Review.
26 Schneer, *Balfour Declaration*, 164.

드 조지에 대해 상당히 다른 생각을 피력했다.[27] 슈니어는 조지가 유대인들을 들여보내는 것보다 프랑스인들이 들어오지 못하게 막는 것에 더 큰 관심이 있었던 것은 아닌지 적절하게 질문한다.[28]

로이드 조지의 종교심이 얼마나 깊었는지 평가하는 것은 매우 어려운 일이다. 그리고 정말로 그것이 과연 그의 행동 방식에 중요한 역할을 했을까? 전혀 그렇지 않아 보인다. 그의 내각 동료 중 한 명인 셸본(Selborne) 경의 다음과 같은 신랄한 재담은 아마도 이 문제에 대한 가장 간결한 설명이 될 것이다. "그는 자신의 목적에 부합한다고 판단되면 누가 어떤 곤경에 처하더라도 그대로 방치할 수 있었다."[29] 이제 우리는 외교 서신을 통해 심지어 밸푸어 선언이 발표된 이후에도 로이드 조지는 오스만 제국에게 비밀리에 이 선언의 의도와 상반된 약속을 하면서 이 선언을 포기할 준비를 하고 있었다는 사실을 알고 있다. 오스만 제국은 어쩌면 그 대가로 팔레스타인에 계속 깃발을 꽂을 수 있었을 것이다.[30]

1918년 1월 말까지도 영국 외교관들은 튀르키예와의 단독 강화 협상 체결을 추진하고 있었는데, 이는 중앙 열강(독일, 오스트리아-헝가리, 불가리아)과 단절하고 전쟁에서 철수하는 것을 포함했다. 영국은 이를 통해 튀르키예에 배치된 병력을 독일 전선에 재배치할 수 있었다. 따라서 돌이켜보

면 "로이드 조지가 한 손으로는 무엇을 건네주고 다른 손으로는 협상을 했을 것"이라는 점은 자명해진다.[31] 그러나 이 협상을 좀 더 거시적인 관점에서 보면 오스만 제국과 단독 강화 계획은 이미 1914년 말부터 존재했다는 것을 알 수 있다. 왜냐하면 "튀르키예와 영국은 서로 전쟁을 선포한 지 얼마 지나지 않아 전쟁을 끝내기 위한 비밀 협상에 들어갔기 때문이다."[32] 그러나 1917년 12월에 러시아가 전쟁에서 철수함으로써 (극복 불가능해 보였던) 튀르키예와의 단독 강화를 가로막는 장애물이 제거되었는데, 그때까지는 러시아가 콘스탄티노플을 자신들에게 약속하지 않은 오스만 제국과의 모든 협정에 거부권을 행사할 수 있었고, 영국은 러시아의 승인 없이는 협정을 체결할 수 없었기 때문이다. 러시아의 철수로 인해 오스만 제국의 전투 의지는 더욱 강해졌고, 제안된 협상을 파기하려는 의지도 강해졌다.

그 당시 영국은 세 번이나 각각 다른 당사자에게 팔레스타인을 약속했다는 주장이 종종 제기되어왔다. 하지만 사실은 "시온주의자들 앞에서, 아랍인들 앞에서, 사이크스가 피코[프랑스 외교관] 앞에서 아직 형성되지 않은 국제 컨소시엄의 형태로, 전쟁 때문에 팔레스타인을 잃게 될 튀르키예 앞에서 네 번 팔레스타인을 약속하거나 유혹하는 미끼로 사용했다. 물론 영국은 대부분 이 기간에 제국주의적-경제적 전략에 따라 팔레스타인의 주요 통치권을 스스로 유지하려고 했다."[33]

---

31   Schneer, *Balfour Declaration*, 370-71.
32   Schneer, *Balfour Declaration*, 240.
33   Schneer, *Balfour Declaration*, 368.

돌이켜 생각해보면 우리는 로이드 조지의 딜레마를 이해할 수 있다. 1917년 초에 연합군의 상황은 점점 절망적으로 변해갔다. 독일은 U보트를 놀라운 속도로 생산하고 있었고, 영국의 보급로를 심각하게 위협하고 있었다. 영국의 생존이 위태로운 상황이었다. 1917년 4월에 미국이 참전했지만, 미군은 수개월이 지나서야 겨우 유럽 전선에 투입되었고, 영국은 독일에 평화 협상을 제안하는 방안을 고려하고 있었다. 중동에서는 오스만 제국이 영국에 맞서 한 걸음도 물러서지 않았고, 연합군은 다르다넬스 전투에서 막대한 인명 피해를 입었다. 그 후 러시아는 1917년 3월에 첫 번째 혁명을 맞이했고, 내부 불화로 인해 러시아가 전쟁에서 철수한다면 독일이 큰 이익을 얻을 수 있었다. 튀르키예를 전장에서 제거할 수만 있다면 영국이 전쟁에서 승리할 가능성은 더 커질 수 있었다.

만일 로이드 조지의 계획이 성공했더라면 튀르키예가 독일을 배신하는 것은 물론, 영국도 1916년 6월 (영국의 권유로) 오스만 제국에 맞서 아랍 반란을 일으킨 샤리프 후세인이 이끄는 아랍인들을 배신했을 것이다. 만약 튀르키예에서 정권 교체가 일어나고 새 통치자들이 이 제안을 받아들였다면 영국이 튀르키예가 팔레스타인을 계속 보유할 것을 약속했기 때문에 밸푸어 선언은 사문화되었을 것이다. 그의 종교적 배경이 어떠했든 간에 로이드 조지에게는 유대인에 대한 종교적 감성보다 전략적 이익이 더 중요했던 것으로 보인다.

아서 밸푸어와 종교적 동기? 아서 제임스 밸푸어는 시온주의 역사에서 중요한 위치를 차지하는 인물이며, 테오도어 헤르츨과 함께 존경의 대상이다. 밸푸어 선언문에 그의 이름이 들어간 것이 이를 증명한다. 그는 이 선언문의 준비 과정에서 중요한 역할을 했으며, 선언문이 공개된 이후에는 이를 변호했다. 슈니어가 지적했듯이 "그러나 그는 별난 주인공인 듯하다. 그는 16세기 엘리자베스 1세의 고문인 버글리(Burghley) 경으로부터 시작해서 디즈레일리(Disraeli) 이후 보수당 소속 인물로 총리를 역임한 밸푸어의 삼촌인 제3대 솔즈베리 후작으로 이어지는 귀족 세실 정치 왕조의 후손이라는 점에서 그렇게 볼 수 있다."[34] 솔즈베리 경은 세 차례 총리를 역임했으며(1885-1886, 1886-1892, 1895-1902), 1902년에는 그의 조카인 아서 밸푸어가 그의 뒤를 이어 총리직을 이어받았다.

하지만 이러한 귀족 배경에는 깊은 신앙심이 뿌리내려 있었는데, 이는 그가 스코틀랜드 장로교의 매우 복음주의적인 가정에서 자라났고, 웨일스 침례교에서 자라난 로이드 조지처럼 칼뱅주의적 복음주의 배경에서 성장했기 때문이다. 그의 아버지는 아서가 어렸을 때 돌아가셨기 때문에 아서와 그의 7남매를 키운 것은 그의 어머니인 블랑쉬 가스코인-세실 부인이었다. (따라서 블랑쉬 부인은 한 총리[솔즈베리]의 누나이자 다른 한 총리의 어머니였다.) 부유한 스코틀랜드 귀족이었던 블랑쉬 부인은 독실한 복음주의자였으며, 매일 성경 수업을 하면서 자녀들을 가르쳤고, 팔레스타인 지리에 대한 놀라운 지식을 맏아들에게 심어주었으며, 구약성경의 이야기를 익히게 했

---

34   Schneer, *Balfour Declaration*, 133.

다. 그녀는 또한 스코틀랜드 이스트 로디언의 광활한 밸푸어 가문 소유의 영지 근방에 있는 이스트 린튼 기차역에서 복음 전도지를 배포하여 자신과 비슷한 사회적 지위에 있는 사람들의 빈축을 샀고, 자신보다 낮은 지위에 있는 사람들을 놀라게 하는 등 개인적인 복음 전도 활동으로도 유명한 인물이었다.[35]

성인이 된 밸푸어는 어머니의 신앙을 거의 공유하지 않았지만, 어머니가 그에게 심어준 유대인에 대한 깊은 동정심을 간직하고 있던 것으로 보인다. 1914년에 하임 바이츠만이 그를 처음 만났을 때 그는 뜻밖의 동지를 발견하고 매우 놀라워했다. 밸푸어는 바이츠만에게서 멸시받는 유대인들의 고난에 대한 이야기를 들었고, 이 시온주의 지도자는 밸푸어가 "**눈물을 흘리며** 깊은 감동을 받았다'고 회상했다."[36] 바이츠만은 한 친구에게 "그가 떠날 때 내 손을 잡고 큰 고통을 겪고 있는 민족이 나아갈 길을 내가 그에게 일러주었다고 말했다"라고 전했다.[37] 밸푸어는 다음과 같은 작별 인사말로 바이츠만을 놀라게 했다. "나를 다시 만나러 오십시오, 나는 깊은 감동을 받았고 그 일에 관심을 갖고 있습니다. 그것은 꿈이 아니라 대의이며 나는 그것을 이해하고 있습니다."[38] 종교적 영향력은 책략을 꾸미는 그의 내

---

35   이 자료는 다음을 수정한 것이다. Lewis, *Origins*, 4. Sydney H. Zebel, *Balfour: A Political Biography* (Cambridge: Cambridge University Press, 1973), 2. Kenneth Young, *Arthur James Balfour* (London: Bell and Sons, 1963), 9.

36   Schneer, *Balfour Declaration*, 134.

37   Schneer, *Balfour Declaration*, 135.

38   Schneer, *Balfour Declaration*, 135.

각 동료들보다 밸푸어에게 훨씬 더 강력하게 작용한 것이 분명하다.

"일상적인 성경 문화"의 역할. 에이탄 바르-요세프(Eitan Bar-Yosef)가 관찰했듯이 "밸푸어 선언을 영국 문화에서 형성된 기독교 시온주의의 오랜 전통의 결정체로 보는 것이 흔한 일이 되었다. 이 전통은 17세기에 등장하여 18세기에는 잠복해 있다가 19세기에 복수심을 품고 다시 등장했다."[39] 이러한 생각이 어떻게 널리 퍼져나갔는지를 설명하기란 쉽지 않다. 바르-요세프는 성경의 예언에 깊이 몰두하는 학생들과 유대인에 대한 "주일학교" 수준의 더 보편적인 관심을 서로 구분한다. 사라 코카브(Sarah Kochav)는 이 두 가지가 서로 연관되어 있다고 올바르게 주장한다. 전자는 문자적 성경 읽기에서 파생된 개념에 초점을 맞춘 반면, 후자는 그러한 해석이 만들어낸 이미지를 유지하는 동시에 성경에 대한 문자적 해석에서 은유적 해석으로 전환하는 경향을 보였다. 코카브가 기록했듯이

> 천년왕국을 지지하는 복음주의자들이 만들어낸 유대인과 성지의 이미지는 종말론의 **개념들**이 사라진 지 오래된 후에도 로이드 조지와 그의 동시대 사람들에게 계속 남아 있었다. 우리가 이것을 기억할 때 성경의 예언과 복음주의 운동이 유대인의 팔레스타인 회복에 얼마나 큰 영향을 미쳤는지를 알 수 있다.[40]

---

39   Eitan Bar-Yosef, *The Holy Land in English Culture 1799-1917: Palestine and the Question of Orientalism*, Oxford English Monographs (Oxford: Clarendon, 2005), 183.

40   Sarah Kochav, "Biblical Prophecy, the Evangelical Movement, and the Restoration of the Jews

로이드 조지와 밸푸어: 공통된 종교적 언어. 심지어 영국의 (세속적) 개신교 신자들까지도 시온주의에 관심을 기울이게 할 만큼 개신교 담론을 형성한 "일반인들의 성경 문화"를 바르-요세프가 강조했다는 점은 중요한 의미가 있다. 밸푸어와 로이드 조지가 유대인에 대해 반복적으로 사용한 언어는 중요하며 더 큰 논의의 틀을 형성했다. 그들은 "유대 민족", "유대 백성", "유대 인종", "유대인의 조국"에 대해 이야기한다. 이러한 언어는 동화주의를 지향하는 영국 유대인들의 반감을 불러일으켰지만, 우리가 앞서 살펴본 바와 같이 영국 복음주의자들 사이에서는 매우 오랜 기간 동안 널리 사용되어온 일반적인 용어였다. 종교가 밸푸어 선언에 미친 영향력에 관한 논쟁은 유대 공동체 내에서 벌어진 시온주의 논쟁의 중심에 있던 언어를 고려할 필요가 있다. 당시 유대 공동체 내에서 벌어진 논쟁의 핵심은 과연 유대인이 "민족"을 형성하느냐는 것이었다. 이 문제에 대해 유대인들은 의견이 분분했지만, 영국 개신교 신자들은 일반적으로 그렇지 않았다.

1806년의 대 산헤드린은 유대인들은 더 이상 정치적 조직체가 아니며, "민족"이라는 정체성을 갖지 않는다고 선언했다. 대체로 동화주의자였던 영국 유대인들은 이 견해를 널리 받아들였다. 그들에게는 "민족주의가 그들의 고립된 상태를 영속시킬 수 있는 위험한 이단으로 여겨졌다."[41] 하

---

to Palestine, 1790-1860" (Britain and the Holy Land 1800-1914 컨퍼런스에서 발표된 논문, University College London, 1989), 21. 이 단락은 다음을 수정한 것이다. Lewis, *Origins*, 7.

41   Isaiah Friedman, *The Question of Palestine: British-Jewish-Arab Relations: 1914-1918*, 2nd ed. (New Brunswick, NJ: Transaction, 1992), 32.

지만 유대 민족 정체성이라는 개념과 전 세계에 흩어져 있는 유대인들은 한 "혈족"(race)과 한 "민족"(nation)을 형성한다는 개념은 이미 19세기에 걸쳐 영국 개신교인들 사이에 널리 퍼져 있었다.

영국 정치 엘리트들 사이에서 유대인에 관한 이러한 사상이 인기를 끌게 된 것은 의심할 여지 없이 19세기 후반 인종 민족주의의 부상에 기인한 것이었다.[42] 영국의 정책 입안자들이 "시온주의가 유대 사고의 핵심이라고 쉽고 확고하게 믿게 된 것"은 바로 이러한 유대인 정체성이 이미 형성되어 있었기 때문이다. 이것은 "팔레스타인에서의 국가 회복에 초점을 맞춘 지배적이고 불변하는 유대 정체성이 존재한다는 믿음"이 전제되어야만 가능한 일이었다. 따라서 유대인들은 매우 특정한 유형의 가상 공동체, 즉 하나의 민족 공동체로 인식되었다."[43] 제임스 렌튼(James Renton)과 다른 이들은 이것을 바이츠만과 그의 영향력 있는 시온주의 로비 세력이 조장한 근본적으로 잘못된 신념으로 간주한다. "그들은 유대인과 민족 집단들에 대한 정책 입안자들의 인식을 이용하여 유대인들을 대체로 연합군에 반대하는 유력한 시온주의적 디아스포라로 묘사함으로써 영국 정부가 친시온주의 정책을 추진하도록 설득하는 데 성공했다."[44] 렌튼은 유대인들을 하나의 "민족"으로 보는 이러한 인식을 19세기 말에 유럽 문화에서 발전한 인종 민족

---

42   이 단락은 다음을 수정한 것이다. Lewis, *Origins*, 4-6.

43   James Renton, *The Zionist Masquerade: The Birth of the Anglo-Zionist Alliance 1914-1918* (New York: Palgrave Macmillan, 2007), 3.

44   Renton, *Zionist Masquerade*, 6.

주의 사상의 출현이라는 맥락에서 이해해야 한다고 주장한다. 그러나 비록 인종 민족주의 사상의 중요성을 부정하는 것은 아니지만, 유대인들을 하나의 "종족"(people), "혈족"(race), "민족"(nation)으로 묘사하는 것은 인종 민족주의가 부상하기 훨씬 전인 1830년대에 이미 개신교 복음주의 진영에 널리 퍼져 있었으며, 앞서 살펴본 바와 같이 개신교 복음주의로 개종한 유대인들이 빅토리아 영국 시대에 이러한 묘사를 가장 효과적으로 전파했다. 기독교 시온주의를 가장 효과적으로 옹호한 자들은 주로 복음주의 기독교로 개종한 유대인들이었으며, 그들은 복음주의적 사고를 대중화시키는 데 크게 기여했다. 바로 이러한 개신교의 종교적 담론이 밸푸어 선언을 작성한 다수의 영국 주요 정치인들의 가족 배경에 영향을 미쳤다.

따라서 바이츠만이 지지한 시온주의의 가장 강력한 반대자인 루시엔 울프는 두 사람 간의 견해에서 가장 중요한 차이점은 "민족 정체성" 문제였다고 주장할 수 있었다. "울프는 유대인들이 하나의 독립된 민족을 형성한다는 주장은 영국 유대인들은 사실 유대계 영국인이라는 자신의 주장을 치명적으로 약화하고" 전 세계에 흩어져 있는 유대인들을 위험에 빠뜨릴 수 있다고 믿었다.[45] 그렇게 되면 반셈족주의는 활개를 치게 될 것이다. 그는 다음과 같이 설득력 있게 주장했다.

[시온주의 계획을 실행에 옮기는 일은] 아직 속박에서 자유를 얻지 못한 사람

---

45   Schneer, *Balfour Declaration*, 148.

들의 어려움을 가중하고 속박에서 풀려난 전 세계 도처에 있는 유대인들이 얻은 자유마저 위태롭게 할 뿐만 아니라 팔레스타인 안에 가장 중세적인 형태의 시민적, 종교적 결함이 있는 유대인 국가를 만들 것이며, 결과적으로 이 국가는 오래 지탱할 수 없고 유대인들과 유대교에 대한 영원한 비난을 초래할 것이다. 실제로 종교와 인종에 기초한 정치적 국적은 있을 수 없으며, 다른 어떤 유대인 국적도 존재할 수 없다.[46]

그를 포함하여 클로드 몬테피오레(Claude Montefiore), 로리 매그너스(Laurie Magnus) 등 다른 저명한 영국 유대인들은 시온주의를 "반유대주의의 동조 세력"으로 생각하고 있었으며, "시온주의가 전 세계 유대인의 안전을 해쳤다"고 경고했다.[47]

유대인에 대한 밸푸어의 태도는 그가 신앙심 깊은 가정에서 교육 받은 것에 큰 영향을 받은 것으로 보이지만, 로이드 조지도 그와 마찬가지였다고 단언할 수는 없다. 그러나 두 사람은 모두 개신교의 종교적 유산을 통해 유대인을 민족주의적 관점에서 생각하는 것을 배웠다. 따라서 그들의 마음은 자연스럽게 시온주의적 관점으로 기울게 되었고, 동화주의적 관점과는 멀어지게 되었다. 이 두 가지 관점은 영국 유대인 사회에서 밸푸어 선언을 앞두고 서로 주도권 싸움을 벌이고 있었다.

---

46   Schneer, *Balfour Declaration*, 150.
47   Thomas Kolsky, *Jews Against Zionism: The American Council for Judaism, 1942-1948*
      (Philadelphia: Temple University Press, 1990), 17.

연립 정부의 전시 내각

밸푸어 선언의 배후에서 가장 영향력을 발휘한 세 인물은 로이드 조지, 밸푸어, 밀너 경이었으며, 그들의 지지는 결정적 역할을 했다. 1916년 12월에 구성된 로이드 조지 정부는 전시 내각으로 알려진 "소내각"(inner cabinet)에 소속된 인사들에게 최종 의사 결정권을 위임했다. 비록 외무장관을 역임했고 내각 회의에 참석하긴 했지만, 밸푸어는 이상하게도 공식적으로 전시 내각 구성원은 아니었다. 에드윈 새뮤얼 몬태규(Edwin Samuel Montagu)의 경우도 마찬가지였는데, 그는 내각 구성원이었고 인도 담당 국무장관으로서 내각 회의에 참여했지만, 당시에는 밸푸어 선언을 승인한 소내각의 의결권자는 아니었다. 이 소내각에서 1916년 12월부터 1917년 11월까지 활동한 8명 가운데 2명은 생애에 이미 영국 총리로 재직했거나(로이드 조지, 1916-1922년) 재직하게 될 인물(앤드루 보나 로, Andrew Bonar Law, 1922-1923년)이었다. "밸푸어 선언"은 말하자면 상부의 직권으로 이루어졌으며 외무장관이 이를 발표했다. 당시의 이 연립 내각은 (애스퀴스가 이끄는 자유당을 제외한) 모든 정당을 대표했으며, 평화로운 시기의 어떤 정부보다 훨씬 더 큰 자율권을 가졌다. 연립 내각은 비밀리에 운영되었고, 이 선언을 발표하는 이유를 전혀 밝히지 않았으며, (이 선언에 명시된 것 외에는) 어떠한 조건도 명시하지 않았고, 어떠한 책임도 요구하지 않았다. 이 선언은 하원이나 상원에서 전혀 논의되지 않았으며, 대부분의 외교 정책 사안과 마찬가지로 영국 입법

부의 승인을 받지 못했다.[48]

영국 내각이 이 선언을 하게 된 동기에 대해서는 격렬한 역사적 논쟁이 수십 년간 이어졌다. 제1차 세계대전 직후의 초기 설명은 영국 주요 정치인들의 이상주의와 유대인 회복 사상에 대한 영국 개신교 신자들의 종교적 공감을 강조했다. 이러한 견해는 앨버트 히암슨(Albert Hyamson)과 나훔 소콜로프와 같은 대표적인 시온주의 역사가들이 가장 설득력 있게 설명했는데, 그들은 영국의 이러한 선의는 "이상주의, 종교적 신념, 유대 민족의 과거 고통을 해결하려는 열망이 혼합된 것"이라고 칭송했다.[49]

레너드 스타인(Leonard Stein)의 1961년 저서 『밸푸어 선언』(*The Balfour Declaration*)은 매우 다른 입장을 취하면서 이 선언 배후에 있는 두 가지 주요 목적이 앞서 논의된 전략적 이해관계와 관련이 있다는 주장을 펼쳤다. 하나는 영국의 전쟁 노력에 미국과 러시아 유대인들의 후원을 받기 위한 선전 활동이 그들의 목적이었고, 다른 하나는 유대인 조국이 근동지역에 대한 영국의 전략적 군사 통제권을 보장함으로써 영국의 국가 안보에 가져다줄 이익이 그들의 목적이었다는 것이다. 1960년대 후반부터 정부의 새로운 문서가 공개되면서 이러한 선전 목적이 저하되고, 그 관심이 팔레스타인에 집중되었지만, 최근에는 이러한 선전 목적을 반셈족주의적 목적으로 보는 일부 역사학자들―세게브와 같은―에 의해 다시 주목받고 있다.

---

48   이 단락과 다음 두 단락은 다음을 수정한 것이다. Lewis, *Origins*, 3-8.
49   Renton, *Zionist Masquerade*, 85.

제임스 렌튼은 그의 2007년 저서인 『시온주의 가면무도회: 영-시온주의 동맹의 탄생, 1914-1918』(*The Zionist Masquerade: The Birth of the Anglo-Zionist Alliance, 1914-1918*)에서 영국 정부가 고용한 시온주의 선전가들의 목적에 부합하는 영국의 "원시 시온주의" 신화가 만들어졌다고 주장했다. 그에 따르면 전 세계 유대인들에게 영향력을 행사하기 바라는 마음에서 영국 정부가 시온주의를 지지한 동기는 시온주의 로비활동이 신중하게 강조하고 조성해온 일련의 잘못된 가정에 기초한 것이었다. 그들이 조장한 것은 단선적이고 점진적이며 모호한 섭리주의적 이미지였다. 역사는 유대 백성에게 유리하게 전개되었고, 시온주의 정체성은 더욱 강화되었으며, 영국은 하나님의 고대 백성을 보호하는 역할로 칭송받아야 한다는 것이었다. 렌튼의 해석은 "정책 입안자들의 문화, 즉 현실을 인식하는 그들의 세계관이 그들의 정치적 선택과 전략을 결정하는 잣대였다"고 강조한다.[50]

내각과 종교적 동기?

내각을 구성하는 8명의 종교적·민족적 배경을 면밀히 조사해보면 몇 가지 주목할 만한 특징이 드러난다.[51] 잉글랜드에서 태어나고 자란 유일한 내각

50   Renton, *Zionist Masquerade*, 5.
51   각 내각 구성원의 종교적 배경과 동기에 대한 평가는 다음을 보라. David W. Schmidt, *Partners Together in This Great Enterprise: The Rise of Christian Zionism in the Foreign Policies of Britain and America in the Twentieth Century* (Jerusalem: Xulon, 2011), 52-79.

구성원이었던 커즌(Curzon) 경은 전시 내각 안에서도 유일하게 잉글랜드에서 태어나고 자란 성공회 신자였으며, 실용적인 이유로 밸푸어 선언에 반대했다. 그는 내각에서 유일하게 팔레스타인에 가본 사람이었고, 유대인들이 그곳에 어떻게 갈 수 있을지, 그곳에 가면 무엇을 할 수 있을지에 대해 의구심을 품고 있었다. 그는 무슬림 인구에 미칠 영향도 우려했다. 따라서 커즌은 제안된 공약이 과연 현명한지에 대해 의문을 제기했고 처음에는 밸푸어의 제안에 반대했다. (1920년대 초에 커즌은 영국 정부가 이 선언을 포기해야 한다고 주장했다.)[52]

놀랍게도 8명 중 7명은 잉글랜드에서 태어나고 자란 사람이 아니었다. 로이드 조지는 잉글랜드에서 태어났지만 웨일스에서 자랐고 웨일스 사람으로 간주되었다. 스코틀랜드 출신은 노동당 소속 아서 헨더슨(Arthur Henderson), 조지 반스(George Barnes), 12세부터 스코틀랜드에서 살았던 뉴브런즈윅 태생의 앤드루 보나 로(Andrew Bonar Law) 등 세 명이었다. 에드워드 카슨(Edward Carson)은 아일랜드 개신교 신자였다. 따라서 내각 의원 중 5명은 켈트 변방 출신이었다. 일곱 번째 내각 구성원은 남아프리카 케이프 식민지에서 태어난 얀 크리스티안 스뮈츠(Jan Christian Smuts)였고, 잉글랜드 출신이 아닌 여덟 번째 내각 구성원은 독일 태생의 알프레드 밀너(Alfred Milner)였다. 놀랍게도 잉글랜드 출신은 내각에 단 한 명뿐이었다.

---

52   Clifford A. Kiracofe, *Dark Crusade: Christian Zionism and US Foreign Policy* (London: L.B. Tauris, 2009), 80.

종교적 배경을 살펴보면 7명은 복음주의 가정에서 자랐거나 개인적으로 복음주의를 받아들였다. 더 구체적으로 말하자면 7명 중 5명은 복음주의적 칼뱅주의 가정에서 자랐다. 로이드 조지는 침례교, 커즌 경은 복음주의 성공회, 앤드루 보나 로는 스코틀랜드 (장로교) 자유교회, 얀 스뮈츠는 네덜란드 칼뱅주의, 에드워드 카슨은 아일랜드 장로교였으며. 그 중 세 명은 목사 아들이었다(커즌, 보나 로, 로이드 조지). 아서 헨더슨은 스코틀랜드 출신 감리교 신자였다. 알프레드 밀너와 조지 반스의 종교적 배경에 대해서는 알려진 바가 거의 없다. 그러나 분명히 내각 구성원 대다수의 가정 배경은 칼뱅주의적 복음주의 개신교의 영향을 받았다.

놀랍게도 이 내각은 종교적으로나 민족적으로 영국의 민족이나 종교를 온전히 대표하지 못했다. 이 내각은 잉글랜드 출신이 아닌 칼뱅주의적 복음주의 교육을 받은 남성이 주류를 이루었다. 로마 가톨릭 신자는 단 한 명도 없었고 성공회 신자는 단 한 명(커즌)이었는데, 그는 신앙생활을 하지 않았다. 총리를 역임한 세 사람(로이드 조지, 아서 밸푸어, 보나 로)은 모두 독실한 복음주의 가정에서 자랐다. 내각 구성원 중 가톨릭 신자는 단 한 명도 없었다.

1920년대에는 이러한 대표적인 이방인 시온주의자 가운데 자신을 복음주의자나 칼뱅주의자라고 밝힌 사람은 거의 없었지만, 자신을 키워낸 종교 문화의 영향을 받아 유대인을 "종족"(people), "혈족"(race), "민족"(nation)으로 생각했으며, 유대인의 조국에 대한 생각과 이것을 실현하기 위한 영국의 특별한 역할에 대한 생각에 관심을 보이게 되었다. 이러한 칼뱅주의적 복음주의 배경이 언제나 내각 구성원들의 생각을 밸푸어 선언을 지지하는 방향으로 이끈 것은 아니었다. 커즌 경은 복음주의 성공회 목사의 아들이었지만, 부모의 신앙을 거부하고 목사였던 아버지와는 정반대의 삶을 살았던 것으로 보인다. 하지만 영향력의 패턴은 분명하다. 영국과 제국의 변방을 대표하는 각료들이 유럽 사회의 변방에 사는 유대인들에게 특별한 관심을 보이게 된 것은 문화적 변방에서 살아본 그들의 경험 때문이었다. 그런데 아이러니한 것은 이처럼 민족적, 지리적, 종교적으로 변방 출신 사람들이 바로 밸푸어 선언을 주도한 1917년 영국 정치 엘리트층을 구성했다는 점이다.

인도 국무장관이었던 에드윈 새뮤얼 몬태규는 전시 내각과 친분이 있었고 내각 회의에도 참여한 또 다른 인물이었다. 하지만 그는 전시 내각의 공식 구성원이 아니었고 확고한 반시온주의자였으며 전시 내각 회의에 영향력을 행사한 유일한 유대인 목소리였다. 몬태규는 친시온주의 정책이 "전 세계 모든 나라에서 반셈족주의자들을 결집시킬 것"이라고 믿었으며,[53] 따라서 이것은 루시엔 울프의 우려를 반영하는 것이다. 동화주의자였던 그는 자신이 영국인 정체성으로 먼저 규정되기를 원했고, 유대인 정체성은 부차적일 뿐이라고 생각했다. "아이러니하게도 내각이 밸푸어 선언을 승인하는 데 가장 크게 작용한 장애물은 유대인이었다."[54] 몬태규는 1915년

53   Schneer, *Balfour Declaration*, 338.
54   Schneer, *Balfour Declaration*, 336.

에 사촌이자 동료 내각 구성원인 허버트 새뮤얼 경이 시온주의 제안을 내각에 제출했을 때 이를 단호하게 반대했다. 그는 이 문제를 개인적인 문제로 받아들였다. "그는 한때 자신이 한 평생 게토에서 벗어나려고 노력했다고 말했다. 그는 이제 시온주의자들이 자신과 다른 모든 동화된 영국 유대인들을 다시 그 안으로 밀어 넣으려 한다고 생각했다."[55] 1917년에 그는 "나는 오늘날 팔레스타인이 유대인과 관련이 있다거나 그들이 살기에 적합한 장소로 여겨지는 것이 적절하지 않다고 생각한다.…유대인이 조국을 갖게 되면 분명 영국 시민권을 박탈하려는 압력이 엄청나게 커질 것이다. 팔레스타인은 전 세계의 게토가 될 것이다."[56] 몬태규는 시온주의를 "해로운 신조"라고 생각했으며,[57] 이에 대한 그의 반대는 개인적이고 열정적이었으며 냉정한 정치 담론과는 대조적으로 상당히 격렬했다. 그러나 아무튼 몬태규는 자신이 맡은 임무 때문에 인도에 있어야 했고, 그는 자신의 지속적인 반대를 표명하기 위해 밸푸어 선언을 승인한 내각의 마지막 회의에 참석하지 않았다.[58]

---

55   Schneer, *Balfour Declaration*, 338.
56   Schneer, *Balfour Declaration*, 337–38.
57   Kiracofe, *Dark Crusade*, 17.
58   Schneer, *Balfour Declaration*, 343.

밸푸어 선언과 영국의 "자유 재량권"

앞서 살펴본 바와 같이 로이드 조지는 심지어 밸푸어 선언을 발표한 이후에도 이 선언을 전시 전략이라는 제단에 제물로 바치고, 튀르키예와의 단독 강화 협정을 맺어 오스만 제국의 깃발이 계속 팔레스타인 상공에 휘날리게 하는 계획을 은밀히 추진하고 있었다. 이 사실은 시온주의자들도 몰랐고 영국의 아랍 우방국들도 몰랐다. 아마도 그들은 영국의 엄청난 배신 행위에 큰 충격을 받았을 것이다. 이러한 계획은 시온주의자들의 희망과 계획을 송두리째 무너뜨렸을 것이다. 그러나 오스만 제국은 평화 협정을 맺지 않았고, 시온주의자들은 자신들의 대의가 어느 정도까지 배신행위에 완전히 짓밟히게 되었는지 전혀 알지 못했다.

밸푸어 선언을 이행하는 데는 다른 두 가지 중요한 요인이 더 있었다. 첫 번째 요인은 미국과 관련된 것이었다. 1917년 4월에 미국 의회는 독일에 전쟁을 선포했지만, 결정적인 것은 미국이 오스만 제국에는 전쟁을 선포하지 않았다는 사실이다(비록 오스만 제국이 독일과 함께 싸우는 공동 참전국이었음에도 불구하고 말이다). 독실한 장로교 신자였던 우드로 윌슨은 중동에서 개신교 선교사들이 학살당할 수 있다는 절친한 친구 클리블랜드 H. 호지(Cleveland H. Hodge)에게서 접한 경고 때문에 오스만 제국과의 전쟁을 원치 않았던 것으로 보인다.[59] 미국이 오스만 제국에 선전포고를 하지 않았다는

59   David A. Hollinger, *How Missionaries Tried to Change the World, but Changed America Instead*

것은 전쟁 후 오스만 제국이 해체되는 과정에서 미국이 아무런 발언권이 없다는 것을 의미했다. 물론 그들은 1922년에 팔레스타인의 위임통치권을 영국에 승인한 국제연맹에도 가입하지 않았다.

두 번째 요인은 러시아와 관련이 있었다. 1916년에 비밀리에 체결된 사이크스-피코 협정(Sykes-Picot Agreement)에서 영국과 프랑스는 전쟁 후 러시아와 함께 오스만 제국을 나누기로 합의하고, 러시아는 오랫동안 염원했던 콘스탄티노플, 튀르키예 해협, 오스만 아르메니아의 지배권을 갖고, 프랑스는 시리아 지역의 완충 국가를 차지하고, 제국의 나머지 지역은 영국이 차지하기로 합의했다. "따라서 이 삼자 협상국은 오스만 제국의 가죽을 벗기기도 전에 그리고 심지어 그들이 죽기도 전에 그들의 시체를 나누어 가졌다."[60] 그러나 1917년 2월 러시아 혁명이 일어나고 새 정부 지도자인 케렌스키(Kerensky)가 러시아는 더 이상 콘스탄티노플이나 다른 영토를 원하지 않는다고 주장하면서 상황이 극적으로 바뀌었다. 10월 볼셰비키 혁명(양력으로 1917년 11월 초, 밸푸어 선언이 발표된 바로 그 시점) 이후 등장한 정부도 이와 같은 노선을 따랐다. 새 정부는 사이크스-피코가 계획한 러시아의 오랜 염원이었던 튀르키예에 대한 지배권을 거절했다. 볼셰비키는 1917년 11월 말에 이 비밀 협정을 발표함으로써 1916년 6월 아랍 혁명에 동참하도록 아랍 지도자들을 유인하려는 목적으로 모호한 약속을 한 영국

(Princeton, NJ: Princeton University Press, 2017), 120.

60   Schneer, *Balfour Declaration*, 165.

과 프랑스 정부를 당황케 했다. 그러나 1917년 12월에 러시아가 1차 대전에서 철수하고 이 협정에서 러시아에 약속했던 내용을 거부한 것도 결국은 전쟁 말기에 영국의 입지를 강화하는 데 도움을 주었다. 영국은 오스만과 관련된 전쟁에서 막중한 임무를 수행했다. 동맹국인 프랑스는 거의 참전하지 않았고 전쟁 후에도 이 지역을 점령할 병력이 없었기 때문에 영국은 오스만 영토의 앞날을 비교적 자유롭게 결정할 수 있었다. 아랍의 왕자인 대샤리프 후세인은 팔레스타인이 자신이 약속한 아랍 연방의 일부가 될 것이라고 믿었지만, 영국이 약속한 것과 그 약속에 대한 후세인의 이해가 모호하고 서로 모순된 것으로 드러남으로써 향후 많은 불화와 지속적인 분쟁의 씨앗을 뿌리는 결과를 초래했다.

　돌이켜보면 밸푸어 선언을 둘러싼 사건에 영향을 미친 "만약에"(what-ifs)라는 가정이 많이 있다. 만약 시온주의 대의가 아닌 반시온주의 대의가 영국 유대인들 사이에서 승리를 거두었더라면 과연 어떻게 되었을까? 바이츠만의 리더십은 매우 중요했지만 취약했으며, 그의 정적인 유대인 반시온주의자 루시엔 울프를 상대로 승리할 개연성은 전쟁 초기에는 희박해 보였다. 만약 샤리프 후세인이 시리아의 일부를 몇 주라도 더 일찍 점령했더라면 어떻게 되었을까? 만약 그렇게 되었다면 영국은 밸푸어 선언을 발표하지 못했을 것이다.[61] 만약 샤리프 후세인이 자신의 대의를 대변할 수 있는 강력한 외교관을 런던에 두고 바이츠만의 로비에 효과적으로 대응할 수

61　　Schneer, *Balfour Declaration*, 369.

있었더라면 과연 어떠했을까? 만약 마크 사이크스나 T. E. 로런스 같은 영국인이 그 일을 맡았더라면 과연 어떻게 되었을까? 그러나 시온주의에 반대하는 대변인은 찾을 수 없었고, 바이츠만은 루시엔 울프와 후세인과 아랍 국가의 대의에 맞서 결국에는 승리할 수 있었다. 슈니어가 논평했듯이 "밸푸어 선언은 비전과 외교 못지않게 기만과 우연으로 점철된 우여곡절 끝에 탄생한 극도로 우발적인 산물이었다."[62]

결국 이 지역을 단순히 영국이 합병하기보다는 오스만 영토의 운명이 영국의 자유재량에 맡겨지면서 1922년에 국제연맹이 승인한 일종의 정부 형태인 "위임통치령"을 통해 프랑스와 영국의 영향력을 통제하는 위임통치제도가 만들어졌다. 영국의 팔레스타인 위임통치령은 이로써 팔레스타인이 "이집트와 수에즈운하, 인도로 가는 항로, 메소포타미아의 탄화수소를 지키는 전략적 전초기지 역할을 할 것"을 보장했다.[63] 그러나 앞서 살펴본 바와 같이 영국의 위임통치 규정에는 영국이 "유대 민족의 조국"을 지원하고 그 목적을 실현하기 위해 "최선의 노력"을 다할 것이라는 밸푸어 선언의 약속이 포함되었다.

1917년 11월, 밸푸어 선언은 많은 사람들에게 구체적인 전략적 목표를 달성하기 위해 절박한 전쟁 속에서 만들어진 수많은 약속 중 하나로서 터무니없는 꿈처럼 보였을 것이다. 영국은 왜 그 약속을 반드시 이행해야

---

62   Schneer, *Balfour Declaration*, 369.
63   Kiracofe, *Dark Crusade*, 73.

했을까? 어쨌든 대 샤리프 후세인에게 오스만 제국에 맞서 반란을 일으킬 것을 종용했던 협상 책임자 헨리 맥마흔(Henry McMahon) 경은 인도 주재 영국 총독 하딩(Hardinge) 경에게 "아랍인들에게 한 약속은 영국 정부에 구속력이 없다"는 내용의 편지를 쓸 수 있었다.[64] 전쟁이 끝난 후 영국은 아랍인들에게 한 많은 약속을 부인할 때 거의 양심의 가책을 느끼지 않았는데, 왜 그들은 이 밸푸어 선언에 대해서는 그렇게 부인하지 못했을까? 비록 1930년대 후반까지 영국 내 많은 사람들은 영국이 이 선언을 부인하기를 바랐지만, 영국은 1920년대와 1930년대에 사실상 이 선언에 대한 약속을 지켰고, 시온주의자들이 유대인의 "고향"뿐만 아니라 유대 민족의 국가가 되기를 희망했던 팔레스타인 땅에 유대인 이주자들이 계속 이주하여 정착하고 뿌리내릴 수 있게 허락했다. 그 땅에는 이스라엘 국가로 발아할 씨앗이 뿌려지고 있었던 것이다.

그러나 시온주의자들과 아랍 지도자들 사이에서는 영국에 대해 엄청난 (그리고 전적으로 정당한) 의심의 기반이 마련되고 있었다. 영국인들의 이중 거래(심지어 삼중 또는 사중 거래)는 그들의 행위 전반에 나타난 특징이었으며, 그들은 누구에게나 무엇이든 약속함으로써 그들이 얻을 수 있는 모든 이득을 얻는 데 집중했다. 슈니어가 관찰했듯이 "밸푸어 선언은 예측 불가능하고 모순, 기만, 오해, 희망적 사고로 점철되어 있었기 때문에 분쟁의 씨앗을 심는 결과를 초래하지 않을 수 없었다. 그것은 잔인한 대가를 치르

---

64   Schneer, *Balfour Declaration*, 97.

게 했고 우리는 오늘도 그 대가를 계속 치르고 있다."[65]

---

65   Schneer, *Balfour Declaration*, 370.

10장

미국 기독교 시온주의(1914-1948년):
제1차 세계대전과 전천년설의 확증

1875년 이후 50년 동안 제1차 세계대전보다 미국 전천년주의자들의 사기에
더 큰 영향을 미친 사건은 없었다. 이는 마치 그 시대가 전천년설에
순응하는 것처럼 보였다. 세대주의자들은 제1차 세계대전이란 사건에 맞추어
자신들의 견해를 바꾼 것이 아니었다. 오히려 이 전쟁이 기존의 잘 짜인
전천년설의 말세 각본을 따르는 듯 보였다.[1]

티모시 웨버

이제 우리는 1948년까지 미국의 기독교 시온주의를 살펴보기 위해 다시
미국에 초점을 맞추고자 한다. 1917년에 이르러 세대주의자들은 "말세"에
일어날 사건에 대한 다음과 같은 상세한 시나리오를 가지고 있었다. 그리
스도가 성도들의 휴거를 위해 오실 때 그리스도인들은 지상에서 들림을 받
을 것이다. 그러나 "이방인의 시대"는 대환난으로 알려진 7년 마지막에 그
리스도께서 친히 나타나심으로써 부활한 로마 제국의 세력이 무너질 때에
야 비로소 끝나게 될 것이다. 이 부활한 로마 제국은 적그리스도가 이끄는
10개 연합국으로 구성될 것이다. 적그리스도는 성도들의 휴거 이후 대환
난 가운데 등장하여 새로 건국된 유대 국가와 조약을 맺고 성전 재건을 허
용하지만, 3년 뒤에 유대인들을 대적하고 자신을 신적 존재로 숭배할 것을

---

1   Timothy P. Weber, *Living in the Shadow of the Second Coming: American Premillennialism 1875-1925* (New York: Oxford University Press, 1979), 105-6.

요구할 것이다. 이러한 신성모독적인 행위를 거부한 자들은 7년 대환난 후반기에 큰 두려움에 떨게 될 것이다. 결국 적그리스도의 세력은 북방 연합국으로부터 도전을 받을 것이다. (1917년까지만 해도 예언 해석자들은 이것이 오스만 제국을 가리키는 것인지 러시아를 가리키는 것인지 합의를 보지 못했지만, 오스만 제국이 해체된 후 러시아로 의견이 모여 1989년까지 그대로 유지되었다.)[2] 북방 연합국은 남방 연합국(이집트)과 동맹을 맺고 유대 국가를 공격할 것이다. 동방의 여러 국가가 이 전쟁에 가담하여 팔레스타인에서 벌어지는 이 전쟁에 약 2억 명의 군대를 파견할 것이다. 여러 연합국 군대들은 하나님의 백성(유대인)을 멸망시키려 하지만, 그리스도께서 아마겟돈 전투에서 사악한 이 군대를 멸하기 위해 이미 휴거된 성도들과 함께 돌아오실 것이며, 예수는 예루살렘에 자신의 왕국을 세우고 천 년 동안 통치하실 것이다.

이런 내용의 윤곽은 모두 전쟁이 일어나기 이전부터 잘 정립되어 있었으며, 전쟁이 계속되는 동안에도 가장 영향력 있는 전천년주의 정기 간행물인 「우리의 소망」, 「킹스 비즈니스」, 「기독교 사역자」, 「선데이스쿨 타임스」 등에 예언 칼럼이 정기적으로 실렸다.[3] 전천년주의자들은 이러한 사건이 일어나기 전에 자신들은 휴거될 것이기 때문에 전혀 두려워하지 않았다. 그러나 그들은 10개국으로 구성된 유럽연합국이 당대에 구체적인 형

---

2   Paul Boyer, *When Time Shall Be No More: Prophecy Belief in Modern American Culture* (Cambridge, MA: Belknap Press of Harvard University Press, 1992), 102.

3   Matthew Avery Sutton, *American Apocalypse: A History of Modern Evangelicalism* (Cambridge, MA: Harvard University Press, 2014), 51.

태를 갖추기 시작할 것으로 기대했다. 따라서 1914년 가을, 아노 C. 개블라인은 「우리의 소망」 독자들에게 "이 세계적인 전쟁이 계속 전개된다면 이 폐허 속에서 유럽연합국의 부활이 예언대로 일어날 것이다.…주님께서 우리를 위해 아직 더 지체하신다면 우리는 10월호에서 더 많은 이야기를 나눌 수 있을 것"이라고 확신했다.[4]

주님은 결국 더 지체하셨고 이로써 전천년주의자들이 급변하는 유럽 지도에 부활한 로마 제국을 그려 넣을 수 있게 하셨다. 다수의 전천년주의자들은 한 손에는 성경을, 다른 한 손에는 지도를 들고 어떻게 이런 일이 일어날 수 있는지를 추론하기 시작했다. 독일은 대부분 원래 로마 제국에 속해 있지 않았기 때문에 전쟁에서 패배하고 로마 제국에 속했던 일부 영토를 포기할 것이다. 이는 결국 알자스-로렌을 프랑스에 넘겨줌으로써 성취되었다. 오스트리아-헝가리 제국은 해체되어야 할 것이며, 도나우강 북쪽의 일부 지방은 러시아의 영향력 아래 들어가게 될 것이다(결국 그렇게 되었다). 러시아는 유럽과의 관계를 끊고 북유럽과 동유럽 국가들에 대한 영향력을 강화할 것이다(1917년의 러시아 혁명이 이러한 과정의 시작이었다). 오스만 제국은 붕괴될 것이고, 팔레스타인에 대한 오스만 제국의 통치가 종식되어 그곳에는 유대인들이 다시 모여 살 수 있게 될 것이다. 밸푸어 선언은 이러한 사건의 시작으로 여겨졌다. 아일랜드는 원래 로마 제국의 일부가 아니었기 때문에 영국으로부터 독립할 것이다(이는 1921년에 실현되었다). 전반적

---

4   Weber, *Shadow*, 108에서 인용됨.

으로 "전천년주의자들의 예측은 대부분 정확성이 높았다." "어떤 기준에서 보더라도 전천년주의자들의 기록은 대단했다."[5] 전쟁이 끝날 무렵 전천년주의자들의 예측은 역사가 전개된 방식에 비추어볼 때 경험적으로 입증된 것처럼 보였다. 티모시 웨버(Timothy Weber)의 관찰에 따르면 전반적으로 "전천년주의자들은 이 전쟁을 통해 세대주의적 전천년설이 등장한 이래로 최고의 호평을 얻었다."[6]

"시온주의의 아버지": 블랙스톤 재검토하기

루이스 D. 브랜다이스 대법관은 귀하께서 시온주의 노선을 따라
행하신 일에 완전히 매료되었습니다.
대법관께서 귀하의 문서가 시온주의 운동에 얼마나
가치 있는 공헌을 했는지를 강조하시는 말씀을 들으셨다면 귀하의 마음은
매우 흡족하셨을 것입니다. 대법관께서는 사실 귀하께서
헤르츨보다 먼저 활동하셨기 때문에 귀하께서 시온주의의 아버지라는
저의 의견에 동의하십니다.[7]
1916년에 네이션 스트라우스가 윌리엄 블랙스톤에게 보낸 편지

세 가지 중요한 사건이 제1차 세계대전 도중에 발생했다. 윌리엄 블랙스톤은 미국 정부를 상대로 지속적인 로비활동을 펼쳤고, 1917년 11월에는 밸

---

5   Weber, *Shadow*, 112.

6   Weber, *Shadow*, 115.

7   Shalom Goldman, *Zeal for Zion: Christians, Jews, & the Idea of the Promised Land* (Chapel Hill: University of North Carolina Press, 2009), 26에서 인용됨.

푸어 선언이 공표되었으며, 한 달 후 영국은 예루살렘을 함락했다. 1916년에 블랙스톤은 우드로 윌슨이 시온주의를 지지하도록 설득하기 위해 미국 시온주의 로비 단체와 연계하여 정치적 행보를 강화했다(물론 윌슨은 이미 시온주의에 동조하고 있었지만 말이다). 블랙스톤은 북장로교회와 미국의 다른 영향력 있는 교단들을 설득하여 1891년에 자신이 해리슨 대통령에게 보낸 청원서와 유사한 새로운 윌슨 청원서를 지지해줄 것을 요청했다.[8] 서명자 중에는 중견 학자들과 사업가들은 물론, 주류 연방 교회 협의회, 장로교 및 침례교 목회자 협회, 앞서 언급한 시카고 대학교 신학부 학장 셰일러 매튜스(Shailer Mathews)도 포함되어 있었다. 바티칸이 시온주의를 확고하게 반대했고 미국 가톨릭교회 주교들이 이러한 바티칸의 입장을 1948년의 이스라엘 국가 수립 때까지(그리고 그 이후에도) 강력하게 지지했다는 점을 고려하면 가톨릭교회 서명자들의 현저한 부재는 이해할 만한 일이다.[9]

블랙스톤은 또한 미국의 저명한 유대인들과도 협력했는데, 그중에는 1914년에 시온주의 대회의 임시 집행위원회 의장으로 선출되어 미국 시온주의를 합법화하는 데 많은 공헌을 한 루이스 D. 브랜다이스 대법관도 포

---

8   윌슨에게 영향력을 행사하려는 블랙스톤의 노력에 대해서는 다음을 보라. Yaakov Ariel, *An Unusual Relationship: Evangelical Christians and Jews* (New York: New York University Press, 2013), 92-96.

9   다음을 보라. Adriano E. Ciani, "The Vatican, American Catholics and the Struggle for Palestine, 1917-1958: A Study of Cold War Roman Catholic Transnationalism" (PhD diss., University of Western Ontario, 2011). 다음도 보라. Uri Bialer, "Theology and Diplomacy," chap. 4 in *Cross on the Star of David: The Christian World in Israel's Foreign Policy, 1948-1967* (Bloomington: Indiana University Press, 2005), 72-90.

함되어 있었다. 1917년 4월에 블랙스톤은 브랜다이스 대법관에게 소포를 보내 "동봉한 서류를 몇 달 동안 금고에 넣어 보관해달라"고 요청했다. 그의 논리는 편지의 다음 단락에 분명하게 나타나 있다. "만약 저의 강렬한 확신에 따라 휴거가 일어나고 데살로니가전서 4:13-18에 묘사되어 있듯이 제가 들려 올라간다면 부디 그 소포를 열어 서류의 내용을 읽어보시고 가장 현명하고 최선이라고 생각되는 일을 해주시기 바랍니다."[10] 브랜다이스는 그 봉투가 보스턴에 있는 자신의 안전 금고에 보관되어 있음을 확인해 주는 정중한 답장을 보냈다.[11] 블랙스톤은 또한 자신의 유언 집행도 브랜다이스에게 위임했다. 블랙스톤은 생전에 유대인 난민을 위해 기부했고, 상당한 재산을 시온주의 운동에 기부했다.[12] 브랜다이스의 노력에도 불구하고 미국 유대인 공동체의 다수는 시온주의에 호의적이지 않았다(그리스도인이나 유대인들이 시온주의를 지지하든 상관없이). 1920년에 영국 대사는 정부에 다음과 같이 보고했다. "[미국] 유대인의 대다수는 시온주의 지도자들에 대해 격렬하게 반대하는 것으로 보이며, 부유한 유대인들은 서로 의견이 분열되어 있다."[13] 그럼에도 1920년에 이르러 미국 정부는 시온주의

---

10   Carl F. Ehle, "Prolegomena to Christian Zionism in America: The Views of Increase Mather and William E. Blackstone Concerning the Doctrine of the Restoration of Israel" (PhD diss., New York University, 1977), 297.

11   Ehle, "Prolegomena," 298.

12   Yaakov Ariel, *On Behalf of Israel: American Fundamentalist Attitudes Toward Jews, Judaism, and Zionism, 1865-1945*, Chicago Studies in the History of American Religion 1 (New York: Carlson, 1991), 88.

13   Clifford A. Kiracofe, *Dark Crusade: Christian Zionism and US Foreign Policy* (London: L.B. Tauris, 2009), 84에서 인용됨.

를 지지하는 데 전력을 다했다. 여기서 중요한 것은 블랙스톤의 로비활동이 중요했지만 단기간에 그쳤다는 점이다. 야코프 아리엘의 관찰처럼 "블랙스톤의 전략을 검토해보면 그는 어떤 로비 단체나 영구적인 조직을 설립하려 한 적이 없다는 것이 드러난다."[14]

밸푸어 선언과 예루살렘의 함락에 대한 미국 보수주의자들의 반응

예언에 대한 사변은 제1차 세계대전 발발로 인해 크게 증가했고, 오스만 제국이 팔레스타인 영유권을 상실할 수도 있다는 기대가 높아졌다. 천년 왕국설을 지지하는 자들은 밸푸어 선언에 열광했고, 많은 이들은 1917년 12월 앨런비(Allenby) 장군의 예루살렘 입성이 예언된 사건의 성취라고 확신했다. 많은 이들은 이것을 예루살렘이 "이방인들에게 밟히게 될" 시대의 종말을 알리는 사건이라고 믿었다(눅 21:24; 계 11:2을 보라). 사이러스 스코필드가 친구에게 보낸 편지에서 "이제 우리는 처음으로 진정한 예언의 징조를 갖게 되었다"고 말한 것은 이러한 합의를 잘 표현한다.[15] 1918년 5월 말에 필라델피아에서 열린 예언 컨퍼런스에서 A. E. 톰슨은 이 사건의 중요성을 다음과 같이 설명했다.

---

14   Ariel, *Unusual Relationship*, 96.
15   Boyer, *When Time*, 102n63.

예루살렘의 함락은 예언을 연구하는 학생들이 수년 동안 고대해온 사건 중 하나입니다. 심지어 영국이 이집트를 점령하기도 전에도 하나님께서 예루살렘을 회복하기 위해 앵글로색슨 민족을 사용하실 날을 예견하는 예리한 통찰력을 지닌 선견자들이 있었습니다. 전쟁이 발발했을 때 우리 가운데 일부는 이 성지에서 튀르키예의 폭정이 영원히 과거의 일로 사라질 때까지 이 전쟁이 절대로 끝나지 않을 것이라고 확신했습니다. 예루살렘이 함락되었을 때 우리는 전 세계 그리스도인들의 마음을 뒤흔든 이 엄청난 사건을 가리키며 예언서의 여러 본문을 펼쳐놓고 오순절 날의 베드로처럼 자신 있게 "이것은 예언자들이 말씀하신 것이다"라고 말할 수 있다는 확신을 느꼈습니다.[16]

1918년 11월에 아노 개블라인은 또 다른 예언 컨퍼런스에서 동일한 주제를 전개해나갔다.

말할 수 없을 정도로 사악한 튀르크인들과 그들 못지않게 사악한 독일 통치자가 패배함으로써 튀르크 제국의 초승달 깃발이 내려가고 영국의 사자 깃발이 다윗의 도시에 휘날렸다는 사실이 알려졌을 때 우리는 얼마나 기뻐했습니까!…[유대 민족은] 현재 흩어져 사는 모든 나라로부터 다시 모여 하나님이 주신 땅으로 회복될 것입니다. 황폐한 곳은 재건될 것이며, 그 땅은 다시 젖과 꿀

---

16   *Light on Prophecy* (New York, 1918), 34, Ernest Sandeen, *The Roots of Fundamentalism: British and American Millenarianism 1800-1930* (Chicago: University of Chicago Press, 1970), 234에 인용됨.

이 흐르는 땅이 될 것입니다.[17]

두 연설자는 예루살렘의 회복에 대해 두 가지를 언급했다. 첫째, "튀르크의 폭정"(톰슨)과 "말할 수 없을 정도로 사악한 튀르크인들"의 종말(개블라인)에 대한 언급처럼 그들은 고대의 적 "튀르크"(이슬람을 뜻하는 개신교의 암호)를 언급했다. 개블라인은 "초승달 깃발이 내려가고"(이슬람을 가리키는 또 다른 표현)라는 표현을 통해 이 점을 더욱더 분명하게 강조했다. 둘째, 그들은 "하나님께서 앵글로색슨 민족을 사용하셔서 예루살렘을 회복"하신 것과(톰슨) "영국의 사자 깃발이 다윗의 도시에 휘날렸다"(개블라인)는 표현을 통해 영어권 국가가 수행한 섭리적 역할을 강조했다. 따라서 영국과 미국은 선택받은 개신교 국가로서 유대인의 궁극적 회복을 향해 나아가는 중요한 단계에서 영국과 미국의 청교도들이 오랫동안 염원했던 소원을 성취한 것으로 볼 수 있다.

자유주의자들의 반발: 근본주의자-근대주의자 간의 논쟁 발발

전천년주의자들의 성공은 반대자들의 거센 반발을 불러일으켰다. 조직

---

17   Arno Gaebelein, "The Capture of Jerusalem and the Great Future of that City," in *Christ and Glory: Addresses Delivered at the New York Prophetic Conference Carnegie Hall, November 25-28, 1918*, ed. Arno C. Gaebelein (New York: Publication office of *Our Hope*, 1919), 146-47. David A. Rausch, *Zionism Within Early American Fundamentalism, 1878-1918: A Convergence of Two Traditions* (Lewiston, NY: Edwin Mellen, 1979), 113에서 인용됨.

적인 **근본주의 운동**의 기원은 1870년대 성경 컨퍼런스가 등장한 시기로 거슬러 올라가지만, 이 운동은 1900년부터 특히 더 극단적인 세대주의 자들이 주도하는 세계 기독교 근본주의 협회(World's Christian Fundamentals Association)가 1919년에 결성되면서 더욱 공고해졌다. **근본주의적 논쟁**의 시작을 알리는 충돌은 제1차 세계대전이 끝날 무렵에 근본주의자들과 전쟁 발발로 낙관론이 산산조각이 나버린 신학적 자유주의자들 사이에서 발생했다.

보수주의자들은 전쟁의 교훈을 놓고 의견이 분분했다. (대다수 오순절 주의자를 포함한) 다수의 전천년주의자들은 고립주의를 조장하고 평화주의를 설파함으로써 자유주의자들의 공격 대상이 되었다.[18] 공개적인 갈등은 1917년에 조지 P. 에크먼(George P. Eckman)의 저서 『그리스도께서 다시 오실 때』(When Christ Comes Again)가 출간되면서 시작되었다. 이는 셰일러 매튜스의 『그리스도는 다시 오실까?』(Will Christ Come Again?)의 출간으로 이어졌고, 거기서 그는 신약성경의 종말론을 "초기 그리스도인들의 실수"라고 일축했다.[19] 셰일러 매튜스와 셜리 잭슨 케이스(둘 다 시카고 대학교 교수) 그리고 사회 복음을 대변하는 이들은 전천년주의자들을 비애국적이라고 비난하며 그들이 독일로부터 자금을 지원받고 있다고 주장하면서 전면적인 공

---

18   Sutton, *American Apocalypse*, 58.
19   다음을 보라. Adam Petersen, "'The Premillennial Menace': Shailer Mathews' Theological-Political Battle Against Premillennialism During the First World War," *Journal of Church and State* 60, no. 2 (Spring 2018): 271–98.

세를 펼쳤다.[20] 케이스는 전천년설이 "우리 민주주의에 심각한 위협"이라
고까지 비난했고 "독일의 승리가 현 세계의 종말을 앞당길 수 있기" 때문에
전천년주의자들은 독일의 승리를 선호할 수도 있다고 주장했다.[21]

이러한 비난은 사실과 달랐고 현명하지도 못했으며, 이 논쟁은 양측
의 애국심을 입증하기 위한 경쟁이 되어버렸다. 보수주의자들은 자유주의
신학을 지지하는 사람들이 독일의 대학에서 공부하는 동안 미국의 자유주
의 신학을 많이 접했다며 반박했다. 빌리 선데이, 윌리엄 벨 라일리, R. A.
토레이 같은 일부 부흥사들은 강력한 친군사주의자이자 반독일주의자였
다. 매튜 에이버리 서튼은 "이 논쟁은 전천년주의자들이 자신의 종교적 신
념을 성조기와 연관시키고 자유주의 신학을 국가에 대항하는 전시의 적들
과 연관시킬 수 있는 완벽한 기회를 제공했다"고 지적한다.[22] 전쟁 이후에
는 전천년주의자들을 향한 자유주의 학자들과 「크리스천 센추리」(*Christian
Century*)와 같은 잡지들의 맹공격이 가차 없이 이어졌다. 근본주의자들이
애국심을 강력하게 주창하자 자유주의자들은 전략을 바꾸어 근본주의자
들의 "사업상의 이해관계와의 연관성"을 더욱 부각하여 비난하게 되었고,[23]
이러한 비난은 학자들이 "근본주의자들의 가장 큰 관심사는 정치적이기보
다는 이념적"이라는 데 전반적으로 동의하게 된 1960년대까지 계속해서

---

20   Sutton, *American Apocalypse*, 96.
21   Weber, *Shadow*, 120.
22   Sutton, *American Apocalypticism*, 62.
23   George Marsden, *Fundamentalism and American Culture*, 2nd ed. (New York: Oxford
        University Press, 2006), 206.

역사학자들 사이에서 유행했다.[24] 어떤 의미에서 이러한 자유주의자들의 공격은 미국 개신교에서 전천년설의 세력이 점점 커지고 있으며 전천년설의 시대가 도래했음을 반증하는 칭찬이었다.

세대주의자들의 반국제주의: 국제연맹에 대한 반대

주류 개신교 교단들은 1920년에 미국 상원에서 국제연맹 규약을 비준하도록 열성적으로 캠페인을 벌였으며 "국제연맹에 확실한 종교적 의미를 부여하고 심지어 이 연맹을 실제로 하나님 나라가 지상에 도래하는 개념과 연관시키기까지 했다."[25] 1920년에는 남침례교회 총회와 몇몇 루터교 노회를 제외한 모든 주요 개신교 교단이 국제연맹을 공개적으로 승인했다. 연방 교회 협의회는 1918년과 1920년 사이에 네 차례에 걸쳐 회원 교회에 국제연맹 지지 자료를 배포할 것과 비준을 위한 토론에서 국제연맹에 대한 지지를 주저하는 상원의원들에게 압력을 가할 것을 촉구했다.[26] 미국의 좌익 세력―세속적 좌익과 종교적 좌익 모두―이 공유한 낙관론은 제1차 세계대전의 대학살 현장에서 상처를 입었지만 완전히 죽지는 않았다.

---

24   Marsden, *Fundamentalism*, 206.
25   Markku Ruotsila, *The Origins of Christian Anti-internationalism: Conservative Evangelicals and the League of Nations* (Washington, DC: Georgetown University Press, 2008), 2.
26   Ruotsila, *Christian Anti-internationalism*, 25.

그들은 자신들이 수적으로 우세하며 모든 역사적 결정 요인이 자신들을 지지하고 있다고 확신했다. 제1차 세계대전은 인류의 진보에 대한 그들의 낙관론을 산산조각내지 못했다. 오히려 정반대로 자유주의적 국제주의자들은 다양한 사회적 목표를 달성하기 위해 힘을 모으는 데 더욱 열중하게 되었다. 그들은 오직 전쟁이 자신들이 동의한 새로운 (사회적) 민주주의를 실제로 실현할 때만 전쟁에 대한 지지를 정당화할 수 있었고, 그것이 (여전히) 윤리적 진보의 필연적인 과정이며, 그들 스스로 그것을 가능케 할 것이므로 그것은 반드시 실현될 것이라고 확신했다.[27]

영국과 미국의 세대주의자들은 이것을 인간의 어리석음을 보여주는 한 예라고 비난하면서 국제연맹에 강력하게 맞섰다. 이러한 반발은 영국에서 시작되었으며, 1917년에는 전천년설을 지지하는 저술가이자 케직 성결 운동 내에서 잘 알려진 F. B. 마이어의 주도하에 "재림 간증 및 준비 운동"(Advent Testimony and Preparation Movement)이 출범했다. 임박한 그리스도의 재림을 고려하면 국제연맹의 제안과 같은 인간적인 계획은 의심스러웠다. 마르쿠 루오칠라(Markku Ruotsila)에 따르면 개블라인은 미국에서 열린 예언 컨퍼런스에서 "[국제연맹의] 궁극적인 목적은 전 세계가 하나의 거대한 공산주의 인터내셔널로 재편되는 것이며, 그 안에서 우리의 문명과 종교는 완전

---

27   Ruotsila, *Christian Anti-internationalism*, 26.

히 파괴될 것"이라고 주장했다.[28]

　1919-1920년에 미국 세대주의자들은 국제연맹을 지지하는 세속적 지지자들과 종교적 지지자들 모두를 상대로 캠페인을 벌였으며, "그들 중 몇몇은 국제연맹 규약 비준에 반대하는 정치적 로비활동까지 벌였다."[29] 미국 세대주의자들은 다음과 같은 네 가지 이유에서 국제연맹의 국제주의에 반대했다. 첫째, 그것은 기독교 국가와 비기독교 국가 간의 협력을 의미했다. 둘째, 그것은 세계 평화나 사회적 발전을 보장할 수 없는 사악한 인간의 계획에 불과했다. 왜냐하면 이것들은 오직 그리스도의 재림으로만 성취될 수 있기 때문이다. 셋째, 미국은 기독교 국가로서 독립성을 유지하고 다른 국가들의 모범이 되어야 하며 오직 특정 상황에서만 올바른 협상을 진행할 수 있었다. 마지막으로, 세속적·다원주의적 국제 계획을 지지하는 자유주의적 사회 복음 지지자들은 배교한 그리스도인들이며 그들의 뒤를 따르는 것은 미국에 대한 하나님의 심판을 초래할 것이었다.[30] 또한 베버가 관찰했듯이 "대다수 전천년주의자들은 국제연맹이 새로운 로마 제국의 구현과 적그리스도의 출현을 향해 한 걸음 더 내딛는 것이라는 데 동의했다."[31] 그러나 모두가 동의한 것은 아니었다. 세계에서 가장 큰 장로교회인 시애틀 교회의 목사이자 세대주의자인 동시에 우드로 윌슨의 친한 친구이자 지

28　Ruotsila, *Christian Anti-internationalism*, 35.
29　Ruotsila, *Christian Anti-internationalism*, 2.
30　Ruotsila, *Christian Anti-internationalism*, 2.
31　Weber, *Shadow*, 126. 또한 다음을 보라. Sutton, *American Apocalypse*, 75-77.

지자였던 마크 매튜스(Mark Matthews)는 동료 전천년주의자들에게 격분했다.[32]

세대주의자들은 자신들의 선교 사역 때문에 세계 문제에 관심을 보였으므로 "기독교 반국제주의"의 입장은 고립주의가 아니었지만, 그들의 반국제주의는 "1919년 이후 존재해온 국제기구—세속적이고, 전 세계적인 초국가적 권위를 갖고 있으며, 다자주의와 모든 국가 및 종교 문화적 전통의 평등을 기반으로 하는 정치 기관—에 대한 종교적 반대"를 의미했다.[33] 국제연합(UN)에 대한 미국의 보수 그리스도인들의 지속적인 망설임은 이 논쟁에서 그 뿌리를 찾을 수 있다.

1920년대에 근본주의자들의 전반적인 정치적 보수 성향은 비록 "대다수 미국인들의 애국심에 부재한 하나님의 심판에 대한 인식으로 완화되었다"는 점에서 차이점이 있긴 하지만, "당대 미국인들의 일반적인 의견을 나타내는 것에 지나지 않았다"는 점에서 거의 주목받지 못했다.[34] 그러나 1920년대에 울려 퍼진 문화적 경고음은 이러한 표현이 거의 없었고 민족주의에도 호소하지 않던 전쟁 이전에 비해 훨씬 더 강력해졌다. 전쟁 이전에 보수주의자들 사이에 만연해 있던 진보주의적 성향이 사실상 사라진 것은 "분명 자유주의가 사회 복음과 동일시되는 것에 대한 근본주의자들

---

32   Sutton, *American Apocalypse*, 77.
33   Ruotsila, *Christian Anti-internationalism*, 3.
34   Marsden, *Fundamentalism*, 207.

의 반응과 관련이 있는 복잡한 현상이다."[35] 1920년에 국제연맹에 반대하는 경고음은 신학적 모더니즘, 진화에 대한 가르침, 공산주의의 부상 등과 관련하여 점점 더 날카롭고 명확하게 표출되었다. 그들의 전반적인 두려움은 기독교 문명이 공격을 받고 있으며 이러한 도전 앞에서 살아남지 못할수도 있다는 것이었고, 이러한 도전은 많은 보수주의자들의 사고에서 점점 더 큰 힘을 발휘하게 되었다.

1919년에는 대다수 미국인들이 볼셰비키의 위협을 인식했다. "말세에러시아가 위협적인 역할을 할 것이라는 전천년주의자들의 초기 예측은 이러한 두려움에 어느 정도 타당성을 더해주었다."[36] 볼셰비키 혁명은 종말에 유대인 집단을 위협할 "북쪽" 세력(겔 38:6, 15)을 가리키는 또 다른 "시대의 징조"로 이해되었다. 이 시기에 "시온주의-이스라엘과 공산주의-러시아는 미국 근본주의자들의 사고에서 밀접한 연관성을 갖게 되었다."[37] 1920년대 미국에서 전개된 근본주의 운동은 의도적으로 성조기를 내걸며 스스로 "신을 믿지 않는 공산주의자들"에 대항하는 서방 세계의 가장 위대한 보루로 여겼다. 이러한 인식은 "초기 냉전 시대의 유명한 기독교 '반공 십자군'의 길을 마련하는 데 도움을 주었다."[38]

조지 마스덴에 따르면 이 시기에 보수 개신교 신자들 사이에서 정치

---

35   Marsden, *Fundamentalism*, 207.
36   Marsden, *Fundamentalism*, 208.
37   Kiracofe, *Dark Crusade*, 77.
38   Kiracofe, *Dark Crusade*, 87.

참여 문제와 관련하여 "대반전"이 일어났는데, 그 이유는 그들의 전통이 "거의 항상 정치적 참여—절제, 안식일 규정, 반메이슨, 반노예 또는 기타 복음주의적 대의—를 장려해 왔기 때문이다."[39] 제1차 세계대전 이후에는 전천년주의 운동이 한동안 반국제연맹 활동과 반진화론 운동 안에서 급격하게 정치화되었다. 비록 미국에서 가장 유명한 정치인 중 한 명이었던 윌리엄 제닝스 브라이언(William Jennings Bryan)은 근본주의자였지만 전천년주의자는 아니었고(그는 모호한 후천년주의자였다) 진보적인 정치인으로서 경력이 풍부한 인물이었지만, 전천년주의자들은 이상하게도 그가 이 운동을 이끌어주길 기대했다.

그러나 1920년대의 보수주의자들은 국제연맹과 진화론 문제에 대해 정치화되어 있었지만, 그들의 전반적인 정치적 참여는 우발적이었으며 다른 정치적 이슈에 관해서는 거의 단합하지 못했다. 마스덴의 주장에 따르면 금주법 지지와 1928년 민주당 대통령 후보 알 스미스에 대한 반대(가톨릭 신자이며 금주법에 반대했기 때문에) 외에는 폭넓은 정치적 합의가 없었다. 즉 "교회의 영적 소명"이라는 개념을 반영하는 "교회는 정치 문제에 관여해서는 안 된다는 것" 외에는 말이다.[40] 하지만 이것이 세대주의자들은 세계 무대에서 일어나는 일을 모두 무시해야 한다는 것을 의미하지 않았다. 그들은 로마 제국이 부활하여 10개국 연합체를 세울 것이라고 확신했고,

---

39   Marsden, *Fundamentalism*, 207.
40   Marsden, *Fundamentalism*, 208.

이런 일이 일어날 징조를 열심히 살폈다. 1925년에 베니토 무솔리니가 이탈리아에서 집권하면서 새로운 적그리스도의 후보로 등장했지만, 그가 무능하고 무모하며 적그리스도가 될 만큼 원만한 외교관이 아니라는 사실이 드러나면서 향후 10년간 그의 적그리스도 후보 가능성은 여러 차례 타격을 입었다. 그는 기껏해야 적그리스도의 "모형"이나 선구자에 지나지 않았다.[41]

세대주의자들이 특히 혼란스러워했던 것은 독일과 러시아의 태도였다. 세대주의자들은 에스겔 38장에 대한 해석을 통해 대환난 기간에 때 독일과 러시아가 북방 동맹을 맺을 것이라고 확신했지만(이제 곡은 러시아로, 고멜은 독일로 인식됨), 공산주의에 대한 히틀러의 강한 반대로 인해 이러한 동맹의 가능성은 이제 희박해 보였다.[42] 1939년 8월의 나치-소련 불가침 조약은 그들의 예언 시나리오를 확인해주는 것처럼 보였다. 세대주의자들은 의기양양했다. 1939년 11월 뉴욕에서 열린 예언 컨퍼런스에서 개블라인은 이 분명하고 놀라운 "시대의 징조"에 비추어 다음과 같이 추론했다. "우리가 아는 한, 이것이 마지막으로 열릴 예언 컨퍼런스일지도 모릅니다. 왜냐하면 '우리가 그와 함께 모일 때'[휴거]가 그리 멀지 않았기 때문입니다."[43] 1941년 6월에 히틀러가 러시아를 침공했을 때 예언 작가들은 침묵

---

41   무솔리니에 관해서는 다음을 보라. Sutton, *American Apocalypse*, 213-19.
42   Boyer, *When Time*, 166. 러시아에 대한 태도는 다음을 보라. Sutton, *American Apocalypse*, 221-22.
43   Timothy P. Weber, *On the Road to Armageddon: How Evangelicals Became Israel's Best Friend* (Grand Rapids, MI: Baker Academic, 2004), 92.

했다. 전반적으로 그들은 자신들의 실패로 전혀 낙담하지 않았다. 그들은 새로운 현실에 맞추어 자신들의 해석을 수정했다.[44]

1920년대의 미국 천년왕국설

1920년대에 많은 보수적 그리스도인들은 전통적 교단, 특히 북장로교회와 남장로교회, 침례교회, 회중교회에 계속 머물러 있었으며, 근본주의 논쟁의 압박 속에서도 기존 전통에서 떠나지 않았다. 그러나 1920년대의 천년왕국 운동 지도자들은 1900년 이전의 지도자들과 달랐다. 그들 가운데는 "교단과의 확고한 유대관계를 유지하는 지도자가 거의 없었고, 대다수는 성경학교와 연계되어 있었다."[45] 이러한 학교는 1880년대에 생겨나기 시작했고 처음에는 평신도를 국내 전도에 참여시키고 기독교 사역자로 양성하기 위한 목적으로 설립되었으며, 나중에는 해외 선교사로 섬길 사람들을 훈련하기 시작했다. 1920년대에 이르러 많은 천년왕국 지도자들은 교단 소속에 크게 구애받지 않았다. 어니스트 샌딘의 관찰에 따르면 "20세기에 천년왕국설 지지자들에게는 교단에 대한 충성심이 19세기 이전 사람들보다 훨씬 덜 중요해 보였다."[46] 1800년대 후반에는 "교단 소속을 중시하지

---

44 히틀러에 대한 전천년설 지지자들의 태도는 다음을 보라. Sutton, *American Apocalypse*, 219-21. 그리고 독일의 1941년 러시아 공격에 관해서는 280-83을 보라.
45 Sandeen, *Roots*, 239.
46 Sandeen, *Roots*, 240.

않았지만 일반적으로 필요하다고 여겼다."[47] 사실 이전 세대의 많은 지도자들은 소속 교단 없이 활동하는 것이 현명하지 않다고 생각했다. 1920년대에 이르러서는 이러한 상황이 바뀌었다.

어떤 이들에게는 자유주의에 취약한 주류 교단이 불신의 한 가지 원인으로 작용했다. 샌딘은 1920년대에 많은 세대주의자들의 전통 교단들이 초교파적 기관으로 대체되었고, 마치 교단처럼 행세하기 시작한 성경학교가 그중에서 가장 대표적이었다고 주장한다.[48] 이 학교들은 자신들에게 위임된 교육의 임무보다 훨씬 더 광범위한 역할을 담당했다. 무디 성경학교는 독자적인 재정 지원 기반을 구축하고, 뜻이 맞는 여러 교회에서 학생들을 모집하는 네트워크를 개발했다. 이 학교는 1930년대에 라디오방송에 진출했고 「월간 무디」라는 정기 간행물을 발간했다. 그들은 또한 특정 해외 선교회, 특히 중국 내륙 선교회(China Inland Mission)와 같은 믿음 선교회들과도 관계를 맺고 선교사들을 훈련하여 그들을 선교지 사역자들을 지원하는 보다 광범위한 보수 단체들과 연결하여 주었다. 중국 내륙 선교회의 제임스 허드슨 테일러가 창시하고 성경학교 운동을 통해 강화된 믿음 선교 접근법과 세대주의의 밀접한 연계는 세대주의 가르침과 20세기 기독교 시온주의의 국제화에 중요한 역할을 담당했다. 무디 성경학교와 같은 일부 학교는 졸업생들을 위한 독자적인 컨퍼런스를 개최하고 여름 컨퍼런스를

---

47   Sandeen, *Roots*, 240.
48   성경학교의 발전에 관한 자세한 논의는 다음을 보라. Sutton, *American Apocalypse*, 150-60.

통해 그들 간의 유대관계를 더욱 공고히 했다. 웨버는 다음과 같이 논평했다. "이러한 활동은 구성원들과 후원자들 사이에 엄청난 충성심을 불러일으켰으며, 이들 중 다수는 소속 교단보다 이 학교와 더 깊은 유대관계를 맺었다. 인기 있는 복음성가를 패러디한 '나의 소망은 스코필드의 해설과 무디 출판사 밖에 없네'라는 가사가 잘 보여주듯이 말이다."[49]

이러한 복음주의자들의 정체성은 주로 교단보다는 성경학교 후원자들과 지인들로 구성된 네트워크에 의해 형성되었으며, 이 네트워크는 그들의 주된 충성 공동체를 형성했다. 이렇게 미국 근본주의의 성격은 20세기 초반에 바뀌고 있었으며, 천년왕국 운동은 1920년대에 등장한 근본주의 운동을 형성해나가고 있었다. 이러한 요인을 고려할 때 보수주의자들은 1942년에 미국 복음주의 협회(National Association of Evangelicals)가 설립될 때까지 주류 교단들의 미국 기독교 교회 협의회(National Council of Churches)에 대항할 만한 초교파 단체 구성에 동의할 수 없었다.[50]

미국 근본주의 내에서 기독교 시온주의의 역할

1920년대 미국 근본주의 내에서 기독교 시온주의 운동이 어떤 역할을 했는지를 설명하는 데는 이러한 배경을 이해하는 것이 중요하다. 왜냐하면

---

49   Weber, *Shadow*, 174.
50   그것의 설립에 관해서는 다음을 보라. Sutton, *American Apocalypse*, 284-90.

기독교 시온주의 운동은 천년왕국에 대한 견해나 교단 소속 여부에 관계없이 공통점이 없는 다양한 부류의 복음주의 단체들을 하나로 묶을 수 있는 역할을 했기 때문이다. 역사주의적 전천년설 지지자든 미래주의적 전천년설 지지자든 그들은 모두 유대인의 팔레스타인 귀환을 암시하는 징조의 예언적 의미에 동의할 수 있었다. 19세기 초 영국에서 많은 주요 후천년주의자들과 재부상한 역사주의적 전천년주의자들은 유대인의 팔레스타인 귀환이 그리스도인들이 기대해야 할 예언된 사건이라는 데 동의할 수 있었다. 그리고 미국의 천년왕국 운동은 (밀러파를 제외하고) 19세기 전반에 걸쳐 유대인들이 팔레스타인으로 귀환할 것이라는 그들의 확신에 찬 예언에 동의할 수 있었다.

기독교 시온주의의 비전은 세대주의자들에게 희망과 위로를 주었고, 심지어 세대주의 진영 밖에 있는 사람들과도 어느 정도의 일치와 연합을 경험할 수 있는 무언가를 제공해주었다. 특히 미래에 대한 세대주의자들의 견해가 너무 암울했기 때문에 그들에게 희망은 매우 중요했다. 세대주의 성경 교사들은 제도권 교회가 배교하고 있으며, 기독교의 대중적 영향력이 약화하고 있다고 말했다. 그들은 지진이 더 빈번히 일어나고 홍수가 나며 전쟁이 발발할 것이라고 말했다. 그러나 그것은 위안이 되기도 했다. 왜냐하면 인류의 진보를 바랐던 사람들은 그것을 몹시 실망스러워했겠지만, 진정한 신자들은 휴거를 통해 천국으로 옮겨질 것이었기 때문이다. 다른 이들은 일간신문을 통해 읽은 혼란을 경험할 수 있었던 반면, 전천년주의자들은 자신들의 예언적 도식 속에 이런 사건을 이해할 수 있는 상부구조를 갖고 있었다.

> 기존의 각본을 가지고 있는 전천년주의자들은 당대의 사건을 설명할 수 있었고, 세대주의자들이 너무나 잘 알고 있었던 것처럼 일단 역사적 사건이 하나님의 영원한 계획 속 어딘가에 배치되면 그것은 더 이상 공포를 유발할 수 있는 능력을 상실했다. 바로 그런 이유에서 전천년주의자들은 대재앙이 가져다줄 암울한 미래 앞에서도 침착함과 소망을 잃지 않을 수 있었다.[51]

이러한 희망의 이면에는 전천년주의가 가져다준 확신이 자리 잡고 있었다. 서튼의 말처럼 "암울한 시대에 오직 그들만이 연쇄적인 세계적 사건들의 의미를 이해했다. 나머지 인류가 다가오는 환난을 향해 순진하게 앞으로 나아가는 동안 근본주의자들은 휴거와 그 후에 도래할 천년왕국의 축복을 고대했다."[52]

기독교 시온주의는 교단과 예언에 대한 견해 차이를 넘어 많은 보수적인 복음주의자들을 하나로 결속시키는 역할을 했다. 1920년대의 근본주의자들 간의 분열이 유대인에 대한 예언의 매력이 점점 더 높아진 이유 중 하나였던 것으로 보인다. 기독교 시온주의는 보수적인 복음주의자들이 폭넓은 연대를 형성하며 동역할 수 있는 하나의 기치의 역할을 했다. 시대의 징

---

51   Weber, *Shadow*, 127.
52   Sutton, *American Apocalypse*, 211.

조는 분명했다. 천년왕국설 지지자들이 수십 년 동안(사실상 4세기 동안) 꾸준히 지적했듯이 하나님은 유대인들을 다루시는 과정에서 무언가를 계획하고 계셨고, 그들은 자신들이 읽는 신문 1면에서 이러한 견해에 대한 확실한 증거를 발견할 수 있었다. 그들은 유대인의 회복에 대한 자신들의 오랜 소망이 눈앞에서 분명히 이루어지고 있음을 확인할 수 있었다. 역사의 올바른 편에 서 있다는 느낌과 오랫동안 조롱받아온 그들의 신념이 정당성을 입증받고 있다는 생각이 수많은 천년왕국 지지자들의 마음을 가득 채웠다. 세부적인 부분에서는 의견이 다를 수 있었지만, 예언이 성취되어가고 있는 것을 기뻐하고 특히 밸푸어 선언과 예루살렘 함락을 축하하는 마음에 있어서는 하나가 되었다.

기독교 시온주의와 선민 복음화

앞서 6장에서 논의했듯이 복음주의의 특징은 개인의 회심에 대한 관심이며, 세대주의자들은 유대인들의 반발이 제아무리 심하다 하더라도 그들을 기독교로 개종시키는 사역에 관심을 기울였다. 전천년주의자들은 (윌리엄 헤클러와 달리) 이러한 노력을 포기하지 않았으며, "유대인의 복음화를 강조하면서도 유대인의 민족주의적 열망을 동시에 지지할 수 있었다."[53] 전천년주의자들은 자신들이 그러한 일에 있어 유리한 위치에 있다고 확신했다.

---

53   Weber, *Shadow*, 141.

제임스 브룩스(James Brookes)가 주장했듯이 "메시아가 친히 오실 것을 믿지 않는 한, 그 누구도 유대인에게 복음을 전할 수 없다." 종교 관습을 엄격히 준수하는 유대인들에게는 팔레스타인 회복에 대한 희망이 "메시아의 오심에 근거하고 있음"을 보여주는 것이 중요했다.[54] 전천년주의자들은 미국 유대인을 대상으로 하는 새로운 전도 단체를 설립하여 18세기에 독일 경건주의자들이 개발하고 19세기에 런던 유대인 협회(London Jews' Society)에서 다듬고 개선한 접근법을 다수 활용했다.[55] 20세기 중반에 이르러 유대인을 대상으로 한 미국 기독교 선교는 거의 모두 전천년주의자들이 주도했다. 유대인 개종자들에게 어느 정도의 상황화(contextualization)가 허용될 수 있는지에 대해서는 이견이 발생했지만, 결국에는 개종자들이 보수적인 복음주의 교회에 동화되어야 한다는 견해가 우세했다.[56]

웨버의 주장에 따르면 1875년부터 1925년까지 반세기 동안 전천년주의자들은 유대인 전도에 관심을 기울이면서도 동시에 "모든 형태의 반셈족주의에 맹렬히 반대했으며, 흔히 스스로 이스라엘의 친구라고 불렀다."[57] 그러나 서튼은 1920년대에 "다수의 근본주의자들은 평범한 미국인들처럼 강한 반셈족주의적 편견을 품고 있었으며", 일부는 반셈족주의자였다고 주장한다.[58] 반셈족주의를 어떻게 정의하느냐에 따라 많은 것이 달라질 수

---

54   Weber, *Shadow*, 142.
55   20세기 초에 있었던 이러한 작업에 대한 설명은 다음을 보라. Weber, *Shadow*, 143-57.
56   이 문제에 대한 논의는 다음을 보라. Weber, *Armageddon*, 123-28.
57   Weber, *Shadow*, 154.
58   Sutton, *American Apocalypse*, 125.

있지만, 나는 반셈족주의가 유대인에 대한 인종적 증오를 의미한다고 생각한다.[59] 근본주의자들은 대체로 반셈족주의자로 불리는 것을 극도로 싫어했을 것이다. 하지만 그들 중 일부는 유대인들을 한 민족으로 사랑한다고 말하면서도 동시에 유대인 개인에 대한 부정적인 고정관념을 갖고 있었고 또 "추악한 고정관념을 거듭 언급했다."[60]

폴 보이어는 전천년설이 실제로 반유대주의를 조장하는 데 (어쩌면 무의식적으로) 기여한 것은 아닌지에 대해 곤혹스러운 질문을 제기했다. 데이비드 라우쉬(David Rausch)는 그의 저서 『초기 미국 근본주의 내의 시온주의』(*Zionism Within Early American Fundamentalism*)에서 전천년주의자들이 친유대주의자이었으며 반셈족주의에 강력히 반대했다고 강하게 주장한 바 있다. 라우쉬는 일부 예언 작가들이 만들어낸 유대인에 대한 고정관념이 반유대주의에 해당하지 않는다고 간주하는 것 같다. 보이어의 주장에 따르면 라우쉬는 "전천년주의적 신념이 반유대주의의 발현을 예정된 '징계' 또는 '교정'으로 이해하는 수동적 관점을 유도했다는 사실을 인정하지 않는다."[61] 또한 보이어는 라우쉬가 강조한 친셈족주의는 매우 특별한 유형의 것이었다고 말한다. "유대인들이 성경 시대에 수행한 역할과 그들이 그리스도의 천년왕국에서 차지하는 높은 지위 때문에 현재 '믿지 않는' 상태의

---

59   이것은 유대인이 매우 다른 인종이라는 말은 아니지만, 반셈족주의자들은 유대인을 그렇게 규정했다.

60   Sutton, *American Apocalypse*, 125.

61   Boyer, *When Time*, 218.

유대인들은 훨씬 더 모호하게 여겨졌다. 그들은 영광스러운 과거와 미래를 가지고 있었다. 오직 현재만 문제를 제기했다."[62]

데이비드 윌슨은 1945년 이전의 예언의 글에서 그가 일종의 반셈족주의라고 부르는 것에 대한 자료를 제시했다. 하지만 그는 "유대인들이 예수를 거부하고 십자가에 못 박은 집단적 죄로 인해 끝없는 징계와 박해에 직면한다고 믿는 자들은 설령 그들이 공개적으로 반셈족주의자는 아니라 하더라도 '반셈족주의 현상을 기대하고 그것을 무덤덤하게 받아들이는 경향이 더 크다'"고 예리하게 지적한다.[63] 윌슨의 관점에 따르면 전천년주의자들은 자신들의 성경 해석 때문에 반셈족주의를 기정사실로 받아들일 수밖에 없었고, 친시온주의자였음에도 불구하고 유대인에 대한 비인도적인 행위를 거의 비난하지 않았다. 그러나 보이어가 지적했듯이 제2차 세계대전 이후의 예언 작가들, 특히 "유대인 선교 사역에 관여하는 예언 작가들"은 자주 반셈족주의를 비판했으며, 시간이 흐르면서 "예언을 대중화하는 일에 관여한 자들도 반유대주의를 자주 비판했다."[64] 보이어가 인정하듯이 반유대주의는 전쟁 이후의 전천년설 안에서 대체로 사라진 것 같다.

우리에게는 큰 그림을 염두에 두는 것이 유용하다. 19세기에는 역사주의에 속한 전천년주의자들이 러시아의 반셈족주의에 항의하는 데 앞장섰고, 적어도 지난 25년 동안은 미국 안팎의 전천년주의자들이 반유대주

---

62   Boyer, *When Time*, 219.
63   Boyer, *When Time*, 219.
64   Boyer, *When Time*, 220.

의와 반이스라엘 정서에 강력한 반대자로 부상했다. 그러나 보이어의 다음과 같은 지적은 옳다. "세대주의의 중심에는 유대인은 본질적으로 그리고 영원히 **다른** 존재라는 가정이 자리 잡고 있다. '유대인'에 대한 견해가 반드시 적대적이진 않지만, 유대인은 항상 **구별된** 존재이며, 유대인의 독특한 특징과 운명은 끝없는 사변을 불러일으킨다."[65] 프레더릭 J. 마일스(Frederick J. Miles)는 1943년에 쓴 예언에 관한 책에서 "기원이 독특한 유대인들은 인종적 순수성에 있어서도 똑같이 독특하다.…우리는 유대인을 동화시키거나 흡수할 수 없다. **유대인은 영원히 유대인이다.**"[66] 그리고 우리가 살펴본 바와 같이 다비는 유대인과 이방인을 철저히 구분하고 그 구분이 영원토록 계속될 것이며, 그리스도인은 하늘에서, 그리고 유대인은 땅에서 통치할 것이라고 가르쳤다. 이는 "전천년주의 체계에서 유대인의 우주적 **타자성**(otherness)이 설령 의식적으로는 반셈족주의가 아니더라도 어떤 대중 연설가의 말처럼 '유대인들은 이상한 민족'이라는 미묘한 고정관념을 조장했다"는 보이어의 견해를 뒷받침한다.[67]

조엘 카펜터는 1920년대와 1930년대 미국 근본주의의 재구성에 대한 연구에서 "근본주의자들에게 가장 놀라운 시대적 징후, 즉 그들이 예언적 관점에서 가장 잘 설명할 수 있는 징후는 반셈족주의의 출현과 광범위한

---

65   Boyer, *When Time*, 220.
66   Boyer, *When Time*, 220.
67   Boyer, *When Time*, 221.

유대인 박해였다"고 논평했다.[68] 그들은 유대인들이 팔레스타인에 정착하기 전과 후에 모두 "야곱의 환난의 때"(렘 30:7 인용)를 겪어야 한다고 믿었다. 그들은 이러한 고난이 참혹하겠지만 결국 그리스도가 다시 오셔서 유대 민족을 구원하실 것이라고 믿었다.

따라서 유대인에 대한 세대주의자들의 태도는 복잡하고 양면적이었다.[69] 세대주의자들은 유대인의 복음화를 열망했고, 그로 인해 유대인 공동체로부터 깊은 적대감을 경험하기도 했다. 어떤 경우에는 시온주의 운동에 대한 공통적 관심사로 인해 그리스도인과 유대인 사이에 따뜻하고 우호적인 관계가 형성되기도 했다. 영국의 전천년주의 간행물(특히 런던 유대인 협회의 간행물)처럼 미국의 전천년주의 간행물도 반셈족주의를 항상 경계했으며, 유대인에 대한 학대를 규탄하면서도 그러한 행동이 유대인들로 하여금 시온주의와 팔레스타인 귀환을 고려하게 할 수 있을 것으로 기대했다.[70]

그러나 일부 근본주의자들은 간혹 유대인에 대한 의혹과 애정이 뒤섞인 고정관념을 퍼뜨리기도 했다. 그러나 이것은 대체로 유대인 기독교 전도자나 윌리엄 블랙스톤에게는 적용되지 않았다. 아리엘이 관찰했듯이 블랙스톤의 글에는 "유대인을 탐욕스럽고 악의적으로 묘사하거나 다른 좋지 않은 특징을 유대인에게 귀속시키는 발언이 거의 없다."[71] 블랙스톤은

---

68   Joel A. Carpenter, *Revive Us Again: The Reawakening of American Fundamentalism* (New York: Oxford University Press, 1997), 97.

69   이 문제에 대한 더 자세한 논의는 다음을 보라. Weber, *Armageddon,* 129-53.

70   Weber, *Armageddon,* 136.

71   Ariel, *On Behalf of Israel,* 63.

1918년에 시온주의자들을 대상으로 한 연설에서 동시대 유대인들에게는 세 가지 선택지가 있다고 요약적으로 설명했다. 첫째, 그들은 그리스도를 주님과 구세주로 받아들임으로써 "참된 그리스도인"이 될 수 있지만, 그는 이 길을 선택할 사람은 거의 없을 것으로 예상했다. 둘째, 그들은 "진정한 시온주의자"가 될 수 있지만, 그는 이러한 "진정한 시온주의자"라는 표현을 유대인이 팔레스타인으로 회복될 것이라는 메시아적 희망을 굳게 붙든 종교적인 유대인으로 이해했다(열렬한 시온주의자 유대인들 가운데 이러한 경우는 매우 드물었다). 세 번째 선택지는 그들이 동화주의자의 길을 택하고 시온주의의 호소에 저항하는 것이었다. 블랙스톤의 세대주의적 견해는 "진정한 비시온주의적 유대성"을 위한 여지를 남겨두지 않았고, 이로 인해 세대주의자들은 자신들이 강력히 부인하던 반셈족주의라는 비난을 받게 되었다.

하지만 유대인에 대한 양면성은 블랙스톤과 동시대인인 드와이트 L. 무디의 사역에서 찾아볼 수 있는데, 그는 설교에서 유대인을 자주 언급하면서 "유대인에 대한 여러 일반적인 편견"을 드러냈다.[72] 그러나 편견을 갖고 있긴 했지만 무디는 반셈족주의자는 아니었다. 아리엘의 논평에 따르면 "유대인에 대한 그의 태도에는 감사와 희망의 요소가 들어 있었고", 비록 고정관념에 사로잡혀 있긴 했지만 "악마적이거나 사악한 것과는 거리가

---

72   Ariel, *On Behalf of Israel*, 21.

멀었다."[73] 무디는 언젠가 프랑스 유대인들이 파리에서 열린 어떤 집회에서 그들이 "기독교의 하나님을 죽였다"고 자랑했다는 말을 인용했는데, 미국의 유대인 언론에서 거센 항의가 쏟아지자 그는 사과하면서 자신의 말이 잘못 인용되었고 자신은 유대인을 존중한다고 주장했다.[74] 무디는 1893년에 독일 노동자 계급을 전도하는 데 성공한 루터교 목사이자 정치가인 아돌프 슈퇴커(Adolf Stoecker)를 시카고로 불러들여 자신과 함께 복음 사역을 하자고 제안했다. 슈퇴커는 매우 악랄한 반셈족주의자였지만, 무디는 그를 신뢰했고 "그에 대한 비판을 확인하려 하지 않았다."[75] 간혹 일부 세대주의자들은 유대인들—특히 신앙이 없는 "믿지 않는" 유대인들—에 대해 적대감을 표명했고, 때로는 그들의 고통에 무관심해 보였다. 어떤 이들은 유대인들이 왜 스스로 문제를 자초하는지를 지적한 반면, 다른 이들은 반셈족주의를 악마의 소행으로 돌렸다.

일부 전천년주의자들은 이보다 더 심각한 반응을 보였다. 뉴욕의 대표적인 침례교 목사였던 아이작 M. 홀더먼은 1911년에 『시대의 징조』(*Signs of the Times*)라는 책을 저술했는데, 거기서 그는 마치 유대인의 잘못에 대한 설명을 제시하려는 것처럼 반셈족주의의 슬픈 역사를 요약했다.

---

73   Ariel, *On Behalf of Israel*, 32.
74   Ariel, *On Behalf of Israel*, 33. 무디에 대한 미국 유대인들의 적대적인 태도에 대해서는 다음을 보라. David A. Rausch, *Communities in Conflict: Evangelicals and Jews* (Philadelphia: Trinity Press International, 1991), 57-61.
75   Ariel, *On Behalf of Israel*, 33.

그들은 의지할 곳이 없었고 모든 사람이 그들의 적이며 모든 손이 그들을 대적했기 때문에 그들의 기질은 시대와 관습에 따라 반응했다. 그들은 무기로 자신을 방어할 수 없었기 때문에 아첨하고 굴복하는 것처럼 보였고 적들의 약점을 이용했으며 할 수 있는 대로 사람을 속였고, 그들이 직면한 위험에서 벗어나기 위해 거짓말을 했다. 이것이 그들의 유일한 방어 무기였으며 그들은 다른 이방인 침략자들의 폭행으로부터 자신을 방어하려다가 붙잡히면 수천 배로 맞고 박해를 당했다. 이러한 명백한 이중성의 각각의 특징은 이방인의 살인적인 공격을 정당화한다.[76]

그러나 홀더먼은 곧이어 하나님이 유대인들을 돌보고 계신다는 자신의 믿음을 독특한 방법으로 재확인한다.

하나님은 불순종하는 백성을 바로잡기 위해 이방 나라들을 지팡이로 사용하셨고 동시에 이 나라들을 향해 유대인들을 완전히 멸망시키는 대신 그들을 완전히 멸망시킬 것이라고 경고하셨다.

그분은 이 두 가지 약속을 지금까지 지키셨고 지금도 지키고 계신다.

그분은 유대인들을 핍박하는 나라들을 치셨다. 그들을 건드리고 나서 슬픔과 고통과 국가적 치욕을 그 대가로 치르지 않은 나라는 없다.[77]

---

76   I. M. Haldeman, *The Signs of the Times* (New York: Charles C. Cook, 1911), 437-38.
77   Haldeman, *Signs of the Times*, 438.

제임스 H. 브룩스(Brookes) 역시 1893년에 발간한 그의 소책자 「유대인에게 어떻게 다가갈 것인가」(*How to Reach the Jews*)에서 비슷한 양가감정을 표현했다.[78]

전천년설 주창자들이 사용한 표현에는 유대인에 대한 고정관념을 강화하고 사회적 차별을 합리화하는 다른 악의적인 표현도 포함되어 있었다. 장로교 목사인 찰스 C. 쿡(Charles C. Cook)이 1921년에 로스앤젤레스 성경학교에서 발간하는 「왕의 기업」(*The King's Business*)에 기고한 글이 바로 하나의 좋은 예다.

유대 민족은 자신에게 부과된 모든 것을 온전히 수행할 수 있는 충분한 도덕적 능력을 지니고 있다. 그들은 현재 하나님을 거부하고 있으며, 불순종하고 반역한 상태에 있다.⋯유대 민족은 다른 모든 민족보다 뛰어난 재능을 가지고 있으며, 심지어 하나님의 저주를 받아 폐허가 된 가운데서도 뛰어난 업적을 달성한 것으로 유명하다. 그러나 그들이 보여주는 특성은 교만, 거만한 불손함, 지나친 물질 사랑, 속임수, 무례함, 어떠한 최상급 표현도 뛰어넘는 극도의 이기주의다. 그들은 과연 억압받고 있는가? 사실 그들은 다른 어떤 민족보다 불의를 더 많이 당하면서도 진정한 겸손이라는 교훈을 배우지 못하고 있다.⋯

[편집자, 목사, 정치인들의] 이러한 천박한 찬사는 대개 무엇보다도 사리사욕에 근거한다. 왜냐하면 거듭나지 못한 유대인은 일반적으로 무척 매력적

---

78 Ariel, *On Behalf of Israel*, 28.

이지 못한 성품을 갖고 있기 때문이다. 그가 휴양지에서나 상류사회에서 환영 받지 못하는 기피 대상이 된 데는 다 이유가 있다. 누가 그것을 부정할 수 있겠는가?[79]

이러한 견해는 분명히 편견이며 대중적인 고정관념을 강화하지만, 이를 유대인에 대한 인종적 증오(반셈족주의에 대한 나의 정의)라고 부르는 것에는 문제가 있다.

전천년주의자들과 시온 장로 의정서

이러한 양면성을 보여주는 몇 가지 더 놀라운 사례는 아노 개블라인과 무디 성경학교의 제임스 M. 그레이 학장처럼 자신을 친셈족주의자라고 생각하는 기독교 시온주의자들을 포함한 몇몇 주요 근본주의자들의 글에서 찾아볼 수 있다. 이 두 인물은 헨리 포드가 발간하는 「더 디어본 인디펜던트」라는 신문을 통해 미국 전역에 널리 알려진, 유대인의 세계 지배 계획이라는 주장이 담긴 시온 장로 의정서(*The Protocols of the Elders of Zion*)에 깊은 인상을 받았다. 「타임스 오브 런던」은 이미 1921년에 이 문서가 명백한 위조라고 폭로했지만, 그 인기는 점점 더 높아져만 갔다. 1920년대 초에 개블라

---

79 Charles C. Cook, "The International Jew," *King's Business* 12 (November 1921): 1087, and Dwight Wilson, *Armageddon Now! The Premillenarian Response to Russia and Israel Since 1917* (Tyler, TX: Institute for Christian Economics, 1991), 76. Weber, *Armageddon*, 132에 인용됨.

인은 자신이 발행하는 「우리의 희망」이라는 정기 간행물에서 이 의정서를 여러 차례 언급했으며, 이 문서가 "배교한 유대인들의 펜에서" 나온 것이라는 자신의 믿음을 표명했다(그는 이 사람들이 볼셰비키 운동과 다른 국제혁명운동들의 배후에 있다고 믿었다). 웨버는 다음과 같이 기록한다.

> 개블라인은 특히 불법 주류 사업에 연루된 유대인들이 얼마나 많은지, 범죄자들 가운데 유대인 성씨를 가진 사람들이 얼마나 많은지, 즉 이러한 사실이 사회의 도덕과 안정을 무너뜨리려는 음모론과 얼마나 잘 맞아떨어지는지에 충격을 받았다. 개블라인은 선택받은 사람들이 그런 일을 하는 것은 특히 더 역겨운 일이라고 믿었다. 하나님이 그들에게 더 많은 것을 요구하셨기 때문에 그들의 죄는 다른 사람들보다 더 심각했다. "하나님과 그분의 말씀을 부인하는 배교한 유대인보다 이 땅에서 더 사악한 것은 결코 없다."[80]

개블라인은 그의 저서 『시대의 충돌』(*The Conflict of the Ages*, 1933)에서 자신이 미국에 만연해 있다고 믿는 음모의 목록을 길게 나열했다. 그는 이 의정서의 진정성에 의문을 제기했지만, 여전히 그는 이 의정서가 대부분 믿을 만하다고 생각했다. 따라서 개블라인과 다른 이들은 "그들이 비난하는 반셈족주의자들처럼 세계가 혼란에 빠진 책임을 유대인에게 돌렸다."[81] 제임

---

80   Weber, *Armageddon*, 132.
81   Weber, *Armageddon*, 130.

스 M. 그레이도 반셈족주의에 반대한다는 사실을 강조하면서도 자신에게
는 이 의정서가 "진짜"처럼 들린다고 시인했다. 결국 1935년에 그레이는
거센 비판을 받자 이를 철회하고 무디 성경학교가 이 의정서를 공식적으
로 대중에게 절대 알리지 않았다고 주장하기 시작했다. 비록 그는 이 문서
가 "전천년설을 뒷받침하는 결정적인 논거"라는 자신의 주장을 철회하진
않았지만, 자신의 논평은 성경에만 국한하는 것이 더 좋겠다고 판단했다.[82]
그러나 블랙스톤은 이 의정서가 반셈족주의적 선전이라며 거부하고 포드
의 「더 디어본 인디펜던트」 편집자에게 다음과 같은 내용의 편지를 썼다.

> 나는 단 한 순간도 유대인들이 세계 정부를 장악하기 위한 어떤 조직을 가지고
> 있다고 믿은 적이 없으며, 그들이 소위 의정서 작성이나 유포에도 관여했다고
> 결코 믿지 않는다. 영국뿐만 아니라 이 나라에서도 이러한 반셈족주의적 선전
> 이 가능하다는 것은 내게 놀라운 일이다.[83]

침례교 설교자이자 「기독교 근본주의자」(*The Christian Fundamentalist*)의 편집
자였던 윌리엄 벨 라일리와 제럴드 윈로드가 대표하는 극단적인 근본주의
자들은 프랭클린 루스벨트 행정부를 위장한 공산주의자로 간주했다.[84] 라

---

82   Weber, *Armageddon*, 139.
83   Ariel, *On Behalf of Israel*, 64.
84   전천년주의자들은 주로 루스벨트에 반대하기 위해 하나로 뭉쳤다. 다음을 보라. Sutton,
     American Apocalypse, chap. 6.

일리는 자신의 오랜 친구이자 동료인 J. 프랭크 노리스(J. Frank Norris)의 거센 비판에도 결코 물러서지 않았고, 라일리는 1939년에 세상을 위협한다고 여겼던 유대인들의 음모를 더욱 격렬하게 비판하는 새로운 저서『세계 지도자를 수배하다!』(Wanted-a World Leader!)를 출간했다.[85] 윈로드는 히틀러를 확고하게 옹호한 것에 대해 전혀 뉘우치지 않았다. 그는 1942년에 미국 정부에 의해 선동죄로 체포되었지만, 초기 단계에서 이 사건을 심리하던 판사가 사망하면서 이 사건은 무효 심리로 종결되었다.[86]

그러나 다른 전천년주의자들, 특히 유대인 전도에 적극적이었던 자들로부터도 상당한 반발이 있었는데, 이들은 이 의정서를 수용하고 지지한 동료 근본주의자들을 강력하게 질책했다. 1933년에는 「히브리 그리스도인 계간지 연합」(Hebrew Christian Quarterly Alliance)이 이 의정서를 지지했다는 이유로 「월간 무디」, 「선데이 스쿨 타임스」, 「계시」 등 복음주의 잡지들을 강하게 비판했다. 미국 유대인 선교 위원회(American Board of Missions to the Jews)의 조지프 콘(Joseph Cohn)은 개블라인의『시대의 충돌』을 강력하게 비판했다.[87] 시카고에서 가장 대표적인 교회였던 무디 교회의 해리 A. 아이언사이드 목사는 세대주의 지도자들을 공개적으로 비판하면서 "경건하지 못한 이방인들뿐만 아니라 심지어 일부 근본주의 그리스도인들도 유대인

---

85   Weber, *Armageddon*, 141.

86   Weber, *Armageddon*, 140. 이 의정서에 대한 더 자세한 논의는 다음을 보라. Ariel, *Unusual Relationship*, chap. 8, "Evangelical Christians and Anti-Jewish Conspiracy Theories,"

87   Weber, *Armageddon*, 138.

전체에 대한 의심과 증오를 부추기는 데 이 의정서를 활용하고 있다는 사실을 개탄했다."[88] "1930년대 말에 이르러서는 다른 세대주의자들도 이 의정서가 제아무리 예언적 기대를 확인시켜주는 것처럼 보인다 하더라도 결코 진지하게 받아들여서는 안 되는 명백한 위조임을 비난하게 되었다."[89]

히틀러에 대한 세대주의자들의 반응

세대주의자들은 진심으로 자신들이 유대인의 가장 친한 친구라고 믿었고 종종 반셈족주의를 비난했지만, 웨버의 논평에 따르면 "그들은 유대인이 세상에서 멸시받는 이유에 대한 반유대주의자들의 분석을 대부분 받아들였다. 이러한 관점은 세대주의자들이 1930년대의 반셈족주의 음모론과 나치의 선전에 많이 취약하게 만들었다."[90] 웨버의 평가에는 "일부"라는 단어가 추가되어야 한다(그들의 관점은 일부 전천년주의자들을 취약하게 만들었다). 물론 블랙스톤은 이 부류에 속하지 않았고, 개블라인은 히틀러가 집권하기 이전부터 반나치 입장을 취하며 나치의 인종 이론을 거부하고 기독교에서 유대적 특징을 제거하려는 나치의 시도를 비난했다. 그는 나치의 반셈족주의와 (자신이 생각하는) 정통 기독교에 대한 적대감을 서로 결부시켰다. 아리엘이 인정하듯이 "그의 전천년주의적 관점은 이 경우에는 나치의 선전을

---

88   Weber, *Armageddon*, 138n38.

89   Weber, *Armageddon*, 139-40.

90   Weber, *Armageddon*, 130.

막는 방어벽 역할을 했다."[91] 그럼에도 그는 1937년에 독일을 방문한 후 히틀러가 유대인의 영향을 받은 볼셰비즘의 성장을 막고 있다는 사실을 긍정적으로 평가했다. 그는 "히틀러가 독일과 유럽을 붉은 짐승으로부터 구해내기 위한 하나님의 도구라는 데 의심의 여지가 없다"고 말했다.[92]

나치가 독일에서 집권했을 때 일부 전천년주의 지도자들―특히 무디 성경학교의 제임스 그레이―은 나치의 반셈족주의를 과소평가한 독일 목사들의 경고 때문에 히틀러를 비판하기를 주저한 반면, 다른 많은 이들, 특히 유대인 기독교 전도자들은 이에 격렬하게 항의했다.[93] 1930년대 초에 많은 세대주의자들―평범한 미국인 대다수처럼―은 히틀러와 독일에서 일어나는 상황을 이해하기 위해 애쓰면서 정말로 혼란스러워하는 듯 보였다. 1930년대 중반에 여러 세대주의 지도자들이 독일의 상황을 직접 관찰하고 나서는 극명하게 다른 평가가 나왔다.[94] 1930년대 개신교 저널리즘에 대한 한 연구는 "근본주의자들은 미국 개신교 신자들 가운데 유럽에 거주하는 유대인 상황에 대해 가장 잘 알고 있었지만,"[95] 동정과 분노의 표현과 일부 난민 구호 활동 외에는 적극적인 행동을 거의 취하지 않았다는 사실을 발견했다. 예언에 대한 관심은 1930년대 후반에 이르러 최고조에 달한 것으로 보이지만, 예언에 대한 이러한 관심이 미국 복음주의의 건강과 건

---

91   Ariel, *On Behalf of Israel*, 116.
92   Weber, *Armageddon*, 143.
93   이 주제에 대한 논의는 다음을 보라. Weber, *Armageddon*, 142-46.
94   Weber, *Armageddon*, 143.
95   Carpenter, *Revive Us Again*, 99.

전성에 진정으로 도움을 주고 있는지에 대해 의문을 제기하는 사람들도 적지 않았다. 어떤 이들은 "적그리스도에 대한 힌트를 찾기 위해 뉴스를 샅샅이 뒤지는 데 집착하는 노력이 다가오는 환난으로부터 인류를 구원하는 일에 쏟아야 할 시간과 에너지를 빼앗고 있다"고 우려를 표했다. 하지만 W. W. 섀넌(W. W. Shannon)은 "많은 성도들이 적그리스도에 관한 얘기를 듣기 위해서는 도시를 가로질러 수 마일을 가겠지만, 그들이 그리스도를 위해 한 영혼을 구원하기 위해서는 길조차 건너지 않으려는 것이 사실이 아닌가?"라고 반문했다.[96] 스코필드는 예언에 관한 연구는 그러한 사변을 부추기는 데 그 목적이 있지 않고, 오히려 "미래의 예측이 아닌 현재의 인격"을 계발하기 위한 것이라고 경고했다. 그것의 올바른 결과는 하나님과의 우정과 친밀감, 희망과 낙관주의였다.[97]

복음주의 정체성의 표식으로서 기독교 시온주의

복음주의자들은 기독교 시온주의를 자신들의 "가장 중요한 충성 공동체"의 대의로 이해하지 않았을지 모르지만, 많은 복음주의자들에게 시온주의는 그들이 믿는 기독교의 핵심적인 정체성을 나타내는 표식으로 부상하고 있었다. 그러나 그것이 정체성을 나타내는 표식이긴 했지만, 많은 사람들

---

96   Sutton, *American Apocalypse*, 229.
97   B. M. Pietsch, *Dispensational Modernism* (New York: Oxford University Press, 2015), 164.

에게는 아직 정치적 대의는 아니었다. 세대주의자들은 대체로 자신들이 미국 정계의 주류가 아니라고 생각했고, 대다수는 자신의 소망이 천국에 있으며, 정치적 행동에 희망을 두지 않는다고 생각했다. 따라서 스티븐 스펙터가 관찰했듯이 "미국의 전천년주의자들은 1948년 이전에는 윌리엄 E. 블랙스톤을 제외하고는 주로 이스라엘을 지지하는 데 소극적이었다."[98]

기독교 시온주의자들은 (아노의 아들인 프랭크 개블라인이 편집한) 「우리의 소망」, 무디 성경학교의 「월간 무디」, 오순절 교회의 「복음」, 로스앤젤레스 성경학교의 「왕의 기업」 등의 간행물을 통해 유대 세계와 시온주의 운동에서 일어난 일들과 특히 팔레스타인에서 점점 커지고 있는 유대인 공동체 안에서 일어나는 일들에 대한 소식을 지지자들에게 지속적으로 전했다. 1920년대와 1930년대에 영국 정부가 유대인 이민자의 꾸준한 유입을 허용하고 영국 정부의 팔레스타인 위임통치가 승인되면서 유대인들은 크게 고무되었다. 히브리 대학교의 개교(1925년)와 하이파(Haifa) 항구의 개항(1932년)은 팔레스타인의 조국 건설이라는 목표를 향해 나아가는 유대인들이 이룬 진보의 증거로 여겨졌다. 유대인들은 영국 정부가 유대인 이민에 제한을 두자 이에 반대하고 이슈브(Yishuv, 이스라엘의 유대인 공동체)에 대한 아랍인들의 적대감과 폭력에 경각심을 갖게 되었다. 1931년에 무디 성경학교 학장인 제임스 그레이는 「월간 무디」에서 유대인을 향한 하나님의

---

98   Stephen Spector, *Evangelicals and Israel: The Story of American Christian Zionism* (Oxford: Oxford University Press, 2009), 20.

계획을 막으려는 자들은 성공하지 못할 것이라고 경고했다.[99] 전천년설 지지자들 사이에서는 아랍인에 대한 견해 차이가 다소 있었지만, 그들은 아랍인들이 아브라함의 여종 하갈의 아들인 이스마엘의 후손이라는 데는 대체로 의견이 일치했다. 그러나 그 땅은 언약의 아들, 즉 유대인의 조상인 이삭에게 약속된 땅이었다. 1930년대에는 세대주의 담론에서 반아랍 정서가 반복적으로 자주 표출되었다.

천년왕국설을 지지하는 기독교 시온주의자들에게도 대의가 있었지만, 그것은 아직 정치적 대의는 아니었으며, 천년왕국설에 기반을 둔 기독교 시온주의는 영국에서처럼 미국에서도 아직 뚜렷한 정치적 영향력을 발휘하지 못했다. 블랙스톤이 1891년에 해리슨 대통령에게 보낸 청원서와 1916년에 윌슨 대통령에게 영향력을 행사하기 위해 제출한 새로운 청원서를 통해 그가 투자한 노력은 미국 기독교 시온주의자들이 벌인 정치 캠페인 중 가장 중요했다. 1916년의 청원서는 미국 장로교 총회에서 승인되어 바로 교단이 직접 윌슨 대통령에게 제출했는데, 이는 주류 개신교 내에서 얼마나 많은 사람들이 블랙스톤의 청원서를 지지했는지를 보여준다.[100] 그러나 주류 개신교는 이 문제에 대해 일관된 입장을 취하지 않았다. 1917년에 「크리스천 샌추리」는 계속해서 시온주의를 반대했으며, "전 세계 유대인의 대다수는 유대인의 국가에 관심이 없거나 '그것에 거의 반대하는 입

---

99   Ariel, *On Behalf of Israel*, 266.
100   Ariel, *On Behalf of Israel*, 85.

장'에 있다"고 거듭 주장했다.[101] 여론조사 결과 미국인의 80%가 유대인의 국가 설립을 지지하는 것으로 나타난 1948년에도 「크리스천 센추리」는 계속 반대 입장을 유지했다.[102]

1945년부터 1948년까지 미국에서 이스라엘에 대한 종교적 지지를 표한 집단은 정치적 적극성이 부족했던 1920년대의 근본주의자들의 후예들이 아니라 주류 개신교 교단들이었다(크리스천 센추리를 제외하고). 케이틀린 캐러넨이 주장했듯이 "미국 [주류] 개신교는 그들의 태도에서 극적인 변화를 나타냈다. 그들은 1930년대 초 유대인의 고통에 대한 양면적인 태도에서 1945년에는 시온주의 운동을 위한 효과적인 인력 동원으로 돌아섰다."[103]

미국에서 대표적인 주류 신학자였던 라인홀트 니부어(Reinhold Niebuhr)는 신학적 근거(비록 예언적인 근거는 아니지만)를 바탕으로 시온주의를 지지했다.[104] 니부어는 "패권국들이 장차 일어날 박해로부터 유대인의

---

101   Hertzel Fishman, *American Protestantism and a Jewish State* (Detroit: Wayne State University Press, 1973), 29.

102   Goldman, *Zeal for Zion*, 21.

103   Caitlin Carenen, *The Fervent Embrace: Liberal Protestants, Evangelicals, and Israel* (New York: New York University Press, 2012), 17.

104   Niebuhr에 관해서는 다음을 보라. Fishman, *American Protestantism*, 68-70, and Samuel Goldman, *God's Country: Christian Zionism in America* (Philadelphia: University of Pennsylvania Press, 2018), 107-16. 또한 다음을 보라. Robert Benne, "Theology and Politics: Reinhold Niebuhr's Christian Zionism," in *The New Christian Zionism: Fresh Perspectives on Israel and the Land*, ed. Gerald McDermott (Downers Grove, IL: IVP Academic, 2017), 221-48.

안전을 보장하기 위해서뿐만 아니라 유대인과 기독교 관계의 굴곡진 역사에 대한 '부분적인 속죄'로서 그들에게 민족-국가를 약속할 의무가 있다고 확신했다."[105] 유럽에서는 유럽과 미국에 모두 큰 영향을 미친 "신정통주의"로 알려진 신학 운동의 창시자인 칼 바르트도 시온주의를 지지했다.[106]

20세기 후반에 주류 개신교의 기독교 시온주의 지도부는 1920년대에 반셈족주의에 대항하는 운동을 시작한 영국 성공회 목사인 제임스 파크스(James Parkes, 1896-1981)의 영향을 많이 받았는데, 그는 1930년대에 유대인 난민 구출 활동을 도왔고 유대인을 존중하는 사회 분위기를 조성하기 위해 끊임없이 노력했다. 그는 유대인 복음화에도 격렬히 반대했다. 그의『교회와 회당의 갈등: 반유대주의의 기원에 대한 연구』(The Conflict of the Church and Synagogue: A Study in the Origins of Anti-Semitism, 1934)는 두 종교 간의 적대감의 기원을 이해하기 위해 기독교 역사의 첫 8세기를 살펴본 후 그 책임을 전적으로 대체주의 교리에 돌렸다.[107]

그가 옹호한 친유대주의는 두 명의 미국 감리교 학자가 물려받았다. 로이 A. 에카트(Roy A. Eckardt, 1918-1997)는 파크스의 친구가 되었다. 그는 1948년에 이 주제에 관한 첫 번째 저서인『기독교와 이스라엘의 자손들』

---

105   Goldman, *God's Country*, 117.

106   Barth의 관점에 대한 자세한 논의는 다음을 보라. Mark R. Lindsay, "Karl Barth and the State of Israel: Between Theology and Politics," chap. 4 of *Barth, Israel, and Jesus: Karl Barth's Theology of Israel* (Aldershot: Ashgate, 207), 59-85.

107   James Parkes, *The Conflict of the Church and the Synagogue: A Study of the Origins of AntiSemitism* (London: Soncino, 1934).

(*Christianity and the Children of Israel*)을 출간했고, 20년 후에는『형과 동생: 유
대인과 그리스도인의 만남』(*Elder and Younger Brothers: The Encounter of Jews and
Christians*, 1967)을 출간했다. 그의 견해에 따르면 유대인과 하나님의 언약은
영원하며 유대인의 가족으로 편입된 교회에 의해 대체될 수 없기 때문에
그리스도인들은 유대인들과 이스라엘 국가의 복지를 위해 최선을 다해야
한다. 그 후 수십 년 동안 그는 이러한 견해를 옹호하는 책을 더 많이 출간
했다.[108]

주류 교단에서 기독교 시온주의를 위해 횃불을 든 또 다른 대표적인
인물은 에카트의 친구 프랭클린 H. 리텔(Littell, 1917-1998)이었는데, 그는
홀로코스트 연구를 정착시킨 대표적인 인물이다. 리텔은 전후 독일에서 미
군 최고사령부의 종교 고문으로 약 10년간 근무하며 홀로코스트에 대해
연구했다. 그는 대체주의를 거부하는 강력한 대변인이 되었는데, 그는 대
체주의를 "신학적 반셈족주의"라고 칭했다.[109] 그의 저서『유대인의 십자가
처형』(*The Crucifixion of the Jews*, 1975)은 구체적으로「크리스천 센추리」를 겨
냥한 것이었는데, 그는「크리스천 센추리」를 "고질적인 문화적 반셈족주
의"를 대표한다고 여겼다.[110]

---

108   Eckardt에 관해서는 다음을 보라. Franklin H. Littell, "In Memoriam: Roy Eckardt," *Journal of
       Genocide Research* 1, no. 1 (1999): 11-12.
109   Franklin H. Littell, *The Crucifixion of the Jews* (New York: Harper & Row, 1975), 25.
110   Littell, *Crucifixion*, 73.

유대인의 반시온주의와 위대한 반전

역설적이게도 미국에서 시온주의를 가장 강력하게 반대한 것은 개혁파 유대인들의 한 집단이었는데, 이 집단은 미국 유대인 사회가 오랜 동안 갖고 있던 반감을 대변했다. 개혁 유대교는 1880년 이전 중부 유럽에서 이주한 독일계 유대인 이민자들의 주된 종교적 신념이었다. 계몽적이고 합리적이며 진보적인 이 집단은 자신들이 순수한 영적 공동체라는 자부심을 갖고 있었고 유대인이 한 민족을 이루고 있다는 개념을 거부했다. 많은 개혁파 랍비들은 시온주의를 비난했다. 그러나 미국의 유대인 인구는 빠르게 변화하고 있었다. 1880년과 1920년 사이에 미국의 유대인 공동체는 동유럽 유대인들의 유입으로 인해 빠르게 성장했고, 이들은 곧 압도적인 다수를 차지하게 되었다. 새로 이주한 이민자들은 자신들의 정체성을 민족적 관점에서 규정할 개연성이 훨씬 더 높았기 때문에 시온주의 운동에 더 쉽게 동참할 수 있었다. 미국에서 유대인 시온주의는 제1차 세계대전 이후 루이스 D. 브랜다이스(Louis D. Brandeis)의 주도하에 성장했다. 비록 유대인 시온주의는 1920년대에는 쇠퇴했지만, 1930년대에 다시 성장하기 시작했고, 1940년대에 이르러서는 큰 영향력을 발휘하게 되었다. 1940년에 세계 시온주의 기구(World Zionist Organization)는 미국의 유대인들을 유치하기 위한 캠페인을 시작했고, 반시온주의 유대인들은 1943년에 미국 유대교 협의회(American Council for Judaism)를 결성하여 이에 대응했다. 그러나 토머스 콜스키(Thomas Kolsky)의 결론처럼 "1945년에 홀로코스트의 실상이 전면적으로 알려지면서 반시온주의의 성공 가능성은 사라져버렸다."[111] 미국 유대교 협의회는 심지어 1948년의 이스라엘 독립 이후에도 이스라엘 국가에 대한 반대 입장을 계속 견지했지만 그 영향력은 약화했다.

전쟁 이후에 반시온주의자들은 미국 국무부 내에 중요한 지지자들을 확보했는데, 그중에 가장 대표적인 인물은 조지 마셜(George Marshall) 국무장관이었다.[112] 이 반시온주의자들은 트루먼 대통령이 이스라엘의 독립이 선포된 지 몇 시간 만에 이스라엘 국가를 즉각적이고 일방적으로 인정함으로써 미국이 신생 국가를 최초로 인정한 국가가 되어버리자 놀라움을 감추지 못했다. 이러한 결정의 배후에서 중요한 역할을 담당한 것은 기독교의 반셈족주의가 홀로코스트에 대한 책임이 있으므로 기독교 국가인 미국이 기독교 세계를 대신하는 하나의 속죄 행위로서 유대인 국가 수립을 지원하고 보상해야 한다고 주장한 유력한 자유주의 개신교 단체의 로비활동이었다.[113]

트루먼이 이스라엘을 인정한 동기는 역사가들의 끊임없는 논쟁의 대상이 되었다.[114] 트루먼은 예정된 선거를 앞두고 있었고(많은 이들은 그가 패배할 것으로 예상함) 미국의 유대인들의 재정 지원에 의존하고 있었으며, 유

---

111   Thomas Kolsky, *Jews Against Zionism: The American Council for Judaism, 1942-1948* (Philadelphia: Temple University Press, 1990), 5.

112   Goldman, *Zeal for Zion*, 27.

113   다음을 보라. Carenen, *Fervent Embrace*, 2장.

114   트루먼의 역할에 대한 최근 연구는 다음을 보라. Walter L. Hixson, *Israel's Armor: The Israel Lobby and the First Generation of the Palestine Conflict* (New York: Cambridge University Press, 2019), 2장.

대인 인구가 많은 뉴욕주 선거인단의 표를 얻어야만 했다. 트루먼은 사석에서 자신이 "유대인들"에게 휘둘리는 것에 대해 자주 불평했지만, 결국에는 그들의 지시에 따랐으며, 주변 친구들에게 자신이 유대인들로부터 해야할 일을 지시받는 것에 대해 넋두리를 늘어놓았다. 그는 자신의 1945년 일기에 유대인이 하나님의 선민이라는 생각에 대한 개인적인 회의감을 드러내기도 했다. "유대인들은 전능하신 하나님이 특권을 주기 위해 그들을 선택하셨다고 주장한다. 글쎄 나는 그분이 더 현명한 판단을 하셨을 것이라고 확신한다. 사실 나는 하나님이 특별히 선호하는 사람을 고르셨다고 생각한 적은 없다."[115] 나중에 그는 여러 사건에 대한 자신의 해석을 덧붙이며 자신이 현대판 "키로스 왕"이라고 주장하면서 자신이 펼친 친이스라엘 정책의 공로를 인정받으려고 했다.[116] 트루먼의 교단은 자유주의 침례교였지만, 그의 배경은 종교적 동기의 기독교 시온주의에 특별한 공감을 드러내지 않았다.

이 시대에 미친 기독교 시온주의의 영향력 평가하기

블랙스톤에 대한 칼 F. 엘(Carl F. Ehle)의 연구는 기독교 시온주의가 세 가지 방식을 통해 정치적 시온주의를 지원했다고 주장한다. 첫째, 그는 (미국에서

---

115   Goldman, *God's Country*, 120에서 인용됨.
116   이에 대한 논의는 다음을 보라. Goldman, *Zeal for Zion*, 27-28.

는 블랙스톤, 독일에서는 윌리엄 헤클러와 같은) 개인 그리스도인들이 사적인 로비활동 및 고위 정부 지도자와의 유대관계를 통해 유대인 시온주의자들이 특정 정치적 목표를 달성하도록 도움을 주었다고 주장한다. 헤클러가 카이저의 삼촌인 바덴 공작과의 친밀한 우정을 통해 헤르츨과 유럽 왕실, 그리고 독일의 카이저 사이에 중요한 연락책 역할을 했다는 사실은 널리 알려져 있다.[117] 둘째, 엘은 이 시기의 기독교 시온주의자들이 시온주의 대의를 유대인들이 수용하도록 지원했다고 주장한다. 그는 "모든 소수 집단의 대다수는 자신의 가치관과 일상생활에서 자신이 속한 집단보다는 지배적인 다수의 문화를 지향한다"는 사회학 이론가 새뮤얼 핼퍼린의 추론을 인용했다.[118] 더 나아가 핼퍼린은 "사실 유대인 국가를 지지하는 비유대인 유명 인사들은 비슷한 처지에 있는 유대인들보다 훨씬 더 중요했다고 말할 수 있으며"[119] "유대인 시온주의자와 기독교 시온주의자 또는 기독교 친팔레스타인주의자들의 이와 같은 연합이 미국 유대인들이 시온주의 주장을 받아들이는 데 결정적인 역할을 했다"고 주장한다.[120] 어쩌면 엘의 세 번째 결론이 논란의 여지가 적어 보인다. 그는 이 시기의 기독교 시온주의자들이 일부 비유대인들 사이에서 "시온주의 선전을 잘 받아들일 수 있는 수용

---

117   Ehle, "Prolegomenon," 343.
118   Samuel Halperin, "Zionism and Christian America: The Political Use of Reference Groups," *The Southwestern Social Science Quarterly* 40, no. 3 (1959): 225-26, Ehle, "Prolegomena," 244에 인용됨.
119   Halperin, "Zionism and Christian America," 225-26. Ehle, "Prolegomena," 244에 인용됨.
120   Halperin, "Zionism and Christian America," 236. Ehle, "Prolegomena," 245에 인용됨.

적 환경"을 조성했다고 주장한다. 이 점에서 블랙스톤은 가장 중요한 미국인 이방인이었으며, 비록 서로를 알고 있었다는 증거는 없지만 그의 활동은 헤클러가 독일에서 한 활동과 유사하다.

11장

기독교 시온주의와 팔레스타인 정세:
밸푸어 선언부터 이스라엘의 독립까지

영국과 팔레스타인 사태

> 아브라함, 이삭, 야곱의 하나님은 그들의 평화로운 귀환을 위해
> 우리가 국가적으로 제공할 수 있는 모든 원조(그들의 완악함이나 타인에 대한
> 불의를 용인하지 않고)를 너그럽게 받아주실 것이며, 그러한 원조를 제공하는
> 국가에 복을 내려주실 것이다(시 122:6; 창 12:3).[1]
>
> 에드워드 비커스테스, 1836년

영국이 밸푸어 선언에서 유대인의 "조국" 건설을 약속하면서 팔레스타인의 상황은 극적으로 변했다. 시온주의자들은 영국이 유대인 이민을 허용하기를 열망했지만, 이 정책은 팔레스타인에 거주하는 아랍인들의 격렬한 반대에 부딪혔다. 아랍 민족주의의 출현과 함께 핍박받는 유대인들이 대거 이민을 희망하면서 영국은 유대인 이민에 저항하는 아랍인들과 더 많은 이민을 요구하는 시온주의자들 사이에서 치안을 유지해야 하는 힘만 들고 생색나지 않는 임무를 맡게 되었다.

인권 균형을 이루는 꿈. 밸푸어 선언의 한 구절은 "유대인의 열망은 비유대

---

1   Edward Bickersteth, *The Restoration of the Jews to Their Own Land: In Connection with Their Future Conversion and the Final Blessedness of Our Earth*, rev. ed. (London: Seeley and Burnside, 1841), xci.

인의 권리를 보호하는 일과 조화를 이룰 것"이며 "팔레스타인에 거주하는 기존의 비유대인 공동체의 시민적·종교적 권리를 침해할 수 있는 어떠한 조치도 취해서는 안 된다는 점을 명확히 이해하고 있다"고 단언했다. 영국의 최고 랍비인 조지프 허먼 허츠(Joseph Herman Hertz)는 이 선언문에 대한 유대인의 견해를 밝혀달라는 전시 내각의 요청에 답하는 서한에서 이 문구에 대해 다음과 같은 찬사를 보냈다.

> 이 선언문의 초안은 취지와 내용에 있어 우리가 바라는 모든 것을 담고 있다. 나는 팔레스타인에 존재하는 비유대인 공동체의 시민적·종교적 권리에 대한 언급을 환영한다. 하지만 그것은 단지 다음과 같은 모세 율법의 기본 원칙을 해석한 것에 지나지 않는다. "거류민이 너희의 땅에 거류하여 함께 있거든 너희는 그를 학대하지 말고 너희와 함께 있는 거류민을 너희 중에서 낳은 자 같이 여기며 자기 같이 사랑하라. 너희도 애굽 땅에서 거류민이 되었었느니라. 나는 너희의 하나님 여호와이니라"(레 19:33, 34).[2]

이 점에 대한 랍비 허츠의 확고한 신념은 시온주의자들에게 높은 도덕적 기준을 제시했다.

시온주의자들은 허츠보다 더 현실적이었으며, 유대인이 다수인 국가의 설립이 가능해지려면 결국 아랍인을 이주시켜야 한다는 사실을 충분히

---

2   Christopher Sykes, *Two Studies in Virtue* (London: Collins, 1951), 222.

인식하고 있었다. 첫 번째 조치는 토지를 매입한 다음(당시 주로 중동의 다른 지역에 거주했던 팔레스타인에 부재한 지주들로부터) 소작농들을 조금씩 단계적으로 퇴거시키는 것이었다. 예고된 유대 국가에서 아랍인들을 "이주"시키는 계획은 시온주의 운동이 시작될 때부터 시온주의자들 사이에서 논의되어왔으며, 1930년대에는 영국이 이 일을 실행해주기를 바라는 사람도 일부 있었다. 1930년대 후반부터는 수백만 명의 폴란드 유대인들이 팔레스타인에 정착할 수 있을 것이라는 희망이 생겨났고, 그들에게 그 길을 열어주기 위해 아랍인들을 시리아나 다른 아랍 지역으로 집단 이주하도록 유도하는 방안이 거론되기도 했다. "유대인 지정 구역에 큰 규모의 아랍인 소수 지역(또는 아랍인 다수 지역)을 남기지 않고 팔레스타인을 나눌 방법은 없었으며, 그러한 인구 분포를 토대로 분할 합의가 이루어질 수 없다는 것을 모두가 이해했다."[3] 제2차 세계대전 중에는 심지어 일부 아랍 관리들조차도 팔레스타인 분할의 필요성과 아랍인과 유대인을 모두 각자의 지역으로 이주시켜야 할 필요성이 있음을 인정했다.[4]

아랍인들의 적대감 고조: 1920-1921년의 폭동. 팔레스타인의 유대인들은 일찍이 그들의 농장이나 소규모 산업에 오직 유대인만 고용하는 정책을 도입했으며, 아랍인들에게 정치적으로나 경제적으로 의존하는 것을 원치 않

---

3 Benny Morris, *The Birth of the Palestinian Refugee Problem Revisited* (Cambridge: Cambridge University Press, 2004), 59.

4 Morris, *Revisited*, 58-60.

왔다. 이러한 유대인들의 독자적인 개발 정책은 대다수 유대인들을 이방인 이웃과 멀어지게 만들었다. 하지만 유대인 정착촌에 대한 적대감은 일찍이 1907년부터 이러한 정착촌을 지키기 위한 유대인 무장 세력이 등장할 정도로 매우 강력했다. 유대인들이 스스로 자주적 방어를 해야 한다는 생각은 1880년대에 러시아의 박해, 특히 1903년에 러시아에서 발생한 키시뇨프(Kishinev) 박해의 경험으로 인해 한동안 그들의 사고 속에 남아 있었다.[5] 샬롬 골드먼이 논평했듯이 "초기 시온주의자들의 한결같은 외침은 팔레스타인에 유대인의 영토가 있으면 유대인들이 자신을 적으로부터 방어할 수 있다는 것이었다."[6] 팔레스타인 내에서 이러한 자주적 방어의 필요성은 점점 더 분명해졌다.

1920년 4월에는 예루살렘에서 폭동이 발생하여 유대인 5명과 아랍인 4명이 사망했다. 유대인 이민을 계속 추진하려는 영국의 계획이 아랍 민족주의자들의 강력한 저항에 부딪힐 것은 자명해졌다. 이러한 사건에 대응하여 1920년 6월에 하가나(Haganah, 문자적으로 "방어"라는 뜻)가 결성되었고, 이 군대는 훗날 이스라엘 방위군의 핵심적 조직으로 발전하게 된다. 1920년대 전반에 걸쳐 아랍 민족주의자들의 불안감은 "급성장하는 시온주의 세

---

5   Shalom Goldman, *Zeal for Zion: Christians, Jews, & the Idea of the Promised Land* (Chapel Hill: University of North Carolina Press, 2009), 29.
6   Herzl은 그의 글과 1902년에 출간된 소설 *Old-New Land*에서 이러한 필요성을 경시하는 경향을 보였다. 이 소설은 아랍인들이 유대인들이 팔레스타인에 가져다준 번영에 감사하며 유대인과 함께 만족스럽고 성공적인 파트너로 살아가는 모습을 그렸다. Goldman, *Zeal for Zion*, 28-29.

력에 대한 팔레스타인 대중의 증오심—실제적인 또는 허구적인 종교적, 민족주의적 불만과 무슬림 설교가 복합적으로 작용하여 발생한—이 점점 더 커지고 있음을 보여주었다."[7]

　팔레스타인에 대한 영국의 태도는 불안정했고 가변적이었다. 1917년 전시 내각 안에서 이 선언에 대해 비판적이었던 커즌 경은 1920년대 초까지 이 선언을 사문화시키려고 적극적으로 노력했으며, 이 선언이 무효처리 되기를 원했다. 그러나 영국 정부는 시온주의 대의의 추진을 돕는 조처를 했으며, 윈스턴 처칠은 이러한 조치를 강력히 지지했다. 1920년에 데이비드 로이드 조지 정부는 허버트 새뮤얼 경을 팔레스타인의 초대 고등판무관으로 임명했는데, 그는 유대교 신앙을 실천하지 않는 온건한 중도파 시온주의자였다. 팔레스타인의 아랍인들은 그리스도인과 이슬람교도를 막론하고 그의 임명에 강한 적대감을 드러냈다.

　계속되는 유대인 이민과 유대인의 아랍인 토지 매입은 큰 논쟁을 불러일으키는 이슈였고, 영국군 당국자들은 격분한 아랍인들이 영국 정부에 끔찍한 결과를 초래할 수 있다고 영국 정부에 경고했다. 그들은 1917년 예루살렘 정복 이후에도 비슷한 경고를 한 바 있다. 영국 정부는 앨런비 장군의 예루살렘 입성이 새로운 기독교 "십자군"으로 비춰면서 중동의 아랍인들뿐만 아니라 영국령 인도 내 무슬림들의 감정을 격화시킬 수 있다는 보고를 받고도 이를 경시했다. 1920년의 예루살렘 폭동은 앞으로 일어날 일의

7　Morris, *Revisited*, 10.

예고편에 지나지 않았다.

1929년의 아랍 폭동. 1929년 8월에는 예루살렘의 통곡의 벽 출입을 둘러
싼 오랜 분쟁이 폭력적으로 변하면서 폭동이 발생했다. 폭동은 팔레스타인
전역으로 확산되어 133명의 유대인과 110명의 아랍인이 사망했다. 유대인
들은 상당한 재산 피해를 보았고, 17개의 유대인 공동체가 대피했다. 팔레
스타인은 다시 영국의 가장 중요한 정치적 쟁점으로 부상했고, 이는 제2차
세계대전이 끝날 때까지 계속되었다. 당면한 문제는 유대인 공동체가 급
성장하고 있다는 것이었으며, 1917년과 1939년 사이에 유대인 인구는
8만3천 명(전체 인구의 약 7%)에서 40만 명(전체 인구의 약 28%)을 넘어섰다.[8]

영국 정부는 이에 대한 대응으로 1930년에 패스필드 백서(Passfield
White Paper)를 발표했는데, 이 백서는 대체로 친 아랍 노선을 취하여 시온
주의자들을 크게 격분시켰다. 영국은 혼란과 분노에 휩싸여 어떻게 해야
할지 갈피를 잡지 못했다. 팔레스타인에 대한 영국의 정책은 갈팡질팡했는
데, 그 이유는 외무부는 아랍인을 지지하고 식민지부는 시온주의자들을 지
지했기 때문이었다. 이민자의 유입이나 영토 분할 문제에 대한 영국의 태
도에는 일관성이 없었다. 아서 코스틀러(Arthur Koestler)의 다음과 같은 관
찰은 적절하다. "사실 1939년까지 팔레스타인에 대한 영국 정책의 가장 큰

---

8   Timothy P. Weber, *On the Road to Armageddon: How Evangelicals Became Israel's Best Friend*
      (Grand Rapids, MI: Baker Academic, 2004), 164.

특징은 일관된 정책이 없었다는 점이다."[9] 영국은 몇몇 전선을 염려했다. 영국 함대는 하이파(Haifa)에 주둔하고 있었는데, 하이파는 송유관과 철도 시스템의 중요한 거점이기도 했다. 1935년에 이탈리아가 아비시니아를 정복한 사건은 이 지역에서 영국의 국익을 보호하고 수에즈운하와 인도 영토에 대한 접근성을 확보하기 위해 팔레스타인이 전략적으로 중요하다는 점을 강조했다.

"주일학교의 시온주의"의 지속적인 영향력. 윈스턴 처칠, (아라비아의) T. E. 로렌스, 아서 밸푸어, 데이비드 로이드 조지 등 이 시기의 중요한 정치인의 배경에는 "주일학교의 시온주의"라고 말할 수 있는 흔적이 남아 있었는데, 이들은 모두 어린 시절에 친셈족주의 및 친시온주의 정서의 영향을 받은 문화적 기억을 가지고 있었다. 이처럼 주일학교 시온주의의 영향을 받은 사람 가운데는 두 명의 주요 군부 인사도 포함되어 있었다. 첫 번째 인물은 존 헨리 패터슨(John Henry Patterson, 1867-1947) 중령인데, 그는 제1차 세계대전 당시 시온 노새 군단(Zion Mule Corps)을 지휘했고, 그 후에는 유대인 부대(Jewish Legion)로 알려진 군사 조직을 지휘한 영국계 아일랜드인 개신교 장교였다. 베냐민 네타냐후의 말을 빌리자면 패터슨은 "거의 2천 년 만에 처음으로 유대인 전투 부대를 지휘한 사령관이다. 따라서 그는 이스라

---

9 Clifford A. Kiracofe, *Dark Crusade: Christian Zionism and US Foreign Policy* (London: L.B. Tauris, 2009), 96.

엘 군대의 대부라고 할 수 있다."[10] 패터슨은 베냐민 네타냐후의 형인 요나탄 네타냐후의 대부이기도 했는데, 요나탄은 존 패터슨과 조부 나탄 밀레코브스키의 이름을 따서 지은 것이다. 아일랜드 개신교 신자인 패터슨은 시온주의를 지지하는 글을 썼으며, 베냐민의 아버지인 벤지온 네타냐후(Benzion Netanyahu) 교수를 비롯한 많은 주요 시온주의자들과 친분을 쌓았다.

두 번째 인물은 유대인을 대상으로 선교 활동을 한 개신교 선교사의 손자이자 인도(그의 출생지) 플리머스 형제단 선교사의 아들이었던 오드 윈게이트(Orde Wingate)였다. 그의 어머니는 그에게 유대인에 대한 사명을 다음과 같이 심어주었다. "어머니는 나에게 성경 말씀대로 살아야 하며 성경의 예언이 실현되도록 도와야 한다고 가르쳤다. 유대인과 친구가 되어 그들이 성경의 예언을 성취하고 팔레스타인으로 귀환하도록 도와야 한다고 말씀하신 분도 어머니였다."[11] 1936년에 윈게이트는 팔레스타인에 주둔하고 있던 영국 고위급 정보 담당 장교였으며, 자신이 유대 국가 건설을 도와야 할 종교적 의무가 있다는 것을 열성적으로 믿었다. 그는 1940년대 초에 팔레스타인에 도착하기 전까지 유대인을 만난 적이 없었지만, "팔레스타인에 도착하기 훨씬 이전부터 나는 유대인들이 무엇을 추구하고 있는지 알고 있었고, 그들이 무엇을 필요로 하는지 이해하고 있었으며, 그들의 목표

---

10 Ron Ross, "The Christian Godfather of the Israeli Army," *Christian Today*, August 13, 2019, https://christiantoday.com.au/news/the-christian-godfather-of-the-israeli-army1.html.

11 Goldman, *Zeal for Zion*, 30.

에 공감했고, 그들이 옳다는 것을 알고 있었다"고 말했다.[12] 윈게이트는 영국 군인과 하가나에서 자원한 유대인으로 구성된 특수부대 나이트 스쿼드를 조직하여 그들에게 아랍 테러에 대응하는 임무를 맡겼다.[13] 그에게 훈련받은 군사 중에는 이갈 알론(Yigal Allon)과 모셰 다얀(Moshe Dayan) 장군도 있었는데, 훗날 그들은 윈게이트가 전쟁에 관한 모든 것을 그들에게 가르쳤다고 고백했다.[14]

팔레스타인 사태에 대한 세대주의의 반응

세대주의자들 사이에서는 유대인 이민자들의 유입이 유대인의 궁극적인 회복인지, 아니면 궁극적인 회복은 오직 재림과 함께 이루어지는 것인지를 두고 의견의 일치를 보지 못했다. 일부는 심지어 시온주의가 "실패할 수밖에 없는 운명"이라고 추론했는데, 이는 그들이 주장하듯이 시온주의가 모든 면에서 하나님을 고려하지 않고 인간이 만든 운동이기 때문이었다.[15] 이러한 의견의 불일치는 시간이 흐르면서 점점 줄어들어 1948년에는 사실상 사라졌다. 1920년대부터 미국의 세대주의자들은 팔레스타인에 주둔한 영

---

12   Goldman, *Zeal for Zion*, 30.
13   이것은 결국 이스라엘 방위군의 최고 사령부의 중추를 형성한 정예전투부대 팔마흐 (Palmach)로 발전했다.
14   더 자세한 논의는 다음을 보라. Goldman, *Zeal for Zion*, 29-30.
15   Dwight Wilson, *Armageddon Now! The Premillenarian Response to Russia and Israel Since 1917* (Tyler, TX: Institute for Christian Economics, 1991), 69.

국을 주로 열렬히 지지하며 이슈브(Yishuv)와 시온주의를 옹호했다. 『언약과 역사 속의 이스라엘』(Israel in Covenant and History)이라는 소책자를 쓴 한 작가는 유대인이 그 땅에 대해 여섯 가지 권리를 가지고 있다고 주장했지만, 아랍인의 권리에 대해서는 전혀 언급하지 않았다.[16] 미국의 전천년주의 언론은 1920년대의 사건들을 관찰하면서 "아랍인은 하나님이 아브라함에게 약속하신 땅의 상속자가 아니라 쫓겨난 이스마엘의 후손"이라는 관점에서 이 사건들을 해석했다.[17]

세대주의자들의 논의에서는 아랍인에 대한 반감이 드러났는데, 이러한 반감은 "아랍인 자체 혹은 그들의 행동에 대한 증오에서 비롯된 것이 아니라 단순히 성경적 회복주의에 대한 전천년주의자들의 견해에 담겨 있던 것이었다."[18] 1920년대에 일부 세대주의자들은 "튀르크족이 팔레스타인을 떠남으로써 큰 공백이 생겨 불가피한 자연의 법칙에 의해 유대인들을 다시 받아들이고 있다는 순진한 견해를 계속 견지했다. 다수는 유대인이 아랍 토착민을 대체하거나 제압하는 것이 과연 정의로운 일인지 아니면 불의한 일인지에 대해서는 전혀 고려조차 하지 않았다."[19] 전천년주의는 1930년대까지 계속 거의 전적으로 반아랍 관점을 유지했다. 하나님은 유대인들에게 성지를 주셨고, 아랍인들은 그 현실에 순응해야 한다는 것이었다. 1920년

---

16   Wilson, *Armageddon Now*, 66.
17   Ruth Mouly and Roland Robertson, "Zionism in American Premillennial Fundamentalism," *American Journal of Theology and Philosophy* 4, no. 3 (1983): 106.
18   Wilson, *Armageddon Now*, 71.
19   Wilson, *Armageddon Now*, 72.

대와 1930년대에 세대주의자들은 영국이 밸푸어 선언의 공약을 파기하려는 시도를 모두 반대했으며, 유대인 이민에 제한을 두어야 한다는 요구에도 강력히 반대했다.[20]

1929년의 폭동은 미국과 영국의 전천년주의 언론에 널리 보도되었다. 그들은 "이방인의 시대"의 끝이 이제 곧 다가올 것이며, 팔레스타인이 유대인의 지배하에 들어갈 것이라는 점을 조금도 의심하지 않았다. 로스앤젤레스 성경학교의 간행물이 보도하듯이 "이 문제가 중재에 의해 해결되든 칼에 의해 해결되든 성경에 의하면 유대인이 팔레스타인의 합법적 주인이다."[21] 「오순절 복음」(*Pentecostal Evangel*)은 "단 한 명의 아랍인도 유대인 정착 과정 전체에서 추방되지 않았으며, 유대인이 인수한 모든 토지는 매수인과 매도인이 합의한 가격에 매입했다고 주장했다."[22] 「왕의 기업」에 기고한 한 작가는 1929년의 사건들에 대한 유대인의 책임을 일부 인정하면서도 그 사건을 평가하는 과정에서 유대인과 아랍인의 잘못을 모두 대수롭지 않게 다루었다.

거의 모든 불행한 사건과 마찬가지로 이 사건도 양측 모두에게 잘못이 있었다. 유대인들은 아랍인들과 함께 살기 위해 팔레스타인에 온 것이 아니라 그들과 상당히 떨어져 살기 위해 온 것이 분명하다. 팔레스타인의 유대인들은 흔히 편

---

20   Wilson, *Armageddon Now*, 93.
21   Wilson, *Armageddon Now*, 73.
22   Wilson, *Armageddon Now*, 73.

협하고 종종 "예민한 반응을 보인다." 1929년 폭동에 대한 책임이 부분적으로 유대인들 자신에게 있다는 것은 잘 알려져 있다. 하지만 이것이 문제를 일으킨 아랍인들의 거짓과 남성을 비롯해 심지어 여성과 어린이들까지 살해한 그들의 유죄를 정당화하지는 못한다. 그 사건은 아랍인들이 자행한 학살이었으며, 유대인들은 그 속에서 자신들을 방어하려 했다.[23]

아랍인들의 인권 옹호는 매우 드물었고, 아랍인들의 정의 구현을 위한 몇 가지 설득력 있는 호소가 있었지만, 대다수 전천년주의자들에게는 별로 중요하지 않았다.[24]

아랍 반란: 1936-1939년

1936년에 팔레스타인의 민족주의자들이 영국인들과 시온주의자들을 공격하면서 더욱 심각한 아랍 반란이 일어났고, 약 2천 명의 아랍인들이 교전 중에 사망했으며(아랍의 추정에 의하면 5천 명 이상이 사망), 유대인 사망자의 수는 이보다 훨씬 적었다(91명에서 수백 명 사이). 영국은 하가나와 같은 유대인 민병대를 지원했고, 경쟁 상대였던 팔레스타인의 나샤시비스 (Nashashibis) 가문의 도움을 구했는데, 이 가문은 반란을 진압하기 위해 영

---

23   Wilson, *Armageddon Now*, 89.
24   Wilson, *Armageddon Now*, 104.

국 및 시온주의자들과 협력했다. 영국군은 아랍인의 가정을 체계적으로 파괴했고, 다수의 팔레스타인 지도자, 특히 가장 유력한 후세이니 가문의 일원을 처형하거나 추방했으며, 일부는 나치의 품으로 쫓겨났다. 반란이 진압되면서 팔레스타인 사회는 정치적으로나 군사적으로 크게 훼손되었고 1948년에는 결국 시온주의자들에게 패배의 빌미를 제공했다.

영국은 외교적 차원에서 이에 대응하기 위해 1937년에 "필 위원회"(Peel Commission)를 구성하여 팔레스타인 위임통치의 종료와 팔레스타인의 분할을 권고했다. 이는 모든 전략적 요충지(특히 하이파)는 영국의 수중에 남겨두고, 유대인에게는 영토의 20%를 주고 아랍인에게는 70% 이상을 주되 영국의 국익은 포기하지 않겠다는 심산이었다. 시온주의 지도부는 이 제안을 긍정적으로 보고 세부사항에 대한 추가 협상을 요구했지만, 아랍 고등 위원회(Arab Higher Committee)는 분할을 거부했고, 팔레스타인 위임통치의 즉각적인 종료, 유대인 추가 이민 금지, 그곳 유대인 주민에 대한 모호한 약속과 더불어 팔레스타인 전역에 아랍 국가 설립을 요구했다. 우드헤드 위원회(Woodhead Commission)가 구성되었지만, 이 위원회의 권고안은 1939년 초에 양측 모두에게 거부당했다. 마침내 1939년 5월에는 유대인과 아랍인을 모두 수용하는 팔레스타인 국가를 건설하고, 유대인 이민은 5년 동안 7만5천 명으로 제한하며, 1944년 이후에는 아랍인의 동의 없이는 더 이상 유대인 이민을 허용하지 않을 것을 제안하는 정부 백서가 발표되었다. 또한 유대인에게 아랍인의 토지를 매각하는 것도 엄격하게 제한되었다. 아랍인들은 10년 내에 독립할 수 있다는 약속을 받았고, 아랍인들이

다수를 차지하게 될 것이라는 확신을 얻었다. 또 다른 전쟁이 예상되자 영국은 1939년 5월에 튀르키예와 조약을 체결했고, 전시 전략에 따라 친시온주의 정책에 대한 모든 논의를 보류했다.

이러한 영국의 행동은 세대주의 언론으로부터 맹비난을 받았다. 영국이 배신한 이유 중 하나가 영국령 인도의 무슬림들을 달래기 위한 것이었다는 설명이 제시되었지만, 「우리의 희망」지는 영국의 동기가 무엇이든 간에 "그들은 자기 땅으로 **돌아갈 것이다.**…그 백서가 언제 어떻게 폐기될지 우리는 알 수 없지만, 결국 그것이 아무런 효력이 없을 것은 분명하다"라는 자신들의 확신을 표명했다.[25] 백서가 제시한 정책은 1947년에 팔레스타인에 대한 책임을 유엔에 공식적으로 이양할 때까지 영국의 공식 입장으로 유지되었지만, 영국은 1948년 5월까지 그들의 병력을 철수하지 않았다. 유대인 이민 제한은 영국을 시온주의자들에게 혐오스러운 존재로 만들었다. 영국 군인과 식민지 관리들은 유대인 테러 조직의 표적이 되었고(특히 전쟁 이후), 이러한 정책 결정으로 인해 수백만 명의 유럽 유대인들이 갈 곳 없는 처지가 되었다.

시온주의자들의 관심이 미국으로 전환하다

1930년대 초에 국제 시온주의 운동은 미국 내에서 지지 기반을 구축하는

---

25   *Our Hope*, Wilson, *Armageddon Now*, 106에 인용됨.

데 초점을 맞추어야 한다는 사실을 깨달았고, 얼마 지나지 않아 미국은 시온주의 운동의 중심지가 되었다. 앞서 살펴본 바와 같이 미국의 개혁파 유대교는 미국의 오래된 독일계 유대인 공동체 사이에서 강세를 보였으며 전통적으로 반시온주의자들이었다. 동화주의적인 미국 유대인들은 유대인이 한 민족을 형성하고 있다는 것을 거부했다.[26] 미국 내 시온주의자들의 새로운 정치적 결단은 "유대인 국가가 탄생하기 전에 시온주의에 대한 마지막이자 가장 격렬한 유대인의 공격"을 초래했다.[27] 시온주의자들은 자신들의 시온주의 운동에 기독교 협력자도 필요하다는 것을 알았다. 1932년 초에 미국 팔레스타인 협의회(American Palestine Council)는 보수적인 미국 그리스도인들의 지지를 얻고자 적극적으로 구애에 나섰다.[28] 이 협의회가 사용한 공식적인 언어는 세대주의자들의 지지를 끌어내기에 충분했다. "유대 민족과 고대의 유산인 그 땅이 재회하기를 바라는 천년왕국의 소망, 성경 예언의 정신에 부합하는 소망의 성취는 항상 자유주의 기독교 세계의 공감을 얻었다."[29]

1930년대와 1940년대 초에는 예언에 대한 관심보다 인도주의적 관심

---

26   1885년에 피츠버그 강령은 미국 개혁주의 유대교의 이념을 반영했다. 이것은 미국의 대다수 유대인들이 받아들였으며, 그중 다수가 독일계 유대인이었다. 이 강령의 다섯 번째 문단에는 "우리는 우리 자신을 더 이상 민족이 아닌 종교 공동체로 간주한다"는 내용이 명시되어 있다. Thomas Kolsky, *Jews Against Zionism: The American Council for Judaism, 1942-1948* (Philadelphia: Temple University Press, 1990), 22.
27   Kolsky, *Jews Against Zionism*, 18.
28   Kiracofe, *Dark Crusade*, 101.
29   Kiracofe, *Dark Crusade*, 102.

에 이끌린 주류 개신교 신자들의 시온주의적 공감대를 적극 활용하려는 새로운 단체들이 등장했는데, 친팔레스타인 미국 연맹(Pro-Palestine Federation of America, 1932), 기독교 팔레스타인 협의회(Christian Council on Palestine, CCP), 미국 기독교 팔레스타인 위원회(American Christian Palestine Committee) 등이 바로 그것이다. 이들 가운데 가장 중요한 단체였던 CCP는 미국의 대표적인 신학자인 라인홀트 니부어의 지지를 받았는데, 그의 "기독교 현실주의"는 윤리적(그러나 예언적은 아님) 근거를 바탕으로 유대인의 조국 건설을 지지했다.

1940년에 국제 시온주의자들은 본부를 미국으로 옮겼다. 시온주의자들의 노력은 의회, 특히 민주당에 집중되었다. 1930년대에 히틀러의 등장은 미국 유대인들을 놀라게 했고, 1939년에 발표된 영국의 백서는 팔레스타인으로 향하는 유대인 이민을 제한하여—1944년에는 유대인 이민을 전면 중단함—미국 유대인들에게 충격을 주었으며, 반시온주의 유대인들이 시온주의 운동에 동참하게 하는 데 많은 영향을 미쳤다. 월터 힉슨(Walter Hixson)은 최근에 『이스라엘의 갑옷: 이스라엘의 로비활동과 팔레스타인 분쟁의 제1세대』(Israel's Armor: The Israel Lobby and the First Generation of the Palestine Conflict)라는 제목으로 미국 내 초창기 친이스라엘 로비활동에 대한 연구를 발표했다.[30] 힉슨은 1942년 5월에 뉴욕의 빌트모어 호텔에 모인 미

---

30   Walter L. Hixson, *Israel's Armor: The Israel Lobby and the First Generation of the Palestine Conflict* (New York: Cambridge University Press, 2019).

국 유대인들의 대규모 컨퍼런스가 이 로비활동의 진원지로 본다. 이 회의에서는 제한 없는 유대인 이민과 즉각적이고 완전한 유대인 국가 수립을 촉구하는 빌트모어 프로그램이 발표되었다. 그의 관찰에 따르면 "미국 시온주의자들의 광범위한 로비활동은 이스라엘 건국 이전부터 시작되었으며, [양국이 맺은] 특별한 관계의 제1세대[1942-1967년] 전반에 걸쳐 활발하게 이루어졌다."[31] 유대인들의 친이스라엘 로비활동은 뚜렷한 성과를 만들어내는 데 탁월했다. "미국의 외교관, 고문, 네 명의 대통령[트루먼, 아이젠하워, 케네디, 존슨]은 모두 이스라엘과 국내 지지자들의 압력에 좌절과 분노를 느낀 적이 여러 차례 있었다. 미국의 지도자나 외교관들이 이스라엘의 활동과 정책에 도전하는 것처럼 보일 때마다 로비 단체들은 반격에 나섰고 대체로 자신들의 목표를 달성하는 데 매우 효과적임을 입증했다."[32]

영국의 딜레마: 무장 시온주의자들

[영국은] 1917년에 다소 성급하게 비현실적인 모험에 뛰어들었다가
거기서 어떻게 빠져나와야 할지 모르는 상황에 부닥치게 되었다.[33]
아서 코스틀러

---

31   Hixson, *Israel's Armor*, 1.
32   Hixson, *Israel's Armor*, 2.
33   Arthur Koestler, *Promise and Fulfilment: Palestine 1917-1949* (New York: Macmillan, 1949), 16.

미국이 시온주의를 지지하고 유럽과 극동에서 벌어진 전쟁의 전세가 역전
되자 1944년에는 팔레스타인 소재 유대인 기구(Jewish Agency)가 마치 이미
독립 정부가 된 것마냥 행동하기 시작했으며, 영국의 식민지 관리들은 이
를 몹시 못마땅하게 여겼다.[34] 나치의 손아귀 안에서 유럽 유대인들이 겪은
일들이 알려지면서 서구의 여론은 유대인들의 팔레스타인 이민을 개방하
고 궁극적으로 유대인 국가를 수립하는 방향으로 기울기 시작했다. 영국은
1939년에 아랍인들에게 약속한 것을 지키기 위해 전쟁 전후에 시온주의자
들의 선박이 팔레스타인으로 항해하는 것을 제지하려 했지만, 이 정책은
호응을 얻지 못했고 실행하기도 어려웠다. 팔레스타인에 주둔한 영국군은
불법 유대인 난민을 체포하기도 했는데, 그중 일부는 강제수용소에서 탈출
한 자들이었기 때문에 그들을 다시 유럽으로 회송하기 전에 팔레스타인 수
용소에 임시로 수용해야 했다.

　　팔레스타인 안에서 반영국 폭동이 다시 일어났지만, 대부분은 유대
인 민족주의자들이 일으킨 것이었으며, 영국 외교관과 군인들이 표적이었
다. 1940년에 아브라함 슈테른(Avraham Stern)은 이르군(Irgun, 수정주의자 이
르군 즈바이 레우미, IZL)과 결별을 선언하고 팔레스타인에서 영국인들을 추
방하기 위해 새롭고 급진적인 테러 조직인 레히(Lehi, 로하메이 헤루트 이스라
엘 또는 LHI 또는 이스라엘의 자유 투사 또는 슈테른 갱으로도 불림)를 결성했다. 슈
테른은 시온주의자들이 파시스트들을 지원할 수 없듯이 연합군도 지원할

34　Kiracofe, *Dark Crusade*, 109.

수 없다고 판단했고, 독일이 유대인의 조국 건설에 동의한다면 독일과의 조약을 포함하여 팔레스타인에서 영국인을 추방하기 위해 필요한 모든 수단을 활용하기로 결심했다. 슈테른은 1942년에 살해당했고 이츠하크 샤미르(Yitzhak Shamir)가 이 조직의 지도자가 되었다(샤미르는 1980년대와 1990년대 초에 두 차례에 걸쳐 이스라엘 총리를 역임했다.) 레히는 유대인 테러리스트들이 영국 경찰을 살해하고 레히 요원들의 처형에 대한 보복으로 영국 군인들을 교수형에 처하며 공공건물에 폭탄을 설치하는 게릴라전을 총지휘했다. 이 조직은 영국 고등판무관 해럴드 맥마이클 경의 암살을 여러 차례 시도했지만 실패했다. 1944년 11월에 샤미르는 카이로에서 영국 외교관 모인(Moyne) 경(아일랜드 양조 가문의 월터 기네스로 알려진 인물)의 암살을 기획했다. 이 사건은 온건파 시온주의 지도자들을 격분시켰고 "그들은 이 조직을 없애기 위해 영국과 협력하기 시작했다."[35] 그러나 1945년부터 1948년까지 레히와 이르군은 영국군과 팔레스타인 철도 시스템과 영국 선박에 대한 수많은 공격을 감행했으며, 이 같은 그들의 행동은 리버풀, 맨체스터, 글래스고에서 반유대인 항쟁을 유발했다.

1936-1939년의 아랍 반란에서 영국에 무참하게 패배한 팔레스타인 지도부는 추축국의 편에 섰고 반란 중에도 그들의 지원을 받았다. 모하메드 아민 알-후세이니(Mohammed Amin Al-Husseini, 1897-1974년경)와 그의 추종자들은 1941년에 이라크에서 반영국 반란을 지원한 후 독일로 건너가

---

35   Weber, *Armageddon Now*, 166.

나치 정부를 위해 일했으며, 그곳에서 알-후세이니는 독일의 선전 방송을 통해 나치의 전쟁을 지원하기 위해 발칸 반도에서 무슬림 징집을 도왔다.[36] 데이비드 브로그는 알-후세이니가 1942년 1월에 "유대인 문제의 최종 해결책"을 추진하기로 결정한 독일군 지도부 회의에 참석했고 나치에게 이 방침을 따를 것을 독려했다고 주장했다. 브로그는 시온주의에 대한 아랍인들의 반응이 홀로코스트에 어느 정도 영향을 미쳤다고 제안하는 듯하다. 전쟁이 끝난 후에는 알-후세이니를 전범으로 재판하려는 움직임이 있었지만, 그는 탈출하여 이집트로 망명했고 그곳에서 이스라엘을 겨냥한 팔레스타인 테러를 지휘했다. 물론 팔레스타인의 유대인들은 전체적으로 나치에 반대했으며, 약 2만8천 명의 팔레스타인 유대인 자원병은 영국을 위해 싸우면서 향후 팔레스타인 아랍인과의 분쟁에서 큰 도움이 될 군사 경험을 쌓았다. 전쟁 기간에 이슈브가 영국군의 군사훈련 장소가 되면서 그곳 경제는 극적으로 발전했으며, 이를 통해 얻은 기술과 인프라는 앞으로 다가올 미래를 대비하는 데 큰 가치를 지니게 되었다.

제2차 세계대전 이후

1945년 7월, 강력한 시온주의자였던 처칠은 친아랍 성향이 강했던 노동당

---

36   다음을 보라. David Brog, *Reclaiming Israel's History Roots, Rights, and the Struggle for Peace* (Washington, DC: Regnery, 2017), 116-19.

정부의 클레멘트 애틀리(Clement Attlee)에게 패배했다. 영국 정부는 팔레스타인에 점령군을 계속 주둔시키는 데 드는 막대한 비용과 영국 통치에 대한 유대인들의 계속되는 저항 때문에 팔레스타인에서 철수하기를 간절히 원했다. 그러나 영국은 전시에 미국이 제공한 지원과 전후에 무너진 영국 경제를 재건하기 위해 절실히 필요했던 미국의 차관을 받았기 때문에 미국에 큰 신세를 지고 있었다. 처칠은 더 이상 권좌에 있지 않았고, 프랭클린 루스벨트는 1945년 4월에 세상을 떠났다. 루스벨트는 팔레스타인과의 관계에서 매우 신중했으며 "이슬람교도, 유대인, 그리스도인의 이익이 보호받는 팔레스타인 신탁통치를 선호"했는데,[37] 이것은 시온주의자들과 많은 팔레스타인인이 거부한 바로 그런 유형의 협정이었다.

해리 S. 트루먼은 미국 시온주의자들을 훨씬 더 많이 지지했다. 따라서 영국은 강력한 친시온주의 지도자 한 명을 잃었고, 미국은 그런 지도자 한 명을 얻었다. 당면한 문제는, 수많은 유대인 난민이 팔레스타인으로 이주하는 것을 열망했지만 영국의 이민 제한 정책이 이를 가로막고 있다는 것이었다. 1945년 8월에 트루먼은 영국 정부에 서한을 보내 10만 명에 달하는 유대인의 팔레스타인 이민을 허용할 것을 촉구했다. 이에 대해 영국 정부는 영-미 팔레스타인 위원회 설립을 제안하면서 이 위원회가 유엔의 후원하에 팔레스타인을 신탁 통치할 것을 건의했다. 미국의 시온주의자들은 미국 의회에서 막강한 영향력을 행사하고 있었기 때문에 이 제안은 받아들

---

37   Kiracofe, *Dark Crusade*, 111.

여지지 않았다. 시온주의자들은 신탁통치를 원하지 않았고 빌트모어 프로그램은 유대인 국가 설립을 강력히 주장했다.

팔레스타인에 대한 위임통치는 1946년 4월에 국제연맹의 해체로 종료되었고, 1947년에 영국은 팔레스타인에 대한 책임을 새로 출범한 유엔에 떠넘기고 싶어 했다. 그러나 그때는 이미 팔레스타인이 내전을 겪고 있었으며, 이르군, 하가나, 슈테른 갱(레히) 같은 시온주의 준군사적 무장단체들은 영국이 팔레스타인에서 임무 수행을 더 이상 할 수 없게 만들었다. 영국군에 대한 극단적 시온주의자들의 공격은 일상화되었고, 영국 대중은 많은 팔레스타인 유대인들이 영국군에게 배은망덕한 태도를 보인다고 여기며 분노했다. 독일의 유대인 수용소를 해방하는 데 일조한 영국군은 이제 팔레스타인에서 영국인들을 제거하기로 결심한 시온주의자들을 제지하려고 했다. 1946년에는 온건파 시온주의자들 중 상당수가 영국에 등을 돌리고 무장봉기를 지지하기 시작했다. 그해 초 영국은 대대적인 집단 검거를 통해 저항 세력을 진압하려 했지만 소용이 없었다. 1946년 7월에 이르군은 메나헴 베긴(Menachem Begin)의 지휘하에 예루살렘의 킹 데이비드 호텔에 있는 영국 정부청사를 폭격하여 91명의 목숨을 앗아갔는데, 그중에는 영국 관리, 유대인, 아랍인, 무고한 민간인이 포함되어 있었다. 팔레스타인에 주둔하던 영국군은 이제 결연한 적을 마주하게 되었는데, 이들은 영국군이 팔레스타인의 위임통치가 종료되기를 기다리면서 지금까지 자신들이 보호하고 있다고 생각했던 사람들이었다.

세대주의자들은 이 사건들을 면밀히 주시해왔고, 일부는 이 사건들로 인해 고민에 빠졌다. 때로는 1946년 5월 「선데이 스쿨 타임스」에 실린 T. A. 램비(Lambie)의 기고문처럼 불협화음을 일으키는 목소리도 나왔다. 그는 유대인이 팔레스타인을 점령한 것과 관련하여 세대주의의 표준 노선—"하나님이 그렇게 정하셨으니 반드시 그렇게 될 것이다"—을 따랐지만, 강제로 추방당한 아랍인들에 대한 정의에 대해서는 어느 정도의 인지 부조화를 드러냈다.

> 물론 하나님을 떠나서는 그 땅에 대한 [유대인의] 권리를 주장할 수 없다.…거의 모든 인간적 관점에서 볼 때는 그 땅의 아랍인들이 권리를 가지고 있다. 그들의 이러한 권리를 결코 무자비하게 짓밟을 수는 없으며, 그들이 마음을 바꾸어 유대인을 기꺼이 받아들이는 것을 상상하기란 어렵다. 불가항력적인 힘이 움직일 수 없는 물체와 만나고 있는 듯 보이며, 이스라엘을 향한 하나님의 목적이 이 험난한 과정을 어떻게 헤쳐나갈지는 우리도 궁금할 뿐이다. 그것은 해결될 것이며 우리 대다수가 할 수 있는 일은 그저 지켜보고 기도하며 믿는 것뿐이다.[38]

유엔의 분할 계획

영국은 팔레스타인에 대한 책임을 1948년 5월 15일에 유엔에 이양하기로

---

38   Wilson, *Armageddon Now*, 171.

계획했다. 1947년 5월에 유엔 팔레스타인 특별위원회(UNSCOP)가 신설되었고, 8월에는 팔레스타인 분할을 권고했다.[39] 1947년 11월에 유엔 총회는 분할을 승인했다. 많은 사람들이 거부권을 행사할 것으로 예상했던 소련이 놀랍게도 입장을 완전히 전환함에 따라 결의안 제181호는 안전보장이사회를 통과했다. 소련은 사회주의를 표방하는 이스라엘이 독립하면 자신들에게 동조할 것이라고 믿었던 것 같다. 1947년 11월 29일 유엔 총회의 표결은 33 대 13에 기권 10표였으며, 이것은 이를 위해 미국 정부가 펼친 로비활동의 영향이 반영된 결과였다. 결국 결의안 제181호는 이행되지 않았다. 일반적인 이해와는 달리 유엔은 유대인 국가 수립을 위해 투표한 것이 아니라 관련 당사자들에게 분할을 권고했을 뿐이었다. 유엔은 법적으로 팔레스타인을 분할할 권한을 갖고 있지 않았으며, "이스라엘이라는 유대인 국가의 존재를 일방적으로 선언할 수 있는 법적 권한을 시온주의 지도부에 부여하지도 않았다."[40]

시온주의자들은 환호했고 아랍인들은 분노했다. 이집트로 망명한 나치 협력자 알-후세이니 아랍 최고위원회 위원장은 이 분할 계획안을 거부했고, 3일간의 총파업을 선언했으며, 도시와 길거리에서 유대인들을 향한

---

39 이 제안은 시온주의자들에게 1937년의 필 위원회 권고안보다 더 관대했다. 비록 이 지역 대부분은 사막이었지만 유대인에게 56%(20%가 아닌), 아랍인에게 약 42%(필 위원회는 70%를 제안함)를 주기로 했다. 예루살렘과 베들레헴은 국제 사회의 통치를 받게 되었다.

40 Jeremy R. Hammond, "The Myth of the U.N. Creation of Israel," *Foreign Policy Journal*, October 26, 2010, https://foreignpolicyjournal.com/2010/10/26/the-myth-of-the-u-n-creation-ofisrael/.

일련의 공격이 시작되었다. 첫 번째 공격은 유엔의 결의안이 통과된 다음 날 발생했다. 버스 두 대가 매복 공격을 당하여 7명의 유대인 승객이 사망했다. 12월 2일에는 아랍 폭도들이 예루살렘에서 유대인들을 공격하고 상점을 불태우며 약탈하기 시작했다. 유엔 결의안이 통과된 지 12일 만에 약 80명의 유대인이 사망하고 수많은 부상자가 발생했다. 1947년 12월 말까지 약 140명의 유대인이 추가로 사망했다.[41]

아랍 국가들의 대응

주변 아랍 국가들은 신속하게 분할 계획을 거부하고 팔레스타인을 돕기 위해 지원병, 재정, 무기를 동원했다. 1948년 1월부터 3월까지 아랍 해방군 산하에 조직된 수천 명의 지원병은 아랍 팔레스타인 대의에 힘을 실어주었다. 얼마 지나지 않아 본격적인 내전이 시작되었다. 권력을 질서 있게 유엔에 이양하려던 영국의 계획은 무산되었고, 영국은 중립 유지를 위해 노력하면서 가능한 한 순조롭고 평화로운 철수를 원했다. 1948년 5월 14일, 다비드 벤구리온은 팔레스타인 위임통치가 당일 자정에 종료되자 이스라엘의 독립을 선포했다.

---

41   Brog, *Reclaiming*, 129.

1947년과 1948년에 일어난 사건 평가하기

이제 우리는 이스라엘 정부가 수립되기 이전 몇 달 동안 일어난 사건들을 살펴보고자 한다. 유대교 시온주의 변증가인 브로그는 전 이스라엘 총리 에후드 바라크의 사촌이자 이스라엘을 위한 그리스도인 연합(Christians United for Israel)의 상임이사였다. 그는 자신의 최근 저서 『이스라엘의 역사 되찾기: 뿌리, 권리, 평화를 위한 투쟁』(*Reclaiming Israel's History:Roots, Rights, and the Struggle for Peace*)에서 다음과 같이 시인한다.

이스라엘은 크고 작은 죄를 저질렀다. 이스라엘 군인들은 무고한 아랍 민간인을 살해했다. 항상 실수로 죽인 것은 아니었다. 이스라엘 사령관들은 아랍인들을 마을에서 추방하고 그들의 집을 파괴했다. 항상 뚜렷한 군사적 필요에 의해 자행된 것은 아니었다.

이제 우리는 이러한 이스라엘의 범죄 행위에 대해 상세히 알고 있다. 우리는 이스라엘 학자들이 그것을 기록하고 입증했기 때문에 그것에 대해 알고 있다. 그리고 우리는 이스라엘 언론이 그것을 공개하고 알렸기 때문에 그것에 대해 알고 있다. 그것이 바로 자유 사회에서의 삶이다.[42]

브로그는 베니 모리스가 이끄는 새로운 역사가들(New Historians)로 알려진

---

42   Brog, *Reclaiming*, ix.

자유 시온주의 저술가들의 학파를 언급하고 있는데, 그들은 독립 선언 전후에 일어난 일을 조사해왔다. 이 역사가들은 유대인 거주 지역의 팔레스타인 아랍인들이 아랍 당국의 요청에 따라 집과 재산을 버리고 떠났으며, 아랍인들은 유엔의 분할 계획에 반대했고, 그 결과 이에 합당한 고통을 받게 되었다고 기술한 이스라엘 학교 교과서에 이의를 제기했다. 그리고 결국 이 아랍인들은 자신의 운명에 대한 책임을 지고 시리아와 레바논의 난민수용소에서 망명 생활을 하는 대가를 치러야 했다.

내가 지금까지 스케치한 큰 그림은 다음과 같다. 아랍과 유대인의 대립 관계는 1920년대와 1930년대에 표면화되었고, 1930년대 말에 아랍 반란이 진압되면서 알-후세이니는 나치의 품으로 내몰려 홀로코스트를 통해 전 세계 유대인을 말살하는 정책을 추진하도록 부추겼다. 알-후세이니는 카이로로 망명하여 반시온주의 세력을 지휘하면서 팔레스타인에서 유대인의 존재를 말살하려고 했다. 시온주의자 중에는 홀로코스트 생존자도 많았는데, 그들은 유대인이 다수를 차지하는 주권 국가의 형태로 영국이 그들에게 약속한 조국을 반드시 얻어낼 것을 결심했다. 아랍인 적대자 중 일부가 나치와 협력했다는 사실은 정착할 땅에서 말살당할 것을 두려워했던 시온주의자들에게 큰 위협으로 작용했다.

분쟁의 격화: 1947년 12월-1948년 3월

1947년 12월 초에 이르군과 레히는 시온주의 주류와 독립적으로 행동하기 시작했고, 1937년과 1939년 사이에는 그들이 사용했던 전술, 즉 "사람들이 붐비는 시장과 버스정류장에 폭탄을 설치"하는 전술을 다시 쓰기 시작했다."[43] 1948년 2월과 3월에는 아랍인들도 같은 전술을 쓰며 보복했다. 이 기간에는 주류 하가나도 테러를 사용하긴 했지만 좀 더 자제력을 발휘하려고 했고, "지리적으로 폭력의 범위를 아랍인들이 이미 폭력을 자행한 지역으로" 제한하고자 했다.[44] 1947년 12월과 1948년 3월 사이에는 아랍인들이 주로 유대인 차량과 보호 호송 차량을 공격하는 데 앞장섰다. 유대인 방위군은 방어 전략을 채택했지만, 얼마 지나지 않아 이것이 불가능하다는 것이 드러났다. 아랍인 마을은 주요 도로가 내려다보이는 언덕 꼭대기에 위치했기 때문에 전략적으로도 우위를 점할 수 있었다. 1948년 2월과 3월에 하가나 호송 차량을 겨냥한 아랍군의 공격이 증가했고, 시온주의 군대는 특히 텔아비브와 서예루살렘의 유대인 거주 지역을 연결하는 도로에서 큰 참패를 당했다. 예루살렘 포위 공격은 사실상 예루살렘 안에 있는 10만 명에 달하는 강력한 유대인 공동체의 목을 조르는 행위였으며 고립된 유대인 공동체는 봉쇄를 당했다. 1948년 3월 말에는 9백 명이 넘는 유대인이 사망했고 부상자 수는 두 배가 넘었다. "도로 전쟁"은 유대인들이 명백히 지고 있었다.

알-후세이니가 이끌던 팔레스타인 지도부는 아랍 팔레스타인 내 유

---

43   Morris, *Revisited*, 66.
44   Morris, *Revisited*, 66.

대인에 대한 깊은 증오심을 부채질했다. 이러한 증오심은 유대인이 통제하는 지역에 거주하는 아랍인들에게 무슨 일이 일어나진 않을까 하는 두려움을 불러일으켰고, 1948년 3월 말에는 분할 계획안이 지정한 지역에서 팔레스타인 아랍인의 탈출이 활발하게 진행되었다. 그 시점까지 발생한 폭력은 많은 중류층과 상류층이 하이파, 야포, 예루살렘 등 대도시와 주변 지역에서 탈출하게 만들었다. 유대인 지역 중심부의 아랍인 농촌 주민들도 피난을 떠났다.[45] 그들은 유대인의 군사력을 두려워했고, 자신들의 군사력을 의심했기 때문에 주변 아랍 국가들이 자신들을 구해주기를 바랐다. 그들은 시온주의자들이 패하면 곧 고향으로 돌아갈 수 있을 것으로 기대했다. 그 때까지만 해도 대대적인 추방 계획은 사실상 없었다. "이 기간 동안에는 이슈브나 팔레스타인 아랍 지도부나 아랍 국가들은 아랍인들을 팔레스타인에서 추방하거나 이주시킬 정책을 갖고 있지 않았다."[46] 많은 어린이와 노인들은 아랍군 지휘관의 조언이나 명령에 따라 팔레스타인 내에서 아랍인들이 안전하게 지낼 수 있는 지역으로 이주했다. 아랍 고등위원회는 주로 이들의 도피에 반대했지만, 이를 막을 수는 없었다.[47]

유대인 군사 단체들은 1948년 3월 말에 이르러 상황이 악화되자 자신들의 대응 방식을 재검토했고, 유일한 방어책은 오직 공격뿐이라는 결론을 내렸다. 이와 동시에 3월 말에 미국은 "유엔이 팔레스타인을 신탁통치

---

45   Morris, *Revisited*, 148.
46   Morris, *Revisited*, 139.
47   Morris, *Revisited*, 139.

하는 방안을 제안하면서 분할 지지를 철회할 수 있다는 신호를 보냈다.[48] 5월 14일부터 시행될 새로운 형태의 신탁통치는 더 많은 외국의 통치를 수반할 것이며, 이는 전적으로 받아들일 수 없는 제안이었다. 시온주의자들의 지속적인 군사적 패배로 인해 기존의 약속이 훼손될 수 있다는 두려움이 더욱 커졌고, 군사적 상황의 악화와 주변 아랍 국가들의 침공 가능성도 전술 변화에 영향을 미쳤다. 시온주의자들은 자기들이 막다른 골목에 몰려 있고 시간이 얼마 남아 있지 않다고 느꼈다. 그들은 자신들이 내부 통제를 강화하고 유대인 지역 내의 팔레스타인 저항 세력을 무력화하지 않는 한, 점점 더 호전적으로 변해가는 침략자들을 결코 감당할 수 없었다. 체코슬로바키아에서 무기가 도착하자 시온주의 운동은 결정적인 시기에 큰 힘을 얻었고, 이는 아랍의 공격에 적극 대응하기로 결의하는 데도 크게 기여했다.

시온주의자들의 공격: 1948년 4월부터 5월 14일까지

1948년 3월 말에는 아랍인들이 시골 지역에서 우위를 점했고, 종종 유대인 밀집 지역과 외곽 지역—특히 유대인 인구가 많은 서예루살렘, 베들레헴 남부, 갈릴리 바다 서쪽의 키부츠, 네게브 사막으로 향하는 북쪽 진입

---

48   Morris, *Revisited*, 13-14.

로—간의 도로를 차단했다.[49] 철수를 계획한 상태에서 슈테른 갱과 레히의 치명적인 공격을 받은 영국군은 유대인의 통행을 보호할 수도 없었고 이를 시행하기도 꺼렸다. 벤구리온은 아랍인들에게 예루살렘을 빼앗기고 예루살렘의 유대인 인구가 학살당할 것을 두려워했다. 주요 군사 단체였던 하가나는 공격적인 행동이 자칫 아랍 대중을 급진주의자들의 품으로 내몰 수 있다는 두려움 때문에 아랍의 적개심에 대한 대응을 자제하려고 노력했다. 1948년 3월 말까지 내전이 계속되면서 야포, 하이파, 예루살렘 및 유대인이 주로 거주하는 지역의 부유한 아랍인 중 약 10만 명이 동쪽으로 피신하거나 아예 국외로 탈출했다. 1948년 3월 말부터 5월 14일까지 유대인 민병대는 군사 계획(플랜 D, 히브리어 알파벳의 달레트[*dalet*]에 해당하는)을 실행하며 공격에 나섰다. 모리스는 다음과 같이 주장한다.

> 플랜 D는 팔레스타인의 아랍인들을 추방하기 위한 정치적인 계획이 아니었다. 그것은 군사적인 이유에서 결정한 것이었으며, 군사적 목적을 달성하는 데 초점을 맞춘 것이었다. 그러나 전쟁의 성격과 인구의 조합을 고려하면 유대 국가 내부의 안전과 국경을 지킨다는 것은 사실상 적대적인 민병대와 비정규군이 거주하던 마을의 인구 감소와 파괴를 의미했다.[50]

---

49   Morris, *Revisited*, 66.
50   Morris, *Revisited*, 164.

이것은 아랍 인구를 압박하기 위한 비공식작전이 군사적 필요성에 의해 시행된 경우로 보인다. 이 작전은 분할 계획에서 아랍인들을 이스라엘에 지정한 지역 밖으로 이주시키고, 새로운 유대 국가에 할당되지 않은 지역에 대한 이스라엘의 지배권을 확대하기 위한 것이었다. 정작 시온주의자들에게 도움을 준 것은 팔레스타인인들의 간절한 탈출 열망이었다. 시온주의자들은 팔레스타인인들이 그렇게 빨리 그리고 한꺼번에 떠날 것으로 예상하지 못했고, 그 이주 규모와 범위에 놀라움을 금치 못했다.[51]

아랍 해방군 지지자들의 지원을 받은 팔레스타인 민병대는 아랍인들의 분열과 내적 취약성으로 인해 무질서했고 체계적이지 못했다. 그 결과 "팔레스타인 군사력은 무너졌고 팔레스타인 사회는 붕괴되었다."[52] 시온주의자들은 더 잘 훈련되어 있었고, 훨씬 더 의욕이 넘쳤으며, 우수한 무기와 행정 능력을 갖추고 있었고, 더 나은 교육 수준과 경험을 갖춘 군대를 보유하고 있었다. 모리스가 관찰한 바와 같이 유대인들의 단합과 한결같은 마음가짐은 매우 중요했다. "1930년대와 1940년대에 동부 유럽과 중부 유럽에서 반셈족주의 탄압이 시작되고 그 후에 홀로코스트가 발생하면서 유대인들의 동기부여는 더욱 강화되었고, 이로 인해 전 세계에서 환영받지 못하고 공격받으며 위기에 처한 유대인들을 위해 독립 국가 형태의 안전한 피난처를 제공하는 것이 매우 시급해졌다."[53] 유대인 팔레스타인에서 실험

---

51   Morris, *Revisited*, 166.
52   Morris, *Revisited*, 14.
53   Morris, *Revisited*, 14.

적 생활 공동체로 시작된 키부츠는 처음부터 자기방어를 염두에 두고 분쟁을 대비하기 위해 고안되었다. "대다수 키부츠와 마찬가지로 대규모 이슈브는 자신들을 선택의 여지가 없는 공동체로 여겼다. 즉 이것은 독립 국가가 되느냐 아니면 망하느냐의 문제였고, 시온주의에 대한 아랍인들의 적개심을 고려하면 망한다는 것은 홀로코스트가 작은 규모로 반복될 수 있다는 것을 의미했다."[54]

이러한 맥락을 고려하면 위에서 브로그가 언급한 이스라엘의 "크고 작은 죄"를 더 쉽게 이해할 수 있는데, 그중에서 가장 잘 알려진 것이 데이르 야신(Deir Yassin) 학살이다. 1948년 4월 9일에 이르군과 레히는 예루살렘 인근에 있는 팔레스타인 아랍 마을인 데이르 야신을 공격하여 여성과 어린이를 포함하여 100명 이상의 희생자(일부 기록에 따르면 250명)를 냈다. 처음에는 시온주의자들이 이 공격을 비난했지만, 나중에 메나헴 베긴은 "학살"이 없었다고 주장했다. 모리스는 이 사건과 그 이후의 역사를 심도 있게 연구하여 전투원과 비전투원이 모두 집집마다 전투를 벌이는 과정에서 사망했으며, 전투 후에는 포로들과 비전투원들이 광기와 복수심에 의한 개별적이고 산발적인 범행으로 살해당했다는 결론을 내렸다.[55] 브로그는 다음과 같이 말한다. "그러나 데이르 야신의 일부 주민들(전투원과 민간인)이 전투가 끝난 후에 살해당했다는 신뢰할 만한 증거가 있다. 이러한 살인은

---

54   Morris, *Revisited*, 16.
55   자세한 논의는 다음을 보라. Benny Morris, *1948: A History of the First Arab-Israeli War* (New Haven, CT: Yale University Press, 2008), 124-25.

엄연한 전쟁 범죄였다."[56] 나머지 주민들은 그 후에 추방당했다. 모리스는 "그러나 이 사건은 스레브레니차(Srebrenica)가 아니었다"라고 경고한다.[57] 아랍 측은 즉각 보복에 나섰고, 유대인 의료 호송대가 하르 하초핌에서 공격을 받아 의사, 의료진, 학생, 환자 등 77명이 사망하는 사건이 발생했다.[58]

자신들도 똑같은 취급을 받을 수 있다는 전망은 특히 유대인 인구가 많은 지역에 거주하던 아랍인들이 집과 재산을 남겨둔 채 목숨을 걸고 그곳에서 탈출하게 만드는 큰 자극제가 되었다. 만약 더 큰 자극이 그들에게 필요했다면 그만한 자극이 그들에게 주어졌을 것이다. 모리스는 "비록 추방 정책이 공식적으로 발표된 적이 없고, 벤구리온은 언제나 명확한 추방 명령이나 문서로 된 추방 명령을 내리기를 거부했지만", 인종 청소는 암묵적이고 명시되지 않은 군사 정책이었다고 주장한다.

그는 자신이 무엇을 원하는지를 장군들이 스스로 알아서 "이해"하기를 바랐다. 그는 자신이 "위대한 추방자"로 역사에 기록되는 것을 원치 않았을 것이며, 정부가 도덕적으로 의심스러운 행동을 했다는 비난을 받는 것도 원치 않았을

---

56   Brog, *Reclaiming*, 139. 최근 이스라엘의 한 저명한 역사학자가 데이르 야신 사건에 대해 이미 널리 알려진 사실에 이의를 제기했다는 점에 주목할 필요가 있다. 다음을 보라. Elizer Tauber, *Deir Yassin: Sof Hamitos* [*Deir Yassin*: The end of the myth] (Hebrew text) (Modi'in, Israel: Kinneret Zmora-Bitan Dvir, 2017).

57   Benny Morris, "The Historiography of Deir Yassin," *Journal of Israeli History* 24, no. 1 (2005): 100-101.

58   Wilson, *Armageddon Now*, 172.

것이다.[59]

아랍 언론은 아랍인들의 전투 의욕을 불러일으키기 위해 학살에 관한 보도를 대대적으로 내보냈지만 오히려 역효과를 낳았다. 그것은 공포를 유발하고 공포심을 일으켜 팔레스타인의 마을과 도시에서 아랍인들의 탈출을 가속화했다. 그 결과는 시온주의자들조차 놀라게 했다.[60] 모리스에 따르면 "아랍 라디오방송에서 몇 주 동안 방송된 과장된 묘사는 팔레스타인 전역, 특히 농촌 지역의 사기를 떨어뜨렸다."[61] 4월 4-15일(데이르 야신 사건 발생과 같은 시기)에 미쉬마르 하에메크(Mishmar Ha'emek)에서 아랍 해방군의 공격에 대응하여 "벤구리온은 처음으로 팔레스타인 전 지역에서 아랍인의 추방을 명시적으로 승인했다."[62] 1948년 전쟁이 시작되기도 전에 약 30만 명의 팔레스타인인이 유대인 테러 단체를 피해 탈출한 것이다.

---

59   Morris, *Revisited*, 597. Morris는 당시 상황을 정확히 기록하기 위해 여러 권의 책을 저술했다. 1987년에 출간된 *The Birth of the Palestinian Refugee Problem*은 팔레스타인인들이 아랍 지도자들의 명령에 따라 피난을 떠났다는 주장이 거짓된 신화임을 폭로했다. 그는 이스라엘이 인종 청소, 강간, 살인, 테러에 연루된 것은 모두 가능한 한 많은 아랍인을 제거하기 위해 계획된 일이라고 비난했다(인구 "이동"으로 불림). 그의 저서 *The Birth of the Palestinian Refugee Problem*은 최근에 입수한 자료들을 바탕으로 개정판이 출간되었으며, 이 책에서 그는 하가나가 아랍인 마을 주민들을 뿌리째 뽑아 이스라엘 영토 밖으로 "이동"시키고 마을을 파괴하라는 명령을 내렸다는 사실을 입증했다. 또 다른 이스라엘 저술가이자 시온주의자인 Ari Shavit는 이스라엘의 유력 일간지 *Haaretz*에 오랫동안 글을 기고해왔다. Shavit는 *My Promised Land: The Triumph and Tragedy of Israel*(New York: Spiegel and Grau, 2013)에서 Morris와 비슷한 내용을 다루었다. .
60   Morris, *Revisited*, 239-40.
61   Morris, *Revisited*, 264.
62   Morris, *Revisited*, 240.

독립 이후

이스라엘의 독립 선언 이튿날 영국은 철수를 했고, 요르단, 시리아, 이집트, 이라크 군대는 팔레스타인을 침공했다. 아랍 국가들은 팔레스타인인들을 지키고 유대인의 국가 건설을 막겠다는 명분을 내세웠지만, 팔레스타인인들을 위한 국가 건설에 대한 확고한 의지는 없었다. 요르단은 분명히 아랍 팔레스타인에서 최대한 많은 지역을 점령하기를 원했다. 시온주의자들은 독립 이전까지 약 2천 명의 사망자를 냈고, 독립 이후에는 침략한 아랍 군대를 물리치면서 약 4천 명의 추가 사망자를 냈다.

　그로부터 몇 주 만에 침략군은 작은 이스라엘의 상대가 되지 못한다는 것이 분명해졌다.

> 거의 모든 팔레스타인 및 외국 비정규군과 민간인의 사기가 급격히 무너졌고, 대다수 지역 공동체가 즉각적으로 공황 상태에 빠져 도주하면서 유대인 지휘관들은 추방이라는 딜레마에 빠질 필요가 거의 없게 되었다. 정복당할 당시에는 대다수 마을이 거의 또는 완전히 비어 있었다.[63]

1948년 7월에 이르러 전세는 아랍 군대에 불리하게 돌아섰고, 1948년 12월 말에는 아랍 군대가 사실상 패배했다. 이스라엘은 이제 팔레스타인

63　　Morris, *Revisited*, 265.

영토의 5분의 4를 장악했고, 이는 분할 계획에서 약속했던 것보다 훨씬 더 컸다. 하지만 전쟁으로 인한 사상자는 많았고, 난민들의 상황은 절망적이었다.[64] 유엔이 최종적으로 추산한 팔레스타인의 아랍 난민 수의 총합계는 80만 명에서 90만 명 사이였다. 모리스는 최근 이 수치를 약 70만 명으로 추산했다.[65] 이들 중 상당수는 시리아, 요르단, 레바논의 난민 캠프에 머물렀고, 지금도 많은 후손들이 그곳에 살고 있다. 이스라엘의 신생 정부는 적대 행위가 끝나면 이 난민들에게 "귀환의 권리"를 부여하자는 제안에 동조하지 않았다.[66] 이스라엘을 공격했던 아랍 국가들도 이 난민들에게 큰 관심이 없었고, 오히려 아랍 영토에 거주하는 유대인들을 추방하는 데 앞장섰으며, 이들 중 다수는 난민이 되었고 이스라엘은 그들을 받아들였다.

1948년에 이스라엘의 신생 정부는 추방된 팔레스타인인들의 귀환 권리에 동의하지 않았다. 1949년 중반에 그것은 더 이상 상상조차 할 수 없었다. 버려진 아랍 땅과 건물의 상당 부분은 유대인 정착촌 주민에게 분배되었고, 새로운 정착촌은 버려진 땅을 차지했으며, 대거 유입된 유대인 이민자들(대부분 아랍 국가에서 추방된 사람)은 아랍 농경지와 비어 있는 이스라엘

---

64   사건들에 대한 이러한 설명은 동예루살렘 침례교 목사 알렉스 아와드가 팔레스타인 그리스도인의 관점에서 기록한 것으로, 비무장 민간인이었던 그의 아버지는 1948년 5월 24일에 예루살렘에서 살해당했다. Alex Awad, *Palestinian Memories: The Story of a Palestinian Mother and Her People* (Jerusalem: Bethlehem Bible College, 2008), 39.

65   Morris, *Revisited*, 602-4.

66   미국과 유엔은 이스라엘에 팔레스타인 난민의 귀환을 허용하라고 압박했지만 소용이 없었다. 다음을 보라. Hixson, *Israel's Armor*, 67-71. 당시 평화 계획을 주창한 유엔 외교관, 스웨덴의 베르나도테 백작은 1948년 9월에 훗날 이스라엘의 총리가 될 이츠하크 샤미르가 이끄는 테러 조직 레히에 의해 암살당했다. Hixson, *Israel's Armor*, 58.

도시와 마을의 아랍인 주택 상당수를 차지했다.[67] 신생 국가는 트루먼 행정부의 넉넉한 재정 지원을 받으며 유대인 이민자들을 두 팔 벌려 환영했다. 1948년 5월부터 1951년 12월까지 약 70만 명의 유대인 이민자가 입국하여 버려진 건물과 땅을 차지했다.[68] "이스라엘은 아랍인 난민을 다시 받아들이면 유럽발 유대인 난민을 흡수할 능력이 그만큼 감소할 것이라고 주장했다."[69] 난민으로 전락한 추방된 팔레스타인 망명자들의 상황은 영구화되어가고 있었다.

이러한 문제에서 과실을 가려내는 일은 복잡하고 어려운 일이며 이 책의 초점이 아니다. 아랍인과 유대인은 모두 끔찍한 행동을 자행했다. 벤구리온은 1938년에 마파이(노동당) 연설에서 아랍인들의 적대감을 다음과 같이 설명했다. "우리는 침략자이고, 그들은 스스로를 방어한다." 팔레스타인 아랍인들은 팔레스타인이 "자기들이 살고 있기 때문에 자기들의 땅이라고 생각하지만, 우리는 이곳에 와서 정착하기를 원하며, 그들의 관점에서는 우리가 그들의 나라를 빼앗으려 하는 것이다."[70] 모리스가 인정하듯이 "팔레스타인 또는 유대 국가가 될 팔레스타인 지역에서 아랍인을 추방하는 것은 처음부터 시온주의 이념과 시온주의 실천의 축소판에 이미 내포되어 있

---

67   Morris, *Revisited*, 588.
68   Morris, *Revisited*, 382.
69   Morris, *Revisited*, 599.
70   David Ben-Gurion in 1938. John Quigley, *Palestine and Israel: A Challenge to Justice* (Durham, NC: Duke University Press, 1990), 25에서 인용됨.

었다."[71]

그러나 모리스가 주장하듯이 유엔은 1947년 11월에 팔레스타인의 분할을 이미 권고했고, 팔레스타인인들이 이 제안을 거부한 것이 1947년 11월과 1948년 5월 14일 사이에 벌어진 내전의 근본적인 원인이 되었다.

또한 여기에는 1947년 12월부터 1948년 3월까지 이슈브에 맹공격을 퍼부은 팔레스타인에 대한 복수심, 5-6월의 범아랍권의 침공과 유대인의 막대한 희생에 대한 강력한 복수심도 작용했다. 요컨대 팔레스타인인들은 유대인 인구 100명당 한 명이 죽고 두 명이 불구가 된 장기간의 고통스러운 전쟁을 이슈브에 강요했다는 이유로 처벌을 받고 있었다. 아랍인들은 분할을 거부하고 전쟁을 시작했다. 결과적으로 이슈브의 지도부─좌파, 중도, 우파─는 자연스럽게 이스라엘 내부의 적대적인 아랍 소수파(또는 아랍 다수파)를 그대로 두는 것은 자살 행위라고 믿게 되었다.[72]

홀로코스트와 이스라엘 독립에 대한 기독교 시온주의의 반응

1930년대 후반에 미국의 세대주의자들은 대체로 히틀러에 대해 비판적이 되었고, 그가 유대인을 박해하겠다는 결단을 내리자 이를 경고했다. 그러

---

71   Morris, *Revisited*, 588.
72   Morris, *Revisited*, 596.

나 세대주의자들은 수십 년 동안 유대인들이 끔찍한 고통에 직면할 것이라고 경고해왔으며, 1930년대에 발생하는 사건들이 그들의 예측대로 전개되자 이 사건들을 자신의 예언적 틀에 끼워맞추기 시작했다. 1937년에 미국 근본주의의 대표적인 간행물이었던 「선데이스쿨 타임스」의 편집자 찰스 G. 턴불(Charles G. Turnbull)은 과거에 독일 유대인들이 하나님의 심판을 받은 것처럼 "그들은 자신들의 고의적이고 끈질기며 지속적인 배교"로 인해 지금도 하나님의 형벌을 받고 있다고 주장했다.[73] 다른 이들도 이와 유사한 주장을 되풀이했다. 하나님은 유대인을 사랑하시지만, 박해자들을 통해 그들을 징계하고 계신다. 하지만 박해자들도 그들의 끔찍한 행동에 대한 하나님의 심판에서 면제된 것이 아니며, 결국 하나님은 그들도 벌하실 것이다. "이로써 세대주의자들은 히틀러와 그의 심복들을 하나님의 저주를 받아 마땅한 괴물로 여김과 동시에 예언적 계획에서 나치가 어떤 임무를 수행하고 있다고 볼 수 있었다."[74] 전쟁이 끝난 후 댈러스 신학교의 대표적인 신학자 루이스 스퍼리 쉐이퍼(Lewis Sperry Chafer)는 다음과 같이 주장했다. "여호와께서는 그의 백성을 징계하시고 그 목적을 위해 다른 나라들을 사용하실 수도 있지만, 이스라엘을 괴롭히는 자들에게는 반드시 심판을 내리신다."[75] 세대주의자들은 히틀러가 아무리 악하고 사나운 인간이라 할지라도 유대인을 제거하려는 시도는 성공하지 못할 것이라고 믿었다. 하나님은

---

73   Weber, *Armageddon*, 147.
74   Weber, *Armageddon*, 147.
75   Weber, *Armageddon*, 147.

유대인들에게 끔찍한 고통을 허락하실 수 있지만, 그들이 멸절되는 것은 허락하지 않으실 것이며, 그들은 팔레스타인에 유대인 국가로 돌아와 말세에 그들이 맡은 임무를 반드시 수행할 것이라고 믿었다. 물론 그들은 "야곱의 환난의 때"의 고통이 홀로코스트보다 더 심할 것이라고 믿었지만 말이다.[76] 비록 그들은 1939년부터 유대인 난민 구호에 나서긴 했지만, 유럽 유대인들이 학대받는 것을 비통해하면서도 이를 막기 위해 할 수 있는 일이 거의 없다고 생각했다. 그들은 또한 이러한 고통이 기독교 복음에 새로운 길을 열어주기를 바랐다.

응당히 기독교 시온주의자들은 이스라엘 국가 수립에 열렬한 반응을 보였다. 그들은 수십 년 동안 이 사건을 예언해왔으며, 모든 것을 그들의 종교적 틀 안에서 해석했다. 미국의 복음주의 언론은 열광했고, 이 신생 국가의 모든 발전 과정을 큰 관심을 가지고 지켜보았다. 그들은 특히 신생 국가로 대거 유입된 유대인 이민자들의 물결을 환영했다. 댈러스 신학교의 총장이었던 존 F. 월부어드(Walvoord)는 수십만 명의 팔레스타인 난민의 곤경에 대해 우려를 표했다.[77] 복음주의 언론은 이스라엘에 대한 아랍인들의 적개심을 비판하는 한편, "이스라엘 땅에 유대인 주민과 함께 아랍인들도 거주할 수 있어야 하며, 이스라엘은 인권을 존중하고 아랍인들을 공정하게

---

76 다음을 보라. Gershon Greenberg, "The Rise of Hitler, Zion, and the Tribulation: Between Christian Zionism and Orthodox Judaism," in *Comprehending Christian Zionism: Perspectives in Comparison*, ed. Goran Gunner and Robert O. Smith (Minneapolis: Fortress, 2014), 247–70.

77 John F. Walvoord, *Israel in Prophecy* (Grand Rapids, MI: Zondervan, 1962), 19.

대우해야 할 의무가 있다는 신념을 표명했다."[78] 많은 복음주의 단체들은 아랍 국가에서 오랫동안 선교 활동을 해왔기 때문에 쫓겨난 아랍인들의 처지에 진정한 관심을 보였다. 당시에는 난민 상황에 대한 이스라엘의 대응을 비판하는 다른 보수적인 목소리도 있었다. 「오순절 복음」은 존 L. 메레디스(Meredith)의 상황 분석을 다음과 같이 인용했다. "만약 이스라엘이 계속 유럽 국가들이 유대인 난민을 대하던 방식대로 아랍 난민을 대한다면 예레미야 30:7에 예언된 "야곱의 환난의 때"를 초래할 수 있는 증오의 토대를 마련할 것이다."[79] 미국의 저명한 복음주의 목회자 중 한 명인 도널드 그레이 반하우스(Donald Grey Barnhouse)는 필라델피아의 저명한 제십 장로교회 목사로 오랫동안 시무했으며, 예언 저널인 「계시」의 편집자였다. 그는 1949년에 다음과 같이 경고했다. "이스라엘은 이삭뿐만 아니라 이스마엘에게 주신 언약도 있다는 것을 기억해야 하며, 만약 이스라엘이 계속해서 잔인하고 무자비한 방식으로 행동한다면 그들은 쓴잔을 마시게 될 것이다. 그 땅이 야곱에게 약속된 것은 맞다. 하지만 야곱은 언젠가 그 땅을 잔인함이 아닌 의로 다스려야 할 것이다."[80]

당시 기독교 시온주의자들은 이러한 초기 경고에 거의 귀를 기울이지 않았고, 그때부터 그들은 대체로 새로운 역사가들(New Historians)이 제기한

---

78   Yaakov Ariel, "'It's All in the Bible': Evangelical Christians, Biblical Literalism, and Philosemitism in Our Times," in *Philosemitism in History*, ed. Jonathan Karp and Adam Sutcliffe (Cambridge: Cambridge University Press, 2011), 268.

79   *Evangel*, December 11, 1948, Wilson, *Armageddon Now*, 140n84에 인용됨.

80   *Evangel*, July 16, 1949, 7. Wilson, *Armageddon Now*, 140n85에서 인용됨.

문제에 적극적으로 대처하지 않았으며, 이스라엘의 독립 쟁취를 둘러싼 사건들과 관련된 사실들을 인정하지 않았다. 이스라엘 방위군 장교들이 "나치와 같은 행동을 저질렀다"는 1948년 말의 보고에 대해 당시 이스라엘 내각의 한 장관이 우려를 표했다면 당연히 그 일은 멈췄어야 했다.[81] 다음 장에서 살펴보겠지만 이러한 예언적 사건이 팔레스타인인들에게 미칠 영향에 대한 월부어드와 다른 이들의 우려는 이스라엘 독립 이후에도 계속 이어졌다.

1948년 이전에 아노 개블라인과 같은 주요 지도자들은 비종교적 유대인에 대해 비판적이었으며, 앞서 살펴본 바와 같이 그와 다른 지도자들은 세속적 시온주의 운동이 유대인의 궁극적인 회복을 이룰 수 있는 길이라고 믿지 않았다. 그러나 이스라엘이 독립하고 이 신생 국가가 주변 아랍 국가들의 공격을 받고도 기적적으로 살아남은 것을 보면 유대인들은 다비가 이해한 예언적 계획과는 달리 "불신앙 상태에서" 귀환하는 것이 자명해 보였다. 1930년대 기독교 시온주의자들은 종종 믿지 않는 유대인에 대해 비판적이었고, 일부는 심지어 인종적 편견을 조장하는 풍자만화를 그리기도 했으며, 다양한 분야에서 그들의 윤리의식에 대해 가혹한 비판을 가했다. 그러나 이제는 "불신앙 상태에서" 수립된 신생 유대인 국가의 행동에 쉽게 의

---

81   1948년 11월에 이스라엘 방위군이 학살에 연루되었다는 이스라엘군 보고서를 읽은 후 이스라엘 내각의 Aahron Cisling은 11월 19일 내각에서 다음과 같이 말했다. "나는 밤새 잠을 이루지 못했다.⋯이것은 국가의 품격을 결정하는 문제다.⋯유대인들도 나치 행동을 저질렀다." Morris, *Revisited*, 488.

문을 제기하지 못했는데, 이는 예언이 성취되어 가고 있다고 믿었기 때문이다(설령 그 예언이 예상했던 것과는 상당히 다른 방식으로 성취되고 있었지만 말이다). 어떤 이들에게는 예언에 대한 그들의 특정한 이해가 다른 모든 것—과부, 고아, 나그네, 소외된 자를 돌보라는 유대교와 기독교의 윤리와 토지의 경계를 옮기지 말라는 히브리 성경의 많은 예언자적 경고—보다 우선시되는 것처럼 보였다.

브로그는 이스라엘의 현대 비평가들이 이스라엘이 팔레스타인을 점령한 것과 그로 인해 많은 팔레스타인 사람들이 무국적자와 난민이 된 것을 비난하면서 인종 청소, 인구 이동 등을 자행한 다른 국가에 적용하는 기준보다 훨씬 더 높은 기준을 이스라엘에 적용한다고 설득력 있게 주장한다.[82] 그러나 앞서 살펴본 바와 같이 최고 랍비 조지프 허츠는 1917년의 영국 전시 내각의 밸푸어 선언에 찬사를 보내면서 "모세 율법의 기본 원칙"을 인용하며 높은 도덕적 기준을 제시했다. "거류민이 너희의 땅에 거류하여 함께 있거든 너희는 그를 학대하지 말고 너희와 함께 있는 거류민을 너희 중에서 낳은 자 같이 여기며 자기 같이 사랑하라. 너희도 애굽 땅에서 거류민이 되었었느니라. 나는 너희의 하나님 여호와이니라"(레 19:33, 34).[83] 랍비 허츠는 이스라엘의 비평가들이 호소할 수 있는 표준을 제시한 것이다.

---

82   Brog, *Reclaiming*, ix-xxv.
83   Sykes, *Two Studies in Virtue*, 222.

미국 기독교 시온주의(1948년 이후)

그리스도인들이 19세기와 20세기에 유대인들의 팔레스타인 이주에 관심을 보이고
유대인 시온주의 운동을 지지하게 된 것은 무엇보다도 기독교의 메시아
대망 사상과 성경 본문에 대한 특정 해석 방식에서 유래한 것이다. 친이스라엘
정서와 유대인의 육체적 안녕에 대한 관심은 주님의 오심을 향해 나아가는
역사의 발전 과정에서 유대인들이 맡은 역할에서 비롯된 것이다.
이러한 그리스도인들은 종종 유대인과 이스라엘에 대한 헌신과
따뜻함을 보이면서도 자신들은 위대한 대의, 사실 가장 위대한 대의라고
할 수 있는 메시아 시대를 열고 이 땅에 하나님의 나라를 세우는 일을 지원하고
이를 위해 일하고 있다고 여긴다.[1]

야코프 아리엘

1948년 3월 14일의 이스라엘 독립 선언은 기독교 시온주의의 새로운 시대
를 열었다. 제리 폴웰(Jerry Falwell)의 견해에 따르면 이날은 "예수의 승천 이
후 가장 중요한 날"이었다.[2] 기독교 시온주의자들은 이스라엘 국가가 하나
님에 의해 제정되었으며, 이것이야말로 성경 예언의 성취이자 하나님이 역
사에 직접 개입하셨다는 확실한 증거라고 굳게 믿는다. 그들에 따르면 이
스라엘은 하나님이 아브라함과 그의 후손에게 약속하신 땅에 위치한다. 존

1   Yaakov Ariel, "It's All in the Bible': Evangelical Christians, Biblical Literalism, and
     Philosemitism in Our Times," in *Philosemitism in History*, ed. Jonathan Karp and Adam
     Sutcliffe (Cambridge: Cambridge University Press, 2011), 284-85.
2   Stephen Spector, *Evangelicals and Israel: The Story of American Christian Zionism* (Oxford:
     Oxford University Press, 2009), 27.

해기(John Hagee)의 표현을 인용하자면 "[이 땅은] 아브라함과 이삭과 야곱을 통해 태어날 그의 자손에게 주신 영원하고 무조건적 언약과 함께 하사하신 왕실의 무상 토지(Royal Land Grant)"다.[3] 흩어진 유대인들의 이스라엘 귀환을 돕는 일은 많은 기독교 시온주의자들에게 종교적 의무가 되었다.

이스라엘의 독립은 흔히 기적으로 여겨진다. 이스라엘은 하나님의 뜻에 따라 탄생한 유일무이한 국가다. 이스라엘의 독립과 함께 기독교 시온주의자들의 마음속에는 긴박감이 생겨났다. 많은 이들은 이스라엘을 "하나님의 예언의 시계"라고 말하고, 그 시계는 그리스도께서 재림하실 때까지 초읽기에 들어갔다고 생각한다. 스티븐 스펙터는 "세대주의자들의 관점에서 보면 이 시계는 멈추었다가 이스라엘 국가가 탄생함과 동시에 이제 다시 돌아가기 시작했다"고 말한다.[4] 숀 더빈의 주장에 따르면 기독교 시온주의자들에게 있어 "현대 이스라엘의 건국과 확장은 성경의 무오성을 포기하고 본의 아니게 근본주의 운동의 탄생에 기여한 자유주의 개신교와 고등비평가들에게 결정적인 타격을 준 사건이었다."[5]

---

3   Faydra Shapiro, *Christian Zionism: Navigating the Jewish-Christian Border* (Eugene, OR: Cascade, 2015), 55.

4   Spector, *Evangelicals and Israel*, 28.

5   Sean Durbin, *Righteous Gentiles: Religion, Identity, and Myth in John Hagee's Christians United for Israel*, Studies in Critical Research on Religion 9 (Leiden: Brill, 2019), 37.

세대주의의 딜레마

비록 스펙터와 더빈의 이러한 지적은 많은 세대주의자들이 이스라엘의 독립에 대해 어떻게 생각하는지를 정확하게 묘사하지만, 이 사건에 대한 이러한 해석은 전통적 세대주의의 사고에 큰 변화가 생겼음을 보여준다. 존 넬슨 다비는 자신이 천국에 갈 때까지 아무런 일도 일어나지 않는다고 주장했다. 그에 따르면 하나님의 예언의 시계는 유대인 국가의 수립이 아닌 휴거에 의해 다시 작동할 것이다. 다비가 설명한 전통적 세대주의에 따르면 "하나님의 천국/영적 백성(교회)의 휴거는 하나님의 지상 백성(유대인)이 팔레스타인으로의 회복과 더불어 아직 미처 성취되지 않은 약속을 받게 하기 위함이다. 이 견해는 성경의 '문자적' 해석에서 비롯된 것이었지만, 1948년의 이스라엘 건국 이후에 상당히 타당성을 잃었다."[6] 크로퍼드 그리븐은 "1948년이 예언의 성취라는 주장은 세대주의 사상의 일관성을 심각하게 훼손했다"고 말했다.[7] 세대주의 신학은 역사의 전개에 맞추어 수정되고 있었다. 그러나 내가 주장한 것처럼 이러한 변화는 이미 19세기 말에 윌리엄 블랙스톤으로부터 시작되었으며, 그는 미래주의와 역사주의 형태의 전천년설을 조화시키려고 노력했다. 블랙스톤은 유대인의 귀환 이전에 휴거를 기다려야 한다고 생각하지 않았으므로 활동적인 기독교 시온주의를 강력

---

6   Crawford Gribben, *Writing the Rapture: Prophecy Fiction in Evangelical America* (New York: Oxford University Press, 2009), 9.

7   Westbrook, "Christian Embassy," 51n28.

하게 옹호했다. 19세기의 역사주의적 전천년주의자들이 날짜 설정과 관련하여 신뢰성 문제에 부딪혔듯이 세대주의자들도 결국에는 휴거와 관련된 사건의 순서에 있어 비슷한 경험을 하게 되었다. 그들에게는 공식적인 체계 개편이 필요했지만, 이스라엘의 건국을 둘러싼 환희에 젖어 이러한 세부사항은 무시되었고 전통적 세대주의의 예언 해석은 새로운 현실에 맞게 조정되었다. 1967년에 스코필드 관주성경의 개정판은 "(처음에 예상했듯이 휴거 이후가 아니라) 휴거 이전에 이스라엘이 (재)수립되었다는 새로운 현실을 반영하기 위해 수정된 해설을 덧붙여" 출간되었고, 이 수정된 내용은 할 린지의 『대유성 지구의 종말』(*Late Great Planet Earth*)에 그대로 반영되었다.[8] 서튼의 다음과 같은 비판은 적절하다. 세대주의 "신학은 매우 유연하고 순응적인 만큼 지지자들은 계속 변화하는 지정학적 상황에 맞게 계속 조정하고 업데이트할 수 있다. 이것은 이례적인 사건이 아니라 그들이 일하는 방식이다."[9]

시대 구분

역사가들은 1948년 이후의 미국 기독교 시온주의를 추적하면서 70년이 넘는 기간을 더 작은 기간으로 구분해야 하는 딜레마에 직면했다. 우리는 역사를 다음 네 기간으로 나눈 후 이 운동을 연대순으로 고찰하고자 한다. (1)

---

8   Durbin, *Righteous Gentiles*, 37.
9   Matthew Avery Sutton, 2019년 12월 19일에 이루어진 저자와의 개인적인 의견 교류.

1948년부터 1967년 6일 전쟁 직전까지, (2) 6일 전쟁부터 1979년까지, (3) 1979년 도덕적 다수파의 등장부터 1989년 조지 H. W. 부시 대통령 당선까지, (4) 1989년부터 오늘날, 즉 로버트슨과 해기 시대까지. 우리는 각 시대마다 정치적 상황, 주요 인물, 이 기간의 문화적, 신학적 변화 등을 살펴보고 기독교 시온주의가 시간이 지남에 따라 어떻게 변화하고 바뀌었는지를 고찰할 것이다.

제1기: 이스라엘에 대한 미국 기독교의 지지 변화(1948-1967)

1948년의 이스라엘 건국에 대한 주류 개신교의 지지는 중요했지만, 독립 이후에는 기독교 시온주의 지도부가 자신들의 활동 무대를 주류 개신교에서 미국의 외교정책에 점점 더 큰 영향력을 행사하게 된 세대주의자들이 지배하는 유력한 정치 로비 단체로 옮겨가기 시작했다. 1950년대부터 이스라엘 정부는 이러한 미국 기독교 시온주의를 더욱 인식하게 되었고, 워싱턴 권력 중심부의 영향력 있는 미국 기독교 시온주의 인사들의 지지를 얻으려고 애썼다. 기독교 시온주의에 대한 미국 로마 가톨릭교회의 관심 부족은 시온주의에 대한 바티칸의 전통적인 반대 입장을 반영했다. 가톨릭교회가 천년왕국설을 전반적으로 탄압했다는 것(1장에서 논의한 바와 같이)은 개신교인들이 재림을 준비하면서 느꼈던 긴박감을 가톨릭 신자들이 거의 느끼지 못했음을 의미했다. 또한 가톨릭 신자들은 미국이 "선택받은 국가"라는 믿음에 열의가 없었기 때문에 개신교가 미국과 이스라엘을 연결하려는 시도에 그다지 호응을 보이지 않았다. 게다가 그들에게는 미국과 이스라엘에 대한 개신교의 이해에서는 매우 중요한 "언약"의 관점에서 사고하는 것이 그리 자연스러운 일이 아니었다.[10]

이스라엘에 대한 가톨릭의 태도 변화. 이러한 새로운 발전과 더불어 제2차 세계대전 이후 이스라엘과 시온주의에 대한 가톨릭의 태도 변화를 함께 살펴보는 것도 중요하다. 20세기를 대표하는 가톨릭 철학자 자크 마리탱 (Jacques Maritain, 1882-1973)은 아마도 유대인과 유대교에 대한 가톨릭의 태도를 재평가해야 한다고 주장한 사람 가운데 가장 중요한 인물일 것이다. 그는 프랑스 개신교 가정에서 태어나 젊은 시절에 회의론자가 되었다. 그와 러시아 유대인 이민자의 딸이었던 그의 친구 라이사 우만소프(Raissa Oumansoff)는 만약 그들이 삶의 의미를 찾지 못한다면 1년 안에 자살하기로 결심했다. 두 사람은 1904년에 결혼했고 얼마 지나지 않아 가톨릭교회에서 세례를 받았다. 그런데 두 사람은 라이사가 더 이상 유대인이 아니라고 생각한 적은 없었다. 1930년대부터 마리탱은 반유대주의에 저항하는 운동을 벌였다. 그는 전쟁 기간에는 뉴욕에서 망명 생활을 했는데, 1945년에 샤를 드골로부터 3년 임기의 바티칸 주재 프랑스 대사직을 제안받았다. 민주주의와 인권을 열렬히 지지했던 그는 대사의 직책을 이용하여 1946년에 그

---

10 다음을 보라. Samuel Goldman, *God's Country: Christian Zionism in America* (Philadelphia: University of Pennsylvania Press, 2018), 135.

12장 미국 기독교 시온주의(1948년 이후)　**435**

의 친구 조반니 바티스타 몬티니(Giovanni Battista Montini, 훗날 교황 바오로 6세가 됨)의 도움을 받아 교황 비오 11세에게 반유대주의를 비난하는 교황 칙서를 발표하도록 압력을 넣었다. 이에 교황은 수개월 전에 이미 홀로코스트 생존자 그룹에 반유대주의에 대한 반대 입장을 분명히 밝혔다며 이를 거부했다.[11] 여기서 중요한 것은 마리탱이 신학적 반유대주의와 반셈족주의를 직접 연결한 이들의 견해에 동의하지 않았고,[12] 특히 반유대주의는 "기독교 교회의 창조물"이라는 제임스 파크스의 주장을 거부했다는 점이다.[13]

마리탱은 제2차 바티칸 공의회에서 중요한 인물이었으며, 로마 가톨릭과 다른 종교, 특히 유대교와의 관계를 다룬 비그리스도교와 교회의 관계에 대한 선언(*Nostra Aetate*) 작성에 큰 영향을 미쳤다. 이 교령은 유대인에게 적용되었던 신을 죽였다는 혐의와 유대인에 대한 전통적인 "경멸의 가르침"을 거부했다. 그러나 마리탱은 반셈족주의의 표현과 관련하여 이 문서의 최종본에서 "규탄"(condemn)이라는 단어가 삭제된 것으로 인해 깊은 상처를 받았다.[14] 마리탱은 1920년대부터 유대인의 팔레스타인 귀환이 반셈족주의에 대한 시대적 응답이자 성경 예언 성취의 전주곡이라고 주장했으며,[15] 시온주의를 지지하거나 이스라엘 국가를 인정하지 않으려는 교회

---

11   Richard Francis Crane, "'Heart-Rending Ambivalence': Jacques Maritain and the Complexity of Postwar Catholic Philosemitism," *Studies in Christian-Jewish Relations* 6 (2011): 8.

12   Crane, "Heart-Rending," 11.

13   Crane, "Heart-Rending," 12.

14   Crane, "Heart-Rending," 13.

15   Crane, "Heart-Rending," 14.

의 움직임에도 불구하고(1993년에 비로소 인정함) 강력한 기독교 시온주의 입장을 견지했다.

다른 두 명의 가톨릭 신자도 이 시기에 영향력 있는 기독교 시온주의 자였다. 존 M. 외스터라이허(Oesterreicher, 1904-1983)는 모라비아의 유대인 가정에서 태어나 젊은 시절에 가톨릭으로 개종했고 1927년에 사제 서품을 받았다. 그는 1930년대 내내 반셈족주의에 맞서 싸웠으며 프랑스로 도피했다가 다시 미국으로 건너갔다. 1960년대에는 바티칸에 반셈족주의 철폐를 요구하는 청원 운동에 적극적으로 참여했으며, 비그리스도교와 교회의 관계에 대한 선언의 초안 작성에 중요한 역할을 했다.[16] 또 다른 중요한 가톨릭 인물은 1968년에 뉴저지의 세튼홀 대학교(Seton Hall University)에서 외스터라이허의 동료가 된 도미니코회 수녀인 로즈 더링(Rose Thering, 1920-2006)이었다. 더링의 박사 학위 논문은 가톨릭 학교 교과서에 나타난 유대인 묘사를 연구했고, 비그리스도교와 교회의 관계에 대한 선언의 초안 작성에 영향을 준 것으로 알려져 있다. 외스터라이허와 마찬가지로 더링도 이스라엘을 노골적으로 지지했다. 이 세 인물(마리탱, 더링, 외스터라이허)은 모두 유대인을 향한 "사랑과 존경의 가르침"을 수용하게 되었고, 본서는 이 가르침이 기독교 시온주의 역사를 관통하는 핵심 주제라고 주장한 바 있다.

---

16   그의 기독교 시온주의는 다음에 분명하게 개관되어 있다. John M. Oesterreicher, "The Theologian and the Land of Israel," *The Yearbook of Judaeo-Christian Studies* 5, no. 17 (1970): 231-43.

복음주의의 부활. 세대주의와 기독교 시온주의는 1948년 이후에도 계속 변화를 거듭했다. 복음주의와 근본주의 그리스도인들은 정치적 영향력이 일반적으로 부족했기 때문에 미국이 이스라엘을 인정하는 문제에 관한 논쟁에서 대체로 방관자적 입장을 취했다. 그들 중 다수는 이스라엘 건국이 성경 예언의 분명한 성취라고 믿으며 건국을 기뻐했다. 그러나 그 이후—특히 1967년의 6일 전쟁 이후—에는 그들 중 다수가 이스라엘의 가장 열정적인 수호자이자 가장 적극적인 정치적 지지자로 부상했다.

1950년대에는 참전 용사들이 고향으로 돌아와 보다 안정된 환경에서 자신과 가족을 위해 더 나은 삶을 영위하기를 소망하면서 교회 설립과 교회 출석률이 급증했고 이와 함께 미국 교단들도 성장했다. 교회 출석과 교단 소속은 많은 사람들에게 이러한 소망의 증거였다. 이 시기에 미국 복음주의는 1949년 로스앤젤레스 전도 집회를 통해 두각을 나타낸 빌리 그레이엄이 새로운 리더십을 발휘하면서 부흥을 경험했다. 그는 1950년대 중반에 국가적으로 중요한 인물이자 "신복음주의자들"—1920년대 근본주의 지도자들의 분리주의 성향으로부터 거리를 두고자 한 더욱 온건한 지도자들—에게 인정받는 지도자가 되었다. 매튜 에이버리 서튼의 말에 의하면 그들은 "근본주의를 하나의 분산된 운동에서 강하고 문화적으로 영향력 있는 백인 남성 엘리트들이 주도하는 운동으로 변화시키려고 노력했다."[17] 1947년에 문을 연 풀러 신학교는 이 새로운 보수주의 연합에 지적 리

---

17   Matthew Avery Sutton, *American Apocalypse: A History of Modern Evangelicalism* (Cambridge,

더십을 제공했다. 1956년에는 「크리스채니티 투데이」가 발행되기 시작하면서 현대 이슈에 대한 진지한 성찰을 제공해주었다. 이 잡지는 빌리 그레이엄 진영의 재정적 지원을 받아 칼 F. 헨리 (Carl F. Henry)가 편집을 맡았으며 「크리스천 센추리」에 대항하는 하나의 신학적 대안을 제시하고자 노력했다.[18]

이스라엘의 발전(1948년-1967년). 미국 복음주의자들은 중동에서 일어난 사건에 깊은 관심을 보였다. 1948년과 1967년 사이에 두 가지 중요한 군사적 사건이 일어났다. 첫 번째 사건은 오늘날 거의 잊힌 사건이다. 1953년에 새로 집권한 아이젠하워 행정부는 트루먼 행정부에 비해 이스라엘을 지원하는 일에 소극적이었다. 이스라엘은 비무장 지대 내에 상수도 시설을 구축하여 유엔의 결정을 무시하고 요단강 물을 이스라엘 영토로 끌어들였다. 미국 정부는 비밀리에 원조를 보류함으로써 이스라엘을 응징했다. 1953년 10월에는 어떤 팔레스타인 테러리스트가 국경 지역에 설치한 폭발물로 인해 이스라엘 여성과 두 자녀가 사망했다. 이에 대한 조치로 이틀 후에는 아리엘 샤론이 지휘하는 이스라엘 방위군의 특수부대가 요르단 내에서 1마일 떨어진 키비아(Qibya, Kibya) 마을에 사전에 계획된 야간 공격을 개시했

MA: Harvard University Press, 2014), 295.

18   Carl Henny의 국제주의 배경에 대해서는 다음을 보라. Lauren Frances Turek, *To Bring the Good News to All Nations: Evangelical Influence on Human Rights and US Foreign Relations* (Ithaca, NY: Cornell University Press, 2020), 1-4.

다. 「타임지」는 66명의 남성, 여성, 어린이가 학살당했다고 보도했다.

이스라엘군은 소총과 스텐 경기관총을 들고 키비아로 이동했다. 그들은 눈에 보이는 모든 남자, 여자, 어린이를 총으로 쏜 다음 소들이 있는 축사에도 불을 질렀다. 그 후 그들은 집 마흔두 채와 학교 한 채, 이슬람 사원 한 채를 폭파했다.…풀밭에 모여 있던 마을 사람들은 집 문 앞에서 구부정한 자세로 앉아 담배를 피우며 농담을 하는 이스라엘 군인들을 발견할 수 있었고, 타오르는 불길이 그들의 앳된 얼굴을 환하게 비추었다. 새벽 3시가 되자 이스라엘군의 임무가 끝났고, 그들은 느긋하게 그곳에서 철수했다.[19]

키비아 작전은 1950년대와 1960년대에 이스라엘 정부가 이스라엘인에 대한 아랍 무장세력의 공격에 대응하기 위해 수행한 일련의 "보복 작전" 가운데 하나에 지나지 않는다는 사실에도 불구하고 이 시점까지 이스라엘은 미국 언론에서 호의적으로 묘사되었다.[20] 이 학살은 이스라엘의 명예를 크게 실추시켰다. 엄청난 불균형을 이루는 대응과 무고한 민간인을 고의로 살해한 이 사건은 많은 사람들에게 충격을 주었다. 아바 에반(Abba Eban) 주미

---

19   "Israel: Massacre at Kibya," *Time*, October 26, 1953, 34, Doug Rossinow, "The Edge of the Abyss': The Origins of the Israel Lobby, 1949-1954," *Modern American History*1, no. 1 (2018): 34에 인용됨. 키비아 학살에 대한 논의는 다음을 보라. Walter L. Hixson, *Israel's Armor: The Israel Lobby and the First Generation of the Palestine Conflict* (New York: Cambridge University Press, 2019), 91-94.

20   다음을 보라. Benny Morris, *Israel's Border Wars, 1949-1956: Arab Infiltration, Israeli Retaliation, and the Countdown to the Suez War* (Oxford: Clarendon, 1993).

이스라엘 대사는 다음과 같이 기록했다. 키비아 학살로 "이스라엘의 국제적 위상은 바닥으로 떨어졌다.…이 작전은 이스라엘 건국 이래로 전 세계의 유대인들이 처음으로 공감할 수 없었던 사건이었다.…심지어 데이르 야신 사건조차도 이러한 역겨움을 유발하지 않았다."[21] 이것이 이스라엘 방위군의 직접적이고 계획적인 군사 작전이었음에도 불구하고 벤구리온은 이것이 성난 이스라엘 정착민들이 손수 정의를 실현하려고 벌인 일이라는 이야기를 내놓았는데, 이 문제를 해결하는 데는 전혀 도움이 되지 못했다.[22] 미국은 유엔 안보리에서 키비아 학살과 요르단강 물줄기를 끌어들인 사건에 대해 이스라엘을 강하게 비난한 것에 대해 지지를 보냈고, 이전에 이스라엘에 대한 경제 지원을 보류하기로 한 비밀 결정을 공개적으로 발표했다. 그러나 오히려 이 사건은 친이스라엘 로비에 대한 미국 유대인들의 지지를 강화하는 데 기여했다.[23] 1945년부터 1967년까지 친이스라엘 로비는 "미국 전문 외교관들의 '친아랍 성향'을 타파하는 데 매우 효과적이었다"는 힉슨의 주장은 이 사건의 중요성을 강조한다.[24]

1956년 7월에 이집트 대통령 가말 압델 나세르(Gamal Abdel Nasser)는 수에즈운하를 국유화하고 이스라엘 선박에 대해 티란 해협을 전면 봉쇄했

---

21   Eban. Rossinow, "Edge of the Abyss," 34에서 인용됨.
22   Rossinow, "Edge of the Abyss," 37. 더 자세한 논의는 다음을 보라. Ronen Bergman, *Rise and Kill First: The Secret History of Israel's Targeted Assassinations*, trans. Ronnie Hope (New York: Random House, 2018), digital ed., 56-57.
23   Rossinow, "Edge of the Abyss," 36.
24   Hixson, *Israel's Armor*, 3.

는데, 이스라엘은 이를 전쟁 행위로 간주했다. 1956년 10월에는 이스라엘이 프랑스와 영국과 함께 수에즈운하를 점령함으로써 수에즈 위기를 촉발시켰다. 영국과 프랑스는 수에즈운하의 통제권을 되찾고 나세르를 축출한다는 두 가지 목표를 가지고 낙하산부대를 수에즈운하에 상륙시켰다. 미국과 러시아는 이러한 행동에 강력히 반발했고, 결국 이스라엘, 프랑스, 영국은 철수할 수밖에 없었다. 이스라엘은 점령했던 영토에서 철수하기 이전에 자국의 안전을 보장해달라고 요구함으로써 아이젠하워의 분노를 샀고, 그들은 결국 1957년 3월이 돼서야 비로소 철수했다.[25] 이 전쟁은 이스라엘에 거의 재앙과도 같았지만, 이스라엘은 두 가지 실리를 얻었다. 이스라엘은 1949년 이후 처음으로 획득한 영토인 시나이반도 일부를 계속 보유할 수 있게 되었고,[26] 미국으로부터 이스라엘 선박이 티란 해협을 통과할 수 있다는 약속을 얻어냈다.[27]

　미국의 기독교 시온주의자들은 대체로 이스라엘의 이집트 공격을 전폭적으로 지지했으며 아이젠하워의 태도에 격분했다. 미국은 "이스라엘을 축복"해야 할 의무보다 석유 관련 이권을 우선시하고 있었으므로 곧 하나님의 심판을 받게 될 것이다. 이스라엘의 확장이 예언에 의해 예정된 것이라고 믿었던 많은 세대주의자들은 "이스라엘이 아랍을 희생시키면서 국

25　자세한 논의는 다음을 보라. Hixson, *Israel's Armor*, 109-10.
26　Goldman, *God's Country*, 133.
27　Caitlin Carenen, *The Fervent Embrace: Liberal Protestants, Evangelicals, and Israel* (New York: New York University Press, 2012), 105-6.

경을 확장함에 따라 전쟁은 계속될 것이라고 예상했다."²⁸ 그러나 이러한 위기를 계기로 미국 복음주의자들 사이에서는 자성의 목소리가 나왔다. 1956년에는 「크리스채니티 투데이」에서 성지에서 일어난 사건에 대해 토론기사를 실었다. 그중 한 기고자는 웨스트민스터 신학교의 오즈월드 T. 엘리스(Oswald T. Allis)였다. 엘리스는 세대주의자가 아니었으며 유대인의 회복이 "부당했다"고 주장했다. 그의 견해에 대한 반박은 "전쟁 이후 미국에서 가장 유명한 예언 해설가"이자 베스트셀러『이 원자 시대와 하나님의 말씀』(*This Atomic Age and the Word of God*, 1948)의 저자인 윌버 T. 스미스(Wilbur T. Smith)에게서 나왔다.²⁹ 스미스는 풀러 신학교를 설립한 교수였으며 그 이전에는 무디 성경학교에서 가르쳤다. 스미스는 이스라엘의 건국은 성경 예언의 성취이며 그리스도인은 이스라엘을 지지할 의무가 있다고 주장하면서 표준적인 세대주의 견해를 옹호했다.³⁰

미국 복음주의자들의 환심을 사기 위한 노력(1967년 이전). 이스라엘 정부가 미국 복음주의자들의 환심을 사려는 노력은 1950년대부터 시작되었다.³¹ 빌리 그레이엄의 최측근 목사이자 댈러스 제일침례교회의 담임

---

28   Dwight Wilson, *Armageddon Now! The Premillenarian Response to Russia and Israel Since 1917* (Tyler, TX: Institute for Christian Economics, 1991), 177.

29   Boyer, *When Time*, 118.

30   Wilson, *Armageddon Now*, 178.

31   역설적이게도 1950년 당시 이스라엘 정부는 로마 가톨릭 신자들이 대거 유입되는 것을 두려워했고, 이를 막기 위해 할 수 있는 모든 조치를 취했다. 다음을 보라. Uri Bialer, *Cross on the Star of David: The Christian World in Israel's Foreign Policy* (Bloomington: Indiana

목사이며 보수적인 남침례교의 대표적인 인물이었던 W. A. 크리스웰 (Criswell)은 1950년대 초에 이스라엘을 방문하여 다비드 벤구리온과 만났다. 그는 남침례교 신자들에게 기독교 시온주의를 적극적으로 전파하고 정기적으로 이스라엘 관광을 인솔하면서 자신의 신념을 확고히 다졌다. 1959년에 벤구리온은 미국의 유명한 믿음 치유자이자 텔레비전 복음 전도자이며 오순절 교단 지도자 오랄 로버츠(Oral Roberts)와 만났다. 빌리 그레이엄은 긴 사역 기간 내내 이스라엘 정부에 대한 지지를 종종 표명했으며, 1960년에는 이스라엘에 찬사를 보내면서 세간의 주목을 많이 받은 이스라엘 여행에서 돌아왔다.[32]

1961년에 벤구리온 정부는 예루살렘에서 세계 오순절 교회 대회 (World Conference of Pentecostal Churches)를 주최하는 데 도움을 주었고, 2,589명의 대표단에 국가 훈장까지 수여했다.[33] 그는 "오늘 우리는 성경의 예언과 약속이 성취되는 것을 볼 수 있는 특권을 누리고 있다"는 인사말을 그리스도인 청중에게 직접 전하며 대회 개최를 환영했다.[34] 6일 전쟁 이후 이스라엘 정부는 이스라엘에 대한 미국 복음주의자들의 지지를 구축하기 위한 주요 수단으로서 전도 여행 홍보를 위해 미국 복음주의자들과 긴밀

University Press, 2005), 189.

32   Goldman, *God's Country*, 153. 다음도 보라. Daniel G. Hummel, *Covenant Brothers: Evangelicals, Jews, and U.S.-Israeli Relations* (Philadelphia: University of Pennsylvania Press, 2019), 1.

33   Spector, *Evangelicals and Israel*, 144.

34   Spector, *Evangelicals and Israel*, 144.

히 협력했다. 이스라엘 종무부는 서방 세계의 그리스도인들에게 이스라엘의 최신 소식을 알리기 위해 「이스라엘발 기독교 뉴스」(*Christian News From Israel*)의 특집호를 발행했다.

유대교-기독교. 미국에서는 유대교와 복음주의의 관계에 영향을 미치게 될 중대한 변화가 일어나고 있었다. 제2차 세계대전 도중에는 자유적 민주주의를 나치의 독재와 구별하기 위해 "유대교-기독교 전통"에 호소하는 방식을 사용했지만, 전쟁 이후에는 소련의 위협에 맞서기 위해 이 방식을 사용하게 되었다. 제2차 세계대전 이후 미국 유대인들은 미국 주류 사회로 점점 더 진입하고 있었고, 미국 시민 종교의 언어는 무신론적 공산주의에 맞서 "유대교-기독교"의 가치라는 개념을 점점 더 많이 채택하게 되었다. 아이젠하워 대통령 당선인은 1952년 12월의 한 연설에서 이 개념을 개진했는데, 그는 거기서 다음과 같이 말했다. "우리의 정부 형태는 어떤 깊은 종교적 믿음에 기초하지 않는 한, 아무런 의미가 없다. 나는 그것이 무엇이든 상관없다. 물론 우리에게는 그것이 유대교-기독교 개념이지만, 그것은 모든 인간이 평등하게 창조되었다는 종교여야 한다."[35] 새뮤얼 골드먼의 논평처럼 "'유대교-기독교 개념'은 개신교, 가톨릭, 유대교 등 모든 미국인을 소련의 폭정에 대항하는 공동전선에 포함할 수 있는 하나의 방법이었다."[36]

---

35   Goldman, *God's Country*, 132.
36   Goldman, *God's Country*, 132.

이 개념은 미국 예외주의(American exceptionalism)와 더 넓게는 서구 문화를 설명하는 개신교, 가톨릭, 유대교의 공동 유산을 강조했다. 1950년대 초에 "많은 미국인들에게 유대교-기독교는 성경을 읽고 세상에 투영하는 핵심 정체성이 되었다."[37] 유럽 전역에 철의 장막이 드리워지면서 이러한 가치는 점점 더 무신론적 공산주의에 대항하게 되었다.

대니얼 허멀의 주장에 따르면 "전쟁 이후에 미국 복음주의자들과 유대인들이 이스라엘을 지지하는 방향으로 돌아선 것은 정체성과 신학에 대한 공동체적 논쟁만큼이나 다른 요인들(복음주의자들의 예언에 대한 관심)에 의한 것이었다."[38] 사회적으로 진보적인 미국 유대인들과 사회적으로 보수적인 미국 복음주의자들은 거의 모든 정치적 이슈에서 의견을 달리했지만, "이스라엘에 대한 미국의 외교적, 정치적, 재정적 지원의 초당적 합의"를 위해 새로운 연합을 형성했다.[39] 프란시스 쉐퍼(Francis Schaeffer)는 스위스의 라브리 공동체와 연관된 대표적인 복음주의 지식인이자 변증가였다. 그는 복음주의자들이 상호 관심사가 같지만 중요한 신학적 이슈에 대해서는 의견이 다른 이들과 함께 일하도록 장려하는 "공동전선"(cobelligerency)이라는 개념을 주창했다. 이 접근법은 기독교 시온주의자들이 성공하는 데 매우 결정적인 역할을 했다.

---

37   Hummel, *Covenant Brothers*, 40.

38   Daniel G. Hummel, "*His Land* and the Origins of the Jewish-Evangelical Israel Lobby," *Church History* 87, no. 4 (December 2018): 1126.

39   Hummel, "*His Land*," 1120.

유대교-기독교 관계를 더욱 긴밀하게 조성한 또 다른 발전은 20세기에 가장 위대한 고고학자로 평가받는 윌리엄 폭스웰 올브라이트(William Foxwell Albright)가 선구적으로 시작한 학문적 성경 고고학의 부상이었다. 올브라이트는 특히 그리스도인이 유대 역사에 빚을 졌음을 강조하는 "유대교-기독교"에 대한 복음주의적 이해를 형성하는 데 도움을 주었고, 그리스도인들이 "반셈족주의를 비기독교적이고 비미국적인 것으로 보고 규탄할 수 있게 하는 데" 도움을 주었다.[40] 미국은 성경 고고학을 통해 드러난 유대인의 역사뿐만 아니라 이스라엘 국가에 대한 하나님의 섭리적 보살핌에도 부합하는 국가가 되어야 했고, 이에 대한 책임은 주로 유대교-기독교 전통의 일차 관리자인 미국에 주어졌다.[41] "유대교-기독교"에 대한 이러한 복음주의적 견해는 고고학을 통해 드러난 성경 이야기를 "냉전 시대 속으로 가져왔다. 그리고 이러한 성경의 렌즈를 가지고 유대교-기독교는 무신론적 공산주의, 전통을 배신한 세속주의, 유대교-기독교라는 역사적 현실의 가장 강력한 상징(이스라엘 국가)에 대한 끊임없는 증오에 홀로 맞섰다."[42]

1950년대 후반에는 미국 유대인들과 복음주의자들 간의 공동 관심사로 인해 두 집단 간의 소통과 교류가 증가하기 시작했다. 1963년에 미국 복음주의 협회(National Association of Evangelicals)는 처음으로 미국 유대인 위원회 소속의 유대인 랍비 마크 탄넨바움(Marc Tannenbaum)을 협회에 초청하

---

40   Hummel, *Covenant Brothers*, 42.

41   Hummel, *Covenant Brothers*, 42.

42   Hummel, *Covenant Brothers*, 54.

여 연설하도록 했다.[43] 일각에서는 탄넨바움을 "이방인의 사도"(롬 11:13)라고 불렀다. 유대인과 그리스도인의 정체성을 모호하게 만드는 이러한 움직임은 논란이 되었다. 어떤 이들에게는 이러한 움직임이 개신교의 자유주의 진영에서 유행하던 "이중 언약"(dual covenant) 신학—이방인들은 그리스도를 통해 구원을 받고, 유대인들에게는 하나님께로 가는 또 다른 길이 있다는 신학—으로 흐르는 것처럼 보였다. 따라서 그리스도인들은 유대인을 전도해서는 안 된다는 주장도 제기되었다. 특히 빌리 그레이엄 목사가 1957년 뉴욕 전도 집회를 앞두고 기자들 앞에서 한 발언을 두고 우려의 목소리가 나왔다. 그는 "그리스도를 따르기로 결단한" 사람은 각자의 신앙 전통에 속한 성직자에게 보내질 것이라고 말하며 "우리는 그들을 로마 가톨릭이든 개신교든 유대교든 각자의 교회로 보낼 것이다.…나머지는 하나님께 맡길 것"이라고 말했다.[44] 각 지역의 랍비가 그리스도를 따르기로 결단한 사람에게 무슨 말을 해야 할지는 불분명했다. 실제로 빌리 그레이엄 선교회는 구도자들을 복음주의 교회로 보냈다.

이러한 변화에 대해 가장 신랄한 신학적 비판을 가한 인물은 리투아니아의 유대계 기독교 신학자 야콥 조크즈(Jakob Jocz)였다. 그는 기독교와 유대교의 차이점보다 공통점을 강조하는 신학적 변화 속에서 세속화 및 다원주의적 성향을 발견하고 이를 비판했다. 그는 이러한 자신의 견해를 『유대

---

43   Hummel, *Covenant Brothers*, 48.
44   Hummel, *Covenant Brothers*, 49.

민족과 예수 그리스도』(*The Jewish People and Jesus Christ*, 1949)에서 처음으로 표명했고,『아우슈비츠 이후의 유대 민족과 예수 그리스도』(*The Jewish People and Jesus Christ After Auschwitz*, 1981)에서 가장 확실하게 표현했다. (그의 아버지와 가족은 게슈타포의 손에 죽었다.) 그의 주장은 랍비 유대교와 기독교의 신학적 차이점을 서로 대조한 19세기 복음주의의 유대교 권위자 알렉산더 맥컬을 연상시킨다(6장에서 논의함). 허멀이 말했듯이 "조크즈는 유대교-기독교의 본질적인 연결고리를 끊어내고 기독교 시온주의에 대한 비판적인 복음주의 접근법을 위한 기본적인 논증을 제시했다."[45] 그러나 유대교-기독교는 이스라엘에 대한 관심을 고취함으로써 "유대교-기독교 정체성을 중심으로 기독교 시온주의를 재정립할 수 있는 근간을 마련했다."[46] 1950년대와 1960년대에는 이러한 새로운 자기 이해가 기독교 시온주의를 확산시키는 촉매제 역할을 했는데, 이것은 예루살렘에 미국 성지 연구소를 설립한 G. 더글러스 영과 같은 유력한 복음주의 인사들의 주도하에 이루어졌다.[47] 여기에는 기독교 시온주의와 이스라엘 정부에 대한 확고한 헌신도 일부 포함되어 있었다.

"유대교-기독교" 문명이라는 언어의 채택과 미국 복음주의-유대교 동맹의 출현—특히 1967년 이후—은 20세기 후반에 무슬림과의 대립을

---

45   Hummel, *Covenant Brothers*, 57.
46   Hummel, *Covenant Brothers*, 57.
47   Young과 그의 참여에 대한 연구는 다음을 보라. Hummel, *Covenant Brothers*, chap. 3.

고착화하는 또 다른 결과를 가져왔다.[48] 1950년대와 1960년대에는 아랍 세계에서 반셈족주의와 반시온주의적 태도가 확대되고 있었지만, 그것은 아직 급진적인 이슬람 정치를 특징짓는 요소는 아니었다. 허멀의 말처럼 "1970년대까지 이슬람 근본주의와 테러리즘의 망령은 유대인과 복음주의의 화합의 변방에 남아 있었다."[49]

케네디-존슨 시대의 기독교 시온주의. 미국과 이스라엘의 "특별한 관계"를 처음으로 언급한 사람은 존 F. 케네디였다.[50] 케네디 행정부는 아이젠하워 행정부보다 이스라엘에 훨씬 더 우호적이었으며 이스라엘에 상당한 재정적, 군사적, 경제적 지원을 제공했다. 1962년에 미국은 러시아가 아랍 국가에 군사 무기를 판매하는 것에 대응하는 차원에서 이스라엘에 호크 지대공 미사일을 판매함으로써 이스라엘에 대한 미국의 무기 판매 금지 조치를 사실상 해제했다.[51] 린든 존슨 행정부는 케네디 정부보다 훨씬 더 우호적이었다. 존슨은 1930년대부터 오랜 기간 동안 친유대적인 행동을 보여왔고, 홀로코스트 시절에 유럽의 유대인을 구출하기 위해 최선을 다했다. 비록 그는 복음주의 가정에서 자랐지만,[52] 종교법상으로는 유대인의 혈통을 가

---

48   Hummel, *Covenant Brothers*, 98.
49   Hummel, *Covenant Brothers*, 101.
50   Durbin, *Righteous Gentiles*, 25.
51   Hummel, *Covenant Brothers*, 53.
52   Yaakov Ariel, *An Unusual Relationship: Evangelical Christians and Jews* (New York: New York University Press, 2013), 180.

지고 있었고, 그의 이모는 열정적인 시온주의자였다. 훗날 그는 브네이 브리스(B'nai B'rith) 모임에서 데이비드 로이드 조지를 연상케 하는 말을 했다. "박해로부터 자유로워지기 위한 현대 유대인들의 용감한 투쟁이 우리의 영혼 속에 깊이 자리 잡고 있듯이 성경 이야기는 제 어린 시절의 기억 속에 깊이 새겨져 있다."[53]

미국의 유대인 시온주의자들도 이러한 변화에 도움을 주었다. 키비아 학살 이후 미국 유대인들은 1954년에 미국 시온주의 공공문제 위원회를 설립했으며, 1963년에는 이 명칭을 미국 이스라엘 공공문제 위원회로 변경했다.[54] 이러한 명칭 변경은 시온주의자도 반시온주의자도 아닌 다수의 부유한 유대인들(특히 미국 유대인 위원회와 관련된)을 받아들이기 위해 "시온주의"라는 단어를 삭제한 데서 비롯되었다. 비록 이러한 "비시온주의" 유대인들은 이스라엘 건국을 지지하진 않았지만, 팔레스타인의 유대인 공동체에 대해서는 호의적이었다. 이스라엘이 건국되자 그들은 이스라엘을 지지하기를 원했지만 자신을 시온주의자라고 밝히지는 않았다. 1960년대에 이르러 미국 이스라엘 공공문제 위원회가 "미국의 무기 판매와 이스라엘에 대한 미국 정부의 아낌없는 지원을 확보하는 데 도움을 줄 수 있게 되면서 위원회의 세력은 상당히 커졌고, 그 후에도 두 국가 간의 정치적, 전략적

---

53   Lawrence Davidson, "Christian Zionism and American Foreign Policy: Paving the Road to Hell in Palestine," *Logos* 4, no. 1 (Winter 2005): http://www.logosjournal.com/issue_4.1/davidson_printable.htm.

54   이 단체는 유대-시온주의 로비 단체 중에 가장 큰 규모를 자랑하며 가장 많은 자금 지원을 받는 단체가 되었다(2014년에는 7,770만 달러의 자금 지원을 받았다).

관계를 계속 강화해 나갔다."[55]

1967년 이전에 미국 유대인과 주류 개신교 간의 대화를 주도한 핵심 인물은 랍비 마크 탄넨바움이었지만, 이 대화에서 최고의 관심사는 이스라엘이나 시온주의가 아니었다. 그들의 공동 관심사는 민권 운동, 베트남 전쟁 반대, 빈곤 문제였다. 백악관은 빌리 그레이엄 같은 복음주의 인사들보다 주류 교단의 지지를 얻는 데 더 큰 관심을 보였다. 에큐메니컬 진영에서 유대교는 여러 개신교 교파 및 로마 가톨릭교회와 더불어 또 하나의 종파로 널리 여겨졌다. 그들에게는 이 모든 것이 유대교-기독교 산하에 속한 종교였다. 그들은 유대인을 민족(nation)이 아닌 "종족"(ethnicity)에 해당한다고 보는 경향이 있었다. 이러한 대화 속에서 제이슨 올슨은 "유대인들은 미국 그리스도인들이 유대인을 동등한 미국인이 아니라고 여길까 봐 유대교를 하나의 같은 교파로 묘사했다"고 주장했다.[56] 이 모든 것은 1967년 6일 전쟁 이후 극적으로 바뀌게 되고, 미국의 유대인 시온주의자들은 미국 복음주의 기독교 시온주의자들과 교류를 시작하게 된다. 새뮤얼 골드먼이 말한 것처럼 "미국의 우익 기독교 시온주의의 출현은 결코 저절로 일어난 것이 아니다. 세대주의 종말론, 미국의 애국주의, 대중문화에 대한 집착이 결합하여 하나의 운동으로 발전하기 위해서는 이스라엘이 6일 전쟁을 승

---

55   Rossinow, "Edge of the Abyss," 25.

56   Jason M. Olson, *America's Road to Jerusalem: The Impact of the Six-Day War on Protestant Politics* (Lanham, MD: Lexington, 2018), 2.

리로 장식하는 충격이 필요했다."[57]

제2기: 빌리 그레이엄의 시대(6일 전쟁부터 1979년까지)

전환점: 6일 전쟁.

18세기 말의 프랑스 혁명과 19세기 초의 나폴레옹 전쟁 이후 1967년 6월에 있었던
이스라엘과 이웃 국가들 간의 이 짧은 전쟁만큼 기독교의 예언적 신앙이라는
엔진에 연료를 공급한 정치−군사적 사건은 없었다.[58]

야코프 아리엘

이스라엘의 압도적인 승리는 중동의 정세를 완전히 재편성했고,
아랍−이스라엘 분쟁을 세계적인 갈등으로 변모시켜 미국인들−그리스도인과
유대인 모두−이 자신을 그 일의 당사자로 인식하게 만들었다.[59]

대니얼 허멀

1966년 11월에 팔레스타인 해방기구가 서안지구에서 감행한 지뢰 공격은
이스라엘 경찰관 3명의 목숨을 앗아갔다. 이스라엘은 이에 대한 보복으로
요르단 경찰서를 공격했다. 그 후 서안지구에서 반이스라엘 폭동이 일어났
고 이것은 요르단 국왕에게 심각한 위협이 되었다. 1967년 5월 14일에 나
세르 대통령은 시나이반도에 군대를 파견했고, 나흘 후 유엔 사무총장은

---

57   Goldman, *God's Country*, 155.
58   Ariel, "It's All in the Bible," 268.
59   Hummel, "*His Land*," 1127.

시나이반도와 샤름 엘 셰이크에서 유엔 비상군을 철수해달라는 나세르의 요구를 받아들였다. 그 후 나세르는 1957년에 티란 해협에 대해 아이젠하워 대통령이 보장한 미국의 약속에도 불구하고 이스라엘 선박에 대해 티란 해협을 전면 봉쇄한다고 발표했다. "이스라엘의 궤멸"을 약속한 나세르는 요르단과 협정을 맺었고, 시리아는 군대를 파견했으며, 이라크군은 "이스라엘을 바닷속에 수장시키겠다"는 소망을 품고 요르단에 집결하기 시작했다.[60] 아랍 동맹국을 지원하고 미국과 전쟁을 불사하겠다는 소련의 위협에도 불구하고 미국이 존슨 대통령의 지휘하에 이스라엘을 확고히 지지하면서 긴장은 극도로 고조되었다. 6월 2일에 요르단군 사령관은 "전투가 시작되면 단 한 명의 이스라엘인도 살아남을 수 없을 것"이라고 호언장담했다.[61] 제이슨 올슨이 논평하듯이 "그 당시의 증거는 이스라엘인들이 유대인의 국가가 홀로코스트와 같이 광범위하게 파괴되는 것을 진정으로 두려워했음을 보여준다."[62]

이스라엘은 나세르의 행위를 전쟁 행위로 간주했다. 이스라엘의 정보기관인 쉰베트(Shin Bet)는 이중 스파이를 고용하여 이스라엘이 지상 공세로 전쟁에 돌입할 것이라고 이집트인들이 믿게 만들었다. 6월 5일에 이스라엘 공군은 이집트가 방심한 틈을 타서 이집트 군용 비행장에 선제 공습을 가해 이스라엘이 제공권을 장악하게 되었다. 지상에서는 이스라엘이 가

---

60   Olson, *America's Road*, 45.
61   Olson, *America's Road*, 46에서 인용됨.
62   Olson, *America's Road*, 46.

자지구와 시나이반도를 침공했다. 시리아와 요르단은 이스라엘의 공습을 물리쳤다는 이집트 측의 오보를 듣고 거의 즉시 이 전쟁에 뛰어들었다. 그 후 이스라엘은 침략을 감행한 요르단 군대에 대한 반격을 시작했다. 이스라엘 방위군은 요르단으로부터 동예루살렘과 서안지구를 빼앗았고, 시리아로부터는 골란고원을 빼앗았다. 약 30만 명의 팔레스타인인이 서안지구를 탈출했고, 약 10만 명의 시리아인이 골란 고원을 떠나 난민이 되었다. 이 전쟁이 끝난 후 유대인 공동체는 아랍 세계 여러 나라에서 추방되었고, 그들 가운데 다수는 난민이 되어 유럽, 미국 또는 이스라엘로 떠났다.

6일 전쟁에 대한 미국 개신교의 반응. 미국 복음주의자들이 이스라엘에 호의적으로 돌아서는 동안 주류 개신교 신자들은 이스라엘을 외면하고 있었다. 1953년경부터 자유주의 개신교는 이스라엘에 대해 점점 더 비판적으로 변했고, 이러한 그들의 태도는 1956년에 수에즈운하 위기 이후에 더욱 심해졌다.[63] 이러한 변화는 6일 전쟁 이후 그들이 아랍 땅을 점령하고 있는 이스라엘 국가에 대해 점점 더 비판적인 태도를 보이면서 극적으로 가속화되었다. 많은 "주류 개신교 신자들"은 대체로 기독교 평화주의자였다. 라인홀트 니부어와 관련된 친이스라엘 기독교 현실주의자들, 미국 기독교 팔레스타인 위원회, 「기독교와 위기」 저널 등과 관련된 자들은 평화주의 주류와는 매우 다른 견해를 가지고 있었다. 1967년 이후에 미국 유대인들은 주

---

63   다음을 보라. Carenen, *Fervent Embrace*, 4장과 5장.

류 개신교 및 로마 가톨릭교회와 수년간에 걸쳐 진행된 종교 간의 대화가 별다른 성과를 거두지 못했다는 사실에 큰 충격을 받았다. 그러나 미국인들은 전반적으로 자유주의 개신교의 행보를 따르지 않았다. 대다수 미국인들은 "이스라엘의 신속하고 압도적인 승리에 대한 행복감에 휩싸여 있었고" 이 전쟁에서 일반적으로 "약자로 인식된" 이스라엘을 적극 지지했다.[64] 복음주의자들의 반응은 매우 달랐으며, 미국 개신교 내에서 그들의 힘과 영향력이 점차 커지고 있다는 것이 뚜렷하게 드러났다. 1984년에 제리 폴웰은 지난 "20년" 동안 복음주의자들이 "매우 빠른 속도로 이스라엘을 지지하는 방향으로 전환했다"는 의미심장한 말을 남겼다.[65]

6일 전쟁이 미국-이스라엘 관계와 미국 외교 정책에 미친 영향은 매우 컸다. "복음주의자들과 근본주의자들의 대대적인 축하를 받은 이스라엘의 승리는 성지와 유대교에 대한 개신교의 관심을 불러일으키는 새로운 시대를 예고했다."[66] 이 전쟁의 승리로 인해 수많은 성경의 유적지가 이스라엘의 지배하에 들어갔고, 그 가운데 예루살렘이 가장 중요했다. 기독교 시온주의자들에게 있어 예루살렘 점령은 누가복음 21:24의 성취(또는 그 이상의 성취)였고, "이방인의 시대"가 끝났음을 의미했으며, 많은 사람들은 1917년의 예루살렘 함락을 이 구절에 비추어 이해했다. "그들이 칼날에

---

64   Carenen, *Fervent Embrace*, 136.

65   Merrill Simon, *Jerry Falwell and the Jews* (Middle Village, NY: Jonathan David Publishers, 1984), 88, Hummel, "*His Land*," 1123에 인용됨.

66   Carenen, *Fervent Embrace*, 141.

죽임을 당하며 모든 이방에 사로잡혀 가겠고 예루살렘은 이방인의 때가 차기까지 이방인들에게 밟히리라." 따라서 그리스도의 재림이 매우 임박했음이 분명해졌다. 세대주의자들은 1948년의 이스라엘 국가 수립을 예언의 시간표가 전개되는 데 있어 매우 중요한 사건으로 여겼고, 이스라엘이 예루살렘을 점령한 것은 또 하나의 중요한 사건이 되었다. (내가 지적했듯이 이 모든 것은 이러한 사건이 휴거 이후에 일어날 것으로 예상했던 존 넬슨 다비의 예언 시간표에는 포함되어 있지 않다.) 댈러스 신학교 총장인 존 F. 월부어드는 이스라엘이 옛 도성 예루살렘을 점령한 것은 "기원 후 70년에 예루살렘 멸망 이래로 성경 예언의 가장 놀라운 성취 사건 중 하나"라고 말했다.[67] 다수의 기독교 시온주의자들은 하나님이 이스라엘을 위해 싸우셨다고 확신했다. 케이틀린 캐러넨이 말했듯이 "1967년과 1979년 사이의 이스라엘 군사력과 영토 획득에 대한 복음주의의 반응은 [미국] 복음주의 개신교의 정치적 행동을 영구적으로 변화시켰고, 1980년대 복음주의 개신교를 특징짓는 역동적인 정치 참여의 토대를 마련했다."[68] 미국 복음주의의 반응은 매우 긍정적이었지만 전체가 다 그런 것은 아니었고, 대다수 반대자들은 아랍 국가에서 복음주의 선교에 관여한 이들이었다.[69]

---

67   Spector, *Evangelicals and Israel*, 28에서 인용됨.
68   Carenen, *Fervent Embrace*, 134.
69   1967년 *Christianity Today*에 실린 James L. Kelso의 항의에 대한 David Rausch의 글을 보라.
      Kelso는 연합장로교 총회장을 지낸 복음주의자이자 아랍 국가에서 오랫동안 선교사로 활동
      한 인물이다. David A. Rausch, *Communities in Conflict: Evangelicals and Jews* (Philadelphia:
      Trinity Press International, 1991), 147-48.

유대인-그리스도인 관계의 변화. 1967년 전쟁은 미국 유대인들에게 엄청난 영향을 미쳤다. 랍비 아서 허츠버그(Arthur Hertzberg)에 따르면 1967년 5월 중순에 "미국 유대인 사회의 분위기는 갑작스럽고 급진적이며 영구적인 변화를 경험했다."[70] 미국 유대인들은 2주 만에 이스라엘 긴급 기금(Israel Emergency Fund) 조성을 위해 1억 달러 이상을 유대인 연합(United Jewish Appeal)에 기부했다. 미국 유대인들 사이에서 크게 고조된 이스라엘에 대한 관심은 유대 민족과 "그 땅"에 대한 유대인들의 새로운 자기 이해로 이어졌다. 이제 일부 랍비들은 랍비 허츠버그와 함께 종교적인 측면을 강조하면서 다음과 같이 주장했다. 유대교는 "의심의 여지 없이 불가분의 정서적·역사적 유대감을 조성했다. 이스라엘 국가는…유대교와 유대인의 존속을 위해 필요하다."[71] 이것은 이스라엘에 대한 유대인의 종교적 태도에 중대한 변화가 일어났음을 보여주는 사건이었다. 이 국가는 이스라엘을 유대인의 고향으로 여길 뿐, 유대교의 고향으로 삼을 의도가 전혀 없었던 세속주의자들에 의해 세워졌다. 야코프 아리엘은 20세기 초에 "정통파 유대교 지도자들과 개혁파 유대교 지도자들은 시온주의가 전통적인 종교적 가치를 희생시키면서 팔레스타인에서 이루어질 구속에 대한 유대인들의 열망을 세속화시켰음을 깨달았다"고 지적했다.[72] 초기 시온주의자들 "대다수는

---

70   Hummel, "*His Land*," 1129.

71   Hummel, "*His Land*," 1130.

72   Yaakov Ariel, "Zionism in America," in *Oxford Research Encyclopedia of Religion* (Oxford: Oxford University Press, 2017), 10, https://doi.org/10.1093/acrefore/9780199340378.013.434.

젊은 반전통주의적 유대인이었는데, [그들은] 종종 그러한 움직임을 그들 부모의 세계와 사고방식에 대한 반항 행위로 이해했고, 때로는 그들의 선택을 새로운 종교로의 개종으로 여겼다."[73] 반세기 전에는 세속적 시온주의를 수용하는 것이 랍비 유대교를 거부하는 것이라는 랍비들의 합의가 있었던 반면, 이제는 그것이 전통적인 영적 갈망과 일치하는 것으로 재해석되고 있었다. 빌리 그레이엄 목사와 우정을 나누며 이를 통해 그에게 큰 영향력을 미친 랍비 마크 탄넨바움은 기독교 시온주의자들에게 이 새 정통성의 함의를 다음과 같이 분명히 밝혔다. "유대인들이 이스라엘 땅과 예루살렘이 유대 민족에게 갖는 심오한 역사적, 종교적, 문화적, 전례적 의미를 그리스도인들이 직시하고 받아들여야 한다고 주장하지 않는다면 앞으로 유대인-그리스도인 간의 대화는 없을 것이다."[74]

전쟁이 끝난 후 미국 유대인들은 미국 기독교 시온주의자들의 열렬한 지지를 받아들이게 되었다. 허멀은 수많은 사회적 이슈에서 서로 대립하던 집단들이 어떻게 이토록 놀랍게 하나가 되었는지를 이해하려고 노력했다. 그는 6일 전쟁 이후 미국 유대인들은 유대 "민족"이라는 시온주의적 개념 (수 세기 동안 기독교 시온주의 사상에서 흔히 찾아볼 수 있던 개념)을 새롭게 강조하는 태도를 보였지만, 이제는 종교적 유대인과 비종교적 유대인 모두에게

---

73   Ariel, "Zionism in America," 11.
74   Marc Tannenbaum은 Judith Herschkopf Banki, *Christian Reactions to the Middle East Crisis: New Agenda for Interreligious Dialogue* (New York: American Jewish Committee, 1967), 15-16에서 인용되었고, Hummel, "*His Land*," 1130에서도 인용되었다.

공감을 얻게 되었다고 추론했다.

> 이스라엘은 두 공동체 모두에게 집단 정체성을 나타내는 중요한 표지—복음
> 주의자들에게는 성경의 권위에 대한 역사적·예언적 상징으로서, 유대인들에
> 게는 민족의 핵심적인 요소로서—가 되었다. 학계의 일반적인 이해와는 달리
> 종교적 정체성의 확인은 정치적 협력을 제한하기보다는 오히려 새로운 협력
> 의 기회를 제공했다.[75]

이러한 협력에 있어 중요한 세 가지 이슈는 언약, 땅, 선교다. 언약이라는
개념은 식민지 시대 가장 초기부터 미국의 소명이라는 개신교 개념의 핵심
이었으며, 유대인과 함께 언약을 공유한다는 개념은 오랫동안 기독교 시온
주의 사상에 영향을 미쳤다. 이러한 관찰은 서론에서 언급한 앤드루 크롬
의 말을 상기시킨다. 기독교 시온주의 사상에서 예언의 원동력을 통해 국
가적 사명 완수를 지향하는 국가 정체성의 형성은 유대인에 대한 긍정적
"타자화"를 수반하지만, 이는 심지어 미국을 포함하여 이방인 국가들이 일
종의 이차적 선택만을 경험할 수 있는 긍정적 타자화다. 이스라엘은 유일
하게 선택받은 민족이다. 에이브러햄 링컨의 말을 빌리자면 미국은 하나님
의 **"거의 선택받은 백성"**이다.[76] 선택받은 기독교 국가들은 결코 **선택받은**

---

75 Hummel, "*His Land*," 1123.
76 에이브러햄 링컨이 1861년 2월 21일에 뉴저지주 상원에서 한 연설. http://www.
abrahamlincolnonline.org/lincoln/speeches/trenton1.htm.

민족인 이스라엘을 대체할 수 없으며, 따라서 우리가 예언과 민족 정체성에 대해 생각하는 방식을 어렵게 만든다. 새뮤얼 골드먼이 주장했듯이 "기독교 시온주의의 핵심 사상은 다니엘의 70이레나 이사야의 예루살렘 회복에 대한 예언이 아니라 하나님과 유대 민족의 관계[언약]가 그리스도의 오심으로 단절되지 않았다는 것이다. 많은 기독교 시온주의자들이 바라는 것은 그 사상을 중심 사상으로 되돌려놓는 것이며, 그들은 그것이 마땅하다고 여겼다."[77]

두 번째 이슈는 땅이다. 기독교 시온주의자들은 땅에 대한 구약의 약속이 여전히 유효하다고 생각했다. 그들은 영원한 선물로 받은 "그 땅"이 문자적으로 사실이며 현재 진행형이라고 생각했다. 6일 전쟁 이후 이스라엘과 미국의 유대 지도자들은 유대 민족이라는 언어 사용에 전환점을 마련했다. 예전에는 유대 민족이 종교 유대교와 연관이 있었고, 그 후에는 유대 민족이 유대인의 신념과 연관성을 갖게 되었지만, 이제는 "그 땅"이 유대 민족에게 필수적 요소가 되었다. 요나 말라키(Yona Malachy)는 "유대교가 이해하는 유대교"는 "종교, 민족, 땅의 삼중 연합"이라고 주장했다.[78] 또 이스라엘 학자 R. J. 즈위 베르블로프스키(Zwi Werblowsky)의 말처럼 "이스라엘의 삶은 그 땅, 즉 '시온과 예루살렘 땅'과 밀접하게 연관되어 있다."[79] 이러한 사고는 기독교 시온주의자들 사이에서 흔히 찾아볼 수 있었다. 놀라운

---

77   Goldman, *God's Country*, 175.

78   Hummel, *Covenant Brothers*, 83.

79   Hummel, *Covenant Brothers*, 83에서 인용됨.

것은 종교적 유대인들은 전통적으로 정반대의 주장을 해왔다는 점이다. 즉 땅은 유대인 정체성에서 핵심이지만, 메시아를 통해서만 유대인에게 회복될 것이며, 유대교 역사상 종교 지도자들 대다수는 그의 오심 이전에 종교, 민족, 땅의 연합이 성취될 것이라는 주장을 이단으로 간주했다. 탄넨바움과 같은 시온주의자들이 이렇게 새롭게 해석한 유대 종교 전통은 이제 새로운 정설이 되었다. 랍비 전통의 주류가 오랫동안 반대해온 시온주의 프로젝트는 이제 시온주의의 폐기가 아닌 성취로 간주되었다. 귀환을 성취하기 위해 오실 메시아를 기다리지 않는 것이 이제는 유대교를 거부하는 행위가 아니라 유대교에 부합하는 것이 되었다.

세 번째 요소는 우회적으로 접근하거나 보류해야 하는 기독교 선교라는 걸림돌이다. 1950년대에는 주류 개신교 교단들이 유대인 선교 사역을 중단했지만,[80] 독일 경건주의자들이 처음 시작하고 19세기 영국 복음주의자들이 수용한 후 세대주의자들이 열정적으로 받아들인 복음주의자들의 유대인 전도 노력은 전 세계 유대인들에게 깊은 감동을 주었다. 아리엘은 그의 저서 『선민 복음화』(*Evangelizing the Chosen People*)에서 이 노력을 추적하고 그러한 노력이 얼마나 광범위하게 이루어졌는지를 강조했는데, 이는 유대인의 세계에는 잘 알려졌지만 이방인들에게는 거의 알려지지 않은 것이었다.

---

80   다음을 보라. Ariel, *Unusual Relationship*, 123-24. 그의 *Unusual Relationship*에 실린 "Instructing Christians and Jews: Evangelical Missions to the Jews"라는 장 제목은 특히 유대인에 대한 복음주의자들의 선교를 설명하고 평가하는 데 유용하다.

영국인 단체들과 마찬가지로 미국인 단체들도 전 세계 유대인 공동체 복음화에 뛰어들어 제2차 세계대전 직전에 최고 1,600만 명밖에 되지 않았던(그리고 전쟁 후에는 크게 감소한) 유대인을 지구상에서 가장 복음화된 민족 중 하나로 만들었다. 바르샤바에서 케이프타운까지, 부에노스아이레스에서 몬트리올까지 복음주의 선교사들은 교육, 의료, 복지, 문학 프로젝트를 통해 유대인들과 교류했다. 선교는 복음주의 개신교와 유대인의 문화라는 두 문화를 서로 연결하는 역할을 했다. 선교에 관한 방대하고 다양한 문헌은 개신교 공동체와 유대인 공동체를 모두 교육하고 그들이 기독교 전천년설의 비전을 받아들이도록 돕기 위해 제작된 것이었다.[81]

미국 내에서 전개된 이러한 노력은 선교사들의 메시지에는 반응하지 않으면서도 그들로부터 받은 혜택에는 감사를 표한 가난한 유대인 이민자들에게 초점이 맞추어져 있었지만, "종종 유대인 선교에 반대하는 활동과 발언에 주로 앞장섰던" 이미 동화된 중산층 유대인들의 반감을 샀다.[82] 복음주의자들은 유대인들과 자신들이 협력하는 대가로 이제 유대인 개종에 대한 언급을 자제하고 적어도 의식적으로 유대인을 대상으로 하는 선교 활동과 거리를 두어야 한다는 사실이 분명해졌다. 허멀이 밝힌 바와 같이 1950년대 초부터 이스라엘 내의 복음주의 선교사들은 유대인 개인의 개종을 위한

---

81   Ariel, *Unusual Relationship*, 114.
82   Ariel, *Unusual Relationship*, 117.

복음 선포를 강조하는 복음주의 신학에서 벗어나기 시작했다. 오스만 제국과 영국의 종교 정책을 계승한 이스라엘 정부가 종교의 자유를 엄격하게 제한한 상황에서 유대인을 개종시키려는 노력은 이스라엘 사회와 국가를 위협하는 것으로 여겨졌다. (미국의 많은 복음주의자들은 종교적 자유를 제한한 이스라엘 정부에 항의했으며, 종교의 자유를 확대해야 한다는 그들의 요구는 미국의 많은 복음주의자들과 이스라엘 사이의 중요한 걸림돌이었다.)

그러나 일부 선교사들은 유대인과 그리스도인의 형제애를 강조하고 개종을 언급하지 않는 "증인" 신학을 말하기 시작했다. 이스라엘 안에서 그리스도의 증인이 되는 것은 특히 시온주의를 아낌없이 지지하며 이스라엘의 유대인들과 연대하는 것을 포함했다.[83] 이러한 새로운 "증인" 신학은 이스라엘에서 처음으로 남침례교 선교사들에 의해 도입되었지만, G. 더글러스 영(Douglas Young)을 통해 가장 분명하게 드러난다. 그는 미국 복음주의 자유교회(Evangelical Free Church of America)의 핵심 인물이자 일리노이주 디어필드의 트리니티 신학교(Trinity Theological Seminary, 훗날 트리니티 복음주의 신학교[Trinity Evangelical Divinity School])의 구약학 학장으로서 미국 복음주의와 깊은 관계를 맺고 있었다. 예루살렘에 있는 그의 미국 성지 연구소는 미국 복음주의자들의 폭넓은 지지를 받고 있었다. 그의 미공개 노트에서 볼 수 있듯이 영은 유대인의 개종은 휴거 이후에 일어날 것이라고 굳게 믿었기 때문에 "유대인 선교를 하나님의 두 선민으로서 유대인들과 화해해야

---

83   다음을 보라. Hummel, *Covenant Brothers*, chap. 1.

하는 현세의 그리스도인들에게 부여된 진정한 사명에 반하는 불필요하고 역효과를 일으키는 일로 치부할 수 있었다."[84] 이것은 새로운 "증인 신학" 접근 방식과 잘 부합했다. 윌리엄 헤클러가 1890년대에 이와 유사한 신학 적 변화를 가져왔듯이 이러한 변화는 유대인 시온주의자들에게 매우 반가 운 소식이었다.

이 새로운 증인 신학은 1966년에 베를린에서 빌리 그레이엄 전도 협회가 주최하고 자금을 지원한 제1차 세계 전도 대회(World Congress on Evangelism)에서 소개되어 훨씬 더 많은 사람들에게 널리 알려지게 되었다. 이러한 변화는 베를린 대회에서 발표된 유대교-기독교 관계에 대한 유일 한 문서와 빌리 그레이엄의 기조연설에서 엿볼 수 있었다.[85] 허멀의 논평에 따르면 "예루살렘에서 베를린을 거쳐 전후에는 복음주의의 최고위층에까 지 전파된 기독교의 증인 신학은 향후 기독교 시온주의 운동의 방향을 예 고했다."[86] 이러한 변화는 1973년에 그레이엄이 유대인만을 대상으로 하는 선교와 공식적으로 거리를 두면서 더욱 노골적으로 나타났으며, 1970년 대와 1980년대에 그의 뒤를 이어 영과 존 해기 등 기독교 시온주의 지도자 로 활동한 이들도 이와 비슷한 움직임을 보였다.[87] 해기의 비공식적 랍비 로 알려진 랍비 셰인버그(Scheinberg)는 2006년에 「예루살렘 포스트」 기사

---

84   Hummel, *Covenant Brothers*, 33.
85   Hummel, *Covenant Brothers*, 33.
86   Hummel, *Covenant Brothers*, 33.
87   Hagee에 관해서는 다음을 보라. John Hagee, *Should Christians Support Israel?* (San Antonio: Dominion, 1987), 124-25, 127.

에서 해기가 이중 언약 신학을 25년 동안 믿어왔으며, 폴웰(Falwell)도 이 신학을 받아들였다고 주장했다. 폴웰은 즉각적인 반응을 보이며 이를 강력히 부인했다. 해기는 자신의 집회에서 개종시키기 위한 노력을 하지 않았음을 인정했지만, "이중 언약"을 수용했다는 것은 부인했다.[88] 그러나 그는 이중 언약 신학을 수용한 것처럼 보이는 그의 저서 『이스라엘을 변호하며』(*In Defense of Israel*, 2007)에서 다음과 같이 주장하며 큰 혼란을 불러일으켰다. "유대인들은 메시아 예수를 거부하지 않았다. 예수를 그들의 메시아로 삼으려는 유대인들의 열망을 거부한 것은 바로 예수였다."[89] 복음은 유대인을 위한 것이 아니었고 오직 이방인을 위한 것이었다. 해기의 주장에 따르면 "복음의 메시지는 이스라엘에서 나온 것이지, 이스라엘을 위한 것이 아니었다!"[90] 현세에 유대인 선교는 무의미했다. 많은 복음주의자들의 항의 이후 해기는 2009년의 개정판에서 자신의 일부 주장을 철회했다.[91]

기독교 시온주의 진영의 이러한 동향은 2006년 10월에 예루살렘 국제 기독교 대사관이 주최한 초막절 연설에서 예루살렘의 킹오브킹스 교회(King of Kings Assembly)의 오순절주의 목사인 웨인 힐스덴(Wayne Hilsden)이

88   Faydra L. Shapiro, "The Messiah and Rabbi Jesus: Policing the Jewish-Christian Border in Christian Zionism," *Culture and Religion* 12, no. 4 (2011): 468, DOI: 10.1080/14755610.2011.633537.

89   John Hagee, *In Defense of Israel* (Lake Mary, FL: Frontline, 2007), 145. 전체 논의는 132–45에 전개되어 있다.

90   Hagee, *In Defense*, 134.

91   다음을 보라. Robert O. Smith, *More Desired Than Our Owne Salvation: The Roots of Christian Zionism* (New York: Oxford University Press, 2013), 19–21, and Shapiro, "Rabbi Jesus," 470.

정확히 지적한 바 있다.

> 랍비 아리예 셰인버그(Aryeh Scheinberg)는 어떻게 존 해기가 제리 폴웰 및 다른 그리스도인들과 함께 이중 언약 신학을 수용하게 되었다는 결론에 도달하게 되었을까? 나는 그가 존 해기나 제리 폴웰이 이방인은 예수를 통해 천국에 가고 유대인은 모세를 통해 천국에 간다고 말하는 것을 들어보지 못했을 것이라고 믿는다. 나는 그들이 그렇게 말한 적이 없다고 생각한다. 하지만 이 랍비는 수많은 친이스라엘 집회와 수많은 유대인-그리스도인 대화 행사에 참석했지만 결코 이 사람들 중 그 누구에게서도 복음을 들어본 적이 없다. 따라서 그는 그들이 복음 메시지의 배타성을 저버린 것이 틀림없고, 적어도 유대인들에게는 그 복음이 그다지 중요하지 않다고 생각한 것으로 보인다.[92]

힐스텐의 말은, 1940년대 초에 적그리스도에 대해 알기 위해서는 군중을 따라다니면서도 믿음을 전하기 위해서는 길 하나도 건너려 하지 않았던, 예언 해석에 몰두한 복음주의자들에 대해 이야기하던 W. W. 섀넌(Shannon)의 말을 상기시킨다(11장에서 인용함).

역사학자들은 복음주의 신학에 대한 기독교 시온주의의 영향이 때로는 그 지지자들 중 일부가 그리스도의 중심성에 대한 전통적인 복음주의 신학과 기독교 복음의 보편적 주장으로부터 멀어지게 만들었다는 사실에

92　Shapiro, "Rabbi Jesus," 469.

주목하지 않을 수 없다. 기독교 시온주의가 세속화에 미친 영향에 대한 증거는 결코 간과하기 어렵다. 특히 헤클러와 해기가 그 대표적인 예라고 할 수 있다. 이는 시온주의가 유대교에 미친 세속화의 영향과 유사하며, 20세기 초에 정통파 및 개혁파 랍비들은 이를 개탄했다. 기독교 시온주의의 경우 이러한 변화는 개인으로서 유대인보다는 "종족" 또는 "민족"으로서 유대인에 오랫동안 초점을 맞추어왔기 때문에 더욱 가속화되었을 수 있다. 독일 경건주의는 유대인 개인에 초점을 맞추고 유대인 전도를 장려했으며, 19세기 복음주의자들은 이를 적극적으로 받아들였다. 현대의 기독교 시온주의는 집단으로서 유대인에 초점을 맞추고 있기 때문에 유대인 개인의 개종에 대한 초점을 경시하거나 외면하는 결과를 초래할 수 있다.

6일 전쟁 이후 미국 복음주의자들의 환심을 사기 위한 이스라엘의 노력. 전쟁이 끝난 후 이스라엘 정부는 미국 기독교 시온주의의 지지를 얻는 문제를 훨씬 더 심각하게 받아들이기 시작했다. 기독교부(The Department of Christian Affairs)는 소르본 대학교에서 박사 학위를 받은 폴란드 태생 요나 말라키(Yona Malacy)를 미국에 보내 미국 기독교 시온주의를 연구하도록 했다. 그는 대표적인 복음주의자들과 관계를 맺었고 바이올라 대학(윌리엄 블랙스톤이 자주 강의했던 로스앤젤레스 성경학교의 후신)을 비롯한 여러 신학교를 방문했는데, 바이올라 대학은 이에 대한 화답으로 "이스라엘과 열방에 관한 선언"을 발표하며 이스라엘에 대한 강력한 지지를 표명하고 "진정한 하나님의 백성은 이스라엘을 향한 하나님의 뜻과 역사에 반대하는 자들과 동맹을 맺어서는 안 된다"고 경고했다.[93] 말라키는 이스라엘로 돌아가 기독교부의 간행물인 「이스라엘발 기독교 소식」(*Christian News From Israel*)의 편집을 맡았다. 그가 죽은 후 그의 연구 결과물은 『미국 근본주의와 이스라엘: 근본주의 교회와 시온주의의 관계와 이스라엘 국가』(*American Fundamentalism and Israel: The Relation of Fundamentalist Churches to Zionism, and the State of Israel*, 1978)로 출간되었다.

이스라엘은 유대인 국가에 정당성을 부여하고 유대 민족이 땅의 개념과 결속되어 있다는 새로운 언어 표현을 사용하여 유대 국가를 설명할 수 있는 신학을 가진 그리스도인을 수소문하고 있었다. 이렇게 서로 공유된 언어는 상호 공유된 종교 전통을 토대 삼아 시온주의를 널리 알리는 데 있어 그리스도인의 적극적인 참여를 끌어낼 수 있었다. 열성적인 기독교 시온주의자들은 이러한 방식으로 섬기는 것을 아주 흔쾌히 받아들였고, 이로써 자신들이 "이스라엘을 축복"하고 있으며 하나님이 정하신 이스라엘의 번영을 위해 일하고 있음을 스스로 확인했다.[94]

빌리 그레이엄의 독보적인 역할.

제도적으로 [미국의] 기독교 시온주의 운동은
전쟁 이후의 백인 복음주의, 특히 빌리 그레이엄의 사역에서 비롯된

---

93 Spector, *Evangelicals and Israel*, 145에서 인용됨.
94 "이스라엘을 축복하는 것"의 의미와 그것이 기독교 시온주의에서 어떤 기능을 하는지에 대한 논의는 다음을 보라. Durbin, *Righteous Gentiles*, chap. 7.

사회적, 종교적 네트워크와 직계 혈통을 맺고 있다.[95]
대니얼 허멀

미국 복음주의자들의 환심을 사려는 이스라엘의 이러한 노력은 특히 빌리 그레이엄의 지지를 얻는 데 가장 성공적이었다. 그레이엄은 어린 시절부터 세대주의 신앙을 물려받았지만, 그가 사역 모델로 삼았던 드와이트 L. 무디처럼 세대주의의 세부사항은 경시하는 경향을 보였다.[96] 그의 설교는 주로 그리스도의 재림에 초점이 맞추어져 있었고, 사역 전반에 걸쳐 이스라엘에 따뜻한 관심을 표현했다. 1967년에 미국 유대인 위원회(American Jewish Committee)는 그레이엄과의 일대일 대면 만남을 주선했다. 골다 메이어(Golda Meir)와 두 시간의 대화를 포함하여 여러 차례의 만남이 이루어졌는데, 메이어는 그레이엄과 리처드 닉슨의 친밀한 관계를 이용하려고 했다. 닉슨은 1968년 선거에서 자신이 유대인의 표 가운데 겨우 17%밖에 얻지 못했다는 사실 때문에 여전히 안타까워하면서 이스라엘에 대해 전반적으로 냉담한 태도를 보였다.[97] 1970년 3월에 메이어는 그레이엄에게 백악관 대통령 집무실에 있는 그의 친구와 함께 미국이 이스라엘에 군용기를 판매할 수 있도록 개입해줄 것을 요청했다.[98]

그레이엄은 다른 방식의 도움도 줄 수 있었다. 1970년에 빌리 그레이

---

95 Hummel, *Covenant Brothers*, 245n6.
96 Grant Wacker, *Heaven Below: Early Pentecostals and American Culture* (Cambridge, MA: Harvard University Press, 2001), 45.
97 Hummel, *Covenant Brothers*, 90.
98 Hummel, *Covenant Brothers*, 90.

엄 전도 협회는 영국의 복음주의 팝 가수 클리프 리처드가 출연한 영화「그의 땅」을 제작했다. 이 영화는 미국 세대주의자들과 미국 유대인과 이스라엘 유대인들의 마음을 훈훈하게 만들었다. 사실 이 영화는 두 가지 버전으로 제작되었는데, 원본의 분량은 67분으로 마지막 12분 동안에는 관객들에게 "예수를 당신의 마음에 초대하라"고 요청하는 전도 메시지가 포함되어 있었다.[99] 하지만 그레이엄 전도 협회는 전도 메시지로 끝나는 결말이 삭제된 유대인 관객을 위한 55분 분량의 버전도 제작했다.[100]

이 영화는 원래 클리프 리처드가 그레이엄의 찬양 인도자이자 합창 감독인 클리프 배로우스(Cliff Barrows)와 함께 이스라엘의 그리스도의 삶의 현장을 방문한 기행 영화였다. 이 영화는 그 땅을 세대주의자들이 부여한 역할을 열정적으로 수행하는 성실하고 행복한 유대인들로 가득한 땅으로 묘사했다. 리처드의 노래 가사는 친시온주의적 성향을 강하게 띠고 있었고, 핵심 메시지는 다음과 같았다. 이 모든 땅은 하나님의 땅이며, 하나님은 이 땅을 유대인들에게 영원한 소유로 주셨다. 그들은 자신들의 땅에 살고 있으며, 그들은 이곳에 계속 남아 있을 것이다. 탄넨바움은 이 영화를 "유대인 국가 탄생 이래로 그리스도인이 만든 가장 아름답고 공감을 자아내는 영화"라고 극찬했다.[101] 아리엘은 이 영화가 이스라엘을 "호의적이고 영광

---

99   Hummel, "*His Land*," 1140.

100   Hummel, "*His Land*," 1141.

101   *Christianity Today*, November 18, 1977. Ruth Mouly and Roland Robertson, "Zionism in American Premillenarian fundamentalism," *American Journal of Theology and Philosophy* 4, no. 3 (1983): 104에서 인용됨. 일부 복음주의자, 특히 칼빈 대학교의 역사학 교수인 Bert

스러운 관점에서 표현했다"고 평가했다.[102] 이 영화는 의심할 여지 없이 미국 복음주의자들의 성지 관광에 크게 기여했다. 랍비 탄넨바움은 그레이엄이 미국 유대인 위원회가 수여하는 국가 종교상을 받는 시상식에서 "골다 메이어에서 메나헴 베긴에 이르기까지 이스라엘의 정치 지도자들은 그레이엄이 베풀어준 도움을 '줄줄이' 꿸 수 있다"고 말했다. 이에 그레이엄은 "나는 이스라엘과 유대교와 유대 민족에게 진 빚이 있다"는 말로 화답했다.[103] 그러나 그레이엄은 이전의 아노 개블라인처럼 유대인에 대해 부정적인 견해를 가지고 있었고 그것을 1972년에 사석에서 리처드 닉슨에게 표현했다가 훗날 그것이 그를 괴롭히는 화근이 되었다.[104]

매우 중요한 저서. 전쟁 이후 예언에 대한 관심이 새롭게 급증하자 할 린지는 이를 적극적으로 이용하여 1970년에 『대유성 지구의 종말』을 출간했다. 이 책은 "현대 출판 역사에서 가장 크게 성공한 책 중 하나"로 평가되었다.[105] 댈러스 신학교를 졸업한 린지는 새 시대를 위해 자신의 세대주의적 전천년설을 대중화시켰으며, 예언에 대한 난해하고 학문적인 논의에 관심

De Vries는 이러한 일방적인 묘사에 대해 항의했다. 다음을 보라. Rausch, *Communities in Conflict*, 150.

102   Yaakov Ariel, *Evangelizing the Chosen People: Missions to the Jews in America, 1880-2000* (Chapel Hill: University of North Carolina Press, 2000), 198.

103   Ariel, *Evangelizing the Chosen People*, 108.

104   Graham은 사적으로 유대인들이 미디어를 장악하고 미국의 전반적인 도덕적 타락을 야기했다고 비난했다. Shapiro, *Navigating*, 72-73.

105   Goldman, *God's Country*, 158.

이 있는 독자들을 넘어 가독성 있고 흥미진진하며 극적인 내용을 통해 독자들에게 다가갔다.[106] 서점, 신문 가판대, 슈퍼마켓에 진출하여 3,500만 부이상 판매되었고, 35개 언어로 번역되었으며, 오슨 웰스(Orson Welles)가 해설을 맡은 영화도 제작되었다. 린지는 그 후로 정치적 변화에 따라 자신의 종말 시나리오를 재작업 및 재구성하며 후속편을 계속 발표했다. 1950년대와 1960년대에 예언 소설가들이 핵무기 있는 세상이 갖는 의미에 크게 매료된 것에 착안하여 "린지는 성경을 핵무기 시대의 전투 매뉴얼로 바꾸어놓았다."[107] 그러나 B. M. 피치(Pietsch)가 지적한 것처럼 "린지는 초기 세대주의 전통에서 벗어났음을 보여주었다. 그는 전천년설과 휴거에 대한 신념을 강조했으며, 자신의 인식론과 해석 방법을 감추었는데, 이것은 자신이 사용하는 방법론(과 방법론의 필요성)을 분명히 밝히기 위해 많은 노력을 기울인 세대주의적 현대주의자들과는 현저하게 달랐다."[108] 린지 이후에는 현대주의적 방법론보다는 예언 예측에 대한 흥미와 관심이 고조되면서 세대주의로 분류되는 새로운 예언 작가들이 대거 탄생했다.

이스라엘을 위한 기독교 시온주의자들의 로비활동.

세대주의자들은 처음으로 [1970년대에] 이 경기가 하나님의 대본에 따라

---

106   그것이 성공한 몇 가지 이유에 대해서는 다음을 보라. Goldman, *God's Country*, 158-62.
107   Boyer, *When Time*, 127.
108   B. M. Pietsch, *Dispensational Modernism* (New York: Oxford University Press, 2015), 210.

끝나게 하려면 관람석을 떠나 직접 경기장에 들어가야 한다고 믿게 되었다.[109]

티모시 웨버

1967년에 일어난 전쟁 이후 미국의 기독교 시온주의자들은 수십 년 동안 "돈, 무기, 외교적 측면에서 미국의 이스라엘에 대한 막대한 지원"을 요구하며 미국 내에서 강력한 친이스라엘 압력 단체로 부상했다.[110] 특히 이러한 움직임은 1973년 10월 유대교 속죄일에 이집트와 시리아가 연합하여 이스라엘을 기습 공격하면서 시작된 욤 키푸르 전쟁 중에 두드러지게 나타났다. 이스라엘은 초반에 큰 타격을 입었다. 이스라엘에서는 기독교 시온주의자들이 이스라엘 방위군을 적극 지원했고,[111] 미국에서는 그레이엄이 닉슨 대통령에게 "대다수 복음주의자들이 이스라엘을 강력히 지지하고 있다"며 개입할 것을 간곡히 요청했다.[112] 그레이엄이 닉슨에게 이스라엘을 위해 로비를 했다는 소문이 돌았고 나중에 이것이 사실로 확인되었다.[113] 그레이엄이 닉슨과 대화한 후 미국의 대규모 물자 공수가 이루어졌

---

109   Timothy P. Weber, *On the Road to Armageddon: How Evangelicals Became Israel's Best Friend* (Grand Rapids, MI: Baker Academic, 2004), 14. 이 주장은 Hummel이 주장했듯이 "1920년대부터 복음주의 및 근본주의 지도자들은 제한된 정부, 자유 시장 경제, 사회적 보수주의의 미덕을 설파하면서 보수 정치에 적극적으로 참여했다"는 점에 비추어 이해되어야 한다. Hummel, *"His Land,"* 1126.

110   Ariel, "It's All in the Bible," 269.

111   Hummel, *Covenant Brothers*, 141.

112   Hummel, *Covenant Brothers*, 142.

113   Hummel, *Covenant Brothers*, 129n6. 닉슨은 종교적 성장 배경에도 불구하고 케네디보다 이스라엘에 대해 훨씬 덜 호의적이었다. Ariel은 닉슨이 복음주의적 퀘이커교도 가정에서 자랐다고 주장한다. Ariel, *Unusual Relationship*, 180.

고, 이것이 결정적 역할을 하여 휴전이 이루어졌다. 그레이엄의 행동이 얼마나 중요했는지는 알기 어렵지만, 그레이엄의 친구인 랍비 탄넨바움은 그것이 절대적으로 중요했다고 평가했다. 허멀은 이러한 사건에 비추어 "전쟁 이후 복음주의 기독교 시온주의자들의 영향력은 1973-1976년에 그 절정에 달했다"고 추정한다.[114] 욤 키푸르 전쟁 이후 미국 유대인 위원회는 더글러스 영과 협력하여 미국에서 복음주의자들의 지지를 확대하려고 노력했으며, "정치적 동원을 위한 단계로서 신학적 변화를 촉진하기 위해" 초점을 그레이엄에서 신학교와 교회 내의 복음주의 지도자들로 옮겼다.[115] 이러한 전략에 핵심적 역할을 한 것은 주요 복음주의 및 유대인 지도자들이 관여하여 1975년부터 뉴욕시에서 열린 일련의 컨퍼런스였다.[116]

이러한 로비활동은 18세기부터 미국 정체성의 한 부분을 차지한 유대인과의 특별한 관계에 대한 미국의 자기 이해와 잘 부합했지만, 1970년대와 1980년대에는 냉전이라는 현실과도 잘 조화를 이루었다. 당시 이스라엘은 공산주의와의 투쟁에서 미국의 소중한 파트너였고 많은 아랍 국가들은 소련 편으로 기울어 있었기 때문이다. 그러나 1972년 뮌헨 올림픽에서 국제 테러가 발생하고 이스라엘 선수들이 살해당하면서 중동에서는 폭력이 확산되었고, 미국인들은 아랍-이스라엘 분쟁을 "팔레스타인 민족주의가 테러리즘과 연관되어 있고 이스라엘이 이슬람 지하드의 위협의 최전

---

114   Hummel, *Covenant Brothers*, 130.

115   Hummel, *Covenant Brothers*, 147.

116   다음을 보라. Hummel, *Covenant Brothers*, 149-51.

방에 서 있는" 것으로 이해했다.[117] 점점 더 많은 유대인과 미국 기독교 시온주의자들은 이스라엘에 대한 국제사회의 비판을 "반시온주의를 가장한 '새로운 반셈족주의'의 증거"로 이해하기 시작했다.[118]

이 모든 것은 미국 정치에서 복음주의의 영향력이 커지던 시기에 일어났으며, 1976년에 자신을 복음주의자라고 밝힌 지미 카터의 당선은 많은 사람들에게 이를 상징적으로 보여주었다. 카터는 보수적인 복음주의자들에게 여러 측면에서 실망감을 안겨주었지만, 특히 이집트와 이스라엘에 대한 그의 공명정대함은 많은 세대주의자들의 반감을 불러일으켰다. 1977년에 이집트 대통령 안와르 사다트는 외교 정책을 바꾸어 이스라엘과의 화해를 모색했다. 소련과의 관계가 불만스럽고 이스라엘과의 전쟁 비용에 시달리며 침체된 경제로 어려움을 겪던 사다트는 이스라엘과의 평화와 미국과의 더 따뜻한 관계를 모색했다. 이는 메릴랜드주 캠프 데이비드에서 이루어진 협상으로 이어졌고, 이집트와 이스라엘 간에 평화 협정이 체결되는 과정이 시작되었다. 이스라엘은 (1967년에 점령한) 시나이반도를 이집트에 반환하고, 이집트는 이스라엘 선박의 수에즈운하 이용을 허락하기로 약속했다. 이를 계기로 다른 아랍 국가와도 비슷한 협정을 맺게 되기를 바랐지만, 아랍 국가 대다수는 이 계획 전체에 강력히 반대했다. 이집트는 향후 아랍 연맹에서 제명되었다. "땅을 주고 평화를 얻는" 이와 같은 정책은 많은

---

117 Hummel, *Covenant Brothers*, 152.
118 Hummel, *Covenant Brothers*, 153.

미국 세대주의자들로부터 비난을 받았는데, 이는 이스라엘이 국경을 확장하여 하나님이 고대 이스라엘에 약속하셨다고 믿는 모든 땅을 확보하도록 예언되었다는 그들의 믿음과 모순되었기 때문이다.

제3기: 제리 폴웰의 시대(1979년의 도덕적 다수파의 출현부터 1989년의 해체까지)

1967년 이후에 이스라엘과 미국 유대인들이 복음주의자들을 받아들였음에도 불구하고 "1970년에는 친이스라엘 성향의 정치적 지지를 위한 복음주의 정치 활동 위원회, 풀뿌리 조직 또는 로비 단체가 없었다."[119] 1970년대에 미국의 일부 보수 그리스도인들은 미국이 도덕적으로 크게 타락했다는 사실에 불안감을 느껴 자신들의 사회관을 공유하는 보수적인 가톨릭 및 모르몬교 신자들과 공동전선을 펼치기 시작했다. 제리 폴웰은 사역 초기에 설교자는 정치인이 아닌 영혼 구원자로 부르심을 받는다고 주장하면서 정치에 대한 관심을 전적으로 부인했다.[120] 한편에서는 이러한 관점에 변화가 생기면서 처참했던 스콥스 원숭이 재판 이후 1925년부터 시작된 것으로 추정되는 "근본주의자의 망명"이 종식되는 결과를 가져왔다는 주장이 제기되기도 했다.[121] 그러나 1930년대와 1940년대의 "망명"은 세대주의

---

119 Hummel, *Covenant Brothers*, 118.
120 Durbin, *Righteous Gentiles*, 39. Falwell의 초기 사역에 관해서는 다음을 보라. Susan Friend Harding, *The Book of Jerry Falwell: Fundamentalist Rhetoric and Politics* (Princeton, NJ: Princeton University Press, 2000), 12–18.
121 이 용어는 Susan Harding이 사용한 것이다. 다음을 보라. Harding, *Falwell*, 61.

자들이 정치에 관여하지 않으려는 성향보다는 루스벨트와 그의 뉴딜 정책에 대한 강하고 지속적인 반대와 트루먼에 대한 불만 때문에 정치적 광야에 머물기로 한 그들의 선택과 더 관련이 있었다.[122] 서튼이 지적했듯이 미국 복음주의자들이 제1차 세계대전 당시의 평화주의 성향을 뒤집고 "기독교 근본주의를 애국적 미국주의의 물로 세례를 준 것은 1940년대였다. 그들은 20세기 나머지 기간 동안 국가의 합법적 수호자로 자리매김했다."[123] 1942년에 미국 복음주의 협회(National Association of Evangelicals)의 설립은 미국 복음주의자들이 국내에서 종교 및 정치 생활을 재개하는 데 중추적인 역할을 했다. 1948년에는 워싱턴에 사무실을 열고 복음주의적 대의를 위한 로비활동을 펼쳤다.[124]

미국 기독교 우파의 출현. 중요한 변화는 1970년대 후반에 일어났는데, 이 시기에는 1960년경부터 진행된 정당 재편성에 따라 미국 복음주의의 정치 참여가 처음으로 뚜렷한 당파성을 띠게 되었다. 1979년에 제리 폴웰이 설립한 도덕적 다수(Moral Majority), 종교 원탁회의(Religious Roundtable), 팻 로버트슨의 크리스천 연합(Christian Coalition) 등 새로운 기독교 우파의 출현은 세대주의자들의 새로운 정치 참여 모습을 보여주었는데, 이것은 보수적

인 공화당 전략가들의 염원이었다.[125] 많은 평신도 지지자들은 자신의 견해를 피력하고 정치적으로 특히 친이스라엘 관점을 지지해야 할 도덕적, 애국적 의무가 있다고 확신하는 세대주의자들이었다. 이스라엘 정부가 장려해온 정치화된 관광이 마침내 "풀뿌리 정치적 동원을 유도하기" 시작한 것이다.[126]

테러 조직 이르군의 전 수장이었던 메나헴 베긴은 1977년부터 1983년까지 이스라엘 총리를 역임했으며, 특히 기독교 시온주의자들에 대한 큰 관심을 갖고 제리 폴웰과 우정을 쌓아나갔으며, 1981년에는 개혁파 유대교 대표 랍비의 항의를 무시하고 폴웰에게 권위 있는 자보틴스키 상(Jabotinsky Award)을 수여했다.[127] 이러한 우정을 바탕으로 폴웰은 향후 모든 이스라엘 총리와 관계를 맺는 전통을 창조했다. 폴웰은 리버티 대학교 신입생 수천 명의 수학여행을 이스라엘로 보내는 등 그리스도인들의 이스라엘 관광을 장려했다. 그는 또한 논란이 되는 리쿠드당의 서안지구 정착촌 건설, 1981년 이라크 원자로에 대한 이스라엘의 선제공격,[128] 1982년 이스라엘의 레바논 침공 등에 대해 열렬한 정치적 지지를 표명했다.[129] 폴웰은

---

125 Sutton은 1970년대 후반까지만 해도 보수적인 복음주의자들은 공화당과 연합하지 않았다고 말한다. Sutton, *American Apocalypse*, 353-54.

126 Hummel, *Covenant Brothers*, 118.

127 Spector, *Evangelicals and Israel*, 148.

128 Begin 총리는 이라크 핵 시설 공격에 대한 국제사회의 반응이 나오자 Falwell에게 전화를 걸어 이스라엘에 대한 지지를 결집해달라고 요청한 것으로 유명하다. 자세한 내용은 다음을 보라. Durbin, *Righteous Gentiles*, 58-62.

129 Weber, *Armageddon*, 219.

1981년에 「크리스채니티 투데이」와의 인터뷰에서 "선택받은" 민족으로서 미국이 맡은 역할에 대한 자신의 이해를 명확히 밝히면서 윌리엄 블랙스톤이 1세기 전에 말한 주제를 되풀이했다. "하나님은 이 말세에 세계 복음화를 위해 그리고 그의 백성인 유대인들을 보호하기 위해 미국을 일으켜 세우셨다. 나는 미국이 이 두 가지 목적 외에는 다른 권리나 존재 이유가 없다고 생각한다."[130] 폴웰은 이러한 추론을 통해 제2차 세계대전 이후에 예언 문학을 관통하는 주제, 즉 미국이 "이때를 위하여"(에스더서를 인용하며) 강대국으로 부상하게 되었다는 주제를 반복했다.

허멀은 1976년과 1984년 사이에 미국 유대인들과 긴밀한 협력관계를 맺고 있던 미국 기독교 시온주의자들이 조직적이고 효과적인 워싱턴의 친이스라엘 로비 단체의 핵심 구성원이었다고 주장한다. "기독교 시온주의는 10년도 채 되지 않아 기독교 우파의 대의로 그리고 훨씬 더 정치적으로 조직된 운동으로 변했다."[131] 비록 사회적 문제에 있어서는 복음주의자들과 대다수 미국 유대인들이 서로 충돌했지만, 이 두 그룹의 연대는 "화해라는 목표에 대한 열정을 잃지 않고 이스라엘의 안보에 온 힘을 기울였다."[132] 기독교 우파와 이스라엘 우파는 공동의 대의를 발견했다. 그들은 "서로를 도우며 곤경에 처했을 때 결정적인 지원을 제공했고, 우파 정치의 잠식에

---

130 "Interview with the Lone Ranger of American Fundamentalism," *Christianity Today*, September 4, 1981, 25, Mouly and Robertson, "Zionism," 97에 인용됨.

131 Hummel, *Covenant Brothers*, 161.

132 Hummel, *Covenant Brothers*, 161.

대한 경각심을 불러일으켰으며, 이스라엘에 대한 미국 유대인 지도자들과 로비스트들의 강력한 지지를 유도했다."[133] 이 시기에 그레이엄은 (아마도 아랍 국가 내의 복음주의자들에게 미칠 영향을 우려하여) 친이스라엘 정치에서 한 발 물러나 그의 정치적 발언을 절제했으며, 폴웰이 세운 단체인 도덕적 다수에 반대했다. 폴웰은 곧 그레이엄을 대신하여 미국 기독교 시온주의에서 가장 중요한 지도자로 부상했다.[134]

전천년설과 레이건 대통령의 재임 시절.

> 에스겔은 이스라엘을 대적하는 모든 어둠의 세력을 이끌어나갈 곡이라는
> 나라가 북방에서 나올 것이라고 말한다. 성서학자들은 여러 세대에 걸쳐 곡은
> 틀림없이 러시아라고 말해왔다. 이스라엘 북쪽에 이처럼 강력한 다른 나라가
> 또 어디에 있겠는가? 하지만 이러한 주장은 러시아가 기독교 국가였던
> 러시아 혁명 이전에는 타당하지 않은 주장처럼 보였다. 하지만 이제 러시아가
> 공산주의 무신론 국가가 된 지금, 러시아가 하나님을 대적하게 된 지금,
> 이것은 타당한 주장이다. 이제 러시아는 곡에 대한 설명에 완벽하게 부합한다.[135]
>
> 로널드 레이건, 1971년

1981년에 미국 기독교 시온주의 운동은 기독교 우파와 연대하여 "엘리트

---

133 Hummel, *Covenant Brothers*, 161.

134 Hummel, *Covenant Brothers*, 164. Olson은 Graham이 자신의 견해가 아랍 세계의 그리스도인들에게 미칠 부정적인 영향을 알고 있었다고 지적했는데, 그의 친구인 랍비 Marc Tannenbaum은 Graham이 자신의 사적인 로비활동에 대해 공개적으로 말하기를 꺼린 이유가 바로 이 때문이라고 말했다. Olson, *America's Road*, 171.

135 Boyer, *When Time*, 162.

중심의 활동에서 일반 대중의 풀뿌리 운동으로 전환하는 데 성공했다."[136] 폴웰은 그레이엄보다 대중적인 정치적 기독교 시온주의를 훨씬 더 신중하고 효과적으로 발전시킨 이 운동의 대변인이었다. 기독교 시온주의가 1981년에 대통령이 된 로널드 레이건에게 미친 영향력은 확실했고, "전천년주의자들은 전례 없는 권력을 갖게 되었으며, 새 행정부 내 전천년주의자들의 존재를 언론이 알아채는 데는 그리 오랜 시간이 걸리지 않았다."[137] 레이건은 성경의 예언에 대해 깊고 개인적이며 지속적인 관심을 보였고, 할 린지의 『대유성 지구의 종말』을 읽고 크게 매료되었다.[138] 레이건은 1983년에 미국 복음주의 협회에서 한 연설에서 소련을 "악의 제국"이라고 언급한 것으로 유명한데,[139] 이러한 평가는 린지의 견해와 일치했다. 그의 재임 동안 미국은 이스라엘에 정치적 지지와 함께 아낌없는 재정 및 군사 지원을 지속적으로 제공했다.

제4기: 로버트슨과 해기의 시대(1989년부터 오늘날까지)

[미국 기독교 시온주의 지도자로서] 폴웰의 시대는 오래 가지 못했다. 심지어 정치적 정점에 이르렀을 때에도 기독교 우파와 기독교 우파 시온주의는

---

136 Hummel, *Covenant Brothers*, 184.
137 Weber, *Armageddon*, 200.
138 Boyer, *When Time*, 142.
139 Crawford Gribben, "Rapture Fictions and the Changing Evangelical Condition," *Literature and Theology* 18, no. 1 (March 2004): 79.

혼란을 향해 나아가고 있었다.[140]

대니얼 허멀

1986년에 이르러 폴웰의 도덕적 다수는 쇠퇴하고 있었고, 그는 재정적으로 어려움에 직면한 이 운동의 대표직에서 물러났다. 1980년대 후반 지미 스웨거트(Jimmy Swaggart), 짐과 태미 페이 베이커(Jim and Tammy Faye Bakker)와 같은 주요 인사들의 도덕성 실추는 기독교 우파의 대중적 신뢰도를 심각하게 훼손시켰다. 1989년에 냉전이 종식되면서 소련의 위협은 사라졌고, 기독교 우파는 빠르게 쇠퇴하는 듯 보였다. 같은 해 폴웰은 기독교 우파를 미국 정계의 핵심 구성원으로 세우려는 정치적 목표를 달성했다는 이유로 도덕적 다수의 해체를 선언했다. 그 후 30년에 걸쳐 미국 기독교 시온주의 리더십과 역동성은 다시 한번 큰 변화를 경험하게 되는데, 이번에는 카리스마적이고 오순절주의적인 그리스도인들이 주도권을 잡게 된다.

은사주의적 (또는 갱신주의적) 시온주의자들은 "이 운동을 주도하던 폴웰의 기독교 우파 세력을 와해시킨 후 주도권을 잡고 미국 기독교의 이스라엘에 대한 지지를 재편성했다."[141] 이 길을 열어준 인물은 텔레비전 복음 설교자였던 팻 로버트슨이었다. 그는 1980년대와 1990년대에 미국의 대표적인 기독교 시온주의자로 부상하여 2000년대 중반까지 기독교 시온주의 지도자로 우뚝 선 존 해기의 등장을 위한 길을 마련해주었다. 이들의 리

---

140   Hummel, *Covenant Brothers*, 184.
141   Hummel, *Covenant Brothers*, 186.

더섑은 "미국 정치에서 기독교 시온주의가 미국과 이스라엘의 보수 및 우익의 동맹을 공개적으로 포용하는 방향으로 전환하는 신호탄이었다."[142] 폴웰 시대 이후에 미국 기독교 시온주의 내에 많은 기류가 흐르고 있었음에도 불구하고 "[미국] 기독교 우파와 기독교 시온주의 운동에서 성령이 주도하는 그리스도인의 주도권"을 공고히 한 사람은 그 누구보다도 로버트슨이었다.[143]

로버트슨은 제리 폴웰처럼 버지니아 출신이자 미국 민주당 상원의원의 아들이었다. 워싱턴앤드리 대학교를 졸업한 그는 예일 대학교에서 법학을 공부한 후 20대 중반에 기독교로 개종하고 침례교 목사가 되기로 결심했다. 서른 살이 되던 1960년에 버지니아주 포츠머스에 기독교 방송 네트워크를 설립하고 1966년에는 텔레비전 토크쇼 「더 700클럽」을 시작하여 큰 수익을 올렸다. 1977년에는 기독교 방송 네트워크 대학교를 설립했다 (1990년에 리젠트 대학교로 개명함). 1970년대 후반에는 미국 문화를 점점 더 강하게 비판하며 텔레비전 복음 설교자 세계에서 폴웰과 리더십 경쟁을 벌였지만, 그의 은사주의 신학은 일부 보수 진영에서 여전히 의심을 받았고 그로 인해 그의 영향력은 제한적이었다. 폴웰과 달리 그는 이스라엘 정치인들과 개인적으로 접촉하지 않았다.

그러나 로버트슨은 환난 이후 휴거설을 믿는다는 점에서 전형적인 세

---

142   Hummel, *Covenant Brothers*, 187.
143   Hummel, *Covenant Brothers*, 194.

대주의자가 아니었으며,[144] 1982년 말에 그리스도의 재림이 있을 것이라고 날짜를 정했다는 점에서 한때는 역사주의적 전천년주의자처럼 보이기도 했다.[145] 그 후 다시 1982년에 그의 『비밀 왕국』(*Secret Kingdom*)에서 "표준적인 전천년설 입장을 수용함과 동시에 놀랍도록 낙관적인 후천년설을 지지하면서 로버트슨의 종말론에는 깊은 균열이 생겼다. 그는 우리가 지금 여기서 그리스도를 통해 천년왕국을 누릴 수 있다고 선포했다. '거기에는 평화가 **있을 수 있고**, 풍요로움이 **있을 수 있으며**, 자유가 **있을 수 있다.'"[146] 그는 한때 피터 와그너(Peter Wagner)와 관련된 "지배주의 신학"의 영향을 받아 보수적인 그리스도인들이 적극적으로 정치에 참여하고 세속적인 문제에 대한 주권을 주장해야 한다고 촉구했다. 허멀은 그가 기독교 시온주의 지도자들의 제2인자 그룹에서 1986년 대통령 선거에 출마하겠다고 발표하는 데까지 성장한 것을 그의 업적으로 인정했다. 그는 결국 아이오와주 당원대회에서 부통령 조지 H. W. 부시에 이어 2위를 차지했다.[147] 비록 그는 대통령 입후보에는 실패했지만, 이 경험을 통해 풀뿌리 정치 조직의 중요성을 확신하게 되었다. 1989년에 그는 도덕적 다수의 해체로 인한 공백을 메우기 위해 기독교 연합(Christian Coalition)을 설립했고, 1990년대 초에 그의 관심사는 어떻게 그리스도인들을 정치 행동에 동원할 수 있는지에

---

144   Weber, *Armageddon*, 206.
145   Weber, *Armageddon*, 205.
146   Boyer, *When Time*, 138.
147   Hummel, *Covenant Brothers*, 196.

관한 것이었다. 이는 공화당 전당대회에서 그의 영향력을 인정받은 것에서 그 실효성이 드러났고, 1952년 이후로 공화당이 처음으로 1994년에 하원에서 과반수를 차지하면서 획기적인 성과를 거두었다.

미국 유대인들에게는 기독교 연합이라는 이름 자체가 자신들이 속했던 실패한 도덕적 다수보다 더 불길하게 들렸다. 티모시 웨버에 따르면 "로버트슨의 저서 『신세계 질서』(The New World Order, 1991)에서 분명히 밝혔듯이 로버트슨은 정교한 세대주의 체계를 설명하거나 증명하기보다는 단일세계주의(one-worldism)의 세력을 막는 데 훨씬 더 관심이 많았다."[148] 특히 로버트슨이 『신세계 질서』에서 설명한 음모론의 핵심 주체로 유대인을 지목한 것을 두고 비판자들이 공격에 나섰고, 명예 훼손 방지 연맹(Anti-Defamation League)은 신랄한 비판을 담은 보고서를 발표했다.[149] 이에 맞서 저명한 유대인 보수주의자들은 「뉴욕 타임스」의 광고에 서명하며 반셈족주의라는 비난에 대해 로버트슨을 옹호했다. 또 다른 지지자는 로버트슨과 긴밀히 협력해온 랍비 이첼 에크슈타인(Yichel Eckstein)이었는데, 그의 국제 그리스도인 및 유대인 펠로우십은 복음주의자들의 후원에 의존했다. 허멜이 요약하듯이 "로버트슨은 에크슈타인의 도움으로 일관성이 없고 논란의 여지가 있던 위치를 기독교 시온주의 내의 기독교 우파의 중요성을 강화한 놀라운 학습 경험으로 승화시켰다."[150] 그러나 로버트슨은 기독교 시온주

---

148   Weber, *Armageddon*, 207.
149   Hummel, *Covenant Brothers*, 197.
150   Hummel, *Covenant Brothers*, 198.

의를 위한 중심 기관을 세우는 데 실패했고, 1990년대에는 "시온주의에 대한 폭발적 지지"가 있었음에도 거의 성과를 거두지 못했다. 1997년에는 기독교 연합의 핵심 인물이었던 랠프 리드(Ralph Reed)가 사임했고, 2001년에는 로버트슨이 물러났다. 기독교 연합은 정치적 광야에서 몇 년간 활동을 계속 이어갔다. 기독교 시온주의는 쇠퇴했지만 사라지지는 않았다.

『레프트 비하인드』시리즈. 이 시기에 가장 큰 성공을 거둔 출판물은 팀 라헤이(Tim LaHaye)와 제리 B. 젠킨스(Jerry B. Jenkins)의 『레프트 비하인드』시리즈였다. 이 시리즈는 1995년과 2007년 사이에 쓴 열여섯 편의 종말론 소설이다. 이 시리즈의 총 판매량은 6,500만 부로 추정된다. 이전의 『대유성 지구의 종말』과 달리 이 시리즈는 내러티브 형태의 예언으로 휴거 이후의 세계에 초점을 맞추고 있는데, 그 세계에서 소수의 기독교 개종자 집단은 "환난 군대"(Tribulation Force)를 조직하여 "글로벌 커뮤니티"(Global Community)와 그 지도자인 적그리스도에 대항하여 싸운다. 적그리스도는 마침내 무명의 루마니아 정치인으로 드러나고, 유엔 사무총장이 되어 평화와 질서를 가져올 것을 약속한다. 적그리스도 니콜라에 제티 카르파티아(Nicolae Jetty Carpathia)는 예루살렘 성전산에 있는 모스크 두 채를 "새 바빌론"으로 옮기는 데 성공한다.[151] 소설의 엄청난 인기만큼이나 소설 줄거리에 불쾌감을 느낀 유대인들과 가톨릭 신자들(그리고 아마도 루마니아인들)의

---

151   Ariel, "It's All in the Bible," 282.

거센 항의가 빗발쳤다.[152]

러시아, 공산주의의 붕괴, 예언에 대한 재고. 베를린 장벽이 해체된 이후 냉전의 종식은 서방 세계의 숙적이 이제 더 이상 소련이 아님을 의미했으며, 이는 미국 기독교 시온주의에 큰 영향을 미쳤다. 세대주의자들은 70년 동안 소련을 에스겔 38-39장에 언급된 앞으로 도래할 북방 동맹국의 지도자 곡과 마곡으로 규정했다. 폴 보이어(Paul Boyer)는 1945년부터 1990년대 초까지 미국에서 예언을 대중화시킨 이들에 대한 철저한 연구에서 이 핵심적 세대주의 신념이 "수백만 미국인의 신앙 체계에 확고하게 자리 잡았고,[153] 그 결과 "냉전 시대의 미국의 입장을 형성하는 데 기여했으며, 전후 수십 년간 미국 문화에 만연해 있던 소련에 대한 극도로 적대적인 시각을 신학적으로 강화했다"고 주장했다.[154] 그는 다음과 같이 말한다.

우리는 더 큰 그림을 보아야 한다. 제2차 세계대전 종식부터 20세기가 끝날 때까지 수백만 부가 팔린 책을 쓴 수많은 예언 작가들과 수백만 명이 넘는 사람에게 다가간 TV 및 라디오 설교자들은 러시아의 멸망이 대다수 미국인들이

---

152 『레프트 비하인드』 시리즈에 관해서는 다음을 보라. Ariel, *An Uncommon Relationship*, 46-57, and Sherryll Mleynek, "The Rhetoric of the 'Jewish Problem' in the *Left Behind* Novels," *Literature and Theology* 19, no. 4 (November 2005): 367-83, and Gribben, "Rapture Fictions," 77-94.

153 Boyer, *When Time*, 174.

154 Boyer, *When Time*, 174-75.

하나님의 영감으로 된 책으로 여기는 성경에 명시적으로 예언되어 있다고 가르쳤다. 이러한 종교적 요인을 주목하지 않고서는 냉전 정치와 문화를 온전히 이해할 수 없다.[155]

1990년대 초 소련의 붕괴는 "2차 대전 이후의 예언적 가르침의 중심축이 갑자기 사라졌다"는 점에서 문제를 초래했다.[156] 일각에서는 이러한 상황이 단지 일시적이라고 주장했고, 대다수는 이 문제를 무시하고 주제의 변화를 꾀하려 했다. 러시아를 대신하여 새로운 관심사로 떠오른 것은 오랫동안 세대주의 사상에서 중요한 주제였던 새로운 세계 질서의 출현이었는데, 이는 1920년대에 세대주의자들이 국제연맹에 대해 표명했던 우려를 상기시켰다.

러시아에 대한 관심을 대체한 또 다른 위험 요소는 서방 세계의 오랜 숙적이었던 이슬람에 대한 관심의 부활이었고, 로버트슨과 다른 이들에게는 이것이 "단일세계주의"라는 논의와 맞물려 있었다. 1970년대 초부터 세대주의 작가들은 1973년의 석유파동과 함께 이슬람 근본주의의 부상에 더욱 관심을 보였다. 이러한 관심은 1979년의 이란 혁명 이후에 더욱 커졌고, 1980년대 초에 이르러서는 이슬람의 위험성이 점점 더 주목을 받았다. 1990년의 이라크의 쿠웨이트 침공은 세대주의 작가들에게 큰 호재로 작용

---

155   Boyer, *When Time*, 175.
156   Weber, *Armageddon*, 204.

하여 『대유성 지구의 종말』의 판매가 다시 한번 급증했고, 완전히 새로운 예언 서적들이 대거 출간되었다. 그리고 새로운 분쟁이 중동에서 발생하자 성경 교사들은 새로운 해석, 즉 러시아가 아닌 "이라크가 요한계시록의 바벨론"이라는 새로운 해석을 내놓았다.[157] 서방 세계의 가장 큰 적인 러시아를 이슬람 근본주의가 대체하고 있었으며, 이제는 이슬람 근본주의가 그리스도인들과 이스라엘의 공동의 적으로 인식되었다. 2003년에 미국 복음주의 협회의 한 주요 인사가 말한 것처럼 "복음주의자들은 소련을 이슬람으로 대체했다. 무슬림은 현대판 악의 제국 같은 존재가 되었다."[158]

백악관 대통령 집무실과 이스라엘(조지 H. W. 부시부터 트럼프 시대까지). 레이건의 후임자였던 조지 H. W. 부시(1989-1993년 대통령)는 기독교 시온주의자들의 지지에 의존했고 확실하게 친이스라엘 정책을 따랐다. 빌 클린턴(1993-2001년 대통령)은 명목상 복음주의자였다. 그는 복음주의 가정에서 자랐고[159] 남침례교 교인이었지만, 보수적인 복음주의자들로부터 거의 지지를 받지 못했다. 그는 1994년 크네세트(Knesset, 이스라엘 의회) 연설에서 침례교 목사였던 W. O. 보트(Vaught) 목사의 말을 상기했다. "만약 당신이 이스라엘을 버린다면 하나님은 결코 당신을 용서하지 않으실 것입니다.… [그는] 성경에 나오는 유대 민족의 고향인 이스라엘이 영원토록 지속되는

---

157 Weber, *Armageddon*, 208.
158 Spector, *Evangelicals and Israel*, 57.
159 Ariel, *Unusual Relationship*, 182.

것이 하나님의 뜻이라고 말씀하셨습니다.…여러분의 여정은 우리의 여정
이며, 미국은 영원히 이스라엘을 지지할 것입니다."[160] 역사가들은 기독교
시온주의가 클린턴에게 영향을 미쳤다는 다른 증거를 거의 발견하지 못했
지만, 아리엘은 "역대 어느 대통령보다 유대인들에게 자신의 행정부를 개
방하고 이스라엘에 깊은 관심을 보인 이 미국 대통령의 뿌리와 문화적 배
경이 다름 아닌 이스라엘에 대한 성경적 비전을 지닌 미국 바이블 벨트였
다는 사실을 인식하는 것이 중요하다"고 논평했다.[161]

클린턴의 후임자였던 조지 W. 부시(2001-2009년 대통령)는 자신을 헌
신적인 보수 복음주의자로 여겼으며, 전천년설을 지지하는 기독교 시온주
의자들에 대해 매우 민감했다.[162] 부시는 9월 11일 테러 사건 이후 며칠 만
에 "테러와의 전쟁"을 촉구하는 성명을 발표했다. 이어서 그는 "이 십자군
전쟁, 즉 테러와의 전쟁은 시간이 좀 걸릴 것"이라고 말함으로써 아마도 대
통령 임기 중 그의 가장 큰 실수라고 볼 수 있는 과오를 범했다.[163] **십자군**
이라는 단어 사용은 아랍과 무슬림 세계를 경악하게 했으며, 중세 전성기

---

160 Daniel G. Hummel, "Foreign Policy and Religion: U.S. Foreign Policy Toward Israel,"
in *Oxford Research Encyclopedia of Politics*, ed. Paul A. Djupe, Mark J. Rozell, and Ted
G. Jelen (Oxford: Oxford University Press, 2019), 1-2, https://doi.org/10.1093/
acrefore/9780190228637.013.988.

161 Ariel, "It's All in the Bible," 270.

162 조지 W. 부시와 이스라엘의 관계에 관한 자세한 내용은 다음을 보라. Ariel, *Unusual
Relationship*, 183.

163 George W. Bush, "Remarks by the President upon Arrival," Office of the Press
Secretary, 16 September 2001. https://georgewbushwhitehouse.archives.gov/news/
releases/2001/09/20010916-2.html.

의 참혹한 종교적, 군사적 십자군 전쟁을 떠올리게 했다. 무슬림 세계의 많은 이들은 테러와의 전쟁을 사실상 미국 외교 정책의 핵심 목표인 이슬람과의 전쟁으로 이해했다. 당시 주요 무슬림 4개 국가의 여론을 조사한 한 연구는 국민 대다수가 사실상 미국의 의도가 이슬람과의 전쟁이라는 견해를 받아들였고, 따라서 미군은 모든 이슬람 국가에서 철수해야 한다는 견해를 강력히 지지했음을 보여주었다.[164] 더빈이 지적했듯이 "9월 11일과 같은 사건이 무슬림에 대한 미국인의 시각과 이스라엘인에 대한 시각에 미친 영향을 과소평가하기는 어렵지만"[165] "기독교와 유대교 모두에 대한 공동의 적을 만들고 확인하는 계기는 우리 편이 누구이고 누가 아닌지를 정의하는 데 기여했다."[166] 기독교 시온주의 연설가들은 이러한 사건을 자주 이용하여 "미국인과 이스라엘인 사이에 유대감"을 조성하고(정체성은 아니더라도) "이슬람 테러리즘에 대한 공포가 이스라엘에 대한 미국의 친밀감을 더욱 강화하는 데 기여했고 앞으로도 계속 그러한 역할을 할 것"이라는 점을 강조했다.[167] 숀 더빈은 다음과 같이 말한다.

미국 그리스도인들이 공산주의와의 싸움을 확대하기 위한 전략의 일환으로 유대인과 이스라엘을 유대교-기독교 문명의 테두리 안으로 끌어들인 것처럼,

---

164   Clifford A. Kiracofe, *Dark Crusade: Christian Zionism and US Foreign Policy* (London: L.B. Tauris, 2009), 44.

165   Durbin, *Righteous Gentiles*, 47.

166   Durbin, *Righteous Gentiles*, 121.

167   Durbin, *Righteous Gentiles*, 47.

이 새로운 테러 위협 또한 그들이 자신을 거짓되고 사탄에게 영감을 받은 이데 올로기의 노예가 된 후진적이고 야만적인 적이 아니라 서구 문명의 핵심인 하 나님을 ("진정으로") 경외하는 문명의 전달자로 정의할 수 있게 해주었다.[168]

버락 **후세인** 오바마(Barak Hussein Obama)는 세대주의자들이 가장 싫어하는 대통령이었다.[169] 그의 가운데 이름은 미국이 전복시킨 전 이라크 대통령을 떠올리게 했고, 오바마가 겉으로 드러나지 않은 무슬림이며 미국보다 이슬 람 국가의 국익을 지지한다는 의혹을 불러일으켰다. 오바마가 당선되기 훨 씬 전부터 기독교 시온주의자들은 오바마의 최측근 목사인 제러마이어 라 이트(Jeremiah Wright)의 발언에 대해 우려했는데, 그들은 그의 발언을 반셈 족주의적이라고 생각했다.[170] 특히 2016년에 서안지구 정착촌을 비난한 유 엔 안보리의 이스라엘 규탄 결의안에 오바마가 거부권을 행사하지 않은 것 (미국 대통령으로는 처음으로)은 그들을 더욱 분노케 했다. 오바마와 베냐민 네타냐후의 관계는 아마도 이스라엘 건국 이래 이스라엘 총리와 미국 대통 령의 관계 중 최악이었을 것이다.

이스라엘에 대한 트럼프 정부의 태도는 오바마 정부보다 훨씬 더 우호 적이었다. 2017년에 트럼프 대통령은 예루살렘을 이스라엘의 수도로 인정 하고 이스라엘 주재 미국 대사관을 텔아비브에서 예루살렘으로 옮기겠다

---

168   Durbin, *Righteous Gentiles*, 47.
169   다음을 보라. Durbin, *Righteous Gentiles*, 176-90.
170   오바마에 대한 태도에 관한 자세한 논의는 다음을 보라. Durbin, *Righteous Gentiles*, 19-51.

고 발표했다. 2018년 5월 14일, 이스라엘 독립 선언 70주년을 맞아 예루살렘에 미국 대사관이 문을 열었다. 미국을 대표하여 마이크 펜스 부통령이 참석했는데, 그는 2000년대 초에 인디애나주 하원의원 시절 미국 의회 내 기독교 시온주의 로비활동을 주도한 인물이었다. 2019년 11월에 마이크 폼페이오 국무장관은 미국이 더 이상 점령지 내의 이스라엘 정착촌을 국제법 위반으로 간주하지 않는다고 발표했다.[171] 많은 사람들은 트럼프 행정부의 이러한 조치를 트럼프를 지지해온 기독교 시온주의자들에 대한 보답으로 여겼다.

미국 기독교 시온주의의 존 해기 시대(2006년 이후).

> 미국 그리스도인들이 이스라엘을 위해 현실 정치의 세계로 뛰어들게 한
> 모든 지도자 중에는...해기와 CUFI가 가장 유명하고 유능하다고 말할 수 있다. …
> 2006년 2월에 CUFI가 창립된 이후 수년 동안 이 단체는 그들이 단지 또 하나의
> 정치 로비 단체에 지나지 않고 이스라엘을 위해 세상에서 하나님의 목적을
> 이루기 위한 하나님의 도구라는 수사적 프레임을 사용하여
> 자신들의 성장과 상대적 성공을 설명했다.[172]
>
> 손 더빈

이스라엘을 위한 그리스도인 연합(Christians United for Israel, CUFI)은 자신

171　Lara Jakes and David M. Halbfinger, "In Reversal, U.S. Sides with Israel on Settlements," *New York Times*, November 19, 2019, A1 N.

172　Durbin, *Righteous Gentiles*, 54.

들이 미국에서 가장 큰 규모의 친이스라엘 단체라고 주장한다.[173] 이 단체는 2006년에 텍사스주 샌안토니오의 코너스톤 교회 목사인 존 해기(John Hagee)가 이스라엘을 지지하는 미국 그리스도인의 결집을 위해 무언가를 해달라는 베냐민 네타냐후의 요청을 받아 설립한 것이다.[174] CUFI는 2021년에 1천만 명이 넘는 회원을 보유하고 있다고 한다.[175] 네타냐후는 이 단체의 웹사이트에 개인적 지지를 다음과 같이 표명했다. "나는 CUFI가 이스라엘의 국가 안보에 매우 중요하다고 생각한다."[176] 2006년부터 2015년까지 이 단체의 핵심 인물은 데이비드 브로그(David Brog)였는데, 그는 보수파(비메시아적) 유대인이자 전 이스라엘 총리 에후드 바라크의 사촌이었다. 브로그는 아리 모르겐슈테른(Ari Morgenstern)을 포함하여 다른 유대인들의 도움을 받았고, 모르겐슈테른은 홍보 책임자로서 "CUFI의 메시지가 브로그가 원하는 바와 일치하도록 했다. 즉 복음주의 그리스도인들이 이스라엘을 지지해도 CUFI는 절대 개종을 강요하지 않을 것이므로 (그의 유대인 지지자들에게) 그들은 '안전'하다는 메시지를 전달하는 것이었다."[177] 다른 단체와 달리 CUFI의 연간 수입은 사실상 확인이 불가능해 보이지

---

173 CUFI에 관한 내용은 다음을 보라. Durbin, *Righteous Gentiles*.

174 이 이야기는 네타냐후가 참석한 자리에서 Hagee를 비롯한 CUFI 연설가들이 자주 언급한 것이다. Durbin, *Righteous Gentiles*, 56-57.

175 CUFI.org, 2021년 1월 21일에 조회함.

176 Benjamin Netanyahu, "How You Can Bless Israel," http://cufi.convio.net/blessingisrael/BlessingIsrael_Booklet_2015.pdf. 2021년 1월 21일에 조회함.

177 Troy Anderson "Where Your Israel Donation Really Goes," *CharismaNews*, October 22, 2013, https://www.charismanews.com/opinion/standing-with-israel/47005-where-your-israeldonation-really-goes.

만,[178] 700만 명에 달하는 등록회원이 연간 평균 20달러씩만 기부한다고 가정하더라도 수입은 1억4천만 달러를 훨씬 초월할 것이며, 이것은 2017년에 1억2천백만 달러에 달했던 국제 그리스도인 및 유대인 펠로우십의 수입을 능가하는 액수였다.

해기는 기독교 시온주의의 목표에 초점을 맞춘 전국적인 풀뿌리 조직을 만들어 폴웰과 로버트슨이 실패한 영역에서 성공을 거둘 수 있었다. 오순절주의 스타일의 건강과 부를 추구하는 해기의 번영 복음은 폴웰에게 혐오스러운 것이었지만, 로버트슨의 복음과는 상당히 유사했다. 그러나 "과거의 그 어떤 기독교 시온주의자보다 해기는 번영신학과 창세기 12:3[이스라엘을 축복하라는 명령]을 하나로 묶어 이스라엘에 대한 자신의 사고 중심에 둔 인물이었다."[179] 해기는 1978년에 이스라엘을 방문한 이후 기독교 시온주의 진영에서 계속 활동했지만, 1981년 6월에 그의 텍사스 교회에서 "이스라엘을 기리는 밤"을 시작한 것이 그를 기독교 시온주의 지도자로 부상하게 만든 계기가 되었다. 이 행사는 미국과 이스라엘의 민족주의를 혼합하여 큰 호응을 얻었다. 이 행사는 대대적인 성공을 거두었기 때문에 곧 연례행사로 자리 잡았고, 이를 고맙게 여긴 이스라엘 정치인들의 관심을 받았다. 그가 2000년대 초에 수용한 번영 복음의 주제들은 그의 여러 저서에서 분명하게 나타났으며, 그는 기독교 우파의 다른 유명 인사와도 긴

---

178 저자는 해당 기관에 연락했지만, 그들은 재무 정보를 대중에게 공개하지 않는다는 답변을 받았다.

179 Hummel, *Covenant Brothers*, 202.

밀한 관계를 맺었다.[180] 그들은 다 함께 미국과 미국 그리스도인들에게 하나님의 축복을 가져다줄 성경의 언약 명령을 강조했다. 번영 복음을 수용한 시온주의자들은 "하나님의 축복은 그리스도인들에게 달려 있으며, 성경은 그 과정을 명확하게 설명했다"고 믿었다.[181] 더빈은 이러한 맥락에서 "이스라엘을 축복하는" 것의 역할을 다음과 같이 요약한다. "이스라엘을 '축복'하는 행위는 기독교 시온주의자들이 자신들의 정체성을 더욱 분명하게 정의하고 실현하도록 돕고, 그 과정에서 그들 자신을 성스러운 역사 속에서 하나님의 계획이 이 세상에서 실현되도록 돕는 하나님의 대리인으로서 자리매김할 수 있게 한다."[182]

해기는 유대인과 이방인의 영원한 구분과 같은 세대주의 신학의 기본 요소들을 옹호한다. 다비는 유대인들은 하나님의 지상 백성이므로 이 땅에서 그리스도와 함께 통치할 것이고, 이방인 신자들은 하나님의 천상 백성이므로 하늘에서 그리스도와 함께 통치할 것이라고 말했다. 해기는 "내가 네게 큰 복을 주고 네 씨가 크게 번성하여 하늘의 별과 같고 바닷가의 모래와 같게 하리니 네 씨가 그 대적의 성문을 차지하리라"는 창세기 22:17에 대한 자신의 주해에서 이 점을 상기시킨다. 이 구절을 다비의 방식으로 풀어낸 해기의 주장에 따르면 별은 하나님의 영적 자녀인 교회(이방인)를 상징하지만, "해변의 모래"는 "지상의 것을 의미하며 문자적으로 예루살렘이

---

180   Hummel, *Covenant Brothers*, 204.
181   Hummel, *Covenant Brothers*, 206.
182   Durbin, *Righteous Gentiles*, 240.

수도인 지상 왕국을 상징한다. 별과 모래는 동시에 존재하며 어느 한쪽도 다른 쪽을 대체할 수 없다. 마찬가지로 이스라엘과 교회는 동시에 존재하며 서로를 대체하지 않는다."[183] 그러나 더빈과 스펙터가 주장했듯이 해기 진영의 기독교 시온주의자들은 단지 종말론의 영향만 받은 것처럼 보이지는 않는다. 사회적·정치적 요인들, 심지어 동시대 사건들 역시 그들에게 중요한 영향을 미쳤다.

해기와 그의 조직에 대한 (다소 논쟁적인) 더빈의 최근 연구는 기독교 시온주의라는 표현에 담겨 있는 사고방식을 검토한다. 더빈의 주장에 따르면 CUFI와 관련된 기독교 시온주의자들은 문자적 성경 읽기를 통해 얻은 세계관을 바탕으로 활동하고 있으며, 자신들을 이러한 성경 읽기가 계시한 역사의 방향에 관한 궁극적 진리를 깨달은 자들로 여긴다. 이러한 세계관의 핵심은 성경이 "이스라엘"을 언급할 때마다 그것이 유대인, 그리고 나아가 오늘날의 이스라엘에 대해 언급하고 있다고 이해하는 것이다. 간단히 말해 기독교 시온주의자들의 사고에서 고대 이스라엘인들은 "현대 이스라엘인들과 동의어다."[184]

그들은 이러한 세계관을 공유하지 않는 사람은 제아무리 좋은 의도를 갖고 있다 하더라도 그들의 견해에 동의하지 않는 그리스도인들(자유주의자와 보수주의자 모두)을 포함하여 모두 잘못된 길을 가고 있다고 생각한다.

---

183   Hagee. Durbin, *Righteous Gentiles*, 128에서 인용됨.
184   Durbin, *Righteous Gentiles*, 103.

해기와 같은 이들이 제시하는 기독교 시온주의 담론은 종종 그들에게 동의하지 않는 이들을 악마로 묘사하고 그들이 자신을 반대하거나 지지하지 않는 것이 사탄 때문이라고 주장한다. 그들은 기독교 시온주의 역사를 읽으며 새프츠베리 경이나 윌리엄 헤클러 같이 먼 미래를 내다볼 줄 아는 그리스도인들이 자신들처럼 하나님 편에 서 있었다는 사실을 스스로 입증하려 했다. 그들을 의심한 자들은 그들을 반대하는 자들과 마찬가지로 반셈족주의 세력으로 간주했다. 잘못된 생각을 지닌 그리스도인 외에 또 다른 거대한 적은 아랍인들이며, 그들과의 대립은 성경에 나오는 이삭과 이스마엘 간의 경쟁으로 거슬러 올라갈 수 있다.[185] 기독교 시온주의자들과 유대인들은 하나님 편이며, 미국인과 이스라엘인은 "유대교-기독교"의 수호자로서 하나가 되었다. 이 두 집단은 아랍인과 이슬람(종종 동일시됨)과 대립하는 위치에 있다. 미국과 이스라엘은 "유대교-기독교"를 공유하고 있으며, 하나님이 보시기에 언약의 형제다. 그리고 그리스도인들에게는 유대인을 "축복"해야 하는 책임이 반복적으로 주어지는데, 이는 재정적 희생과 정치적 지원을 수반하며, 이 모든 것은 종교적 의무에 포함된다.

해기는 이러한 사고방식과 메시지를 통해 유대인과 기독교 시온주의자들의 지지를 받는 대중적인 운동을 창시했다. 해기가 지도자로 있는 동안 "그와 CUFI는 트럼프 행정부가 선호하는 친이스라엘 로비 단체가 되었

---

185   Durbin, *Righteous Gentiles*, 122-31.

으며 복음주의자들이 백악관과 의기투합하는 데 중요한 역할을 했다."[186]
심지어 이스라엘의 일부 정통파 유대인들도 해기와 협력하게 되었는데, 이
는 그들이 기독교 시온주의 운동을 지원하고 옹호하기 위해서는 유대인 전
도를 축소할 수 있다는 해기의 의지에 고무되었기 때문이다.

　냉전의 시작이 기독교 시온주의자들에게는 이스라엘에 대한 위협으로
인식되어 "유대교-기독교"라는 이름으로 유대인과 그리스도인을 하나로
결속시키는 데 기여한 것처럼, 급진적 이슬람 세력도 그들에게 소련을 대체
할 수 있는 실존적 위협을 주는 적으로 대두되었다. 2005년에 이란 대통령
으로 당선된 마흐무드 아흐마디네자드는 곧 새롭게 주목받는 인물로 떠올
랐다. 이스라엘을 세계 지도에서 지워버리겠다는 그의 거듭된 위협과 핵무
기 개발 추진 계획은 이란의 위협이 최우선 과제가 되게 만들었다. 기독교
시온주의자들은 이란의 위협과 관련하여 에스더서에서 페르시아의 관리였
던 하만이 유대 민족을 멸망시키려 했던 사건을 자주 인용하며 하만과 이
란 지도자 사이에서 유사점을 발견했다.[187] 기독교 시온주의자들이 사용한
해석의 틀 안에서 "사탄이 하만을 이용하여 전 세계의 모든 유대인을 멸망
시킴으로써 예수의 **초림**을 막으려 했던 것처럼, 이스라엘을 멸망시키겠다
는 아흐마디네자드의 위협은 예수의 **재림**을 막으려는 사탄의 욕망과 연결
되어 있었고, 기독교 시온주의자들에게는 이것이 예루살렘과 밀접하게 연

186　Hummel, *Covenant Brothers*, 209.
187　다음을 보라. Durbin, *Righteous Gentiles*, chap. 3.

관되어 있었다."[188] 에스더는 하나님이 사용하시도록 자신을 내어드린 사람의 본보기이며 기독교 시온주의자들은 (역사에서 유대인 편에 섰던 "의로운 이방인들"처럼) 이스라엘을 지지하는 데 있어 그녀를 본받아야 한다. 그녀는 "하나님이 택하신 백성을 멸망으로부터 구원하고 역사 속에서 하나님을 드러내기 위해 택함을 받은 한 사람으로서 좋은 모범이 된다. 또한 그녀는 오늘날 기독교 시온주의자들이 자신의 사역을 이처럼 긴박한 소명으로 여기며 인용하는 하나의 예가 된다."[189] 더빈의 견해에 따르면 이와 같은 열혈지지자들은 에스더서를 역사의 유물로 간주하지 않으며, 이 책에서는 인간의 도구성, 영적 전쟁 참여, 누구나 하나님의 계획에서 중요한 인물이 될 수 있다는 점이 중요하다. 에스더의 이야기는 "정치 활동을 종교적으로 헌신하는 행위로 탈바꿈"하기 위해 사용되는데,[190] 에스더서는 예언서가 아니며 하나님의 이름을 단 한 번도 언급하지 않는다는 점에서 아이러니하다.

기독교 시온주의자들은 자주 자신들을 성경 본문에 집어넣고 성벽 위에 있는 이스라엘의 "파수꾼"이 되어야 한다고 말하는데, 이는 "예루살렘이여 내가 너의 성벽 위에 파수꾼을 세"웠다는 이사야 62:6의 표현을 인용한 것이다. 그리스도인 파수꾼은 "이스라엘과 유대 민족을 사랑하는 마음을 가져야 한다." 그들이 공유하는 기독교 시온주의의 정체성은 기도, 재정적 후원 또는 정치적 로비활동을 통해 함양되고 확립된다. "이러한 행위는

---

188   Durbin, *Righteous Gentiles*, 98.
189   Durbin, *Righteous Gentiles*, 99.
190   Durbin, *Righteous Gentiles*, 116.

다양한 성경 본문의 언급을 통해 개인을 '성벽 위의 파수꾼'으로 재정의하고 자기 자신을 역사의 한 시점에 하나님이 자기 뜻을 이루기 위해 선택하신 인물인 것처럼 성경 본문에 집어넣는 역할을 한다."[191]

기독교 시온주의자들의 정치적 영향 평가하기

1967년 이후로 이 모든 로비활동이 얼마나 중요했는지에 대한 평가는 논쟁의 여지가 있다. 일부 작가들은 기독교 시온주의의 로비활동이 미국의 외교 정책을 결정지은 것처럼 말한다. 그러나 새뮤얼 골드먼은 이러한 주장이 과장된 것은 아닌지 의문을 제기하며 다음과 같이 말한다.

> 이러한 로비활동이 미국의 외교 정책을 최근의 전개 방향에서 크게 벗어나게 했음을 증명한 연구 결과는 없다. 많은 분석가에 따르면 부시 대통령 재임 시절의 백악관은 클린턴 행정부와 마찬가지로 이스라엘과의 관계에서―안보 협력, 경제 관계 증진, 양국 간 협상을 통한 합의 등―동일한 목표를 추구했다.… 미국인 대다수는 이스라엘을 우방으로 여겼으며 오랫동안 그렇게 생각해왔다. 미국의 외교 정책은 누가 백악관의 대통령 집무실에 앉아있든지 이 사실을 반영했다.[192]

---

191   Durbin, *Righteous Gentiles*, 103.
192   Goldman, *God's Country*, 174.

이러한 관찰은 적어도 도널드 트럼프 행정부가 이스라엘을 적극 지지하고 마이크 펜스 부통령을 비롯한 기독교 시온주의자들을 행정부에 포진시키기 전까지는 타당해 보인다.

웨버의 주장에 따르면 초기에는 세대주의자들의 영향력이 "지하에서 더 간접적으로 이루어져서 군비 증강의 불가피성, 평화 회담의 실패, 위기 심화, 핵전쟁에 대한 소극적인 자세를 낳았다. 어차피 일어날 일이라면 어떤 노력을 해도 소용이 없다는 식이었다."[193] 1970년경까지는 많은 기독교 시온주의자들이 이러한 생각을 하고 있었을 수도 있지만, 그것이 그 이후에도 적용 가능한지는 의문이다. 더빈은 CUFI에 대한 연구에서 이러한 관점에 이의를 제기했는데, 1970년대부터 새롭게 활동을 시작한 기독교 시온주의자들은 자신들의 종말론적 관점을 강화하고(비록 외부인들과 관련해서는 종말론적 강조점을 경시하는 경우가 많지만) 정치 참여를 독려했다고 주장했다. 그는 그들이 "아마겟돈을 앞당기려고" 하지 않고 하나님의 뜻을 위태롭게 할 수 있는 행위를 저지하는 하나님의 도구가 되려고 했다고 말한다. 그들의 목표는 하나님의 사역이 이 세상에서 성취될 수 있도록 준비하는 것이며, "바로 이 일을 통해 겉보기에 평범한 정치적 행동이 하나의 종교적 행위로 재구성된다." 그들은 "하나님의 뜻을 강압적으로 실현하기"보다는 단순히 "에스더의 역할을 수행하는 것이다."[194]

---

193 Weber, *Armageddon*, 203.
194 Durbin, *Righteous Gentiles*, 116.

13장

미국 기독교 시온주의 단체와 그 활동

미국 기독교 시온주의자들은 적어도 세 가지 분야에서 분주하게 활동하고 있다. 첫째, 그들은 미국 내 여러 교회를 대상으로 이스라엘에 대한 교육을 실시하고, 친시온주의 자료(책, CD 등)를 배포하며, 이스라엘을 위한 기도 후원을 요청하고, 친시온주의자들의 성지 순례 여행을 기획하며, 이스라엘 관련 정책과 예산 책정에 대해 미국 정부에 로비활동을 한다.[1] 이것은 정치적으로 그들이 전반적으로 공화당을 강력하게 지지한다는 것을 의미하는데, 이는 정치 여론조사를 통해 알 수 있듯이 공화당 지지자들이 민주당 지지자들보다 (큰 폭의 차이로) 친이스라엘 성향이 훨씬 더 높기 때문이다. 둘째, 그들은 이스라엘 내에서 이스라엘 자선단체를 아낌없이 지원하여 유대인의 이스라엘 이민을 위한 자금 지원을 돕고, 푸드뱅크, 노인 지원, 이스라엘 군인 지원과 같은 사회 복지 서비스를 제공하기 위해 노력하고 있다. 셋째, 그들 가운데 다수는 미국과 이스라엘 양국 내에서 유대인들을 대상으로 하는 전도 활동을 지원한다. 이러한 활동은 대부분 미국 전역에서 지역 교회를 통해 이루어진다. 그 밖의 다른 활동은 다양한 기관의 후원으로 이루어지는데, 일부는 기독교 시온주의 메시지 전파에, 일부는 전도에, 또 일

---

1   Jeremy M. Sharp, "U.S. Foreign Aid to Israel," Congressional Research Service, 2018년 4월 10일, https://fas.org/sgp/crs/mideast/RL33222.pdf.

부는 "이스라엘을 축복하라"는 주제 아래 특정 자선 사업에 주력한다.[2]

기독교 시온주의자들이 지원하는 두 주요 단체

국제 그리스도인 및 유대인 펠로우십(International Fellowship of Christians and Jews). (12장에서 논의한) CUFI 외에도 기독교 시온주의자들 사이에서 강력한 지지를 받는 두 단체가 있다.[3] 미국 기독교 시온주의자들의 자선 기부금 대부분은 (작고한) 랍비 예히엘 에크슈타인의 국제 그리스도인 및 유대인 펠로우십에 전달되어 왔는데, 이 기관은 비록 기독교 단체는 아니지만, 1983년에 설립되어 160만 명의 그리스도인 기부자로부터 매년 엄청난 액수를 모금함으로써[4] "이스라엘과 전 세계 유대인을 돕는 그리스도인들이

---

2 기독교 시온주의자들은 후하게 베푸는 기부자들이다. 그들이 시온주의자들과 유대인을 위해 기부한 금액은 2017년에 약 1억 3,000만 달러에 달하지만, 여기에 가장 큰 단체인 Christians United For Israel의 기부금 수입은 포함되지 않았으며, 그들의 수입은 이 총액보다 훨씬 많을 것으로 추정된다.

3 CUFI와 아래에서 자세히 설명된 두 단체 외에도 웹사이트를 통해 전 세계적으로 지부를 두고 있다고 밝힌 다른 단체들도 있다. 캔자스에 본부를 둔 Unity Coalition for Israel은 "세계 최대 규모의 친이스라엘 단체 네트워크"로서 "4천만 명 이상의 미국인"을 대표하는 단체라고 주장하며, 그밖에 Bridges for Peace, Christian Friends of Israeli Communities, 6,700만 명의 회원을 보유하고 있다고 주장하는 Jerusalem Prayer Team(전 이스라엘 총리 2명이 웹사이트를 통해 지지하고 있음), Christian Friends of Israel, National Christian Leadership Conference for Israel(구 Christians Concerned for Israel), 뉴욕주 클라렌스에 기반을 두고 있지만 이스라엘에서 매우 활발한 활동을 하는 Eagles' Wings와 같은 단체들이 있다.

4 2017년 수입은 121,344,000 달러다. ProPublica Nonprofit Explorer, "International Fellowship of Christians & Jews," https://projects.propublica.org/nonprofits/organizations/363256096.

후원하는 가장 큰 인도주의적인 기관이 되었다."[5] 이 단체는 이스라엘과 디아스포라 유대인을 돕기 위해 14억 달러 이상을 모금했다고 주장한다. 이 단체는 이스라엘을 지지하는 그리스도인을 모집하여 반이스라엘 성향이 나타나는 곳이면 어디든 달려가 이에 맞서 싸우도록 하고 있다. 이 기관에는 가난한 자들에게 식량과 의료서비스를 제공하는 프로그램(「이스라엘 수호자」)이 있으며, 「이사야 58장」이라고 불리는 프로그램은 러시아 유대인을 돌보는 데 중점을 두고 있으며, 「독수리의 날개로」는 가난한 전 세계 유대인들이 이스라엘로 이주하도록 돕고, 「스탠드 포 이스라엘」은 특히 미디어에서 반셈족주의에 맞서 싸우기 위한 기도와 정치적 후원에 주력하고 있다.[6]

많은 기독교 시온주의자들은 랍비 에크슈타인이 메시아 신자(즉 유대 그리스도인)라고 생각했지만, 사실 그는 정통파 랍비였다. (에크슈타인은 2019년 초에 갑자기 사망했다.) 2014년에 「카리스마」 매거진은 "당신의 이스라엘 기부금이 실제로 사용되는 곳"이라는 제목의 기사를 내보냈다. "[복음주의자들이 지원하는] 일부 단체는 메시아 신자들을 지원하지 않을 뿐만 아니라 종종 실제로 그리스도를 믿는 형제자매들을 저해하는 활동을 지원하는 데 후원금을 사용한다. 국제 그리스도인 및 유대인 펠로우십이 바

---

5   International Fellowship of Christians and Jews, "Rabbi Yechiel Eckstein, 1951-2019," https://www.ifcj.org/who-we-are/leadership/rabbi-yechiel-eckstein/.
6   Ifcj.org 웹사이트. 2017년 9월 28일에 접속함.

로 그 예 중 하나다."[7] 에크슈타인이 복음주의자들과 접촉할 수 있었던 것은 팻 로버트슨 및 제리 폴웰과의 우정과 제리 로즈(Jerry Rose), 고(故) 제이미 버킹엄(Jamie Buckingham), 저명한 복음주의 출판인 고(故) 로버트 워커(Robert Walker)와 같은 복음주의 지도자들의 지원 덕분이었다.

예루살렘 국제 기독교 대사관(International Christian Embassy Jerusalem). 기독교 시온주의 진영에서 가장 대중적 관심을 끌고 있는 두 번째 기관이자 "이스라엘에서 가장 주목받고 있는 기독교 시온주의 기관"은 예루살렘 국제 기독교 대사관(ICEJ)이다.[8] 이 단체의 기원은 이스라엘에 거주하는 외국인 기독교 시온주의자들이 매주 모여 기도하고 서구 기독교 교회에서 커지고 있는 반이스라엘 정서에 대응하는 방법을 논의하기 시작한 1970년대 초로 거슬러 올라간다. 이 모임에 영향을 미친 것은 히브리 뿌리 운동인데, 이 운동은 유대교와 기독교 신앙의 접점을 찾고 유대계 이스라엘인들과의 다리를 놓으며 기독교 예배에서 히브리어와 유대교 상징을 사용하길 원했다. 또한 그들은 그리스도인들이 물리적으로 이스라엘에 거주하기를 원했는데, 그 이유는 이스라엘 땅이 영원히 유대인의 것이므로 그리스도인

---

7   Troy Anderson "Where Your Israel Donation Really Goes," *CharismaNews*, October 22, 2013, https://www.charismanews.com/opinion/standing-with-israel/47005-where-your-israeldonation-really-goes.

8   Yaakov Ariel, "'It's All in the Bible': Evangelical Christians, Biblical Literalism, and Philosemitism in Our Times," in *Philosemitism in History*, ed. Joseph Karp and Adam Sutcliffe (Cambridge: Cambridge University Press, 2011), 271.

들은 이사야 40:1에 순종하여 하나님의 백성을 위로할 책임이 있다고 믿었기 때문이다.[9] 그들은 그리스도인들이 유대인의 세 절기를 모두 기념하는 것이 중요하다는 확신—사실상 "계시"—을 갖고 있었으며, 이는 그들의 신앙과 실천에 핵심이 되었다. 전 세계 모든 나라의 그리스도인들은 스가랴 14:16의 명령을 이행해야 한다(ICEJ에서 자주 인용함). "예루살렘을 치러 왔던 이방 나라들 중에 남은 자가 해마다 올라와서 그 왕 만군의 여호와께 경배하며 초막절을 지킬 것이라."[10] 핵심 지도자는 네덜란드 목사 얀 빌렘 반 데어 후벤(Jan Willem van der Hoeven)이었으며,[11] 그는 매년 전 세계 기독교 시온주의자들이 예루살렘에 모여 출애굽 사건을 기념하는 초막절을 지키자고 제안했다. 이것을 기념하기 위한 첫 번째 행사는 1979년 10월에 열렸고, 자국 의상을 입은 기독교 시온주의자들이 예루살렘 거리를 행진하며 이스라엘 국기를 흔드는 것으로 이 행사를 마무리했다.

이스라엘이 1980년에 예루살렘을 이스라엘의 수도로 선포하자 유엔 안보리는 이 결정을 비난하고 회원국에 예루살렘 주재 외교 공관을 철수할 것을 촉구했으며, 약 12개국 정부가 이에 응했다. 기독교 시온주의자들은

---

9   Matthew C. Westbrook, "The International Christian Embassy, Jerusalem, and Renewalist Zionism: Emerging Jewish-Christian Ethnonationalism" (PhD diss., Drew University, 2014), 18.

10   NKJV. Westbrook, "Christian Embassy," 18에서 인용됨.

11   Van der Hoeven은 한동안 예루살렘에 있는 "정원 무덤"(Garden Tomb)의 수호자였으며, 현재는 예루살렘에 있는 International Christian Zionist Center의 디렉터로 활동하고 있다. 다음을 보라. International Christian Zionist Center, "ICZC International Director; Jan Willem Van Der Hoeven," https://iczcusa.org/about-us/international-director-board.

예루살렘에 대한 이스라엘의 통제권을 확인하기 위해 예루살렘 국제 기독교 대사관을 설립했다. 매튜 C. 웨스트브룩(Matthew C. Westbrook)은 다음과 같이 말한다. "기독교 시온주의자들은 역사적 기억과 앞으로 전개될 종말론의 절정이 유대인이 통치하는 통일된 예루살렘이라고 생각한다. 바로 이러한 간절한 소원이 성취되지 않은 정황에서 그들은 유엔 결의안 제478호가 역사와 이스라엘을 위한 하나님의 목적에 반한다고 느꼈다."[12] 예루살렘 시장 테디 콜렉(Teddy Kollek)은 즉시 이 단체를 환영했고, 이스라엘 정치권은 그 후로 ICEJ에 대해 주로 열광적인 반응을 보였다. 비록 ICEJ에 대한 미국의 재정 지원은 2016년에 300만 달러가 조금 넘는 수준으로 다른 기관에 비해서는 규모가 작은 편이지만, ICEJ의 인지도는 이스라엘에서 매우 높다. 이 단체는 여러 창의적인 프로젝트를 후원해왔으며 일반적으로 개종은 중요하게 여기지 않는다.

이 단체가 주관하는 초막절 행사에는 전 세계에서 정기적으로 약 5,000명이 참석한다. 이 단체의 지도부는 주로 미국인보다는 유럽인으로 구성되어 있으며, 특히 아프리카, 남미, 아시아에 훨씬 더 많은 추종자를 보유하고 있는 것으로 보인다. 이 기관은 무슬림 다수 국가에 8개 지부를 신설하고 쿠바에 1개 지부를 설립하는 등 총 85개국에 지부를 보유하고 있다. 이 단체는 7개국 언어로 운영되는 뛰어난 미디어 제작팀을 보유하고 있으며, 소책자, DVD, 오디오 테이프, 웹사이트 및 텔레비전 프로그램 제

---

12   Westbrook, "Christian Embassy," 22.

작에 주력하고 있다.[13] 또한 이 기관은 이스라엘에서 자선 활동을 활발히 펼치고 있으며(특히 노인과 이민자를 돌보는 데 중점을 둠) 다양한 유대인 및 이스라엘 복지 단체와 이스라엘 공공기관에 기부금을 전달하고 있다. ICEJ는 자신들의 활동이 정치적이지 않고 종교적이라고 주장하지만, 이는 사실과 매우 다르다. 그들은 전 세계 기독교 시온주의자들이 각국의 정부가 친이스라엘 노선을 취하도록 열심히 로비활동을 펼치고 있으며, 미국 정부를 상대로 대사관을 예루살렘으로 이전하도록 거듭 로비활동을 펼쳤고, "땅을 주고 평화를 얻는" 협정에 반대했으며, 특히 아프리카를 비롯한 주요 세계 지도자들을 친이스라엘 방향으로 전환하도록 영향력을 행사했다고 종종 자랑하고 있다.[14] 이스라엘 총리는 초막절 기념 연설을 자주 했으며, 세계 유대인 총회(World Jewish Congress)는 ICEJ에 감사를 표하기도 했다.

전통적으로 이스라엘인들은 이처럼 기독교를 기반으로 한 자선 단체를 꺼리고 주저하는 경향이 있지만, ICEJ와 이스라엘의 그리스도인 친구들(Christian Friends of Israel) 같은 단체들이 이스라엘 내의 전도사역을 단호하게 거부하면서 이러한 망설임은 점차 사라지고 있다. 이제는 심지어 이스라엘을 기반으로 한 기관과 단체들도 복음주의자들에게 적극적으로 기부를 요청하고 있다. 이스라엘의 푸드뱅크라고 할 수 있는 레켓(Leket), 이스라엘 장애인 참전용사 단체, 심지어 이스라엘 응급 의료서비스 단체 마

---

13   ICEJ에 대한 자세한 설명은 다음을 보라. Ariel, "It's All in the Bible," 271-75.
14   Timothy P. Weber, *On the Road to Armageddon: How Evangelicals Became Israel's Best Friend* (Grand Rapids, MI: Baker Academic, 2004), 217.

겐 다비드 아돔(Magen David Adom)까지 모두 다 "~의 그리스도인 친구들" 이라는 이름의 모금 단체를 운영하고 있다. 이스라엘과 이스라엘의 대의를 위한 미국 유대인들의 자금 지원의 감소는 기독교 기부 단체를 찾아 나서 는 추세에 일조했다.[15] 야코프 아리엘은 다음과 같이 말했다.

> 그리스도인들이 유대인과 시온주의 운동을 지지하는 현상은 역설로 가득 차 있다. 헌신적이고 열정적인 복음주의자 또는 경건주의자인 이스라엘 지지자 들은 오직 자신들의 믿음만이 하나님의 명령을 참되게 수행하고 사람들의 구 원을 보장하는 유일한 수단이라고 주장한다. 따라서 유대인에 대한 그리스도 인들의 친셈족주의적 태도는 두 가지 상반된 감정을 드러내는데, 하나는 지지 와 고마움이고 다른 하나는 비판과 거만함이다.[16]

페이드라 샤피로(Faydra Shapiro)는 이러한 지지와 고마움의 감정이 현실 세 계에서 어떻게 나타나는지를 설명했다. 그는 수백 명의 그리스도인들이 눈 에 띄지 않게 열심히 일하는 모습을 직접 관찰하고 가난한 초정통파 유대 인들이 랍비들의 반대를 무릅쓰고 그리스도인이 제공하는 실질적인 도움 과 음식을 기꺼이 받는 모습을 보고 크게 놀랐다고 말했다. 샤피로는 참여

---

15   Judy Maltz, "Once Taboo in Israel, Now It's on the Rise. Why?," *Haaretz*, August 16, 2016, https://www.haaretz.com/israel-news/.premium.MAGAZINE-once-taboo-in-israel-evangelicalaid-is-on-the-rise-why-1.5424590.

16   Ariel, "It's All in the Bible," 283-84.

자이자 관찰자로서 이러한 활동을 지켜보면서 다음과 같이 말했다. "이스라엘의 유대인들을 매일 지원하는 데는 엄청난 조직력과 노력과 인내가 필요하다. 여기에는 탬버린이나 현수막도 없고, 깃발을 흔드는 행위나 극적인 정치 활동이나 열정적인 연설도 없으며, 단지 이스라엘의 가난한 유대인 아이들이 아침 식사를 할 수 있도록 도움으로써 하나님의 일을 하고 있다고 믿는 열정적인 사람만 있을 뿐이다."[17]

기독교 시온주의와 알리야(이스라엘로 돌아가는 유대인 이민)

흩어진 유대인들을 이스라엘로 이주하도록 돕는 일은 대다수 기독교 시온주의자들의 종교적 의무가 되었다. 그들은 유대인 이민은 하나님이 약속하신 것이며, 알리야를 지원하는 것은 성경의 예언을 성취하는 일에 참여하는 길이라고 믿는다. 따라서 "유대인의 귀환"은 대단히 중요한 일이며 많은 사람들은 기부와 기도와 직접적인 관여를 통해 유대인들이 이스라엘로 이주하여 사회에 잘 정착하도록 돕기를 원한다. 이를 위해 매년 수백만 달러가 기부되고 있으며, 지금까지 수십만 명의 유대인들이 이스라엘로 이주하는 데 도움을 받았다. 네페쉬 베네페쉬[18] (Nefesh b'Nefesh, 유대인 영혼 연합)와 같은 민간단체는 국제 그리스도인 및 유대인 펠로우십과 존 해기 사

---

17   Faydra Shapiro, *Christian Zionism: Navigating the Jewish-Christian Border* (Eugene, OR: Cascade, 2015), 43.

18   Nefesh b'Nefesh, https://nbn.org.il.

역(John Hagee Ministries)을 통해 복음주의 기독교 시온주의자들로부터 자금을 지원받지만,[19] 알리야를 돕는 수많은 복음주의 단체들이 있으며, 그들은 주로 세계 각 지역을 중심으로 알리야를 돕고 있다. 키로스 재단,[20] 선민 귀환 지원(북남미 지역에서 활동), 에벤에셀 기금의 출애굽 작전[21]과 리비스 오르드(Livids Ord, 스웨덴의 은사주의적 대형교회)의 자보틴스키 사업(Operation Jabotinsky)은 모두 주로 구소련을 중심으로 지원 활동을 펼쳐왔으며, 에티오피아와 인도에 관심을 갖고 지원 활동을 하는 단체들도 있다.

미국 기독교 시온주의자들은 유대인의 미국 이민에 대해서는 보수적 입장을 취하지만, 유대인의 이스라엘 이민에 대해서는 열광적인 반응을 보이는데, 이는 그들 대다수가 이 문제를 "공공 정책의 문제가 아닌 신적 예언에 관한 문제"로 간주하기 때문이다.[22] 그리고 많은 이들은 이 운동을 유대인들에게 임할 영적 부흥의 전조로 믿고 있다. "기독교 시온주의자들에게 있어 유대인의 이스라엘 이민은 회복과 화해라는 신학적 비전의 일부인데, 이민자들의 일상적인 경험은 이민의 우주적 의미에 치여 자주 간과된다."[23]

이러한 이야기의 중심인물은 이스라엘 초대 총리인 다비드 벤구리온으로, 그는 기독교 시온주의 진영에서 일종의 기독교 성인이 된 철저한 세

---

19   Shapiro, *Navigating*, 57.
20   Cyrus Foundation, http://cyrusfoundation.org.
21   Operation Exodus, http://operation-exodus.org.
22   Shapiro, *Navigating*, 58.
23   Shapiro, *Navigating*, 60.

속적 유대인이다. 기독교 시온주의자들은 벤구리온을 세속적이고 세속화된 국가의 설립자가 아니라 개신교의 종교적 세력에 은밀히 동조한 하나님이 세운 지도자라고 칭송한다. 그는 할 린지의 『대유성 지구의 종말』 한 권을 침대 옆 탁자 위에 놓아둔 것 및 기독교 시온주의자들과 따뜻한 우정을 나눈 것으로 유명하다. 오순절주의적·은사주의적 시온주의자들 사이에서 널리 알려진 이야기에 따르면 벤구리온이 1906년에 팔레스타인으로 이주한 것은 오순절주의의 탄생으로 유명한 아주사 부흥 운동과 관련이 있다. 1948년의 늦은 비 부흥 운동(Latter Rain Revival)으로 알려진 오순절주의의 또 다른 부흥 운동(14장에서 논의됨)은 같은 해에 일어난 이스라엘의 독립 쟁취와 상징적 연관성이 있으며, 예수 민족 운동(Jesus People movement)의 시작은 6일 전쟁이 일어난 1967년으로 거슬러 올라간다. 어떤 목사가 샤피로에게 설명했듯이 "이스라엘에서 일어나는 모든 일은 교회에서 일어나는 일과 직접적인 연관이 있다.…우리는 이스라엘의 회복이 이방인들에게도 큰 영향을 미친다는 사실을 깨달아야 한다."[24]

이스라엘에 대한 기독교 시온주의자들의 양가성

기독교 시온주의자들은 이스라엘의 정책에 무비판적이지 않았으며, 가끔 (낙태와 같은) 공공 정책 문제에 대해 이스라엘 정부를 비판한다. 하지만 기

---

24   Shapiro, *Navigating*, 60.

독교 시온주의자들에게 이스라엘은 "초자연적으로 말하자면 전 세계에서 유일하게 중요한 민족 국가다. 그 땅 자체가 선의 세력과 우주적으로 연합해 있다고 느낀다."[25] 이스라엘은 아직 그 잠재력을 완전히 발휘하지 못하고 있지만, 언젠가 그 백성과 그 땅과 이스라엘의 하나님이 온전히 하나가 되면 결국에는 그렇게 될 것이다. 이러한 비전을 통해 이스라엘은 기독교 시온주의자들의 마음속에 전 세계 국가들을 위한 "지구의 '참된 북쪽'(true north)이 되어 우주적 무대에 있는 다른 국가들의 좌표를 알려주는 절대적 방향을 제시할 수 있게 한다. 이스라엘은 초국가적 행위자들이 활동할 수 있는 중심, 즉 세계의 축(axis mundi)을 구성한다."[26] 이방 국가들은 이스라엘을 축복하고, 그들이 속한 지역을 거룩하게 하며, 그들의 소명을 귀히 여김으로써 구원을 받을 수 있다. 이방 국가들은 이스라엘 편에 섬으로써 기독교 국가가 된다. 샤피로에 따르면 "이스라엘 땅의 주권자로서 자기 자리를 지키고 있는 유대인들과 하나님의 계획에 (어느 정도) 부합하는 정책을 펼치는 국가는 초국가적 이방인 교회에 풍성한 영적 축복을 가져다줄 수 있는 힘을 지닌다."[27]

---

25   Faydra L. Shapiro, "Living in the Hour of Restoration: Christian Zionism, Immigration, and Aliyah," in *Comprehending Christian Zionism: Perspectives in Comparison*, ed. Goran Gunner and Robert O. Smith (Minneapolis: Fortress, 2014), 169.

26   Shapiro, *Navigating*, 69.

27   Shapiro, *Navigating*, 69.

기독교 시온주의와 성지 순례 여행

기독교 시온주의자들은 이스라엘 방문을 간절히 바라고 있으며, 이스라엘 정부는 1950년대부터 그들을 유치하기 위해 더욱 열을 올리고 있다. 1970년대와 1980년대에는 미국 복음주의 목사들이 이스라엘 방문을 유치하기 위해 적극적으로 노력했고, 이스라엘 관광부는 그들의 신자들을 이스라엘로 데려오기 위해 미국 복음주의 목사들을 적극 모집하여 여행비용 전액을 지원하는 "팸투어"(familiarization tours)를 시작했다(이스라엘 항공사 엘 알 [El Al]을 이용하고 이스라엘 관광부 소속 가이드와 이스라엘 육상운송회사를 고용했다).[28] 대니얼 허멀의 최근 저서 『언약의 형제들』(*Covenant Brothers*)에 "관광은 믿음이다"라는 제목의 장이 있는데, 이 장은 이러한 놀라운 수준의 협력이 어떻게 이루어졌는지를 연대순으로 소개하고 있다.[29] 이스라엘 정부는 기독교 목사들이 이스라엘을 방문하도록 장려하는 것이 미국 복음주의 관광객들(거의 4분의 3이 여성이며, 대다수는 은퇴자다)이[30] 이스라엘을 여행하고 외화를 소비하도록 유도하여 관광산업을 이스라엘 경제의 한 축으로 만드는 데 도움이 된다는 것을 깨달았다. 이스라엘과 복음주의자들간의 유대관계의 강화는 좋은 정치일 뿐만 아니라 좋은 사업이기도 했다. 관광객의 볼

---

28 Weber, *Armageddon*, 215.
29 Daniel G. Hummel, *Covenant Brothers: Evangelicals, Jews, and U.S.-Israeli Relations* (Philadelphia: University of Pennsylvania Press, 2019), chap. 5.
30 Hillary Kaell, *Walking Where Jesus Walked: American Christians and Holy Land Pilgrimage* (New York: New York University Press, 2014), 4, 12.

거리는 대부분 세심하게 기획된다. 샤피로는 "기독교 시온주의자들이 즐기는 '현지 문화'는 몇 가지를 제외하면 모두 유대인 문화다. 아랍이나 팔레스타인의 호텔, 상점, 레스토랑, 제품, 도시, 유적지는 철저히 피하고, 관광에 참여한 이들에게는 고국으로 돌아온 유대인들을 지지하고 '축복'하기 위해 이스라엘을 방문한 것이라고 홍보한다."[31] 복음주의자들을 겨냥한 단체 관광이 최근 수년 동안 기하급수적으로 늘어났으며, 유대인을 대상으로 하는 주요 세대주의 선교 단체들은 이스라엘 관광을 자신들의 사역에 포함시켰다.

관광은 다소 새롭고 독특한 형태의 종교적 순례로서 기독교 시온주의 신념을 형성하고 강화하는 중요한 사역이 되었다. 기독교 시온주의의 일반적인 관광은 예수의 사역과 관련된 종교 유적지 방문으로 구성되어 있는데, 주로 그리스도의 매장지로 알려진 성묘 교회보다 그들이 더 선호하는 "정원 무덤"과 요르단강의 세례 장소(야르데닛)와 아마겟돈 전투가 일어날 것으로 예상하는 므깃도 방문 등이 포함된다. 하지만 샤피로가 관찰했듯이 "예수의 삶과 사역의 장소나 초기 교회의 중요한 사건이 발생한 유적지는 놀랍도록 적은 비중을 차지한다."[32] 전통적인 종교 유적지 중 상당수는 정교회 또는 가톨릭교회 유적지이지만, "복음주의자들에게 이러한 유적지는 거의 이교도 신앙 및 반셈족주의와 관련된 기독교의 과오를 여실히 드러내

---

31   Shapiro, *Navigating*, 50.
32   Shapiro, *Navigating*, 51.

는 유적지, 즉 '반감을 불러일으키는 장소'다."[33]

한편 크네세트(의회), 독립기념관, 국립묘지(헤르츨 언덕) 등 이스라엘 국가와 관련된 정치적 장소는 중요하다. "기독교 시온주의 세계관에 따르면 이스라엘 국가와 그 정치 역사는 세상에 대한 하나님의 계획을 명백히 드러내며, 학자들이 시민 종교와 주로 연관 짓는 의회나 헤르츨 언덕과 같은 장소의 방문을 정당화한다(실제로 요구하지는 않더라도)."[34] 역설적이게도 기독교 시온주의자들은 예루살렘의 그리스도 교회(Christ Church), 예루살렘의 개신교 묘지, 1882년에 지어진 콘래드 쉬크(Conrad Schick)의 사저 등 기독교 시온주의 역사와 관련이 있는 주요 장소에는 거의 관심을 보이지 않는다.[35]

이 관광상품은 이스라엘 관광부가 이스라엘을 최대한 좋은 모습으로 보여주고 싶어 하는 시온주의 여행사들과 함께 잘 기획하여 만든 것이다. 이 관광에서 현대 이스라엘인과의 만남은 전적으로 아랍인이나 아랍 그리스도인이 아닌 유대인과의 만남에 초점이 맞추어져 있다. 그들은 최근에 이스라엘로 이주한 유대인 이민자들의 "회복"에 대한 이야기를 듣고, 전쟁과 박해의 희생자들을 만나며, 홀로코스트 박물관을 방문하고, 기독교 시온주의 이야기를 강화하는 일관된 메시지를 듣는다. 이 관광상품은 참가자

---

33   Shapiro, *Navigating*, 50.
34   Shapiro, *Navigating*, 52.
35   Conrad Schick에 관해서는 다음을 보라. Donald M. Lewis, *The Origins of Christian Zionism: Lord Shaftesbury and Evangelical Support for a Jewish Homeland* (Cambridge: Cambridge University Press, 2009), 306-7.

들이 현지 유대인을 만나고, 유대인 식당에서 식사를 하며, 유대인 포도주를 구매하고, 유대인의 세계 속에서 사는 경험을 할 수 있도록 설계되었다. 이 모든 것은 "이스라엘을 축복하는" 이야기 구조 안에 포함되어 있다. 한 복음주의 목사는 샤피로와의 인터뷰에서 "이스라엘을 축복하기" 위한 하나의 방법으로 "이스라엘에서 더 싼 가격에 물건을 사기 위해 흥정하는 일반적인 관행과는 정반대로 모든 제품과 서비스에 대해 정가보다 더 비싼 가격을 자발적으로 지불"하도록 신자들을 독려했다고 말했다.[36] 기독교 시온주의자들에게 이러한 관광은 성지 순례에 해당하고 중요하고 의미 있는 종교 행위이며, 그들의 관점에서 볼 때는 부당하게 고립되고 궁지에 몰린 국가에 연대를 표현하는 행위다.[37]

기독교 시온주의와 유대인 선교

"형제애"−기독교 시온주의자들에게 매우 큰 신학적 공감을 불러일으키는 용어−는 이 운동 내에서 지배적인 문화적, 정치적 패러다임이 되었다. 형제애를 옹호하는 기독교 시온주의자들은 유대인을 개종시키든지 아니면 세상이 불타는 심판으로 치닫는 것을 지켜보겠다는 역사적 복음주의자들의 열망에 대해 고심하고 이를 억누르려 한다.[38]

대니얼 허멀

---

36   Shapiro, *Navigating*, 53.
37   Shapiro, *Navigating*, 52−53.
38   Hummel, *Covenant Brothers*, 3.

아리엘은 복음주의 신학의 "비판적이고 거만한" 측면이 기독교의 유대인 복음화 문제와 관련이 있다고 보고 있으며, 이 문제를 놓고 기독교 시온주의 내부에서는 긴장이 고조되고 있다. 복음주의는 처음부터 기독교 복음 전파에 중점을 두어왔다. 앞서 살펴본 바와 같이 18세기와 19세기에 유대인을 대상으로 기독교 선교 활동을 처음으로 시작한 것은 독일의 경건주의자들과 영국의 복음주의자들이었다. 아리엘이 말했듯이 "유대인 선교는 친셈족주의의 의제에서 중요한 위치를 차지했으며, 친시온주의 활동보다 메시아를 향한 그리스도인-유대인의 관계를 더 특징짓는 요소가 되었다."[39] 유대인 선교는 특히 많은 전천년주의자들에게 예언적 소망과 밀접하게 연관되어 있다. 일부 기독교 시온주의자들은 이스라엘 내의 유대인 복음화를 기꺼이 포기하려 하지만, 다수는 그렇지 않다. 미국 메시아닉 펠로우십(American Messianic Fellowship) 및 이스라엘의 친구들(Friends of Israel)과 같은 단체는 예수를 위한 유대인들(Jews for Jesus)과 마찬가지로 복음 전도에 대한 관심과 친시온주의적 입장을 모두 갖고 있다. 미국 유대인 가운데 상당수가 1970년대와 1980년대에 기독교로 개종하면서(그중 다수가 은사주의 운동에 참여함) "메시아적 유대교"(messianic Judaism)가 탄생했다. 유대인 개종자들은 미국에서 자체적으로 "메시아 회중"을 형성하면서 미국 복음주의 내에서 리더십을 발휘하기 시작했고, 이스라엘을 포함한 세계 여러 지역에

---

39   Ariel, "It's All in the Bible," 276.

서도 이와 유사한 메시아 회중이 형성되었다.[40]

　복음주의자들과 이스라엘 정부 간의 관계는 개종 문제를 둘러싸고 긴장으로 치달았다. 1978년에 베긴 행정부는 크네세트 내의 정통파 의원들의 요구에 따라 그리스도인들이 유대인의 개종을 위해 금전적 보상을 하는 것을 금지하는 법을 제안했다. 그것은 개종자들이 "매수"당하고 있다는 근거 없는 두려움에 기반한 것이었고, 정부가 이 법의 시행을 꺼렸기 때문에 법안이 거의 시행되지 못했다. 1990년대 중반에는 기독교 선교 활동 금지법이 제안되었고, 초기 법안이 크네세트에서 통과되었다. 하지만 이는 민주주의에 대한 이스라엘의 약속을 위반하는 것이라고 주장하는 복음주의자들의 항의가 전 세계적으로 거세게 빗발쳤고 이스라엘 정부에 항의 서신이 쇄도했다. 당시 총리였던 베냐민 네타냐후는 원래 이 상정된 법안을 지지했지만 곧 태도를 180도 바꿔서 이를 반대했다. 아리엘은 다음과 같이 말한다.

　　이스라엘 내의 선교 활동을 축소하려는 시도가 무산된 것은 자신들이 선택받은 민족으로 간주하고 강력히 지지하는 나라의 국민에게 전도하는 친셈족주의 그리스도인들의 태도의 역설적 성격을 여실히 드러냈다. 이것은 또한 자신

40　이에 대한 개요는 다음을 보라. Yaakov Ariel, "A Different Kind of Dialogue: Messianic Judaism and Jewish-Christian Relations," *Crosscurrents* 62, no. 3 (2012): 318-27, 그리고 Ariel, *An Unusual Relationship: Evangelical Christians and Jews* (New York: New York University Press, 2013), chap. 12.

들의 가치 및 의제와 일부 모순을 일으키는 그리스도인들의 도움을 받아들이는 이스라엘 정부의 현실 정치(realpolitik)의 본질을 드러낸다.[41]

놀라운 새 동맹: 종교적 유대인 시온주의자들과 기독교 시온주의자들

1967년부터 종교적인 유대인 시온주의자들과 일부 급진적 기독교 시온주의자들 사이에는 놀랍게도 새로운 협력 관계가 형성되었다. 역사적으로 경건한 유대인들은 기독교 시온주의자들을 유대인 개종을 열망하는 적대적인 사람들로 간주해왔다. 따라서 이 새로운 동맹은 양측 모두에게 놀라움과 우려를 동시에 불러일으켰는데, 그 이유는 특히 이 동맹이 6일 전쟁 당시 이스라엘군이 점령한 영토에 유대인 정착촌을 지원·확장하고, 제3성전을 재건하는 논란의 여지가 있는 두 가지 목표를 달성하기 위해 하나가 되었기 때문이다.

시온주의 운동은 처음부터 세속적이었고 전반적으로 마르크스주의적인 성향을 띠었으며 이 운동을 지지하는 랍비는 거의 없었다. 사실상 대다수 랍비들은 이 운동에 반대했다. 1897년 제1차 시온주의 대회에 참석한 정통파 랍비 가운데 동유럽 출신은 단 한 명도 없었고, 오직 세 명만이 다른 유럽 지역 출신이었다.[42] 초정통파 하시딤(Hasidim)과 그 반대파(미트나그딤,

---

41   Ariel, "It's All in the Bible," 279.
42   Shalom Goldman, *Zeal for Zion: Christians, Jews, & the Idea of the Promised Land*(Chapel Hill: University of North Carolina Press, 2009), 273.

문자적으로 "반대파")를 포함한 정통파 랍비들은 세속적 시온주의를 수용한 "시온의 연인들 운동"(Hovevei Zion)에 반대했다.

랍비 전통은 세속적 시온주의에 저항했을 뿐만 아니라 신비주의와 메시아적 성향 때문에 종교적 의도를 지닌 시온주의자들에 대한 우려도 갖고 있었다. 랍비 유대교는 오랫동안 여러 메시아 운동의 위협을 받아왔는데(기독교가 그중에서 가장 성공적이었음), 기원후 135년의 바르 코크바 반란(Bar Kokhba revolt)은 그중의 하나였다. 이 두 사건은 모두 유대인에게 영구적인 상처를 입혔다. 이러한 두려움은 1660년대에 카리스마 넘치는 랍비 샤바타이 츠비(Sabbatai Sevi)가 자신이 메시아라고 주장하면서 오스만 제국의 유대인 추종자들을 다수 모아 각자의 재산을 팔고 자신을 따라 팔레스타인으로 가자고 유인했을 때 더욱 커졌다. 그러나 1666년에 샤바타이 츠비가 배교하고 이슬람으로 개종하면서 이 운동은 결국 완전히 대실패로 끝났다. 따라서 랍비들은 오랫동안 이러한 메시아 운동에 대해 의구심을 품어왔다.

6일 전쟁이 바로 변화의 촉매제 역할을 했다. 게르숌 고렌버그(Gershom Gorenberg)의 주장에 따르면 "6일 전쟁은 중동에 새로운 군사적·정치적 지형을 조성하는 것 이상의 역할을 했다. 이는 또한 신화가 언제나 현실을 지배해온 이 지구의 한 모퉁이에서 신화적 지형을 바꾸어놓았다."[43] 종교적 동기를 가진 시온주의자들이 상당한 숫자의 추종자를 모으기 시작한 것은 6일 전쟁 이후부터였으며, 일부 세속주의자들도 그들의 열정과 그들이 재

---

43   Goldman, *Zeal for Zion*, 271.

상상한 시온주의에 매료되어 그들에게 합세했다. 1970년대 중반에는 종교적 시온주의자들이 무시할 수 없는 힘을 자랑하는 세력으로 부상했다.

1974년에는 구쉬 에무님(Gush Emunim, 신실한 자들의 연합)이 설립되었는데, 이는 1967년 전쟁으로 갑자기 확보한 "점령지"에 유대인 정착촌 건설을 위해 시작된 행동주의 운동이었다. 아이러니하게도 구쉬 에무님은 랍비 아브라함 이삭 쿡(Abraham Isaac Kook)의 아들인 랍비 츠비 예후다 쿡(Zvi Yehuda Kook, 1891-1982)의 지도력 아래 곧 방향을 바꾸어 비메시아적 전통과 그 사회주의와 실용주의에 등을 돌렸다. 조슈아 호브샤(Joshua Hovsha)가 지적했듯이 "여기서 세속적 시온주의 운동과 이를 탄생시킨 이스라엘 정부는 하나님의 대리인으로 승인받는데, 이는 어쩌면 부지불식간에 발탁된 메시아의 사신으로 규정하는 것이 가장 적절할 것이다."[44] 구쉬 에무님은 중요한 종교 및 정치 운동이 되었고 정착민 운동을 주도하게 되었다. 이 종교적 시온주의자들은 이스라엘의 승리가 "이스라엘의 온전한 구속을 위해 역사 속에서 일하시는 하나님의 섭리"라고 확신했다.[45] 세속적 시온주의자들은 자신들이 행한 일의 종교적 의미를 인식하지 못하고 새롭게 재해석된 메시아적 시온주의 역사에서 자신들에게 주어진 종교적 역할을 맡게 되었다.

초기의 정착민 운동은 세속적이고 미약하며 비효과적이었지만, 이제

---

44   Joshua Hovsha, "Clashing Worlds: Religion and State Dualism in Jewish Political Thought" (master's thesis, the University of the Witwatersrand, Johannesburg, South Africa, 2015), 51.

45   Goldman, *Zeal for Zion*, 283.

는 종교적이고 메시아적 비전으로 무장하여 강력하고 매우 효과적인 운동으로 변했다. 수십만 명의 유대인을 점령한 지역(또는 "해방된" 지역)으로 이주시켜 이스라엘 국가의 영토 확장을 공고히 하겠다는 결심은 리쿠드당의 많은 당원들과 심지어 노동당 당원들의 지지를 받았다. 이 메시아적 시온주의자들은 심지어 일부 세속적 이스라엘인들을 설득하여 정착민 운동에 동참하거나 지지하게 만들었다. 가자지구와 서안지구의 정착민 운동은 1970년대에 급성장했고, 1977년 선거에서는 친정착민 성향의 메나헴 베긴 정부가 집권했다. 1980년대에는 유명한 장군이자 나중에 리쿠드당의 총리(2001-2006년)가 된 아리엘 샤론으로부터 상당한 지지를 받았다.

이 운동은 아랍인에 대한 정착민들의 태도에 변화를 가져왔는데, 이는 아랍인들의 저항을 이제는 성경에서 이스라엘의 무자비한 적의 역할을 맡았던 "아말렉 족속"의 재현으로 보게 되었기 때문이다. 아랍인들은 그 땅을 점령하라는 하나님의 명령을 가로막고 서 있는 자들이었다. 협상이나 타협은 고려의 대상이 아니었다. 성경의 이스라엘 땅은 이스라엘 국가의 땅이 되어야 했다. 시온주의 선구자들이 가졌던 원래 비전은 모든 사람이 정치적 자유를 누릴 수 있는 인권과 민주주의라는 원칙에 기반을 두고 있었다. 이 새로운 메시아사상은 특수주의적이며 민족주의적이고 배타적이었다. 외부인에 대한 적대감이 그 비전 안에 내재했다. 랍비 슐로모 아비너(Shlomo Aviner)의 말을 빌리자면 "[이스라엘] 땅에 정착하는 문제는 우리 땅 안에 거하는 이방인들(goyim)의 국가적 권리 주장에 대한 어떤 도의상의 배려보다 더 중요했다."[46] 이 종교적/메시아적 시온주의자들은, 설령 세속적 시온주의자들이 하나님의 구속 계획에서 그들이 수행하는 역할을 인식하지 못했다 하더라도, 최초의 세속적 시온주의자들과 정착민 운동을 메시아의 구속을 앞당기는 수단으로 이해한다.

정착민 운동은 1981년에 이스라엘 정부가 이집트와 체결한 1979년 평화 협정을 이행하기 위해 이집트에 영토를 반환하면서 흔들리기 시작했다. 정착민들은 영토 반환에 저항했고 이스라엘 군대는 유대인 정착민들을 무력으로 강제 퇴거시켜야 했다. 2005년에 이스라엘이 가자지구를 팔레스타인에 반환했을 때에도 비슷한 상황이 발생했다. 점령지에서 유대인 인구가 급격히 증가하면서 종교적/메시아적 열정은 감퇴했지만, 그들의 영향력은 여전히 막강했다. 이 모든 과정에서 많은 미국 기독교 시온주의자들은 정착민 운동을 강력하게 지지했는데,[47] 특히 존 해기와 그의 CUFI가 큰 힘을 실어주었다. 숀 더빈은 "이스라엘의 확장주의 정책에 대한 적극적인 지지는…미국 내 근본주의자들과 자유주의 개신교인들 사이에서 국내 사회적 논쟁의 일부가 되었다"고 주장했다.[48] 이제 우리는 종교적/메시아적 시온주의자들이 일부 기독교 시온주의자들과 함께 서로 공동의 노력을 기

---

46   Goldman, *Zeal for Zion*, 287.

47   사례 연구는 다음을 보라. Elizabeth Phillips, "Saying 'Peace' When There Is No Peace: An American Christian Zionist Congregation on Peace, Militarism, and Settlements," in Gunner and Smith, *Comprehending Christian Zionism*, 15-31.

48   Sean Durbin, *Righteous Gentiles: Religion, Identity, and Myth in John Hagee's Christians United for Israel*, Studies in Critical Research on Religion 9 (Leiden: Brill, 2019), 40.

울었던 또 다른 문제―세 번째 성전 문제―를 살펴보고자 한다.

성전 재건

사도행전 1:6에서 제자들이 부활하신 예수께 던진 "주께서 그 나라를 이스라엘에 회복하심이 이 때니이까?"라는 질문은 메시아에 대한 유대인들의 전통적 기대를 반영한다. "당신은 언제 그 나라를 회복하실 것입니까?"라는 이 질문에는 제자들, 많은 현대 기독교 시온주의자들, 점점 더 증가하는 종교적 유대인 시온주의자들이 공유하는 생각, 즉 유대인의 나라가 곧 회복될 것이라는 가정이 들어 있다. 핵심 질문은 주체와 시기다. 제자들은 분명히 유대인의 패권 회복과 지상 왕국 건설을 바라고 있었다. "때와 시기는 아버지께서 자기의 권한에 두셨으니 너희가 알 바 아니요"(행 1:7)라는 예수의 답변은 마치 수수께끼와도 같다. 예수는 이 질문이 적절하지 않고 결코 그들이 기대하는 방식으로 실현되지 않을 것을 암시한 것이었을까, 아니면 그들의 추측은 옳지만 시기를 잘못 이해했다는 의미였을까?[49]

오늘날에도 신정 유대 국가가 설립되고 현재 알아크사 모스크(Al Aksa Mosque)가 위치한 모리아산에 성전이 재건되고 성전에서 피의 제사가 재개

---

[49] 기독교 시온주의자들의 해석은 다음을 보라. Mark S. Kinzer, "Zionism in Luke-Acts: Do the People of Israel and the Land of Israel Persist as Abiding Concerns in Luke's Two Volumes?," in *The New Christian Zionism: Fresh Perspectives on Israel and the Land*, ed. Gerald R. McDermott (Downers Grove, IL: IVP Academic, 2016), 141-65.

되고 심지어 유대 왕권이 회복되기를 열망하는 유대인들은 이와 같은 기대를 하고 있다. 6일 전쟁 이전에는 성전산/하람 알 샤리프(Haram al-Sharif)가 예루살렘 무슬림 종교 위원회의 관할하에 있었고, 이러한 합의를 계속 유지하기로 결정한 것은 이스라엘 국방부 장관 모셰 다얀(Moshe Dayan)이었다. 메시아적 시온주의자들과 기독교 시온주의자들은 격분했다. 1967년에 이스라엘군의 최고 랍비인 슐로모 고렌(Shlomo Goren)은 다얀이 세 번째 성전 건축을 위해 오마르 모스크를 폭파하지 않았다고 질책했다.[50] 1970년대 초부터 일부 기독교 시온주의자들은 성전 재건을 서두르기 위해 유대교 성전산 열혈지지자들과 협력해왔다.[51] 아리엘은 그들의 영향력을 다음과 같이 요약한다. "복음주의 그리스도인들의 격려와 도움이 없었다면 성전 건축을 위해 노력해온 유대인 운동은 지금과 같은 활동을 펼치지 못했을 것이다."[52]

『대유성 지구의 종말』과 『레프트 비하인드』 시리즈는 모두 성전 재건의 중요성을 강조한다. 존 넬슨 다비는 휴거 이후에 유대인 성전이 마침내 재건될 것이라고 믿었지만, 자신의 추종자들이 그 일을 계획하거나 도우리라고는 생각하지 못했다. 1870년대에 블랙스톤은 장차 성취되어야 할 새로운 "시대의 징조"를 추가했는데, 그중 가장 중요한 것이 유대인의 팔레스타인 귀환이었다. 하지만 1948년부터는 많은 사람들이 헤롯 성전의 재건

---

50 Goldman, *Zeal for Zion*, 281.
51 상세한 논의는 다음을 보라. Ariel, *Unusual Relationship*, chap. 11.
52 Ariel, *Unusual Relationship*, 203.

을 세대주의적 전천년설이 기대하는 또 다른 요소로 꼽았다.

성전 재건이라는 발상은 유대교 역사에서 흔한 일이 아니었다. 비록 테러 단체 레히(일명 슈테른 갱)의 창시자 아브라함 슈테른(Avraham Stern)이 1940년에 제시한 "재탄생의 18가지 원칙" 가운데 마지막 원칙이 "18. 성전: 온전한 구속의 새로운 시대를 상징하는 세 번째 성전 건축"이었지만 말이다. 세속적 사회주의 시온주의자들은 세 번째 성전 건축에 관심이 없었지만, 슈테른 갱과 같은 "게릴라 시온주의 단체" 및 일부 우익 시온주의 단체들은 심지어 이스라엘 독립 이전부터 세 번째 성전을 "성지에 대한 유대인 주권의 구현"으로 생각했다.[53] 그러나 토머 퍼시코가 지적하듯이 성전을 열성적으로 지지하는 자들(그는 그들을 "신비적 시온주의자"라고 부른다) 중 다수는 특별히 종교적 유대인이 아니었으며, "종교적 부흥이 아니라 국가의 부흥을 열망했고 정치적 독립에 대한 열정을 강화하기 위해 유대인의 신비적 자원을 사용했다. 그들에게 있어 성전은 '이스라엘 백성'이 하나로 결집할 수 있는 중심축이자 구심점이었다."[54]

그러나 1970년대까지만 해도 이스라엘 유대인들(종교적이든 세속적이든) 사이에서는 성전 건축에 대한 기대가 거의 없었다. 랍비들이 편찬한 유대교 율법 모음집인 미슈나에 따르면 성전산은 신성한 곳이었고 유대인은 그곳에 들어가기 전에 정결 의식을 치러야 했다. 이 의식에는 붉은 암소의

53　Tomer Perisco, "The End Point of Zionism: Ethnocentrism and the Temple Mount," *Israel Studies Review* 32, no. 1 (Summer 2017): 1.

54　Perisco, "End Point," 4.

재가 필요했는데, 이는 당시 멸종된 동물이었으므로 "그 당시 대다수 유대인들은 랍비들의 금지 명령을 받아들였고 성전산에 들어가는 것을 금기시했다."[55] 그러나 2010년부터는 랍비들의 금지령이 다소 완화됨에 따라 유대인 방문객 수가 급증했다. 최근 들어 세 번째 성전 운동가들은 세 번째 성전 건축이 메시아 시대를 열어줄 것이라는 확신을 갖게 되었고, 따라서 "거룩한 성전 기구 및 건축 계획을 준비하고 있으며 매주 성전 순례를 진행하고 있다."[56]

1969년 8월에 정신적으로 온전치 못한 호주 국적의 데니스 마이클 로한은 허버트 W. 암스트롱의 "세계 하나님의 교회"(Worldwide Church of God, 대다수 복음주의자들이 이단으로 간주하는)에서 펴낸 글에 영향을 받아 그리스도의 재림을 앞당기는 일에 직접 나서기로 결심했다. 그는 성전 재건을 위한 터전을 마련하기 위해 성전산 알아크사 모스크의 강단에 불을 질렀다. 예루살렘에서는 폭동이 일어났고 이슬람 세계는 분노에 휩싸였다. 전천년주의자들은 자신들의 생각이 정통파 유대인들 사이에 널리 알려지기를 바라면서 성전 재건과 관련하여 자신들의 대의를 관철하기 위해 설득을 시도했다. 캘리포니아의 코스타 메사에 위치한 갈보리 채플의 목사였던 고(故) 척 스미스(2013년 사망)는 이를 적극 지지했고, 심지어 유대 "성전산 재단"

---

55 Ariel, "It's All in the Bible," 280.

56 Rachel Z. Feldman, "Putting Messianic Femininity into Zionist Political Action: The RaceClass and Ideological Normativity of Women for the Temple in Jerusalem," *Journal of Middle East Women's Studies* 13, no. 3 (November 2017): 395.

의 설립자인 스탠리 골드풋을 초청하여 교회에서 강연을 열기도 했다. 골드풋은 세속적 우익 활동가이자 슈테른 갱의 전 멤버였다. 골드풋은 "성전 재건을 지지하는 복음주의 그리스도인들의 이스라엘 연락책"이 되었다.[57] 스미스와 관련이 있는 한 미국인 고고학자는 골드풋과 함께 첨단 장비를 사용하여 성전의 원래 위치를 확인하려 했지만, 이스라엘 경찰에 의해 제지당했다. 어떤 이들은 성전이 성전산의 두 모스크인 알아크사(El-Asqa)와 바위의 돔(Dome of the Rock) 사이에 있었기 때문에 무슬림이 거룩하게 여기는 두 건축물을 방해하지 않고서도 성전을 재건할 수 있다는 이론을 제기했다.[58]

재건된 성전에 대한 전망은 많은 전천년주의자들 사이에서 큰 관심을 불러일으켰으며, 이로 인해 유대인들은 성전산에 들어가기 위한 제의적 정결을 얻게 하는 붉은 암소를 사육하는 방법을 모색하게 되었다. 다른 이들은 성전의 내부 디자인, 희생제사, 고대 유대인들의 예배를 재현하는 데 필요한 의복 및 도구의 세부사항에 매료되었다. 이스라엘의 경건한 유대인들 사이에서 일부가 상당한 반응을 보였고, 가장 두드러진 반응은 성전산 신앙 운동(Temple Mount Faithful, 더 정확히 말하자면 성전산과 에레츠 이스라엘 신앙 운동)으로 알려진 집단에서 나타났으며, 이 단체의 목표는 "성전 파괴를 기억할 뿐만 아니라 우리 세대에 세 번째 성전을 짓는 것"이다.[59] 이 단체 지

---

57 Goldfoot에 관한 자세한 내용은 다음을 보라. Ariel, *Unusual Relationship*, 205.
58 Ariel, "It's All in the Bible," 281.
59 Temple Mount and Land of Israel Faithful Movement, "Tisha B'Av March 2017 Report,"

도자 게르숀 살로몬(Gershon Salomon)은 팻 로버트슨으로부터 지원을 받아왔다. 이 단체는 주기적으로 성전산에서 기도회를 열고 미래의 성전 건축을 위한 초석을 세우기를 원하고 있다.

레이첼 Z. 펠드먼의 주장에 따르면 성전산 활동가들은 그들의 성전산 "순례"를 통해 "카타르시스를 느끼는 영적 관광 여행의 형식을 빌려 성전산에 대한 이스라엘의 주권을 확장하는 데 전략적인 도움을 주고자 한다."[60] 그들은 "유대인의 성전산 출입이 '인권'과 '종교의 자유'의 문제라고 주장하면서 자유주의 국가의 언어로 자신들의 활동"을 포장하고 있다.[61] 또한 펠드먼은 이스라엘 국가가 이러한 활동에 자금을 지원하고 있다고 주장한다. 세 번째 성전 건립을 주도하는 성전 연구소(Temple Institute)는 현재 문화과학체육부, 교육부, 국방부로부터 병역 복무 지원자(비전투 임무)와 상당 규모의 연간 예산을 지원받아 자신들의 프로젝트를 진행하고 있다. 크네세트도 성전산 프로젝트를 위해 상당한 정치적 지원을 하고 있으며, "성전 로비"(Temple Lobby)를 통해 자신들의 대의를 실현하고자 노력한다. "크네세트 안에는 성전산을 되찾으려는 열망으로 하나가 된 세속적 민족주의자들과 이스라엘이 성경적 신정국가로 변화하기를 바라는 종교적 민족주의자

---

https://templemountfaithful.org/events/details-of-the-2017-tisha-b-av-march-of-the-templemount-faithful.php.

60   Rachel Z. Feldman, "Temple Mount Pilgrimage in the Name of Human Rights: The Use of Piety Practice and Liberal Discourse to Carry Out Proxy-State Conquest," *Settler Colonial Studies* 8, no. 4 (2018): 2, DOI:10.1080/2201473X.2017.1397943.

61   Feldman, "Temple Mount Pilgrimage," 3.

들 사이에 예상치 못한 동맹이 형성되고 있다."[62]

비평가들은 이것이 매우 위험한 이슈라고 경고한다. 성전산은 무슬림에게 가장 성스러운 장소 중 하나이며, 이를 훼손하려는 시도는 성전(holy war)을 일으킬 수 있다. 티모시 웨버에 따르면 "세대주의자들은 이스라엘이 계속 힘을 유지하고 성경에 예언된 방향으로 나아가도록 돕기 위한 노력의 일환으로 현재 이스라엘 사회에서 가장 위험한 일부 세력을 지원하고 있다.…세대주의자들은 이러한 단체를—재정적으로나 영적으로—지원함으로써 그들이 꿈꾸는 미래가 실현되도록 돕고 있다."[63]

미국 기독교 시온주의: 주제와 관찰

최근 미국 기독교 시온주의에 대한 가장 흥미로운 연구 중 하나는 스티븐 스펙터의 『복음주의자들과 이스라엘: 미국 기독교 시온주의 이야기』(*Evangelicals and Israel: the Story of American Christian Zionism*)다. 스펙터는 미국 복음주의 지도자, 목회자, 평신도, 많은 기독교 시온주의자 및 유대인 단체들의 대표자, 미국 및 이스라엘 공직자 및 외교관들과 방대한 인터뷰를 진행했다. 그는 기독교 시온주의 세계에 깊이 몰입하여 많은 예배, 모임, 기도회, 컨퍼런스에 참석했다. 또한 그는 그들의 간행물, 우편물, 웹사이트, 서

---

62   Feldman, "Temple Mount Pilgrimage," 6.
63   Weber, *Armageddon*, 249–50.

적, 이 주제에 관한 학술 문헌을 연구했다.

그는 이처럼 기독교 시온주의에 깊이 몰입하는 과정에서 전혀 예상치 못한 결론에 도달했다. 그는 유대인들에 대한 복음주의 그리스도인들의 사랑과 지지의 반복적인 선언을 듣고 놀라지 않을 수 없었다. 그는 유대인을 대하는 태도와 관련하여 열방을 향한 하나님의 축복과 심판의 역사가 자주 섭리주의적 해석으로 반복되는 것을 발견할 수 있었다. 그는 "기독교 시온주의 신앙은 성경의 명령, 역사적 정당성, 정치적 신념, 공감적 유대관계라는 복잡한 체계로 이루어져 있으며, 이 신앙은 대부분 하나님의 신비와 사랑에 기초하고 있다"고 결론 내린다.[64] 스펙터의 결론은 "정치적인 것에 지나치게 집중하는 것은 이 세계관이 지닌 복잡하고 강력한 동기와 함의를 이해하는 데 해가 된다"는 샤피로의 관찰에 의해서도 지지를 받는다.[65]

스펙터는 또한 많은 사람들이 팔레스타인인들에 대해 부정적인 견해를 가지고 있으며, 그 땅은 아브라함에게 주어진 것이지, "현대 아랍인의 조상으로 간주되는" 그의 맏아들 이스마엘에게 주어진 것이 아니라고 주장한다는 사실을 관찰했다.[66] 그는 이것이 아랍-이스라엘 분쟁에 대한 기독교 시온주의자들의 일반적인 견해의 핵심이라고 본다.[67] 스펙터의 관찰은 폴 보이어의 주장을 통해 더욱 설득력을 갖게 되었는데, 보이어는 이것이

---

64   Stephen Spector, *Evangelicals and Israel: The Story of American Christian Zionism* (New York: Oxford University Press, 2009), 26.
65   Shapiro, *Navigating*, 44–45.
66   Spector, *Evangelicals and Israel*, 26.
67   Spector, *Evangelicals and Israel*, 27.

제2차 세계대전 이후 미국의 대중적인 예언 책, 설교, TV 및 라디오방송, 종교 잡지를 관통하는 주제라고 지적한다. "요약하자면 종말에 역사의 방향을 결정지을 것으로 예견된 많은 악의 세력 중에서 공산주의 러시아와 그 동맹국인 아랍 국가들과 아프리카와 아시아의 어두운 피부색을 가진 민족들이 크게 부상했다."[68] 보이어는 1948년 이후 다수의 예언의 글에서 뚜렷한 반아랍 편향성이 발견된다고 주장한다. "중동 문제를 구체적으로 다룰 때 대다수 예언 작가들은 아랍인을 아예 무시하거나 제거해야 할 장애물로 취급했다. 드와이트 윌슨(Dwight Wilson)은 그들은 유대 민족주의를 '성지로 돌아가라는 하나님의 명령'으로 묘사하면서도 아랍 민족주의는 '사악한 악마의 세력'으로 묘사했다"고 말한다.[69] 그들의 세대주의적 해석은 성전산 지역뿐만 아니라 "중동의 대다수 지역에서 아랍인들을 제거할 필요성을 제기했다. 이러한 견해를 뒷받침하는 성경적 근거는 추론적 근거―그들은 하나님이 유대인에게 주신 약속을 방해하는 걸림돌이었다―와 명시적 근거를 모두 포함한다. 1967년에 윌버 T. 스미스는 에스겔에 기록된 '세일산'(현대 아랍인을 지칭하는 의미로 받아들임)에 대한 하나님의 저주를 인용했다."[70] 보이어의 판단에 따르면 "아무리 의도한 것이 아니라 하더라도 전천년설을 널리 알리고 대중화시킨 자들은 수십 년 동안 미국 대중문화에 만연해 있

---

68   Paul Boyer, *When Time Shall Be No More: Prophecy Belief in Modern American Culture* (Cambridge, MA: Belknap Press of Harvard University Press, 1992), 169.

69   Boyer, *When Time*, 200-201.

70   Boyer, *When Time*, 200.

던 반아랍 성향과 고정관념의 형성에 기여했다.[71] 전천년주의자들의 반아랍 노선은 기독교 시온주의자들의 친시온주의 노선만큼이나 이스라엘 국가에 기여했을 가능성이 있다. 유대인은 추켜세우고 아랍인은 악마로 만드는 세대주의자들의 경향은 이스라엘 정치권에서 매우 효과적이며, 미국이 이스라엘을 계속 지지하도록 만드는 데 도움을 준다.

스펙터의 지적에 따르면 기독교 시온주의자들은 그리스도인들이 유대인을 사랑하고 지지해야 한다고 생각하지만, 과연 그리스도인들이 유대인들을 개종시켜야 하는지 아니면 단지 애정 어린 지원과 연대로 그들을 지지해야 하는지에 대한 문제로 서로 의견이 나뉘어 있다. 기독교 시온주의자들은 추종자들에게 정기적으로 "예루살렘의 평화를 위해 기도하라"는 시편 122:6의 명령에 순종할 것과 유대인들을 위로하라는 이사야 40:1-2의 명령을 따를 것을 촉구하는데, 후자의 본문은 전통적으로 성탄절의 성육신 사건을 기념하는 기독교 예배에서 강조되며 그리스도의 탄생의 성취에 관한 말씀과 함께 읽는 본문이다.

> 너희의 하나님이 이르시되
> "너희는 위로하라. 내 백성을 위로하라.
> 너희는 예루살렘의 마음에 닿도록 말하며
> 그것에게 외치라.

---

71   Boyer, *When Time*, 203.

그 노역의 때가 끝났고

그 죄악이 사함을 받았느니라.

그의 모든 죄로 말미암아 여호와의 손에서

벌을 배나 받았느니라 할지니라" 하시니라.

그러나 스펙터는 미국 유대인들이 일반적으로 유대인을 사랑하라는 복음
주의자들의 메시지를 잘못 이해하고 있으며, 무슬림만큼이나 복음주의자
들을 불신하고 있다고 지적한다.[72] 미국 유대인들은 복음주의자들이 공언
하는 "사랑"이 유대인들의 개종을 위한 위장술에 지나지 않으며, 유대인들
이 환란 속에서 어두운 미래를 맞이할 것이라는 기독교 시온주의자들의 믿
음이 은폐되는 것을 두려워한다. 한 기독교 시온주의자가 스펙터에게 고백
했듯이 비록 그가 유대인을 섬기는 것을 평생의 사명으로 삼았음에도 불
구하고 그를 포함한 다른 시온주의자들이 느끼는 것은 "우리 유대인 친구
들이 우리만 제외하고 나머지 모든 사람에게 관대하다"는 것이다. 그는 이
를 이렇게 설명했다. "그리스도인은 당신이 전도하지 않기 때문에 당신을
경멸한다. 유대인은 당신이 전도한다고 생각하기 때문에 당신을 경멸한다.
정말 너무 힘들고 외롭다. 낙심되는 일이 너무 많다. 당신이 이 소명을 하나
님으로부터 받지 않았다면 당신은 결코 이 소명을 감당하지 못했을 것이

---

72   Spector, *Evangelicals and Israel*, viii.

다."[73]

복음주의자들이 (슥 2:8의 "너희를 범하는 자는 그의 눈동자를 범하는 것이라"
라는 말씀을 인용하면서) 유대인을 가리켜 "하나님의 눈동자"라고 말하는 것
도 이와 관련이 있다. 나는 이것이 18세기 독일 경건주의자들이 공통으로
강조한 것임을 지적한 바 있다. 기독교 시온주의자들은 유대인들이 수 세
기 동안 윤리적 유일신론을 계속 유지했다는 점과 (기독교의 관점에서 볼 때)
유대인 메시아라는 가장 위대한 선물―예수 그리스도―을 주신 점에 대해
그리스도인들이 감사해야 한다고 주장한다. 해기는 이것을 이렇게 연결한
다. "바울이 로마서 15장에서 말한 것처럼 이러한 많은 선물에 대한 보답으
로…그리스도인들은 현대 이스라엘 국가에 실질적인 지원을 해야 한다."[74]
스펙터가 논평하듯이 "이 본문은 기독교 시온주의자들에게 중심 구절이
되었고, 그들이 매년 엄청난 금액을 이스라엘에 기부하게 하는 중요한 근
거가 되었다."[75] 그러나 기독교 시온주의자들이 현대 유대인들에게 자선 활
동을 하도록 독려하는 데 가장 자주 인용되는 본문은 로마서 15:27이다.
"저희가 기뻐서 하였거니와 또한 저희는 그들에게 빚진 자니 만일 이방인
들이 그들의 영적인 것을 나눠 가졌으면 육적인 것으로 그들을 섬기는 것
이 마땅하니라." 이 본문의 사용에서 드러나는 모순점은 바울이 여기서 이
방인 그리스도인들에게 유대인의 개종을 반대하는 세속적 유대 국가에 대

---

73   Spector, *Evangelicals and Israel*, 31.

74   Spector, *Evangelicals and Israel*, 32.

75   Spector, *Evangelicals and Israel*, 32.

한 지원을 촉구하는 것이 아니라 유대인이 기독교로 개종하는 것을 지원해 달라고 요청하고 있다는 것이다.

스펙터는 유대교의 종교적 상징을 자신의 것으로 받아들이려는 기독교 시온주의자들의 열의에도 놀랐다. 이는 복음주의 정체성 형성에서 기독교 시온주의가 수행한 역할에 대해 내가 강조한 주제와 일치한다. 유대교 상징은 오래 전부터 존재했지만, 그것을 이처럼 강조하는 것이 비록 새로운 것은 아니지만 많은 기독교 시온주의자들에게 더 중요해진 것 같다. 유대교 상징은 시온주의 운동과 관련된 많은 사람들에게 기독교 정체성을 나타내는 표식이 되었다. 이 운동에서는 유대교의 뿔피리인 쇼파르(shofar), 다윗의 별, 수많은 유대인 상징과 관습을 장려하고 수용한다. 스펙터는 기독교 시온주의자들이 종말론의 핵심 사상으로 믿는 유대 민족의 "시온"으로의 집결을 일반적으로 강조하고 있다는 사실을 지적하면서 이는 세대주의적 전천년설의 영향을 받은 것이라고 말했다. 유대교에 대한 이러한 관심의 일환으로 히브리 뿌리 운동이 생겨났지만, 많은 복음주의자들은 이에 대해 신중한 입장을 취하고 있다.[76]

스펙터는 또한 기독교 유럽에서 역사적으로 길이 남을 만한 유대인 학대가 자행된 것과 그 실체가 홀로코스트에서 완전히 드러난 것에 대한 그리스도인들의 회개가 반복적으로 나타나는 것을 발견했다. 앞서 언급했듯이 이 주제는 초기의 루터, 청교도, 독일 경건주의자들이 다루었고, 1830년

---

76   이 운동에 대한 상세한 논의는 다음을 보라. Shapiro, *Navigating*, 27.

대와 1840년대에 영국 복음주의 안에서 다시 매우 강하게 부상했다. 그러나 21세기에 들어와 기독교 시온주의자들은 이 주제를 새로운 차원으로 발전시켰다. 흥미롭게도 그들은 이에 대한 책임을 중세 교회의 어깨에 지우거나 초기 기독교 시온주의 운동과 같이 로마 가톨릭을 공격할 수 있는 무기로 사용하지 않았다. 비록 기독교 시온주의자들은 종종 유대인에 대한 역사적 증오의 배후에 사탄이 있다고 보지만, 개신교가 면죄될 수는 없다. 하지만 이러한 주제의 강조는 독수리의 날개(Eagles' Wings)와 같은 일부 기독교 시온주의 단체들이 반셈족주의 운동에 적극적으로 반대하기 위해 그리스도인을 동원하고 이스라엘의 친선 대사 역할을 하도록 유도했다.[77] CUFI와 ICEJ와 같은 주요 기독교 시온주의 단체들의 경우도 이와 마찬가지다.

마지막으로 스펙터는 기독교 시온주의자들이 이스라엘에 대한 지지와 이슬람 테러리즘에 대한 반대를 하나로 결합하는 현상을 지적하는데, 이는 현재 많은 사람들이 이슬람 자체를 이스라엘과 서방의 주적으로 간주하고 있기 때문이다. 많은 이들은 이슬람이 세계 정복에 혈안이 되어 있으며, 이슬람 무장 세력이 서방 세계를 상대로 전쟁을 벌이고 있다는 음모론을 믿고 있다. 이러한 주장은 영국의 유대인 역사가이자 중동 역사 전문가인 버나드 루이스(Bernard Lewis)와 이스라엘 역사가 베니 모리스(Benny Morris) 같은 학자들의 지지를 받고 있다. 루이스는 이슬람 역사 초기부터

---

77   Spector, *Evangelicals and Israel*, 33.

이슬람 율법이 "모든 인류가 이슬람을 받아들이거나 이슬람 국가의 권위에 복종할 때까지 불신자들과 전쟁을 벌일 것"을 추종자들에게 촉구했다고 주장하지만,[78] "모리스는 무슬림이 정복한 땅은 영원히 신성한 이슬람 땅(*Dar Al Islam*)이 된다는 것이 이슬람의 기본 교리라고 말한다."[79] 따라서 극단주의 무슬림과 다수의 기독교 시온주의자들은 세상을 선과 악의 싸움이라는 이분법적 시각으로 바라보고 있으며, 각자 자신들이 옳은 편에 서 있다고 확신한다. 미국 기독교 시온주의자들의 관점에서 이스라엘은 "이슬람 극단주의자들과의 전쟁에서 미국의 중요한 동맹국"이다.[80] 종교개혁자들이 이슬람을 개신교에 대한 두 가지 커다란 위협 중 하나로 보았다는 사실을 고려하면 이러한 반무슬림 메시지는 전혀 새로운 것은 아니다. 하지만 놀라운 점은 개신교의 또 다른 전통적 적인 로마 가톨릭교회가 이 시나리오에서는 자취를 감춘 것처럼 보인다는 것이다.

기독교 시온주의의 일부 핵심 지도자들에게 또 다른 주목할 만한 점이 있다. 그것은 바로 그들이 유대인의 개종에 대한 열망이 없다는 것을 강조한다는 점이다. 이스라엘 정부의 방침은 기독교 시온주의자들이 유대인을 개종시키지 않겠다는 데 동의한다면 기꺼이 그들과 협력할 의향이 있다는 것이다. 다시 말하지만 이것은 윌리엄 헤클러가 1890년대 후반에 취했던 입장을 연상시킨다. 물론 헤클러의 경우에 유대인을 개종시키지 않기

---

78   Spector, *Evangelicals and Israel*, 62.

79   Spector, *Evangelicals and Israel*, 62.

80   Spector, *Evangelicals and Israel*, 7.

로 한 결정은 이중 언약 신학(하나는 유대인을 위한 것, 다른 하나는 그리스도인을 위한 것)과 관련이 있었던 것으로 보이지만 말이다. 관찰자들이 갖는 어려움은 기독교 시온주의 내부에 매우 다양한 견해가 존재한다는 것이다. 어떤 이들은 종교개혁의 교리인 "오직 그리스도"(*solus Christus*)—유대인과 이방인의 구원은 궁극적으로 오직 예수 그리스도를 통해서만 가능하다는 교리—를 강력하게 믿고, 다른 이들은 이러한 문제에 대해서는 궁극적으로 하나님께 맡기겠다는 입장을 취한다(때로는 무의식적 다원주의 또는 일종의 이중 언약 신학을 옹호하면서).

앞서 언급했듯이 이처럼 유대인과 이스라엘을 사랑한다는 기독교 시온주의자들의 모든 항변에도 불구하고 미국 유대인들은 여전히 확신이 없으며, 미국 유대인 사회에는 "기독교 시온주의자들의 동기에 대한 광범위한 불신"이 여전히 남아 있다.[81] 1991년에 데이비드 라우쉬(David Rausch)는 이러한 불신의 근본적인 이유에 관해 통찰력 있는 글을 썼다. 그의 지적처럼 많은 미국 복음주의자들은 자신을 친셈족, 친이스라엘이라고 여기지만, 주일학교 교재를 발행하는 대표적인 복음주의 출판사에 대한 1980년대의 연구는 그 교과 과정이 반셈족주의적이고 반유대주의적이라고 생각하는 유대인들의 두려움을 입증하고 강화하는 증거를 제공했다.[82] 따라서 당시 라우쉬는 "평범한 [미국] 유대인에게 반유대주의와 복음주의는 서로 뗄 수

---

81   Spector, *Evangelicals and Israel*, 10.

82   David A. Rausch, *Communities in Conflict: Evangelicals and Jews* (Philadelphia: Trinity Press International, 1991), 67–83.

없는 밀접한 관계"라고 지적했다.[83] 라우쉬는 이에 대한 이해를 돕고자 인지적 타자성(cognitive otherness)이라는 용어가 미국 유대인과 미국 복음주의의 상황을 설명한다고 제안한다. 복음주의 신앙은 유대인의 신앙과는 근본적으로 다르며, 자신의 삶 속에 하나님이 개입하시기를 바라는 경향이 있으며, 설령 성경의 무오성을 받아들이지는 않더라도 권위 있는 책으로 간주한다. 요컨대 복음주의적 관점은 "대다수 현대 [미국] 유대인들이 상상할 수 없는 인간의 삶과 우주에 대한 일련의 가정을 전제한다." 그는 다음과 같이 설명한다. "이러한 '인지적 타자성'은 때로는 복음주의자들을 이해할 수 없는 존재로 보이게 만들고, 때로는 유대인을 위협적인 존재로 보이게 만든다. 많은 유대인들은 복음주의자들이 요구하는 신앙을 가지려면 지성의 포기, 즉 현대 사회의 지적 시민권(cognitive citizenship)을 포기해야 한다고 생각하는 경향이 있다."[84] 이 모든 것은 "반유대주의라는 오래된 독"이 "기독교를 더 원시적이고 정제되지 않고 재구성되지 않은 채로 받아들이는 사람들 안에서 더 강하게 활개를 치고 있다는 공포를 조장한다. '옛 종교'를 대표한다는 점에서 복음주의자들은 현대 문화의 '문명화된' 요소에 의해 비교적 희석되지 않은 기독교를 대표한다. (상당히 잘못된 것으로 밝혀진) 이러한 주장은 유대인들이 오늘날의 복음주의와 박해를 일삼던 과거의 기독교를 연관시킬 수 있는 길을 열어준다."[85]

---

83   Rausch, *Communities in Conflict*, 84.
84   Rausch, *Communities in Conflict*, 85.
85   Rausch, *Communities in Conflict*, 86.

그러나 스펙터는 (라우쉬가 설명한) 복음주의자들에 대한 이러한 유대인의 인식이 자신이 만난 기독교 시온주의자들에게서 드러나지 않는다는 것을 발견했다. 그에게 가장 놀라웠던 점은 기독교 시온주의자들의 사고가 유연하고 경직되지 않았다는 사실이다. 그는 비타협적일 것으로 예상했던 곳에서 유연성을 발견했다.

> 나는 복음주의 신앙을 검토하면서 특히 정치적 완고함을 유발하는 종말론에 관한 어떤 신학적 경직성을 발견할 것으로 예상했다.…하지만 나는 복음주의자들에게서 예상치 못한 실용주의, 유연성, 세심함을 발견했다. 이것은 심지어 가장 열렬한 기독교 시온주의자들에게도 동일하게 적용되었다. 나는 종말에 대해서도 의견의 불일치와 불확실성을 많이 발견했다. 심지어 확고한 신념을 갖고 하나님의 땅을 분열시키는 사람에게 모두 하나님의 진노를 선포하는 거듭난 지도자들조차도 하나님의 계획을 아는 것에 대해 전혀 예상치 못한 겸손함을 보여주었다.[86]

스펙터가 사실로 확인될 것으로 예상한 복음주의자들에 대한 고정관념은 입증되지 않았다, 왜냐하면 현대 미국 기독교 시온주의는 "구시대 종교"의 특징에 부합하지 않기 때문이다. 현대 미국 기독교 시온주의는 홀로코스트 이후의 세계와 이스라엘 독립 이후에 존재하기 때문에 많은 부분에서 새

---

86   Spector, *Evangelicals and Israel*, viii-ix.

로운 발전을 보인다. 어떤 의미에서 이 운동은 놀라울 정도로 사랑과 존경의 가르침을 물려받았으며, 유대인에 대한 부정적인 고정관념에 쉽게 빠져들었던 초기의 기독교 시온주의의 오류에서 벗어나기를 간절히 바라고 있다.[87] "사랑과 존경의 가르침"이 "사랑과 존경과 축복의 가르침"으로 확대된 것은 "이스라엘을 축복하는 것"을 강조하는 것이 무엇보다 가장 중요해졌기 때문이다.

스펙터는 이러한 적응력이 생겨난 원인을 많은 부분 미국 복음주의자들의 급진적 개인주의 때문이라고 생각한다. 미국 복음주의는 주로 체계적이지 않고 매우 현실적이며 고도로 세분된 광범위한 운동을 묘사하는 용어다. 스펙터는 모든 강조점이 예언에 맞추어져 있는 것과 관련하여 "많은 거듭난 그리스도인들은 마지막 날에 이스라엘이 수행할 역할에 대해 막연한 생각만 가지고 있으며, 심지어 엘리트 복음주의자들 사이에서도 그들의 믿음에는 놀라울 정도로 다양성과 미묘한 차이가 있다"고 지적한다.[88] 미국 복음주의 지도자들 가운데 약 51%는 "이스라엘을 위협하지 않는 한, 하나님이 아브라함에게 약속하신 땅에 팔레스타인 국가를 세우는 것에 찬성한다!"[89] 케이틀린 캐러넨은 1980년과 2008년 사이에 미국의 정치와 종교의 지형 변화 연구에서 이와 유사한 결론에 도달했다. "복음주의 개신교는 종말론을 덜 강조하고 미국이 복을 얻도록 이스라엘을 축복하라

---

87   나는 이 문제에 대한 Daniel Hummel의 고찰에 빚을 지고 있다.
88   Spector, *Evangelicals and Israel*, 161.
89   Spector, *Evangelicals and Israel*, 161.

는 명령에 더 집중함으로써 신학적 혁신을 감행했다."[90] 그 대신 그들의 초
점은 반유대주의에 반대하고 성경의 명령으로서 이스라엘과 그 땅을 획득
하는 문제에 지지를 표명하는 이중 목표로 바뀌었으며, 이는 현재 미국 기
독교 시온주의 의제를 지배하고 있다.[91] 최근에는 대니얼 허멀도 이와 유
사한 주장을 펼쳤다.

> 오늘날 가장 활발한 활동을 펼치고 있는 진영에서 기독교 시온주의는 종말론
> 이나 복음 전도보다 상호 연대 및 언약적 연대에 기초하여 이스라엘 국가를 지
> 지하는 다양한 정치적, 역사적, 신학적 주장에 더 관심을 보인다. 최근에는 이
> 스라엘을 축복하는 자들에게 물질적 축복을 약속하는 일종의 국가 중심의 번
> 영신학이 중요한 역할을 하고 있다.[92]

샤피로가 지적했듯이 미국 기독교 시온주의자들에게 있어 "미국 예외주의
를 대체할 수 있는 것은 오직 이스라엘 예외주의다."[93]

스펙터의 결론은 기독교 시온주의에 관한 본서의 전반적인 주장과 잘
부합한다. 이스라엘과 유대인에 대한 기독교 시온주의자들의 신념은 그들
중 다수도 잘 이해하지 못한다고 시인할 신적 드라마에 자신들이 참여하

---

90   Caitlin Carenen, *The Fervent Embrace: Liberal Protestants, Evangelicals, and Israel* (New York:
     New York University Press, 2012), 210-11.
91   Carenen, *Fervent Embrace*, 211.
92   Hummel, *Covenant Brothers*, 3.
93   Shapiro, "Hour of Restoration," 148.

고 있다는 자기 이해와 밀접하게 연관되어 있다. 기독교 시온주의는 그들에게 있어 정체성을 나타내는 표지이며, 그것은 그들에게 목적의식을 부여하고 인종과 민족 정체성을 초월한 국제 공동체에 소속되어 있다는 소속감을 제공한다. 기독교 시온주의는 (로마나 제네바나 비텐베르크가 아닌) 예루살렘이 영적 고향이자 인류를 향한 하나님의 목적을 성취하는 지리적 중심지라는 인식을 심어준다. 이스라엘의 장관인 길라 감리엘(Gila Gamliel, 리쿠드당)은 2011년에 예루살렘의 평화를 위한 기도의 날에 모인 기독교 시온주의자들에게 연설하면서 다음과 같이 말했다. "예루살렘이 거룩한 것은 **캠프 데이비드** 때문이 아니다. 예루살렘이 거룩한 것은 **다윗 왕** 때문이다."[94] 샤피로는 "현대 이스라엘은 하나님 말씀의 진리를 드러낼 뿐만 아니라 세상에서 하나님의 뜻을 실현하고자 애쓰는 개인이나 국가의 헌신을 보여주는 일종의 리트머스 시험지가 되었다"고 말한다.[95] 따라서 그들의 사고에서는 성경의 이스라엘 민족과 현대의 이스라엘 국가가 서로 동일시되어 있으며, 이는 후자를 이스라엘의 하나님의 말씀에 따라 이스라엘 땅에서 이스라엘 백성을 다시 결속시키는 데 있어 유일하고 우주적인 힘을 발휘하는 강력한 국가로 만든다. 이제 유대인들이 "자신의 원 위치에" 있으므로 현대의 민족-국가와 그 국가의 우주적 역할, 정치적 세계와 상징적 세계 사이에 존재하는 이러한 연관성은 매우 강력하다."[96] 심지어 기독교 시온주의자

94   Gila Gamliel, October 2, 2011. Shapiro, *Navigating*, 54에 인용됨.
95   Shapiro, *Navigating*, 54.
96   Shapiro, *Navigating*, 56-57.

들이 사용하는 일부 성경 역본은 이 연관성을 분명히 하기 위해 구약성경에서 유대인을 지칭할 때 사용한 "이스라엘 백성"을 "이스라엘인"으로 바꾸었다.

많은 미국 기독교 시온주의자들은 여전히 세대주의적 전천년설을 받아들이고 있지만, 우리가 살펴본 바와 같이 19세기 중반 이전의 초기 기독교 시온주의는 세대주의가 아니었고, 다음 장에서 살펴보겠지만, 세대주의의 인기가 미국 밖에 있는 기독교 시온주의자들 사이에서 시들해져 가고 있는 것으로 보인다. 많은 사람들이 종말이 언제 어떻게 전개될지 확실히 모르지만, 다른 이들과 함께 이스라엘을 축복하고 하나님의 선택받은 백성을 위해 하나님의 신비한 목적이 전개되어 가는 데 그들이 동참하고 있다는 사실을 아는 것만으로도 그들에게는 충분하다.

14장

갱신주의적·범세계적 운동 내에서
기독교 시온주의

지난 30년 동안 우리는 "갱신주의적 시온주의"(renewalist Zionism)의 등장을 목격했다. 이 용어는 초국가적, 초교파적 형태의 오순절주의/은사주의적 기독교 시온주의를 설명하는 데 사용된다. 그 지도자들 대다수는 미국 이외의 국가 출신이다. 남반구(Global South)에서 기독교가 성장한 것은 기독교 시온주의의 미래에 중요한 영향을 미치고 있다. 우리는 오순절주의의 역사와 오순절주의/은사주의의 역사의 여러 단계 또는 "물결"을 살펴보고 그 과정에서 시온주의와 이스라엘에 대한 태도를 추적할 필요가 있다. 나는 미국 이외의 다른 지역에서 나타난 새로운 형태의 기독교 시온주의의 특성에 대한 논의로 마무리하고자 한다.

변화하는 기독교 시온주의의 모습

기독교는 지난 반세기 동안 유럽과 영어권 등 기독교의 중심지였던 지역에서는 쇠퇴했지만, 다른 지역에서는 급속도로 성장하고 있다. 이러한 성장은 주로 오순절주의와 은사주의 운동 내에서 복음주의의 새로운 형태로 나타났다.[1] 기독교 시온주의가 여전히 건재하다는 징후는 있지만(남반구에서

---

1   이러한 성장에 대한 설명은 다음을 보라. Donald M. Lewis, ed., *Christianity Reborn: The*

는 실제로 번성하고 있음), 북대서양 세계 바깥 지역에서는 이 현상에 초점을 맞춘 학문적 연구가 거의 없다는 사실을 알면 기독교 시온주의가 전 세계적으로 확산된 상황을 추적하는 작업이 얼마나 어려운지 쉽게 알 수 있다. 폴 프레스턴(Paul Freston)은 남반구 내 복음주의자들의 정치 참여를 연구하는 대표적인 전문가다. 그는 2009년에 복음주의의 확산이 (그 시점까지) 기독교 시온주의에 미친 영향은 극히 제한적이었다고 주장했다.[2] 그는 이에 대해 세 가지 이유를 제시했다. 기독교 예언에 대한 시온주의자들의 관심은 그다지 시급한 문제가 아니었고, 다수 세계(Majority World)의 복음주의자들은 홀로코스트 이후의 죄책감을 거의 경험하지 않았으며, 이슬람 테러리즘의 위협을 덜 느꼈다는 것이다. 최근 들어 프레스턴은 이러한 상황이 변하고 있다고 주장했다.[3] 이는 부분적으로 미국과 유럽의 기독교 시온주의자들이 국내 기독교 시온주의에 대한 지지 감소를 보충하기 위해 다수 세계에서 새로운 추종자를 모집하고 있으며, 이스라엘 정부가 해외에서 지

    Global Expansion of Evangelicalism in the Twentieth Century (Grand Rapids, MI: Eerdmans, 2004), 그리고 Lewis and Richard V. Pierard, eds., *Global Evangelicalism: Theology, History and Culture in Regional Perspective* (Downers Grove, IL: IVP Academic, 2014).

2   Paul Freston, "Christianity: Protestantism," in *Routledge Handbook of Religion and Politics*, ed. Jeffrey Haynes (London: Routledge, 2009), 42.

3   Paul Freston, "Christian Zionism Finding New Sources of Growth in Global South?," *ReligionWatch* 34, no. 10 (October 2019): www.religionwatch.com/christian-zionism-findingnew-sources-of-growth-in-global-south/. 또한 다음을 보라. Paul Freston, "Bolsonaro, o populismo, os evangélicos e América Latina," in *Novo ativismo político no Brasil: os evangélicos do século XXI?*, ed. José Luis Pérez-Guadalupe and Brenda Carranza (Rio de Janeiro: Konrad Adenauer Stiftung, forthcoming).

지층 강화를 시도하고 있기 때문일 수 있다.

이러한 변화는 2017년에 대니얼 허멀이 예루살렘 국제 기독교 대사관의 초막절 기념행사에 참석한 사람들에 대해 언급한 것에서도 잘 드러난다. "지난 40년 동안 기독교 시온주의 지도자들은 압도적으로 미국인, 백인, 종말론에 깊이 영향을 받은 자들이었다. 그러나 새로운 모습의 기독교 시온주의는 대부분 미국인, 백인, 영어 사용자가 **아니거나** 역사의 종말에 대해 지나친 관심을 갖지 **않는다.**"[4] 이스라엘을 지지하고 돕는 남반구의 새로운 조력자들은 오순절주의적·은사주의적 그리스도인들이며, 그들의 숫자는 미국 전체 그리스도인들보다 압도적으로 많고, "종말론보다는 일종의 국가 중심의 번영 신학에 더욱 큰 영향을 받고 있다."[5] 나이지리아, 브라질, 중국의 그리스도인들이 점점 더 기독교 시온주의자 대열에 합류한다면 장기적으로 지정학적 영향력은 상당할 수 있다.

현재 진행 중인 세방화

서구 세계 너머의 기독교 시온주의 내에서 무슨 일이 일어나고 있는지 이해하는 데는 사회학적 개념이 도움을 준다. 사회학자들은 세계화와 관련된 두 가지 현상을 관찰했다. 하나는 글로벌 비즈니스, 미디어 및 기타 요

4   Daniel Hummel, "The New Christian Zionism," *First Things*, June 2017, www.firstthings.
     com/article/2017/06/the-new-christian-zionism.
5   Hummel, "New Christian Zionism."

인들이 가져온 균질화 효과(homogenizing effects)로 인해 세계가 지구촌으로 변하고 있지만, 다른 한편으로는 이러한 흐름에 저항하고 반발하는 강력한 민족주의 세력이 존재한다는 것이다. 이러한 반발에 대응하기 위해 다국적 기업들이 모색한 방법 중 한 가지는 세계적 브랜드의 현지 적응을 허용하는 것이다. 따라서 도쿄의 맥도날드 레스토랑에서는 샤카치키 고추 치킨을, 뉴델리에서는 맥파니르 로얄을, 코스타리카에서는 맥핀토 디럭스를, 카이로에서는 맥아라비아를 판매한다. 사회학자들은 이러한 현상을 "세방화"(glocalization)라고 부르는데, 이는 세계화의 추진력과 현지 적응이 결합한 신조어다.

우리는 기독교 시온주의가 21세기에 변화하는 과정에서 이러한 세방화의 종교적 사례를 발견한다. 17세기 영국에서 개신교 신자들은 "선민" 유대인들과 특별한 관계를 맺고 있는 "선택받은" 민족이라는 관점에서 영국의 국가 정체성을 이해했다. 청교도 미국에서는 이러한 전통이 적용되어 미국이 특별한 역할을 맡게 되었고, 1770년대에 새로운 공화국이 건국될 때에도 유대인과 미국의 특별한 관계에 대한 이러한 이해는 미국의 새로운 국가 정체성에 중요한 부분을 차지했다. 전 세계 기독교 시온주의자들이 자기 조국을 이스라엘과의 관계 속에서 이해하면서 오늘날 이러한 현상은 수없이 반복되고 있다. 이것은 이 전통을 계속 이어나가며 사실상 특정 국가와 이스라엘의 관계에 집착하는 동일한 국가 정체성을 세계화하고 있다. 모든 국가는 "이스라엘을 축복함"으로써 "기독교 국가"가 될 수 있다.

따라서 기독교 시온주의는 두 민족–국가 또는 두 민족 집단과 밀접하게 연관되어 있다. 기독교 시온주의자들은 이로써 이중 정체성을 가지고 활동한다. 단순히 이스라엘을 위한 기독교 시온주의자가 아니라 이스라엘을 위한 브라질의 기독교 시온주의자, 이스라엘을 위한 잠비아의 기독교 시온주의자 또는 심지어 이스라엘을 위한 체로키 부족의 기독교 시온주의자로 활동하기도 한다. 페이드라 샤피로가 지적했듯이 "이스라엘에 대한 초국가적 애착 덕분에 해당 지역의 민족-국가가 구원을 받는다."[6] 또는 심지어 원주민의 부족 정체성이 "이스라엘 지파들"과의 특별한 연관성을 통해 검증받는다. 이러한 국가는 어떤 의미에서 "기독교 국가"가 된다. 즉 각각의 국가는 유일한 선민인 이스라엘에 대한 지지와 축복을 통해 "선택받은" 민족이 되는 것이다. 최근 이스라엘 정부는 "이스라엘이 가장 으뜸가는 모범적인 국가"임을 내세우며 토착민들과의 관계 수립에 힘쓰고 있다.[7]

따라서 현대의 기독교 시온주의는 전 세계적인 현상이면서도 지역 정체성을 강화하고, 신자들이 속한 개별 국가와 이스라엘 국가 모두의 국가 정체성을 재확인함으로써 성공을 거두고 있다. 앤드루 크롬은 이것은 긍정적인 형태의 "타자화"를 수반한다고 주장했다. 프레스턴에 따르면 "이것은 다른 민족의 지위를 높임으로써 독특한 형태의 이중 민족주의를 만들어낸다. 심지어 이것은 불안정한 국가 체제에서 '국가 정체성'과 '국가적 사명'

6   Faydra Shapiro, *Christian Zionism: Navigating the Jewish-Christian Border* (Eugene, OR: Cascade, 2015), 61-62.
7   Freston, "Global South."

에 대한 대안을 제시할 수 있다."[8] 또한 이것은 현대 정치에 대한 새로운 섭리주의적 해석으로 이어질 수 있다. 유대인을 "축복하라"는 명령은―과거의 기독교 시온주의와 마찬가지로―다시 한번 국가들의 흥망성쇠를 해석하는 근거가 된다. 이 축복은 기독교 시온주의를 수용하는 교회에도 적용되어 교회 성장을 보장하는 수단으로 여겨지며 성경을 번영 복음으로 해석하는 것과도 쉽게(그리고 자주) 연결된다.

기독교 시온주의와 정치

기독교 시온주의는 영국과 미국의 외교 정책에 영향을 미친 오랜 역사를 갖고 있다. 이제는 일부 남반구 지역에서도 동일한 양상을 발견할 수 있다. 몇 가지 예만으로도 충분할 것이다. 1991년에 잠비아에서 케네스 카운다의 단일 정당 정권이 막을 내리자 오순절주의 시온주의자였던 프레더릭 칠루바가 카운다를 대체했다. 그는 전임자의 친아랍 노선을 뒤집고 취임한 지 7주 만에 이스라엘을 인정하고 이란과 이라크와의 관계를 단절했다.[9] 2017년 12월에 (라틴 아메리카에서 가장 강력한 오순절주의 국가인) 과테말라의 복음주의 대통령 지미 모랄레스는 미국의 선례를 따라 대사관을 예루살렘으로 이전할 것이라고 발표했다. (모랄레스 대통령은 이스라엘 정부로부터 지지

---

8   Paul Freston과 저자의 개인적 교류, 2018년.
9   Paul Freston, *Protestant Political Parties: A Global Survey* (Aldershot, UK: Ashgate, 2004), 84.

요청을 받았고, 2016년에 예루살렘의 히브리 대학교는 그에게 명예박사 학위를 수여했다.) 2018년에 브라질 대통령으로 선출된 자이르 보우소나루는 복음주의 기독교 시온주의자들의 강력한 지지를 받았으며, 브라질은 미국, 과테말라와 함께 대사관을 예루살렘으로 이전하겠다고 밝혔다. 물론 보우소나루는 나중에 그의 약속을 철회할 수밖에 없었지만 말이다.

은사주의자/오순절주의자들이 급성장하고 그들이 속한 많은 국가에서 민주주의 체계가 출현한 것을 고려하면 그들이 속한 국가의 외교 정책이 "지속적으로 증가하는 오순절주의 인구에 대해 더 책임 있는" 태도를 보일 것으로 기대된다.[10] 이스라엘의 정책 입안자들은 분명히 그렇게 되기를 희망하고 있다. 2006년에 퓨 포럼(Pew Forum)이 실시한 갱신주의적 기독교 연구에서 선임 연구원을 역임했던 티모시 H. 샤는 "이스라엘을 지지하고 공감과 지원을 제공하기 위한 범세계적인 노력의 일환으로 오순절주의자들과 다른 복음주의자들을 조직화하려는 활발한 시도가 새롭게 나타나고 있다"고 지적한다.[11] 이를 장려하기 위한 이스라엘 정부의 정책은 1950년대 초로 거슬러 올라갈 수 있다.

---

10   Timothy H. Shah, "Pentecostal Zionism? The Role of Israel in Global Politics," Center for Religion and Civic Culture, January 19, 2011, https://crcc.usc.edu/pentecostalism-and-politics/.
11   Shah, "Pentecostal Zionism."

교세 규모 추정하기

"갱신주의자"(renewalist)라는 용어는 20세기에 등장한 오순절 운동과 같은 운동을 포괄적으로 가리킨다. 이 용어는 전통적인 오순절주의, 1960년대 주류 개신교 및 로마 가톨릭교회 내에서 등장한 은사주의적 그리스도인, 새로운 은사주의적 독립 교회 및 교단과 주로 관련이 있는 신은사주의자, 그리고 최근에는 은사주의자들의 독립적인 네트워크까지 포함한다. 2010년에 빈슨 시난(Vinson Synan)은 갱신주의자의 수를 6억1천4백만 명으로 추산했고, 2011년 퓨 연구 센터의 연구진은 줄잡아 5억8천4백만 명으로 추산했다.[12] 어쩌면 갱신주의자들이 현재 열심히 신앙생활 하는 그리스도인 중 대다수를 차지하고 있을지도 모른다.

이러한 갱신주의자들의 친이스라엘 태도는 복음주의자와 갱신주의자에 대한 퓨 연구 센터의 조사 결과에서 분명하게 드러났다. 오순절주의자들과 갱신주의자들 가운데(심지어 1980년대에 이스라엘이 남아프리카공화국 아파르트헤이트 정부를 지지한 것에 분노한 미국 흑인 오순절주의자들 가운데서도) 뚜렷한 친이스라엘 성향을 보이는 미국의 패턴은 조사 대상이었던 10개국에서도 반복적으로 나타났으며, 오순절주의자들과 갱신주의자들은 동료 시민들과 다른 그리스도인들보다 이스라엘에 대해 더 높은 지지도를 보였

---

12   Matthew C. Westbrook, "The International Christian Embassy, Jerusalem, and Renewalist Zionism: Emerging Jewish-Christian Ethnonationalism" (PhD diss., Drew University, 2014), 13-14.

다.[13] 이러한 친이스라엘 성향은 무슬림의 반란이나 테러리즘을 겪고 있는 필리핀, 인도, 나이지리아에서 더 높이 나타났다. 가톨릭 갱신주의자들은 개신교 갱신주의자들에 비해 이스라엘에 대한 지지도가 현저히 낮았다는 점도 주목할 만하다. 티모시 샤에 따르면 "지역적·국제적 경계를 뛰어넘는 이 연구 조사 결과에는 부인할 수 없는 신학적 요소가 들어 있다."[14] 기독교 시온주의에 대한 그들의 강력한 지지를 발견한 샤는 조사 결과를 다음과 같이 요약한다. "이스라엘의 국제적인 로비 단체들은 방언으로 말하는가? 이에 대한 답은 예다."[15] 이제 우리는 오순절주의와 기독교 시온주의의 역사적 관계를 살펴보고자 한다.

갱신주의적 시온주의: 오순절주의자와 은사주의자

앞에서 주장한 바와 같이 단일 "기독교 시온주의"라는 것은 존재하지 않는다. 사실은 다양한 "기독교 시온주의"가 존재한다고 말하는 것이 옳다. 다수의 현대 학자들이 제시하는 기독교 시온주의에 대한 일반적인 설명은 본질적으로 (1) 그 기원이 미국이고, (2) 다비의 가르침에 영감을 받았으며, (3) 세대주의 전천년주의적 역사에서 지속적으로 영감을 받았다는 것이

---

13   조사 대상 국가는 미국, 과테말라, 브라질, 칠레, 나이지리아, 케냐, 남아프리카공화국, 인도, 필리핀, 대한민국이었다.

14   Shah, "Pentecostal Zionism."

15   Shah, "Pentecostal Zionism."

다.[16] 이 세 가지 모두는 심각한 결함을 지니고 있다. 기독교 시온주의 사상의 기원은 단순히 19세기가 아닌 개신교 종교개혁의 제2세대까지 거슬러 올라갈 수 있다. 다비의 견해는 "세대주의적 전천년설"로 알려진 개념을 만들어냈을지 모르지만, 그의 견해는 그의 독창적인 사상이 아니며, 그의 사상 체계(그의 한결같은 미래주의)의 핵심은 의식적으로 역사주의적 전천년설과 미래주의를 통합하려 했던 그의 대표적인 미국인 제자 윌리엄 블랙스톤에 의해 폐기되었다. 갱신주의적 시온주의를 연구한 대표적인 학자 매튜 C. 웨스트브룩은 "단일 '세대주의'라는 것은 없다"고 주장했다.[17] 가장 최근에 세대주의를 연구한 학자들은 이 운동이 여전히 계속 진화하고 있으며 새롭게 수정되고 있음을 인정한다. 획일적인 세대주의적 전천년설은 기독교 시온주의 비판자들에게 비난의 빌미만을 제공하지만 역사적으로는 거의 의미가 없다.[18] 웨스트브룩이 논평하듯이 "세대주의와 기독교 시온주의가 유사한 운동이라는 잘못된 주장은…쉽게 희화화할 수 있는 빌미를 제공하는 오류를 범한다."[19]

---

16   Westbrook, "Christian Embassy," 63-80.
17   Westbrook, "Christian Embassy," 82.
18   Westbrook은 이 일반적인 설명이 오해의 소지가 있다고 주장하며, 이 설명이 지금까지 지속되어 온 이유와 이것이 기독교 시온주의 연구에 미친 영향을 살펴본다. Westbrook, "Christian Embassy," 64-82.
19   Westbrook, "Christian Embassy," 79.

19세기 말-20세기 초 선교에서 기독교 시온주의와 전천년설

19세기 말부터 20세기 초까지 복음주의의 선교는 급속도로 확장했으며, 대부분 "믿음 선교"를 통해 이루어졌고, 제임스 허드슨 테일러와 그가 1865년에 설립한 중국 내륙 선교회의 모범적 사례에 기초했다. 하지만 19세기 후반에 영국과 미국의 선교사들이 기독교 시온주의 사상을 전파한 범위에 대한 연구는 거의 이루어지지 않았다. 피에츠의 지적에 의하면 많은 선교사들이 성경학교와 예언 집회에 영향을 받았지만, "이보다 더 중요한 것은 **스코필드 관주성경**이 20세기 개신교 선교 운동에 가장 큰 영향을 미쳤을 것이라는 점이다."[20] 중국 내륙 선교회는 1900년에 이르러 중국에서 막대한 영향력을 행사했으며, 세대주의적 전천년설이 중요한 신학적 원동력이었다는 점은 널리 잘 알려져 있다. 케직 성결 운동은 많은 보수적인 복음주의자들이 해외에서 봉사하도록 동기를 부여하는 데 큰 역할을 했으며, 의심할 여지 없이 세대주의 견해를 널리 알리고 이 운동이 펼친 광범위한 선교 활동에서 기독교 시온주의를 토착화하는 데 큰 역할을 했다.[21] 존 울프와 마크 허친슨이 말했듯이 "믿음 선교는 케직 영성을 지구촌에 깊이 뿌리내리게 했다."[22]

---

20 B. M. Pietsch, *Dispensational Modernism* (New York: Oxford University Press, 2015), 205.
21 Keswick에 관한 논의는 다음을 보라. John Wolffe and Mark Hutchinson, *A Short History of Global Evangelicalism* (Cambridge: Cambridge University Press, 2012), 124-30.
22 Wolffe and Hutchinson, *Global Evangelicalism*, 130.

미국에서는 라이먼 스튜어트(Lyman Stewart)가 그의 형제 밀턴 스튜어트(Milton Stewart)와 함께 『근본주의 총서』(*The Fundamentals*)를 널리 배포하기 위한 자금을 지원했으며, 1908년에는 엄격한 세대주의적 전천년설에 기초한 로스앤젤레스 성경학교(이후에는 바이올라 대학)를 설립하는 데도 중요한 역할을 했다. 강력한 기독교 시온주의자였던 그는 또한 한국과 중국(블랙스톤은 밀턴 스튜어트의 기금으로 한동안 중국에서 봉사함)에서의 선교 사역을 위한 자금을 지원했고, 스코필드 성경 통신 강좌 시리즈, 스코필드 관주성경 편집 위원회, 한국의 성경학교와 중국의 후난 성경학교를 후원했다. 그는 또한 스코필드 관주성경을 한국어와 중국어로 번역하는 비용도 부담했다. 이 모든 과정에서 스튜어트는 한국과 중국 교회에 기독교 시온주의의 씨앗을 심고자 노력했다.[23] 이러한 선교 상황에서 기독교 시온주의의 메시지가 얼마나 핵심적인 역할을 했는지를 이해하기 위해서는 훨씬 더 상세한 현지 연구가 필요하다.[24]

기독교 시온주의의 오순절화

기독교 시온주의와 관련된 세대주의적 전천년주의의 선교 이야기는 훨

---

[23] Paul W. Rood, "Early History of Biola's Teaching Position on Israel and the Millennial Kingdom," Paul Rood Academia.edu profile, 2017, https://paulrood.academia.edu/research.

[24] 세대주의가 선교에 미치는 영향에 대한 개요는 다음을 보라. Pietsch, *Dispensational Modernism*, 205-9.

썬 더 많은 조사가 필요하지만, 그것은 단지 그 이야기의 일부에 불과하며, 20세기 전반에 걸쳐 기독교 시온주의의 신학적 기초는 오순절주의의 영향을 크게 받았는데, 특히 미국 이외의 지역에서 그러했다. 오순절주의자들 (그리고 그들의 은사주의적 의붓자식들)은 일반적으로 기독교 시온주의의 초기 형태를 뒷받침했던 칼뱅주의의 틀을 거부하고 이를 그들 고유의 섭리주의로 대체했다. 초기의 오순절주의자들은 전통적 칼뱅주의와는 거리가 멀었지만, 역사에 개입하신 전능하신 하나님을 굳게 믿었으며, 하나님은 주권적으로 종말에 오순절 운동을 일으키고 있다고 확신했다.

초기의 오순절주의자들은 자신들이 교회가 잃어버린 신약의 기독교의 여러 측면—특히 방언, 예언, 육체적 치유와 같은 은사—을 다시 회복하고 있다고 믿었다. 초기 오순절주의는 신학적으로 절충적이었으며, 유니테리언주의(unitarianism)의 오순절 버전인 "오직 예수" 교리를 포함하여 동료 개신교 신자들과 많은 오순절주의자들도 받아들일 수 없는 여러 교리를 내놓았다.[25] 또한 초기 지도자 가운데 일부는 영국인들(그리고 미국의 백인들)이 이스라엘의 잃어버린 열 지파를 구성한다고 주장하는 영국 이스라엘주의의 가르침을 옹호했으며, 앵글로색슨족의 우월성을 강조하는 백인 우월주의 가르침을 종말론적 추론과 결합하여 이러한 가르침을 옹호하는 자들이 유대인과 특별한 연관성이 있으며 사실상 그들이 유대인이라는 사고를 강

---

25 미국 하나님의 성회는 1914년에 "오직 예수" 가르침에서 벗어나 강력한 삼위일체론을 확고히 하려는 자들을 모으기 위해 설립되었다.

화했다.[26]

세 개의 물결

오순절주의/은사주의 역사는 주로 여러 시대 또는 "물결"로 구분된다.[27] 전통적 오순절주의 또는 "첫 번째 물결"은 1906년 로스앤젤레스 아주사 거리의 갱신 운동과 관련이 있으며, "두 번째 물결"은 1960년대 주류 개신교 교회(및 로마 가톨릭교회) 내의 은사주의 운동의 출현을 가리키고, 1970년대에 시작된 "세 번째 물결"은 "신은사주의"를 가리키며 앞의 두 운동에 쉽게 들어맞지 않는 독립 교단과 사역을 지칭하는 데 사용된다.

오순절주의는 지난 세기에 소외 계층에서 시작된 소규모 운동에서 세계적인 현상으로 확산되었다. 1960년대 미국에서는 오순절주의에 대한 관심이 미국 개신교 주류 교회로 유입된 후(두 번째 물결) 은사주의적 기독교 신앙 표현이 생겨났고, 이로 인해 개신교와 로마 가톨릭교회에서 모두 오순절주의의 특징(방언, 신유, 열정적 예배)이 많이 나타나게 되었다. 1970년대 신은사주의 운동(또는 세 번째 물결)은 주로 아프리카와 라틴 아메리카 교회

---

26 19세기 이후에 발전한 모르몬교는 유대인의 팔레스타인 귀환에 큰 관심을 보였다. 다음을 보라. Yaakov Ariel, "Zionism in America," in *Oxford Research Encyclopedia of Religion* (Oxford: Oxford University Press, 2017), 10, https://doi.org/10.1093/acrefore/9780199340378.013.434, 8-9.

27 Westbrook은 이 단어 사용의 기원을 2005년 판 세계 기독교 백과사전으로 거슬러 올라간다. 퓨 연구진이 2006년에 이 단어를 사용하면서 학술적인 논의가 시작되었다. Westbrook, "Christian Embassy," 11.

네트워크와 연계된 신은사주의 교단과 대규모 독립 교회들이 대거 출현함으로써 기성 교단의 체계 밖에서 독자적으로 성장해나갔다. 1980년대에는 남반구, 특히 남미와 아프리카뿐 아니라 일부 유럽과 아시아 지역에서도 갱신주의 교회가 매우 빠르게 성장하기 시작했다.

오순절주의의 첫 번째 물결과 기독교 시온주의

> 미국의 경험을 보면 방대한 역사를 갖고 있지 않는 종교 운동은
> 광활한 미래를 제공함으로써 이를 보상하는 경우가 많다.
> 초기 오순절주의의 경우가 바로 그러했다.[28]
>
> 그랜트 와커

오순절주의의 기원은 흔히 1906년과 1910년 사이에 아주사 거리 부흥 운동이 일어났던 로스앤젤레스의 한 상가 교회로 거슬러 올라간다. 일반적으로 오순절주의는 역사가 필요하지 않았다. 오순절주의의 초기 변증가 중 한 사람은 자랑삼아 다음과 같이 말했다. "오순절 운동은 그런 역사를 갖고 있지 않다. 이 운동은 '다시 오순절로 돌아가자'를 외치며 그 사이의 시간을 뛰어넘는다."[29] 그랜트 와커의 논평처럼 "뿌리의 부재 또는 적어도 지난 1,800년 동안의 뿌리의 부재는 오순절 운동이 복잡함 속에서 이루어낸 영

---

28 Grant Wacker, *Heaven Below: Early Pentecostals and American Culture* (Cambridge, MA: Harvard University Press, 2001), 251.
29 Wacker, *Heaven Below*, 251.

566   기독교 시온주의의 역사

광만큼이나 광활한 미래를 자유롭게 상상하게 해주었다."[30]

오순절주의의 "광활한 미래"가 처음부터 그들로 하여금 팔레스타인에 초점을 맞추고 시온주의를 강력하게 지지하게 만들었다는 사실과[31] 아주사 거리에서 파송된 최초의 선교사 5명 중 3명이 1908년부터 중동 선교의 거점이었던 예루살렘으로 갔다는 사실은 잘 알려지지 않았다. 미국과 영국 오순절주의의 최초 정기 간행물은 팔레스타인 내의 오순절주의 선교와 관련된 기독교 시온주의 주제로 가득했으며, 현지에 파송된 오순절주의 선교사들은 오순절 시온주의의 문화적 중개인 역할을 했다.[32] 에릭 뉴버그는 "오순절주의 선교사들의 친시온주의 입장이 이스라엘/팔레스타인 내에서 발생한 아랍-시온주의자 갈등에 대한 오순절주의의 입장을 결정지었다"라고 주장한다.[33] 유대인과 무슬림을 개종시키려는 시도에 실패한 오순절주의 선교사들은 아랍 그리스도인들에게 관심을 돌렸고, 친셈족주의와 유대인들의 고국으로 "회복"의 중요성을 고취시켰다. 대중적인 차원에서 오순절주의가 세대주의적 전천년설을 수용한 것은 윌리엄 블랙스톤 같은 저술가들의 책을 통해 이루어졌다.[34] 오순절주의자들은 세대주의자들의 "은사 중지론", 즉 성령의 은사가 사도 시대와 함께 끝났다는 주장을 거

---

30   Wacker, *Heaven Below*, 251.
31   Eric Nelson Newberg, *The Pentecostal Mission in Palestine: The Legacy of Pentecostal Zionism* (Eugene, OR: Pickwick, 2012), 154.
32   Newberg, *Pentecostal Mission*, 2.
33   오순절주의의 선교에 관한 자세한 논의는 다음을 보라. Newberg, *Pentecostal Mission*, 2.
34   Newberg, *Pentecostal Mission*, 158.

부하면서 세대주의적 전천년설을 자신들에게 유리한 방식으로 수정했다. 오순절주의자들은 그 이름을 "늦은 비 언약"(Latter Rain covenant)으로 개명했고 초기부터 오순절주의를 흔히 "늦은 비 운동"으로 표현했다. 세대주의는 다음과 같은 세 가지 중요한 적응 과정을 거쳤다. 첫째, 그들은 "성령 세례를 받은 신자들만 휴거로 들림 받을 것"이라고 가르쳤다.[35] 둘째, 그리스도는 **"순복음"**(*full* gospel)—즉 "구원과 치유와 [성령] 세례(방언으로 증명되는)와 주님의 재림에 대한 오순절주의의 메시지"—이 열방에 전파될 때까지 재림하지 않을 것이다.[36] 셋째, 가장 중요한 것으로서 그들은 현세에 대한 완전히 다른 이해를 제안했다. 그들은 다비와 다른 주장을 펼치면서 교회 시대는 하나님이 인류를 다루시는 과정에서 괄호 안에 들어가는 시대가 아닌 성령의 시대이며, 이 시대는 오순절 날(이른 비)에 시작했고 아주사 거리에 내리기 시작한 "늦은 비"에 의해 완성되어가고 있다고 주장한다.[37] 그들이 세대주의에서 그대로 유지한 것은 "유대인 회복주의"였다. "오순절주의는 유대인들이 하나님의 종말론적 시계라는 세대주의 전제에 동의했다.…[그리고] 아마겟돈 전쟁을 종말론의 지배적인 모티프로 삼았다."[38] 초기 오순절주의는 신자들이 시온주의를 지지하면 "하나님의 때를 앞당길 수 있다", 즉 그리스도의 재림을 앞당길 수 있다는 블랙스톤의 신념을 적극

---

35   Wacker, *Heaven Below*, 253.

36   Wacker, *Heaven Below*, 253.

37   Wacker, *Heaven Below*, 254-55.

38   Newberg, *Pentecostal Mission*, 155.

적으로 수용했다.[39]

1909년에 데이비드 웨슬리 마이랜드(David Wesley Myland)는 오순절주의 역사를 팔레스타인의 신생 시온주의 운동과 연결하는 오순절주의 역사에 대한 대중적 해석을 개발했다. 1890년과 1900년 사이에 팔레스타인의 강수량이 증가했다는 보도에 깊은 관심을 갖게 된 마이랜드는 이것이 그리스도의 재림이 임박했음을 나타내는 말세의 징조라고 믿었다.[40] 그의 주장은 요엘 2:23에 근거한다. "시온의 자녀들아, 너희는 너희 하나님 여호와로 말미암아 기뻐하며 즐거워할지어다. 그가 너희를 위하여 비를 내리시되 이른 비를 너희에게 적당하게 주시리니 이른 비와 늦은 비가 예전과 같을 것이라." 오순절주의자들 사이에서 이 본문은 야고보서 5:7-8과 연결되었다. "그러므로 형제들아, 주께서 강림하시기까지 길이 참으라. 보라! 농부가 땅에서 나는 귀한 열매를 바라고 길이 참아 이른 비와 늦은 비를 기다리나니 너희도 길이 참고 마음을 굳건하게 하라. 주의 강림이 가까우니라." 이 모티프는 1820년대에 "늦은 비"에 대한 자신만의 독자적인 강조점을 개발한 영국의 역사주의적 전천년주의자인 루이스 웨이(Lewis Way)가 강조했던 것이다.

마이랜드에 따르면 유대인들이 팔레스타인으로 돌아오자 문자적 늦은 비가 내리게 되었고, 이 현상은 이제 영적 늦은 비에 상응한다는 것이다.

---

39   오순절주의에 영향을 미친 Charles F. Parham은 1890년대에 아주사 거리에서 시온주의를 널리 알렸다. 다음을 보라. Newberg, *Pentecostal Mission*, 159.
40   Newberg, *Pentecostal Mission*, 22.

하나님이 물리적으로 팔레스타인에 비를 내리시고 흩어진 유대인들을 돌아오게 하셨듯이 영적으로도 오순절 운동을 통해 다시 성령을 교회에 회복시키고 계신다는 것이다. "[하나님은] 자신의 '늦은 비 언약'을 통해 대다수 보수적 복음주의자들과 오순절주의자들이 동의할 수 있는 종말론적 개념을 한데 모아 기독교 시온주의와 오순절 회복주의의 창조적 종합체로 만드셨다."[41] 종교개혁을 주도한 개신교가 사도 시대에 중단되었다고 잘못 가르친 성령의 은사가 회복됨으로써 성령의 기름 부음이 다시 크게 일어나고 있다는 것이 입증되었다. 많은 오순절주의자들에게 이것은 유대 민족의 팔레스타인 귀환을 알리는 일종의 전조였다.

오순절주의자들은 1917년의 예루살렘 함락을 열렬히 환영했으며, 이 사건은 1929년의 아랍 봉기로 시작된 아랍인들의 저항처럼 이러한 예언적 틀에 비추어 해석되었다. 오순절주의의 정기 간행물들은 1930년대 전반에 걸쳐 팔레스타인 아랍인들의 권리를 반복적으로 폄하하고 아랍인들의 견해를 종종 악마화했던 영국의 유대인 시온주의자 멜쳇 경(Lord Melchett)의 글을 자주 인용함으로써[42] 이 사건들에 대한 음모론적 해석을 만들어냈다. 그들이 볼 때 이 사건들은 "아브라함의 진정한 씨"와 "육체를 이긴 영의 승리라는 하나님의 목적에 대항하여 영원한 전쟁을 벌이고 있는 버림받은 이스마엘의 씨" 간의 싸움이었다.[43] 따라서 오순절주의의 종말론은 그들이 유

---

41   Newberg, *Pentecostal Mission*, 163.
42   Newberg, *Pentecostal Mission*, 175.
43   Newberg, *Pentecostal Mission*, 174.

대인들의 이주와 토지 구매를 제한한 패스필드 경(Lord Passfield)의 1930년 백서에 반대하고, 공개적으로 유대인 시온주의자들의 편을 들며, 반대자들을 반셈족주의자로 낙인찍게 만들었다.[44] 이러한 간행물은 예루살렘 성전이 재건될 것을 내다보고 바위의 돔의 파괴를 자주 요구했다.[45] 1930년대의 팔레스타인 분쟁 동안 현지의 오순절주의 선교사들—"오순절 시온주의의 선교 브로커들"—은 시온주의 운동을 거듭 지지하고 팔레스타인인들의 열망을 폄하했다. 이 선교 "브로커들"은 "오순절주의의 메타내러티브를 확증하는 방식으로 그들이 보고하는 사건들을 묘사했다. 이로써 그들은 이야기의 절반, 즉 시온주의 편의 이야기, 더 정확하게 말하자면 오순절주의 버전의 이야기만 전달했다."[46]

1948년의 이스라엘 건국은 오순절주의 언론으로부터 뜨거운 환영을 받았다. 하지만 얼마 지나지 않아 유대인들이 아직 개종하지 않았다는 사실로 인해 일부 의문이 제기되었다. 그러나 이스라엘의 건국은 "오순절주의와 유대인의 팔레스타인 조국의 회복을 연결함으로써" 오순절주의의 이익을 도모하고 이 운동을 정당화한 오순절주의의 더 거대한 메타내러티브와 부합할 수 있었다.[47] 오순절주의자들의 열정적인 성경 연구, 그리스도의 임박한 재림 강조, "이스라엘 축복하기"의 인기 등은 모두 이 신학적

---

44   Newberg, *Pentecostal Mission*, 176.
45   Newberg, *Pentecostal Mission*, 177.
46   Newberg, *Pentecostal Mission*, 182.
47   Newberg, *Pentecostal Mission*, 181.

틀과 연관되어 있다. 이러한 궤적의 유산은 오늘날 전 세계적으로 오순절 주의자와 은사주의자를 대상으로 한 여론조사에서 현저한 트렌드로 분명하게 나타난다.

샤론 운동 또는 늦은 비 운동. 1948년은 오순절주의자들에게 매우 중요한 해였다. 이스라엘의 건국은 예언의 추론에 더할 나위 없는 호재로 작용했다. 그러나 그 해는 새롭게 부상하던 오순절 전통에 새로운 도전이 되기도 했다. 아주사 거리 부흥이 일어난 지 이미 40여 년이 지났고, 막스 베버가 관찰한 "카리스마의 일상화"가 북미 오순절주의의 발목을 잡고 있었다. 일부 오순절 진영, 특히 하나님의 성회에서는 공개적으로 은사가 나타나는 일이 명백하게 감소했으며, 일부는 오순절 전통이 더 일상화되고 평범해졌다고 느꼈다. 많은 교회에서는 영적으로 메마름과 삭막함이 나타났다. 이러한 상황에서 서스캐처원주 노스배틀포드(North Battleford)의 샤론 고아원 및 학교 학생들과 미국 하나님의 성회의 자매 교단인 캐나다 오순절 성회와 관련된 이들 사이에서 부흥 운동이 시작되었다. 이 운동은 샤론 운동 또는 늦은 비 운동으로 알려졌다(이 용어는 1930년대에 이미 오순절주의자들 사이에서 더 이상 사용되지 않음). 장시간 계속되는 기도 모임에서 나타나는 여러 현상(방언, 치유, 거룩한 웃음)과 관련하여 아주사 거리 부흥 운동과 여러 면에서 유사한 점이 많았던 이 운동은 곧 북미 전역으로 확산되었다. 일부 새로운 관행, 특히 신약성경의 예언자와 사도 직분이 교회에 다시 회복되고 있다는 가르침(1830년대에 에드워드 어빙과 관련된 가톨릭 사도 교회의 강조점을 그대로 답습)이 논란이 되었다. 관련자들은 이 새로운 부흥 운동을 "교회의 임박한 휴거를 알리는 말세의 '늦은 비'의 전조"라고 여겼다.[48] 어떤 이들은 이 부흥 운동이 로마서 8:18-25의 "하나님의 아들들"에 대한 이해에 기초한 특이한 가르침과 관련이 있다고 보았다. 그들은 이 본문이 임박한 성령의 기름 부음으로 인해 하나님의 충만하심의 경지에 이른 "승리한 하나님의 아들들"의 무리가 생겨나서 "실제로 사탄을 폐하고 그를 천상에서 내쫓은 후 마침내 이 땅에서 결박하여 이 세상의 모든 가정에 구원의 소망과 생명을 가져다줄 것"을 말하는 것으로 이해했다. "이러한 성령의 위대한 역사는 사람들을 저주, 죄, 질병, 죽음, 육신으로부터 해방된 온전한 구속으로 인도할 것이다."[49] 이를 비판하는 이들은 이것이 영지주의적 성향과 엘리트 정신의 위험한 종말론을 가르치고 있다고 보았다. 이 운동 지도자들은 스스로 이 운동을 "늦은 비의 새로운 질서"라고 지칭했다. 기존의 오순절 교단들은 이러한 새로운 가르침을 거부했고, 하나님의 성회는 공식적으로 이에 반대했다. 비록 이 운동은 유명한 치유 전도자였던 토머스 와이어트(Thomas Wyatt)와 논란이 많은 윌리엄 브래넘(William Branham)에 의해 받아들여졌지만, 1950년에 이르러서는 여러 독립 교회 내에서 외면당한 것으로 보인다.[50] 장기적으로 이 운동은 20세기 말에 이 운동의 강조점을 상

---

48   Vinson Synan, *The Holiness-Pentecostal Tradition: Charismatic Movements in the Twentieth Century*, rev. ed. (Grand Rapids, MI: Eerdmans, 1997), 213.

49   J. Preston Eby, "The Day Is Upon Us," in *The Battle of Armageddon*, part 4 (1976), Kingdom Bible Studies, http://www.kingdombiblestudies.org/battle/battle-of-armageddon.htm.

50   Synan, *Holiness-Pentecostal*, 213.

당 부분 수용한 많은 갱신주의자들에게 지대한 영향을 미쳤다.

두 번째 물결. 1960년대 초에 개신교 주류 교단과 독립 교회 내에서 기독교 신앙의 다양한 은사주의적 표현이 등장하고, 1967년부터 이것이 미국 가톨릭교회(와 전 세계 가톨릭교회)로 확산되자 그들 사이에서 오순절 교단들과 거리를 두려는 움직임이 일어났다. 그들은 방언의 은사가 성령 세례의 증거라는 오순절주의의 일반적인 주장은 받아들이지 않으면서도 성령의 은사에 대한 오순절주의의 강조점은 받아들였다.[51]

신은사주의 또는 세 번째 물결. 신은사주의라는 용어는 1970년대에 캘리포니아 애너하임의 빈야드 크리스천 펠로우십, 캘리포니아 코스타 메사의 갈보리 채플, 캘리포니아 허모사 비치의 호프 채플과 같은 새로운 독립 은사주의 교회와 사역의 출현을 묘사한다. 이러한 운동은 탁월한 재능을 지닌 창시자들이 시작했으며, 그들은 고(故) 존 윔버(John Wimber)가 빈야드 교회에서, 고(故) 척 스미스가 갈보리 채플에서 했던 것과 같이 자신들의 사역을 프랜차이즈화하여 새 교단으로 탄생시켰다. 하지만 이것은 미국의 사례이며, 우리의 주된 관심사는 서구 세계 너머에 있는 갱신주의자들이다. 갱신

---

51 복음주의자의 23%, 주류 개신교 신자의 9%, 미국 가톨릭 신자의 13%, 흑인 개신교 신자의 36% 등 상당수의 미국 그리스도인들은 세기가 바뀔 무렵 스스로 은사주의자임을 자처했다. Brad Christerson and Richard Flory, *The Rise of Network Christianity: How Independent Leaders Are Changing the Religious Landscape* (New York: Oxford University Press, 2017), 8.

주의는 극도로 국제화되어 있어 더 이상 미국에서 일어나는 일에 의해 좌우되지 않는다. 웨스트브룩에 따르면 "세 번째 물결의 갱신주의 그리스도인들은…[이제] 모든 기독교 주요 교단(하나님의 성회도 크게 다르지 않음)보다 훨씬 더 전 세계에 초점을 맞추고 있다."[52] 기독교 시온주의적 성향을 띤 대형교회의 몇몇 세계적 사례로는 데릭 프린스(Derek Prince)의 영향을 많이 받은 헝가리의 산도르 네메스(Sandor Nemeth)의 믿음의 교회와[53] 예루살렘 국제 기독교 대사관과 밀접한 관계를 맺고 있는 모스크바의 생명의 말씀 교회 등이 있다.[54] 브라질 마나우스에 위치한 미니스테리우 인테르나시오날 다 레스타우라시온(Ministerio Internacional da Restauracion)의 수석 사도인 헤네 테라 노바(Rene Terra Nova) 목사는 약 700만 교인의 거대한 교회 네트워크를 갖고 있으며, 예루살렘 국제 기독교 대사관과 긴밀한 관계를 맺고 있다.[55] 볼리비아 산타크루스 데 라 시에라의 제일 교회(Primera Iglesia)의 알베르토와 글라디스 망고 사도는 약 만 명의 교인을 자랑한다.[56]

네 번째 물결? 브래드 크리스터슨과 리처드 플로리는 신은사주의와 유사하지만, 다음 네 가지 측면에서 차이를 보이는 새로운 형태의 은사주의적

52   Matthew Westbrook, 저자와 사적으로 의견 교환.
53   그의 교회 웹사이트를 보라. www.nemethsandor.hu/eletrajz.
54   다음을 보라. Howard Flower, "Moscow Pro-Israel Rally," International Christian Embassy Jerusalem, July 4, 2013, https://int.icej.org/news/special-reports/moscow-pro-israel-rally.
55   International Coalition of Apostolic Leaders의 홈페이지를 보라. www.icaleaders.com/.
56   이러한 사례는 Matthew Westbrook에게 빚진 것이다.

기독교가 출현했다고 주장했다. (1) 그들은 자신들의 교회 또는 운동의 프랜차이즈화를 지양한다. (2) 그들은 교회 개척에 특별한 관심이 없고 오히려 다양한 배경과 교단의 그리스도인들을 변화시키는 데 주력한다. (3) 그들은 영혼 구원에 대한 전통적인 접근 방식[57] 또는 교회 건축보다는 사회 변화에 더 관심이 있다. (4) 그들은 조직 내의 공식적 관계를 거부하고 "협력 네트워크" 안에서 개인적인 유대관계를 강조한다.[58]

이 네 가지 차이점에 우리는 다음과 같은 점을 추가할 수 있다. 그들의 지도자들은 스스로 현대의 사도(남자와 여자 모두)임을 자처하며, 그들의 사역은 오늘날 그들의 기적 행함 능력으로 검증받고, 그들의 사역은 그들이 속한 초국가적 네트워크의 다른 사도들의 비공식적인 인정을 통해 확인된다.[59] 크리스터슨과 플로리는 이것을 "은사주의적 독립 네트워크 기독교"라고 부르는데, 이는 "신사도적 개혁"(New Apostolic Reformation)에 관해 저술한 대표적인 은사주의 이론가 중 한 명인 C. 피터 와그너가 제안한 것보다 더 포괄적 개념이다.[60] 와그너와 그를 비판하는 자들조차도 1940년대

---

57 그들은 "영혼 구원"에 관심이 있지만, 다른 복음주의자들과 같이 전형적인 방식으로 전도하지 않고 현대의 무력시위를 통해 사람들과 소통하려는 경향이 있다. 이러한 관찰은 Matthew Westbrook에게 빚진 것이다.

58 Christerson and Flory, *Network Christianity*, 34.

59 이러한 네트워크 중 하나는 International Coalition of Apostolic Leaders로 알려져 있다. 풀러 신학교의 C. Peter Wagner가 이 네트워크의 초대 수석 사도였다. 다음을 보라. "The History of ICAL," International Coalition of Apostolic Leaders, 2019, www.icaleaders.com/aboutical/history-of-ica.

60 Christerson and Flory, *Network Christianity*, 8, 10.

의 늦은 비 운동과 이러한 새로운 발전을 연결했다는 것은 의미가 있다.[61] 1940년대 후반의 늦은 비 운동은 조직적으로는 오래가지 못했지만, 그 주요 특징들은 변했고 이 새로운 "사도 네트워크"를 형성한 것으로 보인다. 늦은 비 운동과의 구체적인 연속성은 다음과 같다. 갱신주의자들은 흔히 예배를 통해 그리고 초자연적 능력의 역사를 보여주는 것을 통해 자신들이 사탄을 내쫓는 능력을 받은 것으로 이해한다. 그들은 교회 안에서 사도와 예언자의 은사 회복을 믿는다. 그들은 "하나님의 아들들이 나타난" 것으로 자주 이야기한다(롬 8:19을 인용하면서). 그들은 매우 낙관적인 성향이 있고, 교회가 직면한 도전을 극복하는 것을 강조하며, 성령과 그의 능력, 특히 질병과 심지어 날씨와 자연재해 같은 자연 현상을 통제하는 능력에 초점을 맞추는 경향이 있다.[62] 후자는 신디 제이콥스와 연관된 단체인 중보기도 용사들(현재는 국제 용사들. 피터 와그너와 긴밀한 관계),[63] 정치적 대의에 초점을 맞춘 대규모 기도 모임인 더 콜(The Call)의 루 잉글(Lou Engle),[64] 캘리포니아 레딩의 베델 교회 담임목사인 빌 존슨(Bill Johnson)의 특징이다.[65] (빌 존슨을 제외하고) 위에 언급된 모든 사람은 기독교 시온주의 신념을 강력하게 옹호하는 것으로 잘 알려져 있다.

---

61   Christerson and Flory, *Network Christianity.* 10.
62   이 관찰은 Matthew Westbrook에게 빚진 것이다.
63   다음을 보라. Generals International, "History of Generals International," www.generals.org/history.
64   The Call의 웹사이트를 보라. https://www.thecall.com.
65   레딩의 베델 교회 웹사이트를 보라. http://bethelredding.com.

크리스터슨과 플로리의 지적에 따르면 은사주의적 독립 네트워크 기독교는 "본질적으로 서로를 잘 알고 특정 프로젝트를 위해 결합·재결합하는 강력한 지도자들의 단순한 연합이지만, 기능적으로는 서로 독립적이다."[66] 이들의 정당성은 학문적 업적이나 학위, 설교 능력이나 지위에 근거하지 않으며, 교회를 이끄는 리더십이나 교단에서의 역할에서 비롯되지도 않는다. 많은 초기 오순절주의자들처럼 그들은 "믿음보다 실천을 강조하며, 그들이 가장 중요하게 여기는 실천은 전통적 개신교에서는 거의 찾아볼 수 없다. 특히 예언(하나님으로부터 직접 말씀을 받는 것), 육체적 치유, 악한 영의 축출은 대다수 은사주의적 독립 네트워크 사역자들을 정의하는 실천이다."[67] 다시 말하지만 은사주의적 독립 네트워크는 여러 면에서 초기 오순절 운동의 최초 구성원을 크게 뛰어넘는 대규모 늦은 비 운동이며, 훨씬 더 국제적인 성격을 띠고 있다. 그들은 전 세계 갱신주의 기독교의 중요한 흐름이 되었다.

기독교 시온주의와 세 번째, 네 번째 물결. 지난 수십 년 동안 기독교 시온주의의 근간은 또다시 변화하고 있다. 세대주의적 전천년설은 미국 이외의 지역에서는 쇠퇴하고 있는 듯 보이며, 새로운 형태의 예언 해석이 이를 대체하고 있다. 많은 학자들은 이러한 변화를 인식하지 못하고 계속해서 세

---

66   Christerson and Flory, *Network Christianity*, 11.
67   Christerson and Flory, *Network Christianity*, 11-12.

대주의의 근본적인 역동성에 초점을 맞추고 있다. 이러한 현상은 어디에서 나 볼 수 있고 오해를 불러일으킬 수 있다. 왜냐하면 이러한 현상은 "기독교 시온주의를 시공간에 존재하는 단 하나의 '사물'로 물화하는 경향이 있고, 현재 중동 정세에 대한 전 세계의 정치적 정의에 획일적이고 예측 가능한 방식으로 영향을 미치고 있기 때문이다." 웨스트브룩은 "이러한 물화는 기독교 시온주의에 대한 이해를 돕기보다는 방해하고, 기독교 시온주의를 중요한 신학적, 사회적, 정치적 특성을 간과하는 갱신주의적 형태 및 기타 형태로 이해하도록 부추긴다"고 지적한다.[68]

크리스터슨과 플로리의 주장에 따르면 독립 네트워크 기독교 지도자 가운데 상당수는

신학적으로 후천년설을 지향하는데, 이는 그들이 하나님의 능력이 지금 "새로운 하나님 나라"가 임하도록 함으로써 현세에 이 땅에 천국을 만들 수 있다고 믿는 것을 의미한다. 이러한 후천년설이 지향하는 유토피아주의는 전통적인 오순절 신학에서 벗어나 교회를 세우고 내세를 위한 영혼 구원에 초점을 맞춘다.[69]

그러나 앞에서 살펴본 바와 같이 낙관적 유토피아주의는 후천년주의자들

---

68   Westbrook, "Christian Embassy," 37.
69   Christerson and Flory, *Network Christianity*, 12.

만의 특성이 아니며, 이와 유사한 방식으로 하나님 나라가 도래하기를 바랐던 19세기 역사주의적 전천년주의자들의 특징이기도 했다. 또한 후천년설은 하나님 나라가 대격변을 통해서가 아닌 점진적으로 임할 것으로 예상하는 점진주의적 입장을 항상 취해왔다.

현재 지지를 받는 견해는 후천년설이 아니라 그리스도의 재림이 천년왕국 이전에, 그리고 환난 이후에 이루어질 것으로 보는 매우 낙관적인 성향의 정통적 전천년설이라고 할 수 있다. 이 견해는 미래가 악화함과 동시에 호전될 것이라고 보지만, 후천년설은 하나님 나라가 실현되어 감에 따라 역사의 종말까지 꾸준히 상승 궤도를 그리면서 사회적 고통도 이와 함께 감소할 것으로 본다. 대표적인 작가 중 한 명인 댄 저스터(Dan Juster, 아래에서 논의됨)는 교회가 환난을 경험하는 동안 전 세계 인구의 대다수가 구원을 경험할 정도로 엄청난 부흥이 일어날 것이라고 주장하는데, 구원받을 자들의 규모에 대한 그의 낙관론은 (후천년설 지지자였던) 조너선 에드워즈의 견해를 연상케 한다. 갱신주의 기독교의 이러한 예언 이해는 플로리와 크리스터슨이 연구한 은사주의적 독립 네트워크 기독교와 관련된 자들의 주장보다 더 전통적인 세대주의적 전천년설에 이의를 제기하고 있다. 그들은 국제 네트워크(International Network)의 한 중요한 사례로 마이크 비클이 이끄는 캔자스시티의 국제 기도의 집(International House of Prayer)을 지목하지만, 비클은 분명히 자신을 "정통적 전천년주의자"라고 밝히면서 "교회는 큰 승리로 환난을 통과한 후 휴거될 것"이라고 말한다.[70] 따라서 비클의 신학은 매우 희망적이며 적극적인 문화적 참여를 강조하지만, 후천년설의 새로운 버전은 분명히 아니다.

또한 우리는 기독교 시온주의를 갱신주의자들에게 널리 알린 두 명의 메시아적 유대인 운동 주창자에게 주목할 필요가 있다. 그중에는 국제 기도의 집의 마이크 비클과 같은 인물에게 영향을 준 애셔 인트레이터가 두드러진다.[71] 두 번째로 댄 저스터(1947년생)는 유대인 아버지와 그리스도인 어머니 사이에서 태어났으며 "사도 네트워크"인 티쿤(Tikkun)의 책임자이자 메시아적 유대인 세계에서 저명한 작가로 활동하지만, 그의 저술과 컨퍼런스 연설은 많은 기독교 시온주의자들에게도 잘 알려져 있다.[72]

갱신주의적 시온주의의 주요 창시자, 데릭 프린스와 데이비드 포슨

기독교 갱신주의자들의 세계관을 이해하려면 유대 민족이 중심을 차지하는 그들의 섭리주의적 역사 해석을 이해해야 한다. 그것은 유대 역사에 대한 초기 개신교 해석에 기초하지만, 20세기에는 전 세계 수백만 기독교 시온주의자들의 기억에서 없어서는 안 될 중요한 요소가 되었다. 이 이야기

---

70 Mike Bickle, "Historic Premillennialism and the Victorious Church," The Mike Bickle Library, April 18, 2017, mikebickle.org/resources/resource/3070.

71 Intrater의 많은 동영상은 국제 기도의 집 웹사이트에서 볼 수 있다. www.ihopkc.org/resources/asset/2016_05_14_1800_MSG_FCF/auto/true/. 2021년 1월 21일 조회함.

72 티쿤의 웹사이트를 보라. https://tikkun.tv/.

를 소개한 가장 중요한 인물은 20세기 말에 전 세계 기독교 시온주의 진영에서 가장 영향력 있는 기독교 시온주의 사상가이자 작가, 연설가였던 데릭 프린스(Derek Prince, 1915-2003)였다. 그는 홍콩과 케이프타운, 런던, 로스앤젤레스 등과 같이 먼 지역의 기독교 시온주의 진영에서도 잘 알려진 인물이다.

프린스의 배경은 매우 주목할 만하다. 인도에 주둔해 있던 영국군 장교의 아들로 태어난 그는 열세 살에 이튼 칼리지에서 왕립 장학생으로 선발된 후 케임브리지 대학교의 킹스 칼리지에서 수석 장학생으로 졸업했다. 그는 고전 과목(Classical Tripos, 라틴어, 그리스어, 문화, 역사를 공부함) 두 분야에서 모두 1등급 우등 학위(first-class honors degree)를 받았다. 그는 2년 동안 선임 연구원 학생으로 선발되어 케임브리지 대학교에서 고전철학 박사학위를 취득했다. 그는 1940년 3월에 "케임브리지학파"의 철학이 발전시킨 이해, 특히 케임브리지 대학교의 스승인 루트비히 비트겐슈타인의 접근법을 사용하여 플라톤의 철학적 방법론의 진화를 다룬 논문을 써 케임브리지 킹스 칼리지의 선임연구원으로 선출되었다.[73] 얼마 후 프린스는 기독교로 개종하여 오순절주의를 받아들였다. 프린스는 1940년에 영국군에 입대하여 1941년부터 북아프리카에서 의무대에서 비전투병으로 복무했으며, 1944년에 팔레스타인으로 재배치되었다. 전쟁이 끝난 후 그는 예

---

73   Brian Stanley, *Christianity in the Twentieth Century: A World History* (Princeton, NJ: Princeton University Press, 2018), 302.

루살렘의 히브리 대학교에서 다시 박사 과정을 시작했고 하나님이 팔레스타인에 유대인 국가를 세우실 것이라는 확신은 더욱 확고해졌다.[74] 전쟁이 끝나기 전 프린스는 덴마크 오순절주의 선교사였던 리디아 크리스텐센(Lydia Christensen)과 결혼했는데, 그녀는 팔레스타인에서 오순절 시온주의의 선교 브로커로 사역한 대표적인 인물 중 하나인 로라 래드포드(Laura Radford)와 긴밀히 협력하며 사역했던 인물이다.[75] 그는 대체주의적 가르침을 공격하는 글을 썼고 "홀로코스트를 포함하여 유대인에 대한 폭력의 주된 책임은 기독교에 있다"고 주장했다.[76] 그와 그의 가족은 1948년 여름 팔레스타인에서 벌어진 전쟁 도중 철수한 선교사들 가운데 속해 있었다. 그는 런던에서 목회를 하고 1957년부터 1961년까지 케냐에서 교사로 봉사한 후 캐나다로 이주했으며, 그 후 1963년에 미국으로 건너가 국제 교육 사역을 전개해나갔다. 뉴버그는 데릭 프린스를 "팔레스타인에서 사역한 오순절주의 선교사들, 은사주의 운동, 친이스라엘 운동을 역사적으로 직접 연결하는 데 가장 크게 기여한" 인물로 본다.[77] 프린스는 세대주의자가 아니었으며, 그의 종말론적 견해에는 천년왕국 이전에 일어날 성도들의 휴거가 포함되어 있지 않았다. 그의 견해는 환난 이후 휴거설을 지지하는 전천년설(즉 정통적 전천년설)로 특징짓는 것이 가장 적절할 듯하다.[78]

---

74   Newberg, *Pentecostal Mission*, 188.
75   Newberg, *Pentecostal Mission*, 187. 또한 Radford에 대해서는 184-85을 보라.
76   Newberg, *Pentecostal Mission*, 189.
77   Newberg, *Pentecostal Mission*, 186.
78   Derek Prince, "Epilogue: Drama in Three Acts," in Lydia Prince and Derek Prince, *Appointment*

프린스의 신학의 핵심은 친셈족주의였으며, 그는 자신이 반셈족주의로 간주하는 기독교 문서를 공격하면서 19세기 복음주의에서 유행했던 주제를 거침없는 언어로 반복해서 표현했다. 그는 "유대 민족이 그릇된 기독교 신학의 무고한 희생자라는 냉정한 평가"를 내렸고,[79] 대체 신학과 대체주의를 강력하게 거부했다. 그는 그것의 정점이 홀로코스트였다고 주장했다. "우리는 교회가 뿌린 씨를 단순히 나치가 거두었을 뿐이라고 말함으로써 여기에 관련된 역사적 과정의 결과를 요약할 수 있다."[80] 영국 청교도주의와 19세기 복음주의에서처럼 반셈족주의에 대한 책임론이 더 이상 로마 가톨릭교회에 집중되지 않았다. 프린스가 기독교 시온주의 내에서 반가톨릭 논쟁을 중단시킨 것은 주목할 만하다. 아마도 여기에는 몇 가지 요인이 작용했을 것이다. 첫째, 프린스는 칼뱅주의자가 아니었으며, 오순절주의자/은사주의자로서 옛 전통과 중세 가톨릭의 "유대인 경멸"을 비난하는 전통에 동참하지 않았다. 둘째, 홀로코스트에 대한 책임은 주로 루터파 개신교에 있으며, 따라서 유럽의 반셈족주의에 가담한 개신교의 공모가 인정되고 있었다. 셋째, 1960년대 후반의 은사주의 운동에는 주류 개신교뿐만 아니라 로마 가톨릭교회도 포함되어 있었으며, 그중 일부는 기독교 시온주의를 수용했다. 1960년대에 제2차 바티칸 공의회에서 개신교를 "이단"이 아닌 "분리된 형제"라고 우호적으로 언급한 것과 서구 문화에서 세속주의가

    in Jerusalem (Grand Rapids, MI: Chosen Books, 1975), 176-88.

79   Newberg, *Pentecostal Mission*, 188.

80   Newberg, *Pentecostal Mission*, 189.

성장한 것도 이러한 변화에 기여한 것으로 보인다. 개신교는 기독교를 받아들이는 데 점점 더 회의적이 되어가는 문화에 대처하는 차원에서 가톨릭 신자들을 점점 더 동역자로서 여기게 되었다. 로마 가톨릭교회 측에서는 이스라엘 국가에 대해 보다 우호적인 태도를 취하려는 움직임이 상당히 나타났다.

흥미롭게도 프린스는 유대인들이 곧 그리스도께로 돌아올 것이라고 확신했다. 그는 1982년에 쓴 『중동에 관한 마지막 말』(*The Last Word on the Middle East*)에서 "유대 민족은 다시 한번 하나님의 성령을 받고 이에 응답할 준비가 되어 있다"고 단언할 수 있었다.[81] 그리스도인들은 홀로코스트에 대한 책임을 인정하고 유대 국가에 대한 열렬한 지지와 함께 "이스라엘 축복하기"를 통해 이를 보상함으로써 이 목표를 실현할 수 있을 것이다. 따라서 이를 통해 그리스도인들은 "메시아를 받아들이도록 이스라엘의 마음을 준비시키는" 이 특별한 말세 사역을 도울 수 있다. 이 의제는 1970년대에 새롭게 등장한 기독교 친이스라엘 운동의 기초가 되었으며,[82] 이를 공식적으로 가장 잘 표현한 것이 예루살렘 국제 기독교 대사관(ICEJ) 설립이다. 이러한 새로운 발전과 관련되어 있으면서도 다른 성격을 지닌 것은 메시아적 유대교(messianic Judaism)의 출현이었는데, 그들은 친시온주의 성향이 강하고 주로 은사주의를 지향했다. 이 두 은사주의 집단 간에는 갈등이 존재한

---

81 Newberg, *Pentecostal Mission*, 189.
82 Newberg, *Pentecostal Mission*, 189.

다. 왜냐하면 ICEJ는 유대인의 개종에 대해 신중한 반면, 메시아적 유대인들(과 다른 많은 은사주의자들)은 그렇지 않기 때문이다.

프린스는 1984년에 그의 저서 『우리가 이스라엘에 진 빚』(*Our Debt To Israel*)에서 그리스도인이 유대인을 대하는 태도의 렌즈를 통해 교회 역사에 대한 섭리주의적 해석을 발전시켰다. 이 해석은 비단 프린스만의 것이 아니라 기독교 시온주의, 특히 오순절주의 초기부터 오랜 역사를 가지고 있으며, 데이비드 포슨과 같은 다른 은사주의 작가들도 유사한 방식으로 이를 발전시켰다. 프린스는 1400년대와 1500년대에 스페인이 쇠퇴한 것을 1492년의 유대인 추방에 대한 하나님의 심판 때문으로 보며, 제2차 세계대전 이후 영국의 국력이 쇠퇴한 것을 새로운 유대인 국가에 대한 영국의 지원 부족과 1947-1948년에 영국이 팔레스타인의 위임통치 국가로서의 책임을 소홀히 한 탓으로 해석한다. 그는 이사야 60:12—"너를 섬기지 아니하는 백성과 나라는 파멸하리니 그 백성들은 반드시 진멸되리라"—을 인용하며 "하나님은 이 말씀에서 이스라엘 백성에게 약속하고 계시며, 이스라엘의 구속과 회복이라는 그의 목적에 반대하는 모든 나라에 심판을 내리실 것이라고 모든 이방인에게 경고하신다"라고 말한다.[83]

믿음 있는 그리스도인들의 기도가 세계에서 일어나는 사건에 영향을 미칠 수 있다고 확신하던 그는 북아프리카에서 복무할 당시 본인들의 안락함에만 관심이 있던 영국군 고위급 장교들을 "이기적이고 무책임하며 기

---

83   Shapiro, *Navigating*, 56.

강이 확립되지 않은" 자들로 간주하며 그들에게 불만을 품었던 일을 회상 했다.[84] 그들은 그와 함께 복무하던 두 영국 기갑 사단의 사기를 떨어뜨리고 있었다. 그는 그런 무능한 지도자들 밑에서 영국의 패배는 확실했고 나치의 승리는 팔레스타인의 멸망과 유대인의 학살을 가져올 것이라고 확신했다. 영국군이 추축국에 맞서 최후의 항전을 위해 카이로 서쪽의 엘 알라메인을 향해 동쪽으로 완전히 후퇴하는 동안 프린스는 전쟁에서 승리를 거둘 수 있는 새로운 리더십이 나타나기를 날마다 기도했다. 신임 사령관으로 고트 장군이 파견되었지만, 그가 탄 비행기가 격추되는 바람에 버나드 몽고메리로 교체되었다. 프린스는 복음주의 성공회 주교의 아들인 몽고메리를 "**정의롭고 하나님을 두려워하는** 사람"이라고 평가했다.[85] (몽고메리의 아버지는 태즈메이니아의 성공회 주교였고 나중에는 고교회파 소속 협회인 복음 전파 협회 회장을 역임했다. 하지만 그를 복음주의자라고 칭하는 것이나 육군 원수 몽고메리를 "하나님을 두려워하는 사람"이라고 묘사하는 것은 적절해 보이지 않는다.) 그러나 프린스는 다음과 같이 주장했다.

영국 정부가 고트를 사령관으로 선택했지만 하나님은 그를 제쳐두고 자신이 친히 택한 인물인 몽고메리를 세우셨다. 하나님은 자신의 이름이 영광을 받고 성령이 먼저 나에게 기도하도록 영감을 주신 그 기도에 응답하기 위해 이런 일

---

84   Derek Prince, *Shaping History Through Prayer and Fasting* (Old Tappan, NJ: Fleming H. Revell, 1973), 59.

85   Prince, *Shaping History*, 61.

을 행하셨다. 하나님은 또한 이런한 개입을 통해 팔레스타인의 유대인들이 추축국 세력의 지배를 받지 않도록 보호하셨다.[86]

이러한 섭리주의적 역사 해석은 향후 이스라엘 국가 수립과 독립 전쟁에도 적용되었고, 취약한 유대 민족을 위한 여러 기도 응답의 사례로 소개된다. 그러나 프린스는 유대인에 대한 과거의 전력이 영국보다 비교할 수 없을 정도로 더 심각했던 독일이 제2차 세계대전 이후 눈부시게 발전한 사실―특히 독일 기독교 시온주의자들에게 계속 문제로 남아 있는―에 대해서는 설명하려 하지 않는다.[87] 프린스는 결국 미국으로 이주하여 플로리다주의 포트 로더데일에 본부를 둔 기독교 성장 사역에 관여하게 되었다.

브라이언 스탠리는 프린스의 신학적 궤적은 그가 기독교로 개종하기 이전에 플라톤에게서 받은 영향에 의해 형성되었다고 주장했다. 스탠리는 프린스의 인기 저서 중 하나에서 "플라톤이 쓴『파이돈』(Phaedo)의 언어를 거의 그대로" 재현하고 있다고 지적한다. "눈에 보이는 영역에 속한 것은 일시적이고 영원하지 않다. 우리는 보이지 않는 영역에서만 참되고 영원한 실재를 발견할 수 있다. 또한 보이는 영역에서 우리의 운명을 궁극적으로 결정지을 힘을 발견할 수 있는 곳도 바로 이 보이지 않는 영역이다."[88]

---

86   Prince, *Shaping History*, 62.
87   Shapiro의 주장과는 대조적으로 대체주의는 Prince의 공격 대상인 많은 영어권 복음주의자들 사이에서 여전히 널리 받아들여지고 있는 신념이다. Shapiro, *Navigating*, 76.
88   Derek Prince, *Blessing or Curse: You Can Choose!* (Bletchley, UK: Authentic Media, 2015), 18-19. Stanley, *Christianity in the Twentieth Century*, 303에서 인용됨.

어떤 의미에서 프린스는 플라톤주의를 활용하여 이 세상을 재신성화했다. 세속적 현실을 결정하는 보이지 않는 세계의 중요성에 대한 그의 강조점은 이후 영적 전쟁에 대한 그의 가르침과 성령으로 충만한 그리스도인조차도 "악한 영에 사로잡히게" 될 수 있다고 가르친 "구원 사역"의 필요성에 대한 그의 주장에 나타나 있으며, 이는 그들이 "악한 영의 영향을 받을 수 있고" 그들의 삶에서 그러한 영향력을 제거할 필요가 있다는 것을 의미했다.[89] 프린스는 전 세계 13개국 언어로 방송되는 일일 라디오 프로그램, 오디오 테이프, 컨퍼런스 연설(그의 가르침은 대부분 여전히 유튜브에서 찾아볼 수 있음), 방대한 저서를 통해 자신의 이러한 견해를 널리 홍보했다. 구원 사역에 대한 그의 견해는 오순절 진영에서 논란의 대상이 되었지만, 태도의 변화를 유도하는 그의 영향력은 대단했다(특히 아프리카에서는 그의 견해가 아프리카의 전통 종교 문제와 잘 조화를 이루었다). 프린스의 가르침은 특히 아프리카에서 특정 노선의 번영 복음이 성장하는 데 중요한 역할을 했다.[90] 그는 "보이지 않는 영적 현실 세계로부터 축복과 저주가 4세대까지 혈통을 타고 내려와 축복(번영으로 나타남)이나 저주(가난이나 유전병으로 나타남)를 가져온다고 가르

---

89   Prince는 "귀신 들림"과 "악한 영의 영향을 받는 것"을 신중하게 구분했다. 그는 "그런 사람['그리스도를 위해 살고자 하는 거듭난 그리스도인']이 마귀에게 속해 있거나 마귀의 소유라고 주장하는 것은 말도 안 되는 일"이라고 기록했다. Derek Prince, *They Shall Expel Demons: What You Need to Know About Demons—Your Invisible Enemies* (Grand Rapids, MI: Chosen Books, 1998), 16.

90   핵심 내용에 대한 요약은 다음을 보라. Katherine Attanasi, "Introduction: The Plurality of Prosperity Theologies and Pentecostalisms," in *Pentecostalism and Prosperity: The Socioeconomics of the Global Charismatic Movement*, ed. Katherine Attanasi and Amos Yong (New York: Palgrave-MacMillan, 2012), 3-4.

쳤는데, 이는 조상에 대한 아프리카인의 신앙과 잘 조화를 이루었다."[91] 조상의 축복과 저주에 대한 그의 신념은 플라톤의 사상을 반영한 것으로, 플라톤은 "조상의 저주의 오염 능력에 대한 신념을 그리스 사상과 많이 공유했으며, 자신의 저서 『파이돈』(*Phaedo*)에서 '먼 과거에 발생한 죄의 결과로 끔찍한 질병과 고통에 시달리는' 가족들을 언급했다."[92] 프린스에 따르면 그리스도인들이 역사적으로 유대인들을 학대한 행위는 기독교 세계가 회개해야 할 과거이며, 한편으로는 유대인을 저주한 조상을 둔 자들에게 미칠 하나님의 저주를 완화하고, 다른 한편으로는 이스라엘을 축복하라는 하나님의 명령을 따르는 자들에게 약속된 번영을 얻도록 하기 위해 반드시 이스라엘을 축복하는 행위로 대체되어야 한다.

영국인으로서 매우 중요한 또 다른 인물은 데이비드 포슨(David Pawson, 1930-2020)이다. 포슨도 프린스와 마찬가지로 젊은 시절에 중동에서 영국군으로 중대한 임무를 수행했다. 그는 1950년대에 훗날 그가 "이슬람의 심장부"로 묘사한 아덴에서 영국 왕립 공군의 군목으로 복무했다.[93] 그는 1970년대에 이르러 은사주의 진영에서 국제적으로 사역하는 성경 교사로 널리 알려지게 되었다. 프린스와 마찬가지로 1970년대에 그의 가르침을 녹음한 오디오 테이프는 전 세계에 유포되었다. 길드포드 침례교회(런던 남서쪽)에서 오랜 동안 목사로 사역한 그는 전 세계 갱신주의 컨퍼런

---

91   Stanley, *Christianity in the Twentieth Century*, 303.

92   Stanley, *Christianity in the Twentieth Century*, 303.

93   David Pawson, *The Challenge of Islam to Christians* (London: Hodder & Stoughton, 2003), 4.

스와 예루살렘 국제 기독교 대사관에서 주최하는 행사, 특히 연례 초막절 축하 행사에서 인기 있는 강연자가 되었다. 그의 많은 저서 중에는 『기독교 시온주의를 옹호하며』(*Defending Christian Zionism*)가 있는데,[94] 이 책에서 그는 세대주의적 전천년설을 비판하고 자신만의 독특한 정통적 전천년설을 옹호하면서 성도들이 환난 이후에 휴거될 것이라고 주장했다. 그는 이스라엘 민족에 대한 예언을 성도들의 휴거 이후가 아닌 현세에 성취될 일로 분명히 믿었다. 그가 2003년에 쓴 『그리스도인들을 향한 이슬람의 도전』(*The Challenge of Islam to Christians*)에서 하나님의 도우심이 없으면 영국은 무슬림 국가가 될 것이며, 이는 배교한 국가에 대한 하나님의 심판이 될 것이라고 확신했다. 하지만 그는 하나님이 기독교 교회를 정화하는 데 이 심판을 사용하실 것이라고 믿었다.

뉴버그는 대중적인 갱신주의 문헌을 연구하면서 여섯 가지 주제가 계속해서 대두되고 주장되는 것을 발견했다. 이 주제들은 모두 프린스와 포슨이 제안한 것에 그 뿌리를 두고 있다. 그것은 다음과 같다. 시온주의에 대한 기독교의 강한 애착, 홀로코스트에 대한 기독교 책임론 강력히 주장, 반셈족주의에 대한 철저한 규탄 촉구(종종 모든 형태의 반시온주의를 반셈족주의의 표현으로 간주함), 반셈족주의에 대한 책임 있는 대체 신학의 확실한 거부, 메시아적 유대교의 영향을 반영하는 기독교의 유대교 뿌리 강조, 예언적 사변이 아닌 하나님이 유대 민족과 맺은 조건 없는 언약에 근거한 친셈족

---

94   David Pawson, *Defending Christian Zionism* (Bristol: Terra Nova Publications, 2008).

주의에 대한 지지. 여기서 중요한 점은 많은 갱신주의 문헌이 이제는 세대주의적 전천년설과 거리를 두고 있다는 것이다.[95]

세대주의와 거리를 두게 된 이러한 변화는 캐나다계 이스라엘 학자인 페이드라 샤피로가 전개한 캐나다와 이스라엘의 현대 기독교 시온주의에 대한 광범위한 연구에서 관찰된 주요 사실 중 하나였다.

> 많은 기독교 시온주의자들은 우리가 종말 이전의 마지막 때에 살고 있다는 점을 강조하면서 이스라엘에 대한 지지와 세대주의 및 성경 예언 운동과 같은 체제 사이의 연관성을 끊어내고 싶어 한다.
>
> 나의 연구에서는 전천년주의적 세대주의와 기독교 시온주의 사이의 연관성이 지나치게 과장되었다는 것이 매우 신속하게 밝혀졌다. 압도적으로 나에게 정보를 제공해준 사람은 자신을 세대주의자라고 생각하지 않거나 (더 많은 경우) 세대주의가 무엇을 의미하는지조차 몰랐다.[96]

샤피로의 관찰은 스티븐 스펙터에 의해 확인된다. "많은 [미국] 복음주의

---

95 이 점은 중요하며 다음과 같은 여러 책을 비롯하여 최근 여러 저자들의 저서에 반영된 세대주의의 중요성을 강조하는 표준적인 설명과 다르다. Stephen Sizer, *Christian Zionism: Roadmap to Armageddon?* (Downers Grove, IL: IVP Academic, 2006); Donald E. Wagner, *Anxious for Armageddon* (Scottdale, PA: Herald, 1995); Clifford A. Kiracofe, *Dark Crusade: Christian Zionism and US Foreign Policy* (London: L.B. Tauris, 2009); and Grace Halsell, *Prophecy and Politics* (Chicago: Lawrence Hill Books, 1986) and Halsell, *Forcing God's Hand: Why Millions Pray for a Quick Rapture—and Destruction of Planet Earth* (Beltsville, MD: Amana Publications, 2003).

96 Shapiro, *Navigating*, 12.

자들은 이러한 세대주의적 기대를 수용하지만, 가장 정확한 추론에 따르면 절대다수는 그렇지 않다."[97] ICEJ는 세대주의를 명확하게 거부했으며, 그 추종자 중 상당수는 포슨의 환난 이후 휴거설에 만족해하는 것 같다. 그러나 뉴버그와 샤피로가 언급한 예언 사변에 대한 일반적인 관심의 부족이 아마도 갱신주의 시온주의자들 사이에서 포슨의 견해가 논란이 되지 않는다는 점을 설명해줄 것이다. 웨스트브룩은 이러한 경향에 대한 또 다른 요인을 지적했다.

> 정치적 옹호가 이루어지는 공공 영역에서는 예언에 대한 언어가 통용되지 않는다는 점을 고려할 때 기독교 시온주의 내에는 이제 막 대두되기 시작한 현재와 미래의 예언 성취 사례와의 연관성을 축소해야 할 실용적·신학적 필요성이 존재한다. 기독교 시온주의자들은 이스라엘에 대한 효과적인 옹호의 뿌리를 예언의 성취에서 찾을 수 없다는 것을 깨닫기 시작했다.[98]

그러나 동시에 이 운동 안에서는 "종말론적 성취의 전조로서 과거의 부활이라는 주제가 [초막절 때처럼] 여전히 강력한 동기 부여가 되고 있다."[99]

---

97   Stephen Spector, *Evangelicals and Israel: The Story of American Christian Zionism* (New York: Oxford University Press, 2009), 23.

98   Westbrook, "Christian Embassy," 20.

99   Westbrook, "Christian Embassy," 20.

최근의 발전

오늘날 세계적인 갱신주의 운동은 자신들만의 고유한 기독교 시온주의 신학을 가지고 있다고 주장하면서 세대주의적 전천년설을 대체로 거부하고, 그들 가운데 상당수는 현재 정통적 전천년설을 받아들인다. 웨스트브룩의 지적에 따르면 **"하나님**이 하시는 일을 이해하기 위해서는 그저 세상에서 일어나는 일을 지켜보는 것으로도 충분하다고 여기며 예언 성취에 대한 소극적인 접근 방식이 주를 이루었던 전통적 세대주의의 정신은 예언 성취에 대한 보다 더 실제적인 접근 방식을 선호하게 되면서 폐기되었다."[100] 웨스트브룩은 기독교 시온주의를 옹호하는 갱신주의 신학에서 일관되게 발견되는 다음 세 가지 상호 연관된 주제를 지적했다. 첫째, "그리스도인에 대한 이슬람주의자들의 폭력뿐만 아니라 '유대교-기독교' 서방 세계에 대한 그들의 잠재적이고 현실화한 폭력에 관해 미국인들이 갖는 우려", 둘째, "갱신주의 신학의 핵심 요소로서 기독교 시온주의의 홍보", 셋째, "이스라엘에 집중된 갱신주의의 정치 지지 활동 홍보."[101]

그는 갱신주의적 시온주의가 이전 형태의 기독교 시온주의보다 그리스도인과 유대인의 운명을 더 긴밀하게 연결하는 경향이 있고, 초자연적

---

100   Matthew C. Westbrook, "Broadcasting Jesus' Return: Televangelism and the Appropriation of Israel Through Israeli-Granted Broadcasting Rights," in *Comprehending Christian Zionism: Perspectives in Comparison*, ed. Goran Gunner and Robert O. Smith (Minneapolis: Fortress, 2014), 71.

101   Westbrook, "Christian Embassy," 87.

승리주의를 강조하면서 이전 버전에 비해 자신들의 시온주의에 독특한 내용을 부여한다고 지적한다. 갱신주의적 시온주의는 기독교적 관점에서 유대 민족의 영적 회복과 물리적 "회복"이 모두 역사 속에서 일어날 것임을 긍정하며, 이런 점에서 17세기 개신교 회복주의자들과도 매우 닮았다. 갱신주의적 시온주의는 미국의 세대주의적 전천년설과 적극적으로 거리를 두어왔으며, 미국 이외의 지역에서 갱신주의자들이 세대주의를 받아들인 사례는 거의 없다.[102]

갱신주의적 시온주의의 핵심적인 네트워크는 신사도적 개혁(New Apostolic Reformation)으로 알려져 있으며, 느슨한 연대 조직으로서 초교파적이며 주로 탈교파적이다. 이 조직의 지도자들은 세계 각지에 있는 각 교회 네트워크의 수장들이며, 각 단체의 리더십을 현대 사도들로 인정한다. 어떤 이들은 이것을 말세에 사도직의 은사가 교회에 회복된 것으로 본다. 우리는 이미 1940년대 후반의 늦은 비 운동에서 이러한 견해를 옹호한 바 있다는 점을 살펴보았다.[103] 그들 중 다수는 예루살렘을 세계 기독교의 국제적 중심지로 보고 있으며, 이스라엘 국가를 열렬히 지지한다. 갱신주의적 시온주의자들은 신사도적 개혁 집단보다 더 광범위하며, 예루살렘 국제 기독교 대사관과 같은 단체들을 포함한다.

---

102 나는 특히 이 문제에 대해 Matthew Westbrook의 통찰력에 빚을 지고 있다.
103 Joseph Williams, "The Pentecostalization of Christian Zionism," *Church History* 84, no. 1 (March 2015): 179-80.

오늘날 갱신주의적 기독교 시온주의

오늘날 주류 갱신주의는 이스라엘에 관한 프린스와 포슨의 가르침을 대부분 저버렸다. 그러나 갱신주의 내에서는 현재 유대인과 그리스도인 사이의 유대감을 조성하고 상징화하려는 중요한 움직임이 일어나고 있다. 많은 오순절주의자들(그리고 최근에는 더 광범위한 범주의 갱신주의자들)은 유대인 의상을 입고, 예배 때 쇼파르를 불고, 유대인의 축제, 특히 예루살렘에서 초막절을 기념하는 등 이스라엘을 주제로 한 종교의식을 도입했다. 이러한 방식으로 자신들의 믿음을 실천하는 이들에게 히브리 뿌리 운동은 "하나님의 선택받은 백성"과의 상징적 유대관계를 크게 강화한다. 모든 유대인의 것에 대한 집착은 20세기 말에 이르러 미국을 비롯한 전 세계 갱신주의자들의 특징이 되었다. 데이비드 뒤 플레시스(David du Plessis)와 데릭 프린스(Derek Prince) 같은 주요 인물들은 하나님이 20세기에 이스라엘 국가를 다루시는 모습을 중심으로 오순절주의/은사주의의 역사를 재구성하고자 했으며 이스라엘에 대한 강력한 지지를 독려했다. 이 모든 이들은 이스라엘을, 그리고 상징적으로는 예루살렘을 갱신주의자들의 상상력의 중심에 놓기 위해 애를 썼다.[104] 유대인에 대한 이러한 깊은 관심은 또한 일부 필리핀 복음주의자들에게 기독교 신앙을 버리고 "노아의 아들"로서 유대교에 입교하도록 설득한 "노아의 후손"(Noahides)이라는 집단과 같이 유대인처럼

---

104   Williams, "Pentecostalization," 179.

사는 흥미로운 집단들을 탄생시켰다.[105]

---

105 노아의 후손(Noahides) 또는 노아의 자녀는 이방인을 위해 고안된 유대 도덕 규범인 "노아의 7계명"을 따르는 이방인들이다. Rachel Z. Feldman, "Field Notes: The Children of Noah; Has Messianic Zionism Created a New World Religion?," *Nova Religio: The Journal of Alternative and Emergent Religions* 22, no. 1 (2018): 117. 또한 다음을 보라. Jeffrey Kaplan, *Radical Religion in America: Millenarian Movements from the Far Right to the Children of Noah* (Syracuse, NY: Syracuse University Press, 1997).

15장

오늘날의 기독교 시온주의:
"새로운" 기독교 시온주의

기독교 시온주의의 비갱신주의 진영에서 저명한 조너선 에드워즈 학자인 제럴드 R. 맥더못의 주도하에 새로운 학문적 변론이 개진되었다. 그가 편집한 책은 전통적 세대주의와 새롭게 부상한 갱신주의적 성향의 기독교 시온주의와는 다른 대안적 비전을 제시했다. 『새로운 기독교 시온주의: 이스라엘과 그 땅에 대한 새로운 관점』(*The New Christian Zionism: Fresh Perspectives on Israel and the Land*, 2017)은 다수의 주요 복음주의 학자들이 기독교 시온주의에 대해 변증하는 글을 하나로 묶은 책이다. 이 책의 제목은 그것이 "얼마나 새로운 것일까?"라는 질문을 불러일으킨다. 이 책은 서로 다른 신학적 관점의 기독교 시온주의자들이 이례적인 수준의 신학적 협업을 보여준다는 점에서 새롭다. 이 책을 기획하고 최종 편집을 맡은 제럴드 맥더못은 개혁주의의 언약적 입장을 대표하는 반면, 다른 기고자들은 상당히 다른 접근법을 채택한다.[1] 또 새로운 점은 1970년대에 시작되어 지금은 진보적 세대주의로 알려진 세대주의적 전천년설을 대표하는 학자들의 사고의 변화를 반영하는 글이 다수 실렸다는 것이다.

1980년대에 일부 주요 세대주의자들은 세대주의 체계 전체를 재고하

---

[1]   McDermott은 자신의 입장을 *Israel Matters: Why Christians Must Think Differently About the People and the Land* (Grand Rapids, MI: Brazos Press, 2017)에서 자세히 설명한다.

기 시작했고, 1986년에는 미국 복음주의 신학회 내에 "세대주의 연구 그룹"을 구성하였다.[2] 이 그룹의 의장은 대럴 L. 복(Darrell L. Bock)과 크레이그 A. 블레이징(Craig A. Blaising)이 맡았고, 탈봇 신학교의 로버트 소시(Robert L. Saucy)가 이에 상당히 깊게 관여했다. 이 세 학자는 1990년대 초에 세 권의 각각 다른 책에서 세대주의의 한 가지 변형에 대해 설명했다. 이 세 권의 책은 크레이그 A. 블레이징과 대럴 L. 복이 편집한 『세대주의, 이스라엘, 교회: 정의를 찾아서』(*Dispensationalism, Israel and the Church: The Search for Definition*, 1992), 로버트 L. 소시의 『진보적 세대주의의 사례: 세대주의와 비세대주의 신학 간의 접점』(*The Case for Progressive Dispensationalism: The Interface Between Dispensational and Non-dispensational Theology*, 1993), 크레이그 A. 블레이징과 대럴 L. 복이 편집한 『진보적 세대주의』(*Progressive Dispensationalism*, 1993)를 가리킨다.

전통적인 세대주의와 그들 간의 의견 차이의 핵심은 성경의 예언은 오직 유대인에게만 적용되며, 교회 시대는 예언의 시계에서 69번째 주와 70번째 주 사이에 해당하고 성경의 예언에 언급되어 있지 않다는 다비의 주장에 있다. 다비는 교회 시대에는 하나님이 이스라엘을 다루시는 일을 보류하셨다고 주장했다. 이러한 극단적인 불연속성을 강조하는 그의 주장은 옛 세대에서 새 세대로 진행하는 구약과 신약 사이에 중요한 연결 고리

---

2   다음을 보라. "Dispensational Study Group," Evangelical Theological Society, https://www. etsjets.org/puc/puc_dispensationalism.

가 있다고 주장한 이 성경학자들이 쉽게 받아들이기 어려운 것이었다. 그들은 비록 이스라엘 민족과 관련된 약속은 미래에 온전히 성취될 것이지만, 그것은 이미 신약성경에서 부분적으로 성취되기 시작했다("이미 그러나 아직"의 입장). 언약의 실제적 성취에 대한 강조는 여전히 남아 있다.

적어도 두 가지 요인이 이러한 새로운 생각에 기여했다. 첫째는 신약 연구에서 예수와 바울이 유대인이라는 점과 이로써 유대인의 종말론에 대한 이해가 매우 중요하다는 것을 인식하게 되었다. 이것은 F. F. 브루스(F. F. Bruce)와 G. B. 케어드(G. B. Caird) 등 두 명의 저명한 신약학자가 강조한 중요한 내용이었다.[3] 진보적 세대주의가 등장하게 된 두 번째 요인은 메시아적 유대교의 출현이었다. 진보적 세대주의의 핵심 지지자들은 기독교로 개종한 유대인들이며, 그중에는 진보적 세대주의의 창시자 중 한 명인 댈러스 신학교의 대럴 복이 포함된다. 복과 블레이징은 『새로운 기독교 시온주의』에서 두 장을 집필했으며, 다른 여러 신학 논문은 메시아적 유대인 학자들이 썼다. 1971년에 댈러스 신학교를 졸업한 아널드 프루히텐부암(Arnold Fruchtenbuam)과 같은 일부 저명한 메시아적 신자들은 여전히 전통적 세대

---

3   F. F. Bruce(1910-1990년)는 맨체스터 대학교 성서비평학 교수였으며 플리머스 형제단에서 자라났다. 그는 비록 이 운동 내에 남아 있었지만 세대주의에서 벗어나 자신의 저술과 수많은 박사 과정 학생을 배출하며 많은 이들에게 영향을 미쳤다. 또 다른 주요 학자는 옥스퍼드 대학교 성서 해석학 교수였던 G. B. Caird이며, 그의 저서 *Jesus and the Jewish Nation*(London: Athlone, 1965)은 예수의 유대인 됨을 강조했다. 바울의 유대인 됨에 대한 그의 연구 역시 매우 중요한데, 특히 그의 *Principalities and Powers: A Study in Pauline Theology*(Oxford: Clarendon, 1956)과 *Paul's Letters from Prison* (London: Oxford University Press, 1976)가 대표적이다. 그의 영향력은 유명한 신약학자인 E. P. Sanders와 N. T. Wright 등 그의 박사 과정 학생들을 통해 수없이 확산되었다.

주의자로 남아 있다.[4]

　19세기의 역사주의적 전천년주의자들과 매우 유사하게 진보적 세대주의자들은 "육신을 따라 난" 이스라엘에 대한 약속들이 매우 구체적인 방식으로 성취될 것이라고 주장한다. 여기서 가장 주목할 만한 것은 진보적 세대주의자들이 종종 1948년에 이미 성취된 것으로 이해하는 유대인들의 물리적 팔레스타인 귀환이다(비록 그들은 전통적 세대주의자들에 비해 일반적으로 이 점에 대해 훨씬 더 신중한 입장이지만). 역사주의자들과 달리 그들은 날짜 설정을 자제한다. 하지만 그들은 성경이 기독교 시온주의의 강력한 입장을 뒷받침한다는 분명한 견해를 갖고 있다. 그들은 역사주의자 및 전통적 세대주의자들과 마찬가지로 예수는 궁극적으로 예루살렘에 기반을 둔 유대인 왕국을 통치하실 것이라고 믿는다.[5] 당연히 그들의 가장 예리한 비판 중 일부는 대체주의와 (가족 간의 불화에 걸맞게) 전통적 세대주의에 대한 비판이다.

4　Fruchtenbaum은 텍사스주 샌안토니오에 위치한 Ariel Ministries의 설립자 겸 책임자다. 다음을 보라. "About Dr. Fruchtenbaum," Ariel Ministries, www.ariel.org/about/dr-fruchtenbaum. 나는 이 관찰을 Daniel Hummel에게 빚지고 있다.

5　Bock의 주장에 따르면 "약속 언약에 대한 모든 것은 먼저 교회에서 실현된다.…이러한 언약의 실현이 교회에서 이루어진다고 말하는 것은 이러한 언약이 원래 또는 궁극적으로 이스라엘 민족을 위한 것이었음을 부정하는 것이 아니다. 오히려 성취의 열쇠가 되는 그리스도의 사역으로 인해 초기의 성취는 교회의 맥락에서 가능해졌다는 점에 주목해야 한다. 장차 올 시대에 이스라엘에서 온 세상을 다스리기 위해 그리스도께서 재림하실 때 이 약속들이 더욱 온전하게 성취될 것을 고대하고 있다." Darrell Bock, "Covenants in Progressive Dispensationalism," in *Three Central Issues in Contemporary Dispensationalism*, ed. Herbert W. Bateman IV (Grand Rapids, MI: Kregel, 1999), 171.

복은 자신이 쓴『새로운 기독교 시온주의』의 핵심 장에서 기독교 시온주의가 앞으로 어떻게 나아가야 할지를 묻는다. 복에 따르면 기독교 시온주의의 이해는 하나님의 성품과 그분의 약속에 대한 올바른 이해에서 비롯되며, 하나님에 대한 한 개인의 생각을 반영한다. "하나님의 계획 속에서 이스라엘을 발견한다는 것은 하나님은 자신이 약속한 자들에게 약속을 지키신다는 것을 의미한다. 또한 그 이야기는 화해, 즉 이스라엘의 지속적 의미를 간과하면 놓치고 마는 중요한 내용에 그 뿌리를 두고 있다."[6] 이것의 분명한 함의는 비시온주의 그리스도인들은 하나님의 성품에 대해 잘못 생각하고 있다는 것이다(물론 그들은 이 주장에 이의를 제기하겠지만 말이다). 브루스 월키(Bruce Waltke), 크리스토퍼 라이트(Christopher Wright), N. T. 라이트(Wright)와 같이 기독교 시온주의를 비판하는 복음주의 비평가들은 하나님은 자신의 약속을 지키지만, 그 약속을 처음으로 들은 자들의 생각을 훨씬 뛰어넘어 전혀 예상치 못한 방식으로 성취하며, 그가 약속한 화해가 "그 땅"보다 훨씬 더 거대하며, 온 우주를 포함한다는 데 동의할 것이다.

복은 이스라엘 국가가 하는 모든 일을 전적으로 지지하지 않으면서도 현대 이스라엘을 성경적, 역사적, 신학적으로 변호하는『새로운 기독교 시온주의』(The New Christian Zionism)의 여러 장을 다음과 같이 요약한다. "어떤 의미에서 기독교 시온주의라는 용어는 결국 이스라엘이 다른 국가와 동

---

6   Darrell Bock, "How Should the New Christian Zionism Proceed?," in *The New Christian Zionism: Fresh Perspectives on Israel and the Land*, ed. Gerald McDermott (Downers Grove, IL: IVP Academic, 2017), 305.

일한 인권과 안보를 보장받으며 생존할 권리가 있다는 것을 의미한다. 물론 기독교 시온주의는 그 이상의 의미를 지니고 있다. 왜냐하면 기독교 시온주의는 단순히 신중론을 펼치는 것을 넘어 그 생존권에 대해 **신학적으로** 탄탄한 논증을 제시하기 때문이다."[7] **기독교 시온주의**에 대한 그의 정의는 이 책에서 사용한 정의와 매우 유사하다.

복은 이 "새로운" 기독교 시온주의에 관한 몇 가지 중요한 차이점을 제시한다. 첫째, 새로운 기독교 시온주의는 예수를 메시아로 인정할 "유대인 개개인의 소망을" 단순히 강조할 뿐만 아니라 "이스라엘이 하나님의 계획 속에서 **공동체로서** 미래가 있으며 하나의 국가로서 중동지역에 영토를 가질 권리가 있다고 주장한다.…이것이 **새로운 기독교 시온주의**의 첫 번째 중요한 차이점—유대인 개개인의 소망과 유대 국가를 위한 공동체적 위치의 구분—이다."[8] 전통적 세대주의는 이스라엘이 국가로 존재하기 훨씬 이전에 등장했으며, 그 창시자인 J. N. 다비는 유대인들의 귀환이 휴거 이후에 이루어질 것이라고 예상했다. 이 "새로운" 기독교 시온주의는 이스라엘 국가의 정치적 현실에 맞게 수정되었다.

복이 제시하는 두 번째 중요한 차이점은 "국가적 이스라엘"과 "믿는 이스라엘" 간의 구분이다.

---

7   Bock, "How," 308.

8   Bock, "How," 308.

국가적 이스라엘과 구분되는…믿는 이스라엘의 존재는 국가적 또는 공동체적 이스라엘이 하나님의 계획에서 배제되거나 믿지 않는 유대인들이 언젠가 하나님의 메시아를 믿게 될 것이라는 소망을 의미하지 않는다. 심지어 족장 아브라함이 하나님을 신뢰하기도 전에 하나님이 민족을 이루기 위해 그를 부르셨을 때 민족 전체와 아브라함의 자손에게 이미 은혜의 행위로 땅을 주셨기 때문에 믿지 않는 이스라엘은 그 땅에 대한 권리가 있다. 이러한 유대 민족의 미래는 그리스도 역시 땅의 통치에 관한 약속을 포함하여 모든 약속의 상속자라는 개념과 함께 주장될 수 있다.[9]

현재 이스라엘 민족의 불신앙 상태는 이스라엘과 맺은 언약을 파기하지는 않지만, "이스라엘이 메시아로부터 받을 언약적 징계의 대상이 되게 한다. 설령 이스라엘이 그것을 인식하지 못한다 하더라도 말이다."[10] 이것이 함의하는 바는 이스라엘은 "여전히 언약의 축복과 관련하여 하나님께 어떻게 반응해야 하는지에 대한 책임이 있고", 기독교 시온주의자들은 이스라엘이 어떻게 행동해야 하는지에 대해 무비판적이어서는 안 되며, 이스라엘은 도덕적이고 책임감 있게 그 땅을 "다스리고 차지할" 의무가 있다는 것이다.[11] 동시에 "유대인들에게도 구원의 길이 하나 있고, 이방인에게는 예수가 있다고 주장하는 이중 구원론으로는 예수의 사역을 제대로 이해할 수

---

9   Bock, "How," 308.
10   Bock, "How," 309.
11   Bock, "How," 309.

없다."[12]

복은 기독교 시온주의의 균형을 맞추기 위해 신학적으로 중요한 다섯 가지 강조점과 역사적으로 중요한 한 가지 요점을 제시한다. 첫째는 **"포용이 배제로 이어져서는 안 된다"**는 것이다. 그가 의미하는 바는 "그 땅이 궁극적으로 그리스도의 것이고, 유대인이든 이방인이든 그를 믿는 사람들이 그 땅을 공유한다면(예수가 이방인들의 메시아이기도 하므로) 그것은 이스라엘이 그 땅을 소유할 권리와 정치적 공동체로서 존재할 권리를 배제하지 않는다"는 것이다.[13] 복은 기독교 시온주의자들이 "그리스도 안에서의 성취, 이스라엘에 대한 현재의 언약적 징계, 정의 실현에 대한 이스라엘의 책임과 국가의 권리" 등 올바른 관계 정립에 더 많은 노력을 기울일 필요가 있음을 인정한다.[14] 이스라엘에 대한 "언약적 징계"라는 두 번째 문제는 유대인 공동체의 많은 이들로부터 "반셈족주의"라는 비난을 불러일으킬 수밖에 없다. 앞서 살펴본 바와 같이 데이비드 월슨은 1930년대 말과 1940년대 초에 미국의 전천년주의자들이, 비록 개인적으로 반셈족주의자가 아니었을지라도, 성경 해석의 영향을 받아 반셈족주의를 어쩔 수 없는 현실로 받아들이며 탄식만 했을 뿐, 공개적으로 그것에 저항하지 않았다고 주장했다. 진보적 세대주의자들이 유대 민족의 "언약적 징계"에 대해 언급하는 것은 그것을 지지하는 자들에게도 비슷한 비판을 받을 소지를 남긴다. 자신

---

12   Bock, "How," 309.
13   Bock, "How," 310.
14   Bock, "How," 310.

의 정체성을 "이스라엘을 축복"할 의무와 밀접하게 결부시켜 이해하는 많
은 기독교 시온주의자들 사이에서 "언약적 징계"라는 이야기가 얼마나 대
중적으로 받아들여질지는 의문이다. 정의 실현에 대한 이스라엘의 책임을
언급한 세 번째 문제는 이스라엘 건국과 관련된 윤리적 문제들은 기꺼이
인정하면서도 이러한 행위를 옹호한 것에 대해서는 당당한 태도를 보이는
이스라엘의 "새로운 역사학자들"의 연구를 기독교 시온주의자들이 심각하
게 받아들여야 한다는 것을 의미한다. 복의 이러한 제안이 기독교 시온주
의자들 사이에서 큰 호응을 얻을 가능성은 거의 없다.

그의 두 번째 강조점은 "성경이 **하나님의 신실하심**에 반복적으로 호
소한다는 것이며",[15] 이는 위에서 논의한 하나님의 성품에 대한 그의 논의
와 밀접하게 연관되어 있다. 복의 세 번째 강조점은 "기독교 시온주의의 주
장이 이 운동 내에서 일부가 주장하는 것만큼, 그리고 이 운동 밖에서 일부
가 인식하는 것만큼 **민족주의적이지 않다**"는 것이다.[16] 시온주의를 지지하
는 사람들이 명심해야 할 것은 "성경이 묘사하는 것처럼 이스라엘의 궁극
적인 삶의 희망은 그 땅이 유대인을 위한 평화의 안식처가 될 뿐만 아니라
모든 창조세계에 영향을 미치는 평화와 화해의 장소가 되어야 한다는 것"
이다.[17] 그는 신약성경이 그 땅에 대해 거의 언급하지 않는 이유를 다음과
같이 두 가지로 제시한다. 첫째, 신약성경이 기록될 당시 유대인들은 그 땅

---

15   Bock, "How," 311.
16   Bock, "How," 312.
17   Bock, "How," 312.

에 있었기 때문에 그 문제를 다룰 필요가 없었다. 둘째, 유대인과 이방인의 화해는 국경을 상대화할 것이며, 이러한 궁극적인 화해에서는 "화합과 적대적 경쟁이 없는 특수성이 존재할 수 있다.…이러한 미래의 평화의 비전 속에서는 그 땅에서의 삶이 덜 민족주의적이다."[18] 심지어 내세에서도 그리스도께서 예루살렘에서 열방을 다스리시는 가운데 유대인과 이방인이 서로 다르게 취급될 것이라는 전통적인 세대주의의 사고가 여기서 극복되는 것 같다. 우리는 여기서 예수가 예루살렘에서 육신의 백성인 유대인들을 다스리고 하늘에서는 영적 백성인 그리스도인을 다스릴 것이라는 다비의 가르침을 기억할 수 있다. 복의 견해에 따르면 전통적 세대주의가 제안한 이분화(bifurcation)는 화해된 단일 백성 모델에서 극복된다.

넷째, 복은 "기독교 시온주의자들은 **화해의 희망**에 더 중점을 둘 필요가 있다"고 말한다.[19] 그는 이 땅에 사는 팔레스타인 그리스도인들이 이 비전에 그들 자신이 어떻게 부합할 수 있는지 묻는 것을 "정당한 질문"으로 인정한다. 그는 "이방인들을 언약의 공동 상속자로 언급한 신약의 모든 언어가 의미하는 바는 이러한 정의의 문제가 다루어져야 한다는 것을 의미하고",[20] 이 문제에 대해 더 많은 성찰이 필요하다는 것을 인정한다. 이것은 기독교 시온주의가 과거와 현재의 삶의 경험, 특히 분쟁 지역인 서안지구에 재앙을 가져왔다고 믿는 팔레스타인 그리스도인들의 경험과 이스라엘

---

18   Bock, "How," 313.
19   Bock, "How," 313.
20   Bock, "How," 313.

의 새로운 역사학자들의 관점을 기독교 시온주의자들이 심각하게 받아들여야 한다는 위의 지적과도 연관된다.

복의 다섯 번째 강조점은 정의를 **"비차별적"** 방식으로 구현해야 한다는 것이다. 그는 이스라엘인들의 불의에 대한 우려와 상대방의 불의에 대한 우려가 서로 균형을 이룰 필요가 있다고 주장한다. 이것은 물론 공정한 지적이다. 그는 중동 지역의 정치 집단을 특징짓는 증오와 불신이 이러한 균형을 추구하는 것을 본질적으로 어렵게 만든다는 점을 인정한다. 그가 마지막으로 강조하는 것은 "이스라엘이 그 땅과 국가에 대해 갖는 **국제적·합법적** 권리를 신중하게 설명할" 필요가 있다는 점이다.[21] 그는 또다시 오랫동안 논쟁의 대상이 되어왔고 앞으로도 이스라엘의 반대자들에 의해 논쟁의 대상이 될 영역을 향해 나아가고 있다.

기독교 시온주의에 대한 현대의 도전

최근 기독교 시온주의는 적어도 세 부류로부터 지속적인 비판을 받아왔다. 첫 번째 주요 비판 그룹은 팔레스타인 기독교 신학자들, 특히 나임 아틱(Naim Ateek)과 미트리 라헵(Mitri Raheb)으로,[22] 이들의 저술은 아랍 그리스

---

21 Bock, "How," 314.
22 Mitri Raheb(1962년생)은 베들레헴의 복음주의 루터교의 크리스마스 교회의 목사이자 Ateek의 가까운 동료다. 그는 *I Am a Palestinian Christian*(Minneapolis: Fortress, 1995)의 저자다.

도인들과 영국 및 미국의 일부 주류 교회의 상당한 지지를 받고 있다. 이 그룹에서 중심적 역할을 하는 기관은 예루살렘에 있는 사빌 에큐메니컬 해방 신학 센터(Sabeel Ecumenical Liberation Theology Center)다.

예루살렘의 세인트 조지 성공회 대성당(St. George's Anglican Cathedral)의 전 주교였던 나임 아틱은 자신의 저서인 『정의와 유일한 정의: 팔레스타인의 해방 신학』(Justice and Only Justice: A Palestinian Theology of Liberation)을 1989년에 출간했다. 그의 책은 아틱 가문의 비극에 대한 기록으로 시작한다. 1937년에 성공회 신자이자 팔레스타인 사업가의 아들로 태어난 그는 1947년에 유엔 분할 계획에 따라 유대인에게 분배된 아랍 마을(대부분 무슬림) 베이산(Beisan, 현재의 베트 셰안)에서 자랐다. 1948년에 이스라엘이 독립을 선언하기 사흘 전, 이스라엘군은 마을 주민들을 모두 추방하고 베들레헴으로 강제 이주시켰다. 그들은 자신들이 버리고 떠난 집을 방문할 수도 없었고 어떤 보상도 받지 못했다. 그는 이후 40년 동안 이스라엘 국가 안에서 팔레스타인 아랍인들이 처한 상황을 기록하면서 그들이 충격의 시기(1948-1955년), 체념의 시기(1956-1967년), 민족적 각성의 시기(1968-1988년) 등의 세 단계를 거쳐 팔레스타인 해방 기구(Palestine Liberation Organization)를 결성하고 이스라엘과 나란히 팔레스타인 자치 국가를 건설하고자 하는 열망을 확고히 하게 되었다고 주장한다. 비록 아틱은 이 책에서 자신의 신학을 전개하지만, 보다 더 완전하고 성숙한 신학적 설명은 그의 저서인 『팔레스타인 그리스도인의 화해를 위한 외침』(A Palestinian Christian Cry for Reconciliation, 2007)의 4장 "성경과 그 땅"에서 찾아볼 수 있다.

그의 주장의 핵심은 구약성경에는 다양한 토지 신학이 존재하며, 그것에 대해 아는 것은 도움이 되지만, 그것에 대한 배타주의적 이해에서 벗어나 그 궤적을 이해하는 것이 더 중요하다는 것이다. 그리스도인들은 그것을 신약성경에 비추어 검토하여 "그리스도의 포용적·비폭력적 메시지를 반영하는" 구약의 내러티브를 가려내야 한다.[23] 그는 이 과정에서 요나서를 "구약 신학을 평가하는 기준"으로 삼는다.[24] 그는 야곱과 이스라엘의 독특성을 강조하는 이사야 43:1-4과 그가 "편협하고 인종 차별적"[25]이라고 간주하는 이사야 62:5-6과 같은 본문들을 "탈시온화하기"(de-Zionize) 위해 따로 분류한다.[26]

아틱은 팔레스타인-이스라엘 분쟁의 핵심적 이슈가 토지 약속의 문제라는 인식 속에서 그의 토지 신학을 발전시켰다. 그는 1980년대 초부터 자신의 주장을 펼쳐왔으며, 그의 주장은 기독교 시온주의에 대한 자유주의 개신교의 비판과 맥을 같이한다. 그러나 그는 자신의 책『팔레스타인 그리스도인의 화해를 위한 외침』에서 구약학자 크리스토퍼 J. H. 라이트와 신약학자 N. T. 라이트라는 두 명의 영국 복음주의 성공회 학자의 주석에 가장 많이 의존하고 있다. 아틱은 특히 마태복음 5:5 - "온유한 자는 복이 있나니 그들이 땅을 기업으로 받을 것임이요" - 의 예수의 말씀에 초점을 맞

---

23   Naim Ateek, *A Palestinian Christian Cry for Reconciliation* (Maryknoll, NY: Orbis, 2007), 54.
24   Ateek, *Cry*, 55.
25   Ateek, *Cry*, 56.
26   Ateek, *Cry*, 55.

추어 예수가 "팔레스타인의 작은 땅이 이 세상의 원형 또는 모형이 되는" 새로운 땅에 대한 이해를 제시하고 있으며, "하나님은 이 땅을 온유한 자들의 거처로 창조하셨다"고 주장한다.[27] 그는 요한복음 1:43-51에서 예수와 나다나엘의 만남에 대해 주해하면서 예수의 답변의 요점은 "하나님의 천사들이 땅 위가 아닌[창 28:12-14에서처럼] 인자 위에 오르락내리락 하고 있었다는 점"이라고 주장한다.[28] 그는 "중요한 것은 특정 땅의 상속이 아니라 하나님 나라에 속하는 것이다. 기독교적 관점에서 볼 때 땅은 더 이상 언약적 중요성을 갖지 않는다"고 주장한다.[29] 그는 바울 서신(롬 4:13; 갈 3:15-18; 엡 2:19-20)의 여러 본문을 언급하면서 자신의 주장을 한층 더 발전시킨다.[30] 이를 바탕으로 그는 특히 요나서를 사용하여 팔레스타인 기독교의 해방 신학을 설명한다.[31]

아틱이 1989년에 설립한 기관인 사빌(Sabeel)은 기독교 시온주의에 대항하기 위한 활동에 앞장섰는데, 예루살렘에서 열린 국제 컨퍼런스는 미국 주류 개신교계에 상당한 영향을 미쳤으며, 특히 2004년 컨퍼런스는 여러 기독교 교단에 도덕적으로 책임 있는 투자를 촉구하며 "점령지(정착촌 포함) 내에서 활동하면서 팔레스타인인들에게 불의와 억압을 자행함으로써 이익을 창출하는 기업들"에 대한 투자를 철회하는 비폭력적 방법을 기

---

27   Ateek, *Cry*, 59.
28   Ateek, *Cry*, 60.
29   Ateek, *Cry*, 60.
30   Ateek, *Cry*, 63-64.
31   Ateek, *Cry*, 67-77.

독교 교단이 수용하도록 설득하는 데 노력을 기울였다.[32] 2004년에 사빌은 "기독교 시온주의에 도전하다"라는 컨퍼런스를 개최하여 미국의 와그너, 버지, 웨버, 영국의 스티븐 사이저, 콜린 채프먼(둘 다 복음주의 성공회 신자), 기독교 시온주의를 비판하는 다양한 비복음주의 비평가들의 참여를 끌어냈다. 이 컨퍼런스의 내용은 『기독교 시온주의에 도전하다: 신학, 정치, 이스라엘-팔레스타인 분쟁』(*Challenging Christian Zionism: Theology, Politics and the Israel-Palestine Conflict*, 2005)이라는 책으로 출간되었다. 2010년부터 팔레스타인 복음주의자들은 베들레헴 바이블 칼리지에서 개최하는 "검문소의 그리스도" 컨퍼런스에서 2년마다 한 번씩 모이는 자체적 모임을 조직했는데, 그들은 투자 정책과 주류 교회의 정치적 입장에 영향을 미치기보다는 미국 기독교 시온주의(특히 세대주의)에 도전하는 것에 더 많은 관심을 쏟고 있다.[33]

두 번째 비평가 그룹은 기독교 시온주의의 성경적 근거에 의문을 제기해온 복음주의 성경 주석가들로 구성되어 있다. 여기서는 가장 영향력 있는 학자 중 소수에만 집중할 것이다. 위에서 언급했듯이 아틱은 자신의 토지 신학을 정립하는 데 있어 크리스토퍼 라이트에 의존했다. 라이트는 케임브리지에서 구약 경제 윤리로 박사 학위를 받았다. 그의 첫 번째 저서인 『하나님의 땅의 하나님의 백성: 구약의 가족, 토지, 재산』(*God's People in God's*

---

32   Ateek, *Cry*, 139.
33   아마도 주최 측은 세대주의가 이제는 기독교 시온주의 진영에서 예전만큼 중요하다고 생각하지 않을 수 있다. 나는 이 관찰에 대해 Daniel Hummel에게 빚을 지고 있다.

Land: Family, Land and Property in the Old Testament, 1990)은 그의 논문에 기초한 것이다. 라이트는 많은 사람들이 기독교 시온주의를 재고하도록 하는 데 중대한 영향을 미쳤다. 라이트는 지난 반세기 동안 전 세계에서 가장 영향력 있는 복음주의자 중 하나로 꼽히는 고(故) 존 스토트의 절친한 친구이자 동료였다. 라이트는 2001년에 스토트가 설립한 랭햄 파트너십 인터내셔널의 국제 사역 책임자가 되어 세계 복음주의 진영에서 중요한 역할을 맡았다. 스토트와 라이트는 기독교 시온주의에 강력히 반대했다.

두 번째 영국 성공회 복음주의자인 신약학자 피터 W. L. 워커(Peter W. L. Walker)는 자신의 저서인 『예수와 거룩한 도성: 예루살렘에 대한 신약의 관점』(*Jesus and the Holy City: New Testament Perspectives on Jerusalem*)에서 W. D. 데이비스(W. D. Davies)의 연구 『복음과 땅: 초기 기독교와 유대인의 토지 교리』(*The Gospel and the Land: Early Christianity and Jewish Territorial Doctrine*)를 더 발전시켜 나간다.[34] 워커는 땅, 성전, 예루살렘이라는 이슈에 관해 신약성경 전체를 검토했지만, 데이비스와 마찬가지로 이 본문들에서 기독교 시온주의자들의 해석을 지지하는 근거를 찾지 못했다.

아마도 기독교 시온주의에 의문을 제기한 가장 유명한 복음주의 학자는 분명 N. T. 라이트일 것이다(그는 크리스토퍼 라이트와는 아무런 관련이 없다). 그는 자신의 견해를 설명하기 위해 대체신학이라는 용어보다 **전이 신**

---

34   W. D. Davies, *The Gospel and the Land: Early Christianity and Jewish Territorial Doctrine* (Berkeley: University of California Press, 1974); Peter W. L. Walker, *Jesus and the Holy City: New Testament Perspectives on Jerusalem* (Grand Rapids, MI: Eerdmans, 1996).

학(transference theology)이라는 용어를 선호한다. 그는 이스라엘의 언약적 축복이 기독교 교회 전체로 전이되었다고 주장했다. 그리스도 자신이 새 이스라엘이며, "그리스도 안에 있는" 자들이 새 이스라엘을 구성한다는 것이다. 따라서 유대인 정체성의 옛 표지는 지워지거나 보편화되었다. 그는 다윗계 왕(그리스도)을 통해 시편 2편과 시편 72편의 "온 세상"에 관한 약속이 보편화되었다고 주장한다. 그는 바울이 로마서 4장에서 신자들이 "세상을 상속"받을 것이라고 주장한 것과 로마서 8장에서 상속받을 것은 더 이상 "땅"이 아니라 새롭게 된 창조세계 전체라고 주장한 것이 이를 뒷받침한다고 본다. 라이트는 다음과 같이 더욱 예리하게 주장한다.

> (본질적으로 지역에 기초한 종교의 "성지" 모델 또는 유비에 따른) "기독교 성지" 신학이 존재할 수도 없고 존재해서도 안 되듯이 본질적으로 인종에 기초한 종교 모델 또는 유비에 따른 "기독교" 인종적 우월주의 신학은 더더욱 존재할 수 없다. 그런 차원에서 "기독교 시온주의"는 소위 지역적인 "기독교" 아파르트헤이트에 해당하며, 거부되어야 마땅하다.[35]

기독교 시온주의자들은 N. T. 라이트의 견해가 복음주의 진영에서 큰 인

---

35   N. T. Wright, "Jerusalem in the New Testament," in *Jerusalem Past and Present in the Purposes of God*, ed. P. W. I. Walker (Cambridge: Tyndale House, 1992), 75. 샘퍼드 대학교에서 2019년 9월 19일에 "A Dialogue on the Meaning of Israel"이라는 제목으로 진행된 Kinzer와 Wright의 토론은 다음을 보라. YouTube, www.youtube.com/watch?v=qIBt64m-Py4.

기를 얻고 있는 것에 대해 우려하고 있으며, 자신들이 전통적 대체신학과 맥을 같이한다고 판단하는 주장들을 반박하면서 자신들의 공격 대상으로 삼아왔다. 데이비드 J. 루돌프(David J. Rudolph)와 마크 S. 킨저(Mark S. Kinzer)는 라이트의 입장을 강력하게 비판한 다수의 학자 중 두 명에 불과하다.[36]

위에서 언급한 영국 학자들과 보다 기독교 시온주의 진영에서 더 잘 알려진 또 다른 학자는 브루스 K. 월키다. 그는 한때 세대주의 진영에서 탁월한 학자였기 때문에 그의 견해는 종종 더 위협적으로 간주된다. 월키는 전 복음주의 신학회 회장이며, 댈러스 신학교에서 신약학 박사 학위를, 하버드 대학교에서 구약학 박사 학위를 받았다. 세대주의 사상의 대표적 중심지인 댈러스 신학교에서 구약학 교수를 역임했던 그가 세대주의에서 벗어난 것은 기독교 시온주의 공동체에 속한 많은 이들에게 심각한 문제를 초래했다. 그는 자신의 저서에서 땅과 관련하여 유대인에게 주어진 구약의 여러 언약(특히 아브라함의 언약) 간의 관계라는 중요한 이슈를 다룬다. "에레츠"('ereṣ)라는 히브리어 단어는 구약성경에서 가장 자주 사용되는 단어 중 하나이며 "땅" 또는 단순히 "세상"을 의미한다. 여기서 땅에 관한 신약의 약속들의 지속적인 의미가 중요한 질문으로 제기된다. 이 약속들은 새 언

---

36 다음을 보라. David Rudolph, "Zionism in Pauline Literature," in McDermott, *New Christian Zionism*, 167-69, 특히 Wright의 견해를 수용한 다음의 책도 보라. Mark S. Kinzer, *Jerusalem Crucified, Jerusalem Risen: The Resurrected Messiah, the Jewish People, and the Land of Promise* (Portland, OR: Wipf and Stock, 2018).

약으로 대체되었는가, 아니면 이 약속들을 이제 새 이스라엘인 교회와 관련지어 이해해야 하는가? 월키는 우리가 주목해야 할 것은 신약성경에서 "땅"에 해당하는 그리스어 단어가 이스라엘과 관련하여 거의 사용되지 않았다는 점이며, 그렇게 사용되었을 때는 이스라엘의 역사와 관련하여 사용되었지, 이스라엘을 위한 미래의 예언으로 사용된 적이 없다고 주장했다. 땅에 관한 약속은 신약에서 명시적으로 수용되거나 반복되지 않는다.

월키는 땅에 관한 약속과 관련된 신약의 두 본문에서 이러한 땅의 약속들이 이 세상을 가리키는 것으로 해석되었다고 주장한다. 마태복음 5:5에서 예수가 시편 37:11의 "온유한 자들은 땅('ereṣ)을 차지하며"를 인용할 때 많은 번역자들은 이 용어를 "세상"으로 해석해야 한다고 생각했다. 따라서 "온유한 자는 복이 있나니 그들이 이 세상을 기업으로 받을 것임이요." 월키는 땅에 관한 약속이 일반화되었다고 주장한다. 로마서 4:13에서도 바울은 하나님이 아브라함과 그의 자손에게 땅이 아닌 이 세상을 상속받을 것을 약속하셨다고 말한다. 다시 말하지만 "이 땅"이 약속된 기업으로 여겨지는 본문에서 그 약속은 이제 의도적으로 훨씬 더 광범위한, 땅이 아닌 이 세상을 의미한다. 월키의 주장에 따르면 이러한 초점의 의도적 변화는 땅의 상속에서 온 세상의 상속으로 바뀐 신학적 전환을 나타낸다. 이 약속들은 폐기되지 않고 이제 일반화되어 더 이상 팔레스타인에 국한되지 않는다.[37]

---

37   Bruce K. Waltke, "The Doctrine of the Land in the New Testament," *Crux* 53, no. 2 (Summer

1992년에 진보적 세대주의 접근법을 개괄하는 중요한 책이 처음으로 출간되자 월키는 이 책에 대한 비판적 논평을 써 달라는 요청을 받았다. 그의 글은 블레이징과 복이 편집한 『세대주의, 이스라엘, 교회: 정의를 찾아서』(*Dispensationalism, Israel and the Church: The Search for Definition*)에 게재되었다. 주석을 근거로 한 그의 상세한 비평은 전통적 세대주의와 진보적 세대주의 모두에 대한 면밀한 논박이라고 할 수 있다. 월키는 로마서 9-11장의 핵심 본문을 다루면서 다음과 같이 자신의 주장을 요약한다.

> 만약 바울이 이 땅에 대해 특별히 언급했어야 마땅한 본문을 골라야 한다면 그것은 분명 로마서 9-11장일 것이다. 그러나 바울은 이 본문 그 어디에서도… 유대인들이 또다시 영토를 기반으로 한 민족주의적인 나라를 이 땅에 세울 것이라고 주장하지 않는다. 세대주의자들은 영감을 받은 사도의 입에 이 말을 집어넣었다. 사실 바울 서신, 요한 서신, 베드로 서신 또는 다른 공동 서신인 히브리서와 야고보서 등 그 어디에서도 그 땅에 거하는 이스라엘 민족의 미래에 대해 가르치지 않는다. 히브리서는 그것을 부인한다. 세대주의자들이 신약성경을 근거로 주장하는 것은 주로 요한계시록의 상징적 이미지에 근거한 것이지, 명확한 글자와 서신에 근거한 것이 아니다.[38]

2017): 2-9.

38 Bruce Waltke, "A Response," in *Dispensationalism, Israel and the Church: The Search for Definition*, ed. Craig A. Blaising and Darrell L. Bock (Grand Rapids, MI: Zondervan, 1992), 358.

세 번째 그룹의 학자들은 책 전체에서 기독교 시온주의를 비판하는 책을 저술했다. 예를 들어 복음주의 신약학자인 게리 버지(Gary Burge)는 이 주제에 관한 책을 두 권 저술했다. 그것은 『팔레스타인은 누구의 땅인가? 이스라엘과 팔레스타인에 대해 그리스도인들이 알지 못하는 것들』(Whose Land, Whose Promise? What Christians Are Not Being Told About Israel and the Palestinians, 2003, 개정판 2013)과 『예수와 땅: 성지 신학에 대한 신약의 도전』(Jesus and the Land: The New Testament Challenge to Holy Land Theology, 2010)이다.[39] 덴버 신학교와 여러 복음주의 신학교에서 교수를 역임했던 티모시 웨버도 이 주제에 관해 두 권의 중요한 저서를 저술했다.[40] 두 명의 영국 복음주의 성공회 성직자 또한 중요한 역할을 했다. 콜린 채프먼은 『누구의 약속의 땅인가? 이스라엘과 팔레스타인의 계속되는 위기』(Whose Promised Land? The Continuing Crisis over Israel and Palestine),[41] 『누구의 거룩한 도시인가? 예루살렘과 이스라엘-팔레스타인 분쟁』(Whose Holy City? Jerusalem and the Israeli-Palestinian conflict)[42]을 저

---

39 Gary Burge, *Whose Land, Whose Promise? What Christians Are Not Being Told About Israel and the Palestinians* (Cleveland: Pilgrim, 2003; rev. ed., 2013, 『팔레스타인은 누구의 땅인가?』, 새물결플러스 역간), and Burge, *Jesus and the Land: The New Testament Challenge to Holy Land Theology* (Grand Rapids, MI: Baker Academic, 2010, 『예수와 땅의 신학』, 새물결플러스 역간).

40 Timothy Weber의 저서는 다음 두 권을 포함한다. *Living in the Shadow of the Second Coming: American Premillennialism, 1875-1925* (New York: Oxford University Press, 1979; 2nd ed., Chicago: University of Chicago Press, 1987); *On The Road to Armageddon: How Evangelicals Became Israel's Best Friends* (Grand Rapids, MI: Baker Academic, 2004).

41 Colin Chapman, *Whose Promised Land? The Continuing Crisis over Israel and Palestine* (Leicester, UK: Inter-Varsity Press, 1995).

42 Colin Chapman, *Whose Holy City? Jerusalem and the Israeli-Palestinian Conflict* (Oxford:

술했고, 스티븐 사이저는 여러 권의 책을 저술했으며, 기독교 시온주의에 대항하는 사실상 1인 십자군 운동을 벌이고 있다.[43]

줄거리 요약하기

이 책은 먼저 종교개혁 이전의 1,500년을 살펴보고 종말론, 유대인, 그 땅에 대한 그리스도인의 태도를 조사함으로써 기독교 시온주의의 기원을 추적하고자 했다. 이 과정에서 나는 기독교 시온주의가 이 시기에 유대인을 성지로 귀환시키려는 정치 운동으로서 존재했다는 주장을 뒷받침하는 증거를 찾지 못했다. 이어서 우리는 "회복주의" 운동을 살펴보았는데, 이 운동은 16세기 유럽에서 등장하여 개신교 개혁주의의 칼뱅주의 진영에서 그 진가를 발휘했지만, 유럽 대륙의 루터교 안에서는 설 자리를 찾지 못했다. 종교개혁이 시작되면서 유대인에 대한 루터의 긍정적인 태도는 기독교로 개종하는 것을 거부하는 유대인의 고집에 점점 더 불만을 품게 되면서 부정적으로 바뀌었다.

영국 청교도들은 회복주의를 받아들였고, 17세기 중반에는 회복주의가 영국의 민족 정체성을 형성해나가기 시작했다. 큰 틀에서 볼 때 회복주의는 이슬람, 가톨릭, 개신교의 갈등 속에서 전개되었고, 무슬림과 가톨릭

Lion, 2004).

43   Stephen Sizer, *Christian Zionism: Road Map to Armageddon* (Leicester, UK: Inter-Varsity Press, 2004), and Sizer, *Zion's Christian Soldiers* (Leicester, UK: Inter-Varsity Press, 2007).

으로부터 유대인들을 보호하는 것이 그들의 사명이었다. 팔레스타인으로의 회복을 위한 그들의 노력은 유대인을 축복하고 성경의 예언을 성취하는 수단으로 이해되었다. 이러한 관심은 1290년에 영국에서 유대인이 추방된 지 약 3세기 반 만인 1650년대에 유대인의 영국 재입국 결정에 영향을 미쳤다. 많은 지지자들은 유대인에 대한 "사랑과 존경의 가르침"을 널리 알리면서 의도적으로 중세 후기 기독교 세계와 관련된 "경멸의 가르침"과 거리를 두려고 노력했다. 17세기의 대다수 영국인은 유대인을 만난 적이 없었지만, 유대인들이 기독교를 받아들이려 하지 않았음에도 불구하고 유대인과 맺은 언약의 지속성에 대한 믿음을 고수했다.

이 믿음은 식민지 미국으로 퍼져나갔고, 새로운 땅에 대한 청교도들의 희망과 결합하게 되었다. 동시에 이러한 믿음이 식민지 미국에서 커가고 있을 때 17세기 말 독일 루터교 내에서는 기독교적 사고에서 유대인 전도가 중요한 역할을 해야 한다는 점을 강조한 갱신 운동이 일어났고, 이 운동은 교회의 운명을 이 과제를 교회가 진지하게 수행해야 한다는 생각과 연결했다. 독일 경건주의자들은 많이 등한시되던 기독교의 메시지를 가난한 유럽 유대인들에게 전할 수 있는 현실적 방법을 고안하는 데 많은 에너지를 쏟아부었고, 19세기 영어권에서 수용한 새로운 전도 방법을 선구적으로 고안해냈다. 독일 경건주의자들은 친셈족주의와 유대인 복음화를 우선시함으로써 유대인-그리스도인 관계에 지대한 영향을 미쳤다.

예언에 대한 사변은 프랑스 혁명의 영향과 관련이 있었고, 18세기 말과 19세기 초의 예언에 관한 연구는 유대인 회복주의에 대한 관심을 다시 불러일으키는 데 크게 기여했다. 초기의 기독교 시온주의는 1830년대 영국에서 제7대 섀프츠베리 백작인 앤서니 애슐리 쿠퍼의 지도력과 낙관적이고 개혁적인 성향의 역사주의적 전천년설의 영향하에 하나의 정치 세력으로 등장했다. 섀프츠베리가 당시 영국 외무장관(그리고 훗날 총리)이었던 파머스톤 경과 중요한 정치적 관계를 맺고 있었기 때문에 그들은 1838년에 예루살렘에 영국 외교 공관 설립, 1841년에 예루살렘에 영국-프로이센, 성공회-루터교 주교직 제정, 그곳에 성공회 교회 건축 등 장기적인 영향을 미칠 중요한 결정을 내렸다. 이러한 결정은 팔레스타인에서 권력 쟁탈전을 불러일으켰으며 이 지역을 근대화하는 데 기여했다.

19세기 미국에서는 영국의 역사주의적 전천년설의 영향을 받아 예언에 대한 관심이 급증했다. 19세기 말에는 세대주의적 전천년설이라는 또 다른 영국의 산물이 미국 기독교에 중요한 영향을 미쳤다. 이 두 운동은 모두 강력한 회복주의 운동이었지만, 세대주의는 종종 정치에 호의적인 성향을 보이면서도 정치에는 훨씬 덜 관여했다.

20세기에는 기독교 시온주의의 지지 기반이 칼뱅주의에서 개신교와 가톨릭교회를 모두 휩쓸고 초기 개신교의 가르침을 차용하여 새롭고 자기 주도적인 운동을 창설하고 기독교 시온주의의 새로운 글로벌 지지층을 창출한 오순절주의-은사주의 운동으로 크게 바뀌었다. 심지어 전통적인 세대주의도 19세기 후반부터 많은 영향을 미친 기독교 회복주의와 정치적 관심사가 된 기독교 시온주의를 지지하기 위해 전통을 창의적으로 재해석했다. 이러한 운동은 종종 기독교 시온주의에 대한 자신의 지지를 중심으로 자기의 민족 정체성을 형성하고, "이스라엘 축복하기"를 자신의 종교적, 자선적, 정치적 의무로 여기고 받아들인다. 오순절주의자들과 은사주의자들에게 호응을 얻은 사실은—17세기 청교도들, 18세기 미국의 후천년설 지지자들, 19세기의 예언 해석자들이 그랬던 것처럼—정체성 형성과 관련이 있다. 자신들의 운동을 유대인의 역사에 뿌리를 두고 민족으로서의 유대인과 국가로서의 이스라엘을 상징적으로 동일시함으로써 그들은 수 세기 전, 심지어 수천 년 전으로 거슬러 올라가는 아브라함, 이삭, 야곱의 믿음과 그들에게 주어진 고국에 대한 영원한 약속에서 자신들의 뿌리를 발견한다. 그러나 그것은 또한 미래 지향적인 정체성이기도 하다. 왜냐하면 기독교 시온주의자들은 역사의 절정을 이해하는 열쇠—즉 하나님이 사랑하는 자기 백성인 유대인들(그들의 "언약 형제들")을 다루시는 웅장하고 신비스러운 이야기—를 자신들이 쥐고 있다고 믿기 때문이다. 그들의 정체성은 이러한 내러티브와 깊이 결부되어 있으며, 그들은 반셈족주의에 맞서 싸우거나 유대인의 알리야(*aliyah*)를 돕는 등 어떤 방식으로든 이스라엘을 축복하는 것이 전개되는 역사에 참여할 수 있는 최고의 방법이라고 믿는다. 그들은 이러한 방식으로 자신이 받아들인 정체성을 표현하고 있으며, 인류 역사의 마지막 단계에 적극적으로 참여하고 있다.

결론적 고찰

이 책은 다수의 복잡하고 논쟁적인 운동과 추적하고 이해하기 어려운 관점을 다루었다. 이러한 운동은 전 세계의 다양한 지지층으로부터 강력한 대중적 관심을 받고 있으며, 유대인과 그리스도인의 관계, 국제 정치, 무슬림과 그리스도인의 관계 등 수많은 분야에 영향을 미칠 만큼 매우 중요한 의미를 지니고 있다. 기독교 시온주의는 여러 면에서 매우 반문화적인 운동이다. 왜냐하면 종교적 문제를 세속 사회가 기대하는 패턴과 모순되는 방식으로 공론의 장으로 끌어내기 때문이다. 기독교 시온주의는 흔히 그리스도인뿐만 아니라 유대인과 세속주의자들까지도 불편하게 만든다. 그리고 이 책에서는 기독교 시온주의를 진지하게 이해하려면 시온주의에 영향과 영감을 주는 신학과 문화적 역학관계에 주목할 필요가 있다고 주장했다.

이 책의 마지막 부분에서 나는 고찰할 수 있는 많은 것 중에서 오직 세 가지만 언급하고자 한다. 첫째는 유대인의 독특성이다. 유대인의 역사를 연구한 사람이라면 중동에서 시작된 소수의 민족이 어떻게 수 세기에 걸쳐 망명, 엄청난 편견, 왜곡, 살인적 증오에도 불구하고 하나의 구별된 민족으로 살아남을 수 있었는지 의아해하지 않을 수 없다. 독립된 유대 국가가 존재한다는 사실 자체가 어쩌면 더 놀라운 일일지 모른다. 1900년까지만 해도 2020년대에 세계 정치의 주요 분쟁의 도화선 중 하나가 전략적 군사 강국으로서 중동에서 그 위력을 과시하는 유대인 국가가 되리라고 진지하게 생각한 사람은 아마도 거의 없었을 것이다. 1900년에는 대다수 유대인들이 심지어 이러한 국가를 원치도 않았으며, 비록 유대인들의 종교 전통은 수 세기에 걸쳐 유대인의 귀환을 갈망해왔지만, 이를 실현하려는 인간적 노력에는 확고히 반대해왔다. 심지어 1948년에도 전 세계의 유대인 대다수가 과연 이 개념을 지지했는지는 의문이다.

두 번째 고찰은 수많은 회복주의자들과 기독교 시온주의자들의 친셈족주의의 중요성이다. 비록 유대인에 대한 공언된 사랑이 유대인들로부터 의혹과 회의적인 반응을 얻고 있지만, 이 책에서 제시한 "사랑과 존경의 가르침"(그리고 이제는 "축복")은 기독교 시온주의의 출현과 유대인에 대한 그리스도인의 태도 변화에 중요한 요인이 되었다. 물론 그 영향력을 측정하는 것은 불가능하지만, 이 가르침이 지닌 역사적 중요성에 대한 증거는 점점 더 분명해지고 있다. 많은 유대인들이 이를 무시했음에도 불구하고 이 가르침은 지난 몇 세기 동안 유대인과 그리스도인의 관계를 형성하는 주요 요인이 되었으며, 이스라엘 국가의 설립과 유지를 위한 이방인들의 지지에 중요한 역할을 한 것으로 보인다.

나의 세 번째 고찰은 기독교 성경에 대한 묵상의 결과로 나타난 이러한 "사랑, 존경, 축복의 가르침"이 랍비 허츠가 1917년 밸푸어 선언에 관한 논평에서 언급한 유대교의 본연의 의무를 등한시해서는 안 된다는 것이다.

나는 팔레스타인에 존재하는 비유대인 공동체의 시민적·종교적 권리에 대한 언급을 환영한다. 하지만 그것은 단지 다음과 같은 모세 율법의 기본 원칙을 해석한 것에 지나지 않는다. "거류민이 너희의 땅에 거류하여 함께 있거든 너희는 그를 학대하지 말고 너희와 함께 있는 거류민을 너희 중에서 낳은 자 같이 여기며 자기 같이 사랑하라. 너희도 애굽 땅에서 거류민이 되었었느니라.

나는 너희의 하나님 여호와이니라"(레 19:33, 34).[44]

구약성경은 정의와 자비에 대해 많은 것을 말하고 있으며, 네 이웃을 네 몸과 같이 사랑하는 것은 예수의 가르침의 핵심 주제다. 정의, 자비, 사랑은 기독교 시온주의를 포함한 모든 기독교 신학에서 중심을 차지해야 한다.

지난 500년의 기독교 시온주의를 되돌아보면 시온주의는 확고한 신학적 기반이 없으며 성경에 대한 예언자적 이해와 관련된 단일 체계에 의존하지 않는다는 것이 분명하다. 따라서 기독교 시온주의의 역사는 시온주의가 16세기에 이르러서야 비로소 생겨났고 시간이 흐름에 따라 여러 방식으로 변형되었다는 점에서 새롭고 참신하며, 고정된 신학적 주소가 없다는 점에서 심각한 불안정성을 지니고 있다. 아론 엥버그(Aron Engberg)가 지적했듯이 시온주의는 이제 세계적인 종교 운동이며, "현재 진행형"이라는 의미에서 역동적인 운동으로 이해되어야 한다.[45] 따라서 기독교 시온주의는 매우 복잡한 역사를 가지고 있다고 말할 수 있다. 지난 500년에 걸쳐 시온주의는 매우 다른 신학적 틀 및 예언적 관점과 연관되어왔다. 시온주의는 그것을 수용하는 전 세계의 많은 지역에서 계속 변모하고 있다. 때로는 시온주의가 복음주의의 세속화에 기여했고, 일부 지도자들이 "유대인에게

---

44 Christopher Sykes, *Two Studies in Virtue* (London: Collins, 1951), 222.

45 Aron Engberg, "'A Fool for Christ': Sense-Making and Negotiation of Identity in the Life Story of a Christian Soldier," in *Comprehending Christian Zionism: Perspectives in Comparison*, ed. Goran Gunner and Robert O. Smith (Minneapolis: Fortress, 2014), 30.

먼저" 복음이 전해져야 한다는 사도 바울의 주장에서 벗어나 "이중 언약"
의 가르침으로 나아갔다는 증거도 있다. 복음주의자들이 성경의 권위를 중
시한다는 점을 고려하면 미래의 복음주의자들은 그 신학이 온전한 성서신
학에서 비롯된 것인지, 아니면 특정한 역사적 배경과 특정한 성경 해석을
통해 생겨나 더 이상 예전과 같은 설득력을 소유하고 있지 않은지를 심도
있게 조사할 개연성이 높다. 따라서 그것이 지닌 타당성에 대한 질문은 그
리스도인들 사이에서 지속적인 논쟁을 불러일으킬 것이 분명하다.

기독교 시온주의의 역사

기독교 시온주의에 관한 철저하고 포괄적인 연구

Copyright ⓒ 새물결플러스 2024

1쇄 발행 2024년 5월 10일

지은이 도널드 M. 루이스
옮긴이 홍수연
펴낸이 김요한
펴낸곳 새물결플러스

편 집 왕희광 정인철 노재현 이형일 나유영 노동래
디자인 황진주 김은경
마케팅 박성민
총 무 김명화 이성순
영 상 최정호
아카데미 차상희

홈페이지 www.holywaveplus.com
이메일 hwpbooks@hwpbooks.com
출판등록 2008년 8월 21일 제2008-24호
주 소 (우) 04114 서울특별시 마포구 신촌로28가길 29
전 화 02) 2652-3161
팩 스 02) 2652-3191

ISBN 979-11-6129-277-9 93230

책값은 뒤표지에 있습니다.